图书在版编目（CIP）数据

湖南统计年鉴. 2023 = Hunan Statistical Yearbook 2023 : 汉英对照 / 湖南省统计局, 国家统计局湖南调查总队编. -- 北京 : 中国统计出版社, 2023.10

ISBN 978-7-5230-0297-1

Ⅰ. ①湖… Ⅱ. ①湖… ②国… Ⅲ. ①统计资料－湖南－2023－年鉴－汉、英 Ⅳ. ①C832.64-54

中国国家版本馆 CIP 数据核字（2023）第 199074 号

湖南统计年鉴 2023

作　　者 / 湖南省统计局　国家统计局湖南调查总队
责任编辑 / 高媛媛
装帧设计 / 廖闻菲　王　艳
出版发行 / 中国统计出版社有限公司
地　　址 / 北京市丰台区西三环南路甲 6 号
邮政编码 / 100073
电　　话 / 邮购（010）63376909　书店（010）68783171
网　　址 / http://www.zgtjcbs.com
印　　刷 / 湖南雅嘉彩色印刷有限公司
经　　销 / 新华书店
开　　本 / 890mm×1240mm　1/16
字　　数 / 1100 千字
印　　张 / 44　0.75 彩页
版　　别 / 2023 年 10 月第 1 版
版　　次 / 2023 年 10 月第 1 次印刷
定　　价 / 350.00 元　Price:350.00 yuan(RMB)

本书附同版本 CD-ROM 一张，光盘内容以书面文字为准。
如有印装差错，由本社发行部调换。

地区生产总值（亿元）

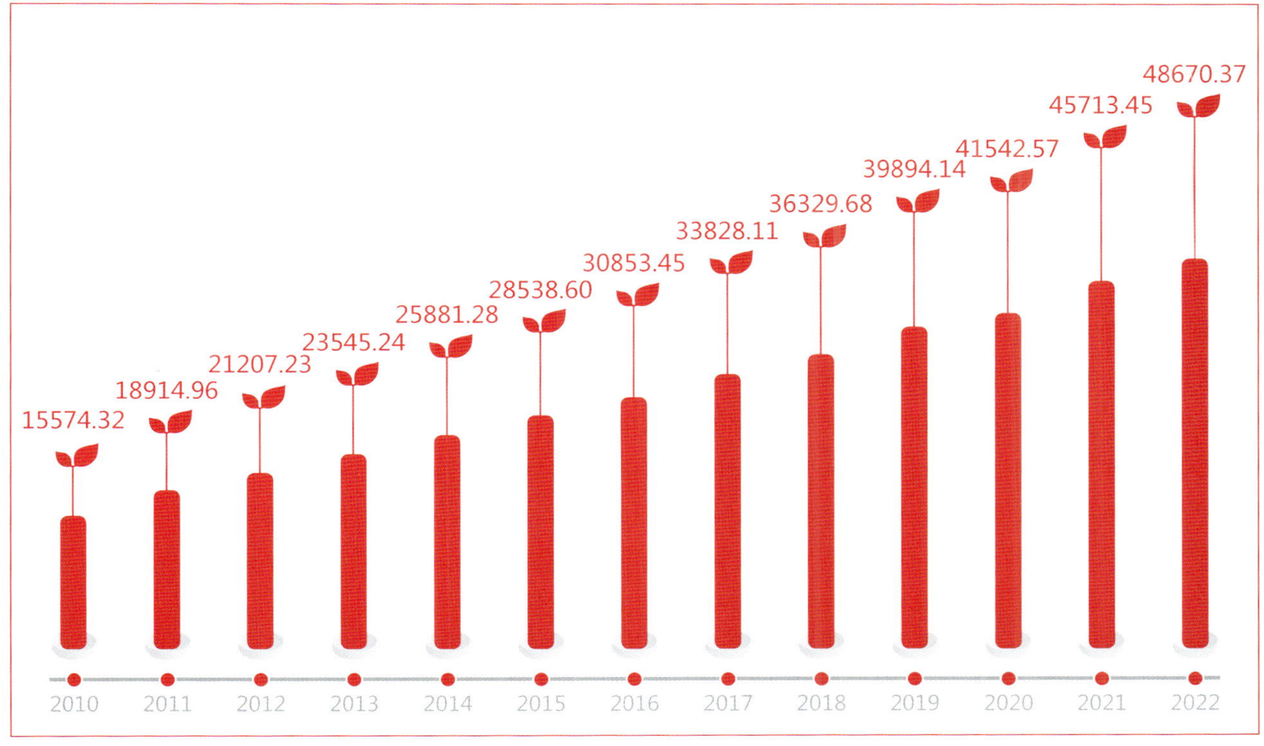

三次产业增加值（亿元）

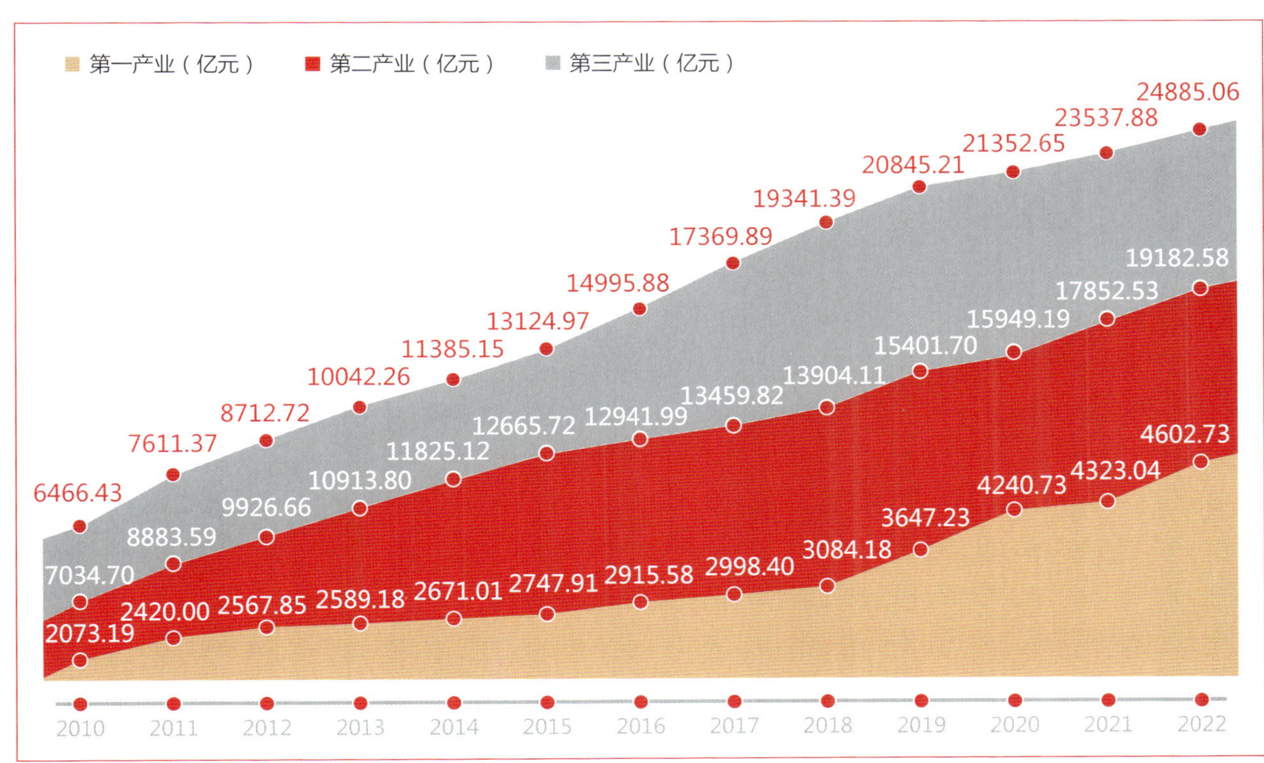

人均地区生产总值（元）

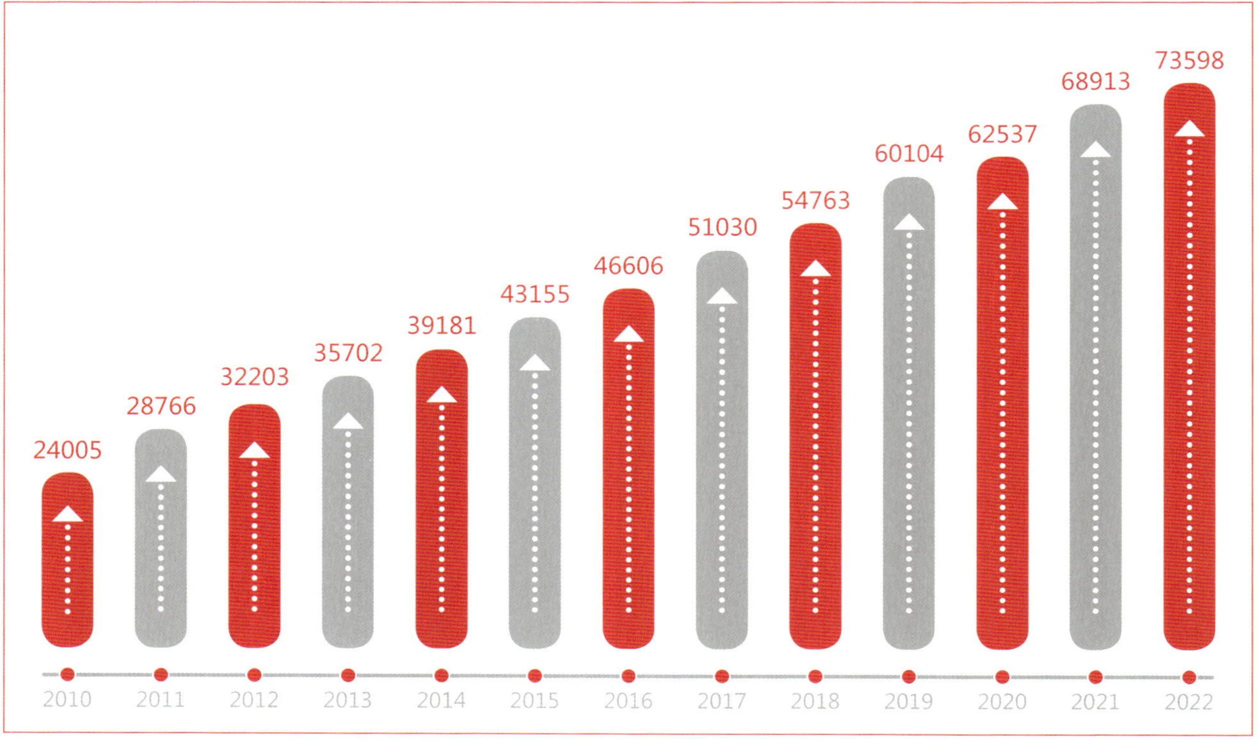

常住人口（万人）

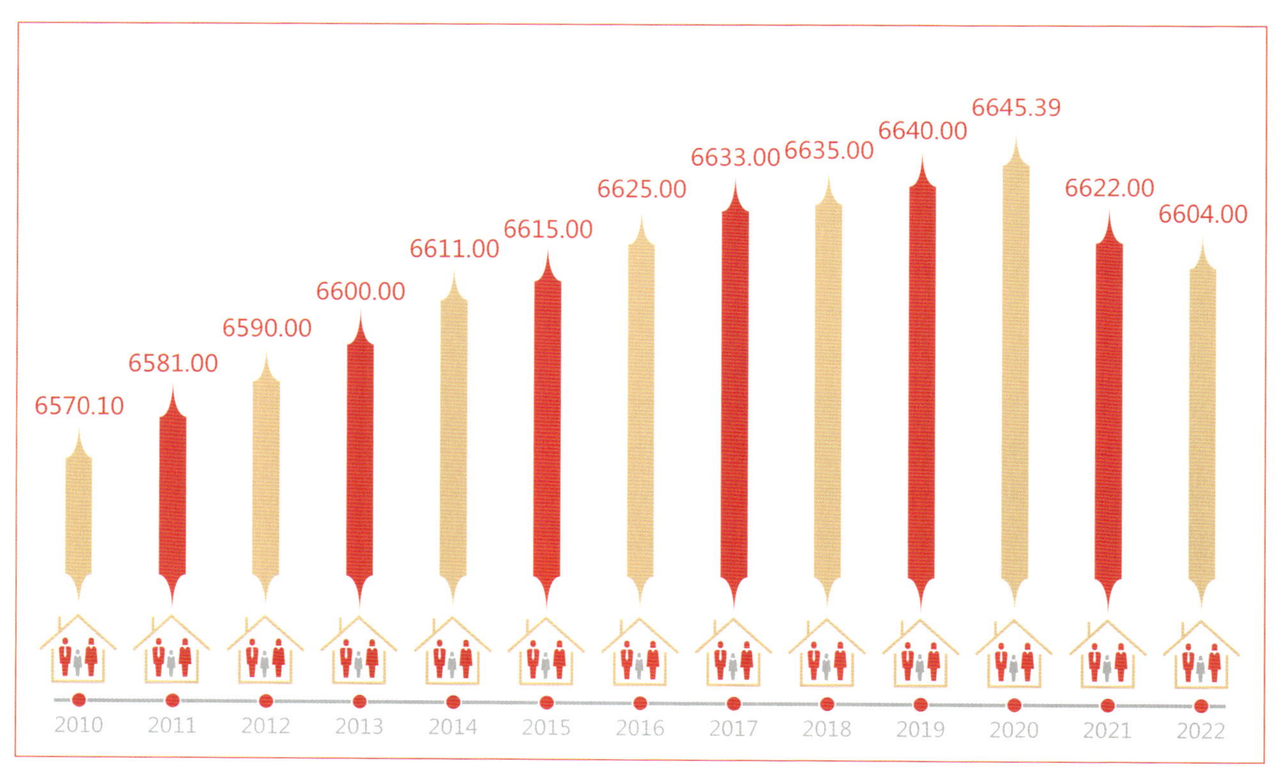

城镇化率（%）

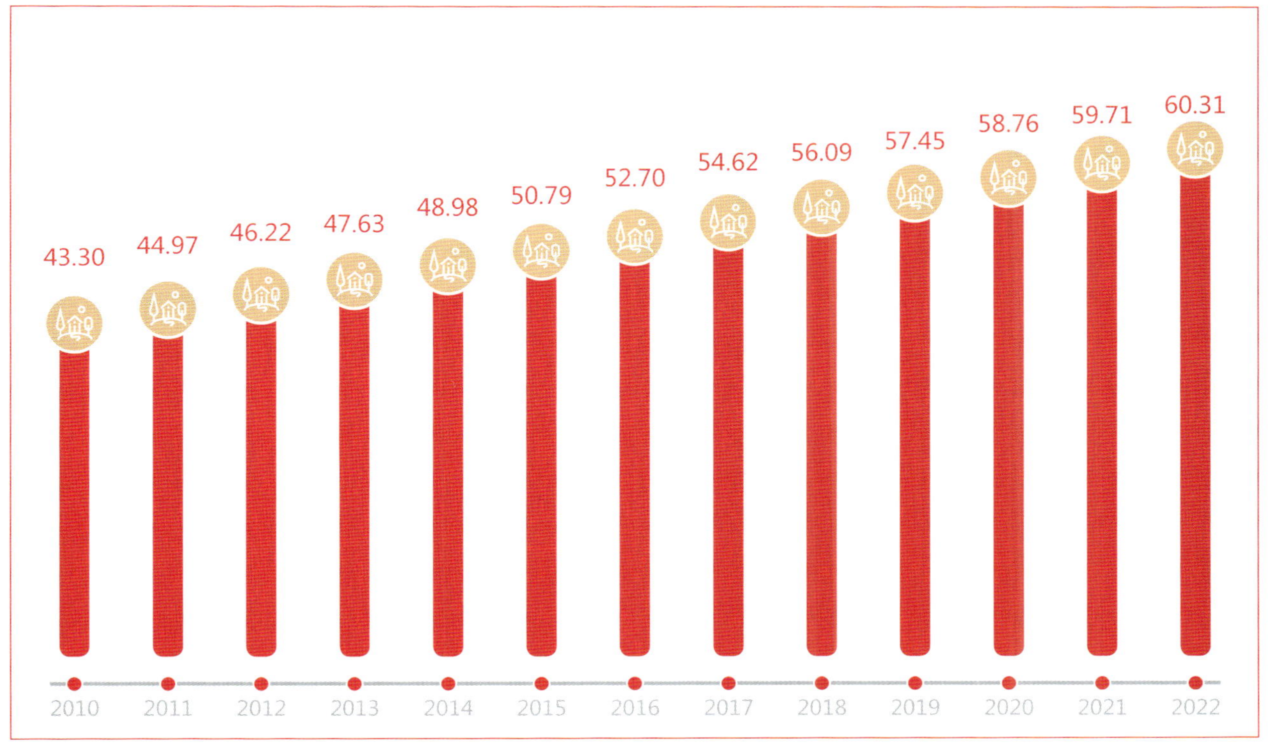

三次产业从业人口（万人）

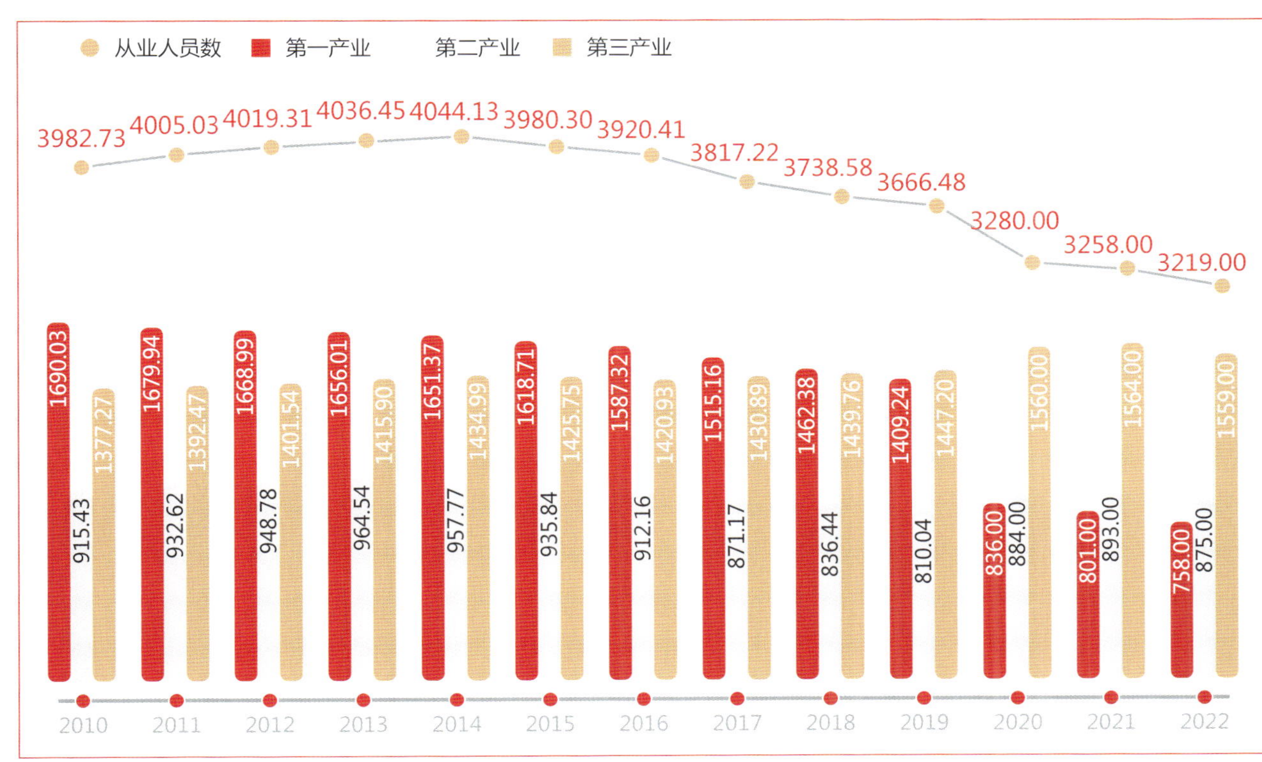

规模工业增加值增速（%）

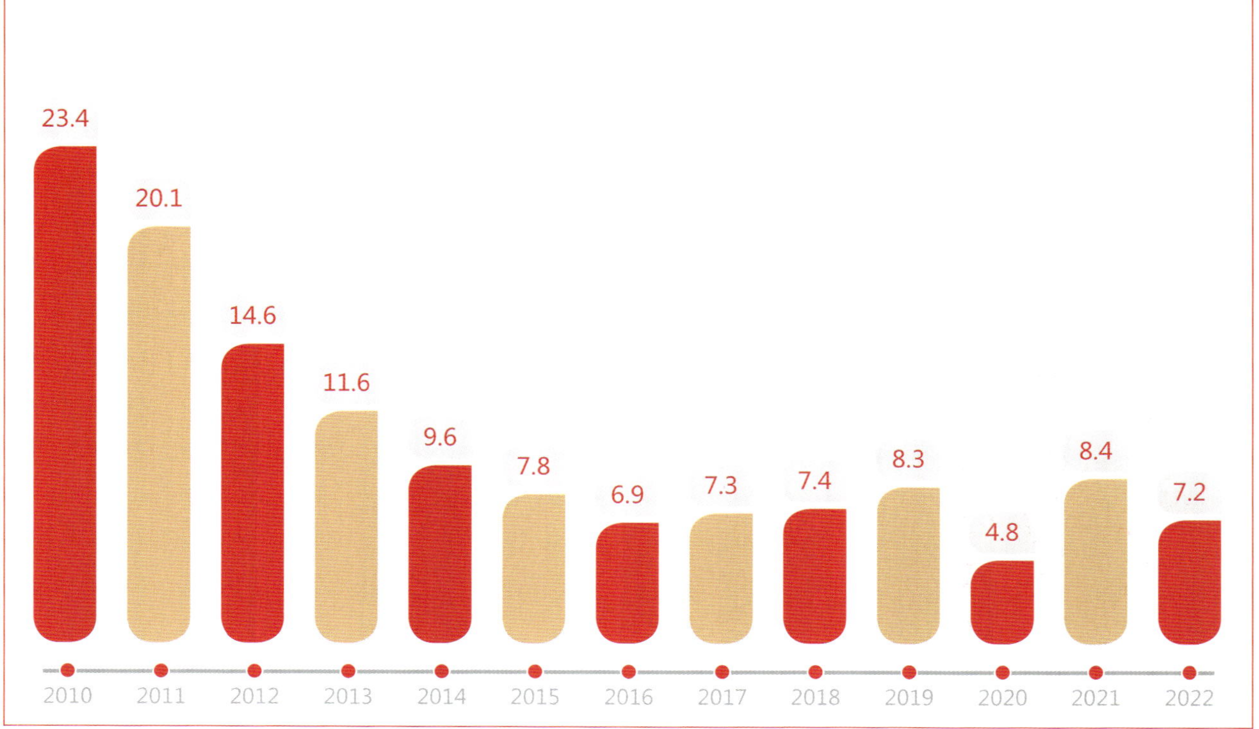

固定资产投资增速（%）

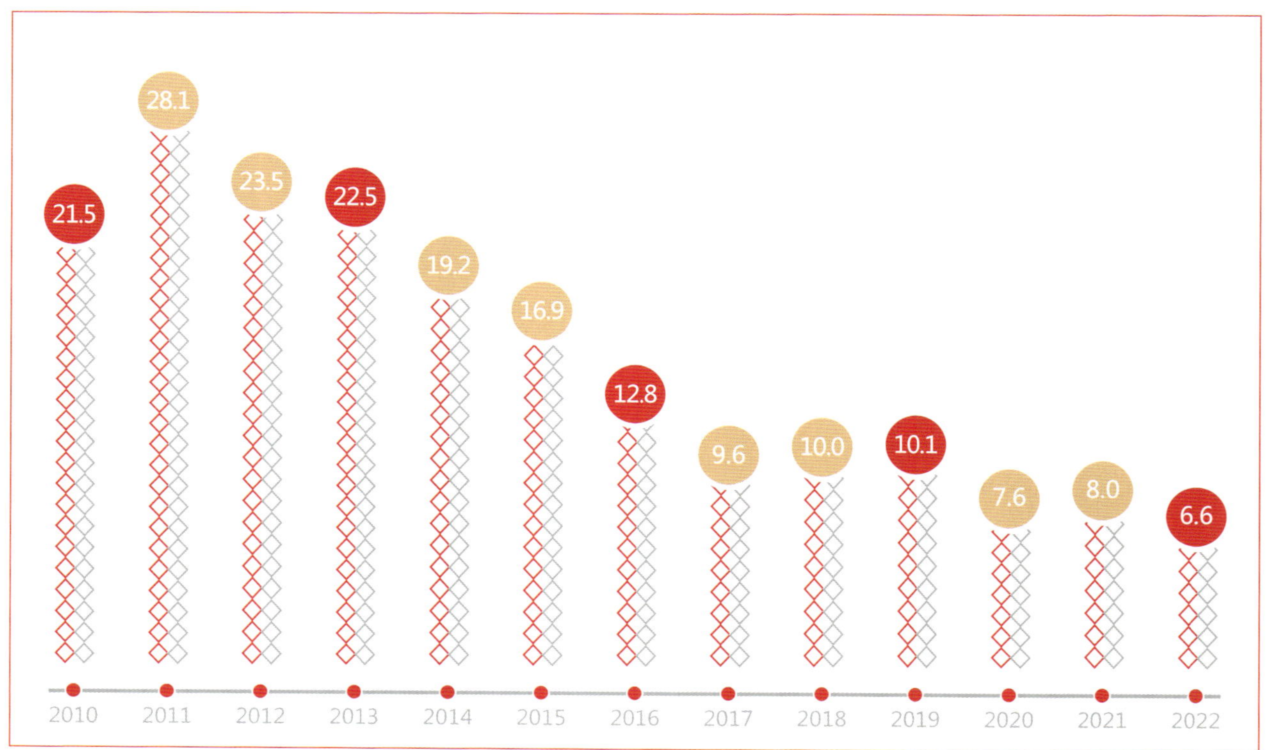

社会消费品零售总额（亿元）

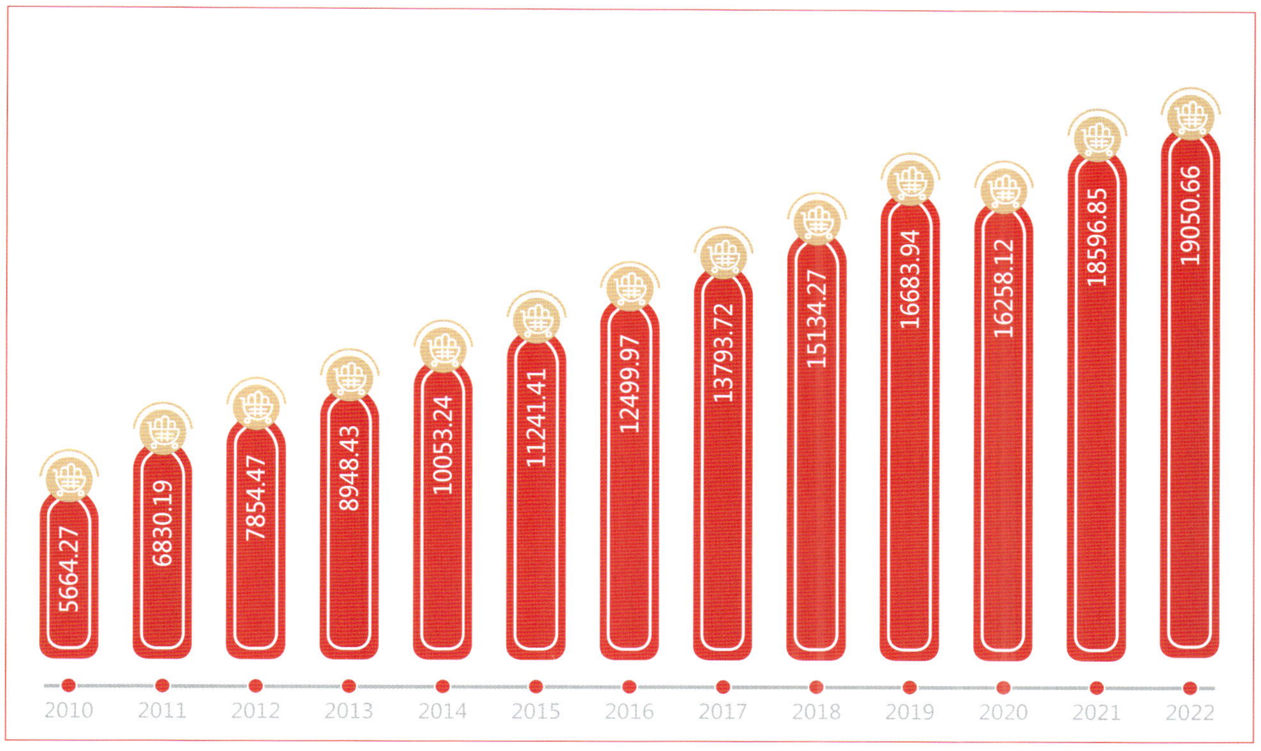

进出口总额（亿美元）

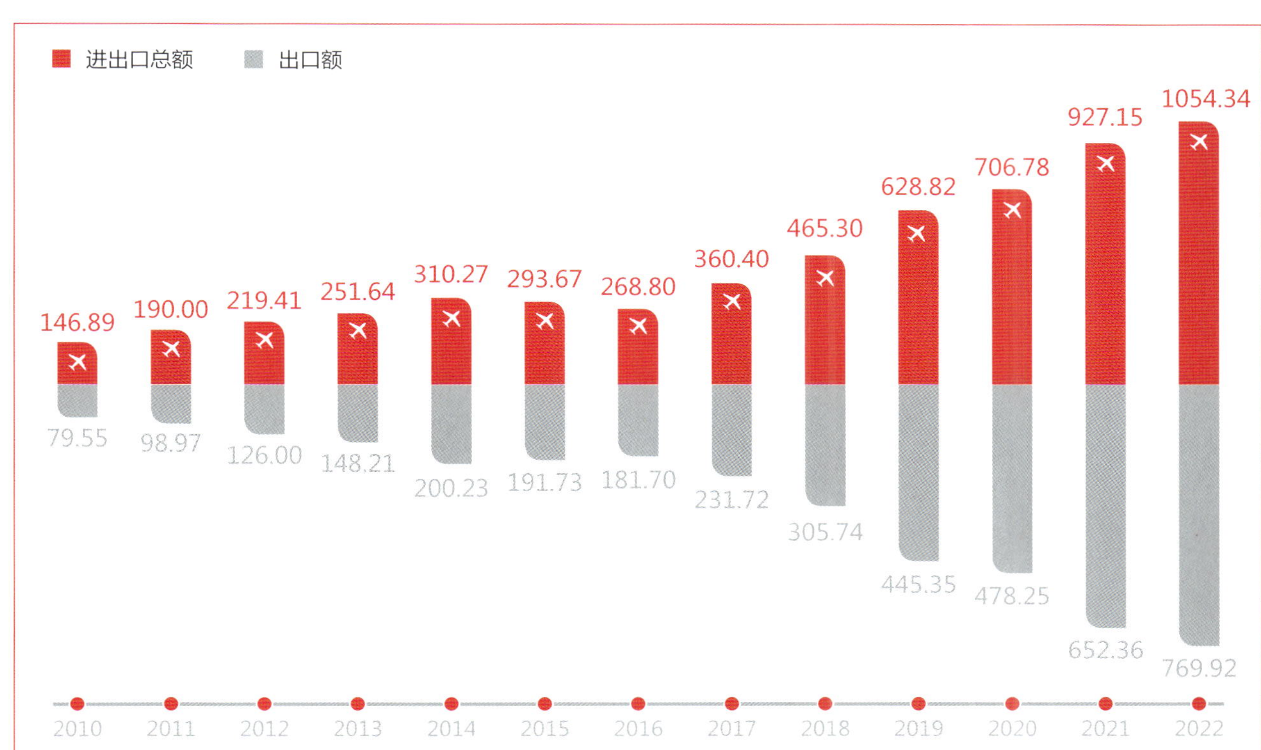

财政收支（亿元）

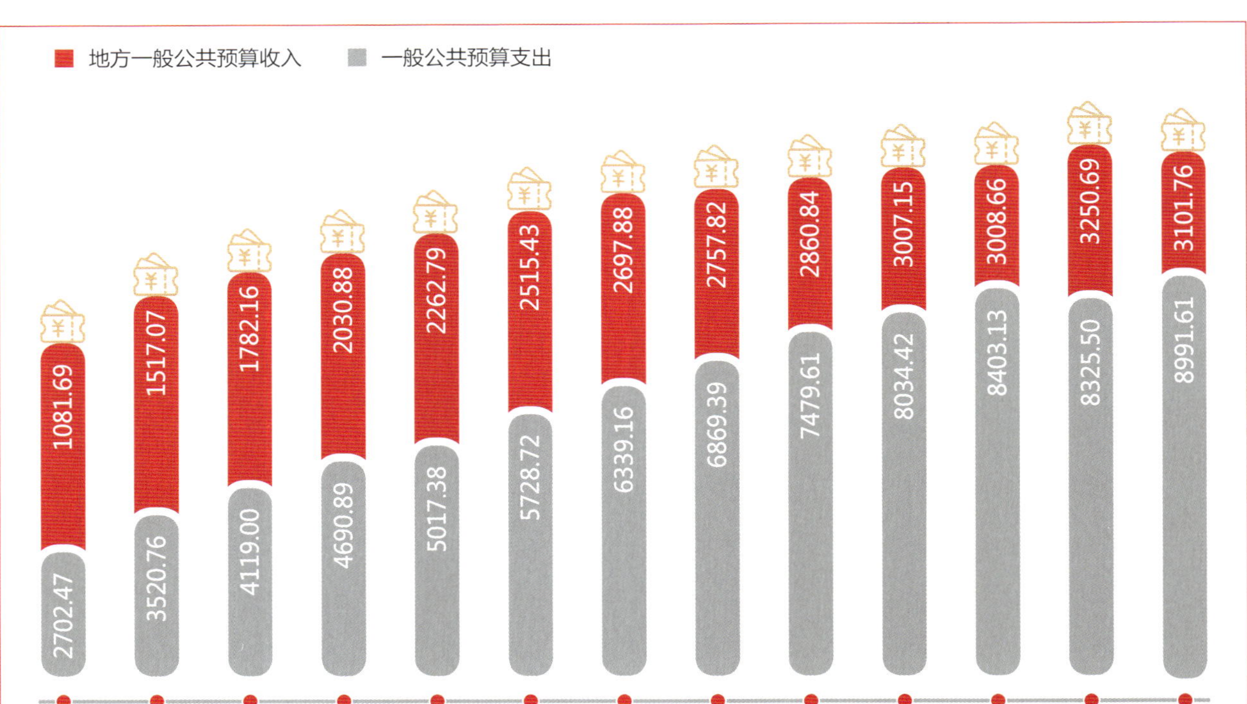

金融机构人民币存贷款余额（亿元）

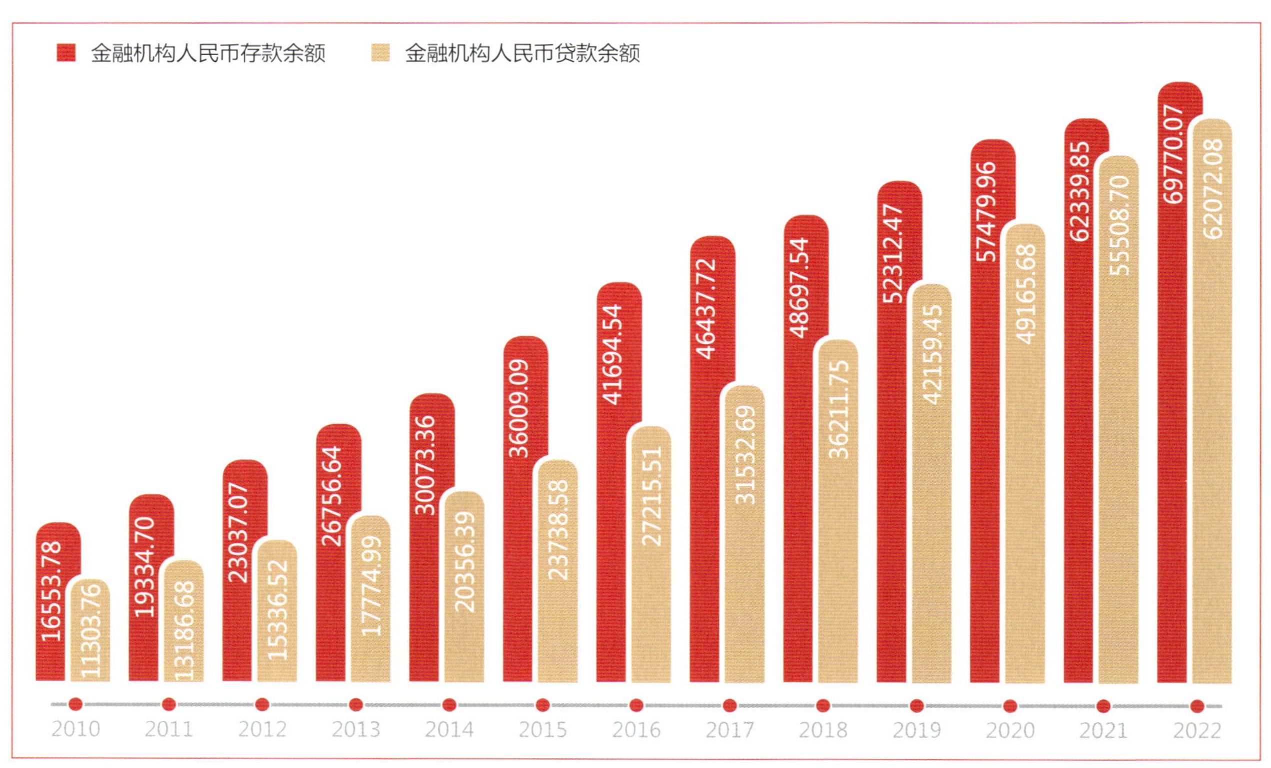

在岗职工年平均工资（元）

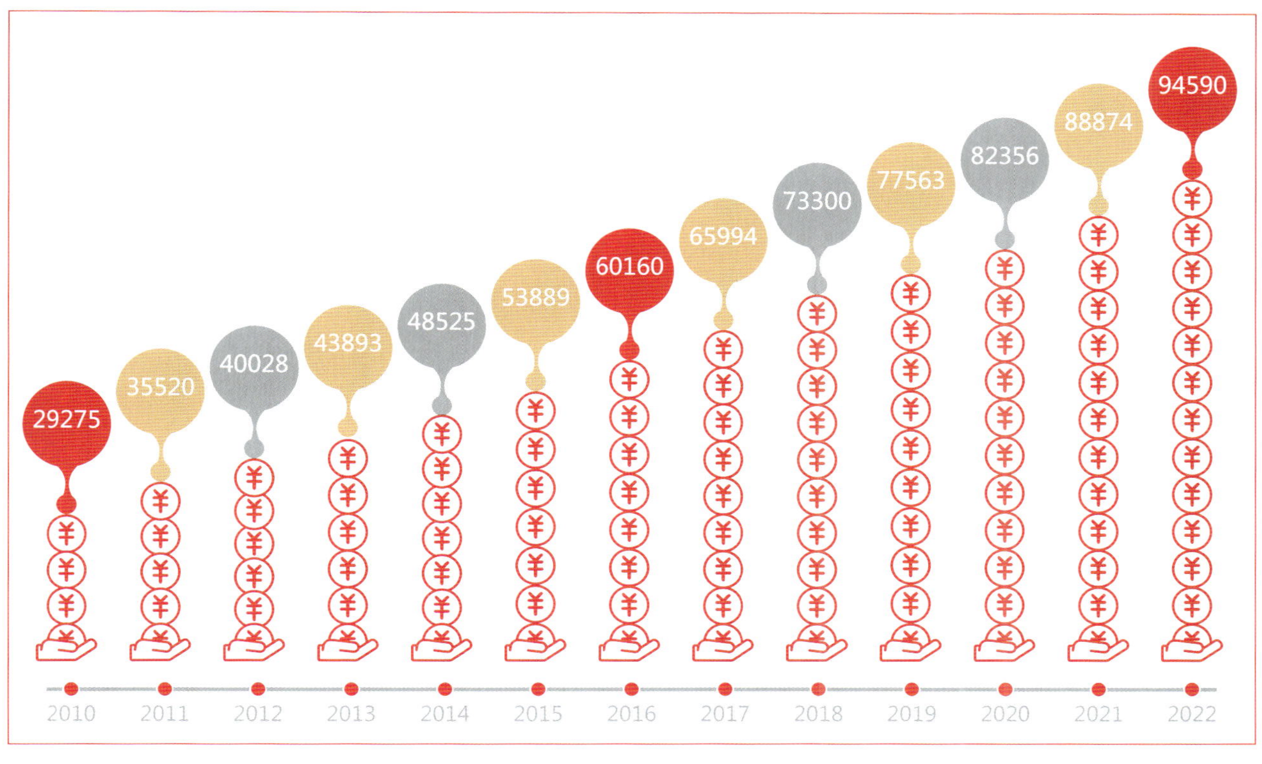

城乡居民人均可支配收入（元）

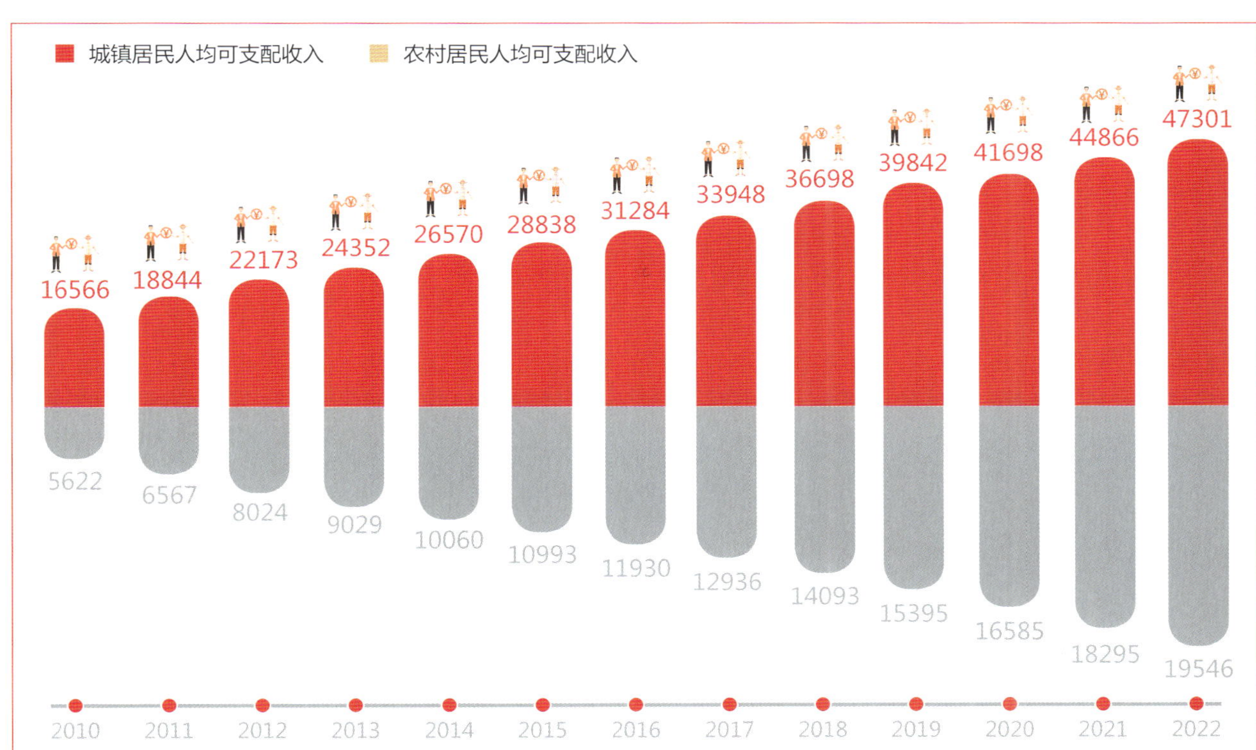

城乡居民人均消费支出（元）

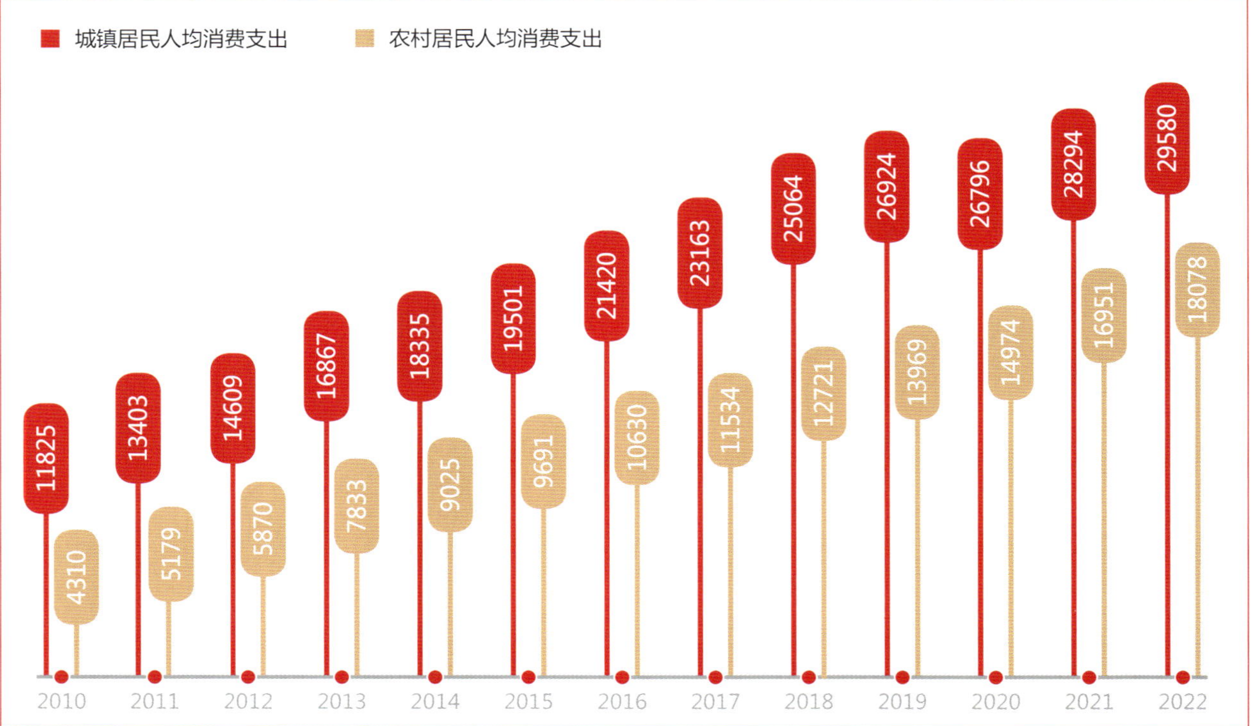

汽车拥有量（万辆）

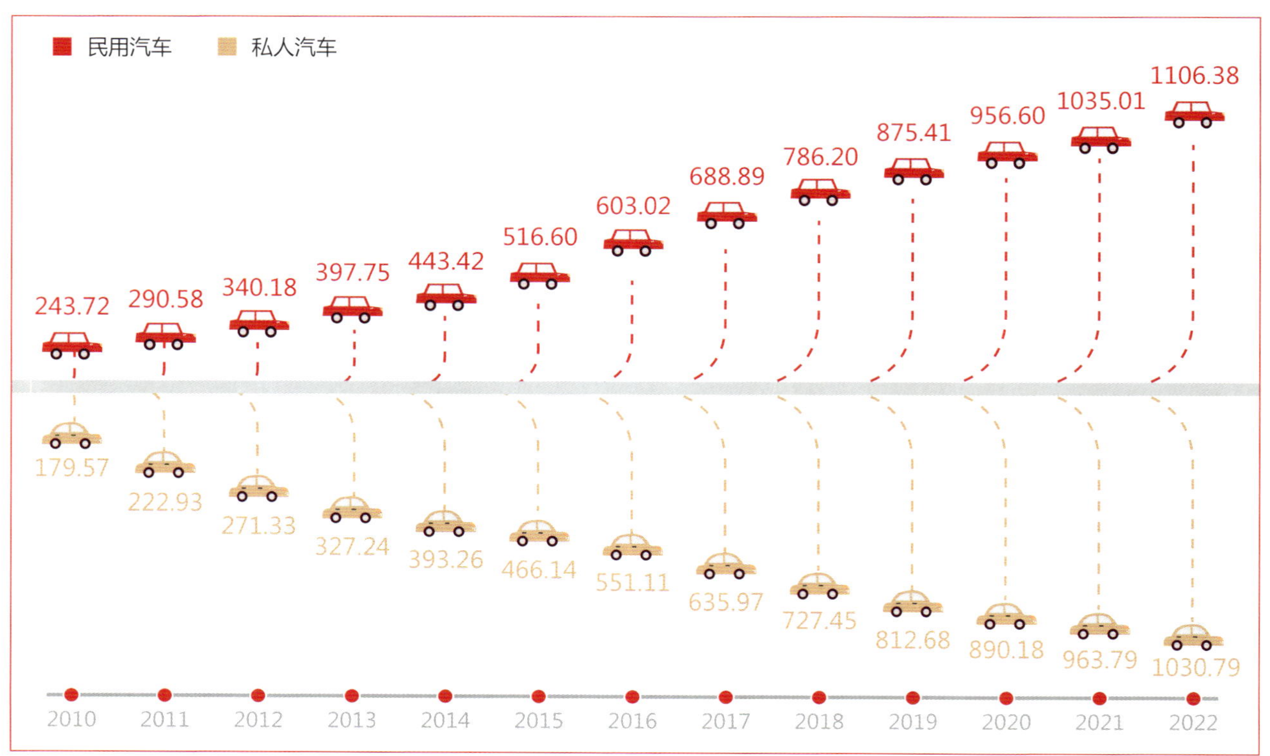

卫生技术人员与医生数（万人）

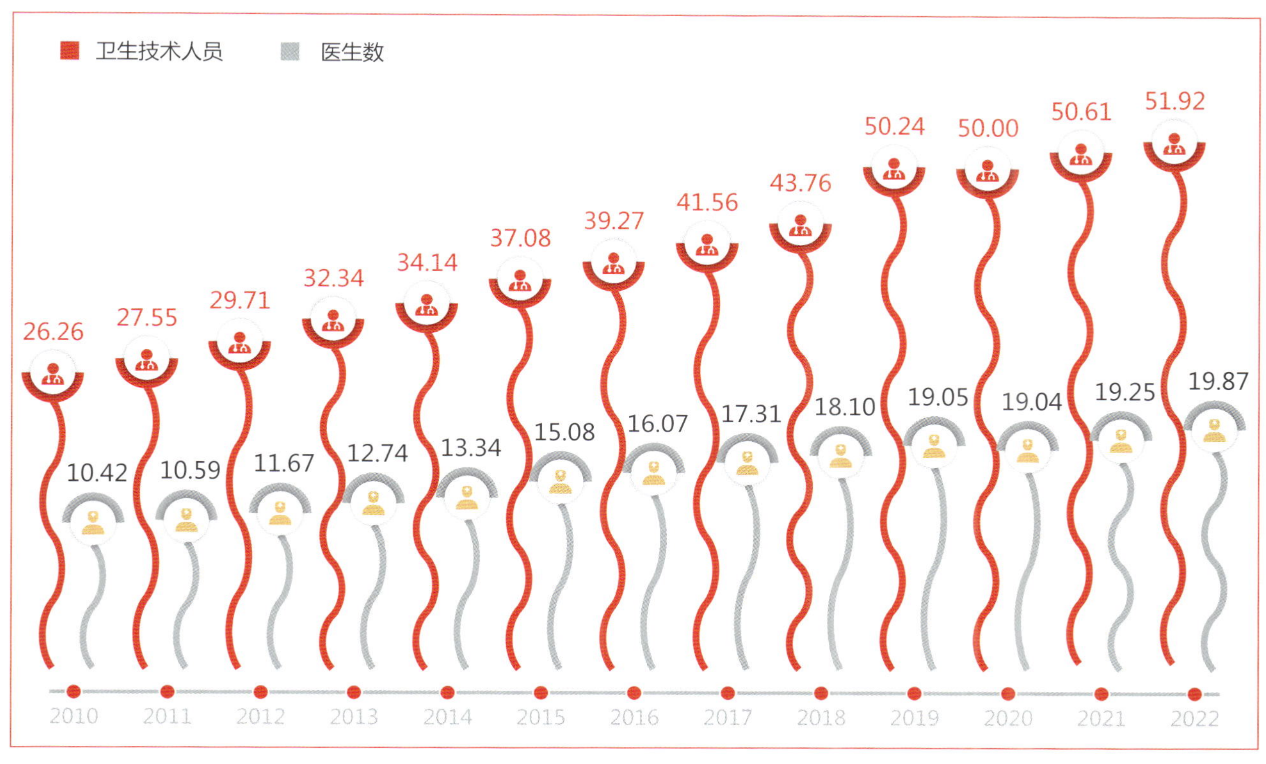

高等学校毕业生数（万人）

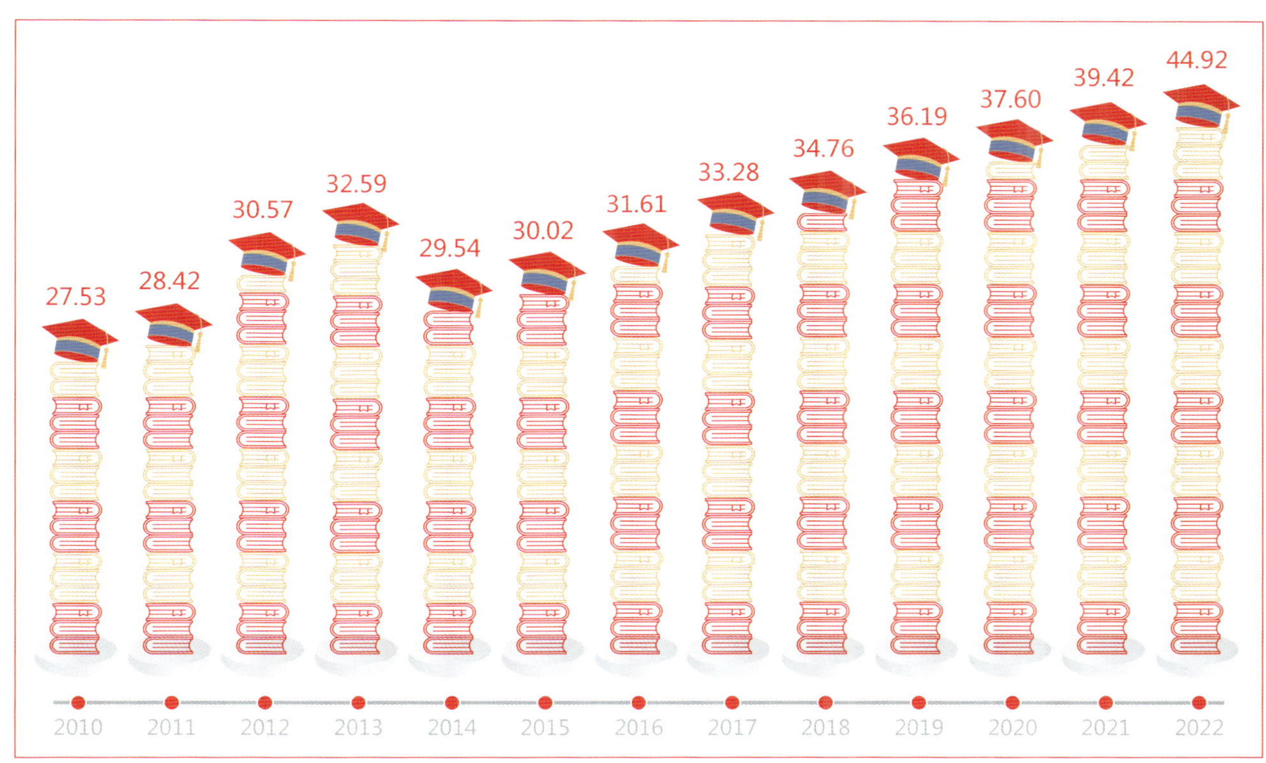

湖南的一天

指　标		Item		2010	2020	2021	2022
全省每天创造的财富		**Daily Production**					
地区生产总值	（亿元）	Gross Domestic Product	(100 million yuan)	42.67	113.82	125.24	133.34
农林牧渔业总产值	（亿元）	Gross Output Value of Farming, Forestry, Animal Husbandry and Fishery	(100 million yuan)	9.64	20.58	20.99	22.36
地方一般公共预算收入	（万元）	General Public Budget Revenue	(10 000 yuan)	29635.34	82429.13	89059.97	84979.79
布	（万米）	Cloth	(10 000 m)	127.46	35.89	28.55	21.95
机制纸及纸板	（吨）	Machine-made Paper and Paperboard	(ton)	10537.78	8660.27	9417.71	10096.32
原煤	（万吨）	Coal	(10 000 tons)	21.01	2.89	1.98	2.19
发电量	（万度）	Electricity	(10 000 kw.h)	32505.23	40992.05	45441.61	45450.96
原油加工量	（吨）	Machining Crude Oil	(ton)	16182.82	24050.68	22162.03	22693.27
粗钢	（吨）	Crude Steel	(ton)	48397.88	71586.30	71580.30	71580.30
钢材	（吨）	Steel	(ton)	49636.35	74538.90	81635.58	83241.22
水泥	（万吨）	Cement	(10 000 tons)	23.81	30.11	28.52	27.22
棉花	（吨）	Cotton	(ton)	621.92	204.02	220.52	225.49
油料	（吨）	Oil-bearing Crops	(ton)	4879.62	7141.59	7205.35	7588.01
苎麻	（吨）	Ramie	(ton)	111.13	11.81	9.61	9.20
烤烟	（吨）	Flue-cured Tobacco	(ton)	423.26	502.54	504.40	533.70
茶叶	（吨）	Tea	(ton)	320.99	685.15	708.32	726.94
柑橘	（吨）	Citrus	(ton)	10556.13	17168.81	17621.93	17515.70
进出口总额	（万美元）	Total Imports and Exports	(USD 10 000)	4024.34	19363.95	25401.33	28885.90
#进口额		#Total Imports		1844.93	6261.24	7528.43	7792.12
出口额		Total Exports		2179.42	13102.71	17872.90	21093.78
其他经济活动		**Other Daily Economic Activities**					
邮政业务总量	（万元）	Business Volume of Postal Services	(10 000 yuan)	877.47	11759.32	8105.26	8992.05
电信业务总量	（万元）	Business Volume of Telecommunications Services	(10 000 yuan)	8910.68	155376.71	17232.49	18270.68
出版图书	（万册）	Books Published	(10 000 copies)	85.35	132.24	139.66	165.95
出版杂志	（万册）	Magazines Published	(10 000 copies)	34.96	26.16	25.25	23.64
出版报纸	（万份）	Newspaper Published	(10 000 pieces)	353.70	198.10	183.41	145.07
全省每天人口变动和婚姻		**Daily Population Changes and Marriages**					
出生	（人）	Births	(person)	2510	1552	1296	1129
死亡	（人）	Deaths	(person)	1284	1441	1505	1548
结婚	（对）	Marriages	(couples)	1739	979	825	779
离婚	（对）	Divorces	(couples)	421	542	374	384

2023

湖南统计年鉴

编辑委员会和编辑工作人员

编辑委员会

编辑工作人员

2023

Hunan Statistical Yearbook
Editorial Board and Editorial Staff

Editorial Board

Editorial Staff

编辑说明

一、《湖南统计年鉴 2023》系统收录了全省及各市、州、县 2022 年经济和社会发展方面的大量统计数据，以及重要历史年份的全省主要统计数据，是一部全面反映湖南省经济和社会发展情况的资料性年刊。

二、全书分为首卷和统计资料。首卷为特载《2023 年湖南省政府工作报告》和《2022 年湖南省国民经济和社会发展统计公报》。统计资料分为 22 个章节，即：1. 综合；2. 国民经济核算；3. 人口；4. 就业人员和工资；5. 价格；6. 人民生活；7. 固定资产投资；8. 对外经济和旅游；9. 能源；10. 财政、金融和保险；11. 城市建设和环境保护；12. 农业；13. 工业；14. 建筑业；15. 交通运输、邮电和其他服务业；16. 批发和零售业、住宿和餐饮业；17. 教育和科技；18. 文化、体育和卫生；19. 党群、政法和社会服务；20. 区域经济；21. 各市、州主要经济和社会统计指标；22. 各县（市、区）主要经济和社会统计指标。为方便读者使用，各篇章篇末附有《主要统计指标解释》。

三、本年鉴中的长株潭城市群包括长沙市、株洲市和湘潭市；环长株潭城市群包括长沙市、株洲市、湘潭市、衡阳市、岳阳市、常德市、益阳市和娄底市；湘南地区包括衡阳市、郴州市和永州市；大湘西地区包括湘西自治州、怀化市、张家界市、邵阳市和娄底市；洞庭湖地区包括岳阳市、常德市、益阳市。

四、与《湖南统计年鉴 2022》相比较，本年鉴在内容和篇章结构上主要做了如下修订：删减园区统计有关数据表，删减脱贫摘帽县（市、区）基本情况表、限额以上批发零售企业商品分类零售额表、R&D 活动产出情况表。

五、本年鉴按照《中国统计年鉴》大体框架和规范要求编辑。统一使用《中国统计年鉴》指标解释。所使用的度量衡单位均采用国际统一标准计量单位。

六、本年鉴中涉及的历史数据，均以最新出版的本年鉴为准；本年鉴中部分数据合计数或相对数由于单位取舍不同而产生的计算误差，均未作机械调整。

七、本年鉴中 2022 年国民经济核算数据为快报数据。特载《2023 年湖南省政府工作报告》《2022 年湖南省国民经济和社会发展统计公报》使用的数据均为快报数或初步统计数。

八、本年鉴中的符号使用说明："空格"表示该项统计指标数据不详、无该项统计数据或数据不足最小计量单位；"#"表示其中的主要项。

九、本年鉴编辑中如有不足之处，恳请广大读者批评指正。

EDITOR'S NOTES

Ⅰ. *Hunan Statistical Yearbook* 2023 is an annual statistical publication, which reflects comprehensively the economic and social development of Hunan. It covers data for 2022 and key statistical data in some historically important years at provincial level and local levels of cities, prefecture and counties.

Ⅱ. *Hunan Statistical Yearbook* 2023 includes a special issue and statistical figures. The special issue are 2023 Hunan Provincial Government Work Report and Hunan Province Statistical Communiqué for the 2022 National Economic and Social Development.The statistical data contain the following 22 parts: 1. General Survey; 2. National Accounts; 3. Population; 4. Employment and Wages; 5. Prices; 6. People's Livelihoods; 7. Investment in Fixed Assets; 8.Foreign Economy and Tourism 9. Energy; 10. Government Finance, Banking and Insurance; 11. Construction of Cities and Environmental Protection; 12. Agriculture; 13. Industry; 14. Construction; 15. Transportation, Post , Telecommunication and other Services; 16. Wholesale and Retail Trades, Hotels and Catering Services; 17. Education, Science and Technology; 18. Culture, Sports and Public Health; 19.Party and Mass, Politics and Law, Social Service; 20. Regional Economy; 21. Main Economic and Social Statistics Indicators of Cities and States; 22. Main Economic and Social Statistics Indicators of Counties and Cities (districts). To facilitate readers, at the end of each chapter, Explanatory Notes on Main Statistical Indicators are included.

Ⅲ. The Chang-Zhu-Tan City Clusters in this yearbook includes Changsha city, Zhuzhou city and Xiangtan City; The Rim Chang-Zhu-Tan City Clusters consists of Changsha, Zhuzhou, Xiangtan, Hengyang, Yueyang, Changde, Yiyang and Loudi; Southern Hunan includes Hengyang city, Chenzhou city and Yongzhou City; Great Xiangxi Region includes Xiangxi Autonomous Prefecture, Huaihua city, Zhangjiajie City, Shaoyang City and Loudi City; Dongting Lake includes Yueyang, Changde, Yiyang.

Ⅳ. Compared with Hunan Statistical Yearbook 2022, the following revisions have been made to the content and chapter structure of this yearbook: deletion of the data table related to park statistics, deletion of the table on the basic information of counties (cities and districts) that have been eliminated from poverty eradication, the table on the retail value of commodities classified by wholesalers and retailers with quotas of more than one and the table on the output of R&D activities.

Ⅴ. The yearbook is edited according to the frame and standard of China Statistical Yearbook. The indicator explanatory notes are edited according to China Statistical Yearbook. The units of measurement adopted in China Statistical Yearbook are internationally unified standard.

Ⅵ. The historical data involved in this yearbook are subject to the latest edition of this yearbook; No mechanical adjustment has been made for the calculation errors caused by different units of total or relative data in this yearbook.

Ⅶ. The 2022 national economic accounting data in this yearbook are express data. The data used in 2023 Hunan Provincial Government Work Report and Hunan Province Statistical Communiqué for the 2022 National Economic and Social Development.are all express numbers or preliminary statistics.

Ⅷ. Notations used in the yearbook: (blank space) indicates that data are unknown ,or are not available ,or the figure is not large enough to be measured with the smallest unit in the table; "#" indicates the major items of the total.

Ⅸ. Based on our limited level, perhaps there are some mistakes in the yearbook, all candid comments and criticism from our readers are heartily welcome.

特 载

SPECIAL ISSUE

统计资料

STATISTICAL DATA

一、综合

General Survey

二、国民经济核算
National Accounts

三、人口
Population

四、就业人员和工资
Employment and Wages

五、价格
Prices

六、人民生活

People's Livelihoods

七、固定资产投资
Investment in Fixde Assets

八、对外经济和旅游
Foreign Economy and Tourism

九、能源

Energy

十、财政、金融和保险
Government Finance, Banking and Insurance

十一、城市建设和环境保护
Construction of Cities and Environmental Protection

十二、农业
Agriculture

十三、工业
Industry

十四、建筑业
Construction

十五、交通运输、邮电和其他服务业
Transportation, Postal, Telecommunication and Other Services

十六、批发和零售业、住宿和餐饮业

Wholesale and Retail Trades, Hotels and Catering Services

十七、教育和科技

Education, Science and Technology

十八、文化、体育和卫生

Culture, Sports and Public Health

十九、党群、政法和社会服务
Party and Mass, Politics and Law, Social Service

二十、区域经济
Regional Economy

二十一、各市、州主要经济和社会统计指标

Main Economic and Social Statistics Indicators of Cities and Prefecture

二十二、各县（市、区）主要经济和社会统计指标

Main Economic and Social Statistics Indicators of Counties and Cities (Districts)

政府工作报告

——2023 年 1 月 14 日在湖南省第十四届人民代表大会第一次会议上

湖南省人民政府省长　毛伟明

各位代表：

现在，我代表省人民政府，向大会作政府工作报告，请予审议，并请各位政协委员提出意见。

一、过去一年和五年工作回顾

2022 年，极其难忘、历历在目。面对风高浪急的国际环境和艰巨繁重的国内改革发展稳定任务，以及需求收缩、供给冲击、预期转弱三重压力，全省上下始终坚持以习近平新时代中国特色社会主义思想为指导，在中共湖南省委坚强领导下，以迎接党的二十大胜利召开和学习、宣传、贯彻党的二十大精神为主线，认真贯彻疫情要防住、经济要稳住、发展要安全的要求，全面落实“三高四新”战略定位和使命任务，坚持“稳、进、高、新”工作方针，全力抓好“两个统筹”，积极应对汛情旱情疫情叠加冲击，实现了主要经济指标难中有进、稳中向好、好于全国、好于预期。完成地区生产总值 4.87 万亿元，同比增长 4.5%、高于全国 1.5 个百分点；地方一般公共预算收入达 3101.8 亿元，同口径增长 6.6%；规模工业增加值增长 7.2%，高于全国 3.6 个百分点，居经济十强省第 1 位；固定资产投资增长 6.6%，高于全国 1.5 个百分点；社会消费品零售总额增长 2.4%，高于全国 2.6 个百分点；进出口总额增长 20.2%，突破 1000 亿美元；城乡居民收入分别达 47301 元、19546 元，分别增长 5.4%、6.8%，高于经济增速；粮食总产达 603.6 亿斤，连续三年保持总产 600 亿斤以上，向三湘父老交出一份合格的、来之不易的好答卷。主要抓了以下工作：

*一是科学统筹发展和安全。*以针对性举措，化解突出矛盾，牢牢掌握工作主动权。精准施策防控新冠疫情。坚决落实国家部署，成功处置多地多轮及 G2190 次列车疫情；认真做好“乙类乙管”各项工作，全力保健康、防重症，确保平稳转段和社会秩序稳定；先后派出 24 批次 5600 多名医疗队员支援 10 个省市区，受到国务院联防联控机制和受援地区肯定与好评。痛定思痛狠抓安全生产。深刻汲取长沙“4・29”特别重大居民自建房倒塌事故教训，扎实开展自建房排查、安全生产两个“百日攻坚”行动，排查整治一批重大风险隐患，全省安全生产事故起数、死亡人数分别下降 10.4%、9.6%。出台居民自建房安全管理地方性法规，建立健全居民自建房全生命周期管理长效机制。积极稳妥应对极端天气。成功应对 3 轮低温雨雪冰冻灾害、9 轮汛期强降雨，以及 1961 年有完整气象记录以来最严重旱情，颁布最严封山禁火令，采取“八条断然措施”，有效遏制森林火灾，并经受了夏季电力 4043 万千瓦历史最大负荷考验，实现了大旱之年无大灾。

*二是扎实稳住经济大盘。*以确定性应对不确定性，以可预期对冲超预期，不负“经济大省要勇挑大梁”的嘱托。创造性落实稳增长政策。大力度推动“直达快享”，出台稳工业 26 条、促服务业 36 条，推出稳经济“1+8”政策体系，得到国务院第九次大督查第十一督查组、国务院稳住经济大盘督导和服务

工作组的充分肯定。专班式推进稳增长工作。运用专班协调整合力量，在接续落实政策、谋划做实项目、抗旱应急救援、争取国家支持方面取得积极成效，推动了长赣高铁、湖区重点垸堤防加固等项目的落地，争取政策性开发性金融工具授信签约项目85个、基金规模近300亿元。前瞻性加强稳增长调度。年初突出重大项目铺排布阵、集中开工，年中重点抓招商引资、湘商回归，年末抓进度落实、目标完成，全年始终抓牢实物工作量，推出了总投资超3万亿元的809个基础设施项目，335个省重点项目完成投资6025亿元，常益长高铁、平伍益高速等重大项目建成通车。点对点开展稳增长服务。开展“万名干部联万企”行动，动员4.7万名干部，为18.4万户企业“送政策、解难题、优服务”，帮助企业解决问题7.3万个，退减缓税费超过1000亿元。同时，高质量划定“三区三线”，出台土地要素保障42条；成功组建湖南银行，引导金融机构加大信贷投放，全省新增社会融资规模近万亿元，贷款余额增长11.7%。一季度平稳度“坎”，二季度迅速企稳，三季度重回“6”左右，四季度决战决胜，全年达到了“取其上、得其上”的超预期效果。

三是聚力打造“三个高地”。以打造“高地”引领全省质量变革、效率变革、动力变革。抓住“四个着力点”打造国家重要先进制造业高地。加快制造业关键产品“揭榜挂帅”，推进产品创新强基，实施产业链供应链提升工程，全省制造业占比提高0.4个百分点、达28.2%。新增国家制造业单项冠军企业（产品）21个、专精特新“小巨人”企业174家，上榜全球独角兽企业2家，新增国家先进制造业集群2个。抢占“四个制高点”打造具有核心竞争力的科技创新高地。“十大技术攻关项目”累计突破94项关键技术，第三代半导体核心装备、海上风电塔筒变压器等打破国外垄断，高精度北斗芯片、8英寸集成电路成套装备等技术国际领先，航空发动机异形构件精密铸造技术取得重大突破。引进高层次科技人才和团队121人（个），获批国家级知识产权保护中心。突出“四个关键点”打造内陆地区改革开放高地。高质量举办世界计算大会、国际通用航空产业博览会、全球湘商大会、首届湖南旅游发展大会，实际利用外资、对外投资规模均居中部第一，对非贸易规模居中西部第一。自贸试验区形成47项制度创新成果。国企改革三年行动任务全面完成。湘江新区和省直单位主管高职院校管理体制改革顺利推进。农村宅基地制度改革试点稳步实施。

四是一体布局“三大支撑”。出台实施“139”系列政策，以电力保障算力、算力促进动力，三力一体发力，取得积极进展。以电力为基础的能源支撑坚强有力。“宁电入湘”进展顺利，平江电厂、荆门—长沙特高压交流工程等项目建成投产，风电、光伏规模化开发建设步伐加快，审批和开工的抽水蓄能项目装机容量居全国第5位。以算力为代表的新基建支撑先行一步。算法创新等六大行动率先启动实施，长沙国家级互联网骨干直联点开通运行，国家超级计算长沙中心算力达到200PF、国内领先，国家工业互联网创新发展示范区成功获批，数字经济连续五年保持两位数增长、规模突破1.5万亿元。以科技创新为重点的动力支撑能级跃升。岳麓山实验室等“四大实验室”、大飞机地面动力学试验平台等“四大科技基础设施”布局建设，杂交水稻等6家实验室获批全国重点实验室。全省区域创新能力前进3位、排全国第8位，高新技术产业增加值增长12.7%。

五是系统推进“八项重点”。以重点突破带动整体提升，努力保持经济合理增长和结构优化升级相统一。产业培育强基赋能。“十大产业项目”全面完成，产业发展“万千百”工程深入推进，中联智慧产业城、邵虹基板玻璃等项目投产或部分投产，28个百亿项目完成投资1142亿元，全省产业投资增长11.3%。轨道交通装备进入欧盟高端市场，新能源汽车产量增长2倍，规模以上电子信息制造业营收增长20.2%。企业成长加力提速。市场主体倍增工程和新增规模以上工业企业、企业上市“金芙蓉”跃升行动

强力推进。全省实有市场主体达635万户、增长16.3%，制造业百亿企业达43家，新增规模以上工业企业1800家以上、上市和过会企业12家。湖南钢铁进入财富世界500强、三一集团跻身福布斯全球500强，5家企业位列“全球工程机械50强”。园区发展转型增效。“五好”园区创建六项重点工作成效明显，规模工业增加值占比达72.5%、提高2.7个百分点，税收占比达50%、提高6.5个百分点。宁乡高新区升格为国家级。营商环境进位争先。全省优化营商环境大会以问题为导向，首次开至县市区、园区，认真找茬揭短，倒逼改进、实现赶超，“十个坚决”措施强力推出。在2022年度全国工商联“万家民营企业评营商环境”活动中，我省排全国第7位、长沙市排全国城市第6位，均居中西部地区首位。湘商回归新注册企业953家、到位资金4475亿元，引进“三类500强”企业项目393个、总投资近4400亿元。

六是协同推动区域发展。立足“一带一部”区位优势，构建湖南特色区域发展新格局。在抢抓国家战略机遇中乘势而上。深度融入共建“一带一路”、长江经济带发展、长三角一体化发展、粤港澳大湾区建设等国家战略，稳步推进湘鄂赣高质量协同发展，深入开展湘赣边区域合作。在全面实施强省会战略中带动全局。出台落实强省会战略“1+N”系列政策，成功获批长株潭都市圈发展规划，落地实施长株潭绿心中央公园总体设计和湘江科学城规划，长沙市跻身特大城市行列，长株潭经济总量占比超过40%。在区域板块联动发展中各展其长。岳阳、衡阳经济增速分别高于全省0.9个、0.7个百分点，洞庭湖生态经济区单位GDP能耗低于全省6个百分点，湘南地区规模工业增加值增速高于全省1.1个百分点，大湘西地区基础设施投资增速高于全省19.8个百分点。全省城镇化率突破60%、达60.3%，特色小镇达60个。

七是全面推进乡村振兴。在水旱交攻下，我们全力稳住农业基本盘，巩固拓展脱贫攻坚成果，乡村振兴迈出坚实步伐。以端牢中国饭碗为目标。抓住耕地和种子两个要害，优质低镉水稻科研国际领先，田长制全面推行，新建高标准农田460万亩，粮食总产连续三年超600亿斤，油茶籽产量稳居全国第一。以产业振兴为关键。优质湘猪等6个国家级优势特色农业产业集群加快建设，国家级现代农业产业园达到8个，农产品加工业产值突破2万亿元；家庭农场、农民合作社分别达19.3万个、11.9万家，农村客货邮融合发展试点顺利，建设农产品产地冷藏保鲜设施2500个。以人居环境改善为切入。提质改造旅游路、资源路、产业路6996公里，美丽乡村示范村达7500个，汨罗市、娄星区、浏阳市、赫山区纳入国家首批乡村振兴示范创建县。以防止规模性返贫为底线。支持15个乡村振兴重点帮扶县跨越发展，深入开展“万企兴万村”行动，脱贫地区农村居民收入增速高于全省农村居民收入增速。

八是突出保障改善民生。努力把群众“盼的事”变成我们“干的事”。城镇新增就业73.6万人，城镇调查失业率稳定在5.5%左右，为中部地区最好水平。退休人员养老金、城乡低保、残疾人“两项补贴”、特困人员救助供养标准，以及城乡居民大病保险和医疗救助保障水平稳步提高。增加公办义务教育学位44万个，本科录取人数增加2.9万人，5所高校15个学科进入国家第二轮“双一流”建设序列。完成3649项污染治理项目，一批突出生态环境问题得到解决。

我们大力推动各项事业发展。成功举办“奋进新时代”主题成就展（湖南单元）和“中国这十年·湖南”主题新闻发布会，深化拓展新时代文明实践中心建设。深入开展“雅韵三湘”等群众文化活动。圆满举行壬寅年公祭舜帝大典，成功举办湖南省第十四届运动会、第十一届残疾人运动会。

各位代表!

五年来，特别是2020年9月习近平总书记考察湖南以来，全省上下牢记嘱托、砥砺奋进，经济社会事业取得长足进步、发生重大变革、不断转向高质量发展，湖南的地位日益提升，湖南的亮点日益增彩，参与世界竞争的湖南元素日益增多，中国式现代化湖南实践的基础更加坚实。

这五年，经济实力实现历史性跃升。三次产业结构由 8.9 ∶ 39.8 ∶ 51.3 调整为 9.5 ∶ 39.4 ∶ 51.1。地区生产总值从 3.38 万亿元增长到 4.87 万亿元，年均增长 6.2%、高于全国 1 个百分点，人均突破 1 万美元。装备制造、原材料、消费品成为万亿产业，千亿级产业达 16 个。民营企业百强营业收入和资产总额均突破万亿元。金融机构存贷款余额分别突破 7 万亿元、6 万亿元。城乡居民收入大幅增长。

这五年，科技创新取得突破性进展。全社会研发经费支出年均增长 15%、增速居全国前列。高新技术企业年均净增 1800 多家，高新技术产业增加值突破万亿，技术合同交易成交额年均增长 65.8%、总量突破 2500 亿元，科技进步贡献率超过 60%。灯塔工厂和智能制造示范工厂数量居中部首位。超级稻双季亩产达 1603.9 公斤，超高速轨道列车、北斗导航、“海牛Ⅱ号”深海钻机、“京华号”超大直径盾构机等技术装备，创造中国速度、中国精度、中国深度、中国强度。

这五年，改革开放形成标志性成果。国企改革三年行动两次获国务院国企改革办 A 级评估。全域低空空域管理改革创造“湖南经验”。“一件事一次办”改革写入党中央国务院《法治政府建设实施纲要（2021—2025 年）》。进出口总额年均增幅全国第一。我省与 227 个国家和地区建立经贸往来，“湘字号”企业走进 109 个国家和地区，在湘投资的世界 500 强企业达 188 家，中欧班列稳定运行 1000 列以上。马拉维共和国在长沙设立领事馆获批，国际友城达 104 对。中非经贸博览会长期落户，海关机构实现市州全覆盖，综合保税区和口岸等平台数量居中部前列。

这五年，基础设施实现整体性提升。现代交通内畅外达，市市通高铁、县县通高速，高铁成环、高速成网，长沙四小时航空经济圈打造成型，五大国际物流通道和货运集结中心建设初显成效。水安全保障稳定可靠，现代水网加快构建，涔天河水库、大兴寨水库等工程竣工或开工，农村群众饮水安全问题得到有效解决。能源体系跨越升级，外电输湘能力增长 3.4 倍，整体供电能力提高 1200 万千瓦、超过 4000 万千瓦，天然气供应能力实现翻番、达到 125 亿立方米。信息设施高效协同，全省总算力提升到 4000PF，数据中心总存储能力达 14EB，建成数据中心 42 个、标准机架 11.5 万架，中部唯一、全国第五的大数据交易所投入运营，县级以上行政区主城区 5G 网络、行政村光纤和 4G 网络实现全覆盖，省内网间访问时延降低 80% 以上。

这五年，生态环境呈现转折性变化。以实际行动“守护好一江碧水”，连续 6 年开展污染防治“夏季攻势”。长江干流湖南段和四水干流 131 个断面全部达到或优于Ⅱ类，洞庭湖总磷平均浓度下降 17.8%，创造了长沙后湖综合治理、株洲清水塘和湘潭竹埠港工业污染治理等范本，国考断面水质优良率达 98.6%，空气质量优良率提高 6.1 个百分点，森林覆盖率保持稳定，湿地保护率居全国前列。建制镇污水处理设施全覆盖，获批全国唯一绿色建造试点省份。

这五年，人民生活获得全面性改善。如期打赢脱贫攻坚战，全面建成小康社会，实现第一个百年奋斗目标，十八洞村成为全国精准脱贫样板。五年投入 3400 亿元，办成重点民生实事 66 件 111 项；农村电网户均配变容量达 2.4 千伏安，提升 43%；建成使用 101 所芙蓉学校，基本消除中小学大班额；县域二甲公立医院、乡镇卫生院全科医生、村卫生室实现全覆盖，城乡居民基本医疗保险、基本养老保险应保尽保，城乡低保标准分别增长 32%、36%。圆满完成党的二十大等重大活动安保维稳任务，人民群众对社会治安的评价由 89.2 分上升至 95 分。

这五年，各项事业取得显著性进步。隆重庆祝改革开放 40 周年、新中国成立 70 周年、中国共产党成立 100 周年。新增全国爱国主义教育示范基地 11 个，6 个城市入选全国文明城市，县级行政区文明实践中心（所、站）实现全覆盖。文化及相关产业增加值年均增长7%、达2500亿元，5A级旅游景区达11家。档案史志、外事侨务、港澳台事务、民族宗教、机关事务、参事文史、地震气象等工作取得新进展，统计、老龄、慈善、工会、青少年、妇女儿童、残疾人、红十字等各项事业取得新成效。

这五年，我们大力加强政府自身建设。致力于全面加强党的建设，“不忘初心、牢记使命”主题教育和党史学习教育深入开展。提请审议地方性法规草案46件，制定省政府规章25件；推行省政府领导领办人大重点建议、政协重点提案和参加代表小组活动全覆盖，共办理人大代表建议6820件、政协提案3854件。完成新一轮政府机构改革任务。坚持财审联动，跟踪审计重大政策措施落实情况。“湘易办”超级服务端开通，工程建设项目招投标交易电子化率达99.6%。国务院督查激励项数、次数均居全国前列。以省政府名义下发的文件、召开的会议分别减少21%、44.3%，省级督查检查考核事项精简50%以上，“三公”经费持续压减。

我们大力支持国防和军队现代化建设，深化军地战略合作，高位推进国防动员和后备力量建设，加强军人军属荣誉激励和权益保障，建立健全退役军人工作体系，统筹开展兵员征集、国防教育、人民防空、军事设施保护和“双拥”优抚安置工作，军政军民更加团结。

这些成绩的取得，是习近平新时代中国特色社会主义思想科学指引的结果，是中共湖南省委带领全省人民团结奋斗的结果，是各级人大、政协积极议大事、参大事和加强监督的结果，是各级监察、司法机关监督支持的结果，是社会各界倾力襄助的结果。在此，我代表省人民政府，向全省各族人民，向各民主党派、工商联、无党派人士、各人民团体，向驻湘人民解放军指战员、武警部队官兵、政法干警、民兵预备役人员、消防救援人员，向中央驻湘单位，向关心支持湖南改革发展的海内外各界人士，表示诚挚的感谢！

各位代表！

五年峥嵘路，铿锵奋勇行。我们深刻体会到，必须始终坚定拥护“两个确立”、坚决做到“两个维护”，在思想上政治上行动上同以习近平同志为核心的党中央保持高度一致；必须始终把“三高四新”作为全面建设社会主义现代化新湖南的行动指南，坚定不移沿着习近平总书记指引的方向砥砺奋进；必须始终坚持党的全面领导，自觉接受人大法律监督、工作监督和政协民主监督及社会监督；必须始终坚持以推动高质量发展为主题，完整、准确、全面贯彻新发展理念；必须始终坚持以人民为中心的发展思想，让改革发展成果更多更公平惠及全省人民。

我们也清醒看到，经济社会发展还存在不少困难和问题。主要是：受疫情、旱情等超预期因素影响，地区生产总值、消费等指标增速与年初预期存在一定差距；经济恢复的基础尚不牢固，实体经济特别是中小微企业困难较多；财政收支矛盾突出，民生领域还有不少短板；防范化解风险任务艰巨，安全生产、防灾减灾、疫情防控等方面还存在薄弱环节；改革创新、狠抓落实、服务群众本领有待增强，形式主义、官僚主义不同程度存在。对这些问题，我们必须采取切实有效措施，认真加以解决。

二、未来五年总体考虑和今年政府工作安排

当前，世界之变、时代之变、历史之变正以前所未有的方式展开。我们要立足新的历史起点，把湖南的基础和优势，放到世情、国情的大背景下审视，充分利用好习近平总书记考察湖南指明发展方向、注入强劲动力的千载难逢的历史机遇，充分利用好国家部委大力支持湖南、各方面纷纷看好湖南的有利条件，提高站位、锚定方位、高标定位、蝶变进位，奋力书写中国式现代化的湖南答卷。未来五年的主要目标任务是：实现经济质的有效提升和量的合理增长，力争总量突破7万亿元，数字经济和高新技术产业增加值均实现翻番，分别突破3万亿元和2万亿元；经济高质量发展取得新突破，打造“三个高地”取得新进展，现代化经济体系基础得到夯实；高水平社会主义市场经济体制加快构建，开放型经济水平和质量不断提升；城乡面貌发生全面变化，人与自然和谐共生的美丽湖南建设成效显著；共同富裕取得实质性进展，居民收入增长和经济增长基本同步，基本公共服务均等化水平取得本质性提升，多层次社会保障体系更加健全，人民精神文化生活更加丰富；维护国家安全能力持续增强，平安湖南建设取得扎实成效。

实现五年奋斗目标，必须干在当下、抓好今年。今年工作的总体要求是：以习近平新时代中国特色社会主义思想为指导，全面贯彻党的二十大精神、中央经济工作会议精神，深入落实习近平总书记对湖南重要讲话重要指示批示精神，坚持稳中求进工作总基调，完整、准确、全面贯彻新发展理念，服务和融入新发展格局，着力推动高质量发展，全面落实“三高四新”战略定位和使命任务，更好统筹疫情防控和经济社会发展，更好统筹发展和安全，全面深化改革开放，大力提振市场信心，把实施扩大内需战略同深化供给侧结构性改革有机结合起来，突出做好稳增长、稳就业、稳物价工作，有效防范化解重大风险，推动经济运行整体好转，实现质的有效提升和量的合理增长，为全面建设社会主义现代化新湖南开好局起好步。

今年主要预期目标是：地区生产总值增长6.5%左右，规模工业增加值增长7.5%，固定资产投资增长7%以上，地方一般公共预算收入增长8%以上，进出口总额增长10%，居民消费价格指数上涨3%左右，城镇新增就业70万人，城镇调查失业率5.5%左右，居民收入增长与经济增长基本同步，粮食产量600亿斤以上，生态环境质量持续改善。

完成今年的预期目标，必须充分利用我国经济总体回升、宏观政策环境利好的机遇，聚焦打好经济增长主动仗、科技创新攻坚仗、优化发展环境持久仗等“发展六仗”，做到开局就加速、起步即起势。工作中，我们要继续把握“稳”的要求，稳增长、稳就业、稳物价、稳信心、稳大局，以一域之稳助力全局之安；找准“进”的方向，坚持以质取胜，加快推动质量变革、效率变革、动力变革，提高经济“含金量”“含新量”“含绿量”；盯住“高”的目标，高标准落实“三高四新”战略定位和使命任务，高水平推进强省建设，推动高质量发展取得明显成效；谱写“新”的篇章，立足新的历史起点，推动中国式现代化在湖南取得新进展。

重点做好以下工作：

（一）着力推动经济稳定增长

坚持稳字当头、稳中求进，力争经济增速继续走在全国十强省前列。

强化消费基础作用。把恢复和扩大消费摆在优先位置，力争社会消费品零售总额突破2万亿元。持续提升传统消费，挖掘住房改善、新能源汽车、智能家电家居等消费潜力，推动餐饮、住宿等行业恢复发展，支持长沙打造国际消费中心城市。积极发展服务消费，支持教育医疗文体消费，增加普惠托育供给，发展银发经济，推动家政服务提质扩容。加快培育新型消费，促进线上线下融合，大力发展体验式、参与式、沉浸式消费。优化消费环境，完善消费维权机制，让消费者安全放心消费。

更好发挥投资关键作用。着眼制造业高质量发展，重点抓好岳阳乙烯炼化一体化、株洲中车中低压功率器件、衡阳建滔化工产业升级、湘江新区中联先进智造基地、长沙比亚迪和湘潭吉利新能源汽车生产基地、三一株洲智造基地、邵虹基板玻璃、涟钢冷轧硅钢、望城德赛电池储能电芯、宁乡楚天科技生命科学产业基地等十大产业项目。着眼重点领域补短板，重点抓好长赣高铁、桂新等高速公路项目、长沙机场改扩建工程、湘江航道及虞公港建设、重大能源工程、湖区重点垸堤防加固工程、骨干水利枢纽工程、高标准农田建设、国家医学中心和怀化国际陆港等十大基础设施项目。着眼增强发展后劲，在信息、融合、创新基础设施方面，系统布局一批支撑引领转型升级的新基建项目；完善项目滚动开发机制，确保项目质量安全。拓宽筹资“九条渠道”，优化金融供给，降低融资成本。

有效畅通内外循环。融入全国统一大市场体系，健全市场准入制度，降低社会交易成本，推进资源优化配置和要素自由流动。优化现代商贸体系，培育壮大商贸领军企业和平台，发展数字商贸业态，提升城市商贸水平，升级县域商业设施。发展现代物流体系，推动交通运输与现代物流融合，促进水运、铁路、公路、航空等多式联运，建设长株潭生产服务型国家物流枢纽，培育本土骨干物流企业，大力发展第三方物流、专业化物流和网络货运平台。构建开放通道体系，做好流向、流量、流效文章，重点打造五大国际物流通道和货运集结中心，加快融入西部陆海新通道。

培育壮大市场主体。全省市场主体突破700万户，新增企业20万家以上、上市及过会企业12家以上。坚持扩量提质，持续实施市场主体倍增工程、新增规模以上工业企业行动、企业上市“金芙蓉”跃升行动，推动“个转企、小升规、规改股、股上市”。坚持助企纾困，常态长效“送政策、解难题、优服务”，持续开展“纾困增效”专项行动，针对性解决企业融资、用能、用工等问题。坚持遵法守信，抓好拖欠民营企业、中小企业账款清理，引导企业依法诚信经营，完善信用核查、承诺、评价、奖励和修复机制。

我们要发挥“挑大梁”作用，克难而进、进中求成，为全国经济向上向好注入湖南之力、展现湖南之为。

（二）持续推进现代化产业体系建设

把发展经济的着力点放在实体经济上，推动产业向中高端迈进。

加快打造国家重要先进制造业高地。继续实施产业发展“万千百”工程，新增百亿企业10家、国家级专精特新“小巨人”企业200家、制造业单项冠军企业（产品）60个。夯实传统制造业基底，推进制造业“增品种、提品质、创品牌”，实施高端化、智能化、绿色化改造，重点支持工程机械拓展海外市场，推动轨道交通向高端整车发展，促进现代石化上规模、上水平。促进战略性新兴产业融合集群发展，巩固扩大中小航空发动机及航空航天装备产业领先地位，提升新材料、生物医药、节能环保产业核心竞争力，大力发展电子信息、新能源汽车等产业，力争新能源汽车产量突破100万辆、占全国10%以上。提高产业链供应链韧性和安全水平，实施关键产品“揭榜挂帅”和100个“产品创新强基”项目，落实好国产“首台套、首批次、首版次、首轮次、首套件”产品奖励政策。

大力发展数字经济。力争数字经济增长15%以上，占地区生产总值比重超过33%。推进数字基础设施建设，坚持“四算一体”布局，继续实施100个数字新基建标志性项目，建设15个新型数据中心和全球新一代互联网辅根节点，打造全国先进绿色算力枢纽和国际领先的算法创新中心。推进数字产业化，发展先进计算、北斗应用、互联网、人工智能等新一代信息技术，培育“两芯一生态”计算产业，打造全国信创产业基地。推进产业数字化，建设推广工业互联网平台，开展“智赋万企”行动，提升企业全流程、全方位数字化水平。支持智能网联汽车场景推广，打造数字湖南十大应用场景。

提升现代服务业发展水平。力争服务业对经济增长贡献率超过50%，生产性服务业占服务业比重超过41%。着力提升现代服务业供给能力，瞄准产业升级、消费升级方向，促进科技、信息、商务、金融等生产性服务业专业化发展，推动文旅、健康、养老、体育等生活性服务业上水平。着力推进服务业融合发展，支持制造业服务化转型，抓好国家“两业”融合试点，创建10家左右国家级工业设计中心和服务型制造示范企业。着力创新服务产品及模式，建立服务业标准领跑者制度，开展国家级服务业标准化试点示范，增强“湖湘服务”品牌知名度、美誉度。

推进“五好”园区建设。力争园区规模工业增加值占比超过73%，营收过4千亿园区实现零的突破。把亩均产出作为园区评价考核、调区扩区的重要依据，力争全省产业园区亩均税收增长15%。支持园区建设科技孵化、现代物流、产融合作等平台，实施10个以上单体投资超过100亿元的产业项目，推动国家级园区进位争先。优化园区国土空间布局，加快产城融合，促进园区生产生活生态“三生融合”、形态业态质态“三态协同”，加快循环化改造，建设10家左右省级以上绿色园区。

产业链供应链稳定，既是产业升级之需，也是产业安全之要。我们要补短板、锻长板，勇于开辟新领域、制胜新赛道。

（三）加快打造内陆地区改革开放高地

用好改革开放关键一招，着眼全球汇聚高质量发展的资源要素。

深化重点领域改革。深化国资国企改革，巩固提升省属国有资本布局优化和结构调整成果，常态化推动“压层级、减法人”工作，以市场化方式推进省属国企重组。完善省以下财政体制，盘活闲置低效国有资产、资源、资金。推进实施长株潭要素市场化配置国家综合改革试点，积极探索土地管理制度改革。加快推进中小企业商业价值信用贷款和环境权益抵质押融资改革试点，加大科技型企业知识价值信用贷款风险补偿力度。建立健全省级储备粮统一承储体制机制。

促进民营经济发展壮大。坚定不移落实“两个毫不动摇”，力争民营经济占全省地区生产总值比重超过70%。培优做强民营企业，支持大型民企挺进“三类500强”，引导中小民企“专精特新”发展，新增规模以上民营工业企业1000家。大力扩大民间投资，落实市场准入负面清单，鼓励民间资本参与重大工程和补短板项目，力争民间投资增速高于全省水平、民间投资占比达到64%左右。持续擦亮“六个一”品牌，营造鼓励支持民营经济和民营企业壮大的政策环境和舆论氛围，让广大民营企业有“优”的服务、“进”的空间、“创”的动力，让广大民营企业家心里更踏实、信心更坚定、舞台更广阔。

推进高水平对外开放。力争实现进出口总额、实际利用外资、实际到位内资“三个10%”的增长目标。加快融入共建“一带一路”高质量发展，办好第三届中非经贸博览会，高标准建设中非经贸深度合作先行区，力争对非贸易额增长25%以上、总量突破600亿元。谋划实施自贸试验区提升战略，在“融资租赁+工程机械设备出口”等方面形成全国首创成果10项以上。发展跨境电商，布局海外仓，扩大优质消费品、重要设备、关键零部件进口。加快吸引和利用外资，盯住大产业、大集团、大项目，开展产业链招商、基金招商和跨国公司走访行动，实现外资项目大突破。

强力推进湘商回归。持续开展“迎老乡、回故乡、建家乡”活动，大力推进产业回归、资本回流、项目回投、人才回聚、总部回建，力争湘商回归新注册企业达1000家，项目投资4800亿元。昨天，广大湘商怀抱着激情，走向四面八方，实现人生的梦想；今天，广大湘商怀揣着深情，回归三湘四水，播下希望的种子。家乡永远是游子心中最温暖的港湾，家乡永远是湘商发展最坚强的后盾。

打造“三化”一流营商环境。环境就是生产力，得环境者得天下。以改革创一流。深化“放管服”改革，开展涉案企业合规改革试点，推进招投标全流程电子化，创造公开、透明、可预期的制度环境。以服务强一流。推进营商环境市县、园区和部门评价考核“三个全覆盖”，以擦亮“一件事一次办”品牌为牵引，把“湘易办”超级服务端打造成全省统一的“掌上办事”总入口、优化营商环境总平台、数字政府建设总引擎。以法治护一流。依法保护企业产权和企业家权益，实施跨部门联合“双随机、一公开”监管，推行“首违不罚”等柔性执法。

我们要激活改革之力、扩大开放之门、清澈市场之水，让发展动能在三湘大地激扬喷发。

（四）扎实推进区域协调发展

着力打造区域功能凸显、城市面貌更新、县域活力迸发的区域协调发展格局。

优化区域经济布局。坚持龙头带动、优势互补，提升“强省会”带动力，落实“1+N”政策体系，实施十大重点工程，推进长株潭都市圈同城化高质量发展，尽快发挥全国重要增长极的引领辐射作用。提升副中心支撑力，支持岳阳打造开放门户和发展现代石化等支柱产业，支持衡阳培育特高压输变电、有色金属等优势产业，提高省域副中心城市的贡献度。提升区域板块发展力，充分发挥高铁成环、高速成网优势，加快沿线地区环境提质、产业布局。支持洞庭湖区发挥通江达海优势，全方位对接长江经济带、长三角一体化发展；支持湘南地区把握沿海产业转移和溢出效应，布局推动湘桂运河等省际重大通道项目，深度融入粤港澳大湾区经济布局；支持大湘西地区融入西部陆海新通道和发挥文旅生态优势，打造联结东盟重要枢纽，培育武陵山片区高质量发展引擎。积极对接国家区域重大战略，推进湘赣边区域合作示范区建设，推进革命老区、民族地区、欠发达地区、资源型地区等特殊类型地区振兴发展。推动郴州与佛山、张家界与南京对口合作。

推进以人为核心的新型城镇化。推进以县城为重要载体的城镇化建设，促进大中小城市协调发展，力争城镇化率提高 1 个百分点以上。完善城市功能，提升城市产业支撑、吸纳就业能力，优化教育、医疗、社保、文化、住房、养老、出行等公共服务，加强城市生态环境保护与修复。推进城市更新，保护传承城市历史文化，改造城镇老旧小区 4331 个、棚户区 2.1 万户，完善燃气、污水、生活垃圾、排水防涝等设施，推进城市应急备用水源和第二水源建设，建设绿色完整居住社区。提升城市管理，建设宜居、韧性、智慧城市，打造智能化城市治理典型场景，增强城市防灾减灾能力。

大力发展县域经济。深入实施县域经济高质量发展工程，力争地方一般公共预算收入 10 亿元以上的县市达 50 个。坚持农工商游并举，支持县市充分发挥各自的区位和资源禀赋优势，打造各具特色的优势产业，壮大县域综合实力。创新县域金融服务产品，对首次落户“三类 500 强”企业的县市和园区实施专项奖励。进一步完善省对下转移支付制度，加大一般债券和专项债券的倾斜力度。健全县域经济考评体系，鼓励培育财源，省财政给予激励。

我们要着眼全省“一盘棋”，营造你追我赶、力争上游的生动局面，在各美其美、美美与共中携手共进、合作共赢。

（五）加快推进农业农村现代化

锚定建设农业强省目标，积极探索具有湖湘特色的乡村振兴路子。

保障粮食和重要农产品稳定安全供给。全面落实粮食安全和耕地保护责任，实施新一轮粮食产能提升行动，确保粮食播种面积稳定在 7135 万亩、产量 600 亿斤以上。坚决守住耕地红线，全面落实田长制，加强农田水利设施建设，新建和改造高标准农田 345 万亩。扎实做好第三次全国土壤普查工作。发挥隆平高科等种业领军企业作用，加大重大良种联合攻关，推广低镉水稻 120 万亩左右，为历史性解决“镉大米”问题打下基础。持续打造湘米、湘油、湘菜、湘茶、湘猪等省级区域公用品牌，发展智慧农业、设施农业、订单农业、绿色农业和智能农机，加快推进中联（常德）智能农机产业园等基地建设。

加快乡村振兴步伐。将人力投入、物力配置、财力保障的重点，转移到乡村振兴上来。落实底线任务，抓好脱贫地区产业发展、稳岗就业、低收入群体常态化帮扶、易地搬迁后续帮扶等工作，坚决防止出现整村整乡返贫现象。农村集体经营性收入 5 万元以下薄弱村实现清零。狠抓产业振兴，推进农产品加工企业倍增行动，加快布局十大农业优势特色千亿产业，力争新增 2 个国家级优势特色产业集群、2 家国家级现代农业产业园。发展适度规模经营，推广农产品仓储保鲜和冷链物流，促进农村电商、乡村旅游、休闲康养等新业态发展。建设宜居宜业和美乡村，大力整治提升农村人居环境，统筹推进农村改厕、生活垃圾处理、生活污水治理和农业面源污染防治。建设 20 个以上国家级、50 个省级美丽乡村示范村。培育新型农民，有序引导大学毕业生到乡、能人回乡、农民工返乡、企业家入乡。加大农村地区文化遗产保护，深入推动农村移风易俗。

激发农业农村发展活力。推动城乡要素配置、公共服务、生态保护等相互融合、协同发展，逐步缩小城乡发展差距。处理好农民和土地的关系，扎实做好承包期再延长 30 年各项工作，稳慎推进宅基地制度改革试点。创新农业农村投融资机制，完善农业支持保护制度。加强涉农资金统筹使用，开展惠农补贴专项整治。纵深推进益阳市现代农业综合改革试点工作。

强国必先强农，农强方能国强。我们要铆足干劲，奋力书写新时代“山乡巨变”新篇章。

（六）大力实施科教兴省、人才强省、创新驱动发展战略

牢牢抓住科技、人才、创新这个第一生产力、第一资源、第一动力，加快高水平科技自立自强，不断塑造发展新动能新优势。

办好人民满意的教育。出台实施加快建设教育强省的政策措施，建设高质量教育体系。促进义务教育优质均衡发展，全面实施新一轮义务教育质量提升工程，整合 600 所乡村小规模学校，建设 400 所乡镇标准化寄宿制学校。促进高等教育内涵式高质量发展，加快推进高校“双一流”建设，持续扩大本科教育资源供给，支持高校不断改善办学条件。推进职普融通、产教融合、科教融汇，深入实施职业教育“楚怡”行动。规范继续教育。引导规范民办教育发展。强化特殊教育普惠发展。推动“双减”走深走实。加强师德师风建设，建设高素质专业化创新型教师队伍。

加快打造具有核心竞争力的科技创新高地。全社会研发经费支出增长 12% 以上，净增高新技术企业 1000 家以上。以“十大技术攻关项目”为突破，攻克一批卡脖子技术，力争在算力网络构建、8 英寸 SiC 外延装备、深远海超大功率直驱永磁海上风电机组、北斗时空安全装备产业化应用、氢燃料动力工程机械整车工程化、水稻耐盐碱和耐极端高低温新品种、超精密加工装备、丘陵山地适用高效智能农机、动力电池高值循环利用、高纯稀土金属靶材等方面，突破一批原创性引领性技术，为国家产业体系自主可控和安全可靠作贡献。以建设“四大实验室”为依托，打造战略科技力量，推动岳麓山实验室交付入驻、岳麓山工业创新中心形成创新网络、湘江实验室实体化运行、芙蓉实验室全面建设和运行；高标准规划建设湘江科学城，支持湖南先进技术研究院等新型研发平台发展。以“四大科技基础设施”为支撑，厚植前沿科技攻关基础，推动大飞机地面动力学试验平台投入运行、力能实验装置一期和航空发动机冰风洞装置二期开工建设，完善国家超级计算长沙中心运行服务体系；推进马栏山视频文创产业园云平台建设，加快打造具有全球影响力的数字视频产业链基地和媒体融合新地标。以企业为主导，推动产学研用

深度融合，大幅提升规模以上工业企业研发机构和研发活动覆盖面，推动“科技—产业—金融”良性循环，提高科技成果转化水平；推进长株潭国家区域科技创新中心建设，高水平建设长沙、衡阳“科创中国”试点城市，支持岳阳临港、湘西州、娄底创建国家高新区。

推进人才强省建设。全面落实 8 个重大人才工程、8 个专项人才行动，深入实施“芙蓉计划”。引导高校深化工程教育改革，做好全国第二届职业技能大赛参赛备赛工作，造就一批卓越工程师、湖湘工匠、高技能人才。聚焦种业、先进计算、北斗规模应用等优势前沿领域，以及优势产业集群，培养引进一批战略科学家、科技领军人才、青年拔尖人才和创新团队。紧盯高水平开放需求，培育一批具有国际视野、通晓国际规则的经营管理人才和招商引资人才。健全人才分类评价体系，优化全周期、全要素、全流程服务，营造尊重知识、尊重人才、尊重创造的浓厚氛围。支持长沙创建国家级吸引和集聚人才平台。

我们要加快培育具有全球竞争力的开放创新生态，向一流迈进，向领先看齐，向顶尖攀登，努力做到在中部领先、在全国有地位、在国际有影响。

（七）加快建设文化强省和世界旅游目的地

坚持以文塑旅、以旅彰文，让湖南成为令人向往的“诗和远方”。

践行社会主义核心价值观。推动全域全员全程全面文明创建，实施公民道德建设工程，加强家庭家教家风建设，深化“书香湖南”全民阅读活动，健全学雷锋志愿服务体制机制。持续推进长征国家文化公园（湖南段）建设。一体推动大中小学思政教育，办好“开学第一课”“我是接班人”网络大课堂。繁荣哲学社会科学，发展参事文史、档案史志事业。推进网络文明建设。

繁荣发展文化事业和文化产业。做强做优做大“文化湘军”“广电湘军”“出版湘军”，实施文化数字化战略，创新发展网络视听、动漫游戏、创意设计等新型文化业态，力争规模以上文化企业营业收入达 4000 亿元。推动优质公共文化服务向基层延伸。实施文物保护利用“六大工程”，扎实做好非物质文化遗产的系统性保护，擦亮“湘字号”文化品牌。实施新时代湖湘文艺精品创作工程，增强湖湘文化的传播力、感染力。全面发展体育事业，启动奥体中心建设，积极申办第十六届全国运动会。

大力发展全域旅游。加快打造“五张名片”，力争旅游业总收入达 8000 亿元左右、旅游及相关产业增加值占地区生产总值的比重达 5.6%。完善旅游产业链，推进吃、住、行、游、购、娱一体发展，扶持旅游商品创意研发，打造一批具有湖湘特色的文化旅游精品。推动旅游融合发展，创新“+ 旅游”方式，培育农业旅游、生态旅游、工业旅游、康养旅游、研学旅游等新业态，丰富夜间消费业态，强化参与性、体验性强的产品供给，打造现象级旅游消费新品牌。提升旅游基础设施，强化“出行即旅游”，搭建智慧旅游平台，优化交通体系，在高速高铁沿线、河湖岸线、县市干线，布局建设一批凸显山水自然、城乡风情、人文历史的旅游景观，打造一批高品质通道、航道、步道。加强旅游行业文明建设管理，完善违法企业“黑名单”制度。办好第二届湖南旅游发展大会。

文化是山水之魂、旅游之根。我们要在文旅互融互兴中，让红色更亮、古色更新、绿色更丽。

（八）持续增进民生福祉

坚持人民至上，采取更多惠民生、暖民心的举措，兜牢基本民生底线。

实施就业优先战略。落实政策稳就业，构建常态化援企稳岗帮扶机制，持续抓好高校毕业生、退役军人、农民工和城镇困难人员等重点群体就业，兜底帮扶困难群体就业。鼓励创业带就业，深入实施“创响三湘”行动，建设创业孵化基地、农民工返乡创业园等载体 400 家以上；支持和规范发展新就业形态，促进劳动者多渠道灵活就业。优化服务促就业，开展以订单、定向、定岗为主要形式的培训，加强重点企业及产业园区常态联系服务，提升劳动力市场供需匹配效率。深化充分就业社区（村）建设，完善劳动关系协商协调机制，保护劳动者合法权益。

发挥社会保障的稳定器作用。健全多层次、多支柱社会保险体系，巩固拓展基本养老保险全覆盖成果，完善企业职工基本养老保险全国统筹配套制度，有序推进基本医疗、失业、工伤保险省级统筹，扩大异地就医联网医疗机构覆盖面，巩固社保基金专项整治成效。健全分层分类社会救助体系，加强对农村老年人、儿童、“三留守”人员等特殊和困难群体的关心关爱，加大对因疫因灾遇困群众的临时救助力度。保障妇女儿童合法权益，促进残疾人事业全面发展。健全住房保障体系，坚持房住不炒，加快建立多主体供给、多渠道保障、租购并举的住房制度，支持刚性和改善性住房需求，探索长租房市场建设，着力解决新市民、青年人等住房问题。

加快健康湖南建设。提升基层医疗水平，持续推动优质医疗资源下沉，推进医联体建设扩面提质，建设一批县域医疗次中心，发展壮大农村和社区医疗卫生队伍。提升区域医疗水平，建设国家医学中心和区域医疗中心，打造一批国家级临床重点专科，不断满足重大疾病防治需要。提升公共卫生服务水平，创新医防协同、医防融合机制，补齐检验检测、应急处置等短板，加强重大疫情防控救治体系和应急能力建设。推进国家中医药综合改革示范区建设。深化医保支付方式、医药供给、医疗服务价格改革，促进公立医院高质量发展。健全生育支持政策和配套措施，降低生育养育教育成本。坚持医养康养结合，发展居家和社区养老服务。提高食品药品全过程全链条监管能力，确保人民群众“舌尖上的安全”。深入开展爱国卫生运动。

用心用情办好“十大重点民生实事”。①启动建设100所县域普通高中“徐特立项目”；②“湘易办”超级服务端用户突破3000万户；③促进高质量充分就业；④开展妇幼健康守护行动；⑤推行异地就医结算与基层医保代办服务；⑥提升基本养老服务水平；⑦提高困难群体救助标准；⑧开展残疾人关爱服务；⑨加快城镇老旧小区改造；⑩加强农村“三路”“两网”及灌溉、饮水建设。

发展是第一要务，民生是第一政绩。我们要厚实民生成色、加热民生温度，不断实现人民对美好生活的向往。

（九）推动经济社会发展绿色转型

“守护好一江碧水”，坚持生态优先、绿色发展，彰显绿色生态之美、绿色产业之美、绿色文化之美、绿色制度之美。

加快发展方式绿色转型。协同推进降碳、减污、扩绿、增长，深入实施绿色制造，规模以上工业单位增加值能耗同比降低3%。积极稳妥推进“双碳”行动，推动钢铁、有色、石化、建筑等重点领域节能降碳改造，大力发展新能源和储能产业。加快节能降碳先进技术研发和推广应用，建立健全碳排放权市场交易工作机制、碳排放统计核算制度。推进郴州国家可持续发展议程创新示范区、岳阳长江经济带绿色发展示范区建设。充分发挥绿色湘西优势，打造全国生态文明样板州。开展“无废城市”示范创建，建设废旧物资循环利用体系重点城市。大力推行绿色办公、绿色出行、绿色消费。

深入推进污染防治攻坚。持续开展“夏季攻势”，抓实中央交办问题整改。深入开展臭氧污染防治和柴油货车污染治理，基本消除重污染天气。推进“一江一湖四水”系统联治，巩固湘江流域重金属污染治理成效，深入推进洞庭湖总磷污染控制与削减攻坚，基本消除城市黑臭水体，全面保障饮用水水源安全。加强农用地土壤重金属污染源头防治。加快“锰三角”矿业污染综合整治。严格落实排污许可制度。加强固体废物和新污染物治理，强化医疗废物废水监管。

统筹生态系统治理。加快推进洞庭湖生态疏浚、山水林田湖草沙一体化保护修复等工程项目，推进邵怀历史遗留废弃矿山生态修复示范工程，强化天然林和湿地生态系统保护修复，开展国土绿化行动和绿色矿山建设。推进绿心中央公园、南山国家公园建设。做实林河湖长制，完善“天空地网”综合监测体系。推进铁路沿线环境综合整治。完善落实生态环境补偿、损害赔偿、资源有偿使用等制度。加强生物多样性保护，严格落实长江“十年禁渔”。

绿色生态用之不觉、失之难存。我们要坚定践行“两山”理念，让鹰击长空、鱼翔浅底、白鹭翱翔、麋鹿嬉戏的美丽风景，变成人民群众安居乐业的幸福场景。

（十）建设更高水平的平安湖南

推进安全体系和能力现代化，以高水平安全保障高质量发展。

更好统筹疫情防控和经济社会发展。全面落实“乙类乙管”各项措施，全力保健康、防重症。完善分级诊疗服务网络。筑牢基层首诊防线，加快重症资源准备，落实新冠治疗费用医保政策，及早做好跨区资源调配、临近地区转运救治等准备，关爱医护人员。保障群众基本用药安全用药。加大防疫药品储备和生产力度，协调省内重点企业加快生产，做好药品、试剂投放保供，扩大“防疫健康包”免费发放范围，严格价格和质量监管。加强重点群体防护救治。提高老年人疫苗接种率，加强老年人、儿童等重点人群保护，加强养老院、社会福利院、学前教育机构、大型企业等重点机构防控。强化农村地区疫情防控。强化各级党政一把手责任，充分发挥基层党组织战斗堡垒作用。统筹城乡医疗资源，重点解决好农村地区就医用药保障问题，加强基层医务人员培训，实现乡镇卫生院发热诊室全覆盖。做好返乡人员提醒和保障，合理管控农村大型聚集活动。及时发布权威信息，回应社会关切。

有效防范化解重大经济金融风险。守住政府债务风险底线，坚持举债有度、用债有方、还债有源、管债有法，坚决遏制隐性债务增量，妥善处置和化解债务存量，坚决防止违规举债、虚假化债。守住不发生区域性金融风险底线，持续开展涉众型金融领域专项整治行动，严厉打击非法吸收公众存款、集资诈骗、无证经营等非法金融活动。防范房地产引发系统性风险，扎实做好保交楼、保民生、保稳定，消除高负债、高杠杆、高周转发展模式弊端，推动房地产业逐步向新发展模式平稳过渡。严防生态环境领域诱发的公共安全次生风险。加强个人信息保护，确保数据安全。

打好安全生产翻身仗。全面贯彻国务院安委会“十五条”硬措施，在道路交通、矿山、危险化学品、烟花爆竹等重点行业领域，全面推行“双重预防”机制，深入开展安全潜在风险隐患排查治理。贯彻落实《湖南省居民自建房安全管理若干规定》，科学精准消存量、遏增量、防变量。推进自然灾害防治九项重点工程，加强林火阻隔系统建设，建强应急救援队伍和市县机动力量，提高防灾减灾救灾和重大突发公共事件处置保障能力。

完善社会治理体系。强化信访工作责任，落实领导干部接访、下访、包案化解要求，全域推进“网格化＋信访”工作，努力把矛盾纠纷化解在基层、化解在萌芽状态。深化城乡社区治理，提升基层社会治理水平。深化平安创建活动，推进扫黑除恶常态化。铸牢中华民族共同体意识，促进民族团结、宗教和谐。支持工会、共青团、妇联、红十字会等群团组织和社会组织更好发挥作用。做好第五次全国经济普查。

稳定压倒一切。我们要坚定守护海晏河清、岁月静好，确保政治安全、社会安定、人民安宁、网络安靖。

开创国防和军队现代化建设新局面。坚决贯彻习近平强军思想，赓续红色文化、传承红色基因，统筹经济发展与国防建设，推动国防科技加速转化为战斗力。深化全民国防教育，加强国防动员和后备力量建设。扎实做好退役军人服务保障工作，深入开展“双拥”共建，谱写新时代军民鱼水情深湖南新篇章。

三、全面加强政府自身建设

奋斗新时代、奋进新征程，必须全面提升政府治理能力和水平，建设人民满意政府。

坚持党的全面领导。增强“四个意识”，坚定“四个自信”，做到“两个维护”，把坚持党的领导贯彻落实到政府工作各方面全过程。坚持不懈用习近平新时代中国特色社会主义思想凝心铸魂，坚持好、运用好贯穿其中的立场观点方法，不断提高政治判断力、政治领悟力、政治执行力。

推进法治政府建设。忠实履行宪法法律赋予的职责，自觉运用法治思维和法治方式深化改革、推动发展、化解矛盾、维护稳定。落实湖南省法治政府建设实施方案，推进重点领域、新兴领域立法，健全重大行政决策程序，深化行政执法体制改革，全面推进严格规范公正文明执法。主动接受人大依法监督、政协民主监督，持续抓好巡视整改和成果运用，自觉接受纪检监察、司法、社会和舆论监督，强化审计监督、统计监督，主动听取民主党派、工商联、无党派人士和各人民团体意见，让权力在阳光下运行。

切实提高服务效率。坚持专班式推动工作，健全目标责任和考核体系，完善真抓实干督查激励机制，加大督查问效力度，实行工作落实闭环管理。严格行政权力和公共服务事项清单管理，推动更多事项“一网通办”“全省通办”“跨省通办”。深入推进政务公开，完善行政效能“红黄牌”和政务服务“好差评”制度，不断提高政务服务便捷度和满意度。提高抓落实的能力，干中学、学中干，缺什么、补什么，成为行家里手、内行领导。

坚持廉洁务实行政。锲而不舍落实中央八项规定实施细则精神和省委实施意见，持续深化纠治“四风”，重点纠治形式主义、官僚主义。进一步精文简会，统筹规范督查检查考核，减轻基层负担。深入开展政府系统清廉单元建设，坚决治理政商勾连。坚持过紧日子，勤俭办一切事，大力压减一般性支出，把有限的资源和财力用在推动发展、改善民生上。

各位代表！开局关系全局，起步决定全程。让我们更加紧密地团结在以习近平同志为核心的党中央周围，在中共湖南省委坚强领导下，不忘初心、牢记使命，踔厉奋发、勇毅前行，创一流业绩、赢更大荣光，奋力谱写新时代坚持和发展中国特色社会主义的湖南新篇章！

湖南省 2022 年国民经济和社会发展统计公报 [1]

湖南省统计局　国家统计局湖南调查总队

2023 年 3 月 23 日

2022 年，面对风高浪急的国际环境、艰巨繁重的改革发展稳定任务和疫情汛情旱情叠加影响，全省上下坚持以习近平新时代中国特色社会主义思想为指导，以迎接党的二十大胜利召开和学习、宣传、贯彻党的二十大精神为主线，认真落实“疫情要防住、经济要稳住、发展要安全”重要要求，全面落实“三高四新”战略定位和使命任务，坚持“稳进高新”工作思路，全力抓好“两个统筹”，经济社会大局保持稳定，主要经济指标难中有进、稳中向好，为中国式现代化新湖南建设开好局起好步打下坚实基础。

一、综　合

根据地区生产总值统一核算结果，全年地区生产总值 [2] 48670.4 亿元，比上年增长 4.5%，高于全国平均水平。其中，第一产业增加值 4602.7 亿元，增长 3.6%；第二产业增加值 19182.6 亿元，增长 6.1%；第三产业增加值 24885.1 亿元，增长 3.5%。人均地区生产总值 73598 元，增长 4.8%。

三次产业结构为 9.5：39.4：51.1。工业增加值比上年增长 6.4%，占地区生产总值的比重为 30.9%；高新技术产业增加值增长 12.7%，占地区生产总值的比重为 24.4%；战略性新兴产业增加值增长 7.5%，占地区生产总值的比重为 10.5%。第一、二、三产业增加值对经济增长的贡献率分别为 8.2%、51.3% 和 40.5%。其中，工业对经济增长的贡献率为 42.6%，生产性服务业对经济增长的贡献率为 23.4%。

分区域看，长株潭地区 [3] 生产总值 20280.5 亿元，比上年增长 4.5%；湘南地区生产总值 9480.5 亿元，增长 5.3%；大湘西地区生产总值 7816.2 亿元，增长 4.2%；洞庭湖地区生产总值 11093.2 亿元，增长 4.9%。

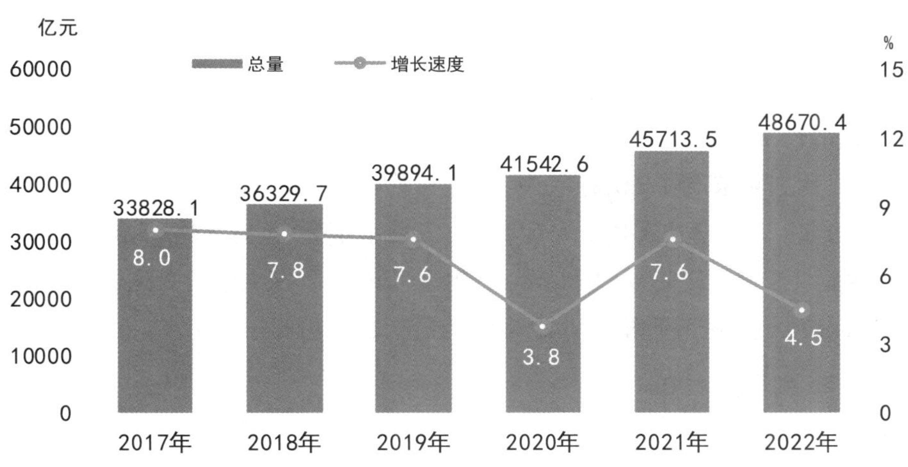

图 1　2017–2022 年地区生产总值及其增长速度

二、农　业

全年农林牧渔业总产值8160.1亿元，比上年增长3.8%。粮食种植面积4765.5千公顷，增加7.2千公顷，增长0.2%。其中，夏粮面积112.6千公顷，减少1.2千公顷，下降1.1%；早稻面积1212.8千公顷，减少6.8千公顷，下降0.6%；秋粮面积3440.1千公顷，增加15.2千公顷，增长0.4%。秋粮面积中，中稻及一季晚稻面积1481.9千公顷，增加2.7千公顷，增长0.2%；双季晚稻面积1273.0千公顷，增加0.7千公顷，增长0.1%。全年粮食产量3018.0万吨，减少56.3万吨，减产1.8%。其中，夏粮产量45.6万吨，增加0.5万吨，增产1.0%；早稻产量741.3万吨，减少2.5万吨，减产0.3%；秋粮产量2231.1万吨，减少54.3万吨，减产2.4%。

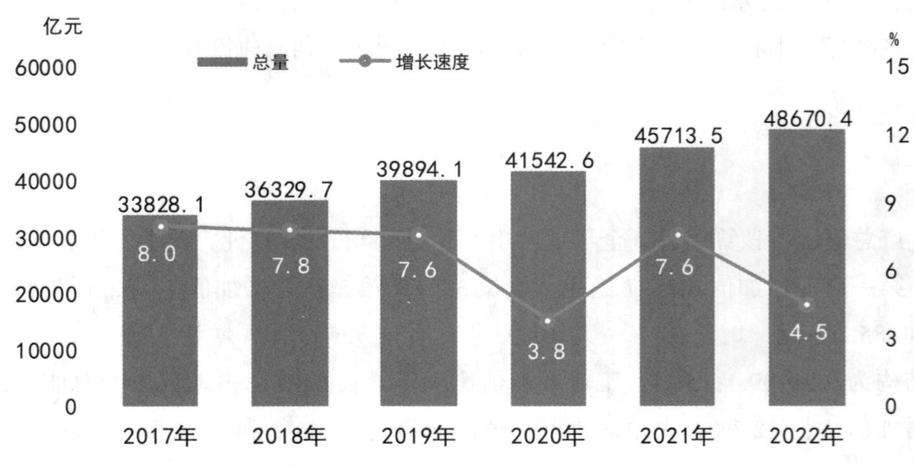

图2　2017-2022年粮食产量

全年棉花种植面积64.6千公顷，比上年增长7.4%；糖料种植面积7.6千公顷，增长0.4%；油料种植面积1518.2千公顷，增长2.6%。棉花产量8.2万吨，增产2.3%；油料277.0万吨，增产5.3%；烤烟19.5万吨，增产5.8%；茶叶26.5万吨，增产2.6%。

全年猪、牛、羊、禽肉类总产量577.3万吨，比上年增长3.1%。其中，猪肉产量457.9万吨，增长3.3%；牛肉产量21.6万吨，增长1.4%；羊肉产量18.2万吨，增长4.0%；禽肉产量79.6万吨，增长2.3%。年末生猪存栏4116.2万头，比上年末下降2.0%，其中，能繁母猪存栏369.6万头，增长0.4%；牛存栏441.8万头，增长1.5%；羊存栏801.4万只，增长3.4%；家禽存笼36332.4万羽，下降3.0%。全年生猪出栏6248.2万头，比上年增长2.1%；牛出栏183.1万头，增长1.3%；羊出栏1101.4万只，增长3.5%；家禽出笼55213.2万羽，增长2.2%。禽蛋产量117.5万吨，下降0.3%；牛奶产量7.2万吨，增长26.3%；水产品产量272.6万吨，增长2.4%。

全年实施高标准农田建设项目232个，高标准农田建设面积460万亩。开工各类水利建设项目2619个，投入资金566.0亿元，完成水利工程土石方2.4亿立方米。提质改造农村旅游路、资源路、产业路6995.7公里。年末农业机械总动力6778.0万千瓦，比上年末增长1.5%。

三、工业和建筑业

全年规模以上工业增加值比上年增长 7.2%。其中，民营企业增加值增长 7.5%，占规模以上工业的比重为 69.8%。高技术制造业[4]增加值增长 18.0%，占规模以上工业的比重为 13.9%，比上年提高 0.9 个百分点。装备制造业[5]增加值增长 9.9%，占规模以上工业的比重为 31.7%。省级及以上产业园区工业增加值增长 8.0%，占规模以上工业的比重为 72.5%，比上年提高 2.7 个百分点。六大高耗能行业增加值增长 6.6%，占规模以上工业的比重为 30.2%。分区域看，长株潭地区规模以上工业增加值增长 8.1%，湘南地区规模以上工业增加值增长 8.3%，大湘西地区规模以上工业增加值增长 5.8%，洞庭湖地区规模以上工业增加值增长 7.0%。

全年规模以上工业统计的主要产品产量中，大米 1850.9 万吨，比上年下降 1.9%；饲料 2260.6 万吨，增长 6.7%；原油加工量 828.3 万吨，增长 2.4%；水泥 9944.4 万吨，下降 6.3%；钢材 3038.3 万吨，增长 1.9%；十种有色金属 232.3 万吨，下降 3.7%；混凝土机械 3.0 万台，下降 24.5%；汽车 91.6 万辆，增长 38.2%；发电量 1659.0 亿千瓦时，下降 0.6%。

表 1　2022 年规模以上工业主要产品产量及其增长速度[6]

产品名称	计量单位	产　量	比上年增长（%）
原　煤	万吨	799.6	11.4
原　盐	万吨	335.1	0.7
大　米	万吨	1850.9	−1.9
饲　料	万吨	2260.6	6.7
精制食用植物油	万吨	237.0	−14.8
卷　烟	亿支	1657.7	0.8
机制纸及纸板（外购原纸加工除外）	万吨	368.5	4.9
原油加工量	万吨	828.3	2.4
硫　酸（折 100%）	万吨	219.5	17.0
烧　碱（折 100%）	万吨	65.6	5.7
合成氨（无水氨）	万吨	65.7	10.4
化　肥（折 100%）	万吨	76.3	12.5
水　泥	万吨	9944.4	−6.3
平板玻璃	万重量箱	5054.1	17.6
生　铁	万吨	2179.6	0.1
钢　材	万吨	3038.3	1.9

表1　续

产品名称	计量单位	产　量	比上年增长（%）
十种有色金属	万吨	232.3	-3.7
白　银（银锭）	吨	7599.8	31.1
起重机	万吨	134.7	-48.9
混凝土机械	万台	3.0	-24.5
建筑工程用机械	万台	14.5	-4.3
汽　车	万辆	91.6	38.2
其中：基本型乘用车（轿车）	万辆	54.1	31.9
运动型多用途乘用车（SUV）	万辆	31.3	58.8
新能源汽车	万辆	47.4	198.8
城市轨道车辆	辆	1021	-37.4
发电机组（发电设备）	万千瓦	1461.5	52.1
交流电动机	万千瓦	2242.2	3.3
变压器	万千伏安	15748.5	8.3
发电量	亿千瓦时	1659.0	-0.6
其中：火电	亿千瓦时	1018.5	-0.1
水电	亿千瓦时	452.5	-7.2

规模以上工业企业实现利润总额[7]2310.1亿元，比上年增长11.5%。分经济类型看，国有企业132.6亿元，增长19.4%; 集体企业4.8亿元，增长63.7%; 股份合作制企业0.4亿元，增长62.5%; 股份制企业1953.3亿元，增长11.1%；外商及港澳台商投资企业147.8亿元，增长8.8%；其他内资企业71.3亿元，增长10.1%。利润总额居前五位的大类行业中，化学原料和化学制品制造业217.9亿元，增长24.3%；计算机、通信和其他电子设备制造业207.9亿元，增长28.7%；非金属矿物制品业201.8亿元，下降15.6%；烟草制品业132.1亿元，增长33.2%；专用设备制造业127.9亿元，下降14.2%。规模以上工业企业每百元营业收入中的成本为83.26元，营业收入利润率为4.85%。年末规模以上工业企业资产负债率为51.4%。

全年建筑业增加值4174.9亿元，比上年增长5.1%。资质以上总承包和专业承包建筑业企业利润总额332.7亿元，下降7.8%。房屋建筑施工面积76160.1万平方米，下降0.3%。房屋建筑竣工面积23988.5万平方米，下降0.2%。

四、服务业

全年批发和零售业增加值4787.1亿元，比上年增长1.8%；交通运输、仓储和邮政业增加值1696.9亿元，增长0.6%；住宿和餐饮业增加值951.5亿元，增长2.2%；金融业增加值2421.5亿元，增长6.2%；房地产业增加值2822.0亿元，下降3.9%；信息传输、软件和信息技术服务业增加值1153.8亿元，增长15.0%；租赁和商务服务业增加值1597.4亿元，增长4.9%。全年规模以上服务业企业营业收入增长7.8%，利润总额增长7.5%。

全年客货运输换算周转量3511.6亿吨公里，比上年下降2.7%。货物运输周转量2950.5亿吨公里，增长1.2%。其中，铁路周转量1015.6亿吨公里，增长2.9%；公路周转量1465.0亿吨公里，增长0.3%。旅客运输周转量781.0亿人公里，下降22.9%。其中，铁路周转量538.7亿人公里，下降18.5%；公路周转量146.6亿人公里，下降25.0%；民航周转量93.9亿人公里，下降39.7%。

年末公路通车里程24.24万公里，比上年末增长0.2%。其中，高速公路通车里程7330公里，增加247公里。铁路营业里程6078公里，增长2.9%。其中，高速铁路2408公里，增加159公里。民用汽车保有量1106.4万辆，增长6.9%。其中，私人汽车保有量1030.8万辆，增长7.0%。民用轿车保有量610.0万辆，增长7.5%。

表2　2022年各种运输方式完成客货运输总量及其增长速度

指　　标	计量单位	绝对数	比上年增长（%）
货运量	万吨	214266.0	−5.0
其中：铁路	万吨	4826.7	1.2
公路	万吨	186123.4	−6.2
水运	万吨	22301.1	4.8
民航	万吨	8.0	−29.0
管道	万吨	1006.8	−2.9
客运量	万人	38914.9	−24.9
其中：铁路	万人	9779.4	−24.0
公路	万人	27641.0	−25.4
水运	万人	823.1	7.7
民航	万人	671.4	−41.7

全年邮政行业业务总量[8]328.2亿元，比上年增长10.9%；电信业务总量[9]666.9亿元，增长26.9%。年末固定电话用户548.7万户，比上年末下降3.5%；移动电话用户7180.6万户，增长3.4%。年末互联网宽带用户2475.1万户，增长6.5%。

全年国内游客4.3亿人次，比上年增长1.0%；入境游客7.7万人次，增长10.6%。旅游总收入6488.0亿元，下降0.9%。其中，国内旅游收入6486.4亿元，下降0.9%；国际旅游收入0.2亿美元，增长21.8%。

五、固定资产投资

全年固定资产投资（不含农户）比上年增长6.6%。其中，民间投资增长8.5%。分经济类型看，国有投资下降7.9%，非国有投资增长11.2%。分投资方向看，民生工程投资增长3.2%，生态环境投资增长1.9%，基础设施投资增长8.0%，高技术产业投资[10]增长22.4%，工业技改投资增长4.6%。分区域看，长株潭地区投资增长1.7%，湘南地区投资增长10.8%，大湘西地区投资增长7.8%，洞庭湖地区投资增长9.1%。

全年房地产开发投资5180.3亿元，比上年下降4.6%。其中，住宅投资4053.0亿元，下降2.7%。商品房销售面积6792.9万平方米，下降26.1%。其中，住宅销售面积6085.4万平方米，下降26.8%。商品房销售额4312.3亿元，下降28.6%。其中，住宅销售额3800.1亿元，下降29.5%。年末商品房待售面积1221.3万平方米，比上年末增加75.0万平方米，增长6.5%。

表3　2022年固定资产投资增长速度

指　　标	比上年增长（%）
固定资产投资（不含农户）	6.6
第一产业	−20.5
第二产业	14.4
其中：采矿业	32.1
制造业	14.6
电力、热力、燃气及水生产和供应业	10.2
建筑业	−44.6
第三产业	3.1
其中：交通运输、仓储和邮政业	25.9
信息传输、软件和信息技术服务业	29.0
批发和零售业	21.6
住宿和餐饮业	−11.1
金融业	−42.4
房地产业	−6.8
租赁和商务服务业	2.0
科学研究和技术服务业	35.4
水利、环境和公共设施管理	−3.4
居民服务、修理和其他服务业	47.0
教育	4.6
卫生和社会工作	28.4
文化、体育和娱乐业	9.7
公共管理、社会保障和社会组织	−39.8

六、国内贸易和物价

全年社会消费品零售总额 19050.7 亿元，比上年增长 2.4%。分经营地看，城镇消费品零售额 16466.4 亿元，增长 2.4%；乡村消费品零售额 2584.3 亿元，增长 2.8%。分消费类型看，商品零售额 16758.0 亿元，增长 2.6%；餐饮收入额 2292.6 亿元，增长 1.0%。分区域看，长株潭地区社会消费品零售总额 7404.7 亿元，增长 2.4%；湘南地区社会消费品零售总额 3868.3 亿元，增长 2.7%；大湘西地区社会消费品零售总额 3406.0 亿元，增长 2.0%；洞庭湖地区社会消费品零售总额 4371.7 亿元，增长 2.6%。

表 4　2022 年社会消费品零售总额及其增长速度

指　标	零售额（亿元）	比上年增长（%）
社会消费品零售总额	19050.7	2.4
按经营地分		
其中：城镇	16466.4	2.4
乡村	2584.3	2.8
限额以上法人批发和零售业商品零售额	6336.2	8.8
其中：粮油、食品类	876.1	13.5
饮料类	125.6	9.0
烟酒类	148.2	13.3
服装、鞋帽、针纺织品类	344.8	-1.5
化妆品类	76.5	-20.9
金银珠宝类	81.3	4.2
日用品类	211.2	6.4
五金、电料类	47.4	-4.0
体育、娱乐用品类	20.7	7.9
书报杂志类	85.0	18.3
电子出版物及音像制品类	1.9	-1.5
家用电器和音像器材类	318.8	-4.9
中西药品类	358.9	15.4
文化办公用品类	143.5	50.8
家具类	48.4	4.6
通讯器材类	63.1	15.8
石油及制品类	1297.4	15.7
建筑及装潢材料类	100.8	4.9
机电产品及设备类	44.2	20.1
汽车类	1813.3	5.9

全年限额以上法人批发和零售业商品零售额 6336.2 亿元，比上年增长 8.8%。分商品类别看，粮油、食品类零售额增长 13.5%，化妆品类下降 20.9%，家用电器和音像器材类下降 4.9%，中西药品类增长

15.4%，通讯器材类增长 15.8%，石油及制品类增长 15.7%，汽车类增长 5.9%。绿色智能商品中，可穿戴智能设备零售额增长 7.9%，新能源汽车增长 134.1%。

全年实物商品网上零售额 2116.7 亿元，比上年增长 14.5%，占社会消费品零售总额的比重为 11.1%。

全年居民消费价格比上年上涨 1.8%。其中，城市上涨 1.7%，农村上涨 1.9%。商品零售价格上涨 3.2%。工业生产者出厂价格上涨 2.0%，工业生产者购进价格上涨 4.8%。农产品生产者价格上涨 3.6%。

表 5　2022 年居民消费价格比上年涨跌幅度

指　标	涨跌幅度（%）	按城乡分	
		城市	农村
居民消费价格	1.8	1.7	1.9
其中：食品烟酒	1.4	1.4	1.4
衣着	1.3	1.3	1.3
居住	0.7	0.5	1.2
生活用品及服务	1.2	1.3	1.0
交通和通信	6.3	6.7	5.4
教育文化及娱乐	0.9	0.8	1.3
医疗保健	1.0	0.5	1.9
其他用品和服务	1.6	1.5	2.2

七、对外经济

全年进出口总额[11]7058.2 亿元，比上年增长 20.2%。其中，出口 5154.5 亿元，增长 25.3%；进口 1903.6 亿元，增长 8.3%。分贸易方式看，一般贸易出口 4531.6 亿元，增长 30.5%；加工贸易出口 385.7 亿元，下降 3.4%。重点出口商品中，机电产品 2123.7 亿元，增长 18.3%；高新技术产品 559.2 亿元，增长 12.2%。分产销国别（地区）看，出口美国 725.4 亿元，增长 2.8%；出口中国香港 529.3 亿元，增长 2.6%；出口欧盟[12]503.8 亿元，增长 7.8%；出口东盟 1163.8 亿元，增长 68.5%；出口“一带一路”沿线国家 2121.1 亿元，增长 52.5%；出口 RCEP 其他成员国 1597.6 亿元，增长 49.0%。

表 6　2022 年进出口总额及其增长速度

指　标	绝对数（亿元）	比上年增长（%）
进出口总额	7058.2	20.2
出口额	5154.5	25.3
按贸易方式分		
其中：一般贸易	4531.6	30.5
加工贸易	385.7	–3.4
按重点商品分		

表 6 续

指　　标	绝对数（亿元）	比上年增长（%）
其中：机电产品	2123.7	18.3
高新技术产品	559.2	12.2
农产品	179.6	19.1
进口额	1903.6	8.3
按贸易方式分		
其中：一般贸易	1270.5	8.2
加工贸易	284.4	−8.9
按重点商品分		
其中：机电产品	601.5	5.5
高新技术产品	447.7	6.7
农产品	303	6.0

全年实际使用外商直接投资 35.3 亿美元，比上年增长 46.1%。其中，第一产业 0.2 亿美元，下降 41.8%；第二产业 11.7 亿美元，增长 214.8%；第三产业 23.4 亿美元，增长 16.0%。新引进世界 500 强企业 1 家。实际到位境内省外资金 12929.8 亿元，增长 14.6%。其中，第一产业 675.4 亿元，增长 3.6%；第二产业 6959.6 亿元，增长 29.9%；第三产业 5294.8 亿元，增长 0.4%。引进签约 2 亿元（外资 3000 万美元）以上重大项目 1515 个。

全年对外承包工程新签合同金额 24.8 亿美元，完成营业额 17.6 亿美元；派出各类劳务人员 0.5 万人。对外直接投资新增中方合同额 26.8 亿美元，增长 226.4%。对外直接投资实际投资额 19.1 亿美元，增长 14.8%。

八、财政和金融

全年地方一般公共预算收入 3101.8 亿元，比上年下降 4.6%（扣除退减缓税等因素后同口径增长 6.6%）。其中，税收收入 2004.5 亿元，下降 10.8%；非税收入 1097.3 亿元，增长 9.2%。税收收入中，国内增值税 541.5 亿元，下降 31.0%；企业所得税 234.3 亿元，下降 13.6%。一般公共预算支出 9005.3 亿元，增长 8.2%。其中，教育支出 1502.5 亿元，增长 9.4%；社会保障和就业支出 1442.0 亿元，增长 9.9%；卫生健康支出 821.8 亿元，增长 11.1%；科学技术支出 279.9 亿元，增长 28.8%；住房保障支出 223.4 亿元，增长 0.5%。

表 7　2022 年地方一般公共预算收支及其增长速度

指　　标	绝对数（亿元）	比上年增长（%）
地方一般公共预算收入	3101.8	−4.6
其中：税收收入	2004.5	−10.8
国内增值税	541.5	−31.0
企业所得税	234.3	−13.6

表 7　续

指　　标	绝对数（亿元）	比上年增长（%）
非税收入	1097.3	9.2
一般公共预算支出	9005.3	8.2
其中：一般公共服务	841.8	2.6
教育	1502.5	9.4
科学技术	279.9	28.8
文化体育与传媒	136.9	1.4
社会保障和就业	1442.0	9.9
卫生健康支出	821.8	11.1
节能环保	157.4	–19.1
城乡社区	1016.9	15.9
农林水	992.9	4.6
交通运输	223.4	0.5

年末金融机构本外币各项存款余额 70141.9 亿元，比上年末增长 11.5%。其中，住户存款余额 41313.9 亿元，增长 16.3%；非金融企业存款余额 14174.7 亿元，增长 2.6%。本外币各项贷款余额 62351.5 亿元，增长 11.7%。其中，住户贷款余额 21576.2 亿元，增长 3.8%；非金融企业及机关团体贷款余额 40498.9 亿元，增长 15.9%。

表 8　2022 年末金融机构本外币存贷款余额及其新增额

指　　标	年末余额（亿元）	比年初新增额（亿元）
各项存款	**70141.9**	**7250.8**
其中：境内存款	70096.7	7299.7
#住户存款	41313.9	5782.5
活期存款	12714.4	1064
定期及其他存款	28599.5	4718.4
非金融企业存款	14174.7	357.8
活期存款	6046.0	–537.1
定期及其他存款	8128.7	894.9
非银行业金融机构存款	3595.1	523.3
境外存款	45.2	–48.9
各项贷款	**62351.5**	**6506.5**
其中：境内贷款	62238.9	6471.4
#住户贷款	21576.2	799.7
短期贷款	5595.1	405.5
中长期贷款	15981.0	394.2

表8　续

指　标	年末余额（亿元）	比年初新增额（亿元）
非金融企业及机关团体贷款	40498.9	5554.4
短期贷款	7537.8	956.8
中长期贷款	29805.1	3596.3
境外贷款	112.6	35.1

年末全省境内上市公司138家，全年直接融资总额3678.9亿元，比上年下降17.0%。年末A股上市公司总市值15851.8亿元，比上年末下降20.5%。年末证券公司营业部434家，减少5家；全年证券交易额119791.1亿元，下降1.6%。年末辖区共有期货公司2家，与上年末持平；全年成交金额55746.5亿元，下降21.9%。

全年保险公司原保险保费收入1613.7亿元，比上年增长7.0%。其中，寿险保费收入817.8亿元，增长9.3%；健康险保费收入328.5亿元，增长0.07%；人身意外伤害险保费收入37.4亿元，下降8.2%；财产险保费收入430.1亿元，增长9.9%。原保险赔付支出580.8亿元，增长9.8%。

九、教育和科学技术

年末有普通高校116所。研究生教育毕业生2.9万人，普通高等教育毕业生44.9万人，中等职业教育毕业生22.7万人，普通高中毕业生42.5万人，初中毕业生84.7万人，普通小学毕业生90.3万人。在园幼儿216.0万人，比上年下降5.8%。小学适龄儿童入学率[13]100%，高中阶段教育毛入学率[14]94.47%。各类民办学校10498所，在校学生238.0万人。发放高校国家奖学金、助学金（本专科生）13.8亿元，资助高校学生（本专科生）72.9万人次。发放中职国家助学金5.1亿元，资助中职学生51.4万人次。落实义务教育保障资金105.5亿元，发放普通高中国家助学金5.4亿元。

表9　2022年各级学校招生、在校及毕业生人数及其增长速度

指　标	招生人数		在校（学）人数		毕业人数	
	绝对数（万人）	比上年增长（%）	绝对数（万人）	比上年增长（%）	绝对数（万人）	比上年增长（%）
研究生教育	3.9	6.3	11.8	6.5	2.9	7.2
普通高等教育	55.2	11.8	168.5	5.6	44.9	14.0
成人高等教育	32.6	10.5	67.3	10.2	26.2	17.9
中等职业教育	26.1	−7.7	74.6	−0.04	22.7	10.0
普通高中	50.4	4.9	142.2	5.0	42.5	7.9
初中	91.1	1.6	263.7	2.5	84.7	0.8
普通小学	82.1	−2.3	523.1	−1.3	90.3	1.8
特殊教育	0.7	−11.0	5.4	−0.6	0.8	7.9

年末有国家工程研究中心（工程实验室）12 个，省级工程研究中心（工程实验室）354 个。国家地方联合工程研究中心（工程实验室）42 个。国家认定企业技术中心 68 个。国家工程技术研究中心 14 个，省级工程技术研究中心 523 个。国家级重点实验室 19 个，省级重点实验室 337 个。全年签订技术合同 45780 项，技术合同成交金额 2544.6 亿元。登记科技成果 1086 项。专利授权量 92916 件，比上年下降 6.1%。其中，发明专利授权量 20423 件，增长 23.3%。工矿企业、大专院校和科研单位专利授权量分别为 60706 件、12763 件和 836 件。

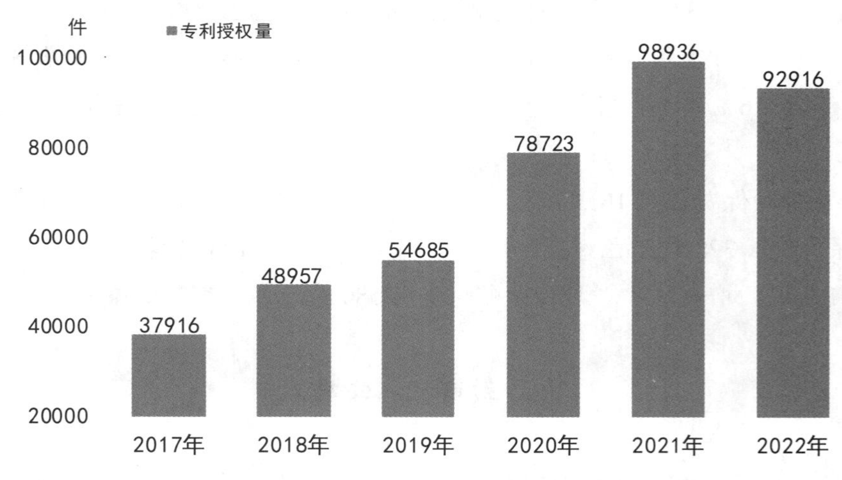

图 3　2017-2022 年专利授权量

年末有检验检测机构 2135 个。其中，国家产品质量监督检验中心 25 个。法定计量检定机构 104 个。特种设备生产单位 2005 家，特种设备 49.3 万台。重点工业产品监督抽查合格率 87.3%。参与制定国际标准 6 项，参与制定国家标准 224 项，组织制定地方标准 284 项。公开出版地图 3219 幅，天地图用户访问量 73.9 万次，提供地理空间数据成果 73 万幅。

十、文化、卫生和体育

年末有艺术表演团体 675 个，群众艺术馆、文化馆 146 个，公共图书馆 144 个，博物馆、纪念馆 162 个。广播电视台（播出机构）108 座。有线电视用户 585 万户。广播综合人口覆盖率 99.42%，电视综合人口覆盖率 99.76%。国家级非物质文化遗产保护目录 137 个，省级非物质文化遗产保护目录 410 个。出版图书 11608 种、期刊 253 种、报纸 44 种，图书、期刊、报纸出版总印数分别为 5.5 亿册、0.9 亿册和 6.2 亿份。

年末有卫生机构 55329 个。其中，医院 1733 个，妇幼保健院（所、站）137 个，专科疾病防治院（所、站）70 个，乡镇卫生院 2085 个，社区卫生服务中心（站）987 个，诊所、卫生所、医务室 12726 个，村卫生室 36128 个。卫生技术人员 51.7 万人，比上年增长 2.1%。其中，执业医师和执业助理医师 19.7 万人，注册护士 24.4 万人。医院拥有床位 39.9 万张，增长 2.4%；乡镇卫生院拥有床位 10.9 万张，增长 2.6%。

全省经常参加体育锻炼人数 2550.1 万人，开展全民健身项目 1178 项次。新建农民体育健身工程的行政村 1100 个。全年获得 43 个全国冠军。体育场地 173677 个。其中，体育馆 287 座，运动场 7293 个，游泳池 1200 个，各种训练房 7666 个。

十一、人口、居民收入消费和社会保障

年末全省常住人口6604万人。其中，城镇人口3983万人，城镇化率60.31%，比上年末提高0.6个百分点。全年出生人口41.2万人，出生率6.23‰；死亡人口56.5万人，死亡率8.54‰；人口自然增长率-2.31‰。0-15岁（含不满16周岁）人口占常住人口的比重为19.52%，下降0.67个百分点；16-59岁（含不满60周岁）人口比重为59.65%，下降0.38个百分点；60岁及以上人口比重为20.84%，提高1.05个百分点。

表 10　2022 年末常住人口数及构成

指　标	年末数（万人）	比重（%）
常住人口	6604	100
其中：城镇	3983	60.31
乡村	2621	39.69
其中：男性	3380	51.18
女性	3224	48.82
其中：0-15 岁（含不满 16 周岁）[15]	1289	19.52
16-59 岁（含不满 60 周岁）	3939	59.65
60 岁及以上	1376	20.84
其中：65 岁及以上	1065	16.13

全年全省居民人均可支配收入34036元，比上年增长6.4%；全省居民人均可支配收入中位数27400元，增长6.1%。按常住地分，城镇居民人均可支配收入47301元，增长5.4%；城镇居民人均可支配收入中位数42432元，增长5.6%。农村居民人均可支配收入19546元，增长6.8%；农村居民人均可支配收入中位数17583元，增长6.6%。城乡居民收入比由上年的2.45缩小为2.42。分区域看，长株潭地区全体居民人均可支配收入51802元，增长5.9%；湘南地区全体居民人均可支配收入31500元，增长6.6%；大湘西地区全体居民人均可支配收入23611元，增长6.4%；洞庭湖地区全体居民人均可支配收入31070元，增长6.5%。脱贫县[16]农村居民人均可支配收入14714元，增长8.7%。

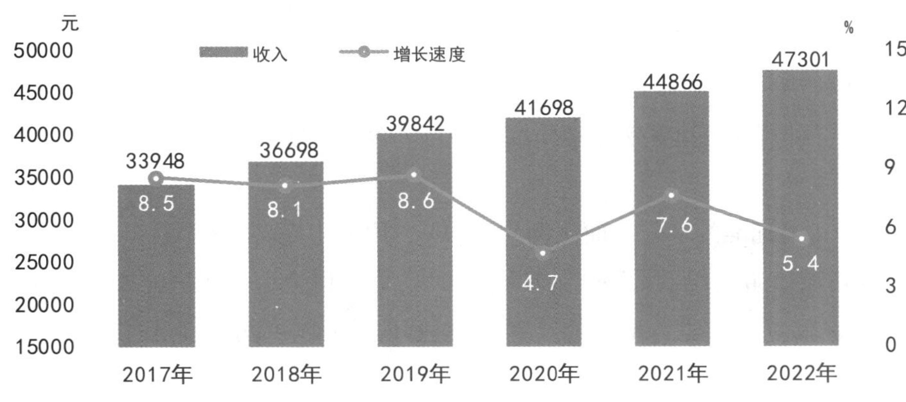

图 4　2017- 2022 年城镇居民人均可支配收入及其增长速度

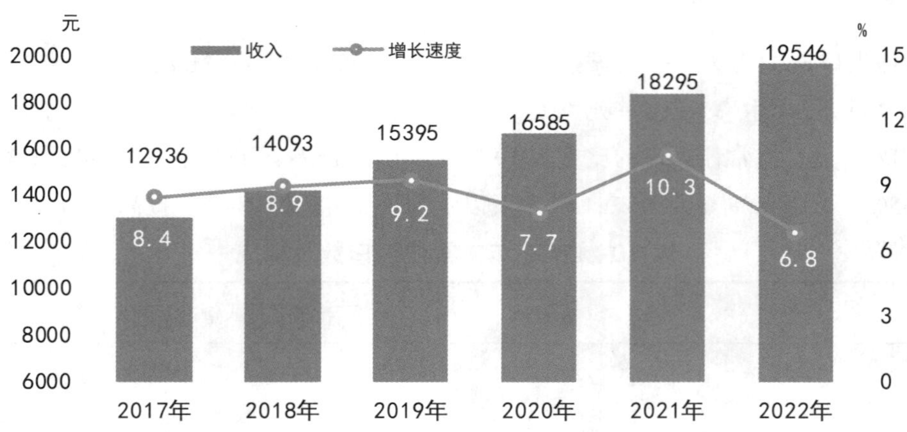

图 5　2017-2022 年农村居民人均可支配收入及其增长速度

全省居民人均消费支出 24083 元，比上年增长 5.6%。按常住地分，城镇居民人均消费支出 29580 元，增长 4.5%；农村居民人均消费支出 18078 元，增长 6.6%。

全年城镇新增就业人员 73.7 万人。年末城乡居民基本养老保险参保人数 3241.5 万人，比上年末下降 0.6%。城镇职工基本养老保险参保人数 1892.9 万人，增长 2.3%。其中，在职职工 1352.3 万人，离退休人员 540.6 万人。城乡居民基本医疗保险参保人数 5470.5 万人，城镇职工基本医疗保险参保人数 1052.7 万人。参加失业保险人数 723.9 万人，增长 5.3%。参加工伤保险职工人数 894.3 万人。参加生育保险职工人数 723.6 万人。年末领取失业保险职工人数 14.8 万人。

获得政府最低生活保障的城镇居民 34.5 万人，发放最低生活保障经费 19.4 亿元；获得政府最低生活保障的农村居民 142.1 万人，发放最低生活保障经费 50.0 亿元。年末提供住宿民政机构床位 27.0 万张，收养人数 12.0 万人。其中，养老机构床位 25.3 万张，养老机构服务人数 11.2 万人。社区服务机构和设施 3.2 万个。全年销售社会福利彩票 58.5 亿元，筹集福彩公益金 18.7 亿元。圆满完成 10 件重点民生实事。其中，开工改造城镇老旧小区 1500 个，新增蓄水能力 4794.5 万立方米，孕产妇免费产前筛查 33.9 万人。

十二、资源、环境和安全生产

全省已发现矿种 147 种，探明资源储量矿种 113 种。其中，能源矿产 7 种，金属矿产 39 种，非金属矿产 65 种，水气矿产 2 种。财政出资实施地质勘查项目（含续作项目）5 个（只含省级财政投资项目），新发现大中型矿产地 11 处。

全年达到或优于 III 类标准的水质断面比例为 97.4%，比上年提高 1.3 个百分点。8 个市级城市空气质量达到二级标准。设市城市生活垃圾无害化处理率 100%。省级以上自然保护区 53 个，面积 90.6 万公顷。其中，国家级 23 个，省级 30 个。世界地质公园 2 个，国家地质公园 14 个。全年完成造林面积 33.1 万公顷。

全年规模以上工业综合能源消费量比上年下降 0.9%。其中，六大高耗能行业综合能源消费量下降 0.9%。

全年发生各类生产经营性安全事故 1330 起，生产经营性安全事故死亡人数 1428 人。亿元地区生产总值事故死亡人数 0.03 人，煤矿百万吨死亡人数 0.005 人。道路交通事故万车死亡人数 2.59 人，比上年减少 0.75 人。

注释：

[1] 本公报数据均为初步统计数，部分数据因四舍五入的原因，存在与分项合计不等情况。

[2] 地区生产总值、三次产业及相关行业增加值、人均地区生产总值绝对数按现价计算，增长速度按不变价格计算。

[3] 长株潭地区是指长沙、株洲和湘潭 3 市，湘南地区是指衡阳、郴州和永州 3 市，大湘西地区是指邵阳、张家界、怀化、娄底和湘西自治州 5 市（州），洞庭湖地区是指岳阳、常德和益阳 3 市。

[4] 高技术制造业包括医药制造业，航空、航天器及设备制造业，电子及通信设备制造业，计算机及办公设备制造业，医疗仪器设备及仪器仪表制造业，信息化学品制造业。

[5] 装备制造业包括金属制品业，通用设备制造业，专用设备制造业，汽车制造业，铁路、船舶、航空航天和其他运输设备制造业，电气机械和器材制造业，计算机、通信和其他电子设备制造业，仪器仪表制造业。

[6]2021 年部分产品产量数据进行了核实调整，2022 年产量增速按可比口径计算。

[7] 由于统计调查制度规定的调查范围变动、统计执法、剔除重复数据等因素，2022 年规模以上工业企业财务指标增速及变化按可比口径计算。

[8] 邮政行业业务总量按 2020 年不变价格计算。

[9] 电信业务总量按上年不变价格计算。

[10] 高技术产业投资包括医药制造，航空、航天器及设备制造，电子及通信设备制造，计算机及办公设备制造，医疗仪器设备及仪器仪表制造，信息化学品制造等六大类高技术制造业投资和信息服务、电子商务服务、检验检测服务、专业技术服务业中的高技术服务、研发设计服务、科技成果转化服务、知识产权及相关法律服务、环境监测及治理服务和其他高技术服务等九大类高技术服务业投资。

[11] 根据有关规定，对外贸易采用人民币计价。

[12] 对欧盟的货物进出口金额不包括英国数据，增速按可比口径计算。

[13] 小学适龄儿童入学率指调查范围内已入小学学习的学龄儿童占校内外学龄儿童总数的百分比。

[14] 高中阶段教育毛入学率主要反映高中阶段教育覆盖面，是指高中阶段在校生总数占 15-17 岁学龄人口数的百分比。

[15]2022 年末，全省 0-14 岁（含不满 15 周岁）人口为 1199 万人，15-59 岁（含不满 60 周岁）人口为 4029 万人。

[16] 湖南省脱贫县，即原湖南贫困地区，包括原集中连片特困地区和片区外的原国家扶贫开发工作重点县，共 40 个县。

资料来源：

本公报中财政数据来自省财政厅；铁路运输、铁路里程数据来自中国铁路广州局集团有限公司、中国铁路南宁局集团有限公司、中国铁路南昌局集团有限公司、中国铁路武汉集团有限公司和石长铁路有限责任公司；公路运输、水路运输、公路里程数据来自省交通运输厅；民航运输数据来自省机场管理集团有限公司、中国南方航空股份有限公司湖南分公司；管道运输数据来自中国石油化工股份有限公司长岭分公司、中国石化集团资产经营管理有限公司长岭分公司、中国石化集团资产经营管理有限公司巴陵石化分公司、国家石油天然气管网集团有限公司华中分公司湖南输油分公司、长沙新奥燃气有限公司、长沙华润燃气有限公司、湘潭新奥燃气有限公司、常德中石油昆仑燃气有限公司、娄底华润燃气有限公司等；汽车保有量数据来自省公安厅；电信业务量、移动电话用户、固定电话用户、互联网宽带用户数据来自省通信管理局；邮政业务数据来自省邮政管理局；存贷款数据来自中国人民银行长沙中心支行；上市公司数据来自省地方金融监督管理局；证券、期货数据来自中国证券监督管理委员会湖南监管局；保险业数据来自中国银行保险监督管理委员会湖南监管局；教育数据来自省教育厅；科技数据来自省科技厅；专利、质量检测、行业标准数据来自省市场监督管理局；测绘、矿产资源数据来自省自然资源厅；艺术表演团体、博物馆、公共图书馆、文化馆、非物质文化遗产保护数据来自省文化和旅游厅；广播、电视数据来自省广播电视局；报纸、期刊、图书数据来自省委宣传部；卫生数据来自省卫生健康委员会；体育数据来自省体育局；城镇新增就业、社会保险、职业技能培训数据来自省人力资源和社会保障厅；医疗保险、生育保险数据来自省医疗保障局；城乡低保、社会福利、社区服务数据来自省民政厅；水利建设数据来自省水利厅；水产品产量、高标准农田建设数据来自省农业农村厅；城市建设数据来自省住房和城乡建设厅；自然保护区、地质公园、造林数据来自省林业局；地表水质量、空气质量数据来自省生态环境厅；安全生产数据来自省应急管理厅；其他数据来自省统计局和国家统计局湖南调查总队。

Hunan Province Statistical Communiqué for the 2022 National Economic and Social Development[1]

Hunan Bureau of Statistics, Hunan Survey Office of the National Bureau of Statistics

March 23, 2023

In 2022, facing the turbulent international environment, arduous tasks of reform, development and stability, and the superimposed impact of the epidemic, floods and droughts, the whole province adhered to the guidance of Xi Jinping Thought on Socialism with Chinese Characteristics for a New Era to welcome the 20th victory of the party Convening, studying, publicizing, and implementing the spirit of the 20th National Congress of the Communist Party of China as the main line, earnestly implementing the important requirements of "preventing the epidemic, stabilizing the economy, and ensuring safe development", and fully implementing the strategic positioning and mission tasks of "three highs and four new", committing to the work philosophy of "steady progress and high-tech", fully grasping the "two overall plans", the overall economic and social situation remains stable, and the main economic indicators made a steady progress amidst difficulties, making a good start for a solid foundation of the construction of a new Chinese-style modern Hunan.

I. General Outlook

According to the unified accounting results of regional GDP, the annual regional GDP [2] was 4,867.04 billion yuan, an increase of 4.5% over the previous year, higher than the national average. Among them, the added value of the primary industry was 460.27 billion yuan, an increase of 3.6%; the added value of the secondary industry was 1,918.26 billion yuan, an increase of 6.1%; the added value of the tertiary industry was 2,488.51 billion yuan, an increase of 3.5%. The per capita GDP was 73,598 yuan, an increase of 4.8%.

The three industries had a structure ratio of 9.5: 39.4: 51.1. The added value of industry increased by 6.4% over the previous year, accounting for 30.9% of the regional GDP; the added value of high-tech industries increased by 12.7%, accounting for 24.4% of the regional GDP; the added value of strategic emerging industries increased by 7.5%, accounting for 10.5% of the regional GDP. The contribution rates of the added value of the primary, secondary and tertiary industries to economic growth were 8.2%, 51.3% and 40.5% respectively. Among them, the contribution rate of the industry sector to economic growth was 42.6%, and that of the productive service sector to economic growth was 23.4%.

In terms of different regions, the GDP of the Chang-Zhu-Tan region[3] was 2,028.05 billion yuan, an increase of 4.5% over the previous year; the GDP of the southern Hunan region was 948.05 billion yuan, an increase of 5.3%; the GDP of the greater western Hunan region was 781.62 billion yuan, an increase of 4.2%; the GDP of Dongting Lake area was 1,109.32 billion yuan, an increase of 4.9%.

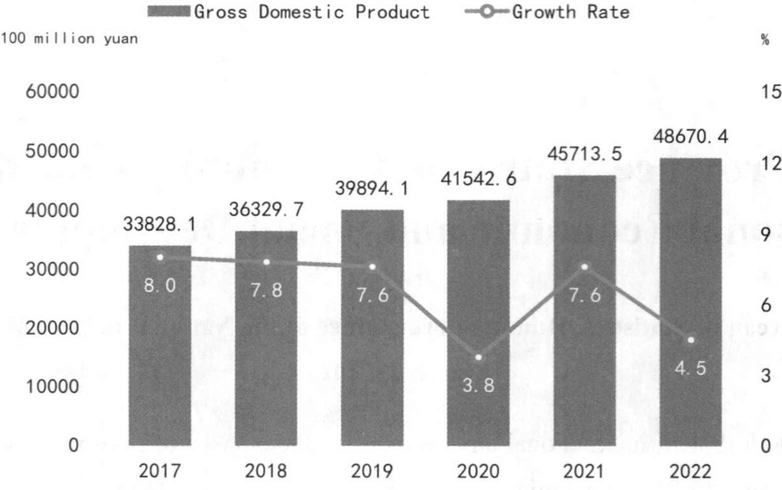

Figure 1 Gross Regional Product and its Growth Rate,2017-2022

II. Agriculture

The annual total output value of agriculture, forestry, animal husbandry and fishery was 816.01 billion yuan, an increase of 3.8% over the previous year. The grain planting area was 4,765.5 thousand hectares, an increase of 7.2 thousand hectares, up by 0.2%. Among them, the area of summer grain was 112.6 thousand hectares, a decrease of 1.2 thousand hectares, down by 1.1%; the area of early rice was 1,212.8 thousand hectares, a decrease of 6.8 thousand hectares, down by 0.6%; the area of autumn grain was 3,440.1 thousand hectares, an increase of 15.2 thousand hectares, up by 0.4%. In the area of autumn grains cultivation, the area of middle rice and one-season late rice was 1,481.9 thousand hectares, an increase of 2.7 thousand hectares, up by 0.2%; the area of double-cropping late rice was 1,273.0 thousand hectares, an increase of 0.7 thousand hectares, up by 0.1%. The annual grain output was 30.18 million tons, a decrease of 563,000 tons, down by 1.8%. Among them, the output of summer grain was 456,000 tons, an increase of 5,000 tons, up by 1.0%; the output of early rice was 7.413 million tons, a decrease of 25,000 tons, down by 0.3%; the output of autumn grain was 22.311 million tons, a decrease of 543,000 tons, down by 2.4%.

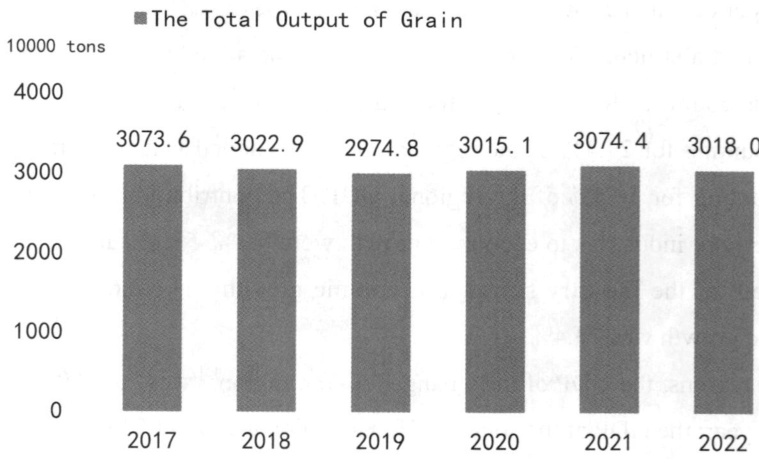

Figure 2 The Total Output of Grain,2017-2022

The annual cotton planting area was 64.6 thousand hectares, an increase of 7.4% over the previous year; the sugar planting area was 7.6 thousand hectares, an increase of 0.4%; the oil planting area was 1,518.2 thousand hectares, an increase of 2.6%. The output of cotton was 82,000 tons, an increase of 2.3%; the output of oil was 2.77 million tons, an increase of 5.3%; the output of flue-cured tobacco was 195,000 tons, an increase of 5.8%; the output of tea was 265,000 tons, an increase of 2.6%.

The annual total output of pigs, cattle, sheep and poultry was 5.773 million tons, an increase of 3.1% over the previous year. Among them, the output of pork was 4.579 million tons, an increase of 3.3%; the output of beef was 216,000 tons, an increase of 1.4%; the output of mutton was 182,000 tons, an increase of 4.0%; and the output of poultry was 796,000 tons, an increase of 2.3%. The number of live pigs at the end of the year was 41.162 million, a decrease of 2.0% from the end of the previous year. Among them, the number of reproductive sows was 3.696 million, an increase of 0.4%; the number of cattle was 4.418 million, an increase of 1.5%; and the number of sheep was 8.014 million, an increase of 3.4%; the number of poultry cages was 363.324 million, a decrease of 3.0%. In the whole year, 62.482 million pigs were slaughtered, an increase of 2.1% over the previous year; 1.831 million cattle were slaughtered, an increase of 1.3%; 11.014 million sheep were slaughtered, an increase of 3.5%; 552.132 million poultry were slaughtered, an increase of 2.2%. The output of poultry eggs was 1.175 million tons, a decrease of 0.3%; the output of milk was 72,000 tons, an increase of 26.3%; the output of aquatic products was 2.726 million tons, an increase of 2.4%.

232 high-standard farmland construction projects were implemented, with an area of 4.6 million mu. 2619 water conservancy construction projects of various types were initiated, with an investment of 56.60 billion yuan, and 240 million cubic meters of earthwork for water conservancy projects were moved. 6,995.7 kilometers of rural tourism roads, resource roads, and industrial roads were upgraded and transformed. At the end of the year, the total power of agricultural machinery was 67.780 million kilowatts, an increase of 1.5% over the end of the previous year.

III. Industry and Construction

The added value of industrial enterprises above designated size increased by 7.2% over the previous year. Among them, the added value of private enterprises increased by 7.5%, accounting for 69.8% of the industrial enterprises above designated size. The added value of the high-tech manufacturing [4] increased by 18.0%, accounting for 13.9% of the industries above designated size, an increase of 0.9 percentage points over the previous year. The added value of the equipment manufacturing industry[5] increased by 9.9%, accounting for 31.7% of the industrial enterprises above designated size. The industrial added value of industrial parks at the provincial level and above increased by 8.0%, accounting for 72.5% of the industrial parks above designated size, an increase of 2.7 percentage points over the previous year. The added value of the six high-energy-consuming industries increased by 6.6%, accounting for 30.2% of the industries above designated size. In terms of different regions, the added value of industrial enterprises above designated size in the Chang-Zhu-Tan region increased by 8.1%, the added value of industrial enterprises above designated size in the southern Hunan region increased by 8.3%, the added value of industrial enterprises above designated size in the greater western Hunan region increased by 5.8%, and the added value of industrial enterprises above designated size in the Dongting Lake region increased by 7.0%.

Among the main product output statistics of the above-scale industries throughout the year, rice was 18.509 million tons, a decrease of 1.9% from the previous year; feed was 22.606 million tons, an increase of 6.7%; crude oil processing volume was 8.283 million tons, an increase of 2.4%; cement was 99.444 million tons, a decrease 6.3%; steel was 30.383 million tons, an increase of 1.9%; ten non-ferrous metals was 2.323 million tons, a decrease of 3.7%; the output of concrete machinery was 30,000, a decrease of 24.5%; the output of automobiles was 916,000, an increase of 38.2%; The electricity generation was 1,659.0 billion kilowatt-hours, a decrease of 0.6%.

Table 1 Output and Growth Rate of Major Industrial Products above Designated Size in 2022[6]

product name	unit of measurement	Yield	Growth over the previous year (%)
Crude Coal	10,000 tons	799.6	11.4
Crude Salt	10,000 tons	335.1	0.7
Rice	10,000 tons	1850.9	-1.9
Feedstuff	10,000 tons	2260.6	6.7
Edible Vegetable Oil	10,000 tons	237. 0	-14.8
Cigarette	100 million sticks	1657.7	0.8
Machine-made paper and cardboard (excluding outsourcing base paper processing)	10,000 tons	368.5	4.9
Crude oil processing volume	10,000 tons	828.3	2.4
Sulfuric Acid (converted into 100%)	10,000 tons	219.5	17.0
Caustic Soda (converted into 100%)	10,000 tons	65.6	5.7
Synthetic Ammonia (Anhydrous Ammonia)	10,000 tons	65.7	10.4
Fertilizer (converted into 100%)	10,000 tons	76.3	12.5
cement	10,000 tons	9944.4	-6.3
plate glass	10,000 weight boxes	5054.1	17.6
pig iron	10,000 tons	2179.6	0.1
Rolled Steel	10,000 tons	3038.3	1.9
Ten kinds of Nonferrous Metals	10,000 tons	232. 3	-3.7
Silver (Silver Bar)	tons	7599.8	31.1
crane	10,000 tons	134.7	-48.9

Table 1 continued

product name	unit of measurement	Yield	Growth over the previous year (%)
concrete machinery	10,000 units	3.0	-24.5
construction machinery	10,000 units	14.5	-4.3
Motor Vehicles	10,000 units	91.6	38.2
Of which: car	10,000 units	54.1	31.9
Sports utility vehicle (SUV)	10,000 units	31.3	58.8
New-energy vehicles	10,000 units	47.4	198.8
urban rail vehicle	units	1021	-37.4
Generator set (power generation equipment)	10,000 kilowatts	1461.5	52.1
AC Electric motor	10,000 kilowatts	2242. 2	3.3
transformer	10,000 KVA	15748.5	8.3
Electricity generation	100 million kilowatt-hours	1659.0	-0.6
Of which: thermal power	100 million kilowatt-hours	1018.5	-0.1
hydropower	100 million kilowatt-hours	452.5	-7.2

The total Profit[7] of industrial enterprises above designated size reached 231.01 billion yuan, an increase of 11.5% over the previous year. In terms of economic types, state-owned enterprises were 13.26 billion yuan, an increase of 19.4%; collective enterprises were 480 million yuan, an increase of 63.7%; joint-stock cooperative enterprises were 40 million yuan, an increase of 62.5%; share-holding enterprises were 195.33 billion Yuan, an increase of 11.1%; enterprises funded by foreign investors and investors from Hong Kong, Macao and Taiwan were 14.78 billion yuan, an increase of 8.8%; other domestic-funded enterprises were 7.13 billion yuan, an increase of 10.1%. Among the top five industries with the highest total profit, chemical raw material and chemical product manufacturing was 21.79 billion yuan, an increase of 24.3%; computer, communication and other electronic equipment manufacturing industry was 20.79 billion yuan, an increase of 28.7%; non-metallic mineral products industry was 20.18 billion yuan, down 15.6%; tobacco product industry was 13.21 billion yuan, up 33.2%; special equipment manufacturing was 12.79 billion yuan, down 14.2%. The cost per 100 yuan of operating income of industrial enterprises above designated size was 83.26 yuan, and the profit rate of operating income was 4.85%. At the end of the year, the asset-liability ratio of industrial enterprises above designated size was 51.4%.

The annual added value of the construction industry was 417.49 billion yuan, an increase of 5.1% over the previous year. The total profits of general contracting and professional contracting construction enterprises above qualifications were 33.27 billion yuan, a decrease of 7.8%. The housing construction area was 761.601 million square meters, a decrease of 0.3%. The completed area of housing construction was 239.885 million square meters, a decrease of 0.2%.

IV. The Service industry

The added value of the whole-year wholesale and retail industry was 478.71 billion yuan, an increase of 1.8% over the previous year; the added value of the transportation, warehousing and postal industry was 169.69 billion yuan, an increase of 0.6%; the added value of the accommodation and catering industry was 95.15 billion yuan, an increase of 2.2%; The added value of the financial industry was 242.15 billion yuan, an increase of 6.2%; the added value of the real estate industry was 282.20 billion yuan, a decrease of 3.9%; the added value of information transmission, software and information technology services was 115.38 billion yuan, an increase of 15.0%; the added value of leasing and business services 159.74 billion yuan, an increase of 4.9%. The annual operating income of service enterprises above designated size increased by 7.8%, and the total profit increased by 7.5%.

The annual turnover of passenger and freight transportation was 351.16 billion ton-kilometers, a decrease of 2.7% over the previous year. Freight transportation turnover was 295.05 billion ton-kilometers, an increase of 1.2%. Among them, the turnover of railways was 101.56 billion ton-kilometers, an increase of 2.9%; the turnover of highways was 146.50 billion ton-kilometers, an increase of 0.3%. Passenger transportation turnover was 78.10 billion person-kilometers, a decrease of 22.9%. Among them, the railway turnover was 53.87 billion person-kilometers, down by 18.5%; the highway turnover was 14.66 billion person-kilometers, down by 25.0%; the civil aviation turnover was 9.39 billion person-kilometers, down by 39.7%.

At the end of the year, the mileage of roads opened to traffic was 242,400 kilometers, an increase of 0.2% over the end of the previous year. Among them, the mileage of highways opened to traffic was 7,330 kilometers, an increase of 247 kilometers. The operating mileage of railways was 6,078 kilometers, an increase of 2.9%. Among them, the high-speed railway was 2,408 kilometers, an increase of 159 kilometers. The number of civilian vehicles was 11.064 million, an increase of 6.9%. Among them, the number of private cars was 10.308 million, an increase of 7.0%. The number of civilian cars was 6.10 million, an increase of 7.5%.

Table 2 Total Passenger and Freight Transportation by Various Transportation Modes and Their Growth Rates in 2022

Index	unit of measurement	absolute number	Increase over the previous year (%)
Total cargo transported	10,000 tons	214266.0	-5.0
Of which: railway	10,000 tons	4826.7	1.2
highway	10,000 tons	186123.4	-6.2
water transport	10,000 tons	22301.1	4.8
civil aviation	10,000 tons	8.0	-29.0
pipeline	10,000 tons	1006.8	-2.9

Table 2 continued

Index	unit of measurement	absolute number	Increase over the previous year (%)
Total Passenger Traffic	10,000 people	38914.9	-24.9
Of which: railway	10,000 people	9779.4	-24.0
highway	10,000 people	27641.0	-25.4
water transport	10,000 people	823.1	7.7
civil aviation	10,000 people	671.4	-41.7

The annual postal business volume[8] was 32.82 billion yuan, an increase of 10.9% over the previous year; the total telecom business volume[9] was 66.69 billion yuan, an increase of 26.9%. At the end of the year, there were 5.487 million fixed telephone users, a decrease of 3.5% over the end of the previous year; 71.806 million mobile phone users, an increase of 3.4%. At the end of the year, there were 24.751 million Internet broadband users, an increase of 6.5%.

There were 430 million domestic tourists, an increase of 1.0% over the previous year; 77,000 inbound tourists, an increase of 10.6%. The total tourism revenue was 648.80 billion yuan, a decrease of 0.9%. Among them, domestic tourism revenue was 648.64 billion yuan, a decrease of 0.9%; international tourism revenue was US$20 million, an increase of 21.8%.

V. Investment in Fixed Assets

The annual investment in fixed assets (excluding rural households) increased by 6.6% over the previous year. Among them, private investment increased by 8.5%. In terms of economic types, state-owned investment decreased by 7.9 percent, while non-state-owned investment increased by 11.2 percent. In terms of investment direction, investment in livelihood projects increased by 3.2%, investment in ecological environment increased by 1.9%, investment in infrastructure increased by 8.0%, investment in high-tech industries[10] increased by 22.4%, and investment in industrial technological transformation increased by 4.6%. In terms of different regions, the investment in the Chang-Zhu-Tan region increased by 1.7%, the investment in the southern Hunan region increased by 10.8%, the investment in the Greater Western Hunan region increased by 7.8%, and the investment in the Dongting Lake region increased by 9.1%.

The annual investment in real estate development was 518.03 billion yuan, a decrease of 4.6% over the previous year. Among them, residential investment was 40.530 billion yuan, down 2.7%. The sales area of commercial housing was 67.929 million square meters, a decrease of 26.1%. Among them, the residential sales area was 60.854 million square meters, down by 26.8%. The sales of commercial housing were 431.23 billion yuan, down by 28.6%. Among them, residential sales were 380.01 billion yuan, down by 29.5%. At the end of the year, the area of commercial housing for sale was 12.213 million square meters, an increase of 750,000 square meters or 6.5% over the end of the previous year.

Table 3 Growth rate of investment in fixed assets in 2022

Index	Growth over the previous year (%)
Fixed Assets Investment (Excluding Rural Households)	6.6
Primary Industry	-20.5
Secondary Industry	14.4
Of which: Mining Industry	32.1
Manufacturing Industry	14.6
Production and Supply of Electricity, Heat, Gas and Water	10.2
Construction Industry	-44.6
Tertiary Industry	3.1
Of which: Transportation, Warehousing and Postal Service	25.9
Information Transmission, Software and IT Service	29.0
Wholesale and Retail Sale	21.6
Hotels and Catering Service	-11.1
Financial Industry	-42.4
Real Estate	-6.8
Leasing and Commercial Service	2.0
Scientific Research and Technological Service	35.4
Management of Water Conservancy, Environment and Public Facilities	-3.4
Residents Service, Repair and Other Services	47.0
Education	4.6
Sanitation and Social Work	28.4
Culture, Sport and Entertainment	9.7
Public Management, Social Security and Social Organization	-39.8

VI. Domestic Trade and Prices

The total retail sales of consumer goods for the whole year was 1,905.07 billion yuan, an increase of 2.4% over the previous year. Breaking down by operating area, urban retail sales of consumer goods were 1,646.64 billion yuan, an increase of 2.4%; rural retail sales of consumer goods were 258.43 billion yuan, an increase of 2.8%. In terms of consumption types, retail sales of goods were 1,675.80 billion yuan, an increase of 2.6%; catering revenue was 229.26 billion yuan, an increase of 1.0%. In terms of regions, the total retail sales of consumer goods in the Chang-Zhu-Tan area was 740.47 billion yuan, an increase of 2.4%; the total retail sales of consumer goods in the southern Hunan area was 386.83 billion yuan, an increase of 2.7%; the total retail sales of consumer goods in the greater western Hunan area was 340.60 billion yuan, an increase of 2.0%; the total retail sales of consumer goods in the Dongting Lake area was 437.17 billion yuan, an increase of 2.6%.

Table 4 Total Retail Sales of Consumer Goods and Its Growth Rate in 2022

Index	Retail Sale (100 million yuan)	Increase over the previous year (%)
Total Retail Sale of Consumer Goods	19050.7	2.4
Grouped by Location		
Of which: Town	16466.4	2.4
Village	2584.3	2.8
Retail Sales of Above-norm Corporate Wholesale and Retailing Merchandise	6336.2	8.8
Of which: Grain and Oils, and Food	876.1	13.5
Beverages and Alcohols	125.6	9.0
Tobaccos	148.2	13.3
Clothing, Shoes, Hats, Textiles	344.8	-1.5
Cosmetics	76.5	-20.9
Silver and Jewelry	81.3	4.2
Daily Commodity	211.2	6.4
Hardware and Electrical Materials	47.4	-4.0
Sports and Recreation Articles	20.7	7.9
Newspapers and Magazines	85.0	18.3
Electronic Publications and Audio and Video Products	1.9	-1.5
Household Appliances and Audio and Video Accessories	318.8	-4.9
Traditional Chinese and Western Medicines	358.9	15.4
Culture and Office Articles	143.5	50.8
Furniture	48.4	4.6
Communication Appliances	63.1	15.8
Petroleum and Related Products	1297.4	15.7
Building and Decoration Materials	100.8	4.9
Mechanical and Electrical Products	44.2	20.1
Automobiles	1813.3	5.9

Wholesale and retail sales of legal entities above designated size totaled 633.62 billion yuan, an increase of 8.8 percent over the previous year. In terms of commodity categories, retail sales of grain, oil and food products increased by 13.5%, cosmetics decreased by 20.9%, household appliances and audio-visual equipment decreased by 4.9%, Chinese and Western medicine increased by 15.4%, communication equipment increased by 15.8%, petroleum and related products increased by 15.7%, and the automobile category increased by 5.9%. Among green smart products, retail sales of wearable smart devices increased by 7.9%, and new energy vehicles increased by 134.1%.

The total online retail sales of physical goods for the year was 211.67 billion yuan, 14.5% over the previous year, accounting for 11.1% of the total retail sales of social consumer goods.

The annual consumer price rose by 1.8% over the previous year. Among them, the CPI in urban areas increased by 1.7%, and in rural areas increased by 1.9%. The retail price of goods rose by 3.2%. The producer price for manufactured goods increased by 2.0%, while the purchase price for goods in the manufacturing sector increased by 4.8%. The producer price for agricultural products increased by 3.6%.

Table 5 The Change Rates of Consumer Prices compared with the previous year in 2022

Index	Change rate (%)	By urban and rural	
		Urban	Rural
consumer price	1.8	1.7	1.9
Including: food, tobacco and alcohol	1.4	1.4	1.4
clothes	1.3	1.3	1.3
Residence	0.7	0.5	1.2
Household Appliances And Services	1.2	1.3	1.0
transportation and communication	6.3	6.7	5.4
Education, Culture and Entertainment	0.9	0.8	1.3
healthcare	1.0	0.5	1.9
Other Supplies and Services	1.6	1.5	2.2

VII. Foreign Economic Relations

The annual total import and export volume [11] was 705.82 billion yuan, an increase of 20.2% over the previous year. Among them, exports were 515.45 billion yuan, an increase of 25.3%; imports were 190.36 billion yuan, an increase of 8.3%. In terms of trade modes, general trade exports were 453.16 billion yuan, an increase of 30.5%; processing trade exports were 38.57 billion yuan, a decrease of 3.4%. Among the key export commodities, mechanical and electrical products were 212.37 billion yuan, an increase of 18.3%; high-tech products were 55.92 billion yuan, an increase of 12.2%. In terms of production and sales by country (region), exports to the United States were 72.54 billion yuan, an increase of 2.8%; exports to Hong Kong, China, were 52.93 billion yuan, an increase of 2.6%; exports to the EU[12] were 50.38 billion yuan, an increase of 7.8%; exports to the ASEAN were 50.38 billion yuan, an increase of 68.5% ; exports to countries along the "Belt and Road" reached 212.11 billion yuan, an increase of 52.5%; exports to other RCEP member states were 159.76 billion yuan, an increase of 49.0%.

Table 6 Total import and export volume and growth rate in 2022

Index	Absolute number (100 million yuan)	Increase over the previous year (%)
Total Imports and Exports	7058.2	20.2
Exports	5154.5	25.3
Grouped by Mode of Trade		
Of which: Original Trade	4531. 6	30.5
Processing Trade	385.7	-3.4
Grouped by Main Commodity		
Of which: Electromechanical Products	2123.7	18.3
High-tech Products	559.2	12.2
Agricultural Products	179.6	19.1
Imports	1903.6	8.3
Grouped by Mode of Trade		
Of which: Original Trade	1270.5	8.2
Processing Trade	284.4	-8.9
Grouped by Main Commodity		
Of which: Electromechanical Products	601.5	5.5
High-tech Products	447.7	6.7
Agricultural Products	303	6.0

The actual use of foreign direct investment in the year was 3.53 billion US dollars, an increase of 46.1% over the previous year. Among them, the primary industry was US$ 20 million, a decrease of 41.8%; the secondary industry was US$ 1.17 billion, an increase of 214.8%; the tertiary industry was US$ 2.34 billion, an increase of 16.0%. One of the world's top 500 companies was newly introduced. The actual inflow of funds from domestic sources outside the province were 1,292.98 billion yuan, an increase of 14.6%. Among them, the primary industry was 67.54 billion yuan, an increase of 3.6%; the secondary industry was 695.96 billion yuan, an increase of 29.9%; the tertiary industry was 529.48 billion yuan, an increase of 0.4%. Introduced 1,515 major projects with contracts of over 200 million yuan (foreign investment of 30 million U.S. dollars).

The value of newly signed contracts for foreign engineering projects throughout the year was 2.48 billion U.S. dollars, and the completed turnover was 1.76 billion U.S. dollars; 5,000 laborers of various types were dispatched. The newly increased contract value on China's side of foreign direct investment was 2.68 billion US dollars, an increase of 226.4%. The actual foreign direct investment amounted to US$ 1.91 billion, an increase of 14.8%.

VIII. Finance

The local general public budget revenue for the year was 310.18 billion yuan, a decrease of 4.6% compared to the previous year(an increase of 6.6% on the same basis after deducting factors such as tax refunds and reductions). Among them, tax revenue was 200.45 billion yuan, a decrease of 10.8%; non-tax revenue was 109.73 billion yuan, an increase of 9.2%. Among tax revenues, domestic value-added tax was 54.15 billion yuan, down by 31.0%; corporate income tax was 23.43 billion yuan, down 13.6%. The general public budget expenditure was 900.53 billion yuan, an increase of 8.2%. Among them, education expenditures were 150.25 billion yuan, an increase of 9.4%; social security and employment expenditures were 144.20 billion yuan, an increase of 9.9%; health expenditures were 82.18 billion yuan, an increase of 11.1%; science and technology expenditures were 27.99 billion yuan, an increase of 28.8%; housing guarantee expenditure was 22.34 billion yuan, an increase of 0.5%.

Table 7 Revenue and Expenditure of Public Finance and Growth Rates in 2020

Index	Absolute number (100 million yuan)	Increase over the previous year (%)
local general public budget revenue	3101.8	-4.6
Of which: tax revenue	2004.5	-10.8
Domestic VAT	541.5	-31.0
corporate income tax	234.3	-13.6
non-tax	1097.3	9.2
General public budget expenditure	9005.3	8.2
Of which: general public services	841.8	2.6
education	1502.5	9.4
Science and Technology	279.9	28.8
Culture, Sports and Media	136.9	1.4
Social Security and Employment	1442.0	9.9
Health Care	821.8	11.1
Energy saving and environmental protection	157.4	-19.1
urban and rural communities	1016.9	15.9
Agriculture, forestry and water	992.9	4.6
House security	223.4	0.5

At the end of the year, the balance of deposits in local financial institutions in both domestic and foreign currencies reached 7,0141.9 billion yuan, an increase of 11.5% compared to the end of the previous year. Among them, the deposit balance of households was 4,131.39 billion yuan, an increase of 16.3%; the deposit balance of non-financial enterprises was 1,417.47 billion yuan, an increase of 2.6%. The balance of various loans in domestic and foreign currencies was 6,235.15 billion yuan, an increase of 11.7%. Among them, the balance of loans to households was 2,157.62 billion yuan, an increase of 3.8%; the balance of loans to non-financial enterprises, institutions and organizations was 4,049.89 billion yuan, an increase of 15.9%.

Table 8 Balance and additional balances of Deposits and Loans in Domestic and Foreign Currencies of Financial Institutions at the End of 2022

Index	end of year balance (billion yuan)	Increase compared to the beginning of the year (billion yuan)
Total Deposit Balances	70141.9	7250.8
Of which: Domestic Deposits	70096.7	7299.7
Household	41313.9	5782.5
Current Deposits	12714.4	1064
Time Deposits and Other Deposits	28599.5	4718.4
Non-financial Enterprise	14174.7	357.8
Current Deposits	6046.0	-537.1
Time Deposits and Other Deposits	8128.7	894.9
Non-banking Financial Institution	3595.1	523.3
Overseas Deposits	45.2	-48.9
Total Loan Balances	62351.5	6506.5
Of which: Domestic Loans	62238.9	6471.4
Household	21576.2	799.7
Short-term Loans	5595.1	405.5
Medium and Long-term Loans	15981.0	394.2
Non-financial Enterprise and Government Organization	40498.9	5554.4
Short-term Loans	7537.8	956.8
Medium and Long-term Loans	29805.1	3596.3
Overseas Loans	112.6	35.1

There were 138 domestic listed companies, and the total direct financing for the year was 367.89 billion yuan, a decrease of 17.0% from the previous year. At the end of the year, the total market value of A-share listed companies was 1,585.18 billion yuan, a decrease of 20.5% from the end of the previous year. At the end of the year, there were 434 operating branches of securities companies, a decrease of 5 compared to the previous year; the annual securities transaction volume was 11,979.11 billion yuan, a decrease of 1.6%. At the end of the year, there were 2 futures companies, which was the same as the end of the previous year; the annual transaction volume was 5,574.65 billion yuan, a decrease of 21.9%.

The original insurance premium income of insurance companies in the year was 161.37 billion yuan, an increase of 7.0% over the previous year. Among them, life insurance premium income was 81.78 billion yuan, an increase of 9.3%; health insurance premium income was 32.85 billion yuan, an increase of 0.07%; personal accident insurance premium income was 3.74 billion yuan, a decrease of 8.2%; property insurance premium income was 43.01 billion yuan, an increase of 9.9%. The original insurance claim payment was 58.08 billion yuan, an increase of 9.8%.

IX. Education, Science and Technology

At the end of the year, there were 116 ordinary colleges and universities. There were 29,000 postgraduate graduates, 449,000 regular higher education graduates, 227,000 secondary vocational education graduates, 425,000 regular high school graduates, 847,000 junior high school graduates, and 903,000 regular primary school graduates. There were 2.16 million children in kindergartens, a decrease of 5.8% over the previous year. The enrollment rate of primary school-age children[13] was 100%, and the gross enrollment rate of high school education[14] was 94.47%. There were 10,498 private schools of various types, with 2.38 million students. A total of 1.38 billion yuan of national scholarships and bursaries (undergraduate students) for colleges and universities were issued, and 729,000 college students (undergraduate students) were subsidized. Distributed 510 million yuan of national bursaries for secondary vocational schools, subsidizing 514,000 secondary vocational students. Implemented compulsory education guarantee funds of 10.55 billion yuan, and distributed 540 million yuan of national bursaries for ordinary high schools.

Table 9 Enrollment, number of students and graduates of schools at all levels in 2022 and their growth rates

Index	Enrollment		Number of people in school (students)		Number of graduates	
	Absolute number (10,000 people)	over last year Increase (%)	Absolute number (10,000 people)	over last year Increase (%)	Absolute number (10,000 people)	over last year Increase (%)
Post-graduate Education	3.9	6.3	11.8	6.5	2.9	7.2
Regular Higher Education	55.2	11.8	168.5	5.6	44.9	14.0
Adult Higher Education	32.6	10.5	67.3	10.2	26.2	17.9

Table 9　continued

Index	Enrollment		Number of people in school (students)		Number of graduates	
	Absolute number (10,000 people)	over last year Increase (%)	Absolute number (10,000 people)	over last year Increase (%)	Absolute number (10,000 people)	over last year Increase (%)
Secondary Vocational Education	26.1	-7.7	74.6	-0.04	22.7	10.0
Regular Senior Secondary School	50.4	4.9	142.2	5.0	42.5	7.9
Junior Middle School	91.1	1.6	263.7	2.5	84.7	0.8
Regular Primary School	82.1	-2.3	523.1	-1.3	90.3	1.8
Special Education	0.7	-11.0	5.4	-0.6	0.8	7.9

There were 12 national engineering research centers (engineering laboratories), 354 provincial engineering research centers (engineering laboratories), 42 national and local joint engineering research centers (engineering laboratories), 68 nationally recognized enterprise technology centers, 14 national engineering technology research centers, 523 provincial engineering technology research centers, 19 national key laboratories and 337 provincial key laboratories. A total of 45,780 technical contracts were signed throughout the year, and the transaction value of technical contracts was 254.46 billion yuan. 1086 scientific and technological achievements were registered. The number of patent authorizations was 92,916, a decrease of 6.1% over the previous year. Among them, 20,423 invention patents were granted, an increase of 23.3%. The number of patent authorizations for industrial and mining enterprises, colleges and universities, and research institutes was 60,706, 12,763 and 836 respectively.

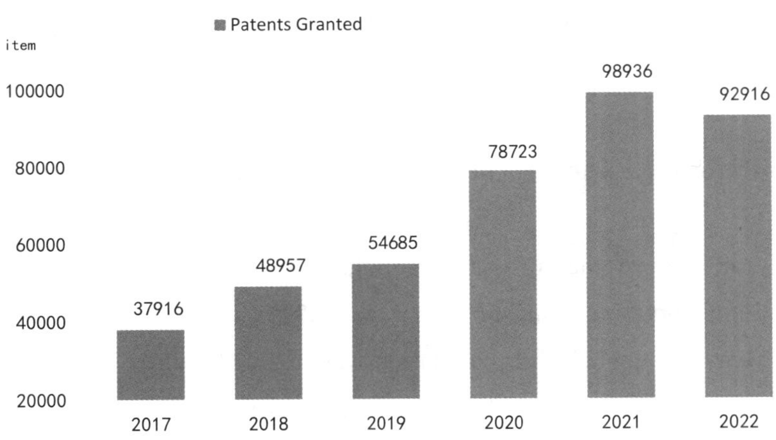

Figure 3　The Number of Patents Granted , 2017-2022

There were 2,135 inspection and testing institutions at the end of the year. Among them, there were 25 national product quality supervision and inspection centers and 104 legal metrology and verification institutions.

There were 2,005 special equipment production units and 493,000 special equipment units. The pass rate of supervision and spot inspection of key industrial products was 87.3%. Participated in the formulation of 6 international standards and 224 national standards, and organized the formulation of 284 local standards. A total of 3,219 maps were published publicly, with 739,000 visits to the Tianditu map service and 730,000 pieces of geographical spatial data provided.

X. Culture, health and Sports

There were 675 art performance groups, 146 mass art centers and cultural centers, 144 public libraries, and 162 museums and memorial halls at the end of the year. There were 108 radio and television stations(broadcasting agencies). There were 5.85 million cable TV subscribers. The comprehensive population coverage rate of broadcasting was 99.42%, and the comprehensive population coverage rate of TV was 99.76%. There were 137 national intangible cultural heritage protection catalogs and 410 provincial intangible cultural heritage protection catalogs. Published 11,608 kinds of books, 253 kinds of periodicals, and 44 kinds of newspapers. The total printings of books, periodicals, and newspapers were 550 million, 90 million, and 620 million copies respectively.

There were 55,329 health institutions at the end of the year. Among them, there were 1,733 hospitals, 137 maternal and child health centers(stations), 70 specialized disease prevention and treatment centers(stations), 2,085 township health centers, 987 community health service centers(clinics), 12,726 infirmaries and 36,128 village clinics. There were 517,000 health technicians, an increase of 2.1% over the previous year. Among them, 197,000 were practicing physicians and assistant practicing physicians, and 244,000 were registered nurses. There were 399,000 beds in hospitals, an increase of 2.4%; and 109,000 beds in township health centers, an increase of 2.6%.

There were 25.501 million people who regularly participated in physical exercise, and 1,178 national fitness programs were conducted.There were 1,100 administrative villages that established new projects for rural residents' physical fitness and sports. There were 43 national championships throughout the year. Sports venues were 173,677. Among them, there were 287 gymnasiums, 7,293 sports fields, 1,200 swimming pools, and 7,666 various training rooms.

XI. Population, Residents' Income and Consumption, Social Security

At the end of the year, the province's resident population was 66.04 million. Among them, the urban population was 39.83 million, and the urbanization rate was 60.31%, an increase of 0.6 percentage points over the end of the previous year. The annual birth population was 412,000, with a birth rate of 6.23‰; the death population was 565,000, with a death rate of 8.54‰; the natural population growth rate was -2.31‰. The proportion of the population aged 0-15 (including those under the age of 16) accounted for 19.52% of the resident population, a decrease of 0.67 percentage points; the proportion of the population aged 16-59 (including the age of 60) was 59.65%, a decrease of 0.38 percentage points; the proportion of the population aged 60 and above was 20.84%, an increase of 1.05 percentage points.

Table 10 Number and Composition of Permanent Residents by the End of 2022

Gauge	Number at the end of the year (10,000 people)	proportion(%)
Resident Population	6604	100
Of which: Urban	3983	60.31
Country	2621	39.69
Of which: Male	3380	51.18
Female	3224	48.82
Of which: Age 0-15(including under 16 years)[15]	1289	19.52
Age 16-59 (including under 60 years)	3939	59.65
Age 60 and over	1376	20.84
Of which: Age 65 and over	1065	16.13

The annual per capita disposable income of the province's residents was 34,036 yuan, an increase of 6.4% over the previous year; the median per capita disposable income of the province's residents was 27,400 yuan, an increase of 6.1%. In terms of permanent residence, the per capita disposable income of urban residents was 47,301 yuan, an increase of 5.4 percent; the median per capita disposable income of urban residents was 42,432 yuan, an increase of 5.6 percent. The per capita disposable income of rural residents was 19,546 yuan, an increase of 6.8%; the median per capita disposable income of rural residents was 17,583 yuan, an increase of 6.6%. The income ratio of urban and rural residents narrowed to 2.42 from 2.45 in the previous year. In terms of regions, the per capita disposable income of all residents in the Chang-Zhu-Tan area was 51,802 yuan, an increase of 5.9%; the per capita disposable income of all residents in the southern Hunan area was 31,500 yuan, an increase of 6.6%; the per capita disposable income of all residents in the Greater Xiangxi area was 23,611 yuan, an increase of 6.4%; the per capita disposable income of all residents in the Dongting Lake area was 31,070 yuan, an increase of 6.5%. The per capita disposable income of rural residents in poverty-stricken counties [16] was 14,714 yuan, an increase of 8.7%.

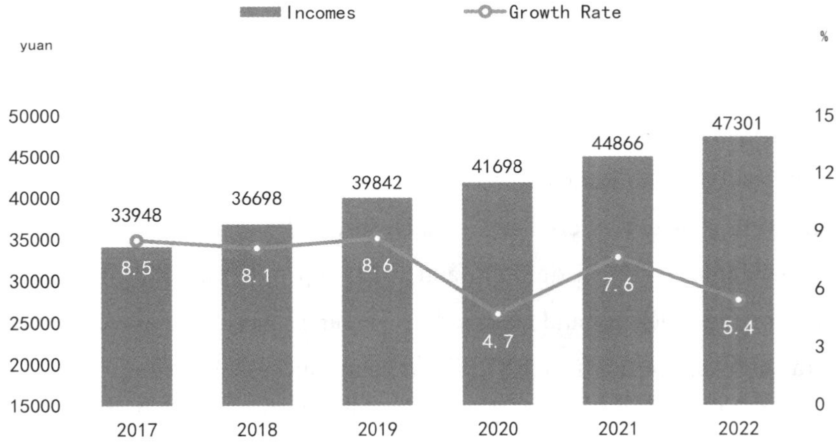

Figure 4 The Average per Capita Disposable Incomes of City Dwellers and the Growth Rates, 2017-2022

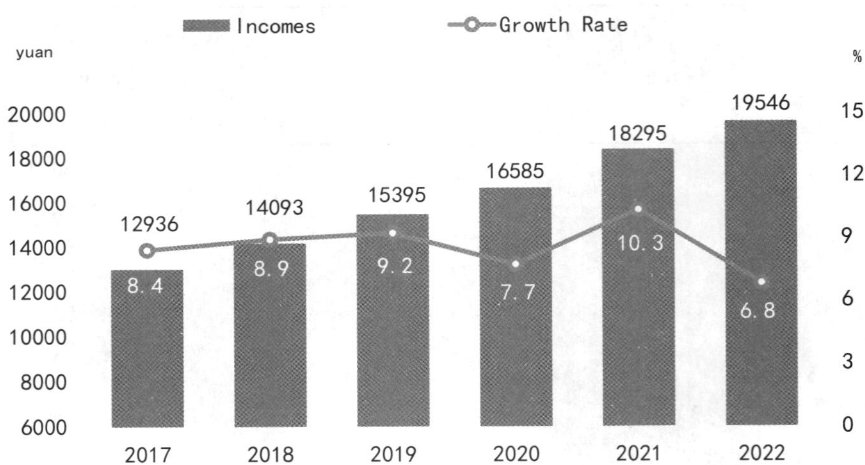

Figure 5　The Average per Capita net Incomes of Rural Residents and the Growth Rates, 2017-2022

The per capita consumption expenditure of residents in the province was 24,083 yuan, an increase of 5.6% over the previous year. According to the place of permanent residence, the per capita consumption expenditure of urban residents was 29,580 yuan, an increase of 4.5%; the per capita consumption expenditure of rural residents was 18,078 yuan, an increase of 6.6%.

There were 737,000 newly employed people in cities and towns throughout the year. At the end of the year, the number of people participating in the basic endowment insurance for urban and rural residents was 32.415 million, a decrease of 0.6% over the end of the previous year. The number of people participating in the basic endowment insurance for urban employees was 18.929 million, an increase of 2.3%. Among them, 13.523 million were employees and 5.406 million were retirees. The number of people participating in the basic medical insurance for urban and rural residents was 54.705 million, and the number of people participating in the basic medical insurance for urban employees was 10.527 million. The number of people participating in unemployment insurance was 7.239 million, an increase of 5.3%. The number of employees participating in work-related injury insurance was 8.943 million. The number of employees participating in maternity insurance was 7.236 million. At the end of the year, the number of employees receiving unemployment insurance was 148,000.

There were 345,000 urban residents receiving the government's minimum living security, and 1.94 billion yuan in minimum living security funding was distributed; 1.421 million rural residents received the government's minimum living security, and 5.00 billion yuan in minimum living security funding was distributed. At the end of the year, 270,000 beds were provided in civil affairs agencies, and 120,000 people were adopted. Among them, there were 253,000 beds in elderly care institutions, and 112,000 people served by elderly care institutions. There were 32,000 community service agencies and facilities. The annual sales of social welfare lottery tickets amounted to 5.85 billion yuan, raising welfare funds of 1.87 billion yuan. Successfully completed 10 key livelihood issues. Among them, 1,500 old residential areas in cities and towns had been renovated, 47.945 million cubic meters of water storage capacity had been newly added, and 339,000 pregnant women received free prenatal screening.

XII. Resources, Environment and Production Safety

147 kinds of minerals have been discovered in the province, and and the reserves of 113 minerals have been explored, including 7 kinds of energy minerals, 39 kinds of metal minerals, 65 kinds of non-metallic minerals, and 2 kinds of water and gas minerals. 5 geological exploration projects (including continuation projects) were funded by the government (only provincial-level financial investment projects were included), and 11 new large and medium-sized mineral deposits were discovered.

97.4% of the water quality sections met or exceeded Class III standards throughout the year, an increase of 1.3 percentage points over the previous year. The air quality of 8 cities reached the second-level standard. The rate of innocuous treatment of domestic waste in the city was 100%. There were 53 nature reserves above the provincial level, covering an area of 906,000 hectares. Among them, 23 were at the national level and 30 at the provincial level. There were 2 world geological parks and 14 national geological parks. A total of 331,000 hectares of afforestation area were completed throughout the year.

The annual comprehensive energy consumption of industries above the designated size decreased by 0.9% compared with the previous year. Among them, the comprehensive energy consumption of the six major energy-consuming industries decreased by 0.9%.

There were 1,330 various production and operation safety accidents throughout the year, with the death toll of 1,428. For every 100 million yuan of regional GDP, there were 0.03 accident-related deaths, and for every million tons of coal mined, there were 0.005 accident-related deaths. The number of road traffic accident deaths per ten thousand vehicles was 2.59, which decreased by 0.75 compared to the previous year.

Notes:

[1] The data in this bulletin are preliminary statistics, and some data may not be equal to the total of the sub-items due to rounding.

[2] The absolute figures of regional GDP, the added value of tertiary industries and related industries, and per capita GDP are calculated at current prices, and the growth rate is calculated at constant prices.

[3] The Chang-Zhu-Tan area refers to the three cities of Changsha, Zhuzhou, and Xiangtan; the southern Hunan area refers to the three cities of Hengyang, Chenzhou, and Yongzhou; the Greater Western Hunan area refers to the five cities (states) of Shaoyang, Zhangjiajie, Huaihua, Loudi, and Xiangxi Autonomous Prefecture. The Dongting Lake area refers to the three cities of Yueyang, Changde and Yiyang.

[4] High-tech manufacturing includes pharmaceutical manufacturing, aviation, spacecraft and equipment manufacturing, electronic and communication equipment manufacturing, computer and office equipment

manufacturing, medical equipment and instrumentation manufacturing, and information chemical manufacturing.

[5] Equipment manufacturing industry includes metal products industry, general equipment manufacturing industry, special equipment manufacturing industry, automobile manufacturing industry, railway, ship, aerospace and other transportation equipment manufacturing industry, electrical machinery and equipment manufacturing industry, computer, communication and other industries Electronic equipment manufacturing, instrumentation manufacturing.

[6] The output data of some products in 2021 have been verified and adjusted, and the output growth rate in 2022 is calculated on a comparable basis.

[7] The growth rate and changes in financial indicators of industrial enterprises above designated size in 2022 are calculated on a comparable basis, due to the changes in the survey scope stipulated by the statistical survey system, statistical law enforcement, and elimination of duplicate data.

[8] The total business volume of the postal industry is calculated at constant prices in 2020.

[9] The total volume of telecommunications business is calculated at the constant price of the previous year.

[10] Investment in high-tech industries includes six major categories of high-tech manufacturing industry investments including pharmaceutical manufacturing, aviation, spacecraft and equipment manufacturing, electronics and communication equipment manufacturing, computer and office equipment manufacturing, medical equipment and instrumentation manufacturing, and information chemicals manufacturing, as well as nine major categories of high-tech service industries including information services, e-commerce services, inspection and testing services, high-tech services in professional technical services, R&D and design services, transformation services of scientific and technological achievements, intellectual property rights and related legal services, environmental monitoring and governance services, and other high-tech services.

[11] According to relevant regulations, foreign trade is denominated in RMB.

[12] The value of import and export of goods to the EU does not include data from the UK, and the growth rate is calculated on a comparable basis.

[13] The enrollment rate of primary school-age children refers to the percentage of school-age children who have entered primary school within the scope of the survey to the total number of school-age children in and out of school.

[14] The gross enrollment ratio of high school education mainly reflects the coverage of high school education, which refers to the percentage of the total number of high school students to the school-age population aged 15-17.

[15] At the end of 2022, the province's population aged 0-14 (including those under the age of 15) was 11.99 million, and the population between the ages of 15-59 (including those under the age of 60) was 40.29 million.

[16] Hunan Province's poverty-stricken counties, formerly known as impoverished areas in Hunan, encompass the previously designated concentrated contiguous areas of extreme poverty as well as other key counties for national poverty alleviation and development efforts, totaling 40 counties.

Source:

The financial data in this bulletin are from the Provincial Department of Finance; the data on railway transportation and railway mileage are from China Railway Guangzhou Bureau Group Co., Ltd., China Railway Nanning Bureau Group Co., Ltd., China Railway Nanchang Bureau Group Co., Ltd., China Railway Wuhan Group Co., Ltd. and Shichang Railway Co., Ltd.; road transportation, waterway transportation, and highway mileage data are from the Provincial Department of Transportation; civil aviation transportation data are from Provincial Airport Management Group Co., Ltd., China Southern Airlines Co., Ltd. Hunan Branch; pipeline transportation data are from China Petroleum & Chemical Corporation Changling Branch of the company, Changling Branch of Sinopec Asset Management Co., Ltd., Baling Petrochemical Branch of Sinopec Asset Management Co., Ltd., Central China Branch of National Petroleum and Natural Gas Pipeline Network Group Co., Ltd. Hunan Oil Branch, Changsha ENN Gas Co., Ltd., Changsha China Resources Gas Co., Ltd., Xiangtan ENN Gas Co., Ltd., Changde PetroChina Kunlun Gas Co., Ltd., Loudi China Resources Gas Co., Ltd., etc.; car ownership data comes from the Provincial Public Security Bureau; telecom business volume, mobile phone users, The data of fixed-line telephone users and Internet broadband users are from the Provincial Communication Administration; the data of postal services are from the Provincial Post Administration; the data of deposits and loans are from the Changsha Central Sub-branch of the People's Bank of China; Hunan Supervision Bureau of China Securities Regulatory Commission; data of insurance industry are from Hunan Supervision Bureau of China Banking and Insurance Regulatory Commission; data of education are from Provincial Department of Education; data of science and technology are from Provincial Department of Science and Technology; data of patents, quality testing and industry standards are from provincial market supervision data from the Provincial Department of Natural Resources; data from art performance groups, museums, public libraries, cultural centers, and intangible cultural heritage protection from the Provincial Department of Culture and Tourism; data from radio and television from the Provincial Bureau of Radio and Television; newspapers, The data of periodicals and books are from the Propaganda Department of the Provincial Party Committee; the health data comes from the Provincial Health Commission; the sports data comes from the Provincial Sports Bureau; The insurance data comes from the Provincial Medical Security Bureau; the urban and rural subsistence allowances, social welfare, and community service data are from the Provincial Department of Civil Affairs; the data on water conservancy construction are from the Provincial Water Resources Department; the data on aquatic product output and high-standard farmland construction are from the Provincial Department of Agriculture and Rural Affairs; The Provincial Department of Housing and Urban-Rural Development; data on nature reserves, geological parks, and afforestation are from the Provincial Forestry Bureau; data on surface water quality and air quality are from the Provincial Department of Ecology and Environment; data on production safety are from the Provincial Department of Emergency Management; other data are from the Provincial Bureau of Statistics and The Hunan Survey Team of the National Bureau of Statistics.

01

综　合

General Survey

资料整理人员：周　玲　肖首雄　欧阳普　杨　耒
赵莉淇　甘杨辉　郭开金　邓鸿鹄
吕　涛　田杰平　谢　凡　彭　颖
陈　慧　段嘉欣　吕　燕　邹　晨
廖闻菲　彭开吾　王　丹　陈晗文
朱　鹏　易　贝　宋迪敏　艾　婷
文益龙　李艺斌　张颖洁　罗金城
彭怡丰　周颖江　粟子林　凌　骞
韩建芳　孙邦昕　邓海波

1-1 行政区划
Administrative Divisions

单位：个 (unit)

年份 Year	市州 Cities and A.P	地级市 Number of Cities at Prefectural Level	地州数 Number of Prefecture and A.P	县级市 Number of Cities at County Level	县数 Number of Counties	市辖区数 Districts Under the Jurisdiction of Cities at Prefectural Level	镇数 Number of Towns	乡数 Number of Township
	1978	3	12	7	90	13	154	3295
	1980	5	12	9	90	22	155	3321
	1985	6	9	14	84	27	544	3011
	1986	6	7	16	82	27	581	2895
	1987	6	7	18	80	26	585	2903
	1988	8	6	17	78	30	596	2889
	1989	8	6	17	78	30	621	2807
	1990	8	6	18	78	29	628	2801
	1991	8	6	18	78	29	639	2784
	1992	8	6	19	77	26	663	2773
	1993	8	6	20	76	26	748	2689
	1994	9	5	20	74	28	769	2658
	1995	10	4	19	73	30	899	1406
	1996	11	3	17	73	32	950	1360
	1997	11	3	18	72	32	979	1327
	1998	12	2	17	72	33	1001	1350
	1999	13	1	16	72	34	1023	1330
	2000	13	1	16	72	34	1055	1310
	2001	13	1	16	72	34	1087	1275
	2002	13	1	16	72	34	1097	1257
	2003	13	1	16	72	34	1098	1264
	2004	13	1	16	72	34	1098	1244
	2005	13	1	16	72	34	1089	1087
	2006	13	1	16	72	34	1091	1085
	2007	13	1	16	72	34	1095	1071
	2008	13	1	16	72	34	1101	1063
	2009	13	1	16	72	34	1106	959
	2010	13	1	16	72	34	1109	1052
	2011	13	1	16	71	35	1121	1038
	2012	13	1	16	71	35	1131	952
	2013	13	1	16	71	35	1138	828
	2014	13	1	16	71	35	1153	805
	2015	13	1	16	71	35	1119	417
	2016	13	1	16	71	35	1135	401
	2017	13	1	17	70	35	1134	398
	2018	13	1	17	69	36	1138	392
	2019	13	1	18	68	36	1134	392
	2020	13	1	18	68	36	1133	392
	2021	13	1	19	67	36	1133	389
	2022	13	1	19	67	36	1134	388
长沙市	Changsha City	1		2	1	6	69	5
株洲市	Zhuzhou City	1		1	3	5	61	7
湘潭市	Xiangtan City	1		2	1	2	35	10
衡阳市	Hengyang City	1		2	5	5	114	31
邵阳市	Shaoyang City	1		2	7	3	113	53
岳阳市	Yueyang City	1		2	4	3	88	14
常德市	Changde City	1		1	6	2	107	19
张家界市	Zhangjiajie City	1			2	2	33	30
益阳市	Yiyang City	1		1	3	2	72	9
郴州市	Chenzhou City	1		1	8	2	99	37
永州市	Yongzhou City	1		1	8	2	111	39
怀化市	Huaihua City	1		1	10	1	103	90
娄底市	Loudi City	1		2	2	1	54	14
湘西土家族苗族自治州	Xiangxi Tujiazu&Miaozu Autonomous Prefecture		1	1	7		75	30

1-1 续表 Continued

长沙市	Changsha City
芙蓉区 (Furong District)、天心区 (Tianxin District)、岳麓区 (Yuelu District)、开福区 (Kaifu District)、雨花区 (Yuhua District) 望城区 (Wangcheng District)、长沙县 (Changsha County)、浏阳市 (Liuyang City)、宁乡市 (Ningxiang City)	
株洲市	Zhuzhou City
荷塘区 (Hetang District)、石峰区 (Shifeng District)、芦淞区 (LuSong District)、天元区 (Tianyuan District)、渌口区 (Lukou District) 醴陵市 (Liling City)、攸县 (You County)、茶陵县 (Chaling County)、炎陵县 (Yanling County)	
湘潭市	Xiangtan City
雨湖区 (Yuhu District)、岳塘区 (Yuetang District)、湘乡市 (Xiangxiang City)、韶山市 (Shaoshan City)、湘潭县 (Xiangtan County)	
衡阳市	Hengyang City
珠晖区 (Zhuhui District)、雁峰区 (Yanfeng District)、石鼓区 (Shigu District)、蒸湘区 (Zhengxiang District)、南岳区 (Nanyue District)、 耒阳市 (Leiyang City)、常宁市 (Changning City)、衡阳县 (Hengyang County)、衡南县 (Hengnan County)、衡山县 (Hengshan County) 衡东县 (Hengdong County)、祁东县 (Qidong County)	
邵阳市	Shaoyang City
双清区 (Shuangqing District)、大祥区 (Daxiang District)、北塔区 (Beita District)、新邵县 (Xinshao County)、邵阳县 (Shaoyang County) 隆回县 (Longhui County)、洞口县 (Dongkou County)、新宁县 (Xinning County)、绥宁县 (Suining County) 城步苗族自治县 (Chengbu Miao Autonomous County) 、武冈市 (Wugang City)、邵东市 (Shaodong City)	
岳阳市	Yueyang City
岳阳楼区 (Yueyanglou District)、云溪区 (Yunxi District)、君山区 (Junshan District)、汨罗市 (Miluo City)、临湘市 (Linxiang City) 岳阳县 (Yueyang County)、平江县 (Pingjiang County)、湘阴县 (Xiangyin County)、华容县 (Huarong County)	
常德市	Changde City
武陵区 (Wuling District)、鼎城区 (Dingcheng District)、津市市 (Jinshi City)、安乡县 (Anxiang County)、汉寿县 (Hanshou County) 澧县 (Li County)、临澧县 (Linli County)、桃源县 (Taoyuan County)、石门县 (Shimen County)	
张家界市	Zhangjiajie City
永定区 (Yongding District)、武陵源区 (Wulingyuan District)、慈利县 (Cili County)、桑植县 (Sangzhi County)	
益阳市	Yiyang City
资阳区 (Ziyang District)、赫山区 (Heshan District)、沅江市 (Yuanjiang City)、南县 (Nan County)、桃江县 (Taojiang County)、 安化县 (Anhua County)	
郴州市	Chenzhou City
北湖区 (Beihu District)、苏仙区 (Suxian District)、资兴市 (Zixing City)、桂阳县 (Guiyang County)、永兴县 (Yongxing County)、 宜章县 (Yizhang County)、嘉禾县 (Jiahe County)、临武县 (Linwu County)、汝城县 (Rucheng County)、桂东县 (Guidong County)、 安仁县 (Anren County)	
永州市	Yongzhou City
零陵区 (Lingling District)、冷水滩区 (Lengshuitan District)、东安县 (Dongan County)、道县 (Dao County)、宁远县 (Ningyuan County)、 江永县 (Jiangyong County)、江华瑶族自治县 (Jianghua Yao Autonomous County)、蓝山县 (Lanshan County)、新田县 (Xintian County)、 双牌县 (Shuangpai County)、祁阳市 (Qiyang City)	
怀化市	Huaihua City
鹤城区 (Hecheng District)、洪江市 (Hongjiang City)、中方县 (Zhongfang County)、沅陵县 (Yuanling County)、辰溪县 (Chenxi County)、 溆浦县 (Xupu County)、麻阳苗族自治县 (Mayang Miao Autonomous County)、会同县 (Huitong County) 新晃侗族自治县 (Xinhuang Tong Autonomous County)、芷江侗族自治县 (Zhijiang Tong Autonomous County), 靖州苗族侗族自治县 (Jingzhou Miao and Tong Autonomous County)、通道侗族自治县 (Tongdao Tong Autonomous County)	
娄底市	Loudi City
娄星区 (Louxing District)、冷水江市 (Lengshuijiang City)、涟源市 (Lianyuan City)、双峰县 (Shuangfeng County)、新化县 (Xinhua County)	
湘西土家族苗族自治州	Xiangxi Tujiazu&Miaozu Autonomous Prefecture
吉首市 (Jishou City)、泸溪县 (Luxi County)、凤凰县 (Fenghuang County)、花垣县 (Huayuan County)、保靖县 (Baojing County)、 古丈县 (Guzhang County)、永顺县 (Yongshun County)、龙山县 (Longshan County)	

1–2 人口和自然资源
Population and Natural Resources

项 目		Item		2022
人口		**Population**		
年末常住人口	（万人）	Population at the Year–end	(10 000 persons)	6604.00
土地		**Land**		
土地面积	（万平方公里）	Area of Land	(10 000 sq.km)	21.18
耕地面积	（万公顷）	Area of Cultivated Land	(10 000 hectares)	365.42
气候		**Climate**		
年平均降水量	（毫米）	Annual Average Precipitation	(mm)	1305.3
年降水总量	（亿立方米）	Annual Total Precipitation	(100 million cu.m)	2765
森林与湿地		**Forests and Wetlands**		
林地面积	（万公顷）	Area of Woodland	(10 000 hectares)	1283.52
森林覆盖率	（%）	Forest Coverage Rate	(%)	53.13
活立木蓄积量	（万立方米）	Standing Tree Stock	(10 000 cu.m)	61723.18
湿地面积	（万公顷）	Area of wetland	(10 000 hectares)	101.97
湿地保护率	（%）	Wetland Conservation Rate	(%)	70.54
水文、水利		**Water**		
5 公里以上河流	（条）	Rivers Over 5 km	(unit)	5341
5 公里以上河流长度	（万公里）	Total Length of Rivers Over 5 km	(10 000 km)	8.5
水资源总量	（亿立方米）	Total Water Resources	(100 million cu.m)	1684
地表水资源量	（亿立方米）	Total Surface Water Resources	(100 million cu.m)	1677
地下水资源量	（亿立方米）	Total Ground Water Resources	(100 million cu.m)	416.2
矿产资源保有资源量（截至 2022 年底）		**Reserves of Mineral Resources (at the 2022 year-end)**		
煤炭	（亿吨）	Coal	(100 million tons)	35.6
铁矿（矿石）	（亿吨）	Iron Ore(ore)	(100 million tons)	14.06
磷矿（矿石）	（亿吨）	Phosphate Ore(ore)	(100 million tons)	17.96
盐矿（矿石）	（亿吨）	Salt Ore(ore)	(100 million tons)	102.01

注：耕地面积是指年末耕地总资源面积，包括常用耕地和临时性耕地。由省自然资源厅提供（后表同）。

Cropland area is the total resource area of cropland at the end of the year, including common cropland and temporary cropland. Provided by the Provincial Department of Natural Resources (The following table is the same).

1-3 主要山脉基本情况
Major Mountain Ranges

名 称	Name	平均高度(米) Average Height (m)	最高峰(米) Highest Peak (m)	
雪峰山	Xuefeng Mountain Range	1500	2021	Erbao Peak in
			(城步县二宝顶)	Chengbu County
武陵山	Wuling Mountain Range	500-1200	2098.7	Huping Mountain in
			(石门县壶瓶山)	Shimen County
南岭山脉	Nanling Mountain Range		2009	Jiucai Peak in
(指大庾岭、骑田岭、	(Dayu Peak,Qitian Peak,		(道县韭菜岭)	Dao County
萌渚岭、都庞岭、	Mengzhu Peak, DuPang Peak,			
越城岭)	Yuecheng Peak)			
幕阜山—罗霄山	Mofu Mountain-Luoxiao	1000	2052	Douli Peak in
	Mountain Range		(炎陵县斗笠顶)	Yanling County
			2041.1	Bamian Mountain in
			(桂东县八面山)	Guidong County

1-4 主要河流基本情况
Major Rivers

名 称	Item	河长(公里) Length of River (km)	#省内 #In Province	河流条数(条) Number of River (unit)	流域面积(平方公里) Drainage Area (sq.km)	#省内 #In Province	省内年径流量(亿立方米) Annual Flow in Province (100 million cu.m)
总 计	**Total**			**5341**		**211311**	**2407.22**
湘 江	Xiangjiang River	948	670	2157	94721	85225	911.50
资 水	Zishui River	661	630	771	28211	26883	233.48
沅 江	Yuanjiang River	1053	568	1491	89833	52225	607.01
澧 水	Lishui River	407	388	326	16959	13842	111.78
洞庭湖水系	Water System of Dongting Lake			432		27269	468.09
鄱阳湖水系	Water System of Poyang Lake			16		683	10.32
珠江水系	Water System of Zhujiang River			148		5185	65.05

注：1. 河流条数指河长 5 公里以上的河流数，河长共 9 万公里。
2. 资水河长以夫夷水作水源计算。
3. 据 1986 年勘定，洞庭湖面积为 2691 平方公里。

a. Rivers refer to those which are more than 5 km long, and the total length of the rivers are 90 000 km.
b. The length of Zishui River refers to that of Fuyi River.
c. The figure on the area of Dongting Lake was taken from the survey in 1986.

1–5 主要城市平均气温 (2022年)
Monthly Average Temperature of Major Cities (2022)

单位：摄氏度 (℃)

城 市	City	1月 January	2月 February	3月 March	4月 April	5月 May	6月 June	7月 July
长沙市	Changsha	5.4	4.4	14.7	18.6	19.6	26.8	29.8
株洲市	Zhuzhou	6.5	5.2	15.7	19.6	21.1	27.6	31.0
湘潭市	Xiangtan	6.0	4.9	15.3	19.1	20.4	27.3	30.4
衡阳市	Hengyang	7.1	5.4	16.6	19.7	21.1	27.9	31.3
邵阳市	Shaoyang	5.7	4.0	15.0	18.2	19.5	25.8	28.9
岳阳市	Yueyang	6.0	5.8	15.1	19.6	21.4	27.8	31.1
常德市	Changde	4.8	4.9	14.2	18.6	20.1	27.5	29.3
张家界市	Zhangjiajie	5.8	5.4	13.8	18.5	20.0	26.6	29.0
益阳市	Yiyang	5.8	5.2	15.3	19.7	21.1	28.5	31.3
郴州市	Chenzhou	6.2	4.0	16.2	18.3	19.8	25.7	28.8
永州市	Yongzhou	7.0	5.3	16.7	19.2	20.4	26.9	30.2
怀化市	Huaihua	5.1	3.6	14.2	18.0	18.9	25.5	29.1
娄底市	Loudi	5.7	4.4	15.2	18.8	19.9	26.8	29.8
吉首市	Jishou	5.9	4.7	14.4	18.1	19.5	25.9	29.2

注：长沙为长沙黄花站资料。
Changsha huanghua station information for Changsha.

1–5 续表 Continued

单位：摄氏度 (℃)

城 市	City	8月 August	9月 September	10月 October	11月 November	12月 December	全年平均 Annual Total	上年平均 Annual Average Preceding Year
长沙市	Changsha	30.9	25.9	18.9	15.9	5.9	18.1	18.8
株洲市	Zhuzhou	32.2	27.5	20.3	17.3	7.0	19.3	19.4
湘潭市	Xiangtan	31.9	26.7	19.5	16.7	6.4	18.7	18.8
衡阳市	Hengyang	32.7	28.7	21.4	18.1	7.5	19.8	20.0
邵阳市	Shaoyang	30.4	26.7	19.6	16.2	6.1	18.0	18.2
岳阳市	Yueyang	32.2	26.2	19.1	16.0	6.5	18.9	18.9
常德市	Changde	31.4	26.0	18.8	15.5	6.3	18.1	18.0
张家界市	Zhangjiajie	30.9	25.3	18.7	15.5	6.7	18.0	17.8
益阳市	Yiyang	32.4	26.7	19.5	16.3	6.5	19.0	18.9
郴州市	Chenzhou	29.0	26.4	19.6	16.5	5.8	18.0	18.8
永州市	Yongzhou	31.2	28.2	21.1	17.9	7.3	19.3	19.6
怀化市	Huaihua	30.3	25.8	18.6	15.5	6.1	17.6	18.1
娄底市	Loudi	31.6	26.9	19.9	16.5	6.5	18.5	18.6
吉首市	Jishou	31.2	26.8	19.0	15.6	6.8	18.1	17.9

1-6 主要城市降水量(2022年)
Monthly Precipitation in Major Cities (2022)

单位：毫米 (millimeter)

城 市	City	1月 January	2月 February	3月 March	4月 April	5月 May	6月 June	7月 July
长沙市	Changsha	177.3	116.8	173.1	155.7	232.5	145.9	204.9
株洲市	Zhuzhou	173.9	151.4	143.3	199.9	312.4	156.0	147.7
湘潭市	Xiangtan	161.6	143.6	138.2	204.7	275.7	121.3	118.5
衡阳市	Hengyang	152.5	163.1	123.7	251.4	338.8	174.3	148.2
邵阳市	Shaoyang	175.0	137.4	87.4	103.4	214.6	125.3	150.8
岳阳市	Yueyang	132.3	62.2	159.2	152.3	86.2	262.9	64.3
常德市	Changde	128.8	46.6	118.8	175.9	141.4	120.3	226.4
张家界市	Zhangjiajie	86.5	33.7	101.8	173.9	162.7	127.7	265.9
益阳市	Yiyang	174.3	109.9	138.1	174.1	109.4	90.6	218.1
郴州市	Chenzhou	111.3	224.7	93.7	163.9	406.8	278.0	66.5
永州市	Yongzhou	110.9	171.3	79.1	240.8	277.9	122.9	103.3
怀化市	Huaihua	141.6	86.5	145.0	165.0	205.7	200.0	168.3
娄底市	Loudi	167.2	137.5	111.0	168.4	245.4	99.7	141.9
吉首市	Jishou	115.8	76.6	84.3	157.5	181.3	260.0	70.0

注：长沙为长沙黄花站资料。
Changsha huanghua station information for Changsha.

1-6 续表 Continued

单位：毫米 (millimeter)

城 市	City	8月 August	9月 September	10月 October	11月 November	12月 December	全年 Annual Total	上年全年 Annual Total Preceding Year
长沙市	Changsha	6.3	0.0	20.9	82.2	22.2	1337.8	1472.9
株洲市	Zhuzhou	7.5	0.3	19.1	90.6	19.8	1421.9	1244.9
湘潭市	Xiangtan	2.5	0.6	16.6	64.2	21.9	1269.4	1253.4
衡阳市	Hengyang	0.0	0.1	0.6	119.0	26.0	1497.7	1269.7
邵阳市	Shaoyang	0.9	0.0	1.7	34.2	24.9	1055.6	1178.3
岳阳市	Yueyang	15.4	3.5	34.0	69.2	8.5	1050.0	1310.6
常德市	Changde	0.2	11.4	32.5	74.0	10.5	1086.8	1298.7
张家界市	Zhangjiajie	0.2	15.9	37.9	41.2	9.4	1056.8	1415.2
益阳市	Yiyang	40.9	2.3	28.7	93.0	14.0	1193.4	1602.1
郴州市	Chenzhou	20.0	5.6	10.2	157.8	36.7	1575.2	1524.2
永州市	Yongzhou	7.5	0.0	0.4	88.6	30.0	1232.7	1544.0
怀化市	Huaihua	31.0	0.0	30.4	26.1	22.8	1222.4	1798.0
娄底市	Loudi	0.1	0.0	11.2	63.1	26.5	1172.0	1069.8
吉首市	Jishou	0.0	8.2	67.9	60.0	17.7	1099.3	1554.3

1-7 主要城市日照时数(2022年)
Monthly Sunshine Hours in Major Cities (2022)

单位：小时 (hour)

城 市	City	1月 January	2月 February	3月 March	4月 April	5月 May	6月 June	7月 July
长沙市	Changsha	23	33	96	142	77	93	241
株洲市	Zhuzhou	25	18	92	145	73	97	240
湘潭市	Xiangtan	22	26	101	154	83	112	264
衡阳市	Hengyang	24	17	99	138	68	96	241
邵阳市	Shaoyang	14	31	97	139	71	83	232
岳阳市	Yueyang	47	59	116	147	125	141	242
常德市	Changde	39	60	114	139	117	146	235
张家界市	Zhangjiajie	37	43	97	154	114	125	229
益阳市	Yiyang	35	63	101	142	107	125	242
郴州市	Chenzhou	30	25	113	142	76	89	242
永州市	Yongzhou	16	32	97	134	61	86	241
怀化市	Huaihua	20	25	105	131	85	107	261
娄底市	Loudi	19	31	100	146	80	99	247
吉首市	Jishou	18	30	80	119	86	102	219

注：长沙为长沙黄花站资料。
Changsha huanghua station information for Changsha.

1-7 续表 Continued

单位：小时 (hour)

城 市	City	8月 August	9月 September	10月 October	11月 November	12月 December	全年 Annual Total	上年全年 Annual Total Preceding Year
长沙市	Changsha	305	225	184	101	96	1615	1501
株洲市	Zhuzhou	302	225	202	101	104	1623	1560
湘潭市	Xiangtan	323	240	197	113	103	1737	1646
衡阳市	Hengyang	277	236	201	79	90	1566	1552
邵阳市	Shaoyang	270	216	194	91	77	1513	1381
岳阳市	Yueyang	301	207	157	116	110	1766	1666
常德市	Changde	304	199	160	119	104	1737	1554
张家界市	Zhangjiajie	289	151	137	111	86	1574	1337
益阳市	Yiyang	267	212	168	111	106	1679	1531
郴州市	Chenzhou	248	222	204	67	88	1546	1776
永州市	Yongzhou	268	233	194	79	85	1527	1478
怀化市	Huaihua	317	209	171	130	93	1655	1489
娄底市	Loudi	307	216	191	99	94	1629	1447
吉首市	Jishou	277	177	152	107	70	1435	1237

1–8 国民经济和社会发展总量指标

Principal Indicators of National Economy and Social Development

指　标	Item	总量指标 Aggregate Data			
		2010	2020	2021	2022
人口与就业	**Population and Employment**				
人口　（万人）	**Population　(10 000 persons)**				
年末常住人口	Population at the Year-end	6570.10	6645.39	6622.00	6604.00
城镇人口	Urban	2845.01	3905.13	3954.01	3983.00
乡村人口	Rural	3725.09	2740.26	2667.99	2621.00
男性人口	Male	3377.65	3400.02	3392.00	3380.00
女性人口	Female	3192.45	3245.37	3230.00	3224.00
就业　（万人）	**Employment　(10 000 persons)**				
从业人员数	Employees	3982.73	3280.00	3258.00	3219.00
在岗职工数	Staff and Workers on the Job	531.00	554.24	559.35	550.45
宏观经济	**Macro-economy**				
国民经济核算	**National Accounting**				
地区生产总值　（亿元）	Gross Domestic Products　(100 million yuan)	15574.32	41542.57	45713.45	48670.37
第一产业	Primary Industry	2073.19	4240.73	4323.04	4602.73
第二产业	Secondary Industry	7034.70	15949.19	17852.53	19182.58
第三产业	Tertiary Industry	6466.43	21352.65	23537.88	24885.06
人均地区生产总值　（元）	Per Capita Gross Regional Product　(yuan)	24005	62537	68913	73598
财政　（亿元）	**Public Finance　(100 million yuan)**				
地方一般公共预算收入	General Public Budget Revenue	1081.69	3008.66	3250.69	3101.76
一般公共预算支出	General Public Budget Expenditure	2702.47	8403.13	8325.50	8991.61
使用外资　（万美元）	**Utilization of Foreign Capital　(USD 10 000)**				
实际使用外资	Actually Used Foreign Capital	518441	2099782	241490	352761
产业	**Industry**				
农业	**Agriculture**				
耕地面积　（万公顷）	Cultivated Areas　(10 000 hectares)	413.75	362.12	362.60	365.42
农林牧渔业总产值（亿元）	Gross Output Value of Farming, Forestry, Animal Husbandry and Fishery　(100 million yuan)	3518.10	7511.96	7662.36	8160.13
农业	Farming	1848.89	3364.77	3532.87	3973.21
林业	Forestry	207.43	428.00	455.82	477.44
牧业	Animal Husbandry	1062.04	2721.63	2542.51	2466.86
渔业	Fishery	222.58	477.55	570.82	617.81
主要农产品产量　（万吨）	Output of Major Farm Products　(10 000 tons)				
粮食	Grain	2847.50	3015.12	3074.40	3018.02
棉花	Cotton	22.70	7.44	8.05	8.23
油料	Oil-bearing Crops	178.11	260.67	263.00	276.96
黄红麻（熟麻）	Jute and Ambary Hemp (Cooked Hemp)	0.07	0.03	0.03	0.03
苎麻	Ramie	4.06	0.43	0.35	0.34
烤烟	Fluecured Tobacco	15.45	18.34	18.41	19.48
茶叶	Tea	11.72	25.01	25.85	26.53
柑橘	Citrus	385.30	626.66	643.20	639.32
猪牛羊肉	Pork, Beef and Mutton	439.28	374.30	481.90	497.70

注：实际使用外资金额 2021 年前包括直接投资和间接投资，2021 年起不包括外商投资企业在湘设立内资企业的投资数据（后表同）。

The actual amount of foreign capital used before 2021 includes direct investment and indirect investment.Investment data of foreign-invested enterprises setting up domestic enterprises in Hunan are excluded from 2021 onwards (The following table is the same).

1-8 续表 1 Continued

指 标	Item	总量指标 Aggregate Data 2010	2020	2021	2022
工业	**Industry**				
主要工业产品产量	Output of Major Industrial Products				
布 （亿米）	Cloth (100 million m)	4.65	1.31	1.04	0.80
机制纸及纸板 （万吨）	Machine-made Paper and Paperboards (10 000 tons)	384.63	316.10	343.75	368.52
合成洗涤剂 （万吨）	Synthetic Detergents (10 000 tons)	36.30	32.15	27.17	20.67
原煤 （万吨）	Coal (10 000 tons)	7670.12	1053.30	723.38	799.56
发电量 （亿千瓦时）	Electricity (100 million kw.h)	1186.44	1496.21	1658.62	1658.96
粗钢 （万吨）	Crude Steel (10 000 tons)	1766.52	2612.90	2612.68	2612.68
钢材 （万吨）	Steel (10 000 tons)	1811.73	2720.67	2979.70	3038.30
水泥 （万吨）	Cement (10 000 tons)	8691.20	10989.09	10408.05	9934.51
规模工业企业财务指标	Principal Financial Item of Industrial Enterprises above Designated Size				
利润总额 （亿元）	Total Profits (100 million yuan)	1451.45	2559.92	2618.32	2282.93
建筑业	**Construction**				
建筑业企业人数 （万人）	Number of Employed Person (10 000 persons)	150.41	303.03	301.25	298.98
建筑业总产值 （亿元）	Gross Output Value of Construction (100 million yuan)	3161.73	11863.77	13280.16	14481.00
施工房屋面积 （万平方米）	Floor Space of Buildings Under Construction (10 000 sq.m)	27680.25	67978.77	76367.89	76159.66
#竣工房屋面积	#Floor Space of Buildings Completed	10573.45	21235.27	24029.21	23988.45
交通运输	**Transportation**				
货运量 （万吨）	Freight Traffic (10 000 tons)	149794	201977	225517	214266
铁路	Railways	5716	4592	4771	4827
公路	Highways	127635	176442	198423	186123
水运	Waterways	15811	19844	21272	22301
客运量 （万人）	Passenger Traffic (10 000 persons)	156871	57512	51811	38915
铁路	Railways	7111	11392	12865	9779
公路	Highways	148235	44144	37031	27641
水运	Waterways	919	840	764	823
邮电通信业	**Postal and Telecommunications Services**				
邮政业务总量 （亿元）	Total Postal Services (100 million yuan)	32.03	429.22	295.84	328.21
函件 （万件）	Number of Letters Delivered (10 000 pieces)	8358.00	1648.15	1699.59	1365.42
报刊期发数 （万份）	Newspapers and Magazines Distributed (10 000 copies)	718.00	522.47	474.70	459.95
快递业务量 （万件）	Express Business (10 000 pieces)		147131.61	197803.10	231716.84
电信业务总量 （亿元）	Total Telecommunications Services (100 million yuan)	325.24	5671.25	628.99	666.88
固定电话用户数（万户）	Local Telephone Subscribers (10 000 households)	1076.96	592.43	568.34	548.65
移动电话用户数（万户）	Mobile Telephone Subscribers (10 000 households)	3259.76	6719.40	6942.31	7180.59
固定互联网用户数（万户）	Number of Local Internet Users (10 000 households)		2113.17	2322.99	2475.06
移动互联网用户数（万户）	Number of Mobile Internet Users (10 000 households)		5771.21	6026.18	6155.69

注：1. 2013 年开始，公路水路客货运输数据，源自交通运输业经济统计专项调查，统计口径有所调整。2019 年公路货运数据采用交通运输部专项调查数据，统计口径发生改变。2021 年，水路客运统计方式由行业统计改为企业统计，统计口径有所调整（后表同）。

2. 电信业务总量 2017 年至 2020 年执行 2015 年不变价，2021 年起执行上年不变价。邮政业务总量 2010 年至 2020 年执行 2010 年不变价，2021 年起执行 2020 年不变价（后表同）。

a. Since 2013, the highway and waterway passenger and cargo transport data are derived from the special survey of economic statistics of the transport industry, and the statistical caliber has been adjusted. The road freight data in 2019 adopts the special survey data of the Ministry of Transport, and the statistical caliber has changed. In 2021, the statistical method of waterway passenger transport was changed from industry statistics to enterprise statistics, and the statistical caliber was adjusted (The following table is the same).

b. Total telecom business from 2017 to 2020 to implement the 2015 constant price, from 2021 to implement the previous year's constant price. The total postal service shall implement the 2010 constant price from 2010 to 2020, and the 2020 constant price shall be implemented from 2021 (The following table is the same).

1-8 续表 2 Continued

指 标	Item	总量指标 Aggregate Data			
		2010	2020	2021	2022
国内商业 （亿元）	**Domestic Trade (100 million yuan)**				
社会消费品零售总额	Total Retail Sales of Consumer Goods	5664.27	16258.12	18596.85	19050.66
对外经济贸易和旅游	**Foreign Trade and Tourism**				
进出口总额 （亿美元）	Total Exports and Imports (USD 100 million)	146.89	706.78	927.15	1054.34
进口额	Imports	67.34	228.53	274.79	284.41
出口额	Exports	79.55	478.25	652.36	769.92
国际旅游	International Tourism				
来湘旅游人数（万人次）	Tourism to Hunan (10 000 person-times)	189.87	17.04		7.75
旅游外汇收入（亿美元）	Foreign Exchange Earnings from Tourism (USD 100 million)	8.87	0.51		0.23
金融保险 （亿元）	**Finance and Insurance (100 million yuan)**				
金融机构人民币存款余额	Total Saving Deposits of Financial Institutions	16553.78	57479.96	62339.85	69770.07
金融机构人民币贷款余额	Total Loan Balances of Financial Institutions	11303.76	49165.68	55508.70	62072.08
财产险保费收入	Premium Income from Property Insurance	100.70	408.92	391.25	430.10
人身险保费收入	Premium Income from Life Insurance	300.75	1104.14	1117.50	1183.64
教育、科技、文化	**Education, Science and Technology, Culture**				
教育	**Education**				
专任教师数 （万人）	Full-time Teachers (10 000 persons)				
普通高等学校	Institutions of Higher Education	5.96	7.96	7.92	8.44
中等职业学校	Specialized Secondary Schools	2.80	3.24	3.74	3.96
普通中学	Secondary Schools	24.05	27.89	29.06	30.13
小学	Primary Schools	25.00	30.00	31.10	31.33
在校学生 （万人）	Students Enrollment (10 000 persons)				
普通高等学校	Institutions of Higher Education	104.72	151.03	159.61	168.51
中等职业学校	Specialized Secondary Schools		68.30	74.66	74.63
普通中学	Secondary Schools	316.82	379.31	392.81	405.97
小学	Primary Schools	479.16	534.25	530.06	523.10
国家财政性教育经费（亿元）	State Fiscal Funding on Education (100 million yuan)	480.57	1449.71	1521.27	1653.05
科技	**Science and Technology**				
各类专业技术人员数（万人）	Scientific and Technical Personnel (10 000 persons)	102.29	103.43	104.50	111.09
科技拨款 （亿元）	Funding for Scientific and Technical Activities (100 million yuan)	35.00	220.66	217.30	279.65
技术市场技术交易成交额 （亿元）	Transaction Value in Technical Market (100 million yuan)	25.95	276.93	416.60	749.15
文化	**Culture**				
出版数量	Publications				
图书 （万册）	Number of Books (10 000 copies)	31153	48269	50978	60570
杂志 （万册）	Number of Magazines (10 000 copies)	12762	9549	9218	8628
报纸 （万份）	Number of Newspapers Issue (10 000 copies)	129101	72306	66948	52950
电视节目每周播出时间 （小时）	Time for TV Programs Telecasting (hour)	13740	15053	15342	15399

注：1. 对外贸易中的进出口总额，统一按海关统计数据。

2. 根据国家金融监督管理总局统计标准，2022 年全省保费收入不包含风险处置中机构的数据。

a. Figures on total imports and exports from foreign trade are obtained from the customs statistics.

b. According to the statistical standards of the State Financial Supervision and Administration, the premium income of the province in 2022 does not contain the data of institutions in risk disposal.

1-8 续表 3 Continued

指 标	Item	总量指标 Aggregate Data 2010	2020	2021	2022
家庭、生活、环境	**Family, People's Livelihood and Environment**				
家庭 （人）	**Family (person)**				
城镇居民户均家庭人口	Average Household Size in Urban Areas	2.90	3.15	3.22	3.21
农村居民户均常住人口	Average Household Size in Rural Areas	3.88	3.23	3.16	3.13
婚姻 （万对）	**Marriages and Divorces (10 000 couples)**				
结婚数	Number of Marriages	63.46	35.75	30.17	28.44
离婚数	Number of Divorces	15.37	19.80	13.68	14.02
居住 （平方米/人）	**Housing (sq.m/person)**				
城市居民人均居住面积	Per Capita Floor Space of Urban Residents	31.20	51.14	52.30	52.62
农村居民人均住房面积	Per Capita Floor Space of Rural Residents	42.20	65.28	63.89	65.30
生活 （元）	**People's Livelihood (yuan)**				
城镇居民人均可支配收入	Per Disposable Income of Urban Households	16566	41698	44866	47301
农村居民人均可支配收入	Per Disposable Income of Rural Households	5622	16585	18295	19546
城镇居民人均消费支出	Per Capita Consumption Expenditure of Urban Households	11825	26796	28294	29580
农村居民人均消费支出	Per Capita Consumption Expenditure of Rural Households	4310	14974	16951	18078
工资福利	**Wages and Welfare**				
在岗职工工资总额 （亿元）	Total Wages on the Job (100 million yuan)	1413.82	4501.49	4884.98	5180.80
在岗职工平均工资 （元）	Average Wage of Staff and Workers on the Job (yuan)	30483	82356	88874	94590
卫生	**Health Care**				
医院与卫生院 （个）	Number of Hospitals (unit)	3066	3796	3815	3824
执业（助理）医师 （万人）	Number of Doctors (10 000 persons)	10.42	19.04	19.25	19.87
医院床位数 （万张）	Number of Hospital Beds (10 000 units)	14.99	37.67	38.98	39.75
市政建设	**City Construction**				
供水总量 （亿立方米）	Volume of Tap Water Supply (100 million tons)	18.92	22.47	24.01	24.87
排水管道长度 （公里）	Length of Sewer Pipelines (km)	8882	22665	25364	26431
液化石油气供气量 （万吨）	Liquefied Petroleum Gas Supply (10 000 tons)	25.29	25.24	25.38	25.07
天然气供气量 （亿立方米）	Volume of Natural Gas (100 million tons)		28.39	32.09	33.23
公共汽车总数 （辆）	Total Number of Public Buses (unit)	12298	32229	32903	33266
公交客运总量 （万人次）	Total Passenger Traffic of Public Transportation (10 000 person-times)	246471	209776	227396	180487

注：2002 年起，医生数是指执业医生数。2007 年起，卫健委网络直报数据包含了诊所、医务室、卫生所、社区服务站；而 2007 年前是没有包括的。

Data of doctors are doctors and assistant doctors since 2002. Since 2007, the online direct reporting data of the National Health Commission of China has included clinics, infirmary offices, health centers and community service stations. It was not included before 2007.

1-9 国民经济和社会发展速度指标
Develop Speed of National Economy and Social Development

单位：% (%)

指 标	Item	发展速度（上年=100） Growth Rate (Preceding year=100)			
		2010	2020	2021	2022
人口与就业	**Population and Employment**				
人口	**Population**				
年末常住人口	Population at the Year-end		100.1	99.6	99.7
城镇人口	Urban		102.4	101.3	100.7
乡村人口	Rural		97.0	97.4	98.2
男性人口	Male			99.8	99.6
女性人口	Female			99.5	99.8
就业	**Employment**				
从业人员数	Employees	101.2	89.5	99.3	98.8
在岗职工人数	Staff and Workers on the Job	105.6	102.3	100.9	98.4
宏观经济	**Macro-economy**				
国民经济核算	**National Accounting**				
地区生产总值	Gross Domestic Products	114.6	103.8	107.6	104.5
第一产业	Primary Industry	104.2	103.7	109.3	103.6
第二产业	Secondary Industry	120.3	104.6	106.2	106.1
第三产业	Tertiary Industry	111.5	103.1	108.4	103.5
人均地区生产总值	Per Capita Gross Regional Product	112.9	103.7	107.8	104.8
固定资产投资	**Investment in Fixed Assets**				
固定资产投资总额	Total Investment in Fixed Assets	121.5	107.6	108.0	106.6
国有投资	State Investment		107.3	94.9	92.1
非国有投资	Non-state Investment		107.8	112.9	111.2
财政	**Pubic Finance**				
地方一般公共预算收入	General Public Budget Revenue	127.6	100.1	108.0	95.4
一般公共预算支出	General Public Budget Expenditure	122.3	104.6	99.1	108.0
物价总指数	**Price Index**				
居民消费价格总指数	General Consumer Price Index	103.1	102.3	100.5	101.8
商品零售价格总指数	General Retail Price Index	103.1	101.3	101.6	103.2
农产品生产者价格指数	Producer Price Indices of Farm Products	109.9	123.3	90.1	103.6
使用外资	**Utilization of Foreign Capital**				
实际使用外资	Actually Used Foreign Capital	112.8	116.0		146.1
产业	**Industry**				
农业	**Agriculture**				
耕地面积	Cultivated Areas	100.1	99.8	100.1	100.8
农林牧渔业总产值	Gross Output Value of Farming, Forestry,Animal Husbandry and Fishery	104.3	104.1	110.4	103.8
农业	Farming	104.3	104.1	103.6	103.1
林业	Forestry	106.9	108.3	109.5	106.9
牧业	Animal Husbandry	103.4	102.5	120.6	103.1
渔业	Fishery	105.5	104.3	104.3	103.5

注：2021年起实际使用外资数据口径调整，与历史数据不可比。
The calibre of the data on foreign investment in real terms from 2021 onwards is adjusted and is not comparable with the historical data.

1-9 续表 1 Continued

单位：% (%)

指 标	Item	发展速度（上年=100） Growth Rate (Preceding year=100)			
		2010	2020	2021	2022
主要农产品产量	Output of Major Farm Products				
粮食	Grain	98.1	101.4	102.0	98.2
棉花	Cotton	107.1	91.0	108.1	102.3
油料	Oil-bearing Crops	102.2	109.0	100.9	105.3
黄红麻（熟麻）	Jute and Ambary Hemp (Cooked Hemp)	149.7	101.4	100.7	99.2
苎麻	Ramie	74.1	103.6	81.4	95.7
烤烟	Fluecured Tobacco	75.0	99.9	100.4	105.8
茶叶	Tea	119.4	107.1	103.4	102.6
柑橘	Citrus	114.6	111.8	102.6	99.4
猪牛羊肉	Pork, Beef and Mutton	104.1	97.6	128.7	103.3
工业	**Industry**				
主要规模工业产品产量	Output of Major Industrial Products above Designated Size				
布	Cloth	95.7	73.6	84.6	90.5
机制纸及纸板	Machine-made Paper and Paperboards	109.9	95.4	105.5	104.9
合成洗涤剂	Synthetic Detergents	96.6	88.8	85.0	75.9
原煤	Coal	116.7	76.6	68.8	111.4
发电量	Electricity	120.6	99.4	110.1	100.6
粗钢	Crude Steel	123.0	109.5	100.0	100.0
钢材	Steel	120.5	111.0	108.3	101.9
水泥	Cement	115.3	98.2	94.8	93.7
规模工业企业财务指标	Principal Financial Item of Industrial Enterprises above Designated Size				
利润总额	Total Profits	191.4	114.9	102.3	87.2
建筑业	**Construction**				
建筑业企业人数	Number of Employed Person	103.8	102.9	99.4	99.2
建筑业总产值	Gross Output Value of Construction	126.1	109.8	111.9	109.0
施工房屋面积	Floor Space of Buildings Under Construction	123.3	104.2	112.3	99.7
# 竣工房屋面积	# Floor Space of Buildings Completed	107.8	100.9	113.1	99.8
交通运输	**Transportation**				
货运量	Freight Traffic	116.1	105.8	111.7	95.0
铁路	Railways	106.0	100.8	103.9	101.2
公路	Highways	114.6	106.9	112.5	93.8
水运	Waterways	133.6	98.8	107.2	104.8
客运量	Passenger Traffic	111.2	55.8	90.4	75.1
铁路	Railways	111.0	72.9	112.9	76.0
公路	Highways	111.2	52.5	83.9	74.6
水运	Waterways	123.0	51.2	112.9	107.7

注：1. 2019 年公路货运数据采用交通运输部专项调查数据，统计口径发生改变，与上年数据不可比。

2. 2021 年，水路客运统计方式由行业统计改为企业统计，发展速度按可比口径计算。

a. Road freight data for 2019 are based on the special survey data of the Ministry of Transport. The statistical caliber has changed ,There is no comparison with last year's data.

b. In 2021, the statistical method of waterway passenger transport was changed from industry statistics to enterprise statistics, and the development speed was calculated according to the comparable caliber.

1-9 续表 2 Continued

单位：%　　　　(%)

指　标	Item	发展速度（上年 =100）Growth Rate (Preceding year=100)			
		2010	2020	2021	2022
邮电通信业	**Postal and Telecommunications Services**				
邮政业务总量	Total Postal Services		133.4	127.9	110.9
函件	Number of Letters Delivered	81.3	78.6	103.1	80.3
报刊期发数	Newspapers and Magazines Distributed	101.3	108.5	90.9	96.9
快递业务量	Express Business		142.7	134.4	117.1
电信业务总量	Total Telecommunications Services		133.5	130.8	126.9
固定电话用户数	Local Telephone Subscribers	92.3	95.1	95.9	96.5
移动电话用户数	Mobile Telephone Subscribers	119.1	101.1	103.3	103.4
固定互联网用户数	Number of Local Internet Users		112.8	109.9	106.5
移动互联网用户数	Number of Mobile Internet Users		105.1	104.4	102.1
国内商业	**Domestic Trade**				
社会消费品零售总额	Total Retail Sales of Consumer Goods	119.9	97.4	114.4	102.4
对外经济贸易和旅游	**Foreign Trade and Tourism**				
进出口总额	Total Exports and Imports	144.7	112.5	131.2	116.0
进口额	Imports	144.5	124.8	120.2	104.5
出口额	Exports	144.8	107.4	136.4	120.9
国际旅游	International Tourism				
来湘旅游人数	Number of Tourism to Hunan	145.1	3.7		110.6
旅游外汇收入	Foreign Exchange Earnings from Tourism	131.8	2.3		121.8
金融保险	**Finance and Insurance**				
金融机构人民币存款余额	Total Saving Deposits of Financial Institutions	118.7	109.9	108.5	111.9
金融机构人民币贷款余额	Total Loan Balances of Financial Institutions	120.6	116.6	112.9	111.8
财产险保费收入	Premium Income from Property Insurance	134.3	102.8	96.8	109.9
人身险保费收入	Premium Income from Life Insurance	110.0	110.6	108.0	105.9
教育、科技、文化	**Education, Science and Technology, Culture**				
教育	**Education**				
专任教师数	Full-time Teachers				
普通高等学校	Institutions of Higher Education	101.4	104.0	99.5	106.5
中等职业学校	Specialized Secondary Schools		104.4	115.4	105.8
普通中学	Secondary Schools	98.6	104.8	104.2	103.7
小学	Primary Schools	99.8	104.5	103.7	100.7
在校学生	Students Enrollment				
普通高等学校	Institutions of Higher Education	103.0	107.3	105.7	105.6
中等职业学校	Specialized Secondary Schools		101.9	109.3	99.9
普通中学	Secondary Schools	98.8	102.4	103.6	103.4
小学	Primary Schools	102.1	101.0	99.2	98.7
国家财政性教育经费	State Fiscal on Education	113.2	107.3	104.9	108.7
科技	**Science and Technology**				
各类专业技术人员数	Number of Scientific and Technical Personnel	100.1	102.8	101.0	106.3
科技拨款	Funding for Scientific and Technical Activities	118.2	128.4	98.5	128.7
技术市场技术交易成交额	Transaction Value in Technical Market	101.0	144.5	150.4	179.8

注：1. 邮政业务总量与电信业务总量根据不变价格计算，发展速度按可比口径计算。

2. 根据国家金融监督管理总局统计标准，2022 年全省保费收入不包含风险处置中机构的数据。

3. 对外贸易中的进出口总额，统一按海关统计数据。

a. The total volume of postal services and telecommunications services is calculated at constant prices, and the speed of development is calculated at comparable standards.

b. According to the statistical standards of the State Financial Supervision and Administration, the premium income of the province in 2022 does not contain the data of institutions in risk disposal.

c. Figures on total imports and exports from foreign trade are obtained from the customs statistics.

1-9 续表 3 Continued

单位：% (%)

指 标	Item	发展速度 (上年 =100) Growth Rate (Preceding year=100)			
		2010	2020	2021	2022
文化	**Culture**				
出版数量	Publications				
图书	Number of Books	118.9	99.0	105.6	118.8
杂志	Number of Magazines	110.9	101.0	96.5	93.6
报纸	Number of Newspapers Issue	101.8	91.0	92.6	79.1
电视节目每周播出时间	Time for TV Programs Telecasting	103.0	102.4	102.0	100.4
家庭、生活、环境	**Family, People's Livelihood and Environment**				
家庭	**Family**				
城镇居民平均每户家庭人口	Average Household Size in Urban Areas	100.0	100.0	102.2	99.7
农村居民平均每户常住人口	Average Household Size in Rural Areas	99.7	101.6	97.8	99.1
婚姻	**Marriages and Divorces**				
结婚数	Number of Marriages	97.5	94.0	84.4	94.3
离婚数	Number of Divorces	107.9	89.8	69.1	102.4
居住	**Housing**				
城市居民人均自有现住房面积	Per Capita Floor Space of Urban Residents	103.3	103.0	102.3	100.6
农村居民人均自有现住房面积	Per Capita Floor Space of Rural Residents	101.2	102.1	97.9	102.2
生活	**People's Livelihood**				
城镇居民人均可支配收入	Per Disposable Income of Urban Households	109.8	104.7	107.6	105.4
农村居民人均可支配收入	Per Disposable Income of Rural Households	114.5	107.7	110.3	106.8
城镇居民人均消费支出	Per Capita Consumption Expenditure of Urban Households	109.2	99.5	105.6	104.5
农村居民人均消费支出	Per Capita Consumption Expenditure of Rural Households	107.2	107.2	113.2	106.6
工资福利	**Wages and Welfare**				
在岗职工工资总额	Total Wages on the Job	117.1	108.8	108.5	106.1
在岗职工平均工资	Average Wage of Staff and Workers on the Job	112.6	106.2	107.9	106.4
卫生	**Health Care**				
医院与卫生院	Number of Hospitals	98.8	100.2	100.5	100.2
执业（助理）医师	Number of Doctors	103.5	100.0	101.1	103.2
医院床位数	Number of Hospital Beds	109.7	103.2	103.5	102.0
市政建设	**City Construction**				
供水总量	Volume of Tap Water Supply	105.3	100.7	106.9	103.6
排水管道长度	Length of Sewer Pipelines	113.7	115.6	111.9	104.2
液化石油气供气量	Liquefied Petroleum Gas Supply	107.2	98.3	100.6	98.8
天然气供气量	Volume of Natural Gas		100.2	113.0	103.6
公共汽车总数	Total Number of Public Buses	104.8	101.2	102.1	101.1
公交客运总量	Total Passenger Traffic of Public Transportation	123.8	73.6	108.4	79.4

1-10 国民经济和社会发展效益指标

Beneficial Indicators of National Economy and Social Development

指 标		Item		2010	2020	2021	2022
人口与就业		**Population and Employment**					
人口出生率	(‰)	Birth Rate	(‰)	13.10	8.53	7.13	6.23
人口死亡率	(‰)	Death Rate	(‰)	6.70	7.92	8.28	8.54
人口自然增长率	(‰)	Natural Growth Rate	(‰)	6.40	0.61	-1.15	-2.31
就业者负担人口	(人)	Dependency Rate	(person)	1.78	2.03	2.03	2.05
宏观经济		**Macro Economy**					
全社会劳动生产率	(元/人)	Overall Labor Productivity	(yuan/person)	39339	119608	139839	150287
第一产业		Primary Industry		12256	37775	52817	58042
第二产业		Secondary Industry		77646	188298	200929	216998
第三产业		Tertiary Industry		47497	142010	150691	159366
人均地区生产总值	(元)	Per Capita Gross Regional Product	(yuan)	24005	62537	68913	73598
国有经济项目投产率	(%)	Rate of Projects Completed and Put into Use in State-owned Economic	(%)	50.5	52.7	63.1	64.4
地方一般公共预算收入相当于生产总值	(%)	General Public Budget Revenue to GDP	(%)	6.9	7.2	7.1	6.4
一般公共预算支出相当于生产总值	(%)	General Public Budget Expenditure to GDP	(%)	17.4	20.2	18.2	18.5
产业		**Industry**					
人均耕地面积	(公顷)	Per Capita Cultivated Land	(hectare)	0.06	0.06	0.05	0.05
每公顷耕地农业机械总动力	(千瓦)	Total Power of Agricultural Machinery Per Hectare Cultivated Land	(kw)	11.2	18.2	18.4	18.6
每公顷耕地生产的农业产值	(元)	Agricultural Output Value Per Hectare Cultivated Land	(yuan)	44700	92820	97496	109151
每公顷播种面积农产品产量	(公斤)	Output of Farm Products per Hectare Sown Area	(kg)				
粮食		Grain		5921	6341	6461	6333
棉花		Cotton		1297	1252	1345	1319
油料		Oil-bearing Crops		1506	1793	1793	1848
规模以上工业企业效益		Benefits of Industrial Enterprises above Designated Size					
资产负债率	(%)	Ratio of Asset-liability	(%)	57.55	50.99	50.67	52.60
成本费用利润率	(%)	Ratio of Profits to Industrial Cost	(%)	8.7	7.3	6.6	6.3
营业收入利润率	(%)	Operating Income Margin	(%)	7.8	6.6	6.0	5.7

注："规模以上工业企业主营收入利润率"指标2018年调整为"营业收入利润率"指标。

Profit Margin on Main Business Income of Industrial Enterprises Above Designated Scale" Indicator Adjusted to "Operating Income Margin" Indicator in 2018.

1-10 续表 Continued

指 标	Item	2010	2020	2021	2022
建筑业技术装备率 （元/人）	Value of Machinery in Construction per Laborer (yuan/person)	9289	7049	5867	5646
建筑业动力装备率 （千瓦/人）	Power of Machinery per Laborer (kw/person)	5.6	3.6	4.6	3.6
建筑业产值利税率 （%）	Ratio of Per-tax Profits to Gross Output Value (%)	7.2	6.0	5.7	5.0
建筑业全员劳动生产率 （元/人）	Overall Labor Productivity (yuan/person-year)	193653	391507	440835	484339
运输业铁路网密度（公里/万平方公里）	Railway Density in Transportation (km/10 000 sq.km)	174.46	266.57	278.99	286.98
运输业公路网密度（公里/万平方公里）	Highway Density in Transportation (km/10 000 sq.km)	10764.77	11385.16	11423.04	11445.70
全省人均消费品零售额 （元）	Per Capita Retail Sales of Consumer Goods (yuan)	8730.32	24475.19	28033.92	28807.89
进出口总额相当于生产总值 （%）	Proportion of Total Imports and Exports to GDP (%)	6.20	11.69	13.10	14.50
每一来湘旅游客人次支出 （美元）	Expenditure per International Tourist in Hunan (USD)	467.04	300.27		293.78
教育、科技、文化	**Education, Science and Technology , Culture**				
学龄儿童入学率 （%）	Rate of School-age Children Enrollment (%)	99.92	100.00	100.00	100.00
小学升学率 （%）	Rate of Graduates of Primary Schools Entering Junior Secondary Schools (%)	100.86	101.40	101.11	100.90
初中升学率 （%）	Rate of Graduates of Junior Secondary Schools Entering Senior Secondary Schools (%)	98.32	94.28	94.28	95.17
学校每一专任教师负担学生人数	Number of Students Supported by Each Fulltime Teacher				
#高等学校 （人）	#Institutions of Higher Education (person)	17.72	18.73	20.20	18.28
普通中学 （人）	Secondary Schools (person)	13.17	13.60	13.52	13.47
小学学校 （人）	Primary Schools (person)	19.16	17.81	17.04	16.70
国家财政性教育经费占GDP比例（%）	Proportion of State Fiscal Funding on Education to GDP (%)	3.00	3.49	3.33	3.40
科技拨款相当于生产总值 （%）	Proportion of Funding for Scientific and Technical Activities to GDP (%)	0.22	0.53	0.47	0.57
每百万人有艺术表演团体 （个）	Number of Troupes per Million Person (unit)	2.84	9.50	10.19	9.92
每百万人有公共图书馆 （个）	Number of Public Libraries per Million Person (unit)	1.75	2.15	2.17	2.24
家庭、生活、环境	**Family , People's Livelihood and Environment**				
离婚率 （‰）	Divorce Rate (‰)	4.39	2.98	2.07	2.12
每万人口中医院卫生院数 （个）	Number of Hospitals per 10 000 Persons (unit)	0.43	0.57	0.58	0.58
每千人口中执业（助理）医师数 （人）	Number of Doctors per 1000 Persons (person)	1.47	2.87	2.91	3.01
每千人口中医院床位数 （张）	Number of Hospital Beds per 1000 Persons (bed)	3.29	5.67	5.89	6.02
医院病床使用率 （%）	Utilization Rate of Hospital Beds (%)	93.10	76.20	77.60	74.80
城市供水普及率 （%）	Urban Water Supply Penetration Rate (%)	95.17	98.94	98.99	99.01
城市燃气普及率 （%）	Percentage of Households with Access to Natural Gas (%)	87.00	97.29	97.45	97.7
城市人均公园绿地面积 （平方米）	Urban Green Space Per Capita (sq.m)	8.89	12.16	12.61	13.06

注：自2010年起艺术表演团体含民间职业剧团，此前为文化部门专业剧团数据。

Since 2010, arts performance troupes included folk troupes. And before that, arts performance troupes included professional troupes of cultural department only.

1-11 国民经济主要比例关系
Main Proportional Relations of National Economy

单位：% (%)

指 标	Item	2010	2020	2021	2022
地区生产总值（生产法）	**Ratio of Gross Domestic Products**				
第一产业	Primary Industry	13.3	10.2	9.5	9.5
第二产业	Secondary Industry	45.2	38.4	39.0	39.4
第三产业	Tertiary Industry	41.5	51.4	51.5	51.1
固定资产投资的资金来源	**Ratio of Investment in Fixed Assets by Source of Finance**				
国家预算内投资	State Budgetary Appropriation		4.1	4.2	3.8
国内贷款	Domestic Loans		8.0	6.8	5.9
债券	Bunds		0.7	0.5	0.4
利用外资	Foreign Investment		0.2	0.1	0.3
自筹投资	Fundraising		66.0	70.0	74.2
其他投资	Others		21.1	18.4	15.4
国有经济投资中各行业	**Investment in Fixed Assets by Sector**				
（国有经济）	(State-owned Economic)				
农、林、牧、渔业	Agriculture, Forestry, Animal Husbandry and Fishery		2.9	2.7	2.4
工业	Industry		18.3	21.0	20.7
地方一般公共预算收入	**General Public Budget Revenue**				
企业所得税	Income Tax of Enterprises	5.6	8.5	8.3	7.6
个人所得税	Corporate Income Tax	3.5	2.9	2.8	3.3

注：从 2013 年执行新的三次产业划分规定，即第一产业不含农林牧渔服务业；第二产业不含采矿业的开采辅助活动和制造业的金属制品、机械和设备修理业，因此第二产业不等于工业加建筑业，下表同。

Since 2013,the rules of the new division of three industries has been executed.That is the first industry exclude agriculture, forestry, animal husbandry and fishery services, the secondary industry exclude mining auxiliary activities in mining industry and metal products, machinery and equipment repair in manufacturing industry. So the secondary industry is not equal to the industry and the construction industry. The same applies to the relevant tables following.

1-11 续表 Continued

单位：% (%)

指 标	Item	2010	2020	2021	2022
农林牧渔业总产值	**Gross Output Value of Farming, Forestry, Animal Husbandry and Fishery**				
农业	Farming	52.6	44.8	46.1	48.7
林业	Forestry	5.9	5.7	5.9	5.9
牧业	Animal Husbandry	30.2	36.2	33.2	30.2
渔业	Fishery	6.3	6.4	7.4	7.6
客运量	**Total Passenger Traffic**				
铁路	Railways	4.5	19.8	24.8	25.1
公路	Highways	94.5	76.8	71.5	71.0
水运	Waterways	0.6	1.5	1.5	2.1
民用航空	Civil Aviation	0.4	2.0	2.2	1.7
货运量	**Total Freight Traffic**				
铁路	Railways	3.8	2.3	2.1	2.3
公路	Highways	85.2	87.4	88.0	86.9
水运	Waterways	10.6	9.8	9.4	10.4
货物周转量	**Total Freight Ton-kilometers**				
铁路	Railways	35.1	32.7	33.8	34.4
公路	Highways	52.9	51.5	50.1	49.7
水运	Waterways	11.8	15.1	15.4	15.3
全社会消费品零售总额	**Total Retail Sales of Consumer Goods**				
城镇	Urban	90.4	86.4	86.5	86.4
其中：城区	City Proper	60.6	60.4	60.3	60.1
乡村	Rural	9.6	13.6	13.5	13.6

注：从 2010 年起，社会消费品零售总额统计采用新的分组，即将经营单位所在地分组由“市”、“县”、“县以下”改为“城镇”、“乡村”。公路货运、货运周转量使用 2019 年交通运输部专项调查数据，统计口径发生改变。

From 2010, new grouping method is adopted for the statistics on the total retail sales of consumer goods: grouping according to operation location changes from city, county and below county level to urban and rural areas.Road freight and freight turnover use data from the 2019 Ministry of Transport special survey, and the statistical calibre has changed.

1-12 平均每天主要社会经济活动
Selected Indicators of Average Daily Social and Economic Activities

指　标		Item		2010	2020	2021	2022
全省每天创造的财富		**Daily Production**					
地区生产总值	（亿元）	Gross Domestic Product	(100 million yuan)	42.67	113.82	125.24	133.34
农林牧渔业总产值	（亿元）	Gross Output Value of Farming, Forestry, Animal Husbandry and Fishery	(100 million yuan)	9.64	20.58	20.99	22.36
地方一般公共预算收入	（万元）	General Public Budget Revenue	(10 000 yuan)	29635.34	82429.13	89059.97	84979.79
布	（万米）	Cloth	(10 000 m)	127.46	35.89	28.55	21.95
机制纸及纸板	（吨）	Machine-made Paper and Paperboard	(ton)	10537.78	8660.27	9417.71	10096.32
原煤	（万吨）	Coal	(10 000 tons)	21.01	2.89	1.98	2.19
发电量	（万度）	Electricity	(10 000 kw.h)	32505.23	40992.05	45441.61	45450.96
原油加工量	（吨）	Machining Crude Oil	(ton)	16182.82	24050.68	22162.03	22693.27
粗钢	（吨）	Crude Steel	(ton)	48397.88	71586.30	71580.30	71580.30
钢材	（吨）	Steel	(ton)	49636.35	74538.90	81635.58	83241.22
水泥	（万吨）	Cement	(10 000 tons)	23.81	30.11	28.52	27.22
棉花	（吨）	Cotton	(ton)	621.92	204.02	220.52	225.49
油料	（吨）	Oil-bearing Crops	(ton)	4879.62	7141.59	7205.35	7588.01
苎麻	（吨）	Ramie	(ton)	111.13	11.81	9.61	9.20
烤烟	（吨）	Flue-cured Tobacco	(ton)	423.26	502.54	504.40	533.70
茶叶	（吨）	Tea	(ton)	320.99	685.15	708.32	726.94
柑橘	（吨）	Citrus	(ton)	10556.13	17168.81	17621.93	17515.70
进出口总额	（万美元）	Total Imports and Exports	(USD 10 000)	4024.34	19363.95	25401.33	28885.90
#进口额		#Total Imports		1844.93	6261.24	7528.43	7792.12
出口额		Total Exports		2179.42	13102.71	17872.90	21093.78
其他经济活动		**Other Daily Economic Activities**					
邮政业务总量	（万元）	Business Volume of Postal Services	(10 000 yuan)	877.47	11759.32	8105.26	8992.05
电信业务总量	（万元）	Business Volume of Telecommunications Services	(10 000 yuan)	8910.68	155376.71	17232.49	18270.68
出版图书	（万册）	Books Published	(10 000 copies)	85.35	132.24	139.66	165.95
出版杂志	（万册）	Magazines Published	(10 000 copies)	34.96	26.16	25.25	23.64
出版报纸	（万份）	Newspaper Published	(10 000 pieces)	353.70	198.10	183.41	145.07
全省每天人口变动和婚姻		**Daily Population Changes and Marriages**					
出生	（人）	Births	(person)	2510	1552	1296	1129
死亡	（人）	Deaths	(person)	1284	1441	1505	1548
结婚	（对）	Marriages	(couples)	1739	979	825	779
离婚	（对）	Divorces	(couples)	421	542	374	384

注：出生、死亡人口数从2014年起为常住人口口径。

The number of births and deaths has been the permanent population since 2014.

1-13 人均主要工农业产品产量

Per Capita Output of Major Agricultural and Industrial Products

指 标		Item		2010	2020	2021	2022
甘蔗	(公斤)	Sugarcane	(kg)	5.12	5.26	5.27	5.27
烤烟	(公斤)	Flue-cured Tobacco	(kg)	3.15	2.76	2.78	2.95
茶叶	(公斤)	Tea	(kg)	3.04	3.76	3.90	4.01
水果	(公斤)	Fruit	(kg)	97.56	173.24	179.94	182.70
#柑橘	(公斤)	#Citrus	(kg)	77.20	94.34	96.96	96.68
纱(混合数)	(公斤)	Yarn	(kg)	11.08	15.44	15.73	15.57
布(混合数)	(米)	Cloth	(meter)	6.56	1.98	1.57	1.21
机制纸及纸板	(公斤)	Machine-made Paper and Paperboard	(kg)	54.25	47.57	51.91	55.80
合成洗涤剂	(公斤)	Synthetic Detergents	(kg)	5.12	4.84	4.10	3.13
原盐	(公斤)	Salt	(kg)	32.24	49.73	50.25	50.74
卷烟	(箱/百人)	Cigarettes	(cases/100 persons)	4.94	4.89	4.97	5.02
原煤	(吨)	Coal	(ton)	1.08	0.16	0.11	0.12
原油加工量	(千克)	Machining Crude Oil	(kg)	83.32	132.10	121.94	125.25
发电量	(千瓦小时)	Electricity	(kw.h)	1673.51	2251.50	2500.29	2508.63
生铁	(公斤)	Pig Iron	(kg)	239.88	316.83	328.81	330.05
粗钢	(公斤)	Crude Steel	(kg)	249.17	393.19	394.55	395.62
钢材	(公斤)	Steel	(kg)	255.55	409.41	449.97	460.07
水泥	(吨)	Cement	(ton)	1.23	1.65	1.57	1.50
合成氨	(公斤)	Synthetic Ammonia	(kg)	23.14	9.41	8.99	9.95
农用化肥(折纯量)	(公斤)	Chemical Fertilizers	(kg)	47.05	8.83	8.99	11.56
#氮肥	(公斤)	#Nitrogen Fertilizers	(kg)	41.75	7.33	7.61	9.03
化学农药原药	(公斤)	Chemical Pesticide	(kg)	1.86	1.96	2.54	2.69
汽车	(辆/万人)	Motor Vehicles	(unit/10 000 persons)	33.88	95.57	95.70	138.71
摩托车	(辆/万人)	Motorcycles	(unit/10 000 persons)	32.72	20.07	24.17	28.67

1−14 城乡私营企业基本情况(2022年)

Basic Statistics on Private Enterprises in Urban and Rural Areas (2022)

项　目	Item	户　数（户）Number of Enterprises (household)	注册资本（万元）Registered Capital (10 000 yuan)
总计	**Total**	**1444496**	**728569964**
独资企业	Private-funded Enterprises	195961	9387561
合伙企业	Private Partnership Enterprises	22278	69886078
有限责任公司	Private Limited Liability Corporations	1218851	629752653
股份有限公司	Private Share-holding Corporations Ltd.	7406	19543673

注：本表资料由湖南省市场监督管理局提供。
Data in the table were obtained from Administration for Market Regulation of Hunan Province.

1−15 城乡个体工商业基本情况(2022年)

Basic Statistics on Individuals and Commerce in Urban and Rural Areas (2022)

项　目	Item	期末户数（户）Number of Enterprise (household)	投资总额（万元）Total Amount of Investment (10 000 yuan)
总计	**Total**	**4656233**	**52350574**
农、林、牧、渔业	Farming, Forestry, Animal Husbandry and Fishery	166122	5302424
采矿业	Mining and Quarrying	1388	105443
制造业	Manufacturing	175702	2910856
电力、热力、燃气及水生产和供应业	Production and Distribution of Electricity, Heat,Gas and Water	3150	151873
建筑业	Construction	26592	659734
批发和零售业	Wholesale and Retail Trades	2756513	25126766
交通运输、仓储和邮政业	Transport, Storage and Post	219329	3193708
住宿和餐饮业	Hotels and Catering Services	612527	7395940
信息传输、软件和信息技术服务业	Information Transfer, Computer Services and Software	48448	404359
金融业	Financial Intermediation	212	3693
房地产业	Real Estate Trade	5439	56152
租赁和商务服务业	Tenancy and Business Services	152808	1674489
科学研究和技术服务业	Scientific Research, Technical Services	8160	96728
水利、环境和公共设施管理业	Management of Water Conservancy, Environment and Public Facilities	6681	53758
居民服务、修理和其他服务业	Resident Services Repair and Other Services	420464	4242824
教育	Education	2960	59603
卫生和社会工作	Health and Social Service	13625	174366
文化、体育和娱乐业	Culture,Sports and Entertainment	35548	728667
其他	Others	565	9192

注：本表资料由湖南省市场监督管理局提供。
Data in the table were obtained from Administration for Market Regulation of Hunan Province.

1-16 外商投资企业投资基本情况(2022年)
Basic Statistics on Investment of Foreign-invested Enterprises (2022)

类 别	Item	本期投资总额（万美元） Total Amount of Investment (USD 10 000)	期末实有户数（户） Number of Registered Enterprises (household)	#本年新增企业 Newly Increase this Year
总计	**Total**	**24640063**	**12599**	**1339**
中外合资	Sino-foreign Joint Ventures	13382800	899	
中外合作（法人）	Sino-foreign Cooperative Enterprises	473809	74	
中外合作（非法人）	Unincorporated Sino-foreign Cooperative Enterprises			
外资企业	Foreign Enterprises	4176059	1340	
2020年1月1日起登记的外商投资有限责任公司	Foreign Investment Limited Liability Company Registered Since January 1, 2020	5041656	949	386
外商投资股份有限公司	Companies Limited by Shares with Foreign Investment	294470	38	1
其他外商投资企业	Other Kinds of Foreign-invested Enterprises	1271269	79	12
合伙企业	Partnerships		51	3
普通合伙企业	General Partnerships		3	
特殊的普通合伙企业	Special General Partnerships			
有限合伙企业	Limited Partnerships		48	3
其他企业	Others	1271269	28	9
在中国境内从事经营活动的外国（地区）企业	Foreign (Regional) Enterprises Engaged in Business Activities in China		16	2
外商投资企业分支机构	Branches of Foreign-invested Enterprises		9204	938
按国民经济行业分组	**By Economic Sector**			
农、林、牧、渔业	Agriculture, Forestry, Animal Husbandry and Fishery	316842	175	18
采矿业	Mining	17414	13	
制造业	Manufacturing	3667376	1129	83
电力、热力、燃气及水生产和供应业	Production and Distribution of Electricity, Heat, Gas and Water	789977	237	27
建筑业	Construction	716231	100	8
批发和零售业	Wholesale and Retail Trade	478699	6999	737
交通运输、仓储和邮政业	Transportation, Storage and Post	344423	142	18
住宿和餐饮业	Hotels and Catering Services	52964	1095	159
信息传输、软件和信息技术服务业	Information Transmission, Software and Information Technology	1663880	701	77
金融业	Financial Intermediation	618550	215	10
房地产业	Real Estate Trade	11158820	326	5
租赁和商务服务业	Tenancy and Business Services	852381	756	91
科学研究和技术服务业	Scientific Research, Technical Services,	3528867	436	78
水利、环境和公共设施管理业	Management of Water Conservancy, Environment and Public Facilities	307660	48	4
居民服务、修理和其他服务业	Services to Households, Repair and Other Services	28872	77	5
教育	Education	250	9	
卫生和社会工作	Health and Social Service	62231	23	1
文化、体育和娱乐业	Culture, Sports and Entertainment	28884	116	18

注：本表资料由湖南省市场监督管理局提供。
Data in the table were obtained from Administration for Market Regulation of Hunan Province.

1–16 续表 Continued

类 别	Item	本期投资总额（万美元）Total Amount of Investment (USD 10 000)	期末实有户数（户）Number of Registered Enterprises (household)	#本年新增企业 Newly Increase this Year
按国别（地区）分组	**By Country (Region)**			
亚洲	Asian	21276439	2550	315
香港	Hong Kong	19962172	1648	206
澳门	Macao	55771	52	9
台湾	Taiwan	350373	504	67
日本	Japan	209752	55	3
韩国	Republic of Korea	22840	61	7
亚洲其他国家（地区）	Other Asian Countries (Region)	675531	230	23
非洲	Africa	214388	90	15
欧洲	Europe	795196	201	17
德国	Federal Republic of Germany	128629	34	3
法国	France	15006	15	1
英国	United Kingdom	56192	42	9
欧洲其他国家（地区）	Other European Countries (Region)	590179	104	3
拉丁美洲	Latin America	485953	103	3
维尔京群岛	Virgin Islands	374279	82	3
北美洲	North America	340653	221	16
加拿大	Canada	64198	61	5
美国	United States	214214	146	10
大洋洲	Oceanic	117340	72	5
澳大利亚	Australia	42281	34	4
新西兰	New Zealand	716	4	1

1—17 民营经济指标(2022年)
Private Economic Indicators (2022)

指 标	Item	总量指标 Aggregate Date	发展速度(%)(以上年为100) Growth Rate(%) (preceding year=100)	人均增加值(元) Per Capita Value Added (yuan)
增加值 (亿元)	**Value Added of Non-public Economy (100 million yuan)**	**33912.01**	**104.3**	**51351**
农林牧渔业	Agriculture, Forestry, Animal Husbandry and Fishery	4844.13	103.7	
工业	Industry	10863.26	106.5	
建筑业	Construction	2797.18	102.6	
批发和零售业	Wholesale and Retail Trades	4019.23	101.7	
交通运输、仓储和邮政业	Transport, Storage and Post	1206.49	100.8	
住宿和餐饮业	Hotels and Catering Services	933.13	102.1	
金融业	Financial Intermediation	520.63	106.8	
房地产业	Real Estate	2649.85	96.0	
其他服务业	Others	6078.11	108.0	
第一产业	Primary Industry	4573.49	103.6	
第二产业	Secondary Industry	13642.87	105.7	
第三产业	Tertiary Industry	15695.65	103.3	
增加值按市州分列 (亿元)	Cities and Prefecture (100 million yuan)			
长沙市	Changsha City	9055.32	104.7	86898
株洲市	Zhuzhou City	2519.18	104.2	65077
湘潭市	Xiangtan City	1894.14	104.4	70083
衡阳市	Hengyang City	2953.76	105.4	44908
邵阳市	Shaoyang City	1899.14	105.0	29592
岳阳市	Yueyang City	3518.87	105.3	70132
常德市	Changde City	2930.16	104.0	56209
张家界市	Zhangjiajie City	389.85	101.7	25925
益阳市	Yiyang City	1602.39	104.0	42239
郴州市	Chenzhou City	2233.62	105.5	48172
永州市	Yongzhou City	1761.47	105.0	34245
怀化市	Huaihua City	1274.90	103.5	28201
娄底市	Loudi City	1354.00	104.7	36010
湘西土家族苗族自治州	Xiangxi Tujia and Miao A.P	546.85	103.0	22219

1—18 按登记注册类型分产业法人单位数(2022年)
Corporate Units by Registration Type and Industry (2022)

单位：个 (unit)

指 标	Item	合计 Total	第一产业 Primary Industry	第二产业 Secondary Industry	第三产业 Tertiary Industry
总计	**Total**	**1250268**	**113262**	**222113**	**914893**
内资	Internal-invested	1248085	113201	221240	913644
国有	State-owned	49495	195	656	48644
集体	Collective-owned	5605	263	1119	4223
股份合作	Cooperated by Joint-stock	325	5	66	254
联营	Cooperative	617	10	78	529
国有联营	State-owned Cooperative	79	2	13	64
集体联营	Collective-owned Cooperative	201	5	45	151
国有与集体联营	State-owned and Collective-owned Cooperative	57		9	48
其他联营	Other Cooperative	280	3	11	266
有限责任公司	Limited Liability Company	46636	1329	10013	35294
国有独资公司	Wholly State-owned Cooperative Company	2580	32	643	1905
其他有限责任公司	Other Limited Liability Company	44056	1297	9370	33389
股份有限公司	Company Limited by Shares	3076	134	737	2205
私营	Individual-owned	994457	61731	206970	725756
私营独资	Wholly Individual-owned	142104	31194	15876	95034
私营合伙	Individual-owned Partnership	16591	758	3523	12310
私营有限责任公司	Individual-owned Limited Liability Company	828706	29481	185627	613598
私营股份有限公司	Individual-owned Company Limited by Shares	7045	298	1944	4803
其他内资	Other Internal-invested	147885	49534	1601	96750
港澳台商投资	Enterprises Funded by Entrepreneurs From Hong Kong, Macao and Taiwan	1177	52	486	639
与港澳台商合资经营	Joint Venture with Entrepreneurs From Hong Kong, Macao and Taiwan	393	17	184	192
与港澳台商合作经营	Cooperative Venture with Entrepreneurs From Hong Kong,Macao and Taiwan	20	2	5	13
港澳台商独资	Wholly Entrepreneurs-owned From Hong Kong, Macao and Taiwan	696	32	267	397
港澳台商投资股份有限公司	Enterprises Limited by Shares Funded by Entrepreneurs From Hong Kong,Macao and Taiwan	32		17	15
其他港、澳、台商投资	Other Enterprises Funded by Entrepreneurs From Hong Kong, Macao and Taiwan	36	1	13	22
外商投资	Enterprises Funded by Foreigners	1006	9	388	609
中外合资经营	Sino-foreign Joint Equity	348	2	166	180
中外合作经营	Sino-foreign Cooperative Ventures	25		11	14
外资企业	Foreign-funded Enterprise	536	7	183	346
外商投资股份有限公司	Enterprises Limited by Shares Funded by Foreigners	35		9	26
其他外商投资	Other Enterprises Funded by Foreigners	62		19	43

1—19 按登记注册类型分机构类型法人单位数(2022年)
Corporate Units by Registration Type and Organization Type (2022)

单位：个 (unit)

指 标	Item	合计 Total	企 业 Enterprises	事业单位 Public Institution	机 关 Government Department	社会团体 Social Organization	民办非企业单位 Private Non-enterprise Units
总计	**Total**	**1250268**	**1046667**	**36452**	**9168**	**16234**	**20121**
内资	Internal-invested	1248085	1044486	36452	9168	16233	20121
国有	State-owned	49495	2319	35069	9168	2310	507
集体	Collective-owned	5605	3123	1255		854	240
股份合作	Cooperated by Joint-stock	325	156	11		9	141
联营	Cooperative	617	183	117		189	102
国有联营	State-owned Cooperative	79	34	39		6	
集体联营	Collective-owned Cooperative	201	95	13		63	24
国有与集体联营	State-owned and Collective-owned Cooperative	57	17	24		15	1
其他联营	Other Cooperative	280	37	41		105	77
有限责任公司	Limited Liability Company	46636	46321			89	207
国有独资公司	Wholly State-owned Cooperative Company	2580	2577			2	1
其他有限责任公司	Other Limited Liability Company	44056	43744			87	206
股份有限公司	Company Limited by Shares	3076	3013			11	47
私营	Individual-owned	994457	985444			708	7914
私营独资	Wholly Individual-owned	142104	136828			294	4918
私营合伙	Individual-owned Partnership	16591	14791			141	1424
私营有限责任公司	Individual-owned Limited Liability Company	828706	826865			272	1486
私营股份有限公司	Individual-owned Company Limited by Shares	7045	6949			1	86
其他内资	Other Internal-invested	147885	3938			12063	10963
港澳台商投资	Enterprises Funded by Entrepreneurs From Hong Kong, Macao and Taiwan	1177	1176				
与港澳台商合资经营	Joint Venture with Entrepreneurs From Hong Kong, Macao and Taiwan	393	392				
与港澳台商合作经营	Cooperative Venture with Entrepreneurs From Hong Kong,Macao and Taiwan	20	20				
港澳台商独资	Wholly Entrepreneurs-owned From Hong Kong, Macao and Taiwan	696	696				
港澳台商投资股份有限公司	Enterprises Limited by Shares Funded by Entrepreneurs From Hong Kong, Macao and Taiwan	32	32				
其他港、澳、台商投资	Other Enterprises Funded by Entrepreneurs From Hong Kong, Macao and Taiwan	36	36				
外商投资	Enterprises Funded by Foreigners	1006	1005			1	
中外合资经营	Sino-foreign Joint Equity	348	348				
中外合作经营	Sino-foreign Cooperative Ventures	25	24			1	
外资企业	Foreign-funded Enterprise	536	536				
外商投资股份有限公司	Enterprises Limited by Shares Funded by Foreigners	35	35				
其他外商投资	Other Enterprises Funded by Foreigners	62	62				

1-19 续表 Continued

单位：个 (unit)

指 标	Item	基金会 Foundation	居委会 Neighborhood Committee	村委会 Village Committee	农民专业合作社 Farmer Specialized Cooperative	其他组织机构 Other Organization
总计	**Total**	**315**	**5088**	**23089**	**89892**	**3242**
内资	Internal-invested	314	5088	23089	89892	3242
国有	State-owned	63				59
集体	Collective-owned	6			32	95
股份合作	Cooperated by Joint-stock					8
联营	Cooperative					26
国有联营	State-owned Cooperative					
集体联营	Collective-owned Cooperative					6
国有与集体联营	State-owned and Collective-owned Cooperative					
其他联营	Other Cooperative					20
有限责任公司	Limited Liability Company	2				17
国有独资公司	Wholly State-owned Cooperative Company					
其他有限责任公司	Other Limited Liability Company	2				17
股份有限公司	Company Limited by Shares					5
私营	Individual-owned	16				375
私营独资	Wholly Individual-owned	5				59
私营合伙	Individual-owned Partnership	1				234
私营有限责任公司	Individual-owned Limited Liability Company	10				73
私营股份有限公司	Individual-owned Company Limited by Shares					9
其他内资	Other Internal-invested	227	5088	23089	89860	2657
港澳台商投资	Enterprises Funded by Entrepreneurs From Hong Kong, Macao and Taiwan	1				
与港澳台商合资经营	Joint Venture with Entrepreneurs From Hong Kong, Macao and Taiwan	1				
与港澳台商合作经营	Cooperative Venture with Entrepreneurs From Hong Kong,Macao and Taiwan					
港澳台商独资	Wholly Entrepreneurs-owned From Hong Kong, Macao and Taiwan					
港澳台商投资股份有限公司	Enterprises Limited by Shares Funded by Entrepreneurs From Hong Kong, Macao and Taiwan					
其他港、澳、台商投资	Other Enterprises Funded by Entrepreneurs From Hong Kong, Macao and Taiwan					
外商投资	Enterprises Funded by Foreigners					
中外合资经营	Sino-foreign Joint Equity					
中外合作经营	Sino-foreign Cooperative Ventures					
外资企业	Foreign-funded Enterprise					
外商投资股份有限公司	Enterprises Limited by Shares Funded by Foreigners					
其他外商投资	Other Enterprises Funded by Foreigners					

1-20 按登记注册类型分行业法人单位数(2022年)
Corporate Units by Registration Type and Sector (2022)

单位：个 (unit)

指 标	Item	合计 Total	农、林、牧、渔业 Agriculture, Forestry, Animal Husbandry and Fishing	采矿业 Mining	制造业 Manufac-turing	电力、燃气及水的生产和供应业 Production and Supply of Electri-city,Gas and Water	建筑业 Constr-uction
总计	**Total**	**1250268**	**140315**	**3924**	**101083**	**9307**	**109026**
内资	Internal-invested	1248085	140248	3918	100359	9194	109003
国有	State-owned	49495	601	17	167	326	147
集体	Collective-owned	5605	705	57	381	457	228
股份合作	Cooperated by Joint-stock	325	7	4	36	23	4
联营	Cooperative	617	17	3	21	46	8
有限责任公司	Limited Liability Company	46636	2160	261	4769	1431	3584
股份有限公司	Company Limited by Shares	3076	170	33	434	125	146
私营	Individual-owned	994446	71639	3535	93383	6727	104503
其他内资	Other Internal-invested	147885	64949	8	1168	59	383
港澳台商投资	Enterprises Funded by Entrepreneurs From Hong Kong,Macao and Taiwan	1177	55	3	396	70	18
与港澳台商合资经营	Joint Venture with Entrepreneurs From Hong Kong,Macao and Taiwan	393	18		145	33	6
与港澳台商合作经营	Cooperative Venture with Entrepreneurs From Hong Kong,Macao and Taiwan	20	3		3	2	
港澳台商独资	Wholly Entrepreneurs-owned From Hong Kong, Macao and Taiwan	696	33	3	219	34	11
港澳台商投资股份有限公司	Enterprises Limited by Shares Funded by Entrepreneurs From Hong Kong,Macao and Taiwan	32			18		
其他港、澳、台商投资	Other Enterprises Funded by Entrepreneurs From Hong Kong, Macao and Taiwan	36	1		11	1	1
外商投资	Enterprises Funded by Foreigners	1006	12	3	338	43	5
中外合资经营	Sino-foreign Joint Equity	348	2	1	148	16	1
中外合作经营	Sino-foreign Cooperative Ventures	25	1		11		
外资企业	Foreign-funded Enterprise	536	8	2	154	23	4
外商投资股份有限公司	Enterprises Limited by Shares Funded by Foreigners	35			8	1	
其他外商投资	Other Enterprises Funded by Foreigners	62	1		17	3	

1-20 续表 1 Continued

单位：个 (unit)

指 标	Item	批发和零售业 Wholesale and Retail Trade	交通运输、仓储和邮政业 Transport, Storage and Post	住宿和餐饮业 Hotels and Catering Services	信息传输、计算机服务和软件业 Information Transmission,Computer Services and Software	金融业 Banking	房地产业 Real Estate	租赁和商务服务业 Leasing and Business Services
总计	**Total**	**311644**	**26378**	**25451**	**59489**	**2774**	**34898**	**145306**
内资	Internal-invested	311299	26303	25374	59405	2726	34686	145130
国有	State-owned	365	457	88	298	137	303	1729
集体	Collective-owned	588	115	40	10	5	97	420
股份合作	Cooperated by Joint-stock	29	5	4		3	7	27
联营	Cooperative	31	9	1	3	2	7	26
有限责任公司	Limited Liability Company	7331	1361	1319	2809	335	4139	7903
股份有限公司	Company Limited by Shares	423	78	62	137	631	161	247
私营	Individual-owned	290899	24161	23697	55628	1591	29848	131724
其他内资	Other Internal-invested	11633	117	163	520	22	124	3054
港澳台商投资	Enterprises Funded by Entrepreneurs From Hong Kong,Macao and Taiwan	165	36	40	43	7	139	97
与港澳台商合资经营	Joint Venture with Entrepreneurs From Hong Kong,Macao and Taiwan	34	13	15	7	3	46	34
与港澳台商合作经营	Cooperative Venture with Entrepreneurs From Hong Kong,Macao and Taiwan	2	2			1	4	2
港澳台商独资	Wholly Entrepreneurs-owned From Hong Kong, Macao and Taiwan	116	19	20	35	3	86	55
港澳台商投资股份有限公司	Enterprises Limited by Shares Funded by Entrepreneurs From Hong Kong,Macao and Taiwan	5		2	1		2	1
其他港、澳、台商投资	Other Enterprises Funded by Entrepreneurs From Hong Kong, Macao and Taiwan	8	2	3			1	5
外商投资	Enterprises Funded by Foreigners	180	39	37	41	41	73	79
中外合资经营	Sino-foreign Joint Equity	50	5	7	6	16	35	13
中外合作经营	Sino-foreign Cooperative Ventures	3	3	1	1		2	2
外资企业	Foreign-funded Enterprise	112	30	29	32	10	30	48
外商投资股份有限公司	Enterprises Limited by Shares Funded by Foreigners	6				14	2	3
其他外商投资	Other Enterprises Funded by Foreigners	9	1		2	1	4	13

1-20 续表 2 Continued

单位：个 (unit)

指 标	Item	科学研究和技术服务业 Scientific Research, Technical Service and Geologic Perambulation	水利、环境和公共设施管理业 Water Conservancy, Environment and Public Facilities Management	居民服务、修理和其他服务业 Services to Households and Other Services	教育 Education	卫生和社会工作 Sanitation, Social Security and Social Welfare	文化、体育和娱乐业 Culture, Sports and Entertainment	公共管理、社会保障和社会组织 Public Management and Social Organization	国际组织 International Organization
总计	**Total**	**85457**	**11606**	**26133**	**36430**	**12970**	**39562**	**68515**	
内资	Internal-invested	85335	11590	26114	36421	12959	39518	68515	
国有	State-owned	3151	1882	214	9316	5100	1498	23699	
集体	Collective-owned	152	78	36	377	640	125	1094	
股份合作	Cooperated by Joint-stock	8	4	1	116	29	9	9	
联营	Cooperative	20	6	11	102	55	17	233	
有限责任公司	Limited Liability Company	4283	1007	943	736	497	1676	92	
股份有限公司	Company Limited by Shares	177	31	30	67	30	82	12	
私营	Individual-owned	65752	8327	24460	18230	4993	34615	745	
其他内资	Other Internal-invested	11792	255	419	7477	1615	1496	42631	
港澳台商投资	Enterprises Funded by Entrepreneurs From Hong Kong,Macao and Taiwan	58	8	11	1	2	27	1	
与港澳台商合资经营	Joint Venture with Entrepreneurs From Hong Kong,Macao and Taiwan	17	3	5		2	11	1	
与港澳台商合作经营	Cooperative Venture with Entrepreneurs From Hong Kong,Macao and Taiwan	1							
港澳台商独资	Wholly Entrepreneurs-owned From Hong Kong, Macao and Taiwan	35	5	5	1		16		
港澳台商投资股份有限公司	Enterprises Limited by Shares Funded by Entrepreneurs From Hong Kong,Macao and Taiwan	3							
其他港、澳、台商投资	Other Enterprises Funded by Entrepreneurs From Hong Kong, Macao and Taiwan	2		1					
外商投资	Enterprises Funded by Foreigners	64	8	8	8	9	17	1	
中外合资经营	Sino-foreign Joint Equity	30	3	2	4		9		
中外合作经营	Sino-foreign Cooperative Ventures							1	
外资企业	Foreign-funded Enterprise	30	5	4	4	8	3		
外商投资股份有限公司	Enterprises Limited by Shares Funded by Foreigners	1							
其他外商投资	Other Enterprises Funded by Foreigners	3		2		1	5		

主要统计指标解释

行政区划 指国家对行政区域的划分。根据有关法规规定，我国的行政区域划分如下：(1) 全国分为省、自治区、直辖市；(2) 省、自治区分为自治州、县、自治县、市；(3) 自治州分为县、自治县、市；(4) 县、自治县分为乡、民族乡、镇； (5) 直辖市和较大的市分为区、县；(6) 国家在必要时设立的特别行政区。

国民经济行业分类 自 2017 年年报和 2018 年定期报表开始使用新的《国民经济行业分类》（GB/T4754-2017）。该分类是由国家统计局组织修订，国家市场监督管理总局和中国国家标准化管理委员会于 2017 年 6 月 30 日发布。这次修订是在 2011 年分类标准的基础上，结合我国经济活动特点，参照联合国《全部经济活动的国际标准产业分类》（ISIC/Rev.4）进行的。修订后的《国民经济行业分类》(GB/T4754-2017) 共有门类 20 个，大类 97 个，中类 473 个，小类 1382 个。

企业登记注册类型 是以在市场监管部门登记注册的各类企业为划分对象，以市场监管部门对企业登记注册的类型为依据，将企业登记注册类型分为内资企业、港澳台商投资企业和外商投资企业三大类。内资企业包括国有企业、集体企业、股份合作企业、联营企业、有限责任公司、股份有限公司、私营企业和其他企业；港澳台商投资企业和外商投资企业分别包括合资经营企业、合作经营企业、独资经营企业和股份有限公司等。

国有企业 指企业全部资产归国家所有，并按《中华人民共和国企业法人登记管理条例》规定登记注册的非公司制的经济组织。不包括有限责任公司中的国有独资公司。

集体企业 指企业资产归集体所有，并按《中华人民共和国企业法人登记管理条例》规定登记注册的经济组织。

股份合作企业 指以合作制为基础，由企业职工共同出资入股，吸收一定比例的社会资产投资组建，实行自主经营，自负盈亏，共同劳动，民主管理，按劳分配与按股分红相结合的一种集体经济组织。

联营企业 指两个及两个以上相同或不同所有制性质的企业法人或事业单位法人，按自愿、平等、互利的原则，共同投资组成的经济组织。联营企业包括国有联营企业、集体联营企业、国有与集体联营企业和其他联营企业。

有限责任公司 指根据《中华人民共和国公司登记管理条例》规定登记注册，由两个以上、五十个以下的股东共同出资，每个股东以其所认缴的出资额对公司承担有限责任，公司以其全部资产对其债务承担责任的经济组织。有限责任公司包括国有独资公司以及其他有限责任公司。

股份有限公司 指根据《中华人民共和国公司登记管理条例》规定登记注册，其全部注册资本由等额股份构成并通过发行股票筹集资本，股东以其认购的股份对公司承担有限责任，公司以其全部资产对其债务承担责任的经济组织。

私营企业 指由自然人投资设立或由自然人控股，以雇佣劳动为基础的营利性经济组织。包括按照《公司法》《合伙企业法》《个人独资企业法》规定登记注册的私营独资企业、私营合伙企业、私营有限责任公司、私营股份有限公司和个人独资企业。

其他企业 指上述企业之外的其他内资经济组织。

与港澳台商合资经营企业 指港澳台地区投资者与内地企业依照《中华人民共和国中外合资经营企业法》及有关法律的规定，按合同规定的比例投资设立，分享利润、分担风险的企业。

与港澳台商合作经营企业 指港澳台地区投资者与内地企业依照《中华人民共和国中外合作经营企业法》及有关法律的规定，依照合作合同的约定进行投资或提供条件设立，分配利润、分担风险和亏损的企业。

港澳台商独资经营企业 指依照原《中华人民共和国外资企业法》及有关法律的规定，在内地由港澳台地区投资者全额投资设立的企业。

港澳台商投资股份有限公司 指根据国家有关规定，经商务部（原外经贸部）依法批准设立，并且其中港、澳、台商的股本占公司注册资本的比例达 25% 以上的股份有限公司。凡其中港、澳、台商的股本占公司注册资本的比例小于 25% 的，属于内资企业中的股份有限公司。

其他港澳台商投资企业 指在中国境内参照《外国企业或个人在中国境内设立合伙企业管理办法》和《外商投资合伙企业登记管理规定》，依法设立的港、澳、台商投资合伙企业等。

中外合资经营企业 指外国企业或外国人与中国内地企业依照《中华人民共和国中外合资经营企业法》及有关法律的规定，按合同规定的比例投资设立，分享利润和分担风险的企业。

中外合作经营企业 指外国企业或外国人与中国内地企业依照《中华人民共和国中外合作经营企业法》及有关法律的规定，依照合作合同的约定进行投资或提供条件设立，分配利润、分担风险和亏损的企业。

外资企业 指依照原《中华人民共和国外资企业法》及有关法律的规定，在中国内地由外国投资者全额投资设立的企业。

外商投资股份有限公司 指根据国家有关规定，经商务部（原外经贸部）依法批准设立，并且其中外资的股本占公司注册资本的比例达25% 以上的股份有限公司。凡其中外资股本占公司注册资本的比例小于25% 的，属于内资企业中的股份有限公司。

其他外商投资企业 指在中国境内依照《外国企业或个人在中国境内设立合伙企业管理办法》和《外商投资合伙企业登记管理规定》，依法设立的外商投资合伙企业等。

国家财政性教育经费 包括一般公共预算安排的教育经费，政府性基金预算安排的教育经费，企业办学中的企业拨款，校办产业和社会服务收入用于教育的经费，其他属于国家财政性教育经费。

Explanatory Notes on Main Statistical Indicators

Divisions of Administrative Areas refer to the division of administrative areas by the State. The relative laws define the administrative division as follows: (1) the whole country is divided into provinces, autonomous regions and municipalities directly under the Central Government; (2) provinces and autonomous regions are further divided into autonomous prefectures, counties, autonomous counties and cities; (3) autonomous prefectures are further divided into counties, autonomous counties and cities; (4) counties and autonomous counties are further divided into townships, ethnic townships and towns; (5) municipalities directly under the Central Government and large cities are divided into districts and counties, (6) the State shall, when necessary, establish special administrative regions.

Industrial Classification of the National Economy The new Industrial Classification of the National Economy (GB/T 4754-2017) is introduced starting from the compilation of 2017 annual statistics and 2018 monthly or quarterly statistics. The revision, based on the 2011 classification, was organized by the National Bureau of Statistics taking into consideration of the characteristics of economic activities in China and the International Standards of the Industrial Classification of All Economic Activities (ISIC/Rev.4) of the United Nations. The new Classification was promulgated by the State Administration for Market Regulation and the Standardization Administration of the People's Republic of China on June 30, 2017. The revised version of the Industrial Classification of the National Economy (GB/T 4754-2017) is composed of 20 sections, 97 divisions, 473 groups and 1382 classes.

Registration Status of Enterprises (units) Enterprises are classified into 3 categories, namely enterprises with domestic investment, enterprises with investment from Hong Kong, Macao and Taiwan, and enterprises with foreign investment, according to the registration status of an enterprise in market supervision administration. Domestic-invested enterprises include state-owned enterprises, collective-owned enterprises, cooperative enterprises, joint ownership enterprises, limited liability corporations, share-holding corporations Ltd., private enterprises and other enterprises. Included in the enterprises with investment from Hong Kong, Macao and Taiwan and enterprises with foreign investment are joint-venture enterprises, cooperative enterprises, sole- proprietorship enterprises and share-holding corporations Ltd.

State-owned Enterprises refer to non-corporation economic units where the entire assets are owned by the state and which have been registered in accordance with the Regulation of the People's Republic of China on the Management of Registration of Corporate Enterprises. Not included from this category are state sole-proprietorship corporations in the limited liability corporations.

Collective-owned Enterprises refer to economic units where the assets are owned collectively and which have been registered in accordance with the Regulation of the People's Republic of China on the Management of Registration of Corporate Enterprises.

Cooperative Enterprises refer to a form of collective economic units (enterprises) where capitals come mainly from employees as their shares, with certain proportion of capital from the outside, where production is organized on the basis of independent operation, independent accounting for profits and losses, joint work, democratic management, and a distribution system that integrates remuneration according to work with dividend according to capital share.

Joint Ownership Enterprises refer to economic units established by two or more corporate enterprises or corporate institutions of the same or different ownership, through joint investment on the basis of voluntary participation, equality, and mutual benefits. They include state joint ownership enterprises; collective joint ownership enterprises; joint state-collective enterprises; and other joint ownership enterprises.

Limited Liability Corporations refer to economic units established with investment from 2-50 investors and registered in accordance with the Regulation of the People's Republic of China on the Management of Registration of Corporations, each investor bearing limited liability to the corporation depending on its share of investment, and the corporation bearing liability to its debt to the maximum of its total assets. Limited liability corporations include state sole-proprietorship corporations and other limited liability corporations.

Share-holding Corporations Ltd. refer to economic units registered in accordance with the Regulation of the People's Republic of China on the Management of Registration of Corporations, with total registered capital divided into equal shares and additional capitals raised through issuing stocks. Each investor bears limited liability to the corporation depending on the holding of shares, and the corporation bears liability to its debt to the maximum of its total assets.

Private Enterprises refer to profit-making economic units invested and established by natural person, or controlled by natural person, using employed labour. Included in this category are private sole-proprietorship enterprise, private partnership enterprise, private limited liability companies, private limited-liability company by shares and individual sole-proprietorship enterprise registered in accordance with the Company Law, the Law on Partnership Business and the Law on Individual Proprietorship Enterprises.

Other Domestic-Invested Enterprises refer to domestic-invested economic units other than those mentioned above.

Joint Venture Enterprises with Hong Kong, Macao and Taiwan are enterprises jointly established by investors from Hong Kong, Macao and Taiwan with enterprises in the mainland of China in accordance with the Law of the People's Republic of China on Sino-foreign Equity Joint Ventures and other relevant laws, where the establishment of the investment and the sharing of profits, taking risks and loss are stipulated in joint venture contracts.

Cooperative Enterprises with Hong Kong, Macao and Taiwan established by investors from Hong Kong, Macao and Taiwan with enterprises in the mainland of China in accordance with the Law of the People's Republic of China on Sino-foreign Contractual Joint Venture and other relevant laws, where the investment or provision of facilities and the sharing of profits and risks are stipulated under cooperative contracts.

Sole-proprietorship Enterprises with Investment from Hong Kong, Macao and Taiwan refer to enterprises established in the mainland of China with exclusive investment from investors from Hong Kong, Macao and Taiwan in accordance with the former Law of the People's Republic of China on Enterprises with Foreign Investment and other relevant laws.

Share-holding Corporations Ltd. with Investment from Hong Kong, Macao and Taiwan refer to share-holding corporations Ltd. established with the approval from the Ministry of Commerce (the former Ministry of Foreign Trade and Economic Relations) in line with relevant state regulations, where the share of investment from Hong Kong, Macao or Taiwan businessmen exceeds 25% of the total registered capital of the corporation. In case the share of investment from Hong Kong, Macao or Taiwan is less than 25% of the total registered capital, the enterprise is to be classified as domestic-invested share-holding corporation Ltd.

Other Enterprises with Funds From Hong Kong, Macao and Taiwan refer to partnership enterprises with investments from Hong Kong, Macao and Taiwan established within the territory of China in accordance with Administrative Measures on the Establishment of Partnership Enterprises in China by Foreign Enterprises or Foreign Individuals and Regulations for the Administration of the Registration of Foreign-invested Partnership Enterprises.

Joint Venture Enterprises with Foreign Investment refer to enterprises jointly established by foreign enterprises or foreigners with enterprises in the mainland of China in accordance with the Law of the People's Republic of China on Sino-foreign Equity Joint Ventures and other relevant laws, where the sharing of investment, profits and risks is stipulated in contracts.

Cooperative Enterprises with Foreign Investment refer to enterprises jointly established by foreign enterprises or foreigners with enterprises in the mainland of China in accordance with the Law of the People's Republic of China on Sino-foreign Contractual Joint Venture and other relevant laws, where the investment or provision of facilities and the sharing of profits and taking risks and loss are stipulated in cooperative contracts.

Sole-proprietorship Enterprises with Foreign Investment refer to enterprises established in the mainland of China with exclusive investment from foreign investors in accordance with the former Law of the People's Republic of China on Enterprises with Foreign Investment and other relevant laws.

Share-holding Corporations Ltd. with Foreign Investment refer to share-holding corporations Ltd. established with the approval from the Ministry of Commerce (the former Ministry of Foreign Trade and Economic Relations) in line with relevant state regulations, where the share of investment from foreign investors exceeds 25% of the total registered capital of the corporation. In case the share of foreign investment is less than 25% of the total registered capital, the enterprise is to be classified as domestic-invested share-holding corporation Ltd.

Other Enterprises with Foreign Funds refer to partnership enterprises established within the territory of China in accordance with Administrative Measures on the Establishment of Partnership Enterprises in China by Foreign Enterprises or Foreign Individuals and Regulations for the Administration of the Registration of Foreign-invested Partnership Enterprises.

Government Appropriation for Education refers to the general public budget appropriation fund for education, educational funds budgeted by government funds, enterprise appropriation for enterprise-run schools, income from school-run enterprises and social services that are used for education purpose and other government appropriations for education.

02

国民经济核算

National Accounts

资料整理人员：周　玲

2-1 按产业分的地区生产总值
Gross Domestic Product by Industry

单位：亿元 (100 million yuan)

年份 Year	地区生产总值 Gross Domestic Product	第一产业 Primary Industry	第二产业 Secondary Industry	第三产业 Tertiary Industry	人均地区生产总值（元） Per Capita Gross Domestic Product (yuan)
1952	27.81	18.72	3.43	5.66	86
1953	30.29	18.48	4.28	7.53	91
1954	30.51	17.03	5.13	8.35	90
1955	35.83	21.13	5.76	8.94	104
1956	37.93	20.56	6.57	10.80	109
1957	45.20	26.41	7.45	11.34	127
1958	55.85	26.65	16.63	12.57	154
1959	61.95	23.60	21.57	16.78	168
1960	64.07	20.58	25.47	18.02	176
1961	46.64	20.78	11.69	14.17	132
1962	51.19	27.17	10.59	13.43	144
1963	48.08	25.11	11.37	11.60	131
1964	57.36	30.41	15.60	11.35	153
1965	65.32	34.00	19.17	12.15	170
1966	72.73	37.30	22.16	13.27	184
1967	73.51	40.07	19.89	13.55	181
1968	75.67	44.85	17.31	13.51	181
1969	81.26	44.08	21.98	15.20	189
1970	93.05	44.62	31.98	16.45	211
1971	99.10	46.31	35.33	17.46	218
1972	107.01	47.73	39.91	19.37	230
1973	115.80	51.91	43.35	20.54	244
1974	108.17	53.17	34.87	20.13	223
1975	118.40	54.97	41.96	21.47	239
1976	118.53	55.07	41.47	21.99	236
1977	129.17	55.95	49.59	23.63	254
1978	146.99	59.83	59.82	27.34	286
1979	178.01	79.40	68.42	30.19	343
1980	191.72	81.14	76.99	33.59	365
1981	209.68	93.29	77.78	38.61	394
1982	232.52	107.99	82.51	42.02	430
1983	257.43	117.79	93.37	46.27	470
1984	287.29	128.28	104.34	54.67	519
1985	349.95	147.72	127.08	75.15	626
1986	397.68	165.28	143.31	89.09	703
1987	469.44	187.09	172.45	109.90	818

2-1 续表 Continued

单位：亿元 (100 million yuan)

年份 Year	地区生产总值 Gross Domestic Product	第一产业 Primary Industry	第二产业 Secondary Industry	第三产业 Tertiary Industry	人均地区生产总值（元） Per Capita Gross Domestic Product (yuan)
1988	584.07	217.03	221.28	145.76	999
1989	640.80	234.31	238.15	168.34	1074
1990	744.44	279.09	249.98	215.37	1228
1991	833.30	301.02	281.95	250.33	1357
1992	986.98	323.91	337.17	325.90	1595
1993	1244.71	383.68	470.05	390.98	1997
1994	1650.02	532.89	589.72	527.41	2630
1995	2132.13	685.30	770.67	676.16	3359
1996	2540.13	793.98	920.06	826.09	3963
1997	2849.27	855.75	1041.79	951.73	4420
1998	3025.53	828.31	1123.08	1074.14	4667
1999	3214.54	778.25	1192.99	1243.30	4933
2000	3551.49	784.92	1293.18	1473.39	5590
2001	3831.90	825.73	1412.82	1593.35	6120
2002	4151.54	847.25	1523.50	1780.79	6734
2003	4659.95	869.68	1772.29	2017.98	7589
2004	5542.62	1022.45	2135.55	2384.62	9004
2005	6369.87	1078.34	2490.17	2801.36	10200
2006	7431.55	1244.63	3030.72	3156.20	11733
2007	9285.45	1563.81	3867.42	3854.22	14626
2008	11307.36	1761.78	4870.03	4675.56	17758
2009	12772.80	1795.80	5494.66	5482.34	19979
2010	15574.32	2073.19	7034.70	6466.43	24005
2011	18914.96	2420.00	8883.59	7611.37	28766
2012	21207.23	2567.85	9926.66	8712.72	32203
2013	23545.24	2589.18	10913.80	10042.26	35702
2014	25881.28	2671.01	11825.12	11385.15	39181
2015	28538.60	2747.91	12665.72	13124.97	43155
2016	30853.45	2915.58	12941.99	14995.88	46606
2017	33828.11	2998.40	13459.82	17369.89	51030
2018	36329.68	3084.18	13904.11	19341.39	54763
2019	39894.14	3647.23	15401.70	20845.21	60104
2020	41542.57	4240.73	15949.19	21352.65	62537
2021	45713.45	4323.04	17852.53	23537.88	68913
2022	48670.37	4602.73	19182.58	24885.06	73598

2-2 分行业增加值
Value Added by Sector

单位：亿元 (100 million yuan)

年份 Year	农、林、牧、渔业 Agriculture, Forestry, Animal Husbandry and Fishery	工业 Industry	建筑业 Construction	批发和零售业 Wholesale and Retail Trade	交通运输、仓储和邮政业 Traffic, Transport, Storage and Post	金融业 Finance	房地产业 Real Estate
1952	18.72	2.94	0.49	2.50	1.10		
1953	18.48	3.53	0.75	3.54	1.64		
1954	17.03	4.22	0.91	3.98	1.77		
1955	21.13	4.25	1.51	3.83	2.07		
1956	20.56	5.19	1.38	4.83	2.38		
1957	26.41	5.94	1.51	4.51	2.71		
1958	26.65	12.40	4.23	4.58	3.51		
1959	23.60	16.57	5.00	6.04	5.45		
1960	20.58	19.22	6.25	6.60	5.42		
1961	20.78	10.25	1.44	4.95	3.20		
1962	27.17	9.46	1.13	4.93	2.73		
1963	25.11	10.31	1.06	2.82	3.25		
1964	30.41	13.50	2.10	3.45	2.57		
1965	34.00	16.86	2.31	3.68	2.98		
1966	37.30	19.67	2.49	4.41	3.14		
1967	40.07	17.46	2.43	4.54	3.03		
1968	44.85	15.03	2.28	4.22	2.92		
1969	44.08	19.39	2.59	5.20	3.37		
1970	44.62	28.83	3.15	5.67	3.96		
1971	46.31	30.35	4.98	5.63	4.34		
1972	47.73	34.31	5.60	6.68	4.89		
1973	51.91	37.92	5.43	7.23	5.01		
1974	53.17	29.21	5.66	6.98	4.34		
1975	54.97	35.58	6.38	7.29	4.92		
1976	55.07	34.95	6.52	7.17	4.83		
1977	55.95	43.41	6.45	8.06	5.33		
1978	59.83	51.94	7.88	8.78	5.91	2.55	2.03
1979	79.40	59.23	9.19	9.54	6.47	2.50	2.10
1980	81.14	65.31	11.68	10.11	6.77	2.70	2.32
1981	93.29	67.19	10.59	11.66	6.93	3.60	3.56
1982	107.99	71.31	11.20	10.91	7.61	5.02	3.96
1983	117.79	78.84	14.53	10.32	8.16	5.66	5.18
1984	128.28	90.79	13.55	13.07	9.30	6.53	5.76
1985	147.72	110.05	17.03	20.30	13.23	8.85	7.84
1986	165.28	124.30	19.01	24.78	15.00	12.55	7.93
1987	187.09	149.67	22.78	31.42	20.13	15.94	8.53

2-2 续表 Continued

单位：亿元 (100 million yuan)

年份 Year	农、林、牧、渔业 Agriculture, Forestry, Animal Husbandry and Fishery	工业 Industry	建筑业 Construction	批发和零售业 Wholesale and Retail Trade	交通运输、仓储和邮政业 Traffic, Transport, Storage and Post	金融业 Finance	房地产业 Real Estate
1988	217.03	190.40	30.88	42.83	24.12	20.91	9.96
1989	234.31	212.21	25.94	41.20	26.81	26.94	11.00
1990	279.09	220.69	29.29	54.57	32.27	31.01	16.25
1991	301.02	242.96	38.99	63.93	41.68	38.26	17.73
1992	323.91	284.66	52.51	91.32	51.29	49.01	20.57
1993	383.68	399.58	70.47	109.32	72.71	47.53	26.45
1994	532.89	499.97	89.75	152.19	100.30	54.07	34.13
1995	685.30	658.67	112.00	191.47	133.71	64.96	44.43
1996	793.98	790.19	129.87	218.08	171.14	74.32	64.06
1997	855.75	903.90	137.89	235.76	198.66	82.66	75.47
1998	828.31	960.70	162.38	252.92	220.86	85.44	89.28
1999	778.25	1010.53	182.46	268.19	246.08	86.57	105.50
2000	784.92	1094.76	198.42	291.85	288.16	88.88	131.58
2001	825.73	1180.43	232.39	319.75	303.88	91.71	138.41
2002	847.25	1265.72	257.78	349.58	333.51	92.43	165.29
2003	886.47	1475.76	296.53	389.68	372.33	99.72	196.39
2004	1041.10	1768.81	366.75	499.51	323.80	116.49	206.99
2005	1100.65	2075.40	414.77	590.00	367.41	156.91	240.70
2006	1272.22	2547.40	483.32	649.30	418.13	198.84	299.94
2007	1594.93	3260.63	606.79	822.55	501.67	259.85	383.33
2008	1815.27	4110.84	759.19	1053.87	601.91	334.13	453.46
2009	1857.28	4565.66	929.00	1338.85	677.92	403.02	560.73
2010	2150.25	5913.41	1121.29	1594.03	795.45	463.84	682.83
2011	2509.78	7535.54	1348.05	1868.72	899.38	501.19	798.51
2012	2671.09	8423.06	1503.60	2108.96	1016.52	580.75	920.86
2013	2702.12	9179.73	1742.85	2356.56	1102.92	763.07	1095.51
2014	2793.05	9859.94	1975.78	2619.01	1184.81	962.67	1214.62
2015	2878.86	10458.80	2217.11	2884.78	1251.25	1209.83	1473.06
2016	3063.11	10540.12	2411.74	3141.53	1309.63	1340.07	1815.00
2017	3165.28	10709.81	2760.20	3423.25	1440.63	1701.79	2215.01
2018	3266.53	10785.57	3128.34	3705.44	1516.22	1809.85	2623.44
2019	3850.48	11995.78	3416.90	4004.38	1577.95	1938.57	2725.06
2020	4461.96	12401.35	3558.42	4062.94	1486.51	2099.83	2813.28
2021	4561.51	13958.95	3904.02	4573.98	1667.29	2262.89	2911.25
2022	4873.37	15025.26	4174.89	4787.08	1696.89	2421.53	2821.99

2-3 地区生产总值构成
Composition of GDP

单位：% (GDP=100) (%)

年份 Year	地区生产总值 Gross Domestic Product	第一产业 Primary Industry	第二产业 Secondary Industry	第三产业 Tertiary Industry
1952	100.0	67.3	12.3	20.4
1953	100.0	61.0	14.1	24.9
1954	100.0	55.8	16.8	27.4
1955	100.0	59.0	16.1	25.0
1956	100.0	54.2	17.3	28.5
1957	100.0	58.4	16.5	25.1
1958	100.0	47.7	29.8	22.5
1959	100.0	38.1	34.8	27.1
1960	100.0	32.1	39.8	28.1
1961	100.0	44.6	25.1	30.4
1962	100.0	53.1	20.7	26.2
1963	100.0	52.2	23.6	24.1
1964	100.0	53.0	27.2	19.8
1965	100.0	52.1	29.3	18.6
1966	100.0	51.3	30.5	18.2
1967	100.0	54.5	27.1	18.4
1968	100.0	59.3	22.9	17.9
1969	100.0	54.2	27.0	18.7
1970	100.0	48.0	34.4	17.7
1971	100.0	46.7	35.7	17.6
1972	100.0	44.6	37.3	18.1
1973	100.0	44.8	37.4	17.7
1974	100.0	49.2	32.2	18.6
1975	100.0	46.4	35.4	18.1
1976	100.0	46.5	35.0	18.6
1977	100.0	43.3	38.4	18.3
1978	100.0	40.7	40.7	18.6
1979	100.0	44.6	38.4	17.0
1980	100.0	42.3	40.2	17.5
1981	100.0	44.5	37.1	18.4
1982	100.0	46.4	35.5	18.1
1983	100.0	45.8	36.3	17.9
1984	100.0	44.7	36.3	19.0
1985	100.0	42.2	36.3	21.5
1986	100.0	41.6	36.0	22.4
1987	100.0	39.9	36.7	23.4

2-3 续表 Continued

单位：% (GDP=100) (%)

年份 Year	地区生产总值 Gross Domestic Product	第一产业 Primary Industry	第二产业 Secondary Industry	第三产业 Tertiary Industry
1988	100.0	37.2	37.9	24.9
1989	100.0	36.6	37.2	26.2
1990	100.0	37.5	33.6	28.9
1991	100.0	36.1	33.8	30.1
1992	100.0	32.8	34.2	33.0
1993	100.0	30.8	37.8	31.4
1994	100.0	32.3	35.7	32.0
1995	100.0	32.1	36.1	31.8
1996	100.0	31.3	36.2	32.5
1997	100.0	30.0	36.6	33.4
1998	100.0	27.4	37.1	35.5
1999	100.0	24.2	37.1	38.7
2000	100.0	22.1	36.4	41.5
2001	100.0	21.5	36.9	41.6
2002	100.0	20.4	36.7	42.9
2003	100.0	18.7	38.0	43.3
2004	100.0	18.5	38.5	43.0
2005	100.0	16.9	39.1	44.0
2006	100.0	16.7	40.8	42.5
2007	100.0	16.8	41.7	41.5
2008	100.0	15.6	43.1	41.3
2009	100.0	14.1	43.0	42.9
2010	100.0	13.3	45.2	41.5
2011	100.0	12.8	47.0	40.2
2012	100.0	12.1	46.8	41.1
2013	100.0	11.0	46.4	42.6
2014	100.0	10.3	45.7	44.0
2015	100.0	9.6	44.4	46.0
2016	100.0	9.4	42.0	48.6
2017	100.0	8.9	39.8	51.3
2018	100.0	8.5	38.3	53.2
2019	100.0	9.1	38.6	52.3
2020	100.0	10.2	38.4	51.4
2021	100.0	9.5	39.0	51.5
2022	100.0	9.5	39.4	51.1

2–4 地区生产总值发展速度
Growth Rate of GDP

单位：% (上年 =100) (preceding year=100) (%)

年份 Year	地区生产总值 Gross Domestic Product	第一产业 Primary Industry	第二产业 Secondary Industry	第三产业 Tertiary Industry	人均地区生产总值 Per Capita Gross Domestic Product
1978	116.4	111.7	121.8	115.6	115.2
1979	109.1	106.8	111.4	109.0	108.0
1980	105.2	98.9	111.0	105.4	103.9
1981	105.5	107.0	100.2	114.0	104.1
1982	109.4	113.0	106.0	108.1	107.7
1983	109.2	103.7	116.7	107.4	107.8
1984	109.4	106.6	109.7	115.2	108.3
1985	112.0	103.7	113.6	126.3	110.9
1986	108.1	105.2	107.7	113.9	106.8
1987	109.3	102.9	112.8	113.5	107.7
1988	108.2	97.7	115.0	111.7	106.2
1989	103.6	105.7	101.2	105.2	101.5
1990	104.0	103.2	104.6	104.0	102.4
1991	107.9	105.6	108.5	110.2	106.5
1992	111.1	103.5	117.3	113.5	110.3
1993	112.4	104.3	118.2	114.7	111.6
1994	110.6	105.4	115.4	110.1	109.9
1995	110.3	106.5	113.5	110.0	109.0
1996	112.1	106.2	116.3	112.2	111.0
1997	110.6	106.1	113.3	111.0	110.0
1998	108.5	100.9	111.5	110.9	107.9
1999	108.4	103.3	109.3	111.1	107.8
2000	109.0	103.9	110.6	110.5	108.5
2001	109.0	104.0	110.3	110.5	110.6
2002	109.0	102.6	110.9	110.5	110.7
2003	109.6	103.4	112.7	109.7	110.0
2004	111.1	107.3	114.5	109.7	110.8
2005	112.2	105.7	113.1	114.1	110.6
2006	112.8	104.7	117.3	111.8	111.2
2007	115.1	103.9	118.9	115.5	114.8
2008	114.1	105.1	115.6	115.4	113.7
2009	113.9	105.0	119.3	111.3	113.4
2010	114.6	104.2	120.3	111.5	112.9
2011	112.8	104.2	117.0	111.0	111.3
2012	111.4	102.8	113.0	112.1	111.2
2013	110.1	102.7	111.0	111.0	109.9
2014	109.5	104.5	109.6	110.7	109.3
2015	108.5	103.6	107.6	110.8	108.4
2016	108.0	103.3	106.8	110.1	107.9
2017	108.0	103.6	106.9	109.8	107.8
2018	107.8	103.5	107.4	109.1	107.8
2019	107.6	103.2	107.8	108.1	107.5
2020	103.8	103.7	104.6	103.1	103.7
2021	107.6	109.3	106.2	108.4	107.8
2022	104.5	103.6	106.1	103.5	104.8

2−5 主要行业增加值发展速度
Growth Rate of Value Added by Sector

单位：%　　(上年=100) (preceding year=100)　　(%)

年份 Year	农、林、牧、渔业 Agriculture, Forestry, Animal Husbandry and Fishery	工业 Industry	建筑业 Construction	批发和零售业 Wholesale and Retail Trade	交通运输、仓储和邮政业 Traffic, Transport, Storage and Post	金融业 Finance	房地产业 Real Estate
1978	111.7	121.6	123.3	116.2	110.7	115.3	104.0
1979	106.8	111.3	112.1	110.0	109.3	96.5	101.7
1980	98.9	109.7	120.4	102.3	104.5	97.8	110.4
1981	107.0	101.4	93.5	114.4	102.6	131.0	146.4
1982	113.0	106.1	105.4	90.3	109.6	137.3	110.3
1983	103.7	114.8	128.3	96.1	107.2	110.1	128.5
1984	106.6	113.0	91.7	122.2	113.9	111.9	110.0
1985	103.7	114.3	108.9	138.8	140.6	122.1	128.4
1986	105.2	108.5	102.0	113.8	112.6	135.3	100.9
1987	102.9	113.3	109.0	114.5	127.1	114.9	105.0
1988	97.7	115.3	112.7	107.2	120.4	104.6	109.5
1989	105.7	103.0	86.8	87.7	97.3	150.6	86.7
1990	103.2	104.5	105.5	82.1	113.7	109.0	109.0
1991	105.6	107.4	116.8	111.5	118.6	115.5	106.1
1992	103.5	116.8	120.8	108.8	112.8	130.3	110.6
1993	104.3	120.0	106.1	110.9	125.2	121.3	124.0
1994	105.4	115.9	111.6	107.1	110.6	105.7	112.0
1995	106.5	113.4	114.3	108.7	116.3	106.0	114.7
1996	106.2	116.8	112.4	109.2	117.8	110.6	117.1
1997	106.1	114.3	105.2	109.1	115.0	110.3	110.2
1998	100.9	111.2	114.1	109.4	113.4	105.2	113.3
1999	103.3	109.0	111.9	110.7	108.0	105.1	117.3
2000	103.9	110.5	111.4	111.4	114.5	106.0	109.2
2001	104.0	109.9	112.5	111.3	110.2	103.5	109.3
2002	102.6	111.0	110.4	111.5	109.9	103.2	111.2
2003	103.6	112.7	112.9	110.4	110.0	105.8	110.0
2004	107.4	114.0	117.0	109.7	113.6	102.5	106.6
2005	105.7	113.6	110.5	118.0	112.8	113.0	108.3
2006	104.7	118.2	112.5	112.5	111.0	115.6	112.7
2007	103.9	119.8	114.1	117.7	115.9	121.3	111.1
2008	105.2	116.3	111.8	119.7	116.0	118.5	107.8
2009	105.0	118.6	123.1	115.8	106.8	118.4	111.1
2010	104.3	121.2	115.6	112.5	112.9	109.5	110.3
2011	104.2	118.2	110.9	109.2	112.2	106.0	105.1
2012	103.0	113.7	109.4	108.8	111.1	114.0	107.9
2013	102.8	111.2	110.5	108.9	105.6	119.2	109.4
2014	104.6	109.3	111.2	108.4	104.6	124.3	103.9
2015	103.5	107.4	108.7	105.9	104.7	115.3	113.2
2016	103.5	106.5	108.0	106.8	102.7	108.0	110.0
2017	103.9	107.0	106.5	106.7	106.1	111.2	104.7
2018	103.7	107.4	107.1	104.8	102.3	102.9	106.5
2019	103.5	108.3	104.8	106.2	103.9	107.8	105.0
2020	103.9	104.5	105.0	100.6	98.6	108.0	103.4
2021	109.2	107.4	101.8	111.5	109.8	103.9	101.9
2022	103.7	106.4	105.1	101.8	100.6	106.2	96.1

2-6 地区生产总值指数
Indices of Gross Domestic Product

(1952 年 =100) (year of 1952=100)

年份 Year	地区生产总值 Gross Domestic Product	第一产业 Primary Industry	第二产业 Secondary Industry	第三产业 Tertiary Industry	人均地区生产总值 Per Capita Gross Domestic Product
1952	100.0	100.0	100.0	100.0	100.0
1953	108.4	99.9	131.5	122.5	105.3
1954	106.3	89.8	157.9	130.1	101.5
1955	126.0	110.3	190.0	139.6	118.4
1956	132.8	106.4	226.8	163.6	123.4
1957	152.9	129.2	253.4	171.0	139.0
1958	183.1	130.9	522.7	181.4	163.5
1959	199.3	113.5	661.3	245.4	174.9
1960	197.3	90.4	766.4	260.9	175.4
1961	127.2	82.8	332.6	164.4	116.5
1962	131.1	101.8	284.7	144.1	119.3
1963	126.3	92.8	307.2	141.1	111.4
1964	150.1	107.1	433.2	146.9	129.6
1965	169.7	111.7	559.2	164.5	142.9
1966	191.5	121.9	670.5	180.7	156.6
1967	192.1	130.9	610.8	181.9	152.9
1968	189.4	142.3	512.5	178.5	146.5
1969	209.4	138.3	685.2	203.6	157.4
1970	246.3	139.6	1007.3	221.3	180.6
1971	260.1	140.4	1124.1	237.9	184.9
1972	280.9	142.9	1286.0	263.6	195.1
1973	300.0	154.4	1363.1	278.7	204.3
1974	277.8	158.1	1072.8	273.9	185.1
1975	306.7	162.7	1327.0	292.6	200.1
1976	305.2	162.8	1291.2	299.3	196.2
1977	334.4	165.3	1563.7	321.4	212.3
1978	389.3	184.6	1904.5	371.6	244.6
1979	424.7	197.2	2121.6	405.0	264.2
1980	446.8	195.0	2355.0	426.9	274.5
1981	471.4	208.6	2359.7	486.6	285.7
1982	515.7	235.8	2501.3	526.1	307.7
1983	563.1	244.5	2919.0	565.0	331.8
1984	616.1	260.6	3202.2	650.9	359.3
1985	690.0	270.3	3637.7	822.1	398.4
1986	745.9	284.3	3917.8	936.3	425.5
1987	815.3	292.6	4419.3	1062.7	458.3

2-6 续表 1 Continued

(1952 年 =100) (year of 1952=100)

年份 Year	地区生产总值 Gross Domestic Product	第一产业 Primary Industry	第二产业 Secondary Industry	第三产业 Tertiary Industry	人均地区生产总值 Per Capita Gross Domestic Product
1988	882.1	285.8	5082.2	1187.1	486.7
1989	913.9	302.1	5143.1	1248.8	494.0
1990	950.4	311.8	5379.7	1298.7	505.9
1991	1025.5	329.3	5837.0	1431.2	538.8
1992	1139.3	340.8	6846.8	1624.4	594.3
1993	1280.6	355.4	8092.9	1863.2	663.2
1994	1416.4	374.6	9339.2	2051.4	728.8
1995	1562.2	399.0	10600.0	2256.5	794.4
1996	1751.3	423.7	12327.9	2531.8	881.8
1997	1936.9	449.6	13967.5	2810.3	970.0
1998	2101.5	453.6	15573.7	3116.7	1046.6
1999	2278.1	468.6	17022.1	3462.6	1128.3
2000	2483.1	486.8	18826.4	3826.2	1224.2
2001	2706.6	506.3	20765.5	4228.0	1354.0
2002	2950.2	519.5	23029.0	4671.9	1498.8
2003	3233.4	537.1	25953.7	5125.1	1648.7
2004	3592.3	576.4	29716.9	5622.2	1826.8
2005	4030.6	609.2	33609.9	6414.9	2020.4
2006	4546.5	637.8	39424.4	7171.9	2246.7
2007	5233.0	662.7	46875.6	8283.5	2579.2
2008	5970.8	696.5	54188.1	9559.2	2932.6
2009	6800.8	731.3	64646.5	10639.4	3325.5
2010	7793.7	762.1	77769.7	11862.9	3754.5
2011	8791.3	794.1	90990.5	13167.8	4178.8
2012	9793.5	816.3	102819.3	14761.1	4646.8
2013	10782.6	838.3	114129.4	16384.9	5106.8
2014	11807.0	876.1	125085.9	18138.0	5581.8
2015	12810.6	907.6	134592.4	20097.0	6050.6
2016	13835.4	937.6	143744.7	22126.7	6528.6
2017	14942.3	971.3	153663.0	24295.2	7037.9
2018	16107.8	1005.3	165034.1	26506.0	7586.8
2019	17332.0	1037.5	177906.8	28653.0	8155.8
2020	17990.6	1075.9	186090.5	29541.3	8457.6
2021	19357.9	1175.9	197628.1	32022.7	9117.3
2022	20229.0	1218.3	209683.4	33143.5	9554.9

2−6 续表 2 Continued

(1978 年 =100) (year of 1978=100)

年份 Year	地区生产总值 Gross Domestic Product	第一产业 Primary Industry	第二产业 Secondary Industry	第三产业 Tertiary Industry	人均地区生产总值 Per Capita Gross Domestic Product
1978	100.0	100.0	100.0	100.0	100.0
1979	109.1	106.8	111.4	109.0	108.0
1980	114.8	105.6	123.7	114.9	112.2
1981	121.1	113.0	123.9	131.0	116.8
1982	132.5	127.7	131.3	141.6	125.8
1983	144.7	132.4	153.3	152.1	135.6
1984	158.3	141.2	168.1	175.2	146.9
1985	177.2	146.4	191.0	221.2	162.9
1986	191.6	154.0	205.7	252.0	174.0
1987	209.4	158.5	232.0	286.0	187.4
1988	226.6	154.8	266.8	319.5	199.0
1989	234.7	163.7	270.0	336.1	202.0
1990	244.1	168.9	282.5	349.5	206.8
1991	263.4	178.4	306.5	385.2	220.2
1992	292.7	184.6	359.5	437.2	242.9
1993	329.0	192.5	424.9	501.4	271.1
1994	363.8	202.9	490.4	552.1	298.0
1995	401.3	216.1	556.6	607.3	324.8
1996	449.9	229.5	647.3	681.4	360.5
1997	497.5	243.5	733.4	756.3	396.5
1998	539.8	245.7	817.7	838.8	427.9
1999	585.2	253.8	893.8	931.9	461.2
2000	637.8	263.7	988.5	1029.7	500.5
2001	695.2	274.3	1090.3	1137.9	553.5
2002	757.8	281.4	1209.2	1257.3	612.7
2003	830.6	291.0	1362.7	1379.3	674.0
2004	922.8	312.2	1560.3	1513.1	746.8
2005	1035.3	330.0	1764.7	1726.4	825.9
2006	1167.9	345.5	2070.0	1930.1	918.5
2007	1344.2	359.0	2461.3	2229.3	1054.4
2008	1533.7	377.3	2845.2	2572.6	1198.8
2009	1746.9	396.2	3394.3	2863.3	1359.5
2010	2002.0	412.8	4083.4	3192.6	1534.8
2011	2258.2	430.1	4777.6	3543.8	1708.3
2012	2515.7	442.2	5398.7	3972.6	1899.6
2013	2769.8	454.1	5992.5	4409.6	2087.7
2014	3032.9	474.6	6567.8	4881.4	2281.8
2015	3290.7	491.6	7067.0	5408.6	2473.5
2016	3553.9	507.9	7547.5	5954.9	2668.9
2017	3838.3	526.2	8068.3	6538.5	2877.1
2018	4137.7	544.6	8665.3	7133.5	3101.5
2019	4452.1	562.0	9341.2	7711.3	3334.1
2020	4621.3	582.8	9770.9	7950.3	3457.5
2021	4972.5	637.0	10376.7	8618.2	3727.2
2022	5196.3	659.9	11009.7	8919.8	3906.1

2–7 主要行业增加值指数
Indices of Value Added by Sector

(1978 年 =100) (year of 1978=100)

年份 Year	农、林、牧、渔业 Agriculture, Forestry, Animal Husbandry and Fishery	工业 Industry	建筑业 Construction	批发和零售业 Wholesale and Retail Trade	交通运输、仓储和邮政业 Traffic, Transport, Storage and Post	金融业 Finance	房地产业 Real Estate
1978	100.0	100.0	100.0	100.0	100.0	100.0	100.0
1979	106.8	111.3	112.1	110.0	109.3	96.5	101.7
1980	105.6	122.1	135.0	112.5	114.2	94.4	112.3
1981	113.0	123.8	126.2	128.7	117.2	123.6	164.4
1982	127.7	131.4	133.0	116.2	128.4	169.7	181.3
1983	132.4	150.8	170.7	111.7	137.7	186.9	233.0
1984	141.2	170.4	156.5	136.5	156.8	209.1	256.3
1985	146.4	194.8	170.4	189.5	220.5	255.4	329.1
1986	154.0	211.3	173.8	215.6	248.3	345.5	332.0
1987	158.5	239.4	189.5	246.9	315.6	397.0	348.6
1988	154.8	276.1	213.5	264.7	379.9	415.2	381.7
1989	163.7	284.3	185.3	232.1	369.7	625.3	331.0
1990	168.9	297.1	195.5	190.6	420.3	681.6	360.8
1991	178.4	319.1	228.4	212.5	498.5	787.3	382.8
1992	184.6	372.7	275.9	231.2	562.3	1025.8	423.3
1993	192.5	447.3	292.7	256.4	704.0	1244.3	524.9
1994	202.9	518.4	326.7	274.6	778.6	1315.2	587.9
1995	216.1	587.9	373.4	298.5	905.6	1394.2	674.3
1996	229.5	686.6	419.7	325.9	1066.7	1541.9	789.7
1997	243.5	784.8	441.5	355.6	1226.8	1700.8	870.2
1998	245.7	872.7	503.8	389.0	1391.1	1789.2	985.9
1999	253.8	951.3	563.7	430.6	1502.4	1880.4	1156.5
2000	263.7	1051.2	628.0	479.7	1720.3	1993.3	1262.9
2001	274.3	1155.2	706.5	533.9	1895.8	2063.0	1380.4
2002	281.4	1282.3	780.0	595.4	2083.4	2129.0	1535.0
2003	291.5	1445.2	880.6	657.3	2291.8	2252.5	1688.4
2004	313.1	1647.5	1030.3	721.0	2603.5	2308.8	1799.9
2005	331.0	1871.5	1138.4	850.8	2936.7	2609.0	1949.3
2006	346.5	2212.2	1280.8	957.2	3259.7	3016.0	2196.8
2007	360.0	2650.2	1461.3	1126.6	3778.0	3658.4	2440.7
2008	378.7	3082.1	1633.8	1348.5	4382.5	4335.2	2631.1
2009	397.7	3655.4	2011.2	1561.6	4680.5	5132.9	2923.1
2010	414.8	4430.4	2324.9	1756.8	5284.3	5620.5	3224.2
2011	432.2	5236.7	2578.3	1918.4	5929.0	5957.7	3388.6
2012	445.2	5954.1	2820.7	2087.2	6587.1	6791.8	3656.3
2013	457.6	6621.0	3116.9	2273.0	6956.0	8095.9	4000.0
2014	478.7	7236.8	3466.0	2463.9	7276.0	10063.2	4156.0
2015	495.4	7772.3	3767.5	2609.3	7618.0	11602.8	4704.6
2016	512.8	8277.5	4068.9	2786.7	7823.6	12531.0	5175.1
2017	532.8	8856.9	4333.4	2973.4	8300.9	13934.5	5418.3
2018	552.5	9512.3	4641.1	3116.1	8491.8	14338.6	5770.5
2019	571.8	10301.8	4863.8	3309.3	8823.0	15457.0	6059.0
2020	594.1	10765.4	5107.0	3329.2	8699.5	16693.6	6265.0
2021	648.8	11562.0	5199.0	3712.1	9552.0	17344.6	6384.1
2022	672.8	12302.0	5464.1	3778.9	9609.3	18420.0	6135.1

2-8 三次产业对地区生产总值增长的贡献率和拉动
Contribution Share and Contribution of the Three Strata of Industry to the Growth of GDP

本表按不变价格计算
Data in this table are calculated at constant prices

年份 Year	贡献率（%） Contribution Share (%)				拉动（百分点） Contribution (percentage points)				
	第一产业 Primary Industry	第二产业 Secondary Industry	第三产业 Tertiary Industry	#工业 Industry	地区生产总值 Gross Regional Product	第一产业 Primary Industry	第二产业 Secondary Industry	第三产业 Tertiary Industry	#工业 Industry
1990	25.7	49.3	25.0	43.7	4.0	1.0	2.0	1.0	1.7
1991	26.6	36.1	37.3	27.8	7.9	2.1	2.9	2.9	2.2
1992	11.6	52.6	35.8	44.7	11.1	1.3	5.8	4.0	5.0
1993	11.9	52.3	35.8	50.0	12.4	1.5	6.5	4.4	6.2
1994	16.2	54.4	29.4	49.7	10.6	1.7	5.8	3.1	5.3
1995	19.1	51.3	29.6	45.2	10.3	2.0	5.3	3.0	4.7
1996	15.0	54.2	30.8	49.5	12.1	1.8	6.6	3.7	6.0
1997	15.9	52.4	31.7	50.2	10.6	1.7	5.5	3.4	5.3
1998	2.8	57.9	39.3	50.6	8.5	0.2	4.9	3.4	4.3
1999	9.7	48.7	41.6	42.2	8.4	0.8	4.1	3.5	3.5
2000	10.2	52.2	37.6	46.2	9.0	0.9	4.7	3.4	4.2
2001	9.8	41.7	48.5	33.9	9.0	0.9	3.7	4.4	3.1
2002	6.1	44.6	49.3	38.0	9.0	0.6	4.0	4.4	3.4
2003	7.0	49.7	43.3	41.9	9.6	0.7	4.8	4.1	4.0
2004	12.4	50.2	37.4	41.0	11.1	1.4	5.6	4.1	4.6
2005	8.4	42.7	48.9	37.2	12.2	1.0	5.2	6.0	4.5
2006	6.2	53.0	40.8	46.6	12.8	0.8	6.8	5.2	6.0
2007	4.0	51.1	44.9	45.0	15.1	0.6	7.7	6.8	6.8
2008	5.2	46.8	48.0	41.4	14.1	0.7	6.6	6.8	5.8
2009	4.7	59.2	36.1	48.7	13.9	0.7	8.2	5.0	6.8
2010	3.5	62.3	34.2	55.0	14.6	0.5	9.1	5.0	8.0
2011	4.4	60.1	35.5	53.9	12.8	0.6	7.7	4.5	6.9
2012	3.1	53.7	43.2	47.8	11.4	0.4	6.1	4.9	5.5
2013	3.0	52.0	45.0	45.1	10.1	0.3	5.3	4.5	4.6
2014	5.0	48.3	46.7	40.2	9.5	0.5	4.6	4.4	3.8
2015	4.2	42.7	53.1	35.5	8.5	0.4	3.6	4.5	3.0
2016	3.9	37.7	58.4	29.8	8.0	0.3	3.0	4.7	2.4
2017	4.2	38.0	57.8	31.7	8.0	0.4	3.0	4.6	2.5
2018	4.0	40.7	55.3	33.8	7.8	0.3	3.2	4.3	2.6
2019	3.6	44.4	52.0	39.3	7.6	0.3	3.4	3.9	3.0
2020	8.1	52.5	39.4	42.7	3.8	0.3	2.0	1.5	1.6
2021	12.5	30.9	56.6	29.0	7.6	0.9	2.4	4.3	2.2
2022	8.2	51.3	40.5	42.6	4.5	0.4	2.3	1.8	1.9

主要统计指标解释

国内生产总值(GDP)　指一个国家所有常住单位在一定时期内生产活动的最终成果。国内生产总值有三种表现形态，即价值形态、收入形态和产品形态。从价值形态看，它是所有常住单位在一定时期内生产的全部货物和服务价值与同期投入的全部非固定资产货物和服务价值的差额，即所有常住单位的增加值之和；从收入形态看，它是所有常住单位在一定时期内创造的各项收入之和，包括劳动者报酬、生产税净额、固定资产折旧和营业盈余；从产品形态看，它是所有常住单位在一定时期内最终使用的货物和服务价值与货物和服务净出口价值之和。在实际核算中，国内生产总值有三种计算方法，即生产法、收入法和支出法。三种方法分别从不同的方面反映国内生产总值及其构成。

对于一个地区来说，称为地区生产总值或地区 GDP。

三次产业　三次产业的划分是世界上较为常用的产业结构分类，但各国的划分不尽一致。根据《国民经济行业分类》（GB/T 4754-2017）和《三次产业划分规定》，我国的三次产业划分是：

第一产业是指农、林、牧、渔业（不含农、林、牧、渔专业及辅助性活动）。

第二产业是指采矿业（不含开采专业及辅助性活动），制造业（不含金属制品、机械和设备修理业），电力、热力、燃气及水生产和供应业，建筑业。

第三产业即服务业，是指除第一产业、第二产业以外的其他行业。

当年价格　指报告期的实际价格，如工业品的出厂价格，农产品的收购价格，商业的零售价格等。按当年价格计算，是指一些以货币表现的物量指标，如工农业总产值、国内生产总值等，按照当年的实际价格来计算总量。使用当年价格计算的数字，是为了使国民经济各项指标互相衔接，便于考察当年社会经济效益，便于对生产流通、生产和分配、生产和消费进行经济核算和综合平衡。

按当年价格计算的价值指标，在不同年份之间进行对比时，因为包含有各年间价格变动的因素，不能确切地反映实物量的增减变动。必须消除价格变动因素后，才能真实反映经济发展动态。因此，在计算增长速度时都使用按可比价格计算的数字。

可比价格　指计算各种总量指标所采用的扣除了价格变动因素的价格，可进行不同时期总量指标的对比。按可比价格计算总量指标有两种方法：一种是直接用产品产量乘某一年的不变价格计算，另一种是用价格指数进行换算。

Explanatory Notes on Main Statistical Indicators

Gross Domestic Product (GDP) refers to the final products produced by all resident units in a country during a certain period of time. Gross domestic product is expressed in three different perspectives, namely value, income, and products respectively. GDP in its value perspective refers to the balance of total value of all goods and services produced by all resident units during a certain period of time, minus the total value of input of goods and services of the nature of non-fixed assets; in other words, it is the sum of the value-added of all resident units. GDP from the perspective of income refers to the sum of all kinds of revenue, including Compensation of Employees, Net Taxes on Production, Depreciation of Fixed Assets, and Operating Surplus. GDP from the perspective of products refers to the value of all goods and services for final demand by all resident units plus the net exports of goods and services during a given period of time. In the practice of national accounting, gross domestic product is calculated from three approaches, namely production approach, income approach and expenditure approach, which reflect gross domestic product and its composition from different angles.

For a region, it is called as Gross Regional Product(GRP) or regional GDP.

Three Strata of Industry Classification of economic activities into three strata of industries is a common practice in the world, although the grouping varies to some extent from country to country. In China, according to *Industrial Classification for National Economic Activities (GB/T 4754-2017) and Rules on Division of Three Strata of Industries*, economic activities are categorized into the following three strata of industries:

Primary industry refers to agriculture, forestry, animal husbandry and fishery industries (not including services in support of agriculture, forestry, animal husbandry and fishery industries).

Secondary industry refers to mining and quarrying (not including support activities for mining), manufacturing (not including repair service of metal products, machinery and equipment), production and supply of electricity, heat, gas and water, and construction.

Tertiary industry refers to all other economic activities not included in the primary or secondary industries.

Current Price refers to the actual price during the reporting period, such as Ex-factory Price of Industrial Products, purchasing price of agricultural produces and retail price. Some indicators calculated at current price are volume indicators in the value form, such as total value of output of industrial and agricultural industries and GDP, etc. Data calculated at current price are useful when it comes to evaluating the economic development and analyzing different aspects of economy, such as production, circulation, distribution and consumption.

When the different indicators calculated at current price are compared, it is in evitable that price changes will affect the comparison. Therefore, the change in volume cannot be showed. In order to eliminate the effect of price and reflect economic development, growth rate is calculated at current price.

Constant Price refers to the price without the effect of price change. By using constant price, total amount indices of different periods can be compared. There are two methods in which total amount indices are obtained, one using current price of some year to multiply the physical volume of certain products and the other using price index.

03

人　口

Population

资料整理人员：杨　耒

3-1 户籍人口数
Household Population

年份 Year	总户数（万户）Total Households (10 000 households)	总人口（万人）Total Population (10 000 persons)	按性别分 By Gender 男 Male	女 Female	按城乡分 By Residence 市镇 Urban	乡村 Rural
1949	689.40	2986.83	1558.45	1428.38	235.95	2750.88
1950	683.75	3074.34	1601.97	1472.37	245.79	2828.55
1951	743.32	3190.67	1664.24	1526.43	255.57	2935.10
1952	830.46	3271.20	1707.79	1563.41	259.08	3012.12
1953	836.11	3349.70	1751.22	1598.48	260.55	3089.15
1954	844.34	3429.02	1807.89	1621.13	277.21	3151.81
1955	855.56	3472.83	1831.58	1641.25	327.94	3144.89
1956	870.53	3507.43	1836.26	1671.17	329.02	3178.41
1957	883.15	3603.24	1887.55	1715.69	314.67	3288.57
1958	881.54	3672.72	1919.61	1753.11	352.78	3319.94
1959	874.96	3691.95	1933.47	1758.48	494.52	3197.43
1960	891.98	3569.37	1857.07	1712.30	404.63	3164.74
1961	932.08	3507.98	1819.55	1688.43	477.73	3030.25
1962	928.07	3600.26	1870.89	1729.37	384.66	3215.60
1963	920.52	3715.20	1926.81	1788.39	375.34	3339.86
1964	920.20	3785.13	1965.75	1819.38	429.54	3355.59
1965	934.09	3901.47	2022.78	1878.69	405.64	3495.83
1966	939.30	4009.65	2079.48	1930.17	411.87	3597.78
1967	953.11	4122.56	2138.25	1984.31	429.40	3693.16
1968	967.12	4238.65	2198.68	2039.97	446.93	3791.72
1969	981.34	4358.01	2260.82	2097.19	464.46	3893.55
1970	995.77	4480.76	2324.73	2156.03	481.97	3998.79
1971	1044.49	4598.27	2384.91	2213.36	470.86	4127.41
1972	1055.62	4700.56	2438.55	2262.01	489.75	4210.81
1973	1069.65	4809.79	2497.79	2312.00	506.49	4303.30
1974	1082.86	4900.86	2545.64	2355.22	522.34	4378.52
1975	1102.82	4991.36	2594.18	2397.18	531.82	4459.54
1976	1125.37	5056.81	2629.85	2426.96	544.71	4512.10
1977	1149.83	5111.83	2657.88	2453.95	561.21	4550.62
1978	1167.53	5165.91	2684.80	2481.11	593.86	4572.05
1979	1184.84	5223.05	2712.32	2510.73	639.60	4583.45
1980	1197.88	5280.95	2740.40	2540.55	671.05	4609.90
1981	1228.84	5360.05	2783.12	2576.93	694.72	4665.33
1982	1251.33	5452.12	2831.03	2621.09	774.75	4677.37
1983	1273.06	5509.43	2864.09	2645.34	794.46	4714.97
1984	1299.34	5561.32	2893.92	2667.40	857.56	4703.76
1985	1334.54	5622.49	2928.44	2694.05	915.90	4706.59

注：1995 年以前的人口数均为年报数；2000 年和 2010 年的人口数根据人口普查有关数据推算，其余各年人口数均根据人口变动抽样调查资料推算。2013 年起，为公安户籍统计数据。

The data on the total population are collected from the year-reports before 1995. The data on the total population in 2000 and 2010 are collected from population surveys. The data of other years are estimated on the basis of the data collected from the sample surveys on population changes. Since 2013, data of population at the year-end were hukou data from Public Security Bureau.

3-1 续表 Continued

年份 Year	总户数（万户） Total Households (10 000 households)	总人口（万人） Total Population (10 000 persons)	按性别分 By Gender		按城乡分 By Residence	
			男 Male	女 Female	市镇 Urban	乡村 Rural
1986	1407.45	5695.73	2966.85	2728.88	963.15	4732.58
1987	1485.85	5782.61	3012.59	2770.02	1003.28	4779.33
1988	1562.45	5915.68	3079.65	2836.03	1044.12	4871.56
1989	1623.00	6013.62	3130.76	2882.86	1049.25	4964.37
1990	1661.65	6110.89	3178.31	2932.58	1072.46	5038.43
1991	1697.69	6166.33	3208.42	2957.91	1147.86	5018.47
1992	1725.72	6207.78	3231.73	2976.05	1217.74	4990.04
1993	1745.47	6245.58	3249.20	2996.38	1205.95	5039.63
1994	1765.67	6302.58	3279.07	3023.51	1356.56	4946.02
1995	1796.19	6392.00	3322.27	3069.73	1550.99	4841.01
1996	1799.97	6428.00	3339.25	3088.75	1606.95	4821.05
1997	1798.83	6465.00	3356.43	3108.57	1629.00	4836.00
1998	1809.00	6502.00	3374.33	3127.67	1684.00	4818.00
1999	1814.64	6532.00	3389.32	3142.68	1724.00	4808.00
2000	1874.87	6562.05	3422.77	3139.28	1952.21	4609.84
2001	1884.47	6595.85	3409.72	3186.13	2031.52	4564.33
2002	1899.30	6628.50	3433.56	3194.94	2121.12	4507.38
2003	1929.59	6662.80	3453.33	3209.47	2232.04	4430.76
2004	1991.34	6697.70	3470.75	3226.95	2377.68	4320.02
2005	2031.01	6732.10	3490.59	3241.51	2490.88	4241.22
2006	2048.17	6768.10	3513.35	3254.75	2619.93	4148.17
2007	2085.91	6805.70	3533.87	3271.83	2752.91	4052.79
2008	2113.88	6845.20	3549.30	3295.90	2885.25	3959.95
2009	2126.05	6900.20	3583.24	3316.96	2980.89	3919.31
2010	2152.90	7089.53	3674.49	3415.04	3069.77	4019.76
2011	2186.60	7135.60	3699.10	3436.50	3218.16	3917.44
2012	2224.69	7179.87	3725.63	3454.24	3349.41	3830.46
2013	2286.57	7147.28	3712.32	3434.96	3427.84	3719.44
2014	2313.58	7202.29	3740.97	3461.32	3549.29	3653.00
2015	2330.12	7242.02	3761.09	3480.93	2037.29	5204.73
2016	2353.70	7318.81	3797.57	3521.24	2187.82	5130.99
2017	2363.83	7296.26	3781.75	3514.51	2446.87	4849.39
2018	2383.84	7326.62	3796.24	3530.38	2519.76	4806.86
2019	2386.27	7319.53	3794.45	3525.08	2557.35	4762.18
2020	2410.59	7295.58	3778.99	3516.59	2630.82	4664.76
2021	2407.89	7246.26	3755.24	3491.02	2715.30	4530.96
2022	2404.93	7211.25	3737.18	3474.07	2714.51	4496.74

3-2 人口出生率、死亡率、自然增长率
Birth Rate, Death Rate and Natural Growth Rate of Population

年份 Year	出生率（‰） Birth Rate（‰）	死亡率（‰） Death Rate（‰）	自然增长率（‰） Natural Growth Rate（‰）	出生人口数（万人） Population of Birth (10 000 persons)	死亡人口数（万人） Population of Death (10 000 persons)	自然增长人数（万人） Population of Natural Growth (10 000 persons)
1950	37.00	20.00	17.00	112.13	60.61	51.52
1951	37.00	19.00	18.00	115.90	59.52	56.39
1952	37.00	19.00	18.00	119.54	61.39	58.16
1953	36.00	17.00	19.00	119.18	56.28	62.90
1954	37.85	17.54	20.31	128.29	59.45	68.84
1955	31.10	16.36	14.74	107.32	56.46	50.87
1956	29.59	11.51	18.08	103.27	40.17	63.10
1957	33.47	10.41	23.06	119.00	37.01	81.99
1958	29.96	11.65	18.32	108.99	42.38	66.61
1959	24.00	12.99	11.00	88.38	47.83	40.54
1960	19.49	29.42	-9.93	70.76	106.81	-36.05
1961	12.51	17.48	-4.97	44.27	61.86	-17.59
1962	41.40	10.23	31.16	147.14	36.36	110.78
1963	47.29	10.26	37.03	172.97	37.53	135.45
1964	42.20	12.88	29.31	158.26	48.30	109.95
1965	42.25	11.19	31.06	162.38	43.01	119.37
1966	37.23	10.15	27.08	147.27	40.15	107.12
1967	35.61	9.89	25.72	144.79	40.21	104.58
1968	33.99	9.63	24.36	142.10	40.26	101.84
1969	32.37	9.37	23.00	139.14	40.28	98.86
1970	30.75	9.11	21.64	135.90	40.26	95.64
1971	29.13	8.86	20.26	132.24	40.22	92.02
1972	29.93	9.01	20.91	139.16	41.89	97.27
1973	29.21	8.05	21.15	138.90	38.28	100.62
1974	27.11	8.67	18.44	131.63	42.10	89.53
1975	25.04	8.34	16.70	123.85	41.25	82.60
1976	20.07	7.70	12.36	100.83	38.69	62.15
1977	18.61	7.79	10.82	94.62	39.61	55.01
1978	17.40	7.01	10.39	89.42	36.02	53.39
1979	17.84	7.12	10.72	92.67	36.98	55.68
1980	17.68	6.88	10.80	92.86	36.13	56.72
1981	21.11	7.03	14.08	112.32	37.40	74.91
1982	21.98	6.77	15.21	118.83	36.60	82.23
1983	16.48	6.79	9.69	90.32	37.21	53.11
1984	16.66	7.20	9.46	92.22	39.85	52.36
1985	18.16	6.47	11.69	101.55	36.18	65.37

3-2 续表 Continued

年份 Year	出生率（‰） Birth Rate（‰）	死亡率（‰） Death Rate（‰）	自然增长率（‰） Natural Growth Rate（‰）	出生人口数（万人） Population of Birth (10 000 persons)	死亡人口数（万人） Population of Death (10 000 persons)	自然增长人数（万人） Population of Natural Growth (10 000 persons)
1986	19.90	6.30	13.60	112.62	35.65	76.96
1987	23.62	7.07	16.55	135.56	40.58	94.98
1988	23.32	6.82	16.50	136.40	39.89	96.51
1989	22.91	7.07	15.84	136.65	42.17	94.48
1990	23.93	7.23	16.70	145.07	43.83	101.24
1991	20.50	7.30	13.20	125.84	44.81	81.03
1992	16.70	7.30	9.40	103.32	45.17	58.16
1993	14.08	7.13	6.95	87.67	44.40	43.28
1994	13.88	7.03	6.85	87.08	44.11	42.98
1995	13.02	7.15	5.87	82.64	45.38	37.26
1996	12.81	7.20	5.61	82.11	46.15	35.96
1997	12.59	6.99	5.60	81.16	45.06	36.10
1998	12.31	7.10	5.21	79.81	46.03	33.78
1999	11.72	7.12	4.60	76.38	46.40	29.98
2000	11.45	6.79	4.66	74.96	44.45	30.51
2001	11.80	6.72	5.08	77.63	44.21	33.42
2002	11.56	6.70	4.86	76.44	44.30	32.14
2003	11.82	6.87	4.95	78.55	45.66	32.90
2004	11.89	6.80	5.09	79.43	45.43	34.00
2005	11.90	6.75	5.15	79.91	45.33	34.58
2006	11.92	6.73	5.19	80.46	45.43	35.03
2007	11.96	6.71	5.25	81.17	45.54	35.63
2008	12.68	7.28	5.40	86.55	49.69	36.86
2009	13.05	6.94	6.11	89.69	47.70	41.99
2010	13.10	6.70	6.40	91.63	46.87	44.77
2011	14.44	7.36	7.08	94.95	48.37	46.59
2012	14.76	7.62	7.14	97.20	50.17	47.03
2013	14.66	7.56	7.10	96.71	49.86	46.85
2014	13.74	7.00	6.74	90.77	46.26	44.51
2015	13.88	7.01	6.87	91.80	46.37	45.43
2016	13.94	7.20	6.74	92.31	47.69	44.62
2017	13.69	7.31	6.39	90.78	48.43	42.35
2018	12.64	7.34	5.30	83.86	48.71	35.15
2019	10.81	7.58	3.24	71.78	50.29	21.49
2020	8.53	7.92	0.61	56.64	52.61	4.03
2021	7.13	8.28	−1.15	47.30	54.93	−7.63
2022	6.23	8.54	−2.31	41.20	56.50	−15.30

注：根据“七人普”对2011年–2019年全省常住人口修订结果，对相应年份出生率、死亡率、自然增长率进行同步修订。

The birth rate, death rate and natural growth rate of the corresponding years were simultaneously revised according to the revision results of the provincial resident population from 2011 to 2019 by the "Seven People's General Population".

3-3 第 1-4 次全国人口普查基本情况
Basic Statistics on National Population of 1st-4th Censuses

单位：万人 (10 000 persons)

指 标	Item	第一次 1953 First	第二次 1964 Second	第三次 1982 Third	第四次 1990 Fourth
总户数 （万户）	**Total Households (10 000 households)**	**836.11**	**916.20**	**1233.88**	**1573.79**
家庭户	Family Households			1227.89	1564.88
集体户	Collective Households			5.99	8.91
总人口	**Total Population**	**3322.69**	**3718.23**	**5401.05**	**6065.80**
男性人口	Male	1752.64	1931.70	2805.23	3149.76
女性人口	Female	1570.05	1786.53	2595.82	2916.04
#育龄妇女（15-49 岁）	#Women at Childbearing Age(Age 15-49)	750.73	819.43	1301.08	1607.99
各年龄组人口	**Population by Age**				
0-6 岁	Age 0-6	669.02	706.05	701.81	869.47
7-14 岁	Age 7-14	519.19	768.91	1131.16	826.93
劳动年龄人口	Population within Working Age	1720.75	1878.68	2936.91	3618.26
男 60、女 55 岁以上人口	Males Aged 60 and Females Aged 55 and Over	319.57	285.00	503.39	628.16
民族人口	**Population by Nationality**				
汉族	Han Nationality	3254.67	3589.80	5180.92	5583.42
少数民族	Minority Nationalities	68.02	128.43	220.13	482.38
15 岁以上婚姻人口	**Marital Status of Population Aged 15 and Over**				
未婚	Unmarried			1009.86	1099.89
有配偶	Married			2271.76	2963.86
丧偶	Widowed			262.16	278.87
离婚	Divorced			24.31	26.77
6 岁以上文化程度人口	**Population Aged 6 and Over by Educational Level**				
大学本科	Undergraduates		9.77	24.56	20.72
大学专科	Junior College Student				48.27
中专	Specialized Secondary School		40.99	353.64	81.82
高中	Senior Secondary School				404.79
初中	Junior Secondary School		160.27	932.53	1370.42
小学	Primary School		1256.03	2325.78	2552.16
不识字或识字很少	Illiterate and Semi-Illiterate		1255.57	1173.52	822.76
#文盲、半文盲人口	#Illiterate and Semi-Illiterate Aged 15 and Over		1255.57	943.97	742.56
在业人口	**Employed Population**			**2827.75**	**3489.74**
不在业人口	**Unemployed Population**			**740.34**	**879.65**
市镇县人口	**Population of Cities,Towns and Counties**				
市	Cities	134.97	161.31	507.43	765.62
镇	Towns	157.57	160.79	260.00	328.20
县	Counties	3030.15	3396.13	4633.62	4971.98

注：1. 劳动年龄人口指男 16-59 岁，女 16-54 岁人口。

2. 各年龄组人口缺 15 岁人口和年龄不详人口，加总不等于总人口。

3. 由于四次普查所设指标不同，故此表空栏处均表示该年度普查无此调查项目。

4. 1964 年人口普查时，6-12 岁不在校儿童没有调查其相当的文化程度，故各项文化程度人口加总不等于 6 周岁及以上人口数。

a. Working age range refers to 16-59 years for men and 16-54 years for women.

b. The sum of the population of the age group is not equal to the total population, because the population aged 15 is not shown and there is population whose true age is unknown.

c. Since the quota in the four population censuses were set differently, the blank space indicates the absence of this item of the year.

d. Data in 1964 excludes the children in school aged from 6-12, thus the sum of the population at all education levels does not equal to the population aged above six.

3-4 第五次全国人口普查基本情况
Basic Statistics on National Population of Fifth Censuses

单位：万人　　(10 000 persons)

指　标	Item	数量 Volume
总户数　（万户）	**Number of Households　(10 000 households)**	**1800.38**
家庭户	Family Households	1766.21
集体户	Collective Households	34.17
总人口	**Total Population**	**6327.42**
家庭户人口	Family Household Population	6106.15
集体户人口	Collective Household Population	221.27
平均家庭户规模　（人/户）	**Average Family Size　(person/household)**	**3.46**
总人口中：男性人口	**In Total:** Male	3299.37
女性人口	Female	3028.05
性别比	Sex Ratio	108.96
总人口中：汉族人口	**In Total:** Han Nationality	5686.35
少数民族人口	Minority Nationalities	641.07
少数民族人口比重　（%）	Percentage of Minority Nationalities Population　(%)	10.13
总人口中：市镇人口	**In Total:** Urban Population	1915.92
乡村人口	Rural Population	4524.15
总人口中：0-5 岁人口	**In Total:** Age 0-5	387.71
6-14 岁人口	Age 6-14	1012.25
15-64 岁人口	Age 15-64	4454.80
65 岁以上人口	Aged 65 and Over	472.66
6 周岁及以上人口	**Population Aged 6 and Over by Educational Level**	**5939.70**
未上过学	No Schooling	298.22
扫盲班	Literacy Courses	67.69
小学	Primary School	2421.99
初中	Junior Secondary School	2259.38
高中和中专	Senior and Specialized Secondary School	707.25
大专及以上	Junior College or Above	185.17
每十万人口中：小学文化　（人）	**Per 100000 Population:** Primary School　(person)	38278
初中文化　（人）	Junior Secondary School　(person)	35708
高中和中专　（人）	Senior and Specialized Secondary School　(person)	11177
大专及以上　（人）	Junior College or Above　(person)	2926
文盲、半文盲人口	**Population of Illiterate and Semi Literate**	**294.96**
文盲率　（%）	**Illiterate Rate　(%)**	**5.99**
普查年度出生率　（‰）	**Birth Rate in Census Year　(‰)**	**11.45**
普查年度死亡率　（‰）	**Death Rate in Census Year　(‰)**	**6.79**
普查年度自然增长率　（‰）	**Natural Growth Rate in Census Year　(‰)**	**4.66**

注：1. 表中的各项数据均按普查登记的口径计算，不包括本省外出的人口，包括外省来本省的人口。

2. 普查年度是指 1999 年 11 月 1 日 0 时至 2000 年 10 月 31 日 24 时。

3. 城乡人口是按国家统计局 1999 年发布的《关于统计上划分城乡的规定（试行）》计算。

a. The data in table are calculated according to the approach of censuses. The data excluded the population of going to other provinces and included the population from other provinces.

b. The censuses year is 1999-11-1 zero o'clock to 2000-10-31 24 o'clock.

c. The urban population and rural population are calculated according to the 《regulations concerning plot out urban and rural in the statistical (test run)》promulgated in 1999.

3–5 第六次全国人口普查基本情况
Basic Statistics on National Population of Sixth Censuses

单位：万人 (10 000 persons)

指 标		Item		数量 Volume
家庭户	**（万户）**	**Number of Households**	**(10 000 households)**	**1862.57**
总人口		**Total Population**		**6570.08**
家庭户人口		Family Household Population		6191.14
集体户人口		Collective Household Population		378.93
平均家庭户规模	**（人/户）**	**Average Family Size**	**(person/household)**	**3.32**
总人口中：		**In Total**		
男性人口		Male		3377.65
女性人口		Female		3192.43
性别比		Sex Ratio		105.80
总人口中：		**In Total**		
0–14 岁人口		Age 0–14		1157.65
15–64 岁人口		Age 15–64		4770.49
65 岁以上人口		Aged 65 and Over		641.94
0–14 岁人口比重	（%）	Proportion of Age 0–14	(%)	17.62
15–64 岁人口比重	（%）	Proportion of Age 15–64	(%)	72.61
65 岁以上人口比重	（%）	Proportion of Aged 65 and Over	(%)	9.77
受教育程度		**Population Aged 6 and Over by Educational Level**		
小 学		Primary School		1760.09
初 中		Junior Secondary School		2597.71
高中和中专		Senior and Specialized Secondary School		1013.39
大专及以上		Junior College or Above		499.19
每十万人口中：		**Per 100000 Population**		
小学文化	（人）	Primary School	(person)	26790
初中文化	（人）	Junior Secondary School	(person)	39539
高中和中专	（人）	Senior and Specialized Secondary School	(person)	15425
大专及以上	（人）	Junior College or Above	(person)	7598
文盲、半文盲人口		**Population of Illiterate and Semi Literate**		**175.43**
文盲率	**（%）**	**Illiterate Rate**	**(%)**	**3.24**

注：1. 以上数据均为 2010 年人口普查机器汇总数。

2. 普查登记的对象是指普查标准时点在中华人民共和国境内的自然人以及在中华人民共和国境外但未定居的中国公民，不包括在中华人民共和国境内短期停留的境外人员。

3. 总人口，是普查登记的 2010 年 11 月 1 日零时的常住人口。常住人口包括，居住在本乡镇街道、户口在本乡镇街道或户口待定的人；居住在本乡镇街道、离开户口所在的乡镇街道半年以上的人；户口在本乡镇街道、外出不满半年或在境外工作学习的人。

4. 家庭户是指以家庭成员关系为主、居住一处共同生活的人组成的户。

5. 文盲率是指全省常住人口中 15 岁及以上不识字人口所占比重。

a. All figures above are machine results of the 2010 Population Census.

b. The population census covers all natural persons residing in the territory of the People's Republic of China and the Chinese citizens residing outside but not permanently settled down in locations beyond the territory of the People's Republic of China at the census reference time, excluding foreigners temporarily staying in the territory of the People's Republic of China.

c. The population, which was registered on zero hour of November 1, 2010.Resident population of a given town/street include: people living in the current town/street where their household registration is located or with their household registration to be settled; people living in the current town/street and leaving the town/street of their household registration for over 6 months; people leaving the town/street of their household registration for less than 6 months or working or studying overseas, with their household registration located in the current town/street.

d. Population of family households refer to households consists of persons, bonded by family relations, staying under the same roof and sharing living arrangement.

e. Illiterate rate refers to the population over 15 years of age who cannot read divided by the Resident population of the Whole province.

3-6 第七次全国人口普查基本情况
Basic Statistics on National Population of Seventh Censuses

单位：万人　　(10 000 persons)

指　标		Item		数量 Volume
家庭户	**（万户）**	**Number of Households**	**(10 000 households)**	**2287.83**
总人口		Total Population		6644.49
家庭户人口		Family Household Population		6112.11
集体户人口		Collective Household Population		532.38
平均家庭户规模	**（人/户）**	**Average Family Size**	**(person/household)**	**2.67**
总人口中：		**In Total**		
男性人口		Male		3399.57
女性人口		Female		3244.92
性别比		Sex Ratio		104.77
总人口中：		**In Total**		
0–14 岁人口		Age 0–14		1296.95
15–59 岁人口		Age 15–59		4026.41
60 岁以上人口		Aged 60 and Over		1321.13
65 岁以上人口		Aged 65 and Over		984.21
0–14 岁人口比重	（%）	Proportion of Age 0–14	(%)	19.52
15–59 岁人口比重	（%）	Proportion of Age 15–59	(%)	60.60
60 岁以上人口比重	（%）	Proportion of Aged 60 and Over	(%)	19.88
65 岁以上人口比重	（%）	Proportion of Aged 65 and Over	(%)	14.81
受教育程度		**Population Aged 6 and Over by Educational Level**		
小　学		Primary School		1675.31
初　中		Junior Secondary School		2367.82
高中和中专		Senior and Specialized Secondary School		1181.10
大专及以上		Junior College or Above		813.22
每十万人口中：		**Per 100000 Population**		
小学文化	（人）	Primary School	(person)	25214
初中文化	（人）	Junior Secondary School	(person)	35636
高中和中专	（人）	Senior and Specialized Secondary School	(person)	17776
大专及以上	（人）	Junior College or Above	(person)	12239
文盲人口		**Population of Illiterate**		**113.73**
文盲率	**（%）**	**Illiterate Rate**	**(%)**	**1.71**

注：1. 以上数据为 2020 年全国人口普查初步汇总数据。

2. 普查登记的对象是指普查标准时点在中华人民共和国境内的自然人以及在中华人民共和国境外但未定居的中国公民，不包括在中华人民共和国境内短期停留的境外人员。

3. 总人口，是普查登记的 2020 年 11 月 1 日零时的常住人口。常住人口包括，居住在本乡镇街道、户口在本乡镇街道或户口待定的人；居住在本乡镇街道、离开户口所在的乡镇街道半年以上的人；户口在本乡镇街道、外出不满半年或在境外工作学习的人。

4. 家庭户是指以家庭成员关系为主、居住在一处共同生活的人组成的户。

5. 文盲率是指全省常住人口中 15 岁及以上不识字人口所占比重。

a. The data are preliminary Data from the 2020 Population Census.

b. The population census covers all natural persons residing in the territory of the People's Republic of China and the Chinese citizens residing outside but not permanently settled down in locations beyond the territory of the People' s Republic of China at the census reference time, excluding foreigners temporarily staying in the territory of the People' s Republic of China.

c. The population, which was registered on zero hour of November 1, 2020.Resident population of a given town/street include: people living in the current town/street where their household registration is located or with their household registration to be settled; people living in the current town/street and leaving the town/street of their household registration for over 6 months; people leaving the town/street of their household registration for less than 6 months or working or studying overseas, with their household registration located in the current town/street.

d. Population of family households refer to households consists of persons, bonded by family relations, staying under the same roof and sharing living arrangement.

e. Illiterate rate refers to the population over 15 years of age who cannot read divided by the Resident population of the Whole province.

3-7 2011 年至 2019 年全省分市州年末常住人口

Permanent Resident Population at Year-end of Provinces and Municipalities From 2011 to 2019

单位：万人 (10 000 persons)

市州名称	Cities and Prefecture	2011			2012		
		年末常住人口 Population at the Year-end	城镇人口 Urban Population	城镇化率（%） Urbanization Rate (%)	年末常住人口 Population at the Year-end	城镇人口 Urban Population	城镇化率（%） Urbanization Rate (%)
全省	Total	6581.00	2959.47	44.97	6590.00	3045.89	46.22
长沙市	Changsha	740.36	508.05	68.62	766.18	528.62	68.99
株洲市	Zhuzhou	386.11	222.78	57.70	385.94	228.36	59.17
湘潭市	Xiangtan	275.19	142.79	51.89	274.77	146.53	53.33
衡阳市	Hengyang	710.58	330.23	46.47	707.11	333.27	47.13
邵阳市	Shaoyang	704.01	240.48	34.16	702.91	251.43	35.77
岳阳市	Yueyang	541.91	258.78	47.75	537.75	263.47	48.99
常德市	Changde	566.23	226.73	40.04	562.39	237.63	42.25
张家界市	Zhangjiajie	148.81	58.00	38.98	149.62	60.50	40.44
益阳市	Yiyang	425.45	173.51	40.78	422.82	175.01	41.39
郴州市	Chenzhou	459.36	198.81	43.28	459.71	206.23	44.86
永州市	Yongzhou	519.57	192.46	37.04	520.95	197.97	38.00
怀化市	Huaihua	471.11	175.72	37.30	466.26	178.22	38.22
娄底市	Loudi	377.75	139.13	36.83	378.50	143.15	37.82
湘西自治州	Xiangxi	254.56	92.00	36.14	255.09	95.50	37.44

注：本表 2011—2019 年数据根据第七次全国人口普查数据修订。
Data in this table from 2011 to 2019 are revised according to the 2020 Population Census.

3-7 续表 1

单位：万人

市州名称	Cities and Prefecture	2013 年末常住人口 Population at the Year-end	2013 城镇人口 Urban Population	2013 城镇化率（%）Urbanization Rate (%)	2014 年末常住人口 Population at the Year-end	2014 城镇人口 Urban Population	2014 城镇化率（%）Urbanization Rate (%)
全省	Total	6600.00	3143.58	47.63	6611.00	3238.06	48.98
长沙市	Changsha	787.46	555.55	70.55	813.11	589.09	72.45
株洲市	Zhuzhou	387.27	234.34	60.51	387.02	238.39	61.60
湘潭市	Xiangtan	274.31	149.59	54.53	273.65	152.84	55.85
衡阳市	Hengyang	705.52	334.48	47.41	703.85	336.00	47.74
邵阳市	Shaoyang	698.78	265.14	37.94	693.63	277.23	39.97
岳阳市	Yueyang	534.47	270.00	50.52	531.09	276.11	51.99
常德市	Changde	557.15	245.06	43.98	555.43	252.18	45.40
张家界市	Zhangjiajie	150.24	62.71	41.74	150.85	64.58	42.81
益阳市	Yiyang	420.11	177.16	42.17	416.38	179.62	43.14
郴州市	Chenzhou	461.18	215.54	46.74	461.63	223.01	48.31
永州市	Yongzhou	524.21	204.02	38.92	524.00	208.52	39.79
怀化市	Huaihua	465.19	182.63	39.26	465.05	185.74	39.94
娄底市	Loudi	379.23	148.36	39.12	379.95	152.39	40.11
湘西自治州	Xiangxi	254.88	99.00	38.84	255.36	102.36	40.08

Continued

(10 000 persons)

2015			2016			2017		
年末常住人口 Population at the Year-end	城镇人口 Urban Population	城镇化率（%） Urbanization Rate (%)	年末常住人口 Population at the Year-end	城镇人口 Urban Population	城镇化率（%） Urbanization Rate (%)	年末常住人口 Population at the Year-end	城镇人口 Urban Population	城镇化率（%） Urbanization Rate (%)
6615.00	3359.75	50.79	6625.00	3491.37	52.70	6633.00	3622.94	54.62
828.27	624.84	75.44	859.03	666.23	77.56	902.94	721.07	79.86
388.32	245.04	63.10	388.51	255.14	65.67	388.76	260.19	66.93
273.81	157.95	57.69	274.10	163.36	59.60	273.41	167.33	61.20
701.12	339.04	48.36	687.20	344.05	50.07	669.29	345.55	51.63
690.33	292.95	42.44	688.84	307.95	44.71	687.21	321.35	46.76
526.66	283.84	53.89	524.00	291.05	55.54	521.20	297.79	57.14
554.09	261.99	47.28	551.79	271.76	49.25	549.48	281.97	51.32
150.85	66.80	44.28	151.46	69.33	45.77	150.70	71.94	47.74
412.59	182.88	44.32	408.76	185.29	45.33	399.40	187.85	47.03
464.56	234.62	50.50	465.12	244.29	52.52	464.56	251.23	54.08
525.00	215.30	41.01	526.00	222.70	42.34	526.00	229.10	43.56
463.89	190.81	41.13	463.77	196.06	42.28	463.46	202.36	43.66
380.65	157.45	41.36	381.34	161.99	42.48	382.99	168.40	43.97
254.86	106.24	41.69	255.08	112.17	43.97	253.60	116.81	46.06

3-7 续表 2

单位：万人 (10 000 persons)

市州名称	Cities and Prefecture	2018 年末常住人口 Population at the Year-end	2018 城镇人口 Urban Population	2018 城镇化率（%）Urbanization Rate (%)	2019 年末常住人口 Population at the Year-end	2019 城镇人口 Urban Population	2019 城镇化率（%）Urbanization Rate (%)
全省	Total	6635.00	3721.57	56.09	6640.00	3814.68	57.45
长沙市	Changsha	928.00	760.34	81.93	963.56	794.51	82.46
株洲市	Zhuzhou	388.95	269.86	69.38	390.05	275.45	70.62
湘潭市	Xiangtan	272.70	169.00	61.97	272.93	175.30	64.23
衡阳市	Hengyang	668.82	351.25	52.52	671.08	358.69	53.45
邵阳市	Shaoyang	679.04	329.06	48.46	665.39	330.97	49.74
岳阳市	Yueyang	520.05	301.12	57.90	509.90	303.26	59.47
常德市	Changde	543.95	286.99	52.76	536.05	289.46	54.00
张家界市	Zhangjiajie	151.29	74.13	49.00	151.58	76.65	50.57
益阳市	Yiyang	392.69	189.23	48.19	390.73	192.26	49.21
郴州市	Chenzhou	465.54	257.50	55.31	466.52	266.24	57.07
永州市	Yongzhou	527.00	234.46	44.49	528.00	241.38	45.72
怀化市	Huaihua	461.24	207.16	44.91	461.24	212.13	45.99
娄底市	Loudi	382.67	170.00	44.42	382.35	173.99	45.51
湘西自治州	Xiangxi	253.06	121.47	48.00	250.62	124.39	49.63

主要统计指标解释

常住人口 常住人口包括，居住在本乡镇街道、户口在本乡镇街道或户口待定的人；居住在本乡镇街道、离开户口所在的乡镇街道半年以上的人；户口在本乡镇街道、外出不满半年或在境外工作学习的人。年度统计的全国人口总数内未包含香港、澳门特别行政区和台湾地区以及海外华侨人数。

城镇人口和乡村人口 城镇人口是指居住在城镇范围内的常住人口；乡村人口是除上述人口以外的全部常住人口。

出生率（又称粗出生率） 指在一定时期内（通常为一年）一定地区的出生人数与同期内平均人数（或期中人数）之比，用千分率表示。本资料中的出生率指年出生率，其计算公式为：

$$出生率=\frac{年出生人数}{年平均人数}\times 1000‰$$

式中，出生人数指活产婴儿，即胎儿脱离母体时（不管怀孕月数），有过呼吸或其他生命现象。年平均人数指年初、年底人口数的平均数，也可用年中人口数代替。

死亡率（又称粗死亡率） 指在一定时期内（通常为一年）一定地区的死亡人数与同期内平均人数（或期中人数）之比，用千分率表示。本资料中的死亡率指年死亡率，其计算公式为：

$$死亡率=\frac{年死亡人数}{年平均人数}\times 1000‰$$

人口自然增长率 指在一定时期内（通常为一年）人口自然增加数（出生人数减死亡人数）与该时期内平均人数（或期中人数）之比，用千分率表示。计算公式为：

$$人口自然增长率=\frac{本年出生人数-本年死亡人数}{年平均人数}\times 1000‰$$
$$=人口出生率-人口死亡率$$

Explanatory Notes on Main Statistical Indicators

The Population of Permanent Residents Resident population of a given town/street include, people living in the current town/street where their household registration is located or with their household registration to be settled; people living in the current town/street and leaving the town/street of their household registration for over 6 months; people leaving the town/street of their household registration for less than 6 months or working or studying overseas, with their household registration located in the current town/street. The annual national population statistics do not include the number of people from the Hong Kong and Macao Special Administrative Regions, Taiwan Regions and overseas Chinese.

Urban Population and Rural Population Urban population refers to the permanent residents living in cities and towns; The rural population is the entire permanent population except the above population.

Birth Rate (or Crude Birth Rate) refers to the ratio of the number of births to the average population (or mid-period population) during a certain period of time (usually a year), expressed in ‰. Birth rate in the chapter refers to annual birth rate. The following formula is used:

$$\text{Birth Rate} = \frac{\text{Number of Births}}{\text{Annual Average Population}} \times 1000‰$$

Number of births in the formula refers to live births, i.e. when a baby has breathed or showed any vital phenomena regardless of the length of pregnancy.

Annual average population is the average of the number of population at the beginning of the year and that at the end of the year. Sometimes it is substituted by the mid-year population.

Death Rate (or Crude Death Rate) refers to the ratio of the number of deaths to the average population (or mid-period population) during a certain period of time (usually a year), expressed in ‰. Death rate in the chapter refers to annual death rate. The following formula is used:

$$\text{Death Rate} = \frac{\text{Number of Deaths}}{\text{Annual Average Population}} \times 1000‰$$

Natural Growth Rate of Population refers to the ratio of natural increase in population (number of births minus number of deaths) in a certain period of time (usually a year) to the average population (or mid-period population) of the same period, expressed in ‰. The following formula is applied:

$$\text{Natural Growth Rate of Population} = \frac{\text{Number of Births - Number of Deaths}}{\text{Annual Average Population}} \times 1000‰$$

Natural Growth Rate of Population = Birth Rate-Death Rate

04

就业人员和工资

Employment and Wages

资料整理人员：欧阳普　　赵莉淇

4-1 年末从业人员人数
Number of Employed Person at the Year-end

单位：万人 (10 000 persons)

年份 Year	从业人员人数 Number of Employed Person	城镇非私营单位在岗职工人数 Number of Employed Employees in Urban Non-private Units	国有经济 State-owned Economic Units	城镇集体经济 Urban Collective-owned Economic Units	其他经济类型 Economic Units of Other Types	城镇私营单位及其他从业人员 Urban Private Units and Other Employees	乡村从业人员 Employees in Rural
1950	1107.76	40.67	22.81	0.18	17.68	38.93	1028.16
1951	1147.20	52.01	33.55	0.37	18.09	42.71	1052.48
1952	1188.76	69.25	48.87	0.77	19.61	46.70	1072.81
1953	1213.15	76.15	53.12	2.32	20.71	50.68	1086.32
1954	1223.84	80.68	54.61	8.56	17.51	42.92	1100.24
1955	1250.49	90.26	60.67	14.10	15.49	31.45	1128.78
1956	1271.31	121.24	73.66	35.78	11.80	7.62	1142.45
1957	1353.51	130.24	81.84	36.62	11.78	2.00	1221.27
1958	1461.08	226.98	190.02	30.49	6.47		1234.10
1959	1466.09	218.08	174.09	36.76	7.23		1248.01
1960	1508.04	242.89	182.44	54.05	6.40		1265.15
1961	1302.48	234.40	163.50	70.90		3.92	1064.16
1962	1401.22	201.97	135.76	66.21		5.62	1193.63
1963	1443.01	191.19	129.40	61.79		3.11	1248.71
1964	1508.43	192.88	130.34	62.54		4.99	1310.56
1965	1551.93	206.96	139.24	67.72		3.91	1341.06
1966	1607.49	211.73	144.17	67.56		3.41	1392.35
1967	1668.06	215.65	148.25	67.40		2.97	1449.44
1968	1728.41	216.95	149.71	67.24		2.59	1508.87
1969	1795.01	222.02	154.93	67.09		2.26	1570.73
1970	1880.85	243.75	176.81	66.94		1.97	1635.13
1971	1975.89	272.00	205.21	66.79		1.72	1702.17
1972	2056.50	285.73	219.04	66.69		1.50	1769.27
1973	2089.11	285.65	218.99	66.66		1.32	1802.14
1974	2117.00	291.53	223.43	68.10		1.10	1824.37
1975	2152.00	304.17	232.56	71.61		0.32	1847.51
1976	2183.24	313.31	238.79	74.52		0.26	1869.67
1977	2216.19	321.24	242.64	78.60		0.37	1894.58
1978	2280.05	363.78	282.06	81.72		0.35	1915.92
1979	2328.12	388.16	299.36	88.80		0.32	1939.64
1980	2399.95	409.16	316.80	92.36		1.81	1988.98
1981	2449.46	426.88	332.46	94.42		3.43	2019.15
1982	2541.05	441.48	344.41	97.07		5.21	2094.36
1983	2594.37	447.81	348.97	98.84		9.72	2136.84
1984	2672.86	460.71	340.94	119.75	0.02	13.18	2198.97
1985	2728.71	475.15	352.73	122.34	0.08	16.19	2237.37

注：1. 2020 年起，全省从业人员人数由国家统计局根据劳动力抽样调查资料统一测算。
2. 从 2011 年起，“职工人数”指标更改为“在岗职工人数”指标。

a. Starting from 2020, the number of employees in the province will be uniformly calculated by the National Bureau of Statistics based on the sample survey of labor force.

b. From 2011,the index of "Staff and Workers" changed into "Staff and Workers of the Job".

4-1 续表 Continued

单位：万人 (10 000 persons)

年份 Year	从业人员人数 Number of Employed Person	城镇非私营单位在岗职工人数 Number of Employed Employees in Urban Non-private Units	国有经济 State-owned Economic Units	城镇集体经济 Urban Collective-owned Economic Units	其他经济类型 Economic Units of Other Types	城镇私营单位及其他从业人员 Urban Private Units and Other Employees	乡村从业人员 Employees in Rural
1986	2808.87	492.79	367.31	125.25	0.23	18.44	2297.64
1987	2904.10	515.22	386.34	128.60	0.28	24.72	2364.16
1988	2998.64	530.20	401.75	128.14	0.31	30.75	2437.69
1989	3091.37	536.64	411.34	124.81	0.49	30.43	2524.30
1990	3158.42	551.03	422.28	128.07	0.68	31.94	2575.45
1991	3222.43	567.07	435.66	130.35	1.06	32.52	2622.84
1992	3278.83	579.74	447.88	130.43	1.43	39.93	2659.16
1993	3345.61	588.87	454.26	126.70	7.91	60.42	2675.75
1994	3400.29	589.48	459.14	121.57	8.77	106.51	2685.54
1995	3467.31	597.50	466.00	119.13	12.37	133.86	2717.38
1996	3514.16	596.84	471.55	114.47	10.82	166.21	2732.35
1997	3560.29	597.48	471.52	110.48	15.48	200.36	2744.33
1998	3603.17	594.16	461.65	101.21	31.30	222.46	2772.59
1999	3601.39	590.75	461.83	96.01	32.91	210.29	2784.00
2000	3577.58	580.82	456.28	90.33	34.21	148.54	2832.04
2001	3607.96	534.22	407.55	70.95	55.72	199.76	2856.70
2002	3644.52	525.28	398.42	66.19	60.67	231.87	2870.32
2003	3694.78	500.27	379.72	56.55	64.00	335.94	2836.36
2004	3747.10	471.07	353.36	49.38	68.33	457.18	2792.67
2005	3801.48	451.80	293.79	40.12	117.89	547.83	2776.76
2006	3842.17	450.89	290.67	37.72	122.50	603.29	2762.41
2007	3883.41	460.03	283.72	37.50	138.81	635.94	2762.07
2008	3910.06	460.31	276.11	34.83	149.37	654.57	2761.85
2009	3935.21	474.43	268.57	29.21	176.65	665.17	2769.94
2010	3982.73	531.00	287.13	33.24	210.63	698.48	2753.25
2011	4005.03	514.73	258.99	23.92	231.82	894.18	2596.12
2012	4019.31	523.27	261.12	24.60	237.56	951.90	2544.14
2013	4036.45	554.44	249.67	20.92	283.85	1018.02	2463.99
2014	4044.13	552.81	245.28	19.53	288.00	1114.06	2377.26
2015	3980.30	534.77	229.95	16.14	288.68	1156.56	2288.97
2016	3920.41	523.97	228.35	16.78	278.84	1209.58	2186.86
2017	3817.22	520.37	219.75	14.83	285.79	1272.86	2023.99
2018	3738.58	496.78	219.21	11.10	266.47	1367.07	1874.73
2019	3666.48	541.95	229.67	11.90	300.38	1398.99	1725.54
2020	3280.00	554.24	239.87	12.41	301.96	1316.76	1409.00
2021	3258.00	559.35	236.28	11.62	311.45	1337.65	1361.00
2022	3219.00	550.45	235.49	10.36	304.60	1330.55	1338.00

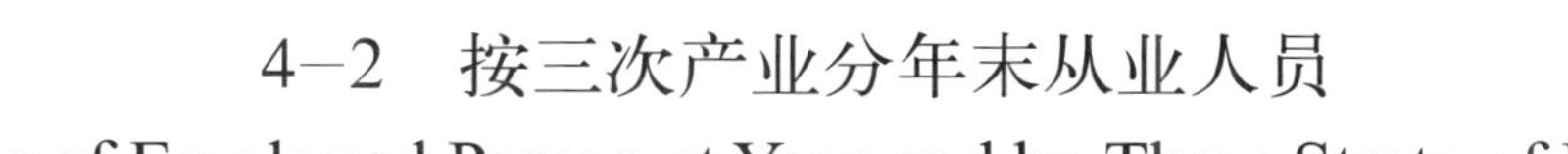

4-2 按三次产业分年末从业人员

Number of Employed Person at Year-end by Three Strata of Industry

年份 Year	从业人员人数（万人） Number of Employed Person (10 000 persons)	第一产业 Primary Industry	第二产业 Secondary Industry	第三产业 Tertiary Industry	构成（以合计为100） Composition in Percentage (total=100)	第一产业 Primary Industry	第二产业 Secondary Industry	第三产业 Tertiary Industry
1950	1107.76	980.83	54.86	72.07	100.0	88.5	5.0	6.5
1951	1147.20	1001.38	64.12	81.70	100.0	87.3	5.6	7.1
1952	1188.76	989.38	76.72	122.66	100.0	83.2	6.5	10.3
1953	1213.15	1014.03	90.34	108.78	100.0	83.6	7.5	9.0
1954	1223.84	982.69	89.39	151.76	100.0	80.3	7.3	12.4
1955	1250.49	1061.22	74.72	114.55	100.0	84.9	6.0	9.2
1956	1271.31	1055.72	101.21	114.38	100.0	83.0	8.0	9.0
1957	1353.51	1134.13	93.05	126.33	100.0	83.8	6.9	9.3
1958	1461.08	898.17	251.10	311.81	100.0	61.5	17.2	21.3
1959	1466.09	861.58	258.27	346.24	100.0	58.8	17.6	23.6
1960	1508.04	1023.93	199.05	285.06	100.0	67.9	13.2	18.9
1961	1302.48	1053.45	128.89	120.14	100.0	80.9	9.9	9.2
1962	1401.22	1180.33	98.04	122.85	100.0	84.2	7.0	8.8
1963	1443.01	1222.67	111.47	108.87	100.0	84.7	7.7	7.5
1964	1508.43	1274.86	116.73	116.84	100.0	84.5	7.7	7.8
1965	1551.93	1305.83	124.66	121.44	100.0	84.1	8.0	7.8
1966	1607.49	1355.48	129.72	122.29	100.0	84.3	8.1	7.6
1967	1668.06	1405.14	135.05	127.87	100.0	84.2	8.1	7.7
1968	1728.41	1456.39	140.79	131.23	100.0	84.3	8.2	7.6
1969	1795.01	1511.41	151.70	131.90	100.0	84.2	8.5	7.4
1970	1880.85	1564.21	179.69	136.95	100.0	83.2	9.6	7.3
1971	1975.89	1624.30	206.63	144.96	100.0	82.2	10.5	7.3
1972	2056.50	1683.60	227.31	145.59	100.0	81.9	11.1	7.1
1973	2089.11	1718.66	226.17	144.28	100.0	82.3	10.8	6.9
1974	2117.00	1732.28	236.13	148.59	100.0	81.8	11.2	7.0
1975	2152.00	1742.28	257.39	152.33	100.0	81.0	12.0	7.1
1976	2183.24	1759.48	266.42	157.34	100.0	80.6	12.2	7.2
1977	2216.19	1775.31	273.17	167.71	100.0	80.1	12.3	7.6
1978	2280.05	1788.17	305.37	186.51	100.0	78.4	13.4	8.2
1979	2328.12	1798.27	325.70	204.15	100.0	77.2	14.0	8.8
1980	2399.95	1846.46	339.06	214.43	100.0	77.0	14.1	8.9
1981	2449.46	1887.54	339.52	222.40	100.0	77.0	13.9	9.1
1982	2541.05	1955.49	350.79	234.77	100.0	77.0	13.8	9.2
1983	2594.37	1966.48	361.77	266.12	100.0	75.8	13.9	10.3
1984	2672.86	1971.93	414.00	286.93	100.0	73.8	15.5	10.7
1985	2728.71	1946.85	458.68	323.18	100.0	71.4	16.8	11.8

注：从2020年起，全省从业人员人数及分三次产业从业人员人数由国家统计局根据劳动力抽样调查资料统一测算。

Starting from 2020, the number of employees in the province and the number of employees in three industries will be uniformly calculated by the National Bureau of Statistics based on the sample labor force survey data.

4-2 续表 Continued

年份 Year	从业人员人数（万人） Number of Employed Person (10 000 persons)	第一产业 Primary Industry	第二产业 Secondary Industry	第三产业 Tertiary Industry	构成（以合计为100） Composition in Percentage (total=100)	第一产业 Primary Industry	第二产业 Secondary Industry	第三产业 Tertiary Industry
1986	2808.87	1969.64	494.51	344.72	100.0	70.1	17.6	12.3
1987	2904.10	2011.35	531.70	361.05	100.0	69.3	18.3	12.4
1988	2998.64	2050.72	550.38	397.54	100.0	68.4	18.4	13.2
1989	3091.37	2104.60	550.26	436.51	100.0	68.1	17.8	14.1
1990	3158.42	2176.70	553.83	427.89	100.0	68.9	17.5	13.6
1991	3222.43	2219.82	570.35	432.26	100.0	68.9	17.7	13.4
1992	3278.83	2213.42	613.57	451.84	100.0	67.5	18.7	13.8
1993	3345.61	2140.76	679.22	525.63	100.0	64.0	20.3	15.7
1994	3400.29	2076.14	731.01	593.14	100.0	61.1	21.5	17.4
1995	3467.31	2071.61	756.54	639.16	100.0	59.8	21.8	18.4
1996	3514.16	1994.90	810.38	708.88	100.0	56.8	23.0	20.2
1997	3560.29	1998.59	802.25	759.45	100.0	56.1	22.5	21.4
1998	3603.17	2002.51	822.49	778.17	100.0	55.6	22.8	21.6
1999	3601.39	2026.09	839.09	736.21	100.0	56.3	23.3	20.4
2000	3577.58	2120.98	840.52	616.08	100.0	59.3	23.5	17.2
2001	3607.96	2078.36	748.90	780.70	100.0	57.6	20.8	21.6
2002	3644.52	2034.04	757.26	853.22	100.0	55.8	20.8	23.4
2003	3694.78	1961.93	790.68	942.17	100.0	53.1	21.4	25.5
2004	3747.10	1885.06	804.91	1057.13	100.0	50.3	21.5	28.2
2005	3801.48	1846.90	818.10	1136.48	100.0	48.6	21.5	29.9
2006	3842.17	1790.46	829.92	1221.79	100.0	46.6	21.6	31.8
2007	3883.41	1743.65	854.35	1285.41	100.0	44.9	22.0	33.1
2008	3910.06	1720.44	875.84	1313.78	100.0	44.0	22.4	33.6
2009	3935.21	1693.05	896.57	1345.59	100.0	43.0	22.8	34.2
2010	3982.73	1690.03	915.43	1377.27	100.0	42.4	23.0	34.6
2011	4005.03	1679.94	932.62	1392.47	100.0	41.9	23.3	34.8
2012	4019.31	1668.99	948.78	1401.54	100.0	41.5	23.6	34.9
2013	4036.45	1656.01	964.54	1415.90	100.0	41.0	23.9	35.1
2014	4044.13	1651.37	957.77	1434.99	100.0	40.8	23.7	35.5
2015	3980.30	1618.71	935.84	1425.75	100.0	40.7	23.5	35.8
2016	3920.41	1587.32	912.16	1420.93	100.0	40.5	23.3	36.2
2017	3817.22	1515.16	871.17	1430.89	100.0	39.7	22.8	37.5
2018	3738.58	1462.38	836.44	1439.76	100.0	39.1	22.4	38.5
2019	3666.48	1409.24	810.04	1447.20	100.0	38.4	22.1	39.5
2020	3280.00	836.00	884.00	1560.00	100.0	25.5	26.9	47.6
2021	3258.00	801.00	893.00	1564.00	100.0	24.6	27.4	48.0
2022	3219.00	785.00	875.00	1559.00	100.0	24.4	27.2	48.4

4-3 年末城镇从业人员
Number of Employed Person in Urban Areas at the Year-end

年份 Year	城镇从业人员合计（万人） Number of Employed Person in Urban Areas (10 000 persons)	国有经济 State-owned Economic	城镇集体经济 Urban Collective-owned Economic	其他经济 Economic Units of Other Types	内资经济 Domestic Funded Economic	港澳台投资经济 Economy With Funded From H.K,Macao and Taiwan	外商投资经济 Economic With Funded Foreign	城镇私营经济 Urban Private Economic	城镇其他从业人员 Employees in Other Urban
1978	364.13								
1979	388.48								
1980	410.97								
1981	430.31								
1982	446.69								
1983	457.53								
1984	473.89								
1985	491.34								
1986	511.23								
1987	539.94								
1988	560.95								
1989	567.07								
1990	582.97								
1991	599.59								
1992	619.67								
1993	669.86								
1994	714.75								
1995	749.93	482.68	120.83	12.56	6.62	2.73	3.21	17.60	116.26
1996	781.81	487.94	116.61	11.05	5.12	2.59	3.34	22.80	143.41
1997	815.96	486.58	113.19	15.83	9.23	2.96	3.64	26.94	173.42
1998	830.58	472.37	103.56	32.19	25.21	3.20	3.78	36.89	185.57
1999	817.39	474.23	98.95	33.92	27.54	3.19	3.19	34.52	175.77
2000	745.54	467.98	92.99	36.04	29.81	3.07	3.16	33.54	114.99
2001	751.26	419.71	73.62	58.17	52.35	3.15	2.67	44.43	155.33
2002	774.20	410.13	68.73	63.47	56.88	3.51	3.08	65.63	166.24
2003	858.42	395.39	59.65	67.45	60.04	3.50	3.90	87.56	248.38
2004	954.43	370.64	52.86	73.75	65.62	4.31	3.82	143.11	314.07
2005	1024.72	306.70	43.43	126.76	111.93	8.29	6.54	165.80	382.03
2006	1079.76	302.73	40.96	132.78	116.28	8.50	8.00	214.19	389.10
2007	1121.34	294.47	40.63	150.30	131.93	9.13	9.24	223.33	412.61
2008	1148.21	291.65	37.73	164.26	144.57	9.90	9.79	218.99	435.58
2009	1175.27	283.50	32.48	194.13	170.51	11.02	12.60	227.67	437.49
2010	1229.48	287.13	33.24	210.63	186.38	11.91	12.34	234.04	464.44
2011	1408.91	275.01	27.84	248.58	218.97	16.16	13.45	260.62	596.86
2012	1475.17	282.57	27.46	257.45	225.47	18.64	13.34	291.65	616.03
2013	1572.46	265.99	23.69	311.47	274.36	21.64	15.47	311.84	659.47
2014	1666.87	261.52	22.07	314.31	277.58	22.04	14.69	334.81	734.16
2015	1691.33	244.57	18.53	316.04	281.97	20.29	13.78	364.53	747.66
2016	1733.55	242.25	19.24	306.92	269.67	23.57	13.68	385.30	779.84
2017	1793.23	232.85	17.19	315.70	275.93	26.17	13.60	406.29	821.20
2018	1863.85	232.11	13.28	300.89	265.77	21.70	13.42	423.12	894.45
2019	1940.94	243.31	14.02	339.37	302.94	23.66	12.77	439.02	905.22
2020	1871.00	251.96	14.21	338.75	300.28	24.70	13.77	493.46	772.62
2021	1897.00	247.46	13.20	345.30	304.09	27.54	13.67	483.82	807.22
2022	1881.00	245.58	11.83	332.45	295.28	24.44	12.73	485.54	805.60

4-4 年末城镇非私营单位按行业分组的女性从业人员（2022年）
Number of Female Employees in Urban Non-private Units at the Year-end by Sector (2022)

单位：万人 (10 000 persons)

行业	Item	女性从业人员 Number of Female Employees	国有经济 State-owned Economic Units	城镇集体 Urban Collective-owned Economic Units	其他经济 Economic Units of Other Types
总计	**Total**	**232.93**	**112.20**	**3.63**	**117.10**
农、林、牧、渔业	Agriculture, Forestry, Farming of Animals and Fishing	0.49	0.19	0.01	0.29
采矿业	Mining	0.52		0.02	0.50
制造业	Manufacturing	37.43	0.88	0.29	36.26
电力、热力、燃气及水生产和供应业	Production and Distribution of Electricity, Heat, Gas and Water	4.17	2.36	0.10	1.71
建筑业	Construction	11.29	0.53	0.73	10.04
批发和零售业	Wholesale and Retail Trade	12.35	0.88	0.11	11.36
交通运输、仓储和邮政业	Information Transfer,Computer Services and Software	5.66	0.84	0.07	4.75
住宿和餐饮业	Hotels and Catering Services	3.88	0.23	0.04	3.60
信息传输、软件和信息技术服务业	Information Transfer, Software and Information technology Services	3.45	0.28		3.17
金融业	Finance	15.67	1.54		14.13
房地产业	Real Estate Trade	5.87	0.16	0.07	5.64
租赁和商务服务业	Tenancy and Business Services	5.18	0.70	0.03	4.45
科学研究和技术服务业	Scientific Research and Technical Services	3.99	1.59	0.04	2.36
水利、环境和公共设施管理业	Management of Water Conservancy, Environment and Public Establishment	3.62	2.34	0.02	1.25
居民服务、修理和其他服务业	Resident Services , Repair and Other Services	1.09	0.15	0.01	0.93
教育	Education	56.39	44.03	0.74	11.62
卫生和社会工作	Sanitation and Social Work	33.29	28.67	1.26	3.36
文化、体育和娱乐业	Culture,Sports and Entertainment	2.92	1.36	0.03	1.53
公共管理、社会保障和社会组织	Public Management, Social Security and Social Organization	25.67	25.47	0.06	0.14

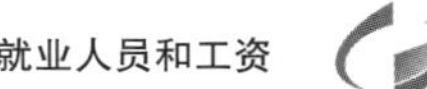

4-5 城镇非私营单位分行业年末在岗职工(2022年)
Employed Employees in Urban Non-private Units in Different Industries at the Year-end (2022)

单位：万人 (10 000 persons)

行业	Item	全部在岗职工 Number of Staff and Workers on the Job	国有经济 State-owned Economic	城镇集体 Urban Collective-owned Economic
总计	**Total**	**550.45**	**235.49**	**10.36**
农、林、牧、渔业	**Agriculture, Forestry, Farming of Animals and Fishing**	**1.64**	**0.85**	**0.03**
农业	Agriculture	0.31	0.06	
林业	Forestry	0.44	0.38	0.01
畜牧业	Farming of Animals	0.33	0.01	
渔业	Fishing	0.06	0.02	0.01
农、林、牧、渔专业及辅助性活动	Agriculture, Forestry, Animal Husbandry, Fishery and Auxiliary Activities	0.50	0.39	0.01
采矿业	**Mining**	**3.97**	**0.01**	**0.18**
煤炭开采和洗选业	Mining and Washing of Coal	1.82		0.06
石油和天然气开采业	Petroleum and Natural Gas Extraction			
黑色金属矿采选业	Mining of Ferrous Metal Ores	0.09		0.01
有色金属矿采选业	Mining of Non-ferrous Metal Ores	1.35	0.01	0.01
非金属矿采选业	Mining and Processing of Nonmetal Ores	0.70		0.10
开采专业及辅助性活动	Professional and Support Activities for Mining			
其他采矿业	Mining of Other Mineral	0.01		
制造业	**Manufacturing**	**100.73**	**2.97**	**0.83**
农副食品加工业	Processing of Food from Agricultural Products	4.76	0.10	0.05
食品制造业	Manufacture of Foods	3.01	0.02	
酒、饮料和精制茶制造业	Manufacture of Beverage， Drink and Tea	1.95	0.02	0.01
烟草制品业	Manufacture of Tobacco	1.06	0.82	
纺织业	Manufacture of Textile	1.04	0.02	0.01
纺织服装、服饰业	Manufacture of Textile Wearing Apparel	0.92		0.01
皮革、毛皮、羽毛及其制品和制鞋业	Leather,Fur,Feather and Its Products and Footwear Products	4.78	0.10	
木材加工和木、竹、藤、棕、草制品业	Processing of Timbers, Manufacture of Wood, Bamboo, Rattan,Palm and Straw Products	0.79	0.01	0.01
家具制造业	Manufacture of Furniture	0.31		
造纸和纸制品业	Manufacture of Paper and Paper Products	1.03		0.04
印刷和记录媒介复制业	Printing,Reproduction of Recording Media	0.99	0.01	0.09
文教、工美、体育和娱乐用品制造业	Manufacture of Articles for Culture,Education and Sport Activity	1.49		0.01
石油、煤炭及其他燃料加工业	Processing of Petroleum, Coal and Other Fuels	1.18	0.57	
化学原料和化学制品制造业	Manufacture of Chemical Raw Material and Chemical Products	4.37	0.05	0.19
医药制造业	Manufacture of Medicines	3.34		0.05
化学纤维制造业	Manufacture of Chemical Fiber	0.24		
橡胶和塑料制品业	Manufacture of Rubber and plastic	1.39	0.04	0.04
非金属矿物制品业	Manufacture of Non-metallic Mineral Products	8.08	0.08	0.12
黑色金属冶炼和压延加工业	Manufacture and Processing of Ferrous Metals	2.98		
有色金属冶炼和压延加工业	Manufacture and Processing of Non-ferrous Metals	3.76	0.36	0.03
金属制品业	Manufacture of Metal Products	2.88	0.06	0.01

4-5 续表 1 Continued

单位：万人 (10 000 persons)

行 业	Item	全部在岗职工 Number of Staff and Workers on the Job	国有经济 State-owned Economic	城镇集体 Urban Collective-owned Economic
通用设备制造业	Manufacture of General Purpose Machinery	5.35	0.01	0.04
专用设备制造业	Manufacture of Special Purpose Machinery	5.06	0.12	0.02
汽车制造业	Automobile Industry	10.99	0.23	
铁路、船舶、航空航天和其他运输设备制造业	Manufacture of Railway,Marine,Aerospace and Other Transport Equipment	4.41	0.02	0.01
电气机械和器材制造业	Manufacture of Electrical Machinery and Equipment	5.66	0.20	0.03
计算机、通信和其他电子设备制造业	Manufacture of Communication Equipment, Computer and Other Electronic Equipment	17.22	0.09	
仪器仪表制造业	Manufacture of Measuring Instrument	0.63		0.01
其他制造业	Other Manufacture	0.29	0.02	
废弃资源综合利用业	Utilization of Waste Resources	0.47	0.03	0.01
金属制品、机械和设备修理业	Mental Products,Machine and Equipment Repair	0.31		0.06
电力、热力、燃气及水生产和供应业	**Production and Distribution of Electricity, Gas and Water**	**15.63**	**9.46**	**0.35**
电力、热力生产和供应业	Production and Supply of Electric Power and Heat Power	11.90	8.23	0.20
燃气生产和供应业	Production and Distribution of Gas	0.70	0.03	
水的生产和供应业	Production and Distribution of Water	3.03	1.19	0.15
建筑业	**Construction**	**77.68**	**3.62**	**4.90**
房屋建筑业	Construction of Building	55.95	1.83	4.81
土木工程建筑业	Construction of Civil Engineering	17.16	1.61	0.03
建筑安装业	Architectural Installation	3.26	0.09	0.07
建筑装饰和其他建筑业	Architectural Decoration and Other Construction	1.30	0.09	
批发和零售业	**Wholesale and Retail Trade**	**22.00**	**2.32**	**0.25**
批发业	Wholesale	7.27	1.79	0.04
零售业	Retail Trade	14.73	0.53	0.21
交通运输、仓储和邮政业	**Traffic,Transport,Storage and Post**	**23.04**	**2.77**	**0.31**
铁路运输业	Transport Via Railway	7.19		
道路运输业	Transport Via Road	10.29	1.93	0.17
水上运输业	Water Transport	0.28	0.03	0.01
航空运输业	Air Transport	0.78	0.06	
管道运输业	Pipeline Transportation Industry	0.06	0.01	
装卸搬运和运输代理业	Loading,Unloading,Portage and Other Transport Services	0.31		
仓储业	Storage	1.62	0.21	0.13
邮政业	Post	2.52	0.53	
住宿和餐饮业	**Hotels and Catering Services**	**5.85**	**0.39**	**0.07**
住宿业	Accommodation	2.60	0.34	0.06
餐饮业	Restaurants	3.25	0.05	0.01
信息传输、软件和信息技术服务业	**Information Transfer,Software and Information Technology Service**	**8.74**	**0.76**	**0.01**
电信、广播电视和卫星传输服务	Telecom, Broadcasting and Satellite Transmission Service	4.98	0.55	0.01
互联网和相关服务	The Internet and Related Services	0.87	0.02	
软件和信息技术服务业	Software and Information Technology Service	2.88	0.18	

4-5 续表 2 Continued

单位：万人 (10 000 persons)

行 业	Item	全部在岗职工 Number of Staff and Workers on the Job	国有经济 State-owned Economic	城镇集体 Urban Collective-owned Economic
金融业	**Finance**	**18.47**	**2.96**	
货币金融服务	Monetary and Financial Services	12.01	2.63	
资本市场服务	Capital Markets Services	1.23	0.01	
保险业	Insurance	4.94	0.28	
其他金融业	Other Financial Activities	0.29	0.04	
房地产业	**Real Estate**	**13.53**	**0.41**	**0.14**
租赁和商务服务业	**Tenancy and Business Services**	**13.57**	**2.06**	**0.08**
租赁业	Tenancy	0.24	0.02	
商务服务业	Business Service	13.32	2.04	0.08
科学研究和技术服务业	**Scientific Research,Technical Service**	**12.43**	**4.85**	**0.10**
研究和试验发展	Research and Experimental Development	1.30	0.52	0.02
专业技术服务业	Professional Technique Services	8.96	3.84	0.07
科技推广和应用服务业	Services of S&T Intercommunion and Generalization	2.18	0.49	0.01
水利、环境和公共设施管理业	**Management of Water Conservancy,Environment and Public Establishment**	**8.66**	**5.64**	**0.07**
水利管理业	Management of Water Conservancy	1.33	1.23	0.04
生态保护和环境治理业	Environmental Management	0.89	0.43	0.01
公共设施管理业	Management of Public Establishment	5.69	3.88	0.02
土地管理业	Land Management	0.75	0.10	
居民服务、修理和其他服务业	**Resident Services and Other Services**	**2.52**	**0.34**	**0.03**
居民服务业	Resident Services	1.77	0.20	0.01
机动车、电子产品和日用产品修理业	Motor,Electronic Products and Daily Products Repair Service	0.19	0.01	0.01
其他服务业	Other Services	0.56	0.13	
教育	**Education**	**85.32**	**69.23**	**1.07**
卫生和社会工作	**Health and Social Work**	**46.67**	**40.33**	**1.72**
卫生	Health	44.91	39.36	1.64
社会工作	Social Work	1.77	0.97	0.07
文化、体育和娱乐业	**Culture, Sports and Entertainment**	**5.80**	**2.80**	**0.06**
新闻和出版业	Journalism and Publishing Activities	0.81	0.39	0.02
广播、电视、电影和影视录音制作业	Broadcasting,Movies,Television and Audiovisual Activities	1.70	0.88	0.02
文化艺术业	Culture and Art	1.86	1.23	0.03
体育	Sports Activities	0.40	0.18	
娱乐业	Entertainment	1.03	0.12	
公共管理、社会保障和社会组织	**Public Management and Social Organization**	**84.20**	**83.72**	**0.16**
中国共产党机关	Organ of Communist Party of China	4.03	4.03	
国家机构	Organ of State	77.81	77.81	
人民政协、民主党派	People's Political Consultative Conference and Democratic Party	0.51	0.51	
社会保障	Social Insurance	0.77	0.77	
群众团体、社会团体和其他成员组织	Mass Community,Social Community and Religion Organizations	1.07	0.60	0.16

4–6 城镇非私营单位在岗职工工资总额及年平均工资

Total Wages and Average Annual Wage of Employed Staff and Workers in Urban Non-private Units

年份 Year	在岗职工工资总额（亿元）				在岗职工年平均工资（元）			
	Total Wages of Staff and Workers on the Job (100 million yuan)	国有经济 State-owned Economic	城镇集体经济 Urban Collective-owned Economic	其他经济 Economic Units of Other Types	Average Annual Wages of Staff and Workers on the Job (yuan)	国有经济 State-owned Economic	城镇集体经济 Urban Collective-owned Economic	其他经济 Economic Units of Other Types
1978	20.33	16.29	4.04		563	589	474	
1979	23.39	18.50	4.89		628	644	580	
1980	28.73	23.09	5.64		718	746	625	
1981	30.09	24.17	5.92		725	748	643	
1982	32.46	26.13	6.33		750	772	670	
1983	34.48	27.71	6.77		780	803	700	
1984	41.69	32.28	9.41		922	965	800	
1985	49.30	38.36	10.93	0.01	1059	1111	912	1270
1986	58.80	45.97	12.81	0.02	1220	1281	1043	1078
1987	70.14	55.16	14.94	0.04	1400	1470	1190	1483
1988	87.38	69.78	17.54	0.06	1688	1777	1407	1966
1989	96.78	78.66	18.02	0.10	1836	1945	1475	2125
1990	108.97	88.92	19.91	0.14	2014	2141	1593	2089
1991	119.67	97.57	21.91	0.19	2152	2278	1727	2361
1992	143.69	118.37	24.96	0.36	2526	2686	1966	2852
1993	181.84	148.64	29.51	3.69	3142	3324	2379	4970
1994	238.22	198.56	34.76	4.90	4104	4388	2910	5762
1995	282.05	233.48	41.12	7.45	4797	5082	3525	6259
1996	299.57	251.74	41.59	6.24	5100	5412	3724	5897
1997	314.91	265.53	40.70	8.68	5326	5683	3736	5733
1998	323.76	269.17	35.94	18.65	5473	5849	3585	5994
1999	349.06	293.70	34.55	20.81	5939	6385	3627	6403
2000	377.19	318.62	34.21	24.36	6515	6999	3800	7217
2001	407.58	335.75	29.00	42.83	7698	8295	4146	7825
2002	458.53	374.41	30.05	54.07	8734	9403	4522	8958
2003	494.42	400.01	29.04	65.37	9855	10484	5108	10327
2004	543.76	432.98	31.20	79.58	11463	12173	6228	11602
2005	616.86	426.50	33.17	157.19	13718	14521	8355	13522
2006	715.23	488.02	36.31	190.90	16031	16898	9792	15874
2007	898.65	600.05	47.05	251.55	19711	21173	12921	18482
2008	1057.07	688.10	53.73	315.24	23082	24939	15529	21379
2009	1225.42	755.58	51.98	417.86	26008	28202	17867	23994
2010	1434.62	845.54	60.02	529.06	29275	31343	20221	27757
2011	1797.05	942.06	65.43	789.52	35520	36654	27034	35139
2012	2076.46	1080.35	72.93	923.18	40028	41628	30204	39270
2013	2407.62	1127.78	69.09	1210.75	43893	45342	33919	43330
2014	2665.89	1219.28	72.94	1373.67	48525	49784	37487	48196
2015	2866.49	1311.08	65.53	1489.88	53889	57308	41324	51860
2016	3111.00	1506.02	69.86	1535.12	60160	66349	42684	56073
2017	3375.91	1648.07	65.67	1662.17	65994	75394	45651	59668
2018	3606.06	1816.46	54.80	1734.80	73300	83190	51122	65991
2019	4137.22	1990.73	63.89	2082.60	77563	87187	54756	70981
2020	4501.49	2222.08	70.23	2209.18	82356	93196	57941	74625
2021	4884.98	2342.30	67.95	2474.73	88874	99706	61259	81503
2022	5180.80	2559.18	61.88	2559.74	94590	108957	62057	84519

注：从 2011 年起，“职工工资总额”及“职工年平均工资”指标更改为“在岗职工工资总额”及“在岗职工年平均工资”指标。

Form 2011, index of "Wages of Saff and Workers"and "Average Annual Wages of Staff and Workers" changed into"Wages of Saff and Workers on the Job"and "Average Annual Wages of Staff and Workers on the Jobs".

4-7 城镇非私营单位分行业在岗职工工资总额(2022年)
Total Wages of Employed Staff and Workers in Urban Non-private Units by Sector (2022)

单位：万元 (10 000 yuan)

行 业	Item	全部在岗职工 Number of Staff and Workers on the Job	国有经济 State-owned Economic	城镇集体 Urban Collective-owned Economic
总计	**Total**	**51808029**	**25591846**	**618763**
农、林、牧、渔业	**Agriculture, Forestry, Farming of Animals and Fishing**	**100449**	**59949**	**1711**
农业	Agriculture	14793	3940	37
林业	Forestry	25837	23109	544
畜牧业	Farming of Animals	19260	406	58
渔业	Fishing	3363	1554	403
农、林、牧、渔专业及辅助性活动	Agriculture, Forestry, Animal Husbandry, Fishery and Auxiliary Activities	37197	30940	670
采矿业	**Mining**	**292767**	**948**	**11740**
煤炭开采和洗选业	Mining and Washing of Coal	124129	90	4581
石油和天然气开采业	Petroleum and Natural Gas Extraction			
黑色金属矿采选业	Mining of Ferrous Metal Ores	5683		440
有色金属矿采选业	Mining of Non-ferrous Metal Ores	115435	638	870
非金属矿采选业	Mining and Processing of Nonmetal Ores	46723	220	5849
开采专业及辅助性活动	Professional and Support Activities for Mining			
其他采矿业	Mining of Other Mineral	797		
制造业	**Manufacturing**	**8733495**	**478817**	**52389**
农副食品加工业	Processing of Food from Agricultural Products	296020	4418	1869
食品制造业	Manufacture of Foods	165824	891	
酒、饮料和精制茶制造业	Manufacture of Beverage, Drink and Tea	132497	705	358
烟草制品业	Manufacture of Tobacco	283834	261522	
纺织业	Manufacture of Textile	53634	1486	222
纺织服装、服饰业	Manufacture of Textile Wearing Apparel	51828	50	549
皮革、毛皮、羽毛及其制品和制鞋业	Leather,Fur,Feather and Its Products and Footwear	237272	4622	
木材加工和木、竹、藤、棕、草制品业	Processing of Timbers, Manufacture of Wood, Bamboo, Rattan, Palm and Straw Products	41432	289	562
家具制造业	Manufacture of Furniture	18308		
造纸和纸制品业	Manufacture of Paper and Paper Products	76822	145	1557
印刷和记录媒介复制业	Printing,Reproduction of Recording Media	76878	599	8209
文教、工美、体育和娱乐用品制造业	Manufacture of Articles for Culture,Education and Sport Activity	80451	209	245
石油、煤炭及其他燃料加工业	Processing of Petroleum, Coal and Other Fuels	172127	90734	
化学原料和化学制品制造业	Manufacture of Chemical Raw Material and Chemical Products	353387	6176	10185
医药制造业	Manufacture of Medicines	252244	359	2418
化学纤维制造业	Manufacture of Chemical Fiber	13815		
橡胶和塑料制品业	Manufacture of Rubber and Plastic	102918	2694	4148
非金属矿物制品业	Manufacture of Non-metallic Mineral Products	573970	5848	5784
黑色金属冶炼和压延加工业	Manufacture and Processing of Ferrous Metals	401097		
有色金属冶炼和压延加工业	Manufacture and Processing of Non-ferrous Metals	295851	34589	1548
金属制品业	Manufacture of Metal Products	211986	6597	754

4-7 续表 1 Continued

单位：万元 (10 000 yuan)

行 业	Item	全部在岗职工 Number of Staff and Workers on the Job	国有经济 State-owned Economic	城镇集体 Urban Collective-owned Economic
通用设备制造业	Manufacture of General Purpose Machinery	539684	751	2841
专用设备制造业	Manufacture of Special Purpose Machinery	590086	13550	1000
汽车制造业	Automobile Industry	920029	15951	
铁路、船舶、航空航天和其他运输设备制造业	Manufacture of Railway,Marine,Aerospace and Other Transport Equipment	631143	3237	781
电气机械和器材制造业	Manufacture of Electrical Machinery and Equipment	438536	10963	1795
计算机、通信和其他电子设备制造业	Manufacture of Communication Equipment, Computer and Other Electronic Equipment	1579185	8601	
仪器仪表制造业	Manufacture of Measuring Instrument	62671		284
其他制造业	Other Manufacture	16131	1722	
废弃资源综合利用业	Utilization of Waste Resources	37417	2109	756
金属制品、机械和设备修理业	Mental Products,Machine and Equipment Repair	26420		6526
电力、热力、燃气及水生产和供应业	**Production and Distribution of Electricity,Gas and Water**	**1785851**	**1140944**	**17845**
电力、热力生产和供应业	Production and Supply of Electric Power and Heat Power	1464898	1041756	9016
燃气生产和供应业	Production and Distribution of Gas	61599	3662	
水的生产和供应业	Production and Distribution of Water	259354	95527	8829
建筑业	**Construction**	**4855133**	**185056**	**222812**
房屋建筑业	Construction of Building	3217868	81607	217594
土木工程建筑业	Construction of Civil Engineering	1325306	95894	1421
建筑安装业	Architectural Installation	221000	3862	3792
建筑装饰和其他建筑业	Architectural Decoration and Other Construction	90959	3693	5
批发和零售业	**Wholesale and Retail Trade**	**1637120**	**326287**	**9484**
批发业	Wholesale	761702	287597	2085
零售业	Retail Trade	875417	38690	7399
交通运输、仓储和邮政业	**Traffic,Transport,Storage and Post**	**2358542**	**224983**	**13939**
铁路运输业	Transport Via Railway	1009917		
道路运输业	Transport Via Road	771638	140577	6695
水上运输业	Water Transport	24176	3358	601
航空运输业	Air Transport	101288	10090	
管道运输业	Pipeline Transportation Industry	4660	682	
装卸搬运和运输代理业	Loading,Unloading,Portage and Other Transport Services	24395	26	125
仓储业	Storage	129222	14961	6517
邮政业	Post	293246	55290	
住宿和餐饮业	**Hotels and Catering Services**	**272633**	**18631**	**3279**
住宿业	Accommodation	129409	16420	2902
餐饮业	Restaurants	143224	2212	377
信息传输、软件和信息技术服务业	**Information Transfer,Software and Information Technology Service**	**1172336**	**80409**	**330**
电信、广播电视和卫星传输服务	Telecom, Broadcasting and Satellite Transmission Service	643052	53662	330
互联网和相关服务	The Internet and Related Services	102915	1494	
软件和信息技术服务业	Software and Information Technology Service	426369	25254	

4-7 续表 2 Continued

单位：万元 (10 000 yuan)

行 业	Item	全部在岗职工 Number of Staff and Workers on the Job	国有经济 State-owned Economic	城镇集体 Urban Collective-owned Economic
金融业	**Finance**	**3070071**	**505858**	**214**
货币金融服务	Monetary and Financial Services	2155045	464633	155
资本市场服务	Capital Markets Services	354886	1576	
保险业	Insurance	520634	31334	41
其他金融业	Other Financial Activities	39506	8315	17
房地产业	**Real Estate**	**1071978**	**36199**	**8369**
租赁和商务服务业	**Tenancy and Business Services**	**984687**	**178092**	**4498**
租赁业	Tenancy	14716	1646	93
商务服务业	Business Service	969971	176446	4405
科学研究和技术服务业	**Scientific Research,Technical Service&Geologic Perambulation**	**1467226**	**562701**	**8356**
研究和试验发展	Research and Experimental Development	173624	64769	1858
专业技术服务业	Professional Technique Services	1148832	452968	5914
科技推广和应用服务业	Services of S&T Intercommunion and Generalization	144770	44963	584
水利、环境和公共设施管理业	**Management of Water Conservancy, Environment and Public Establishment**	**604778**	**396103**	**5663**
水利管理业	Management of Water Conservancy	102231	95019	2600
生态保护和环境治理业	Environmental Management	64084	34709	1100
公共设施管理业	Management of Public Establishment	356793	257332	1946
土地管理业	Land Management	81670	9043	17
居民服务、修理和其他服务业	**Resident Services and Other Services**	**199050**	**28023**	**1310**
居民服务业	Resident Services	158037	17759	644
机动车、电子产品和日用产品修理业	Motor, Electronic Products and Daily Products Repair Service	11805	455	607
其他服务业	Other Services	29207	9809	59
教育	**Education**	**8268847**	**7320187**	**95850**
卫生和社会工作	**Health and Social Work**	**5738782**	**5214532**	**143745**
卫生	Health	5620348	5134048	140289
社会工作	Social Work	118434	80484	3455
文化、体育和娱乐业	**Culture, Sports and Entertainment**	**659650**	**335624**	**4829**
新闻和出版业	Journalism and Publishing Activities	123981	50355	2472
广播、电视、电影和影视录音制作业	Broadcasting, Movies, Television and Audiovisual Activities	296015	151025	560
文化艺术业	Culture and Art	139757	103639	1779
体育	Sports Activities	34266	21447	
娱乐业	Entertainment	65632	9158	18
公共管理、社会保障和社会组织	**Public Management and Social Organization**	**8534635**	**8498504**	**12402**
中国共产党机关	Organ of Communist Party of China	403000	403000	
国家机构	Organ of State	7918679	7918679	
人民政协、民主党派	People's Political Consultative Conference and Democratic Party	58811	58811	
社会保障	Social Insurance	64090	64090	
群众团体、社会团体和其他成员组织	Mass Community,Social Community and Religion Organizations	90054	53923	12402

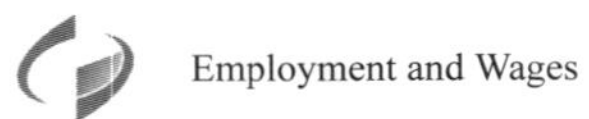

4-8 城镇非私营单位分行业在岗职工年平均工资（2022年）
Average Annual Wage of Employed Staff and Workers in Urban Non-private Units by Sector (2022)

单位：元 (yuan)

行 业	Item	全部在岗职工 Number of Staff and Workers on the Job	国有经济 State-owned Economic	城镇集体 Urban Collective-owned Economic
总计	**Total**	**94590**	**108957**	**62057**
农、林、牧、渔业	**Agriculture, Forestry, Farming of Animals and Fishing**	**61869**	**70126**	**49989**
农业	Agriculture	48886	71041	46250
林业	Forestry	58466	60233	39963
畜牧业	Farming of Animals	60809	79627	41143
渔业	Fishing	58055	76728	45145
农、林、牧、渔专业及辅助性活动	Agriculture, Forestry, Animal Husbandry, Fishery and Auxiliary Activities	73743	79252	70516
采矿业	**Mining**	**72552**	**66732**	**65990**
煤炭开采和洗选业	Mining and Washing of Coal	66021	35920	76610
石油和天然气开采业	Petroleum and Natural Gas Extraction			
黑色金属矿采选业	Mining of Ferrous Metal Ores	63638		70935
有色金属矿采选业	Mining of Non-ferrous Metal Ores	85189	69348	70137
非金属矿采选业	Mining and Processing of Nonmetal Ores	66571	87920	58782
开采专业及辅助性活动	Professional and Support Activities for Mining			
其他采矿业	Mining of Other Mineral	89255		
制造业	**Manufacturing**	**86992**	**160596**	**64780**
农副食品加工业	Processing of Food from Agricultural Products	63338	46402	38487
食品制造业	Manufacture of Foods	57272	51230	
酒、饮料和精制茶制造业	Manufacture of Beverage, Drink and Tea	70287	39385	38069
烟草制品业	Manufacture of Tobacco	274077	316498	
纺织业	Manufacture of Textile	52331	81197	42615
纺织服装、服饰业	Manufacture of Textile Wearing Apparel	57398	62000	47739
皮革、毛皮、羽毛及其制品和制鞋业	Leather,Fur,Feather and Its Products and Footwear	48229	48599	
木材加工和木、竹、藤、棕、草制品业	Processing of Timbers, Manufacture of Wood, Bamboo, Rattan, Palm and Straw Products	54380	36163	63180
家具制造业	Manufacture of Furniture	61462		
造纸和纸制品业	Manufacture of Paper and Paper Products	75876	60250	48342
印刷和记录媒介复制业	Printing,Reproduction of Recording Media	79745	62417	91404
文教、工美、体育和娱乐用品制造业	Manufacture of Articles for Culture, Education and Sport Activity	52639	74500	51063
石油、煤炭及其他燃料加工业	Processing of Petroleum, Coal and Other Fuels	147041	161333	
化学原料和化学制品制造业	Manufacture of Chemical Raw Material and Chemical Products	82632	119690	56993
医药制造业	Manufacture of Medicines	78266	143720	39000
化学纤维制造业	Manufacture of Chemical Fiber	58069		
橡胶和塑料制品业	Manufacture of Rubber and Plastic	74527	76543	91371
非金属矿物制品业	Manufacture of Non-metallic Mineral Products	71324	80997	57117
黑色金属冶炼和压延加工业	Manufacture and Processing of Ferrous Metals	134060		
有色金属冶炼和压延加工业	Manufacture and Processing of Non-ferrous Metals	80859	95630	61417
金属制品业	Manufacture of Metal Products	75370	107097	51651

4-8 续表 1 Continued

单位：元 (yuan)

行 业	Item	全部在岗职工 Number of Staff and Workers on the Job	国有经济 State-owned Economic	城镇集体 Urban Collective-owned Economic
通用设备制造业	Manufacture of General Purpose Machinery	98664	82538	66686
专用设备制造业	Manufacture of Special Purpose Machinery	117860	114250	57443
汽车制造业	Automobile Industry	92248	71018	
铁路、船舶、航空航天和其他运输设备制造业	Manufacture of Railway, Marine, Aerospace and Other Transport Equipment	145655	134315	86822
电气机械和器材制造业	Manufacture of Electrical Machinery and Equipment	80779	53452	70102
计算机、通信和其他电子设备制造业	Manufacture of Communication Equipment,Computer and Other Electronic Equipment	83944	80007	
仪器仪表制造业	Manufacture of Measuring Instrument	97858		32632
其他制造业	Other Manufacture	56121	93603	
废弃资源综合利用业	Utilization of Waste Resources	81740	63719	100853
金属制品、机械和设备修理业	Mental Products,Machine and Equipment Repair	93360		108040
电力、热力、燃气及水生产和供应业	**Production and Distribution of Electricity, Gas and Water**	**114098**	**120092**	**51599**
电力、热力生产和供应业	Production and Supply of Electric Power and Heat Power	122763	125726	45028
燃气生产和供应业	Production and Distribution of Gas	88919	111631	
水的生产和供应业	Production and Distribution of Water	85699	80825	60637
建筑业	**Construction**	**64246**	**52071**	**49198**
房屋建筑业	Construction of Building	59295	45459	49075
土木工程建筑业	Construction of Civil Engineering	78412	60210	47671
建筑安装业	Architectural Installation	70769	47074	58342
建筑装饰和其他建筑业	Architectural Decoration and Other Construction	71207	43967	24000
批发和零售业	**Wholesale and Retail Trade**	**74906**	**140788**	**37910**
批发业	Wholesale	105782	161188	50333
零售业	Retail Trade	59736	72540	35446
交通运输、仓储和邮政业	**Traffic, Transport, Storage and Post**	**100522**	**81222**	**42498**
铁路运输业	Transport Via Railway	138694		
道路运输业	Transport Via Road	71812	72523	39767
水上运输业	Water Transport	87027	98751	56196
航空运输业	Air Transport	130157	166495	
管道运输业	Pipeline Transportation Industry	83214	66814	
装卸搬运和运输代理业	Loading,Unloading,Portage and Other Transport Services	87309	51400	78375
仓储业	Storage	83152	72833	44235
邮政业	Post	117740	106147	
住宿和餐饮业	**Hotels and Catering Services**	**46480**	**47896**	**49311**
住宿业	Accommodation	49546	48082	48606
餐饮业	Restaurants	44019	46558	55500
信息传输、软件和信息技术服务业	**Information Transfer,Software and Information Technology Service**	**133920**	**108040**	**62340**
电信、广播电视和卫星传输服务	Telecom, Broadcasting and Satellite Transmission Service	128934	96369	62340
互联网和相关服务	The Internet and Related Services	112226	71175	
软件和信息技术服务业	Software and Information Technology Service	149627	151736	

4–8 续表 2 Continued

单位：元 (yuan)

行业	Item	全部在岗职工 Number of Staff and Workers on the Job	国有经济 State-owned Economic	城镇集体 Urban Collective-owned Economic
金融业	**Finance**	**165968**	**170281**	**79111**
货币金融服务	Monetary and Financial Services	180136	176208	110714
资本市场服务	Capital Markets Services	287231	124079	
保险业	Insurance	104054	111595	41300
其他金融业	Other Financial Activities	133713	205822	57667
房地产业	**Real Estate**	**78419**	**89549**	**58874**
租赁和商务服务业	**Tenancy and Business Services**	**72927**	**85929**	**55903**
租赁业	Tenancy	60919	85719	57813
商务服务业	Business Service	73146	85931	55864
科学研究和技术服务业	**Scientific Research,Technical Service&Geologic Perambulation**	**118435**	**115679**	**83756**
研究和试验发展	Research and Experimental Development	134831	123266	91527
专业技术服务业	Professional Technique Services	128644	117826	83931
科技推广和应用服务业	Services of S&T Intercommunion and Generalization	66700	90924	64856
水利、环境和公共设施管理业	**Management of Water Conservancy, Environment and Public Establishment**	**69462**	**69824**	**77176**
水利管理业	Management of Water Conservancy	76104	76683	68738
生态保护和环境治理业	Environmental Management	70903	79230	82393
公共设施管理业	Management of Public Establishment	62540	65981	90507
土地管理业	Land Management	108252	94622	24143
居民服务、修理和其他服务业	**Resident Services and Other Services**	**78467**	**82559**	**51996**
居民服务业	Resident Services	89624	87990	66412
机动车、电子产品和日用产品修理业	Motor,Electronic Products and Daily Products Repair Service	61327	72270	43064
其他服务业	Other Services	50280	74705	42071
教育	**Education**	**97444**	**106244**	**90220**
卫生和社会工作	**Health and Social Work**	**123537**	**129887**	**83918**
卫生	Health	125755	131040	85562
社会工作	Social Work	67249	83214	47137
文化、体育和娱乐业	**Culture, Sports and Entertainment**	**113500**	**120588**	**74374**
新闻和出版业	Journalism and Publishing Activities	153180	128201	138882
广播、电视、电影和影视录音制作业	Broadcasting, Movies, Television and Audiovisual Activities	174126	170736	36588
文化艺术业	Culture and Art	75532	85583	56968
体育	Sports Activities	83928	119234	
娱乐业	Entertainment	62871	79604	30000
公共管理、社会保障和社会组织	**Public Management and Social Organization**	**101517**	**101656**	**76297**
中国共产党机关	Organ of Communist Party of China	100222	100222	
国家机构	Organ of State	101916	101916	
人民政协、民主党派	People's Political Consultative Conference and Democratic Party	113814	113814	
社会保障	Social Insurance	84311	84311	
群众团体、社会团体和其他成员组织	Mass Community, Social Community and Religion Organizations	83753	89133	76297

4–9 社会保险参保人员情况

Basic Indicators of Staff and Workers Participated in Social Security System

单位：万人　　　　(10 000 persons)

年份 Year	养老保险参保人数 Person in Pension Insurance	机关事业单位 Agencies and Institutions	企业单位 Enter-prises	离退休人员 Lay-off Workers	城乡居民 Rural Residents	医疗保险参保人数 Person in Health Programs	城镇职工 Urban Workers	城乡居民 Rural Residents	失业保险参保人数 Person in Unemploy-ment Programs	工伤保险参保人数 Person in Injury Insurance	生育保险参保人数 Person in Maternity Insurance
1999	419.46		314.36	105.10		35.00	35.00		345.60		
2000	568.07	133.24	323.33	111.50		127.30	127.30		346.48		
2001	603.41	140.79	314.62	148.00		351.60	351.60		351.99		
2002	616.36	145.48	313.18	157.70		398.13	398.13		326.61		3.37
2003	636.19	151.25	317.44	167.51		423.50	423.50		347.50	8.59	3.28
2004	691.70	152.50	353.80	185.40		476.97	476.97		380.46	203.33	212.92
2005	718.65	154.26	369.15	195.24		503.35	503.35		382.67	228.22	250.24
2006	751.65	155.63	386.14	209.88		560.47	560.47		386.30	280.1	308.53
2007	783.98	155.89	400.77	227.32		724.47	620.57	103.90	388.97	342.44	369.34
2008	829.06	157.13	436.59	235.34		1348.51	682.02	666.49	390.12	403.53	431.55
2009	879.07	157.47	475.46	246.14		1831.93	746.40	1085.53	392.01	472.08	502.43
2010	937.66	155.97	516.88	264.81		1894.47	777.32	1117.15	399.50	515.97	527.13
2011	988.19	156.14	554.15	277.90		1941.21	789.52	1151.70	429.70	635.48	538.77
2012	1048.08	156.40	591.22	300.46		2341.90	797.60	1544.30	449.90	693.83	546.00
2013	1091.73	156.55	605.67	329.51		2316.19	799.25	1516.94	461.66	731.15	535.96
2014	1118.89	156.82	613.03	349.04		2300.70	807.89	1492.81	509.50	747.97	537.59
2015	1160.06	156.57	634.50	368.99		2662.40	818.80	1843.60	521.00	777.98	544.00
2016	1204.00	154.00	662.00	388.00		2647.00	830.00	1817.00	538.00	773.00	543.00
2017	4595.23	170.36	685.00	417.86	3322.01	6906.27	867.15	6039.12	563.00	782.82	561.91
2018	4807.36	177.97	770.00	454.42	3404.97	6838.03	898.48	5939.55	584.00	793.00	571.81
2019	4971.42	182.18	889.67	485.98	3413.59	6716.52	930.62	5785.90	606.59	807.00	599.97
2020	5198.17	183.08	1039.02	502.66	3473.41	6731.82	989.77	5742.05	640.87	820.47	633.75
2021	5293.06	186.32	1141.42	521.77	3443.55	6748.66	1025.20	5723.46	687.42	853.76	652.77
2022	5314.33	183.11	1169.18	540.57	3421.47	6523.12	1052.66	5470.46	723.94	894.29	723.63

主要统计指标解释

就业人员 指年满十六周岁，为取得报酬或经营利润，在调查周内从事了1小时（含1小时）以上劳动的人员；或由于在职学习、休假等原因在调查周内暂时未工作的人员；或由于停工、单位不景气等原因临时未工作的人员。

单位就业人员 指报告期末最后一日在本单位工作，并取得工资或其他形式劳动报酬的人员数。该指标为时点指标，不包括最后一日当天及以前已经与单位解除劳动合同关系的人员，是在岗职工、劳务派遣人员及其他就业人员之和。就业人员不包括：

(1) 离开本单位仍保留劳动关系，并定期领取生活费的人员；

(2) 在本单位实习的各类在校学生；

(3) 本单位以劳务外包形式使用的人员，如：建筑业整建制使用的人员。

城镇私营和个体就业人员 城镇私营就业人员指在工商管理部门注册登记，其经营地址设在县城关镇（含县城关镇）以上的私营企业就业人员，包括私营企业投资者和雇工。城镇个体就业人员指在工商管理部门注册登记，并持有城镇户口或在城镇长期居住，经批准从事个体工商经营的就业人员，包括个体经营者和在个体工商户劳动的家庭帮工和雇工。

在岗职工 指在本单位工作且与本单位签订劳动合同，并由单位支付各项工资和社会保险、住房公积金的人员，以及上述人员中由于学习、病伤、产假等原因暂未工作仍由单位支付工资的人员。在岗职工还包括：

(1) 应订立劳动合同而未订立劳动合同人员（如使用的农村户籍人员）；

(2) 处于试用期人员；

(3) 编制外招用的人员，如临时人员；

(4) 派往外单位工作，但工资仍由本单位发放的人员（如挂职锻炼、外派工作等情况）。

工资总额 指根据《关于工资总额组成的规定》（1990年1月1日国家统计局发布的一号令）进行修订，本单位在报告期内（季度或年度）直接支付给本单位全部就业人员的劳动报酬总额。包括计时工资、计件工资、奖金、津贴和补贴、加班加点工资、特殊情况下支付的工资，是在岗职工工资总额、劳务派遣人员工资总额和其他就业人员工资总额之和。

工资总额是税前工资，包括单位从个人工资中直接为其代扣或代缴的房费、水费、电费、住房公积金和社会保险基金个人缴纳部分等。

工资总额不论是计入成本的还是不计入成本的，不论是以货币形式支付的还是以实物形式支付的，均应列入工资总额的计算范围。

平均工资 指单位就业人员在一定时期内平均每人所得的工资额。它表明一定时期工资收入的高低程度，是反映就业人员工资水平的主要指标。计算公式为：

$$平均工资=\frac{报告期实际支付的全部就业人员工资总额}{报告期全部就业人员平均人数}$$

Explanatory Notes on Main Statistical Indicators

Employed Persons refer to persons, aged 16 and over, who performed some work for compensation or business gains for one hour or more during the reference period; or persons who do not work for the reasons of study or on holiday; or persons who are temporarily absent from a job for disorganization or suspension of work, recession, etc.

Person Employed in Various Units refer to the total number of employees who work at his unit and obtain wages or other forms of payment at the end of the reporting period. This indicator is a kind of time point index and it equals to the sum of the number of employed staff and workers, labor dispatch personnel and other employed person. Employed person do not include:

(1) person who have left their working units while keeping their labour contract (employment relation) unchanged and receiving regular alimony;

(2) all kinds of enrolled students who do internship in various units;

(3) person employed due to labor outsourcing, for example, person employed in the organizational system of construction industry.

Person Employed in Private Enterprises and Self-Employed Individuals in Urban Areas Person employed in private enterprises refer to the person employed in the private enterprises which have been registered at the departments of industrial and commercial administration for which the business operation are situated at a county town (i.e. a town where the county government is located), or at urban areas with administrative hierarchy higher than a county town. The self-employed individuals in urban areas refer to person who hold the certificates of residence in urban areas or have resided in the urban areas for a long time and have been registered at the departments of industrial and commercial administration and approved to be engaged in individual industrial or commercial business, including self-employed person as well as helpers and hired laborers who work in individual households.

Employed Staff and Workers refer to person who signed labor contracts with working units and working units would pay wages, social insurance and housing funds for them. Person who have their work posts but are temporarily absent from work for reasons of study or on sick, injury or maternal leave and still receive wages from their working units are also included. Employed staff and workers also include:

(1) Person who should have signed the labor contracts but not (like people with rural household registration);

(2) Employees on probation;

(3) Employees beyond the staffing quota, for example, temporary employees;

(4) Employees who are sent to other working units but still obtain wages from their original units (situations like on-the-job placement, expatriated assignment, etc.)

Total Wage Bill It is revised according to the "Provision of Composition of Total Wages" (Order No.1 by National Bureau of Statistics on January, 1st, ,1990), total wage bill refers to the total remuneration payment to all employed person in various units during the reporting period (by quarter or by year), including hourly-paid wages, piece-rate wages, bonuses, allowance and subsidies, overtime wages and wages paid under special circumstances. It equals to the sum of total wages of employed staff and workers, dispatch labors and other employed person.

Total wage bill is pre-tax wages, including the room charges, utility bills, housing funds and social insurance paid or withheld by employee's units.

Total wage bill, whether or not included in cost, whether or not paid in money or in kind, shall be included in the calculation of total wage.

Average Wage refers to the average per capita wage during a certain period of time for employed person. It shows the general level of wage income during a certain period of time, one major indicator to reflect the wage level. It is calculated as follows:

$$\text{Average Wage} = \frac{\text{Total Wage Bill of Employed Persons at Reference Time}}{\text{Average Number of Persons Employed at Reference Time}}$$

05

价　格

Prices

资料整理人员：宋迪敏　艾　婷　文益龙
李艺斌　彭怡丰

5-1 各种物价总指数
Various Price Indices

(上年=100) (Preceding=100)

年份 Year	居民消费价格指数 Consumer Price Index	商品零售价格指数 Retail Price Index	农产品生产者价格指数 Producer Price Index for Farm Products	工业生产者购进价格指数 Purchasing Price Index for Industrial Producers	工业品出厂价格指数 Producer Price Index for Industrial Products
1985	110.9	111.1	111.6		
1986	105.3	104.8	105.7		
1987	109.8	110.6	110.2		
1988	125.6	125.9	123.1		
1989	118.2	118.1	106.8	122.5	118.1
1990	100.4	99.4	94.1	103.3	100.6
1991	104.4	104.1	94.3	110.4	104.7
1992	110.7	109.5	99.1	116.2	111.1
1993	116.8	115.1	114.7	139.7	128.9
1994	125.3	124.5	114.1	119.6	117.6
1995	119.0	115.5	117.2	117.6	121.4
1996	107.7	105.2	104.9	105.7	105.6
1997	102.8	100.3	95.3	100.1	99.2
1998	100.2	97.9	90.4	94.8	95.9
1999	100.5	97.6	91.1	96.2	98.5
2000	101.4	99.3	96.8	106.7	102.9
2001	99.1	98.8	100.9	101.1	99.8
2002	99.5	99.2	99.9	99.3	99.2
2003	102.4	100.6	106.8	106.7	102.6
2004	105.1	103.9	127.3	114.4	108.0
2005	102.3	102.3	99.5	109.4	106.0
2006	101.4	101.3	100.7	106.5	104.3
2007	105.6	104.3	130.6	106.1	106.1
2008	106.0	105.6	126.7	112.0	109.3
2009	99.6	98.5	90.6	92.6	94.3
2010	103.1	103.1	109.9	110.0	106.9
2011	105.5	105.5	121.9	110.8	108.5
2012	102.0	101.7	100.2	100.1	99.1
2013	102.5	101.7	102.1	98.4	98.5
2014	101.9	101.2	98.6	97.9	98.4
2015	101.4	99.9	104.1	94.5	96.3
2016	101.9	101.0	104.7	98.0	98.9
2017	101.4	101.3	98.0	107.2	105.8
2018	102.0	102.3	95.4	103.5	103.2
2019	102.9	102.3	118.0	100.2	99.6
2020	102.3	101.3	123.3	98.9	99.0
2021	100.5	101.6	90.1	108.1	105.9
2022	101.8	103.2	103.6	104.8	102.0

注：1. 主要原材料、燃料、动力购进价格指数和工业品出厂价格指数以1988年为100。
2. 固定资产投资价格指数以1982年为100。
a. The main raw material, fuel and power purchase price index and industrial producer price index were 100 in 1988.
b. The investment price index of fixed assets was 100 in 1982.

5-1 续表 Continued

(1978年=100) (year of 1978=100)

年份 Year	居民消费价格指数 Consumer Price Index	商品零售价格指数 Retail Price Index	农产品生产者价格指数 Producer Price Index for Farm Products	工业生产者购进价格指数 Purchasing Price Index for Industrial Producers	工业品出厂价格指数 Producer Price Index for Industrial Products
1985	143.6	137.1	190.3		
1986	151.2	143.7	201.1		
1987	166.0	158.9	221.6		
1988	208.5	200.1	272.8		
1989	246.4	236.3	291.4	122.5	118.1
1990	247.4	234.9	274.2	126.5	118.8
1991	258.3	244.5	258.6	139.7	124.4
1992	285.9	267.7	256.3	162.3	138.2
1993	333.9	308.2	294.0	226.7	178.1
1994	418.4	383.6	335.5	271.1	209.4
1995	497.9	443.1	393.2	318.8	254.2
1996	536.2	466.1	412.5	337.0	268.4
1997	551.2	467.5	393.1	337.3	266.3
1998	552.3	457.7	355.4	319.8	255.4
1999	555.1	446.7	323.8	307.6	251.6
2000	562.9	443.6	313.4	328.2	258.9
2001	557.8	438.3	316.2	331.8	258.4
2002	555.0	434.8	315.9	329.5	256.3
2003	568.3	437.4	337.4	351.6	263.0
2004	597.3	454.5	429.5	402.2	284.0
2005	611.0	465.0	427.4	440.0	301.0
2006	619.6	471.0	430.4	468.6	313.9
2007	654.3	491.3	562.1	497.2	333.0
2008	693.6	518.8	712.2	556.9	364.0
2009	690.8	511.0	645.3	515.7	343.3
2010	712.2	526.8	654.3	567.3	367.0
2011	751.4	555.8	797.6	628.6	398.2
2012	766.4	565.2	799.2	629.2	394.6
2013	785.6	574.8	816.0	619.1	388.7
2014	800.5	581.7	804.6	606.1	382.5
2015	811.7	581.1	837.6	572.8	368.3
2016	827.1	586.9	877.0	561.3	364.3
2017	838.9	594.2	859.4	601.7	385.4
2018	855.4	607.7	819.9	622.8	397.7
2019	880.2	621.7	967.5	624.0	396.1
2020	900.4	629.8	1086.5	617.1	392.1
2021	904.9	639.9	978.9	667.1	415.3
2022	921.2	660.4	1014.1	699.1	423.5

5-2 居民消费价格指数
Consumer Price Indices

年份 Year	居民消费价格指数（上年=100） Consumer Price Index (preceding year=100)	城 市 Urban Indices	农 村 Rural Indices	居民消费价格指数（1985年=100） Consumer Price Index (year of 1985=100)	城 市 Urban Indices	农 村 Rural Indices
1985	110.9	111.9	110.2	100	100	100
1986	105.3	105.4	105.3	105.3	105.4	105.3
1987	109.8	111.3	108.8	115.6	117.3	114.6
1988	125.6	125.7	125.4	145.2	147.5	143.7
1989	118.2	117.3	119.1	171.6	173.0	171.1
1990	100.4	100.6	100.2	172.3	174.0	171.4
1991	104.4	105.1	103.8	179.9	182.9	178.0
1992	110.7	113.5	107.9	199.2	207.6	192.0
1993	116.8	117.4	116.4	232.6	243.7	223.5
1994	125.3	124.8	125.6	291.5	304.1	280.7
1995	119.0	118.1	119.5	346.9	359.2	335.7
1996	107.7	107.2	108.2	373.6	385.1	363.2
1997	102.8	103.0	102.5	384.1	396.7	372.3
1998	100.2	100.5	100.1	384.9	398.7	372.7
1999	100.5	99.6	101.4	386.8	397.1	377.9
2000	101.4	101.3	101.4	392.2	402.3	383.2
2001	99.1	98.9	99.3	388.7	397.9	380.5
2002	99.5	99.6	99.4	386.8	396.3	378.2
2003	102.4	101.4	104.1	396.1	401.8	393.7
2004	105.1	104.1	105.7	416.3	418.3	416.2
2005	102.3	102.1	102.8	425.8	427.1	427.9
2006	101.4	101.6	101.2	431.8	433.9	433.0
2007	105.6	105.2	106.9	456.0	456.5	462.9
2008	106.0	105.8	107.4	483.4	483.0	497.2
2009	99.6	99.7	99.6	481.5	480.5	495.2
2010	103.1	103.1	103.2	496.4	495.4	511.1
2011	105.5	105.5	105.6	523.7	522.6	539.7
2012	102.0	102.2	101.6	534.2	534.1	548.3
2013	102.5	102.6	102.5	547.6	548.0	562.0
2014	101.9	102.1	101.4	558.0	559.5	569.9
2015	101.4	101.5	101.1	565.8	567.9	576.1
2016	101.9	101.9	101.9	576.4	578.5	587.2
2017	101.4	101.6	101.1	584.8	587.8	593.7
2018	102.0	101.9	102.0	596.3	599.3	605.5
2019	102.9	102.8	103.1	613.6	616.1	624.3
2020	102.3	102.0	102.9	627.7	628.4	642.4
2021	100.5	100.7	100.0	630.8	632.8	642.4
2022	101.8	101.7	101.9	642.2	643.6	654.6

5-3 农村相关价格指数
Rural-related Price Indices

(上年 =100) (preceding year=100)

年份 Year	农村居民消费 价格指数 Rural Consumer Price Index	农产品生产者 价格指数 Producer Price Indices for Farm Products
1978	99.4	101.7
1979	103.3	127.1
1980	113.6	111.2
1981	102.6	107.3
1982	101.6	103.7
1983	102.7	105.4
1984	102.9	102.9
1985	110.2	111.6
1986	105.3	105.7
1987	108.8	110.2
1988	125.4	123.1
1989	119.1	106.8
1990	100.2	94.1
1991	103.8	94.3
1992	107.9	99.1
1993	116.4	114.7
1994	125.6	144.1
1995	119.5	117.2
1996	108.2	104.9
1997	102.5	95.3
1998	100.1	90.4
1999	101.4	91.1
2000	101.4	96.8
2001	99.3	100.9
2002	99.4	99.9
2003	104.1	106.8
2004	105.7	127.3
2005	102.8	99.5
2006	101.2	100.7
2007	106.9	130.6
2008	107.4	126.7
2009	99.6	90.6
2010	103.2	109.9
2011	105.6	121.9
2012	101.6	100.2
2013	102.5	102.1
2014	101.4	98.6
2015	101.1	104.1
2016	101.9	105.4
2017	101.1	98.0
2018	102.0	95.4
2019	103.1	118.0
2020	102.9	123.3
2021	100.0	90.1
2022	101.9	103.6

5−4 居民消费价格分类指数(2022年)
Consumer Price Indices by Category (2022)

(上年 =100)　　(preceding year=100)

项目名称	Item	全 省 Provincial Indices	城 市 Urban Indices	农 村 Rural Indices
居民消费价格指数	**Consumer Price Index**	**101.8**	**101.7**	**101.9**
服务项目价格指数	**Price Indices for Services**	**100.5**	**100.3**	**101.0**
工业品价格指数	**Industrial Price Index**	**103.7**	**103.7**	**103.7**
消费品价格指数	**Consumer Goods Price Index**	**102.6**	**102.6**	**102.6**
扣除食品和能源价格指数	**Core Price Index**	**100.8**	**100.7**	**101.1**
食品烟酒	**Food Tobacoo and Liquor**	**101.4**	**101.4**	**101.4**
食品	Food	101.8	101.8	101.8
粮食	Grain	102.3	101.5	103.6
薯类	Tubers	106.7	107.6	102.4
豆类	Beans	103.1	102.7	103.8
食用油	Edible Oil and Fats	103.3	103.7	102.5
菜及食用菌	Vegetable and Edible Mushroom	102.4	101.2	105.4
畜肉类	Meat of Livestock	95.5	95.6	95.2
禽肉类	Meat of Poultry	105.8	106.0	105.2
水产品	Aquatic Products	97.4	98.2	95.5
蛋类	Eggs	107.8	107.3	109.0
奶类	Milk	100.8	101.1	100.3
干鲜瓜果类	Dried and Fresh Melons and Fruits	110.2	109.7	111.7
糖果糕点类	Candy and Cake	101.5	101.8	101.0
调味品	Flavoring	104.0	104.2	103.8
其他食品类	Other Foods	101.9	102.2	101.4
茶及饮料	Tea ang Beverages	101.3	101.4	101.2
烟酒	Tobacco and Liquor	101.0	101.3	100.5
在外餐饮	Dining Out	100.6	100.6	100.1
衣着	**Clothing**	**101.3**	**101.3**	**101.3**
服装	Garments	101.1	101.0	101.1
男士服装	Men's clothing	101.2	101.2	101.1
女士服装	Women's clothing	101.1	101.1	101.2
儿童服装	Children's clothes	100.7	100.7	100.8
衣着材料及配件	Clothing Materials and Accessories	100.8	100.9	100.4
衣着服务费	Dress Service Charge	100.4	100.6	100.0
鞋类	Footware	102.6	102.7	102.4
居住	**Residence**	**100.7**	**100.5**	**101.2**
租赁房房租	Rent of Rental Housing	100.9	101.0	100.1
住房保养维修及管理	Housing Maintenance and Management	101.6	101.3	102.2
水电燃料	Water, Electricity and Fuels	102.4	102.2	102.9
自有住房	Private Housing	100.0	99.8	100.5
生活用品及服务	**Articles for Daily Use and Services**	**101.2**	**101.3**	**101.0**
家具及室内装饰品	Furniture and Interior Decorations	100.8	100.8	100.8
家用器具	Home Appliances	101.7	101.7	101.5
家用纺织品	Home Textiles	100.4	100.4	100.5
家庭日用杂品	Daily Use Household Articles	100.4	100.5	100.0
个人护理用品	Personal-care Supplies	102.1	102.0	102.6
家庭服务	Household Services	101.4	101.5	100.8
交通和通信	**Transport and Communications**	**106.3**	**106.7**	**105.4**
交通	Transport	108.2	108.5	107.4
通信	Communications	99.6	99.5	99.8
教育文化和娱乐	**Education, Culture and Recreation**	**100.9**	**100.8**	**101.3**
教育	Education	101.3	101.2	101.5
文化娱乐	Culture and Recreation	100.0	100.0	100.4
医疗保健	**Health Care**	**101.0**	**100.5**	**101.9**
药品及医疗器具	Medicine and Medical Instrument	101.9	101.1	103.9
医疗服务	Medical Services	100.7	100.3	101.4
其他用品和服务	**Other Articles and Services**	**101.6**	**101.5**	**102.2**
其他用品类	Other Articles	103.1	103.1	103.2
其他服务类	Other Services	100.2	100.0	100.9

5-5 商品零售价格指数
Retail Price Index

年份 Year	上年 =100 (preceding year=100) 商品零售价格指数 Retail Price Index	城 市 Urban	农 村 Rural	1985 年 =100 (year of 1985=100) 商品零售价格指数 Retail Price Index	城 市 Urban	农 村 Rural
1985	111.1	112.4	110.1	100.0	100.0	100.0
1986	104.8	105.2	104.4	104.8	105.2	104.4
1987	110.6	111.3	110.2	115.9	117.1	115.0
1988	125.9	126.0	125.8	145.9	147.5	144.7
1989	118.1	116.2	119.4	172.3	171.4	172.8
1990	99.4	99.2	99.6	171.3	170.0	172.1
1991	104.1	104.4	103.1	178.3	177.6	177.4
1992	109.5	111.4	106.6	195.2	197.7	189.2
1993	115.1	115.7	114.6	224.8	228.9	216.8
1994	124.5	121.7	126.5	279.9	278.4	274.3
1995	115.5	114.5	116.8	323.2	318.9	320.3
1996	105.2	105.2	105.1	340.0	335.5	336.6
1997	100.3	100.6	99.8	341.0	337.5	335.9
1998	97.9	98.3	97.4	333.8	331.8	327.3
1999	97.6	97.8	97.5	325.9	324.4	319.0
2000	99.3	99.8	98.4	323.6	323.8	313.9
2001	98.8	98.1	99.4	319.7	317.6	312.0
2002	99.2	99.1	99.3	317.1	314.7	309.9
2003	100.6	100.1	101.1	319.0	315.1	313.3
2004	103.9	103.0	105.0	331.4	324.6	329.0
2005	102.3	101.6	103.0	339.0	329.7	338.8
2006	101.3	101.2	101.4	343.5	333.7	343.5
2007	104.3	103.6	106.7	358.2	345.8	366.6
2008	105.6	104.5	108.7	378.4	361.1	398.3
2009	98.5	98.2	98.8	372.7	354.8	393.7
2010	103.1	102.9	103.3	384.2	365.2	406.7
2011	105.5	105.4	105.6	405.3	384.9	429.5
2012	101.7	101.7	101.8	412.2	391.4	437.2
2013	101.7	101.4	102.3	419.2	396.9	447.3
2014	101.2	101.3	101.1	424.2	402.0	452.2
2015	99.9	99.7	100.0	423.8	400.8	452.2
2016	101.0	101.0	101.1	428.0	404.7	457.2
2017	101.3	101.2	101.4	433.4	409.7	463.5
2018	102.3	102.3	102.0	443.2	419.2	472.9
2019	102.3	102.2	102.4	453.4	428.4	484.2
2020	101.3	101.2	102.5	459.3	433.5	496.3
2021	101.6	101.7	100.8	466.6	440.9	500.3
2022	103.2	103.2	103.1	481.5	455.0	515.8

5-6 工业生产者出厂、购进价格指数
Producer Price Indices for Industrial Products、Purchasing Price Indices for Industrial Producers over the Years

（上年 =100） (preceding year=100)

年份 Year	工业生产者出厂价格指数 Producer Price Indices for Industrial Products	工业生产者购进价格指数 Purchasing Price Indices for Industrial Producers
1989	118.1	122.5
1990	100.6	103.3
1991	104.7	110.4
1992	111.1	116.2
1993	128.9	139.7
1994	117.6	119.6
1995	121.4	117.6
1996	105.6	105.7
1997	99.2	100.1
1998	95.9	94.8
1999	98.5	96.2
2000	102.9	106.7
2001	99.8	101.1
2002	99.2	99.3
2003	102.6	106.7
2004	108.0	114.4
2005	106.0	109.4
2006	104.3	106.5
2007	106.1	106.1
2008	109.3	112.0
2009	94.3	92.6
2010	106.9	110.0
2011	108.5	110.8
2012	99.1	100.1
2013	98.5	98.4
2014	98.4	97.9
2015	96.3	94.5
2016	98.9	98.0
2017	105.8	107.2
2018	103.2	103.5
2019	99.6	100.2
2020	99.0	98.9
2021	105.9	108.1
2022	102.0	104.8

5-7 工业生产者出厂价格分类指数
Producer Price Indices for Industrial Products by Category

（上年 =100） (preceding year=100)

类 别	Item	2014	2015	2016	2017	2018	2019	2020	2021	2022
总指数	**General Index**	**98.4**	**96.3**	**98.9**	**105.8**	**103.2**	**99.6**	**99.0**	**105.9**	**102.0**
生产资料	**Means of Production**	**97.9**	**95.2**	**98.4**	**107.3**	**104.0**	**99.1**	**98.3**	**108.0**	**102.2**
采掘工业	Mining & Quarrying Industry	96.1	91.8	98.8	122.9	107.3	97.4	97.1	110.3	105.3
原材料工业	Raw Materials Industry	97.8	93.3	96.9	111.5	103.5	96.4	95.1	113.1	107.3
加工工业	Processing Industry	98.1	96.4	98.9	104.9	104.0	100.2	99.3	106.5	100.5
生活资料	**Consumer Goods**	**100.6**	**100.4**	**100.2**	**101.1**	**100.6**	**101.2**	**101.4**	**101.0**	**101.4**
食品类	Food	100.9	100.8	100.9	101.1	100.6	101.3	102.1	100.3	101.4
衣着类	Clothing	100.2	100.2	100.6	99.1	100.6	101.2	100.4	102.4	103.3
一般日用品	Articles for Daily Use	99.9	99.4	99.9	102.3	101.1	101.5	101.1	103.8	102.4
耐用消费品	Durable Consumer Goods	100.5	99.8	97.2	99.9	99.7	100.3	99.3	99.6	99.9

5-8 工业生产者购进价格指数
Purchasing Price Indices for Industrial Producers

（上年 =100） (preceding year=100)

类 别	Item	2014	2015	2016	2017	2018	2019	2020	2021	2022
总指数	**General Index**	**97.9**	**94.5**	**98.0**	**107.2**	**103.5**	**100.2**	**98.9**	**108.1**	**104.8**
燃料动力类	Fuel and Power	97.4	87.9	94.3	112.3	106.6	99.3	95.0	108.5	111.9
黑色金属材料类	Ferrous Matals	95.3	91.0	99.2	114.9	105.3	102.8	100.5	117.2	94.4
有色金属材料及电线	Nonferrous Metals	96.2	93.6	96.4	115.9	103.6	96.8	97.4	119.8	108.5
化工原料类	Raw Chemical Materials	98.5	97.3	99.4	105.6	103.1	98.1	94.7	107.5	115.2
木材及纸浆类	Timber and Paper Pulp	100.0	99.5	100.4	104.8	102.8	100.6	98.8	103.2	102.0
建材及非金属矿	Building Materials	100.1	97.8	100.2	104.2	106.5	105.0	104.7	110.8	96.1
其他工业原料及半成品	Other Industrial Raw Materials and Semi-finished Products	98.0	98.5	98.7	101.2	100.5	101.0	101.2	101.0	99.6
农副产品类	Agricultural Products	99.1	99.2	98.6	100.3	101.3	100.7	102.0	107.1	106.2
纺织原料类	Textile Materials	98.3	93.3	99.3	106.3	103.3	99.7	99.9	103.7	104.7

5-9 农产品生产者价格指数
Producer Price Indices for Farm Products

（上年 =100） (preceding year =100)

指 标	Item	2014	2015	2016	2017	2018	2019	2020	2021	2022
总指数	**General Index**	**98.6**	**104.1**	**104.7**	**98.0**	**95.4**	**118.0**	**123.3**	**90.1**	**103.6**
农业产品	**Farm Products**	**100.0**	**101.5**	**96.2**	**107.4**	**98.2**	**102.0**	**102.7**	**101.3**	**108.7**
谷物（原粮）	Grain (Raw Grain)	101.4	102.2	96.2	101.7	99.5	98.9	106.6	98.5	100.4
稻谷	Rice	101.4	102.3	96.7	101.5	99.0	99.0	106.5	97.4	100.2
早籼稻	Early Indica Rice	101.6	100.0	100.3	99.2	102.7				
晚籼稻	Late Indica Rice	102.3	104.3	93.9	103.2	96.5				
中籼稻	Middle Indica Rice		101.5	95.1	102.7	94.8				
玉米	Corn	99.7	100.1	85.7	106.7	108.2	97.8	108.7	118.8	105.6
薯类	Tubers	101.1	89.2	124.8	104.3	110.1	112.1	103.1	104.1	83.8
马铃薯	Potatoes	91.1	97.3	114.7	99.8	119.9				
甘薯	Sweet potato		87.0	127.6	105.5	133.7				
油料	Oil-bearing Crops	100.4	102.0	102.9	103.6	100.7	105.5	108.3	104.0	101.3
花生	Peanuts	97.9	100.0							
油菜籽	Rapeseeds	100.0	103.0	100.1	101.1	96.3				
豆类	Legume	101.4	101.1	108.4	97.3	89.7	104.3	107.5	121.1	107.8
棉花（籽棉）	Cotton(Seed Cotton)	87.1	90.5	91.5	121.9	93.9	103.2	90.4	108.7	103.6
未加工烟草	Raw Tobacco		103.1	103.8	110.4					107.8
蔬菜及食用菌	Vegetables and Edible Fungus		101.6	101.6	98.8	100.4				
蔬菜	Vegetables	98.0	101.6	101.6	98.8	100.3	117.5	106.5	102.3	121.5
叶菜类	Leaf Vegetables	100.8	101.7	107.5	77.4	106.3				
白菜类	Chinese cabbage		102.2	110.7	88.8	103.3				
甘蓝类	Cabbage		103.5	109.5	83.2	103.0				
瓜菜类	Melon Vegetables	96.1	103.1	103.6	100.6	93.6				
根茎类	Root Vegetables	109.9	97.7	97.2	103.6	101.4				
茄果类	Solanum Vegetable	97.8	102.6	96.4	103.8	101.3				
莴苣类	Lettuce		98.8	104.9	88.6	99.0				
葱蒜类	Shallot and Garlic Vegetables	97.5	104.0	103.8	101.4	115.5				
豆类（蔬菜）	Vegetable Legume	99.5	100.1	103.9	101.1	103.5				
食用菌	Edible Fungus	106.6	103.0	102.4	95.5	109.7				
水果	Fruits		111.3	82.1	122.8	91.3	117.8	94.8	96.2	118.4
梨	Pear		106.1	110.7	116.4	96.4				
柑橘类水果	Citrus Fruit		115.7	73.4	123.8	90.7				
葡萄	Grape		94.4	96.3	96.8	88.5				
瓜类水果	Melon Fruit		104.6	101.8	129.7	94.1				
茶及饮料原料	Tea and Other Beverages	106.4	104.0	99.6	98.1	101.9				
茶叶	Tea	106.4	104.0	99.6	98.1	101.9	112.8	103.0	100.5	103.3
中草药材	Chinese Herbs	100.1	105.5	95.1	105.3	113.2				

5-9 续表 Continued

（上年=100） (preceding year=100)

项 目		2014	2015	2016	2017	2018	2019	2020	2021	2022
林业产品	**Forestry Products**	**104.9**	**96.3**	**93.0**	**91.9**	**101.4**	**101.2**	**94.1**	**99.5**	**100.5**
木材采伐产品	Wood	93.6	95.6	95.8	95.7	102.8	95.3			94.9
原木	Logs	93.6	95.6	95.8	95.7	102.8				94.9
竹材采伐产品	Bamboo-Wood	101.8	95.1	90.5	88.3	93.9	102.1			99.1
竹材	Bamboo		95.1	90.5	88.3	93.9		94.6	104.6	99.1
饲养动物及其产品	**Animal Husbandry**	**95.9**	**108.1**	**115.9**	**86.6**	**91.6**	**139.8**	**151.7**	**74.3**	**96.4**
活牲畜	Livestock	95.1	108.6	117.6	85.4	89.8	149.6			
牛	Cow	105.6	100.4	96.5	104.1	86.9	112.9	122.5	106.2	94.6
羊	Sheep	104.9	94.8	88.0	90.5	97.9	116.6	119.3	99.9	95.7
猪	Pig	92.9	100.8	121.6	82.5	110.9	149.6	166.9	64.1	86.0
活家禽	Fowl	106.2	103.7	103.6	97.7	105.0	110.1	89.0	100.2	104.8
活鸡	Chickens	106.4	105.5	99.8	110.5	109.4				
活鸭	Ducks	106.1	102.5	106.1	89.3	102.1				
禽蛋	Eggs	102.8	101.8	89.4	98.8	119.0	99.4	88.5	113.7	115.9
鸡蛋	Henapple	103.9	102.8	84.4	107.2	114.7				
鸭蛋	Duck Eggs	101.9	101.0	93.5	91.9	122.5				
渔业产品	**Fishery Product**	**102.7**	**101.2**	**103.1**	**102.8**	**95.8**	**101.1**	**103.1**	**112.3**	**105.0**
淡水养殖产品	Freshwater aquaculture	102.7	101.2	103.1	102.8	95.8	101.1	103.1	112.3	105.0
养殖淡水鱼	Freshwater Fish	102.9	100.7	99.5	102.4	95.7				
养殖淡水青鱼	Black Carp	103.5	101.3	106.6	98.5	92.2				
养殖淡水草鱼	Grass Carp	106.7	101.1	100.0	108.5	102.9				
养殖淡水鲤鱼	Common Carp	101.4	103.5	105.0	105.5	108.5				
养殖淡水鲢鱼	Silver Carp	100.2	100.9	97.1	98.1	97.4				
养殖淡水鲫鱼	Crucian Carp	98.6	99.9	102.1	102.9	90.0				
养殖淡水鳙鱼	Bighead	101.3	101.2	100.3	105.0	98.7				
养殖淡水鳊鲂	Bream		96.4							
养殖淡水鲶鱼	Catfish		96.0							
养殖淡水黄鳝	Monopterus Albus		96.4							
养殖淡水泥鳅	Loach		76.9							
淡水养殖蟹	Crab		97.6	82.8	114.0	99.5				

主要统计指标解释

居民消费价格指数 是反映一定时期内城乡居民所购买的生活消费品和服务项目价格变动趋势和程度的相对数。

商品零售价格指数 是反映一定时期内城乡商品零售价格变动趋势和程度的相对数。

农产品生产者价格指数 是反映一定时期内，农产品生产者出售农产品价格水平变动趋势及幅度的相对数。该指数可以客观反映全国农产品生产价格水平和结构变动情况，满足农业与国民经济核算需要。其中某代表品生产价格指数是通过对全部有出售该产品行为的调查单位的个体指数进行几何平均求得的，类价格指数是通过对其所属的类（或代表品）的价格指数进行加权平均求得的。季度累计价格指数的计算方法与分季指数的计算方法相同。

工业生产者出厂价格指数 是反映一定时期内全部工业产品第一次出售时的出厂价格总水平的变动趋势和变动幅度的相对数。

工业生产者购进价格指数 是反映作为中间投入的原材料、燃料、动力购进价格总水平的变动趋势和变动幅度的相对数。

Explanatory Notes on Main Statistical Indicators

Consumer Price Indices are relative figures reflecting the trend and degree of changes in prices of consumer goods and services purchased by urban and rural households during a given period.

Retail Price Indices are relative figures reflecting the trend and degree of changes in retail prices of commodities during a given period.

Producer Prices Indices for Farm Products are relative figures reflecting the trend and degree of changes in producers' prices received by farmers when they sell farm products during a given period. These indices depict the change in the level and structure of producer prices for farm products of the country and meet the needs of agricultural statistics and national accounts statistics. The producer price index for a given product is calculated as the geometrical mean of individual indices for all surveyed units which sell such products, and the indices for a product category is obtained as the weighted mean of price indices for all products in the category. Method for calculating accumulative quarterly indices is the same as for calculating the distinctive quarterly indices.

Producer Price Indices for Industrial Products are relative figures reflecting the trend and degree of changes in general ex-factory prices of all manufactured goods for first sale during a given period.

Purchasing Price Indices for Industrial Producers are relative figures reflecting changes in the level and degree of purchasing prices such as intermediate input such as raw materials, fuels and power.

06

人民生活

People's Livelihoods

资料整理人员：王　璐

6-1 城镇居民生活
Urban Households' Life

年份 Year	平均每人每年（元） Per Capita Per Year (yuan)				每一就业者负担人数（人） Supported by Per Employee (person)	人均居住面积（平方米） Living Floor Space of Residents (sq.m)
	可支配收入 Disposable Income	指数 (1978 年 =100) Indices (year of 1978 = 100)	消费支出 Consumption Expenditure	食品支出 Food		
1978	323.9	100.0	289.6	166.1	1.90	3.90
1980	475.9	125.2	425.5	244.1	1.76	4.30
1981	505.1	118.7	465.8	260.3	1.72	4.80
1982	519.0	116.8	449.4	264.5	1.70	5.10
1983	564.0	123.2	492.7	289.4	1.72	5.40
1984	645.0	138.0	540.8	310.4	1.71	5.80
1985	760.8	161.8	685.3	366.5	1.88	6.00
1986	904.4	182.5	775.3	427.9	1.90	6.40
1987	1017.8	184.5	871.6	497.1	1.87	6.50
1988	1255.0	181.0	1142.7	580.7	1.84	6.90
1989	1492.6	183.5	1234.0	678.3	1.82	7.00
1990	1591.5	194.5	1294.0	720.3	1.80	6.91
1991	1783.2	207.3	1446.0	772.1	1.80	7.07
1992	2166.5	221.9	1732.0	881.6	1.76	7.41
1993	2816.5	245.8	2194.0	1049.4	1.73	8.14
1994	3887.6	271.9	3138.0	1496.8	1.70	7.93
1995	4699.2	278.7	3886.0	1898.1	1.67	7.75
1996	5052.1	279.2	4098.0	1986.6	1.64	8.06
1997	5209.7	280.1	4317.2	1972.8	1.64	8.66
1998	5434.3	290.7	4371.0	1907.6	1.62	9.91
1999	5815.4	312.2	4800.0	1942.2	1.66	10.77
2000	6218.7	328.9	5218.8	1943.7	1.71	11.75
2001	6780.6	362.6	5546.2	1943.6	1.77	11.80
2002	6958.6	399.7	5574.7	1985.9	1.97	12.40
2003	7674.2	434.7	6082.6	2179.3	1.89	24.43
2004	8617.5	468.9	6884.6	2479.6	1.88	25.39
2005	9524.0	507.6	7505.0	2689.4	2.05	22.03
2006	10504.7	551.2	8169.3	2850.9	2.03	22.54
2007	12293.5	613.2	8990.7	3243.9	1.99	34.71
2008	13821.2	651.2	9945.5	3970.4	2.10	36.52
2009	15084.3	713.1	10828.2	4174.6	2.06	37.25
2010	16565.7	759.4	11825.3	4322.1	2.07	37.51
2011	18844.1	819.4	13402.9	4943.9	2.15	39.69
2012	22172.8	907.1	14609.0	5441.6	2.05	40.22
2013	24352.0	970.6	16867.3	5323.0	1.95	39.97
2014	26570.2	1037.6	18334.7	5596.0	1.84	39.52
2015	28838.1	1109.2	19501.4	6075.5	1.90	41.02
2016	31283.9	1181.3	21420.0	6407.7	1.96	44.04
2017	33947.9	1261.6	23162.6	6585.0	1.98	46.48
2018	36698.3	1338.6	25064.2	6848.9	2.03	48.76
2019	39841.9	1413.7	26924.0	7499.6	2.02	49.66
2020	41697.5	1450.4	26796.4	7807.1	2.06	51.14
2021	44866.1	1520.0	28293.8	8129.8	1.99	52.30
2022	47301.2	1575.8	29580.1	8443.5	1.99	52.62

注：1. 1991 年及以前的可支配收入均系全部收入。

2. 2002 年起，可支配收入剔除了出售财物收入和个人交纳的社会保障支出；消费支出中，居住支出剔除了自有房屋折算金。

a. Data on disposable income prior to 1991 refer to those on the total income.

b. Since 2002,Data on disposable income exclude income of selling property and individual expenditure for social security programs; Data on living expenditure exclude converted rents of self-owned housing .

6-2 历年城镇居民人均可支配收入
Per Capita Annual Disposable Income of Urban Households

单位：元 (yuan)

年份 Year	可支配收入 Disposable Income	工资性收入 Income of Wages and Salaries	经营净收入 Net Business Income	财产净收入 Net Income from Property	转移净收入 Net Income from Transfer
1978	323.9	306.0			
1980	475.9	466.2			9.7
1981	505.1	496.6	0.3		8.2
1982	519.0	507.3	0.1		11.6
1983	564.0	549.7			14.3
1984	645.0	627.7	0.4		16.9
1985	760.8	651.1	9.5		100.2
1986	904.4	752.4	9.7		142.4
1987	1017.8	840.4	11.2		166.2
1988	1255.0	1078.7	21.3		155.0
1989	1492.6	1213.2	28.2	14.2	237.0
1990	1591.5	1327.7	23.6	16.4	223.7
1991	1783.2	1567.0	14.4	19.8	182.1
1992	2166.6	1768.2	18.2	28.8	356.8
1993	2821.6	2298.9	31.2	54.5	437.4
1994	3892.7	3154.5	27.8	81.5	629.2
1995	4699.2	3971.1	26.0	81.6	626.5
1996	5052.1	4309.5	44.3	86.8	619.4
1997	5209.7	4433.6	35.2	112.0	668.1
1998	5434.3	4517.5	35.4	142.6	779.1
1999	5815.4	4723.6	52.4	153.9	925.8
2000	6218.7	4954.2	140.1	158.8	1008.1
2001	6780.6	5168.4	170.0	239.5	1254.7
2002	6958.6	5408.2	235.4	111.0	1617.2
2003	7674.2	5984.8	356.2	100.7	1703.4
2004	8617.5	6807.3	494.0	92.9	1796.0
2005	9524.0	6805.4	872.2	195.6	2232.9
2006	10504.7	7401.7	929.8	287.2	2527.3
2007	12293.5	8612.5	2343.4	170.9	3022.1
2008	13821.2	9071.0	1575.1	316.5	3614.7
2009	15084.3	9854.1	1744.4	419.2	4060.5
2010	16565.7	10782.0	1880.9	541.1	4453.0
2011	18844.1	11550.1	2674.2	770.7	5089.0
2012	22172.8	13237.1	3008.3	867.8	5691.4
2013	24352.0	13453.0	3254.8	2387.3	5256.8
2014	26570.2	14661.7	3566.7	2628.6	5713.1
2015	28838.1	15902.8	3993.6	2801.0	6140.8
2016	31283.9	17274.9	4339.2	3009.6	6660.2
2017	33947.9	18765.9	4605.8	3204.1	7372.2
2018	36698.3	20021.5	5252.5	3715.3	7708.9
2019	39841.9	21534.1	5946.8	3950.9	8410.1
2020	41697.5	22457.3	6255.2	4146.1	8839.0
2021	44866.1	24160.9	6878.0	4436.0	9391.2
2022	47301.2	25401.6	7214.7	4687.9	9997.0

6-3 历年城镇居民人均消费支出
Per Capita Consumption Expenditures of Urban Households

单位：元 (yuan)

年份 Year	消费支出 Consumption Expenditure	食品烟酒 Food,Tobacco and Liquor	衣 着 Clothing and Footwear	居 住 Housing	生活用品及服务 Household Equipments, Furnishings and Services	交通通信 Transport and Communications	教育文化娱乐 Education, Cultural and Recreation	医疗保健 Health Care and Medical Services	其他用品和服务 Miscellaneous Goods and Services
1978	289.6	166.1					99.5		24.0
1980	425.5	244.1	54.0	17.0	46.3	6.4	32.8	2.8	22.2
1981	465.8	260.3	57.8	18.5	50.6	5.8	47.0	3.8	21.9
1982	449.4	264.5	54.8	20.0	42.7	6.1	35.6	4.2	21.4
1983	492.7	289.4	61.9	21.4	46.8	7.2	39.1	4.2	22.7
1984	540.8	310.4	70.4	22.2	53.9	7.8	47.5	4.2	24.4
1985	685.3	366.5	86.5	33.0	80.2	7.6	74.8	8.3	28.6
1986	775.3	427.9	102.0	36.4	89.0	8.4	67.2	9.7	34.7
1987	871.6	497.1	101.5	36.0	96.6	9.4	77.3	10.3	43.3
1988	1142.7	580.7	132.0	54.9	168.1	11.9	110.9	18.4	65.8
1989	1234.4	678.3	146.4	51.5	144.9	14.9	108.3	21.6	68.6
1990	1294.1	720.3	170.4	60.0	124.6	26.8	122.8	19.2	50.0
1991	1445.5	772.1	197.6	71.3	142.8	33.2	135.4	25.6	67.6
1992	1731.6	881.6	237.0	95.9	164.7	39.3	176.8	41.1	95.3
1993	2194.0	1049.4	305.0	141.8	230.6	72.4	215.2	57.7	121.9
1994	3138.2	1496.8	420.7	184.5	301.9	184.6	316.6	82.1	151.0
1995	3885.6	1898.1	481.1	244.3	370.7	206.9	408.4	108.7	167.5
1996	4098.3	1986.6	507.1	267.8	334.1	210.6	460.9	149.8	181.4
1997	4317.2	1972.8	497.6	316.7	327.8	276.7	576.4	161.3	188.1
1998	4371.0	1907.6	458.4	411.2	332.2	255.8	642.7	183.9	179.2
1999	4800.0	1942.2	512.3	492.6	401.4	321.3	697.2	206.1	226.5
2000	5218.8	1943.7	495.2	576.7	544.5	395.6	753.8	270.2	239.1
2001	5546.2	1943.6	551.5	662.4	460.1	474.7	826.9	328.6	298.4
2002	5574.7	1985.9	577.7	581.9	420.4	596.0	883.6	343.7	185.6
2003	6082.6	2179.3	621.3	586.9	420.2	680.2	993.9	391.3	209.5
2004	6884.6	2479.6	689.5	640.7	388.2	881.9	1091.3	475.6	237.9
2005	7505.0	2689.4	790.7	771.5	451.0	801.3	1138.7	601.3	261.2
2006	8169.3	2850.9	868.2	871.7	513.6	965.1	1182.2	632.5	285.0
2007	8990.7	3243.9	1017.6	869.6	603.2	986.9	1285.2	668.5	315.8
2008	9945.5	3970.4	1090.7	960.8	674.8	971.1	1110.1	791.0	376.6
2009	10828.2	4174.6	1146.3	1074.7	798.4	1233.8	1207.7	784.7	408.1
2010	11825.3	4322.1	1277.5	1182.3	903.8	1541.4	1418.9	776.9	402.5
2011	13402.9	4943.9	1499.0	1292.6	940.8	1975.5	1526.1	790.8	434.3
2012	14609.0	5441.6	1624.6	1301.6	1034.3	2084.2	1737.6	918.4	466.7
2013	16867.3	5323.0	1387.9	3427.8	1108.3	2141.2	2016.4	1022.8	439.8
2014	18334.7	5596.0	1442.1	3567.6	1098.6	2462.1	2537.5	1209.8	421.0
2015	19501.4	6075.5	1638.1	3519.6	1202.6	2430.2	2934.1	1174.6	526.6
2016	21420.0	6407.7	1666.4	3918.7	1384.1	2837.1	3406.1	1362.6	437.4
2017	23162.6	6585.0	1682.4	4353.2	1492.6	2904.6	3972.9	1693.0	478.9
2018	25064.2	6848.9	1823.5	5060.9	1635.6	3220.3	3924.5	2034.4	516.0
2019	26924.0	7499.6	1843.7	5447.8	1660.4	3425.2	4172.2	2305.2	569.8
2020	26796.4	7807.1	1778.4	5465.5	1708.7	3722.5	3360.8	2350.5	602.8
2021	28293.8	8129.8	1857.0	5795.6	1830.0	3802.7	3859.5	2399.2	620.0
2022	29580.1	8443.5	1894.6	6031.6	1924.5	4069.3	4006.0	2562.0	648.6

注：1. 1992 年以前的数据，按现行的指标进行重新计算。
2. 2013 年起，居住消费中加入自有住房折算租金。
a. Data prior to 1992 are recalculated to current indicators.
b. Since 2013, Data on residence expenditure include converted rents of self-owned housing.

6-4 历年城镇居民人均可支配收入指数
Indices of Disposable Incomes of Urban Households

年份 Year	可支配收入（元/人） Disposable Income (yuan/person)	上年=100 (preceding year=100)		1978年=100 (year of 1978=100)	
		货币收入 Money Income	实际收入 Real Income	货币收入 Money Income	实际收入 Real Income
1978	323.9			100.0	100.0
1980	475.9			146.9	125.2
1985	760.8	117.0	104.6	234.9	161.8
1990	1591.5	106.0	105.4	491.4	194.5
1995	4699.2	121.0	102.5	1452.6	278.7
1999	5815.4	107.0	107.4	1795.2	312.2
2000	6218.7	106.9	105.5	1919.9	328.9
2001	6780.6	109.0	110.2	2092.7	362.6
2002	6958.6	109.8	110.2	2298.6	399.7
2003	7674.2	110.3	108.8	2534.9	434.7
2004	8617.5	112.3	107.9	2846.2	468.9
2005	9524.0	110.5	108.2	3145.6	507.6
2006	10504.7	110.3	108.6	3469.6	551.6
2007	12293.5	117.0	111.2	4059.4	613.2
2008	13821.2	112.4	106.2	4562.8	651.2
2009	15084.3	109.1	109.5	4978.0	713.1
2010	16565.7	109.8	106.5	5465.9	759.4
2011	18844.1	113.8	107.9	6220.2	819.4
2012	22172.8	113.1	110.7	7035.0	907.1
2013	24352.0	109.8	107.0	7724.4	970.6
2014	26570.2	109.1	106.9	8427.4	1037.6
2015	28838.1	108.5	106.9	9146.7	1109.2
2016	31283.9	108.5	106.5	9924.1	1181.3
2017	33947.9	108.5	106.8	10769.2	1261.6
2018	36698.3	108.1	106.1	11641.6	1338.6
2019	39841.9	108.6	105.6	12638.8	1413.7
2020	41697.5	104.7	102.6	13232.8	1450.4
2021	44866.1	107.6	104.8	14238.5	1520.0
2022	47301.2	105.4	103.7	15011.3	1575.8

注：1. 实际收入指数，指扣除价格上涨因素后的指数。
2. 1991年及以前的可支配收入均系全部收入。
3. 2002年起，可支配收入剔除了出售财物收入和个人交纳的社会保障支出；消费支出中，居住支出剔除了自有房屋折算金。

a. The real income is calculated without the factor of price increase.
b. Data on disposable income prior to 1991 refer to those on the total income.
c. Since 2002,Data on disposable income exclude income of selling property and individual expenditure for social security programs; Data on living expenditure exclude converted net rent from owner-occupied housing.

6-5 城镇居民按收入五等份分组的人均收支(2022年)
Per Capita Income and Expenditure of Urban Households by Income Quintile (2022)

单位：元 (yuan)

项　目	Item	低收入户 Low Income Households	中低收入户 Lower Middle Income Households	中等收入户 Middle Income Households	中高收入户 Upper Middle Income Households	高收入户 High Income Households
可支配收入	**Disposable Income**	**18024.7**	**30876.7**	**42598.5**	**58996.4**	**103697.2**
工资性收入	Income of Wages and Salaries	9854.9	16879.0	23889.4	31708.8	53627.2
经营净收入	Net Business Income	2084.8	3673.2	4428.8	7390.8	22177.2
财产净收入	Net Income from Property	1555.2	2940.3	4424.2	6004.6	12636.8
转移净收入	Net Income from Transfer	4529.7	7384.2	9856.1	13892.1	15256.0

6-6 农村居民生活

Rural Households' Life

年份 Year	平均每人每年（元） Per Capita Per Year (yuan)				每一劳动力负担人数（人） Supported by Per Employee (person)	人均自有现住房面积（平方米） Per Capita Self-owned Housing Area (sq.m)
	可支配收入 Disposable Income	指数（1978年=100） Indices (year of 1978 = 100)	消费支出 Consumption Expenditure	食品支出 Food		
1978	142.56		140.07	97.93	2.33	10.50
1980	219.72	147.6	192.95	127.70	2.09	11.15
1981	241.70	160.5	207.59	135.98	1.95	11.87
1982	284.40	186.5	248.69	164.02	2.00	12.89
1983	315.70	205.0	273.86	175.62	1.77	16.10
1984	348.20	221.9	293.19	190.96	1.74	16.77
1985	395.26	239.4	348.45	219.43	1.69	18.20
1986	439.70	255.9	386.35	228.96	1.68	19.25
1987	471.30	257.4	434.75	245.68	1.67	20.01
1988	515.35	244.8	480.75	266.89	1.65	20.48
1989	558.34	236.5	516.29	290.35	1.63	21.57
1990	664.23	229.4	608.73	390.73	1.65	22.27
1991	688.91	234.4	655.54	412.63	1.69	22.58
1992	739.40	239.7	707.79	442.56	1.67	23.12
1993	851.90	244.5	816.56	498.95	1.63	24.56
1994	1155.00	257.0	1088.73	665.72	1.60	24.23
1995	1425.16	270.4	1367.30	823.91	1.60	25.57
1996	1792.30	292.8	1736.71	1025.32	1.56	26.88
1997	2037.06	318.9	1815.79	1078.00	1.56	27.37
1998	2064.85	326.6	1889.18	1107.23	1.54	28.79
1999	2147.18	344.6	1920.15	1122.96	1.52	29.88
2000	2197.2	361.1	1942.9	1053.4	1.46	30.92
2001	2299.5	379.5	1990.3	1053.2	1.45	32.87
2002	2397.9	398.5	2068.7	1086.1	1.44	34.05
2003	2532.9	417.2	2139.2	1111.3	1.42	35.09
2004	2837.8	450.6	2472.3	1338.7	1.40	36.55
2005	3117.7	483.0	2756.4	1433.0	1.40	38.38
2006	3389.8	519.7	3013.1	1463.3	1.38	39.28
2007	3904.3	562.8	3377.4	1675.2	1.37	40.18
2008	4512.5	607.8	3805.0	1947.5	1.37	40.72
2009	4910.0	664.3	4020.9	1967.5	1.36	41.69
2010	5622.0	737.1	4310.4	2087.9	1.36	42.01
2011	6567.1	815.2	5179.4	2343.1	1.35	46.62
2012	8023.5	908.9	5870.1	2574.8	1.36	46.78
2013	9028.6	998.0	7832.6	2708.9	1.51	52.93
2014	10060.2	1096.8	9024.8	3095.2	1.50	54.25
2015	10992.5	1185.6	9690.6	3188.9	1.50	57.26
2016	11930.4	1262.7	10629.9	3370.7	1.68	60.63
2017	12935.8	1353.6	11533.6	3521.2	1.71	63.52
2018	14092.5	1445.7	12720.5	3713.9	1.83	63.57
2019	15394.8	1532.4	13968.8	4024.9	1.87	63.94
2020	16584.6	1604.4	14974.0	4635.9	1.95	65.28
2021	18295.2	1769.7	16950.7	5254.1	1.85	63.89
2022	19546.3	1854.7	18077.7	5520.7	1.85	65.30

注：从2013年开始收入指标改为可支配收入，收支口径有所变化。主要变化是参与平均的人口由家庭户籍人口改为家庭常住人口。居住面积也因人口口径变化而变化，指标名称由农村人均居住面积改为农村居民人均自有现住房面积。收入指数扣除价格因素影响。

Since 2013, the income index has been changed to disposable income, and the income and expenditure lines have changed. The main change is that the participating average population is changed from household registered population to permanent resident population. The living area also changed due to the change of population caliber, and the name of the indicator was changed from rural per capita living area to rural per capita self-owned housing area. The income index after deducting the price factor.

6-7 历年农村居民人均可支配收入
Per Capita Annual Disposable Income of Rural Households

单位：元 (yuan)

年份 Year	可支配收入 Disposable Income	工资性收入 Income of Wages and Salaries	经营净收入 Net Business Income	财产净收入 Net Income from Property	转移净收入 Net Income from Transfer
1978	142.56				
1979	177.12				
1980	219.72	104.21	88.51	26.99	
1981	243.17	110.52	102.49	30.17	
1982	284.39	132.32	124.55	27.52	
1983	315.67	50.10	236.04	29.53	
1984	348.20	52.99	266.45	28.76	
1985	395.26	53.81	326.23	15.22	
1986	439.66	59.18	364.40	16.08	
1987	471.30	74.85	379.53	16.92	
1988	515.35	86.53	409.52	19.31	
1989	558.34	99.88	436.21	22.25	
1990	664.23	85.11	557.10	22.03	
1991	688.91	94.16	570.76	23.99	
1992	739.42	114.01	601.11	24.30	
1993	851.87	135.85	685.85	30.17	
1994	1155.00	206.77	903.01	45.22	
1995	1425.16	268.00	1095.89	61.27	
1996	1792.25	352.07	1367.11	73.07	
1997	2037.06	459.97	1508.55	68.54	
1998	2064.85	613.10	1383.34	68.41	
1999	2147.18	695.62	1372.68	78.88	
2000	2197.2	789.7	1329.1	20.7	57.6
2001	2299.5	840.1	1371.1	23.2	65.1
2002	2397.9	914.3	1376.7	29.0	77.9
2003	2532.9	988.4	1427.2	32.3	85.0
2004	2837.8	1081.2	1614.6	41.9	100.1
2005	3117.7	1228.8	1713.4	42.1	133.6
2006	3389.8	1449.7	1743.5	42.5	154.2
2007	3904.3	1712.3	1963.9	39.9	188.1
2008	4512.5	1990.5	2196.6	57.1	268.3
2009	4910.0	2234.0	2257.3	81.2	337.5
2010	5622.0	2655.6	2463.9	101.6	400.9
2011	6567.1	3240.8	2725.2	112.2	488.9
2012	8023.5	3847.6	2903.2	112.8	576.6
2013	9028.6	3671.6	3255.5	130.7	1970.7
2014	10060.2	4088.1	3638.9	165.6	2167.5
2015	10992.5	4515.2	3911.7	174.1	2391.5
2016	11930.4	4946.2	4138.6	143.1	2702.5
2017	12935.8	5340.8	4368.9	148.2	3077.9
2018	14092.5	5769.3	4785.7	179.3	3358.2
2019	15394.8	6224.0	5268.3	208.8	3693.6
2020	16584.6	6569.6	5804.0	231.7	3979.3
2021	18295.2	7165.0	6530.2	261.5	4338.5
2022	19546.3	7631.3	6961.3	283.4	4670.3

6-8 历年农村居民人均消费支出
Per Capita Consumption Expenditures of Rural Households

单位：元 (yuan)

年份 Year	消费支出 Consumption Expenditure	食品烟酒 Food,Tobacco and Liquor	衣　着 Clothing and Footwear	居　住 Housing	生活用品及服务 Household Equipments, Furnishings and Services	交通通信 Transport and Communications	教育文化娱乐 Education, Cultural and Recreation	医疗保健 Health Care and Medical Services	其他用品和服务 Miscellaneous Goods and Services
1978	140.07	97.93	14.29	18.15					
1980	192.85	127.91	20.46	27.29	3.05	0.51	7.54	3.15	2.94
1981	207.59	135.98	23.06	27.85					
1982	248.69	164.02	24.74	35.83					
1983	273.86	175.62	26.71	41.77	16.27	1.29	6.38	4.70	1.12
1984	293.19	191.19	28.81	41.51	16.15	1.62	7.03	5.53	1.33
1985	348.45	219.57	33.77	50.96	15.69	6.63	11.92	7.49	2.42
1986	386.35	229.13	36.47	66.81	23.92	2.65	16.08	8.33	2.96
1987	434.75	248.06	36.93	79.33	29.70	3.08	22.97	10.68	4.00
1988	480.75	269.77	38.69	88.38	33.00	3.86	31.52	11.61	3.92
1989	516.29	293.98	39.64	87.67	33.53	4.64	37.05	16.14	3.64
1990	608.73	390.73	37.29	82.75	28.62	8.83	39.18	18.29	3.04
1991	655.54	412.63	42.87	92.29	34.67	6.79	41.14	20.56	4.59
1992	707.29	442.56	43.51	98.80	35.92	8.23	52.59	22.69	3.49
1993	816.55	498.95	45.40	108.07	40.13	16.14	74.16	24.37	9.33
1994	1088.73	665.72	61.23	148.63	50.39	21.59	98.91	29.28	12.98
1995	1367.30	823.91	73.51	192.42	68.79	26.29	128.84	35.78	17.75
1996	1736.71	1025.32	96.04	229.74	84.74	38.70	176.96	58.66	26.55
1997	1821.13	1081.60	90.53	241.93	84.24	46.30	187.99	58.26	30.29
1998	1889.18	1107.23	91.45	251.73	85.69	45.90	206.60	61.69	38.88
1999	1920.15	1122.96	82.65	267.92	79.73	60.24	207.67	62.13	36.86
2000	1942.9	1053.4	89.8	251.9	78.1	99.4	222.5	82.2	65.7
2001	1990.3	1053.2	93.4	268.7	80.8	102.4	234.4	95.7	61.8
2002	2068.7	1086.1	97.9	271.3	84.8	118.6	248.6	102.8	58.7
2003	2139.2	1111.3	106.2	272.0	79.6	146.9	270.5	105.2	47.5
2004	2472.3	1338.7	112.4	293.2	92.4	174.5	280.0	124.1	57.1
2005	2756.4	1433.0	127.9	307.3	114.3	219.0	329.3	168.2	57.5
2006	3013.1	1463.3	137.7	420.8	129.8	249.6	341.7	196.5	73.6
2007	3377.4	1675.2	161.8	508.3	152.6	278.8	293.9	220.0	86.9
2008	3805.0	1947.5	169.1	629.8	171.1	286.0	278.7	244.2	78.7
2009	4020.9	1967.5	182.5	691.6	203.7	341.3	291.0	258.1	85.3
2010	4310.4	2087.9	209.9	719.2	243.9	343.8	315.9	293.6	96.2
2011	5179.4	2343.1	260.4	969.7	330.7	421.7	346.6	396.5	110.6
2012	5870.1	2574.8	318.0	1088.2	373.5	481.6	400.2	497.2	136.6
2013	7832.6	2708.9	403.1	1764.6	511.6	798.8	733.8	747.1	164.6
2014	9024.8	3095.2	468.0	1982.4	541.9	871.9	1112.1	771.4	181.9
2015	9690.6	3188.9	494.5	2191.0	604.7	920.2	1276.4	844.1	170.7
2016	10629.9	3370.7	508.3	2369.4	639.9	1083.1	1477.3	986.5	194.6
2017	11533.6	3521.2	527.2	2562.5	642.8	1234.5	1710.2	1171.8	163.4
2018	12720.5	3713.9	624.1	2920.6	756.8	1449.7	1678.6	1385.5	191.4
2019	13968.8	4024.9	674.9	3152.9	787.7	1642.9	1851.0	1614.5	220.1
2020	14974.0	4635.9	674.4	3367.0	853.0	1730.5	1783.8	1706.6	222.6
2021	16950.7	5254.1	767.9	3764.4	965.5	1921.0	2212.1	1827.5	238.2
2022	18077.7	5520.7	789.5	3953.5	1016.7	2115.0	2424.8	2004.8	252.9

6-9 历年农村居民人均可支配收入指数
Indices of Disposable Incomes of Rural Residents

年份 Year	可支配收入（元/人）Disposable Income (yuan/person)	上年=100 (preceding year=100)		1978年=100 (year of 1978=100)		1990年=100 (year of 1990=100)	
		货币收入 Money Income	实际收入 Real Income	货币收入 Money Income	实际收入 Real Income	货币收入 Money Income	实际收入 Real Income
1978	142.6			100.0	100.0		
1980	219.7	124.1	119.6	154.1	147.6		
1981	241.7	110.0	108.2	169.5	160.5		
1982	284.4	117.7	116.2	199.5	186.5		
1983	315.7	111.0	109.9	221.4	205.0		
1984	348.2	110.3	108.2	244.2	221.9		
1985	395.3	113.5	107.9	277.3	239.4		
1986	439.7	111.2	106.9	308.4	255.9		
1987	471.3	107.2	100.6	330.6	257.4		
1988	515.4	109.3	95.1	361.5	244.8		
1989	558.3	108.3	96.6	391.6	236.5		
1990	664.2	119.0	97.0	465.9	229.4	100.0	100.0
1991	688.9	103.7	102.2	483.2	234.4	103.7	102.2
1992	739.4	107.3	102.0	518.7	239.7	111.3	104.2
1993	851.9	115.2	102.0	597.6	244.5	128.2	106.1
1994	1155.0	135.6	105.1	810.2	257.0	173.9	111.6
1995	1425.2	123.4	105.2	999.7	270.4	214.6	117.4
1996	1792.3	125.8	108.3	1257.2	292.8	269.8	127.1
1997	2037.1	113.7	108.9	1428.9	318.9	306.7	138.5
1998	2064.9	101.4	102.4	1448.4	326.6	310.9	141.8
1999	2147.2	104.0	105.5	1506.3	344.6	323.3	149.6
2000	2197.2	102.3	104.8	1540.8	361.1	330.8	156.8
2001	2299.5	104.7	105.1	1613.2	379.5	346.2	164.8
2002	2397.9	104.3	105.0	1682.0	398.5	361.1	173.0
2003	2532.9	105.6	104.7	1776.2	417.2	381.3	181.1
2004	2837.8	112.0	108.0	1989.3	450.6	427.1	195.6
2005	3117.7	109.9	107.2	2186.2	483.0	469.4	209.7
2006	3389.7	108.7	107.6	2376.4	519.7	510.2	225.6
2007	3904.3	115.2	108.3	2737.6	562.8	587.8	244.3
2008	4512.5	115.6	108.0	3164.7	607.8	679.5	263.8
2009	4910.0	108.8	109.3	3443.2	664.3	739.3	288.3
2010	5622.0	114.5	111.0	3943.6	737.1	846.4	321.3
2011	6567.1	116.8	110.6	4606.1	815.2	988.6	355.4
2012	8023.5	113.3	111.5	5218.7	908.9	1120.1	396.3
2013	9028.6	112.5	109.8	6331.4	998.0	1359.3	435.1
2014	10060.2	111.4	109.9	7054.8	1096.8	1514.6	478.2
2015	10992.5	109.3	108.1	7708.6	1185.6	1655.0	516.9
2016	11930.4	108.5	106.5	8363.8	1262.7	1795.6	550.5
2017	12935.8	108.4	107.2	9066.4	1353.6	1946.5	590.1
2018	14092.5	108.9	106.8	9873.3	1445.7	2119.7	630.3
2019	15394.8	109.2	106.0	10781.7	1532.4	2314.7	668.1
2020	16584.6	107.7	104.7	11611.9	1604.4	2493.0	699.5
2021	18295.2	110.3	110.3	12807.9	1769.7	2749.7	771.5
2022	19546.3	106.8	104.8	13683.7	1855.5	2937.8	808.9

注：2012 年及以前为纯收入。
Data prior to 2012 refer to net income.

6-10 农村居民按收入五等份分组的人均收支(2022年)
Per Capita Income and Expenditure of Rural Households by Income Quintile (2022)

单位：元 (yuan)

项　目	Item	低收入户 Low Income Households	中低收入户 Lower Middle Income Households	中等收入户 Middle Income Households	中高收入户 Upper Middle Income Households	高收入户 High Income Households
可支配收入	**Disposable Income**	**6239.4**	**13208.0**	**18128.4**	**23910.9**	**44125.6**
工资性收入	Income of Wages and Salaries	2765.8	5779.5	8865.4	10935.0	13450.1
经营净收入	Net Business Income	841.4	3050.1	4203.4	7619.5	23297.3
财产净收入	Net Income from Property	87.1	170.6	245.3	264.3	793.3
转移净收入	Net Income from Transfer	2545.1	4207.8	4814.2	5092.0	6585.0

主要统计指标解释

从2012年四季度起，国家统计局对分别进行的城乡住户调查实施了一体化改革，规范了城乡划分范围，统一了城乡居民收入指标名称、分类和统计标准，建立了城乡统一的一体化住户调查，并据此采集全国居民有关数据。1978–2012年的数据，根据国家统计局城镇住户调查和农村住户调查的历史数据，按照住户收支与生活状况调查可比口径推算得到。

一、居民可支配收入

居民可支配收入指居民可用于最终消费支出和储蓄的总和，即居民可用于自由支配的收入。既包括现金收入，也包括实物收入。按照收入的来源，可支配收入包含四项，分别为：工资性收入、经营净收入、财产净收入和转移净收入。

工资性收入 指就业人员通过各种途径得到的全部劳动报酬和各种福利，包括受雇于单位或个人、从事各种自由职业、兼职和零星劳动得到的全部劳动报酬和福利。

经营净收入 指住户或住户成员从事生产经营活动所获得的净收入，是全部经营收入中扣除经营费用、生产性固定资产折旧和生产税之后得到的净收入。计算公式为：

经营净收入 = 经营收入 − 经营费用 − 生产性固定资产折旧 − 生产税

财产净收入 指住户或住户成员将其所拥有的金融资产、住房等非金融资产和自然资源交由其他机构单位、住户或个人支配而获得的回报并扣除相关的费用之后得到的净收入。财产净收入包括利息净收入、红利收入、储蓄性保险净收益、转让承包土地经营权租金净收入、出租房屋净收入、出租其他资产净收入和自有住房折算净租金等。财产净收入不包括转让资产所有权的溢价所得。

转移净收入 计算公式为：转移净收入 = 转移性收入 − 转移性支出

转移性收入 指国家、单位、社会团体对住户的各种经常性转移支付和住户之间的经常性收入转移。包括养老金或退休金、社会救济和补助、政策性生产补贴、政策性生活补贴、救灾款、经常性捐赠和赔偿、报销医疗费、住户之间的赡养收入，本住户非常住成员寄回带回的收入等。转移性收入不包括住户之间的实物馈赠。

转移性支出 指调查户对国家、单位、住户或个人的经常性或义务性转移支付。包括缴纳的税款、各项社会保障支出、赡养支出、经常性捐赠和赔偿支出以及其他经常转移支出等。

根据住户收支与生活状况调查，分城镇和农村的居民人均可支配收入等数据的覆盖人群主要变化：一是计算城镇居民人均可支配收入时分母包括了在城镇地区常住的农民工，计算农村居民人均可支配收入时分母不包括在城镇地区常住的农民工；二是由本户供养的在外大学生视为常住人口。

二、居民消费支出

居民消费支出是指居民用于满足家庭日常生活消费需要的全部支出，既包括现金消费支出，也包括实物消费支出。消费支出可划分为食品烟酒、衣着、居住、生活用品及服务、交通通信、教育文化娱乐、医疗保健以及其他用品及服务八大类。

食品烟酒 指用于各种食品和烟草、酒类的支出。

衣着 指与居民穿着有关的支出，包括服装、服装材料、鞋类、其他衣类及配件、衣着相关加工服务的支出。

居住 指与居住有关的支出，包括房租、水、电、燃料、物业管理等方面的支出，也包括自有住房折算租金。

生活用品及服务 指家庭及个人的各类生活品及家庭服务。包括家具及室内装饰品、家用器具、家用纺织品、家庭日用杂品、个人用品和家庭服务。

交通通信 指用于交通和通信工具及相关的各种服务费、维修费和车辆保险等支出。

教育文化娱乐 指用于教育、文化和娱乐方面的支出。

医疗保健 指用于医疗和保健的药品、用品和服务的总费用。包括医疗器具及药品，以及医疗服务。

其他用品及服务 指无法直接归入上述各类支出的其他用品与服务支出。

服务性消费 指住户用于各种生活服务的消费支出，包括餐饮服务、衣着鞋类加工服务、居住服务、家庭服务、交通通信服务、教育文化娱乐服务、医疗服务和其他服务等。

Explanatory Notes on Main Statistical Indicators

In the fourth quarter of 2012, the NBS launched its reform on the household survey programme, to develop an integrated survey, instead of two separate urban and rural household surveys. The reform aims at regulating the division of urban and rural areas, integrating the concepts, classifications and standards, implementing the integrated household survey, and collecting household data in the whole country thereafter. Data from 1978 to 2012 are estimated based on the historical data of Urban Household Survey and Rural Household Survey according to the comparable definition and coverage of main income and consumption indicators of Household Survey on Income and Expenditure and Living Conditions.

I. Disposable Income of Residents

Disposable Income of Residents refers to the income of residents for purpose of final expenditure and savings. It includes income both in cash and in kind. By sources of income, disposable income includes four categories: income from wages and salaries, net business income, net income from properties and net income from transfer.

Income from Wages and Salaries refers to remuneration and benefits of all kinds of employed person, including those employed by other units or individuals, freelance workers, part-time jobs, and sporadic workers.

Net Business Incomes refers to net income earned by households and their members engaged in production and business activities. It refers to the net income of operating revenue minus operating costs, depreciation of productive fixed assets, and production tax. The formula is:

Net business income = operating revenue-operating costs -depreciation of productive fixed assets-production tax

Net Income from Properties refers to the net income received as returns by households or members through lending of their financial assets, non-financial assets such as housing, to other institutions, households or individuals, minus relevant costs. Net income from properties includes net income of interest, bonus income, net income of saving insurance, net income from transferring management right of contract land, income from lending of housing, income from lending other assets, net converted rents of self-owned housing. Net income from properties do not include premium of transferring ownership of assets.

Net Income from Transfer The formula is:

Net income from transfer = income from transfer - expenditure from transfer

Income from Transfer refers to the regular transfer received from governments, institutions, social organizations to households and between households. It includes old-age and retirement pension, disaster relief funds, regular donation and compensation, reimbursement of medical fees, supporting income between households, income from non-resident members of households, etc. Income from transfer do not include gifts in kinds between households.

Expenditure from Transfer refers to regular or obligatory transfer paid to government, institutions, households or individuals. It includes tax payment, expenditure on all kinds of social security, supporting expenditure, regular donation, compensation payment and other regular transfer expenditure.

According to Household Survey on Income and Expenditure and Living Conditions, main changes of population coverage of per capita disposable income of urban and rural residents includes: migrant workers residing in urban areas are included in the denominator when calculating per capita disposable income of urban residents, and not included in denominator when calculating per capita disposable income of rural residents; students studying in universities or colleges in other places who are supported by the households are regarded as permanent residents of the households.

II. Consumption Expenditure of Residents

Consumption Expenditure of Residents refers to all expenditure of residents for living expenditure to satisfy family daily living. It includes expenditure in cash and in kind. It includes eight categories: food, tobacco and liquor; clothing and footwear; housing; household equipments, furnishings and services; transport and communications; education, culture and recreation; health care and medical services, and miscellaneous goods and services.

Food, Tobacco and Liquor refers to expenditure for food, tobacco and liquor of all kinds.

Clothing and Footwear refers to expenditure related to clothing, including clothes, clothing materials, footwear, other clothing and accessories, processing services related to clothing.

Housing refers to expenditure related to housing, including rents, water, electricity, fuel, property management, as well as imputed rent on owner-occupied dwellings.

Household Equipments, Furnishings and Services refers to expenditure of households and individuals on equipments, furnishings and articles for living purpose and on household services. It includes furniture and interior decoration, home appliances, home textiles, household miscellaneous daily articles, personal articles, and household services.

Transport and Communications refers to expenditure on transport and communication and related services, maintenance and repairs, and vehicle insurance.

Education, Culture and Recreation refers to expenditure on educational, cultural and recreational activities.

Health Care and Medical Services refers to expenditure on drugs, supplies and services of medical and health care. It includes medical appliances and drugs, and medical services.

Miscellaneous Goods and Services refers to expenditure on all other articles and services that can not classified into the above categories.

Service Consumption refers to consumption expenditure of households for various living services, including catering services, clothing and footwear processing services, housing services, household services, transportation and communication services, education, culture and entertainment services, medical services and other services.

07

固定资产投资

Investment in Fixed Assets

资料整理人员：田杰平

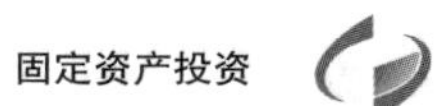

7-1 固定资产投资
Investment in Fixed Assets

单位：亿元 (100 million yuan)

年份 Year	固定资产投资 Investment in Fixed Assets	固定资产投资增速 (%) Fixed asset investment growth (%)
2002	988.27	
2003	1182.26	19.6
2004	1551.91	31.3
2005	1945.70	25.4
2006	2338.52	20.2
2007	2977.68	27.3
2008	3847.79	29.2
2009	5182.30	34.7
2010	6294.55	21.5
2011	8220.87	28.1
2012	10152.47	23.5
2013	12433.63	22.5
2014	14823.85	19.2
2015	17329.77	16.9
2016	19549.63	12.8
2017	21423.35	9.6
2018		10.0
2019		10.1
2020		7.6
2021		8.0
2022		6.6

注：从 2011 年起，固定资产投资起报点由 50 万元提高到 500 万元，全社会固定资产投资指标调整为固定资产投资。2011 年固定资产投资增速为同口径增速。

From 2011, the starting point of reporting Investment in Fixed Assets increased from five hundred thousand yuan to five million yuan. The Index of "Total Investment in Fixed Assets" adjusted to the "Investment in Fixed Assets". Fixed asset investment grew at the same rate in 2011.

7-2 各种分组的固定资产投资（2022年）
Investment in Fixed Assets in Various Groups (2022)

指 标	Item	2022年比上年 ±% Increase Rate in 2022 over 2021 (%)
投资总额	**Total Investment**	**6.6**
按经济类型分	**Grouped by Ownership**	
国有经济	State-owned Units	-7.9
集体经济	Collective-owned Units	2.2
个体经济	Individuals	8.6
联营经济	Joint Owned Economic Units	352.9
股份制经济	Share Holding Economic Units	18.6
外商投资经济	Foreign Funded Economic Units	-1.9
港澳台投资经济	Economy With Funded From H.K,Macao and Taiwan	
其他经济	Others	-15.2
按资金来源分	**Grouped by Source of Funds**	
国家预算内投资	State Budgetary Appropriation	-2.6
国内贷款	Domestic Loans	-4.7
债券	Bonds	-6.0
利用外资	Foreign Investment	155.6
自筹投资	Fundraising	15.3
其他资金	Others	-8.7
按构成分	**Grouped by Use of Funds**	
建筑安装工程	Construction and Installation	7.1
设备、工器具购置	Purchase of Equipment and Instruments	6.8
其他费用	Others	1.9
按隶属关系分	**Grouped by Administrative Relationship**	
中央	Central	18.2
地方	Local	6.2
按用途分：住宅	**Grouped by Industry: Residential Buildings**	**-10.5**

7-3 按经济类型分固定资产投资构成(2022年)

Investments in Fixed Assets Composition by Economic Type (2022)

单位：% (%)

类　别	Item	投资额占比 Investment Proportion
按资金来源分	**Grouped by Source of Funds**	
#国家预算内投资	#State Budgetary Appropriation	3.8
国内贷款	Domestic Loans	5.9
债券	Bonds	0.4
利用外资	Foreign Investment	0.3
自筹投资	Fundraising	74.2
其他资金	Others	15.4
按构成分	**Grouped by Use of Funds**	
#建安工程	#Construction and Installation	83.3
设备、工具、器具购置	Purchase of Equipment and Instruments	9.3
其他费用	Others	7.4
按用途分：住宅	**Grouped by Industry:Residential Buildings**	**13.9**

注：其他含联营经济、股份制经济、中外合资经营、中外合作经营、外资、与大陆合资经营、与大陆合作经营、港澳台独资等经济。

Other types of ownership refer to the types of ownership of joint-owned economic units, share holding economic units, economic units funded by Chinese and foreign ventures, Chinese-foreign joint ventures, foreign-funded economic units, and the economic units funded by enterpriser from Hong Kong, Macao and Taiwan.

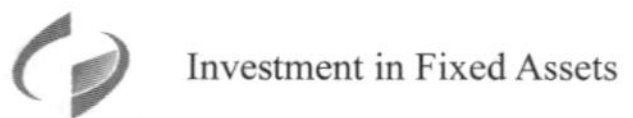

7-4 按行业分固定资产投资(2022年)
Investment of Fixed Assets by Sector (2022)

指　标	Item	2022	2022年比上年 ±% Increase Rate in 2022 over 2021 (%)
总计　（亿元）	**Total　(100 million yuan)**		
农、林、牧、渔业	Agriculture,Forestry,Farming of Animals and Fishing		-18.3
采矿业	Mining		32.1
制造业	Manufacturing		14.6
电力、热力、燃气及水生产和供应业	Production and Supply of Electricity,Heat,Gas and Water		10.2
建筑业	Construction		-44.6
批发和零售业	Wholesale and Retail Trades		25.9
交通运输、仓储和邮政业	Transport, Storage and Post		29.0
住宿和餐饮业	Hotels and Catering Services		21.6
信息传输、软件和信息技术服务业	Information Transmission, Software and Information Technology		-11.1
金融业	Finance		-42.4
房地产业	Real Estate Trade		-6.8
租赁和商务服务业	Tenancy and Business Services		2.0
科学研究和技术服务业	Scientific Research and Technical Services		35.4
水利、环境和公共设施管理业	Management of Water Conservancy,Environment and Public Establishment		-3.4
居民服务、修理和其他服务业	Services to Households,Repair and Other Services		47.0
教育	Education		4.6
卫生和社会工作	Health and Social Welfare		28.4
文化、体育和娱乐业	Culture,Sports and Entertainment		9.7
公共管理、社会保障和社会组织	Public Management,Social Security and Social Organization		-39.8
构成　（%）	**Composition in Percentage　(%)**		
农、林、牧、渔业	Agriculture,Forestry,Farming of Animals and Fishing	3.3	
采矿业	Mining	0.9	
制造业	Manufacturing	35.9	
电力、热力、燃气及水生产和供应业	Production and Supply of Electricity,Heat,Gas and Water	4.3	
建筑业	Construction	0.1	
批发和零售业	Wholesale and Retail Trades	8.0	
交通运输、仓储和邮政业	Transport, Storage and Post	1.6	
住宿和餐饮业	Hotels and Catering Services	1.1	
信息传输、软件和信息技术服务业	Information Transmission, Software and Information Technology	0.5	
金融业	Finance		
房地产业	Real Estate Trade	18.0	
租赁和商务服务业	Tenancy and Business Services	3.9	
科学研究和技术服务业	Scientific Research and Technical Services	2.5	
水利、环境和公共设施管理业	Management of Water Conservancy,Environment and Public Establishment	11.9	
居民服务、修理和其他服务业	Services to Households,Repair and Other Services	0.3	
教育	Education	2.6	
卫生和社会工作	Health and Social Welfare	2.1	
文化、体育和娱乐业	Culture,Sports and Entertainment	2.6	
公共管理、社会保障和社会组织	Public Management,Social Security and Social Organization	0.3	

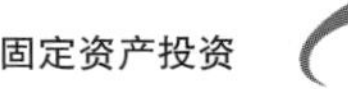

7-5 按行业分固定资产投资额占比(2022年)
The Proportion of Investment in Fixed Assets by Sector (2022)

单位：% (%)

指 标	Item	投资额占比 Investment Proportion
总计	**Total**	**100.00**
农、林、牧、渔业	**Agriculture, Forestry, Animal Husbandry and Fishing**	**3.26**
农业	Agriculture	1.34
林业	Forestry	0.12
畜牧业	Animal Husbandry	1.00
渔业	Fishing	0.14
农、林、牧、渔服务业	Service Activities for Agriculture, Forestry, Animal Husbandry	0.65
采矿业	**Mining**	**0.92**
煤炭开采和洗选业	Mining and Washing of Coal	0.12
石油和天然气开采业	Extraction of Petroleum and Natural Gas	
黑色金属矿采选业	Mining and Processing of Ferrous Metal Ores	0.05
有色金属矿采选业	Mining and Processing of Non-ferrous Metal Ores	0.20
非金属矿采选业	Mining and Processing of Non-metal Ores	0.54
开采专业及辅助性活动	Professional and Support Activities for Mining	
其他采矿业	Mining of Other Ores	0.01
制造业	**Manufacturing**	**35.94**
农副食品加工业	Processing of Food from Agricultural Products	2.84
食品制造业	Manufacture of Foods	0.79
酒、饮料和精制茶制造业	Wine, Soft Drinks and Refined Tea Industry	0.76
烟草制品业	Manufacture of Tobacco	0.06
纺织业	Manufacture of Textile	0.44
纺织服装、鞋、帽制造业	Manufacture of Textile Wearing Apparel, Footware, and Caps	0.35
皮革毛皮羽毛(绒)及其制品业	Manufacture of Leather, Fur, Feather and Related Products	0.68
木材加工及木竹藤棕草制品业	Processing of Timber, Manufacture of Wood, Bamboo, Rattan, Palm, and Straw Products	0.63
家具制造业	Manufacture of Furniture	
造纸及纸制品业	Manufacture of Paper and Paper Products	0.30
印刷业和记录媒介的复制	Printing,Reproduction of Recording Media	0.22
文教体育用品制造业	Manufacture of Articles For Culture, Education and Sport Activity	0.46
石油加工、炼焦及核燃料加工业	Processing of Petroleum, Coking, Processing of Nuclear Fuel	0.16
化学原料及化学制品制造业	Manufacture of Raw Chemical Materials and Chemical Products	2.52
医药制造业	Manufacture of Medicines	1.27
化学纤维制造业	Manufacture of Chemical Fibers	0.07
橡胶和塑料制品业	Rubber and Plastic Products Industry	0.82
非金属矿物制品业	Manufacture of Non-metallic Mineral Products	3.36
黑色金属冶炼及压延加工业	Smelting and Pressing of Ferrous Metals	0.50
有色金属冶炼及压延加工业	Smelting and Pressing of Non-ferrous Metals	1.08
金属制品业	Manufacture of Metal Products	1.70
通用设备制造业	Manufacture of General Purpose Machinery	2.07
专用设备制造业	Manufacture of Special Purpose Machinery	4.10
汽车制造业	Automotive Manufacturing	1.11
铁路、船舶、航空航天和其他运输设备制造业	Railroad, Marine, Aerospace and Other Transportation Equipment Manufacturing	0.61
电气机械及器材制造业	Manufacture of Electrical Machinery and Equipment	2.44
通信设备、计算机及其他电子设备制造业	Manufacture of Communication Equipment, Computers and Other Electronic Equipment	4.07
仪器仪表制造业	Instrument Manufacturing	0.87
其他制造业	Other Manufacture	0.47
废弃资源综合利用业	Utilization of Waste Resources	0.64
金属制品、机械和设备修理业	Metal Products, Machinery and Equipment Repair Industry	0.03
电力、热力、燃气及水生产和供应业	**Production and Supply of Electricity,Heat,Gas and Water**	**4.28**
电力、热力的生产和供应业	Production and Distribution of Electric Power and Heat Power	2.68
燃气生产和供应业	Production and Distribution of Gas	0.33
水的生产和供应业	Production and Distribution of Water	1.27
建筑业	**Construction**	**0.06**
房屋建筑业	Housing Construction	0.02
土木工程建筑业	Civil Engineering Construction	0.03
建筑安装业	Building Installation	
建筑装饰和其他建筑业	Architectural Decoration and Other Construction	0.01

7-5 续表 Continued

单位：% (%)

指　标	Item	投资额 Investment
批发和零售业	**Wholesale and Retail Trades**	**1.10**
批发业	Wholesale Trade	0.47
零售业	Retail Trade	0.63
交通运输、仓储和邮政业	**Transport, Storage and Post**	**8.01**
铁路运输业	Railway Transport	0.52
道路运输业	Road Transport	4.92
水上运输业	Water Transport	0.11
航空运输业	Air Transport	0.31
管道运输业	Transport Via Pipelines	0.02
装卸搬运和其他运输服务业	Loading, Unloading and Other Transport Services	0.58
仓储业	Storage	1.47
邮政业	Post	0.07
住宿和餐饮业	**Hotels and Catering Services**	**0.51**
住宿业	Hotels	0.38
餐饮业	Restaurants	0.13
信息传输、软件和信息技术服务业	**Information Transmission,Software and Information Technology**	**1.58**
电信、广播电视和卫星传输服务	Telecommunications, Radio and Television and Satellite Transmission Services	0.55
互联网和相关服务	Internet and Related Services	0.57
软件和信息技术服务业	Software and IT Services	0.46
金融业	**Financial Intermediation**	**0.05**
货币金融服务	Monetary and Financial Services	0.05
资本市场服务	Capital Market Services	
保险业	Insurance	
其他金融业	Other Financial Activities	
房地产业	**Real Estate**	**18.00**
租赁和商务服务业	**Leasing and Business Services**	**3.90**
租赁业	Leasing	0.10
商务服务业	Business Services	3.80
科学研究和技术服务业	**Scientific Research and Technical Services**	**2.54**
研究与试验发展	Research and Experimental Development	0.68
专业技术服务业	Professional Technical Services	0.39
科技交流和推广服务业	Services of Science and Technology Exchanges and Promotion	1.47
水利、环境和公共设施管理业	**Management of Water Conservancy, Environment and Public Facilities**	**11.92**
水利管理业	Management of Water Conservancy	1.07
环境管理业	Environmental Management	2.64
公共设施管理业	Management of Public Facilities	8.14
土地管理业	Land Management Industry	0.07
居民服务、修理和其他服务业	**Services to Households,Repair and Other Services**	**0.35**
居民服务业	Services to Households	0.28
机动车、电子产品和日用产品修理业	Motor Vehicles, Electronics and Household Goods Repair Industry	0.04
其他服务业	Other Services	0.03
教育	**Education**	**2.63**
卫生和社会工作	**Health and Social Welfare**	**2.06**
卫生	Health	1.60
社会工作	Social Work	0.45
文化、体育和娱乐业	**Culture, Sports and Entertainment**	**2.58**
新闻出版业	Journalism and Publishing Activities	0.03
广播、电视、电影和影视录音制作业	Radio, Television, Film and Video Production Industry Recordings	0.07
文化艺术业	Cultural and Art Activities	0.49
体育	Sports Activities	0.18
娱乐业	Entertainment	1.80
公共管理、社会保障和社会组织	**Public Management,Social Security and Social Organization**	**0.34**
中国共产党机关	Organs of Communist Party of China	
国家机构	Government Agencies	0.29
人民政协和民主党派	People's Political Consultative Conference and Democratic Parties	
社会保障	Social Security	
群众团体、社会团体和宗教组织	Mass Organizations, Social Organizations and Religious Organizations	0.02
基层群众自治组织	Grass-roots Mass Self-government Organizations	0.02

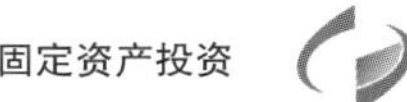

7-6 固定资产投资项目个数、项目投产率(2022年)
Number of Fixed Assets Investment Projects, Project Production Rate (2022)

行业	Sector	施工项目（个）Projects Construction (unit)	全部建成投产项目（个）Projects Completed and Put Into Uses (unit)	项目建成投产率(%) Rate of Project Completed and Put Into Uses (%)
总计	**Total**	**28668**	**17825**	**62.2**
按行业分	**By Sector**			
农、林、牧、渔业	Agriculture,Forestry,Farming of Animals and Fishing	2347	1626	69.3
采矿业	Mining	337	215	63.8
制造业	Manufacturing	11990	7203	60.1
电力、热力、燃气及水生产和供应业	Production and Supply of Electricity,Heat,Gas and Water	1031	568	55.1
建筑业	Construction	33	23	69.7
批发和零售业	Wholesale and Retail Trades	647	442	68.3
交通运输、仓储和邮政业	Transport, Storage and Post	1512	889	58.8
住宿和餐饮业	Hotels and Catering Services	350	226	64.6
信息传输、软件和信息技术服务业	Information Transmission,Software and Information Technology	356	221	62.1
金融业	Finance	36	31	86.1
房地产业	Real Estate Trade	542	346	63.8
租赁和商务服务业	Tenancy and Business Services	919	533	58.0
科学研究和技术服务业	Scientific Research and Technical Services	851	569	66.9
水利、环境和公共设施管理业	Management of Water Conservancy, Environment and Public Establishment	4731	3077	65.0
居民服务、修理和其他服务业	Services to Households,Repair and Other Services	160	108	67.5
教育	Education	950	612	64.4
卫生和社会工作业	Health and Social Welfare	699	437	62.5
文化、体育和娱乐业	Culture,Sports and Entertainment	966	566	58.6
公共管理、社会保障和社会组织	Public Administration, Social Security and Social Organization	211	133	63.0

7-7 国有经济固定资产投资构成
Investment in Fixed Assets Composition of State-owned Units

年份 Year	固定资产投资总额 Total Invest-ment in Fixed Assets	新 建 New Construction	扩 建 Expansion	改建和技术改造 Reconstruction
2018	100.0	59.9	7.8	9.9
2019	100.0	78.6	6.5	11.1
2020	100.0	55.2	7.1	19.1
2021	100.0	53.3	7.0	20.7
2022	100.0	78.7	4.5	11.9

7-8 国有经济各种分组的固定资产投资占比 (2022年)
The Proportion of Investment in Fixed Assets in Various Groups of State-owned Units (2022)

单位：% (%)

指 标	Item	投资额占比 Investment Proportion
按构成分	**Grouped by Use of Funds**	
建筑安装工程	Construction and Installation	90.0
设备、工具、器具购置	Purchase of Equipment and Instruments	4.5
其他费用	Others	5.5
按建设性质分	**Grouped by Type of Construction**	
新建	New Construction	78.7
扩建	Expansion	4.5
改建	Reconstruction	11.9
按行业分	**Grouped by Sector**	
农、林、牧、渔业	Agriculture,Forestry, Farming of Animals and Fishing	2.4
采矿业	Mining	0.4
制造业	Manufacturing	11.3
电力、热力、燃气及水生产和供应业	Production and Supply of Electricity,Heat,Gas and Water	9.0
建筑业	Construction	0.1
批发和零售业	Wholesale and Retail Trades	0.6
交通运输、仓储和邮政业	Transport, Storage and Post	10.1
住宿和餐饮业	Hotels and Catering Services	0.1
信息传输、软件和信息技术服务业	Information Transmission,Software and Information Technology	1.4
金融业	Finance	0.1
房地产业	Real Estate Trade	9.3
租赁和商务服务业	Tenancy and Business Services	3.8
科学研究、技术服务业	Scientific Research and Technical Services	2.8
水利、环境和公共设施管理业	Management of Water Conservancy, Environment and Public Establishment	33.2
居民服务、修理和其他服务业	Services to Households,Repair and Other Services	0.7
教育	Education	5.8
卫生和社会工作业	Health and Social Welfare	4.9
文化、体育和娱乐业	Culture, Sports and Entertainment	2.7
公共管理、社会保障和社会组织	Public Management, Social Security and Social Organization	1.3

7-9 非国有经济投资各种分组的固定资产投资占比(2022年)

The Proportion of Investment in Fixed Assets in Various Groups of Non-state-owned Units (2022)

单位：% (%)

指 标	Item	投资额占比 Investment Proportion
按构成分	**Grouped by Use of Funds**	
建筑安装工程	Construction and Installation	81.5
设备、工器具购置	Purchase of Equipment and Instruments	10.6
其他费用	Others	7.9
按建设性质分	**Grouped by Type of Construction**	
新建	New Construction	50.1
扩建	Expansion	8.3
改建	Reconstruction	21.5
按行业主要门类分	**Grouped by Main Sector**	
农、林、牧、渔业	Agriculture, Forestry, Animal Husbandry and Fishery	3.5
工业	Industry	46.5

7-10 房地产开发统计主要指标（2022年）
Major Statistics Indicators of Real Estate Development (2022)

单位：亿元　　(100 million yuan)

指　标	Item	总计 Total	国　有 State-owned	集　体 Collective-owned	其　他 Other Types of Ownership
计划总投资	**Panning Gross Investment**	**34319.55**	**1279.55**	**14.40**	**33025.60**
累计完成投资	Accumulative Investment Completed	22065.33	837.34	1.81	21226.18
本年完成投资	Investment Made in This Year	4858.26	224.46	1.81	4631.99
按构成分：	Group by Form:				
建筑工程	Construction	3213.23	152.62	1.45	3059.17
安装工程	Installation	344.41	8.37	0.18	335.86
设备、工具器具购置	Purchase of Equipment,Tools,Apparatus	138.67	3.77	0.07	134.83
按工程用途分	Group by Use of Projects				
住宅	Residential Buildings	3807.63	181.39	1.55	3624.69
办公楼	Business Buildings	106.96	5.11		101.85
商业营业用房	Commercial Buildings	530.38	18.20	0.04	512.15
其他	Others	413.28	19.76	0.22	393.31
房地产开发企业本年资金来源	Group by Source of Funds	5198.79	227.19	6.07	4965.53
国内贷款	Domestic Loans	479.10	50.01	2.35	426.74
自筹资金	Fund Raising	1941.89	68.65	1.41	1871.83
本年新增固定资产	Newly Increased Fixed Assets	1419.69	80.52		1339.17
本年施工房屋面积（万平方米）	Floor Space of Buildings Under Construction (10 000 sq.m)	38367.00	1301.61	9.06	37056.34
#住宅	#Residential Buildings	28938.12	931.03	8.35	27998.74
本年竣工房屋面积（万平方米）	Floor Space of Buildings Completed (10 000 sq.m)	3435.71	135.85		3299.86
#住宅	#Residential Buildings	2572.89	98.92		2473.97
本年竣工房屋价值	Value of Buildings Completed	1228.68	65.97		1162.71
#住宅	#Residential Buildings	871.75	49.96		821.78
商品房销售额	Total Sales of Commercial House	4238.70	125.21	1.79	4111.69
商品房销售建筑面积（万平方米）	Floor Space of Selling Commercial House (10 000 sq.m)	6652.58	186.74	2.48	6463.36

主要统计指标解释

全社会固定资产投资 是以货币形式表现的在一定时期内全社会建造和购置固定资产的工作量以及与此有关费用的总称。该指标是反映固定资产投资规模、结构和发展速度的综合性指标。全社会固定资产投资按登记注册类型可分为国有、集体、联营、股份制、私营和个体、港澳台商、外商、其他等。

固定资产投资（不含农户） 指城镇和农村各种登记注册类型的企业、事业、行政单位及城镇个体户进行的计划总投资500万元及以上的建设项目投资和房地产开发投资，包括原口径的城镇固定资产投资加上农村企事业组织项目投资，该口径自2011年起开始使用。

民间固定资产投资 指具有集体、私营、个人性质的内资企事业单位以及由其控股（包括绝对控股和相对控股）的企业单位在中华人民共和国境内建造或购置固定资产的投资。

基础设施投资 指为社会生产和生活提供基础性、大众性服务的工程和设施，是社会赖以生存和发展的基本条件。包括以下行业投资：铁路运输业、道路运输业、水上运输业、航空运输业、管道运输业、多式联运和运输代理业、装卸搬运业、邮政业、电信广播电视和卫星传输服务业、互联网和相关服务业、水利管理业、生态保护和环境治理业、公共设施管理业。

房地产开发投资 指房地产开发企业本年完成的全部用于房屋建设工程、土地开发工程的投资额以及公益性建筑和土地购置费等的投资。

实际到位资金 指用于固定资产投资的各种货币资金。包括国家预算资金、国内贷款、利用外资、自筹资金和其他资金。

国家预算资金 国家预算包括一般预算、政府性基金预算、国有资本经营预算和社保基金预算。各类预算中用于固定资产投资的资金全部作为国家预算资金填报，其中一般预算中用于固定资产投资的部分包括基建投资、车购税、灾后恢复重建基金和其他财政投资。各级政府债券也应归入国家预算资金。

国内贷款 指报告期固定资产投资项目单位向银行及非银行金融机构借入用于固定资产投资的各种国内借款，包括银行利用自有资金及吸收存款发放的贷款、上级拨入的国内贷款、国家专项贷款（包括煤代油贷款、劳改煤矿专项贷款等），地方财政专项资金安排的贷款、国内储备贷款、周转贷款等。

利用外资 指报告期收到的境外（包括外国及港澳台地区）资金（包括设备、材料、技术在内）。包括对外借款（外国政府贷款、国际金融组织贷款、出口信贷、外国银行商业贷款、对外发行债券和股票）、外商直接投资、外商其他投资（包括利用外商投资收益在国内进行固定资产再投资活动的资金）。不包括我国自有外汇资金（国家外汇、地方外汇、留成外汇、调济外汇和国内银行自有资金发放的外汇贷款等）。各类外资按报告期的外汇牌价（中间价）折成人民币计算。

自筹资金 指固定资产投资单位在报告期收到的，由各企、事业单位筹集用于固定资产投资的资金，包括各类企事业单位的自有资金和从其他单位筹集的用于固定资产投资的资金，但不包括各类财政性资金、从各类金融机构借入资金和国外资金。

其他资金来源 指在报告期收到的除以上各种资金之外的用于固定资产投资的资金。包括社会集资、个人资金、无偿捐赠的资金及其他单位拨入的资金等。

固定资产投资按国民经济行业分 指根据其从事的社会经济活动性质对各类单位进行的分类。应根据建设项目建成投产后的主要产品种类或主要用途及社会经济活动种类来划分，不能根据项目单位本身的行业类别来划分。如果项目投产后有几种产品，应根据主要产品来确定行业类别。一般情况下，一个建设项目只能属于一种国民经济行业。

固定资产投资按隶属关系分 是按建设单位或企业、事业、行政单位的主管上级机关确定的。

（1）中央　是指中共中央、人大常委会和国务院各部、委、局、总公司以及直属机构直接领导的建设项目和企业、事业、行政单位。这些单位的固定资产投资计划由国务院各部门直接编制和下达，统一组织或委托下级实施。包括有中央垂直管理的部门（如国家统计局各级调查队）和中央直属企业、事业单位（如工商银行、中国电信、中国石油）等。

（2）地方　是由省（自治区、直辖市）、地（区、市、州、盟）、县（区、市、旗）三级政府及业务主管部门直接领导和管理的建设项目、企业、事业、行政单位。地方项目还包括不隶属以上各级政府及主管部门的建设项目和企业、事业单位，如外商投资企业和无主管部门的企业等。

固定资产投资按建设性质分 按整个建设项目情况来确定。建设项目的性质一般分为新建、扩建、改建和技术改造、单纯建造生活设施、迁建、恢复、单纯购置。农户投资不划分建设性质。

(1) 新建 指从无到有“平地起家”开始建设的项目。现有企业、事业、行政单位投资的项目一般不属于新建。但如有的单位原有基础很小，经过建设后新增的固定资产价值超过该企业、事业、行政单位原有固定资产价值（原值）三倍以上的，也应作为新建。

(2) 扩建 指在厂内或其他地点，为扩大原有产品的生产能力（或效益）或增加新的产品生产能力，而增建的生产车间（或主要工程）、分厂、独立的生产线等项目。行政、事业单位在原单位增建业务性用房（如学校增建教学用房、医院增建门诊部、病房等）也作为扩建。

现有企、事业单位为扩大原有主要产品生产能力或增加新的产品生产能力，增建一个或几个主要生产车间（或主要工程）、分厂，同时进行一些更新改造工程的，也应作为扩建。

(3) 改建和技术改造 指现有企业、事业单位对原有设施进行技术改造或更新（包括相应配套的辅助性生产、生活福利设施）的建设项目。改建项目包括企业、事业单位为适应市场变化的需要，而改变企业的主要产品种类（如军工企业转民用产品等）的建设项目；原有产品生产作业线由于各工序（车间）之间能力不平衡，为填平补齐充分发挥原有生产能力而增建但不增加主要产品生产能力的建设项目。技术改造是指企业、事业单位在现有基础上用先进的技术代替落后的技术，用先进的工艺和装备代替落后的工艺和装备，以改变企业落后的技术经济面貌，实现以内涵为主的扩大再生产，达到提高产品质量、促进产品更新换代、节约能源、降低消耗、扩大生产规模、全面提高社会经效益的目的。技术改造具体包括以下内容：机器设备和工具的更新改造；生产工艺改革、节约能源和原材料的改造；厂房建筑和公共设施的改造；保护环境进行的“三废”治理改造；劳动条件和生产环境的改造等。

固定资产投资按构成分

(1) 建筑工程 指各种房屋、建筑物的建造工程。这部分投资额必须兴工动料，通过施工活动才能实现，是固定资产投资额的重要组成部分。

(2) 安装工程 指各种设备、装置的安装工程。

在安装工程中，不包括被安装设备本身价值。

(3) 设备工器具购置 指报告期内购置或自制的，达到固定资产标准的设备、工具、器具的价值。新建单位及扩建单位的新建车间，按照设计或计划要求购置或自制的全部设备、工具、器具，不论是否达到固定资产标准均计入“设备工器具购置”中。

(4) 其他费用 指在固定资产建造和购置过程中发生的，除建筑安装工程和设备、工器具购置投资完成额以外的应当分摊计入固定资产投资的费用，不指经营中财务上的其他费用。

房屋施工面积 指房地产开发企业本年施工的全部房屋建筑面积。包括本年新开工的房屋建筑面积、上年跨入本年继续施工的房屋建筑面积、上年停缓建在本年恢复施工的房屋建筑面积、本年竣工的房屋建筑面积以及本年施工后又停缓建的房屋建筑面积。多层建筑应填各层建筑面积之和。

房屋新开工面积 指房地产开发企业本年新开工建设的房屋建筑面积，以单位工程为核算对象。不包括在上年开工跨入本年继续施工的房屋建筑面积和上年停缓建而在本年恢复施工的房屋建筑面积。房屋的开工应以房屋正式开始破土刨槽（地基处理或打永久桩）的日期为准。房屋新开工面积指整栋房屋的全部建筑面积，不能分割计算。

房屋竣工面积 指房地产开发企业本年按照设计要求已全部完工，达到住人和使用条件，经验收鉴定合格或达到竣工验收标准，可正式移交使用的各栋房屋建筑面积的总和。

商品房销售面积 指房地产开发企业本年出售商品房屋的合同总面积（即双方签署的正式买卖合同中所确定的建筑面积）。

商品房销售额 指房地产开发企业本年出售商品房屋的合同总价款（即双方签署的正式买卖合同中所确定的合同总价）。该指标与商品房销售面积同口径。

Explanatory Notes on Main Statistical Indicators

Total Investment in Fixed Assets in the Whole Country refers to the volume of activities in construction and purchases of fixed assets of the whole country and related fees, expressed in monetary terms during the reference period. It is a comprehensive indicator which shows the size, structure and growth of the investment in fixed assets, providing a basis for observing the progress of construction projects and evaluating results of investment. Total investment in fixed assets in the whole country includes, by type of ownership, the investment by State-owned units, collective-owned units, joint ownership units, share-holding units, private units, individuals as well as investments by entrepreneurs from Hong Kong, Macao and Taiwan, foreign investors and others.

Investment in Fixed Assets (Excluding Rural Households) refers to the investment in construction projects with a total planned investment of 5 million yuan and over by enterprises of various ownerships, institutions, administrative units and urban self-employed individuals, and the investment in real estate development in both urban and rural areas. Since 2011, it covers the urban investment in fixed assets under the previous statistical coverage plus project investments by rural enterprises and institutions.

Non-governmental Investment in Fixed Assets refers to the investment in the construction or purchase of fixed assets in the territory of the People's Republic of China by domestic-funded enterprises and institutions with collective, private and personal nature and by enterprises and institutions controlled by them (including absolute and relative holding).

Infrastructure Investment refers to projects and facilities that provide basic and popular services for social production and life. It is the basic condition for the survival and development of society. It includes: railway transport, road transport, water transport, air transport, pipeline transport, multimodal transport and transport agent Intermodality and Forwarding Agency, loading and unloading, posts, telecommunications, radio and television and satellite transmission services, Internet and related services, water management industry, ecological protection and environmental governance, public facilities management.

Investment in Real Estate Development refers to the investment made by real estate development companies in the construction of housing, development of land, nonprofit buildings and value of land purchased.

Investment in Real Estate Development refers to the investment made by real estate development companies in the construction of housing, development of land, nonprofit buildings and value of land purchased.

Fund from the State Budget State budget consists of general budget, government fund budget, operation budget of state-owned assets and social security fund budget. Funds for investment in fixed assets from various budgets are reported as fund from the state budget, of which, the general budget utilized on fixed assets investment includes investment on infrastructure construction, vehicle purchase tax, post-disaster restoration and reconstruction funds and other financial investment. Government bonds at all levels should also be included.

Domestic Loans refer to loans of various forms borrowed by investing units from banks and non-bank financial institutions during the reference period for the purpose of investment in fixed assets, including loans issued by banks from their self-owned funds and deposit, loans appropriated by higher responsible authorities, special loans by government (including loan for substituting petroleum with coal, special loans for reform-through-labour coal mines), loans arranged by local government from special funds, domestic reserve loan, and revolving loan, etc.

Foreign Investment refers to overseas (including foreign countries, Hongkong, Macao and Taiwan) funds received during the reference period (covering equipment, materials and technology), including foreign borrowings (loans from foreign governments and international financial institutions, export credit, commercial loans from foreign banks, issue of bonds and stocks overseas), foreign direct investment and other foreign investments (including funds from foreign direct investment income that are reinvested in fixed assets domestically). Excluded from this category is capital in foreign exchanges owned by China (foreign exchanges owned by the central and local governments, foreign exchanges retained by enterprises, foreign exchanges by enterprises through the regulating mechanism, loans in foreign exchanges issued by the Bank of China with its own fund, etc.). In calculating the utilization of foreign capital, foreign currencies are converted into Chinese Renminbi applying the exchange rate (central parity rate) at the end of the reference period.

Self-raised Funds refer to funds for investment in fixed assets received during the reference period by investing units, including investment in fixed assets using own funds of various enterprises and institutions or funds raised from other units other than financial funds, funds borrowed from financial institutions and overseas funds.

Other Funds refer to funds for investment in fixed assets received from sources other than those listed above, including funds raised from individuals and through donations, and funds transferred from other units.

Investment in Fixed Assets by Sector refers to the classification of investment by the nature of social economic activities the investing units are engaged in. The classification of construction projects by sector is determined by the major products or the purpose of the projects when they are put into production or use, and by the nature of their social economic activities, instead of being determined by industrial classification of the project enterprises. The project will be classified according to major product if there are several kinds of products yielded. In general, one project can only be classified into one sector.

Investment in Fixed Assets by Jurisdiction of Management refers to the classification of investment by the competent authorities under which investment is made by construction units, enterprises, institutions or administrative units.

(1) Central investment refers to the investment in projects or by enterprises, institutions or administrative units which are under the direct leadership and management of the State Council and of the national commissions, ministries, agencies and State-owned large corporations. Various ministries and departments of the State Council prepare and implement plans through unified organization or lower-level commissions, which include departments direct under central government (i.e. survey offices at all level of the National Bureau of Statistics) and enterprises and institutions directly under central government (like the Industrial and Commercial Bank of China, China Telecom and China National Petroleum Corporation).

(2) Local investment refers to the investment in projects or by enterprises, institutions or administrative units which are under the direct leadership and management of competent departments and governments at the level of province (autonomous regions and municipalities directly under the Central Government), prefecture (prefectures, cities and leagues) and county (districts, cities and banners). Also included are projects by foreign-invested enterprises and enterprises without competent managing authorities.

Investment in Fixed Assets by Type of Construction Construction projects in general can be classified, by the type of construction, into new construction, expansion, reconstruction and technical transformation, purely construction of living facilities, moving, restoration and purely purchasing. However, investment by type of construction is not applied to investment by real-estate development units and investment by rural households.

(1) New construction in general refers to construction projects, which start from scratch. The existing projects invested by enterprises, institutions and administrative agencies cannot be classified as new construction. In case the size of the existing unit is quite small, and the value of newly added fixed assets is more than three times of the original value, the expansion will be considered as new construction.

(2) Expansion refers to projects of construction of new production workshop, branch factory or independent production line within a factory or in other locations, for the purpose of increasing the production capacity (or improving efficiency) or adding new production capacity. Newly constructed accommodation for the operation of institutions and administrative organizations (such as newly constructed buildings for teaching in schools, buildings for clinics or wards in hospitals, etc.) are also classified as expansion.

Also included in expansion are investments by existing enterprises or institutions in building major production line(s) or branch factory (ies) along with some work on innovation, for the purpose of expanding the production capacity of original products or producing new products.

(3) Reconstruction and technical transformation refers to construction projects by existing enterprises or institutions in innovation or technical transformation of the old facilities (including auxiliary production equipment and welfare facilities). Also considered as reconstruction is the construction of new workshops by the existing enterprises or institutions to change the variety of products to meet the market demand (such as the production of civil products by defence industries), or to bring the designed production capacity into full play through a more balanced production process on production lines. Technical transformation refers to replacement of old technology or equipment by new technology or equipment, in order to expand the reproduction through improvement of technology contents in production, to improve product quality, to promote new products, to save energy, to reduce consumption, to expand the production scale and to improve overall social-economic efficiency. Contents of technical transformation include: updating of machinery, equipment and tools; reforming production process by using energy or materials saving technology; construction of factory workshops and transformation of public facilities; treatment transformation of "three wastes" (waste gas, waste water and industrial residue) aiming at environmental protection; improvement of working conditions and environment, etc.

Investment in Fixed Assets by Structure

(1) Construction refers to the construction of houses and buildings, also known as work volume of construction. This part of investment can only be achieved through construction activities, it is the major component of the total investment in fixed assets.

(2) Installation refers to the installation of various kinds of equipment and instruments, also known as work volume of installation.

The value of equipment installed itself is not included in the value of installation projects.

(3) Purchase of equipment and instruments refers to the total value of equipment, tools, and instruments purchased or self-produced which come up to the cut-off point for fixed

assets during the reference period. Equipment, tools and instruments purchased or self-produced for new workshops by newly established or expanded units are categorized as "purchase of equipment and instruments" no matter whether they come up to the cut-off point for fixed assets.

(4) Other expenses refer to expenses arising during the construction or purchase of fixed assets other than those expenses on construction, installation and purchase of equipment and instruments. Other financial expenses arising in operation are not included.

Floor Space of Buildings under Construction refers to the total space area of the buildings under construction in the year by real estate development companies. It includes buildings started in the year, continued from the previous year, suspended in earlier years but restarted in the year, completed in the year, and started in the year but suspended in the year as well. The floor space of a multi-storied building should be the sum of floor space of all the stories.

Floor Space of Buildings Started This Year refers to the total floor space area of the buildings started in the year by real estate development companies. It excludes the buildings started in previous years and continued in the year, and the buildings suspended in previous years but restarted in the year. The start of a construction is defined by the date of ground breaking or pile driving. The floor space of the building includes that of the entire building.

Floor Space of Buildings Completed refers to the total floor space area of the buildings completed in the year by real estate development companies, which meet the requirements as designed, reach the criteria set for people to live in or use, have passed the acceptance checks, and are ready for delivery or use.

Area of Commercialized Housing Sold refers to total contracted area of commercialized housing (i.e. area of floor space as designated in the formal contracts signed by both sides) sold by real estate development companies during the reference time.

Value of Commercialized Housing Sold refers to the total contracted value (i.e. value of sales/purchase for selling/ purchase of commercialized housing as designated in the contract signed by both sides) received from the sales of the buildings by real estate development companies during the reference time. This indicator has the same coverage as the area of commercialized housing sold.

08

对外经济和旅游

Foreign Economy and Tourism

资料整理人员：陈　慧

8－1　对外经济和旅游
Foreign Economy and Tourism

年份 Year	进出口总额（万美元）Total Imports And Exports (USD 10 000)	出　口 Exports	进　口 Imports	实际使用外资金额（万美元）Amount of Foreign Capital Actually Used (USD 10 000)	接待旅游总人数（万人次）Number of Tourists (10 000 person-times)	旅游业总收入（亿元）Income of Tourism (100 million yuan)	星级饭店数（个）Total Number of Tourist Hotels (unit)
1979	23363	22296	1067		0.81	0.01	
1980	32635	31389	1246		0.95	0.01	
1981	43531	35504	8027		1.33	0.02	
1982	42662	38369	4293		1.53	0.05	
1983	45667	40003	5664		1.99	0.03	
1984	46171	41703	4468		2.63	0.04	
1985	52549	39606	12943		3.20	0.04	
1986	62377	50305	12072		4.12	0.09	
1987	74642	61945	12697	235	5.72	0.10	
1988	83403	63860	19543	447	6.76	0.30	
1989	85201	66563	18638	1495	5.57	0.30	
1990	94161	80552	13609	1116	8.52	0.50	
1991	137525	101665	35860	2276	1210	3.68	
1992	207800	141145	66655	12853	1513	6.03	
1993	234800	161200	73600	43267	1615	11.62	
1994	201740	143321	58419	32512	2014	30.80	
1995	201664	145101	56563	48802	2518	43.41	
1996	176299	129074	47225	70344	3223	60.45	
1997	189445	144796	44649	91702	4040	79.59	
1998	178209	128290	49919	81816	4235	99.93	
1999	195604	128210	67394	65384	4339	120.35	
2000	251259	165308	85951	68182	4695	148.76	212
2001	275841	175400	100441	81011	5036	210.50	270
2002	287621	179542	108079	103089	5757	245.98	321
2003	373617	214626	158990	148907	5970	294.11	359
2004	543774	309778	233996	141806	6487	371.56	417
2005	600485	374667	225818	207235	7181	453.62	388
2006	735259	509401	225858	259335	9195	588.41	501
2007	968987	652342	316645	327051	10897	732.71	585
2008	1256584	840950	415634	400515	12830	851.75	569
2009	1015101	549189	465912	459787	16065	1099.47	567
2010	1468886	795487	673399	518441	20398	1425.80	549
2011	1900006	989747	910259	615031	25328	1785.78	568
2012	2194082	1259965	934117	728034	30506	2234.10	581
2013	2516439	1482083	1034356	870482	36058	2681.86	587
2014	3102729	2002348	1100380	1026585	41203	3050.70	555
2015	2936680	1917288	1019392	1156441	47331	3712.91	498
2016	2687970	1817002	870968	1285209	56548	4707.43	461
2017	3603951	2317175	1286776	1447489	66935	7172.62	407
2018	4652983	3057434	1595550	1619134	75301	8355.73	397
2019	6288194	4453465	1834729	1810127	83154	9762.32	315
2020	7067840	4782488	2285353	2099782	69336	8261.95	320
2021	9271486	6523609	2747877	241490			
2022	10543353	7699229	2844124	352761	43483	6487.96	233

注：1. 进出口数据 1994 年前为外贸统计数，1994 年及以后为海关统计数。

2. 实际使用外资金额 2021 年前包括直接投资和间接投资，2021 年起不包括外商投资企业在湘设立内资企业的投资数据（后表同）。

a. Figures on total imports and exports form foreign trade were obtained from foreign trade statistics before 1994 and the figures were obtained from the Changsha Customs statistics after 1994.

b. The actual amount of foreign capital used before 2021 includes direct investment and indirect investment. Investment data of foreign-invested enterprises setting up domestic enterprises in Hunan are excluded from 2021 onwards (the same as in the table below).

8-2 对外经济贸易和旅游概况
A Survey on Foreign Trade and Tourism

指 标	Item	2010	2020	2021	2022
进出口总额 （亿美元）	**Total Imports And Exports (USD 100 million)**	**146.89**	**706.78**	**927.15**	**1054.34**
出口总额	Total Exports	79.55	478.25	652.36	769.92
进口总额	Total Imports	67.34	228.53	274.79	284.41
进出口差额	Balance	12.21	249.72	377.57	482.51
实际使用外资 （亿美元）	**Actually Used Foreign Capital (USD 100 million)**	**51.84**	**209.98**	**24.15**	**35.28**
对外借款	Foreign Loans	1.94			
外商直接投资	Foreign Direct Investments	49.09	14.01	24.15	35.28
外商其他投资	Other Foreign Investments	0.81	195.97		
对外承包工程新签合同额 （亿美元）	**Amount of Newly Signed Contracts for Overseas Contracted Projects (USD 100 million)**	**14.12**	**44.63**	**55.63**	**24.81**
国际旅游人数 （万人次）	**Total Number of International Tourists (10 000 person-times)**	**189.87**	**17.04**		**7.75**
外国人	Foreigners	103.30	7.96		4.98
港澳台同胞	Compatriots from HongKong, Macao and Taiwan	86.57	9.08		2.77
旅游外汇收入总额（亿美元）	**Foreign Exchange Earnings from International Tourism (USD 100 million)**	**8.87**	**0.51**		**0.23**
星级饭店 （个）	**Total Number of Tourist Hotels (unit)**	**549**	**320**		**233**

注：外贸进出口资料统一按长沙海关统计数据，以下同。

Figures on total imports and exports form foreign trade are obtained from the Changsha Customs statistics.The same as in the following table.

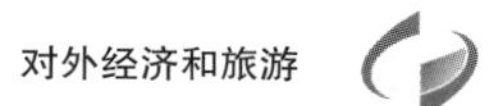

8-3 进出口商品总值
Total Value of Imports and Exports

单位：万美元 (USD 10 000)

项 目	Item	2020	2021	2022
进出口总值	**Imports & Exports**	**7067840**	**9271486**	**10543353**
#出口	#Exports	4782488	6523609	7699229
进口	Imports	2285353	2747877	2844124
进出口差额	**Balance**	**2497135**	**3775732**	**4855105**

8-4 进出口商品主要产销国别（地区）总值
Value of Imports and Exports by Main Producer and Sales Countries (Regions)

单位：万美元 (USD 10 000)

国家（地区）	Country(Region)	2021		2022	
		进 口 Imports	出 口 Exports	进 口 Imports	出 口 Exports
总计	**Total**	**2747877**	**6523609**	**2844124**	**7699229**
中国香港	Hong Kong, China	33348	804153	46160	786718
美国	United States	137748	1125309	145028	1086138
日本	Japan	149735	176999	102873	181616
韩国	Republic of Korea	153091	299634	138499	292699
澳大利亚	Australia	384877	111095	275135	158215
南非	South Africa	153545	83200	99767	111278
德国	Germany	90379	166295	77898	172237
中国台湾	Taiwan, China	206836	85752	220298	79848
越南	Vietnam	45540	297302	45106	369170
巴西	Brazil	188823	82532	194222	115523
俄罗斯	Russia	23633	112137	25561	163087
马来西亚	Malaysia	126378	207110	198348	368505
英国	United Kingdom	8536	175894	6675	144179
印度	India	28047	229237	17978	296419
印度尼西亚	Indonesia	78507	125232	112998	206865
荷兰	Netherlands	54294	126596	46322	123711
泰国	Thailand	117107	167475	94229	218232
新加坡	Singapore	13342	79844	14253	226353
东盟（10 国）	ASEAN (the ten countries)	408679	1104670	494675	1736691
欧盟	European Union	218164	739362	180362	755136

8-5 进出口商品机电电子产品情况（2022年）
Import and Export Value of Machinery and Electrical Products (2022)

单位：万美元 (USD 10 000)

指 标	Item	进 口 Imports	出 口 Exports
机电产品	**Mechanical & Electrical Products**	**897151**	**3164158**
机械基础件	Mechanical Base	10494	54487
手用或机用工具	Hand or Machine Tools		58937
包装机械	Packaging Machinery	685	11495
印刷、装订机械及其零件	Printing and Binding Machinery and Its Parts	13256	53832
通用机械设备	General Mechanical Equipment	8315	59451
机床	Machine Tool	15089	12560
自动数据处理设备及其零部件	Automatic Data Processing Equipment and Its Parts	68291	161275
电工器材	Electrical Equipment	62159	271786
手机	Mobile Phone	287	50040
家用电器	Household Appliances	802	112063
音视频设备及其零件	Audio and Video Equipment and Its Parts	12579	90436
平板显示模组	Flat Panel Display Module	21724	32323
电子元件	Electronic Components	477898	343999
摩托车	Motorcycle		12862
摩托车及自行车的零配件	Spare Parts for Motorcycles and Bicycles		34259
汽车（包括底盘）	Automobile (Including Chassis)	15024	131275
汽车零配件	Auto Parts	6651	79348
计量检测分析自控仪器及其器具	Measurement, Detection and Analysis of Automatic Control Instruments and Their Instruments	27259	38961
医疗仪器及器械	Medical Instruments and Appliances	3345	21693
灯具、照明装置及其零件	Lamps, Lighting Devices and Their Parts		179216

8-6 进出口商品高新技术产品情况(2022年)
Import and Export Value of High and New-tech Products (2022)

单位：万美元 (USD 10 000)

指标	Item	进口 Imports	出口 Exports
高新技术产品	**High and New-Tech Products**	**669602**	**835897**
生物技术	Biotechnology	185	4231
生命科学技术	Life Science and Technology	7195	62030
光电技术	Photoelectric Technology	22720	42947
计算机与通信技术	Computer and Communication Technology	113620	511944
电子技术	Electronic Technology	464717	158217
计算机集成制造技术	Computer Integrated Manufacturing Technology	52554	41118
材料技术	Materials Technology	2877	7170
航空航天技术	Aerospace Technology	5527	7057
其他技术	Other Technologies	208	1183

8-7 进出口商品贸易方式(2022年)
Value of Imports and Exports by Trade Ways (2022)

单位：万美元 (USD 10 000)

贸易方式	Trade Ways	进口 Imports	出口 Exports
一般贸易	Original Trade	1906213	6774080
国家间、国际组织间无偿援助和赠送的物资	Free Aid and Gifts Between Countries and International Organizations		169
其他捐赠物资	Other Donated Materials		248
加工贸易	Processing Trade	424197	576092
#来料加工贸易	#Processing Trade of Supplied Materials	162616	171849
#进料加工贸易	#Processing Trade of Imported Material	261581	404243
寄售代销贸易	Consignment trade	390	
加工贸易进口设备	Processing and Assembling Import Equipment Provided with Material	53	
对外承包工程出口货物	Constructed Projects in Foreign Countries		5214
租赁贸易	Leasing Trade		990
外商投资企业作为投资进口的设备、物品	Imported Equipment and Materials as Investment of Foreign Investment Enterprises	164	
出料加工贸易	Processing Trade of Exported Material	530	346
易货贸易	Barter Trade	12	38
保税物流	Bonded Logistics	506006	178893
#海关保税监管场所进出境货物	#Inbound and Outbound Goods in Customs Bonded Areas	312806	43789
#海关特殊监管区域物流货物	#Customs has Special Supervision over Regional Logistics Goods	193201	135104
海关特殊监管区域进口设备	Import Equipment from Special Areas under Customs Supervision	740	
其他贸易	Other Trade	5818	163159

8-8 主要出口商品总值（2022年）
Major Exports Commodities in Value (2022)

商品名称	Item	美元值（万美元） Dollar Value (USD 10 000)
服装及衣着附件	Articles of Apparel & Clothing Accessories	412442
服装	Clothing	389000
电子元件	Electronic Components	343999
塑料制品	Plastic Products	285307
鞋靴	Footware	356101
纺织纱线、织物及其制品	Textile Yarn,Textile and Related Products	168524
纺织制品	Textile Related Products	104628
灯具、照明装置及其零件	Lamps, Lighting Fixtures and Parts	179216
电工器材	Electrical Equipments	271786
皮革、毛皮及其制品	Leather, Fur and Their Articles	135861
裘皮服装	Fur Garment	3593
箱包及类似容器	Travel Goods	262925
皮革箱包及类似容器	Leather Bags and Similar Containers	126095
玩具	Toys	190284
家具及其零件	Furniture and Parts	253931
陶瓷产品	Ceramic Products	180898
日用陶瓷	Daily-use Ceramics	130236
玻璃及其制品	Glass and its Products	90895
贵金属或包贵金属的首饰	Precious Metal or Precious Metal Jewelry	138404
钢材	Rolled Steels	613996
自动数据处理设备及其零部件	Automatic Data Processing Equipment and Components	161275
蔬菜及食用菌	Vegetables & Edible Fungus	131633
纸浆、纸及其制品	Pulp, Paper and Their Products	96958
音视频设备及其零件	Audio and Video Equipment and Its Parts	90436
汽车（包括底盘）	Automobile (including chassis)	131275
家用电器	Household Appliances	112063

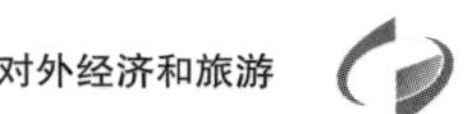

8-9 主要进口商品总值(2022年)
Major Imports Commodities in Value (2022)

商品名称	Item	美元值（万美元） Dollar Value (USD 10 000)
电子元件	Electronic Components	477898
金属矿及矿砂	Metallic Ore and Ore	531229
铁矿砂及其精矿	Iron Ores and Concentrate	316272
铜矿砂及其精矿	Cooper Ores and Concentrates	106691
粮食	Foodstuff	236287
汽车（包含底盘）	Automobile (Including Chassis)	15024
肉类（包括杂碎）	Meat (Including Chop Suey)	48200
玻璃及其制品	Glass and Its Products	43215
自动数据处理设备及其零部件	Automatic Data Processing Equipment and Components	68291
乳品	Dairy	50268
水产品	Aquatic Products	49910
塑料制品	Plastic Products	20167
电工器材	Electrical Equipment	62159
天然及合成橡胶（包括胶乳）	Natural and Synthetic Rubber (Including Latex)	77560
计量检测分析自控仪器及器具	Measuring, Testing, Analysing and Controlling Instruments and Apparatus	27259
煤及褐煤	Coal and Lignite	37277
初级形状的塑料	Plastic in Primary Form	40717
纸浆、纸及其制品	Pulp, Paper and Their Products	30988
纸浆	Pulp	30430
原油	Crude Oil	41861
成品油	Petroleum Products Refined	34506
未锻轧铜及铜材	Unwrought Copper and Copper	54285
干鲜瓜果及坚果	Fresh Fruit, Dried Fruit and Nut	20376
平板显示模组	Flat Panel Display Module	21724

8–10 外商投资情况
Foreign Investment

单位：万美元 (USD 10 000)

项　目	Item	2010	2020	2021	2022
总　计	**Total**	**518441**	**2099782**	**241490**	**352761**
按产业类别分类	**Grouped By Industry**				
第一产业	Primary Industry	35864	103457	2654	1546
第二产业	Secondary Industry	432949	784604	37282	40094
第三产业	Tertiary Industry	49628	1211721	201554	311121

8–11 外商投资签订合同情况（分国别、地区）(2022年)
Basic Statistics on Signed Contracts of Foreign Investment (by Country or Region) (2022)

国别（地区）	Countries (Region)	新设企业个数（个）Number of New Enterprises (case)	实际使用外资（万美元）Actually Used Foreign Capital (USD 10 000)
总　计	**Total**	**442**	**352761**
中国香港	Hongkong, China	226	248351
中国台湾	Taiwan, China	72	841
中国澳门	Macao, China	9	1012
新加坡	Singapore	9	10008
韩国	Korea	7	31
美国	United States	14	786
加拿大	Canada	8	632
英国	United Kingdom	11	1615
德国	Germany	8	77314
法国	France	2	1127
荷兰	Netherlands		8282
澳大利亚	Australia	4	26
萨摩亚	Samoa		1740
巴西	Brazil		500

主要统计指标解释

货物进出口总额 指实际进出我国国境的货物总金额。包括对外贸易实际进出口货物，来料加工装配进出口货物，国家间、联合国及国际组织无偿援助物资和赠送品，华侨、港澳台同胞和外籍华人捐赠品，租赁期满归承租人所有的租赁货物，进料加工进出口货物，边境地方贸易及边境地区小额贸易进出口货物，中外合资企业、中外合作经营企业、外商独资经营企业进出口货物和公用物品，到、离岸价格在规定限额以上的进出口货样和广告品(无商业价值、无使用价值和免费提供出口的除外)，从保税仓库提取在中国境内销售的进口货物，以及其他进出口货物。该指标可以观察一个国家在对外贸易方面的总规模。我国规定出口货物按离岸价格统计，进口货物按到岸价格统计。

商品收发货人所在地进、出口额 指按进出口企业注册登记地进行分组汇总的进、出口额。

商品境内目的地进口额和商品境内货源地出口额 境内目的地进口额指按进口货物的消费、使用或最终抵运地进行分组汇总的进口额；境内货源地出口额指按出口货物的产地或原始发货地进行分组汇总的出口额。

服务进出口 指常住单位与非常住单位之间相互提供的服务。包括运输，旅行，建筑，保险服务，金融服务，电信、计算机和信息服务，知识产权使用费，个人、文化和娱乐服务，维护和维修服务，加工服务，其他商业服务，政府服务。

外商投资 是指国外及港澳台地区的法人和自然人在中国大陆地区以现金、实物、无形资产、股权等方式进行投资。其中，外商直接投资是指国外及港澳台地区投资者在非上市公司中的全部投资及在单个外国投资者所占股权比例不低于10%的上市公司中的投资。

对外直接投资 是境内投资者以控制国（境）外企业的经营管理权为核心的经济活动，体现在一经济体通过投资于另一经济体而实现其持久利益的目标。

对外承包工程 根据《对外承包工程管理条例》，对外承包工程是指中国的企业或者其他单位承包境外建设工程项目的活动。

对外劳务合作 指组织劳务人员赴其他国家或地区为国外的企业或机构工作的经营性活动。

入境游客 指报告期内来中国（大陆）观光、度假、探亲访友、就医疗养、购物、参加会议或从事经济、文化、体育、宗教活动的外国人、港澳台同胞等游客（即入境旅游人数）。统计时，入境游客按每入境一次统计1人次。入境旅游人数包括入境过夜游客和入境一日游游客。

国内游客 指报告期内在中国(大陆)观光游览、度假、探亲访友、就医疗养、购物、参加会议或从事经济、文化、体育、宗教活动的中国（大陆）居民人数，其出游的目的不是通过所从事的活动谋取报酬。统计时，国内游客按每出游一次统计1人次。

国际旅游(外汇)收入 指入境游客在中国（大陆）境内旅行、游览过程中用于交通、参观游览、住宿、餐饮、购物、娱乐等全部花费。

国内旅游收入(旅游总花费) 指国内游客在国内旅行、游览过程中用于交通、参观游览、住宿、餐饮、购物、娱乐等全部花费。

Explanatory Notes on Main Statistical Indicators

Total Import and Export of Goods refer to the real value of commodities imported and exported across the border of China. They include the actual imports and exports through foreign trade, imported and exported goods under the processing and assembling trades and materials, supplies and gifts as aid given gratis between governments and by the United Nations and other international organizations, and contributions donated by overseas Chinese, compatriots in Hong Kong and Macao and Chinese with foreign citizenship, leasing commodities owned by tenant at the expiration of leasing period, the imported and exported commodities processed with imported materials, commodities trading in border areas, the imported and exported commodities and articles for public use of the Sino-foreign joint ventures, cooperative enterprises and ventures with sole foreign investment. Also included is import or export of samples and advertising goods for which CIF or FOB value are beyond the permitted ceiling (excluding goods of no trading or use value and free commodities for export), imported goods sold in China from bonded warehouses and other imported or exported goods. The indicator of the total imports and exports at customs can be used to observe the total size of external trade in a country. In accordance with the stipulation of the Chinese government, imports are calculated at CIF, while exports are calculated at FOB.

Import or Export by Location of Importers/Exporters The location of importers or exporters refers to the place inside China's customs territory where the importers or exporters are registered.

Imports and Exports by Location of Domestic Consumers/ Producers The location of domestic consumers refers to the place inside China's customs territory where the imported goods are to be consumed, utilized or destined for. The location of domestic producers refers to the place inside China's customs territory where the exported goods are produced, manufactured or initially delivered.

Import and Export of Services refers to services provided between resident and non-resident units, including transportation, travel, construction, insurance, finance, telecommunications, computer and information, professional and management consultancy, intellectual property fee, personal, cultural or recreational services, maintenance and repair, processing, other business services, and government services.

Foreign Investment refers to investment in China by legal or natural persons of foreign countries and of HongKong, Macao and Taiwan, in the form of cash、physical assets、intangible assets and equity and others. Foreign direct investment refers to investment by investors from foreign countries and from HongKong, Macao and Taiwan in a non-listed company, or the investment of over 10 percent or more in a listed company.

Outward Direct Investment refers to the economic activities of domestic investors focussing on controlling the operation and management of overseas enterprises. The content of overseas direct investment mainly reflects goal of of lasting interest of one economic entity by investing in another economic entity.

Overseas Contracted Projects refer to activities of contracting overseas construction projects by Chinese enterprises or any other units, which are stipulated in the Regulations on Administration of Foreign Contracted Project.

Overseas Labour Services refer to operational activities of organizing labour force to go abroad providing services to foreign enterprises or agencies.

Overseas Visitor Arrivals refer to the number of tourists of foreigners, Chinese compatriots from Hong Kong, Macao and Taiwan who come to China (mainland) within the reference period for sight-seeing, vacation, visiting relatives, medical treatment, shopping, attending conference, or to engage in economic, cultural, sports and religious activities (namely the number of overseas visitor arrivals). In compiling statistics, each arrival is counted as one person-time. The number of overseas visitor arrivals includes inbound overnight tourists and one-day tourists.

Number of Domestic Tourists refers to the number of Chinese (mainland) residents who travel within China (mainland) for sight-seeing, vacation, visiting relatives, medical treatment, shopping, attending conference, or to engage in economic, cultural, sports and religious activities. In compiling statistics, each time of travelling is counted as one person-time.

Foreign Exchange Earnings from International Tourism refer to the total expenditure of foreigners, overseas Chinese, Chinese compatriots from Hong Kong, Macao and Taiwan during their stay in the mainland of China on transportation, sighting, accommodation, food, shopping and entertainment.

Income from Domestic Tourism refer to expenditure of domestic tourists on transportation, sighting, accommodation, food, shopping and entertainment while they travel.

09

能 源

Energy

资料整理人员：周 波 吕 燕 邹 晨 何 达

9-1 工业企业能源购进、消费及库存(2022年)
Energy Purchase, Consumption and Stock of Industry (2022)

指 标	Item	年初库存 Stock at the Beginning of the Year	购进量 实物量 Total Purchase	工业生产消费量 Industrial Production and Consumption	原材料 Material Use	年末库存 Stock at the End of the Year
能源合计 (吨标准煤)	**Total Energy (tce)**			**108318024**	**3214939**	
原煤 (吨)	Raw Coal (ton)	5149121	57125242	58405071	1304463	3918358
其中：无烟煤	Blind Coal	672822	7929388	8093189	384324	489903
炼焦烟煤	Coking Coal	14089	238185	233293		18939
一般烟煤	Generally Coal	4461806	48933220	50054368	920135	3409055
褐煤	Lignitous Coal	404	24449	24222	5	461
洗精煤(用于炼焦) (吨)	Cleaned Coal (Used in the Coking) (ton)	129791	8969728	8894652		204867
其他洗煤 (吨)	Other Washed Coal (ton)	40469	21225	20981		491
煤制品 (吨)	Coal Products (ton)	2870	34797	35280	1987	2371
焦炭 (吨)	Coke (ton)	318324	5460825	10084470	86923	101816
其他焦化产品 (吨)	Other Coking Products (ton)		2338	2338	2173	
焦炉煤气 (万立方米)	Coke Oven Gas (10 000 cu.m)		150076	259650		
高炉煤气 (万立方米)	High Oven Gas (10 000 cu.m)		1464071	3092116		
转炉煤气 (万立方米)	Converter Gas (10 000 cu.m)		128159	290041		
其他煤气 (万立方米)	Other Gas (10 000 cu.m)		22763	22763		
天然气(气态) (万立方米)	Natural Gas (10 000 cu.m)	1462	360285	217706	3010	2822
液化天然气(液态) (吨)	Liquefied Natural Gas (ton)	200	45249	37030		186
氢气 (万立方米)	Hydrogen (10 000 cu.m)	2	1504	1933	109	2
原油 (吨)	Crude Oil (ton)	214836	8273636	8294776		193695
汽油 (吨)	Gasoline (ton)	707	123553	122689	68	808
煤油 (吨)	Kerosene (ton)	985	12316	12305	312	6
柴油 (吨)	Diesel Oil (ton)	15331	303537	301165	1020	14867
燃料油 (吨)	Fuel Oil (ton)	7679	130064	132897	507	6364
液化石油气 (吨)	Liquefied Petroleum Gas (ton)	270	84884	97436	2402	158
炼厂干气 (吨)	Refinery Gas (ton)		118	329706	23274	
石脑油 (吨)	Naphtha (ton)					
润滑油 (吨)	Lubricating Oil (ton)	412	25233	25091	9027	591
石蜡 (吨)	Paraffin Wax (ton)	5	886	887	238	4
溶剂油 (吨)	Solvent Naphtha (ton)	236	4694	4754		219
石油焦 (吨)	Petroleum Coke (ton)	53478	526990	518933	177495	61459
石油沥青 (吨)	Petroleum Asphalt (ton)	11796	179203	179573	164531	10112
其他石油制品 (吨)	Other Petroleum Products (ton)	64789	1733411	2590889	1175427	28273
热力 (百万千焦)	Heat (million kilo-joule)		17980217	57476631		
电力 (万千瓦时)	Electricity (10 000 kwh)		8717458	10442668		
煤矸石(用于燃料) (吨)	Coal Gangue (Used for Fuel) (ton)	93271	2687653	2641934		131242
城市生活垃圾(用于燃料) (吨)	Municipal Solid Waste (Used for Fuel)(ton)	115014	6864387	8253115		92082
生物质能(用于燃料) (吨标准煤)	Biomass Energy (Used for Fuel) (tce)	20282	1716780	1717458		29423
余热余压 (百万千焦)	Waste Heat And Excess Pressure (million kilo-joule)		26626862	50515797		
工业废料(用于燃料) (吨)	Industrial Waste (Used for Fuel) (ton)		54312	54312		
其他燃料 (吨标准煤)	Other Fuel (tce)	301	304792	283856	40	655

注：本表统计范围为年主营业务收入2000万元及以上的工业企业。

All Industry corporation enterprises with an annual sales income of over 20 million yuan.

9-2 工业企业能源加工转换与回收利用(2022年)

指 标		Item		工业生产消费量 For Production	加工转换投入合计 Input& Output of Transfor-mation	火力发电 Thermal Power
能源合计	**(吨标准煤)**	**Total Energy**	**(tce)**	**88781898**	**58017132**	**31920983**
原煤	(吨)	Raw Coal	(ton)	54412680	41922368	37146484
其中：无烟煤		Blind Coal		6945889	4475872	3930822
炼焦烟煤		Coking Coal		96136		
一般烟煤		Generally Coal		47370655	37446496	33215662
褐煤		Lignitous Coal				
洗精煤(用于炼焦)	(吨)	Cleaned Coal (Used in the Coking)	(ton)	8894652	8894652	
其他洗煤	(吨)	Other Washed Coal	(ton)			
煤制品	(吨)	Coal Products	(ton)			
焦炭	(吨)	Coke	(ton)	9607257		
其他焦化产品	(吨)	Other Coking Products	(ton)			
焦炉煤气	(万立方米)	Coke Oven Gas	(10 000 cu.m)	242335	96387	66045
高炉煤气	(万立方米)	High Oven Gas	(10 000 cu.m)	3007558	1403209	1237140
转炉煤气	(万立方米)	Converter Gas	(10 000 cu.m)	266042	104159	86686
其他煤气	(万立方米)	Other Gas	(10 000 cu.m)			
天然气(气态)	(万立方米)	Natural Gas	(10 000 cu.m)	40287	14441	152
液化天然气(液态)	(吨)	Liquefied Natural Gas	(ton)	14866		
氢气	(万立方米)	Hydrogen	(10 000 cu.m)	411	410	410
原油	(吨)	Crude Oil	(ton)	8291567	8283043	
汽油	(吨)	Gasoline	(ton)	231		
煤油	(吨)	Kerosene	(ton)	44		
柴油	(吨)	Diesel Oil	(ton)	32337	4190	4152
燃料油	(吨)	Fuel Oil	(ton)	66543	54348	2029
液化石油气	(吨)	Liquefied Petroleum Gas	(ton)	17971		
炼厂干气	(吨)	Refinery Gas	(ton)	329588	21138	3947
石脑油	(吨)	Naphtha	(ton)			
润滑油	(吨)	Lubricating Oil	(ton)	4490	215	215
石蜡	(吨)	Paraffin Wax	(ton)			
溶剂油	(吨)	Solvent Naphtha	(ton)			
石油焦	(吨)	Petroleum Coke	(ton)	282164	108031	38043
石油沥青	(吨)	Petroleum Asphalt	(ton)			
其他石油制品	(吨)	Other Petroleum Products	(ton)	2516605	954786	12708
热力	(百万千焦)	Heat	(million kilo-joule)	41088958	7967482	7967482
电力	(万千瓦时)	Electricity	(10 000 kwh)	3006572		
煤矸石(用于燃料)	(吨)	Coal Gangue (Used for Fuel)	(ton)	398417	379772	379772
城市生活垃圾(用于燃料)	(吨)	Municipal Solid Waste (Used for Fuel)	(ton)	8253115	8145643	8145643
生物质能(用于燃料)	(吨标准煤)	Biomass Energy (Used for Fuel)	(tce)	457063	432603	419191
余热余压	(百万千焦)	Waste Heat And Excess Pressure	(million kilo-joule)	49649870	35531362	35531362
工业废料(用于燃料)	(吨)	Industrial Waste (Used for Fuel)	(ton)	2912	2912	2912
其他燃料	(吨标准煤)	Other Fuel	(tce)	21525		

注：本表统计范围为辖区内有能源加工转换活动或回收利用的规模以上工业法人单位。

The statistical scope of this table is for industrial enterprises above designated size that have energy processing conversion activities or recycling in their jurisdiction.

Energy Processing, Conversion and Recycling in Industrial Enterprises (2022)

供 热 Heating Supply	原煤入洗 Coal Washing	炼 焦 Coking	炼油及煤制油 Petroleum Refineries	制气 Gas Works	天然气液 化 Natural Gas Liquefaction	加 工煤制品 Coal Processing	能源加工转换产出 Energy Processing Conversion	回收利用 Recycling
2417126	**1684942**	**8625205**	**13368876**				**37534781**	**6218913**
2501040	2274844							
106961	438089							
2394079	1836755							
		8894652					936234	
							498861	
							6620741	
							374416	
30342							265002	
166069								3085404
17473								290776
4370			9919					
								352
			8283043					
							2833936	
							639300	
38							2339337	
1319			51000				239991	
							843032	
7654			9537				365468	
							169532	
69988							327832	
							201	
			942078				1281739	
							58357914	
							10184854	
							45724	
13413								
								48067421

9-3 主要能源按工业行业分组工业生产消费量(2022年)

指 标	Item	原煤 (吨) Raw Coal (ton)	洗精煤 (用于炼焦) (吨) Cleaned Coal(Used in the Coking) (ton)	其他洗煤 (吨) Other Washed Coal (ton)
煤炭开采和洗选业	Mining and Washing of Coal	1874423		
黑色金属矿采选业	Mining of Ferrous Metal Ores	8060		
有色金属矿采选业	Mining of Non-ferrous Metal Ores	5439		
非金属矿采选业	Mining and Processing of Nonmetal Ores	315992		
开采专业及辅助性活动	Professional and Support Activities for Mining			
农副食品加工业	Processing of Food from Agricultural Products	95533		
食品制造业	Manufacture of Foods	171351		
酒、饮料和精制茶制造业	Manufacture of Liquor, Beverage and Refined Tea	73073		
烟草制品业	Manufacture of Tobacco			
纺织业	Manufacture of Textile	37315		
纺织服装、服饰业	Manufacture of Textile Wearing and Clothing Apparel	1798		
皮革、毛皮、羽毛及其制品和制鞋业	Leather, Fur, Feather and Its Products and Footwear	7782		
木材加工和木、竹、藤、棕、草制品业	Processing of Timbers,Manufacture of Wood, Bamboo, Rattan, Palm and Straw Products	34805		
家具制造业	Manufacture of Furniture	356		
造纸和纸制品业	Manufacture of Paper and Paper Products	885246		
印刷和记录媒介复制业	Printing,Reproduction of Recording Media	3697		
文教、工美、体育和娱乐用品制造业	Manufacture of Articles for Culture,Education and Sport Activity	1992		
石油、煤炭及其他燃料加工业	Processing of Petroleum, Coal and Other Fuels	2967493	2834581	
化学原料和化学制品制造业	Manufacture of Chemical Raw Material and Chemical Products	820491		1631
医药制造业	Manufacture of Medicines	50346		
化学纤维制造业	Manufacture of Chemical Fiber	80566		
橡胶和塑料制品业	Manufacture of Rubber and Plastic	13235		
非金属矿物制品业	Manufacture of Non-metallic Mineral Products	9620413		11435
黑色金属冶炼和压延加工业	Manufacture and Processing of Ferrous Metals	3595403	6060071	2837
有色金属冶炼和压延加工业	Manufacture and Processing of Non-ferrous Metals	366075		5078
金属制品业	Manufacture of Metal Products	16755		
通用设备制造业	Manufacture of General Purpose Machinery	5428		
专用设备制造业	Manufacture of Special Purpose Machinery	17966		
汽车制造业	Automobile Industry	645		
铁路、船舶、航空航天和其他运输设备制造业	Manufacture of Railway,Marine,Aerospace and Other Transport Equipment	3204		
电气机械和器材制造业	Manufacture of Electrical Machinery and Equipment	42998		
计算机、通信和其他电子设备制造业	Manufacture of Communication Equipment, Computer and Other Electronic Equipment	2462		
仪器仪表制造业	Manufacture of Measuring Instrument	13386		
其他制造业	Other Manufacture	508		
废弃资源综合利用业	Utilization of Waste Resources	44349		
金属制品、机械和设备修理业	Mental Products,Machine and Equipment Repair			
电力、热力生产和供应业	Production and Supply of Electric Power and Heat Power	37154031		
燃气生产和供应业	Production and Distribution of Gas	72419		
水的生产和供应业	Production and Distribution of Water	36		

注：本表统计范围为年主营业务收入2000万元及以上的工业企业。
All Industry corporation enterprises with an annual sales income of over 20 million yuan.

Major Energy Sources are Grouped by Industrial Sector Industrial Production and Consumption (2022)

煤制品（吨）Coal Products (ton)	焦炭（吨）Coke (ton)	其他焦化产品（吨）Other Coking Products (ton)	焦炉煤气（万立方米）Coke Oven Gas (10 000 cu.m)	高炉煤气（万立方米）High Oven Gas (10 000 cu.m)	天然气（万立方米）Natural Gas (10 000 cu.m)	原油（吨）Crude Oil (ton)	汽油（吨）Gasoline (ton)	煤油（吨）Kerosene (ton)	柴油（吨）Diesel Oil (ton)	燃料油（吨）Fuel Oil (ton)
					340		107		1877	
	8543						48		801	
					658		399	317	6760	
	653						1406	10	50514	305
35	233				8956		7386		9399	260
134					7368		21491		6083	951
48	11	165			2814		1600		699	55
					2478		17		2515	
	3225				1296		229	3	406	
					268		195		178	
					543	4	150	1	713	
	95				72		4793		6097	
					907		892		1060	
					1453		437		814	
					575		629		1277	
100					391		161		210	
			20028	43235	10030	8291567	83		1058	64683
21463	110278				18734		3403	15	7338	7581
					6575		2845		2345	
					145		2		920	18027
	38				3498	106	8248		7436	
5510	12447	2173	1200	66829	49370		33434	467	111849	31724
	9639287		143202	1650159	14044		32	26	7546	
7128	252657				27927	3099	2213	3	10873	6150
388	37306			274	8014		6203	828	8223	21
	1112				2668		2554	2260	10373	173
16	92				4353		7038	7537	7560	2
	402				12553		2641		5278	10
					1563		2496	4	5237	6
					6443		2277	632	6996	538
					3771		3252		4607	60
					245		3736		195	
					378		457	200	393	
460	18092			168	2709		488		5859	491
			109				18		205	
			95110	1331451	5038		479	3	6521	1860
					10875		301		355	
					652		546		598	

9-3 续表 Continued

指标	Item	液化石油气（吨）Liquefied Petroleum Gas (ton)	其他石油制品（吨）Other Petroleum Products (ton)	热力（百万千焦）Heat (million kilo-joule)	电力（万千瓦时）Electricity (10 000 kwh)	其他燃料（吨标准煤）Other Fuel (tce)
煤炭开采和洗选业	Mining and Washing of Coal				45624	1397
黑色金属矿采选业	Mining of Ferrous Metal Ores				17314	
有色金属矿采选业	Mining of Non-ferrous Metal Ores				112315	502
非金属矿采选业	Mining and Processing of Nonmetal Ores			5999066	97257	358
开采专业及辅助性活动	Professional and Support Activities for Mining					
农副食品加工业	Processing of Food from Agricultural Products	824		799934	295084	29985
食品制造业	Manufacture of Foods	119		4593242	119970	5429
酒、饮料和精制茶制造业	Manufacture of Liquor, Beverage and Refined Tea	25		268724	81676	12621
烟草制品业	Manufacture of Tobacco				21569	5026
纺织业	Manufacture of Textile		3051	610190	96621	4450
纺织服装、服饰业	Manufacture of Textile Wearing and Clothing Apparel				27400	5
皮革、毛皮、羽毛及其制品和制鞋业	Leather, Fur, Feather and Its Products and Footwear			36020	60177	2726
木材加工和木、竹、藤、棕、草制品业	Processing of Timbers,Manufacture of Wood, Bamboo, Rattan, Palm and Straw Products	439		2588	63999	49337
家具制造业	Manufacture of Furniture				26118	4907
造纸和纸制品业	Manufacture of Paper and Paper Products	702		6001532	209295	11006
印刷和记录媒介复制业	Printing,Reproduction of Recording Media		1575	213702	57956	8840
文教、工美、体育和娱乐用品制造业	Manufacture of Articles for Culture,Education and Sport Activity			10527	47262	5761
石油、煤炭及其他燃料加工业	Processing of Petroleum, Coal and Other Fuels	19775	2446562	20462653	281683	759
化学原料和化学制品制造业	Manufacture of Chemical Raw Material and Chemical Products	3544	42310	2861735	775468	19058
医药制造业	Manufacture of Medicines		3868	1429004	110088	2442
化学纤维制造业	Manufacture of Chemical Fiber			22185	42298	7429
橡胶和塑料制品业	Manufacture of Rubber and Plastic	250	12276	375532	142559	287
非金属矿物制品业	Manufacture of Non-metallic Mineral Products	56884	77353	74528	1276828	94745
黑色金属冶炼和压延加工业	Manufacture and Processing of Ferrous Metals			743905	1433263	14765
有色金属冶炼和压延加工业	Manufacture and Processing of Non-ferrous Metals	1	1	3638731	630786	
金属制品业	Manufacture of Metal Products	780	16	6218	395654	123
通用设备制造业	Manufacture of General Purpose Machinery	460	844	17792	209815	282
专用设备制造业	Manufacture of Special Purpose Machinery		465		162851	487
汽车制造业	Automobile Industry	13	658		196664	
铁路、船舶、航空航天和其他运输设备制造业	Manufacture of Railway,Marine,Aerospace and Other Transport Equipment	2			56848	
电气机械和器材制造业	Manufacture of Electrical Machinery and Equipment	480		793374	266693	245
计算机、通信和其他电子设备制造业	Manufacture of Communication Equipment, Computer and Other Electronic Equipment	1		385252	772000	795
仪器仪表制造业	Manufacture of Measuring Instrument		1779	465	15825	
其他制造业	Other Manufacture	13134			21326	
废弃资源综合利用业	Utilization of Waste Resources	3			59763	89
金属制品、机械和设备修理业	Mental Products,Machine and Equipment Repair				1434	
电力、热力生产和供应业	Production and Supply of Electric Power and Heat Power		130	8093445	2028001	
燃气生产和供应业	Production and Distribution of Gas				9480	
水的生产和供应业	Production and Distribution of Water			36287	172149	

9-4 主要用能工业企业单位产品能源消耗情况
Unit Product Energy Consumption of Industry

单位：千克标准煤 / 吨 (kgce / ton)

指 标	Item	2021	2022
机制纸及纸板综合能耗	Total Energy Consumption of Machine-Made Paper and Paperboard	522.59	461.49
万米印染布综合能耗 （千克标准煤 / 万米）	Total Energy Consumption of Dyed Cloth/10 000m (kgce/10 000m)		
炼焦工序单位能耗	Energy Consumption of Coking Process/unit	109.71	104.30
原油加工单位综合能耗 （千克标准油 / 吨）	Total Energy Consumption of Crude Oil Processing/unit (kg SO/ton)	63.10	65.47
单位烧碱生产综合能耗 （离子膜法 30%）	Total Energy Consumption of Caustic Soda Production/unit (Diaphragm Process 30%)		576.79
联碱法纯碱双吨产品生产综合能耗	Total Energy Consumption of Soda Production/double tons	149.04	177.97
单位合成氨生产综合能耗	Total Energy Consumption of Synthetic Ammonia/unit	1456.85	1446.32
吨水泥熟料综合能耗	Total Energy Consumption of Cement/ton	105.93	103.61
吨水泥综合能耗	Total Energy Consumption of Cement Per Ton	87.30	86.21
每重量箱平板玻璃综合能耗 （千克标准煤 / 重量箱）	Total Energy Consumption of Plate Glass/weight box (kgce/weight case)	10.62	10.95
吨钢综合能耗	Total Energy Consumption of Steel/ton	482.57	473.03
炼铁工序单位能耗	Unit Energy Consumption of Iron Refining Process	382.86	389.04
铁矿烧结工序单位能耗	Unit Energy Consumption of Iron Ore Sintering Process	46.78	51.21
转炉炼钢综合工序单位能耗	Unit Energy Consumption of Converter Steelmaking Process	-2.32	-3.82
电炉炼钢综合工序单位能耗	Unit Energy Consumption of Electric Furnace Steelmaking Process	52.19	54.17
锰硅合金工序单位能耗 （千克标准煤 / 标准吨）	Unit Energy Consumption of Silicomanganese Alloy Process (kgce/standard ton)	445.05	614.46
轧钢工序单位能耗	Unit Energy Consumption of Steel Rolling Process	50.57	51.15
吨钢耗新水 （吨 / 吨）	New Water Consumption of Steel/ton (ton/ton)	2.77	3.49
吨铜加工材消耗能源量	Total Energy Consumption of Copper Refining/unit	664.15	578.42
单位粗铅综合能耗	Total Energy Consumption of Crude Lead/unit	249.36	231.19
单位铅冶炼综合能耗	Total Energy Consumption of Lead Refining/unit	433.03	430.89
单位精锌（电锌）综合能耗	Total Consumption of Refined Zinc (Electrolytic Zinc)/unit		
吨铝加工材消耗能源量	Energy Consumption of Aluminium Processing Material/ton	465.27	502.31
电厂火力发电标准煤耗 （克标准煤 / 千瓦时）	Standard Coal Consumption of Thermal Power Generation in the Power Plant (gce/kwh)	298.00	300.59
电厂火力供电标准煤耗 （克标准煤 / 千瓦时）	Standard Coal Consumption of Thermal Power Supply in the Power Plant (gce/kwh)	311.92	317.10

9–5 规模工业企业水消费
Water Consumption of Scale Industry

单位：万立方米 (10 000 cu.m)

项 目	Item	2018	2019	2020	2021	2022
取水总量	**the Total Amount of Water Intake**	**386225.28**	**396468.75**	**420190.27**	**439760.69**	**455944.10**
地表水	Surface Water	334983.43	346370.76	362370.45	383870.28	399421.15
地下水	Groundwater	15126.50	15161.22	15514.34	13545.48	13340.67
自来水	Tap Water	34449.51	33265.97	39850.35	39169.28	40010.89
其他水	Other Water	830.16	813.88	860.16	650.02	494.03
重复用水	Repeated Water	599480.18	615880.04	605700.97	641704.51	761874.45
污水处理量	Quantity of Sewage Treatment	108076.13	156966.68	169435.90	183149.47	192199.00

注：根据国家新修订的报表制度，水、火电企业用于冷却机组的河湖海冷却用水（包括循环冷却用水和直抽直排冷却用水）不计入取水量。

According to the new revision of the reporting system, thermal power enterprises for the rivers and lakes water cooling water cooling unit (including circulating cooling water and cooling water straight pulling straight row) are not included in the water.

9–6 能源消耗指标
Indicators of Energy Consumption

项 目	Item	2018	2019	2020	2021	2022
单位 GDP 能耗上升或下降 （±%）	Energy Consumption of Unit GDP Increase or Decrease (±%)	−5.17	−4.29	−1.98	−3.50	−3.60
能源消费总量增速 （%）	Total Energy Consumption Growth (%)	2.26	2.94	1.71	3.90	0.70
单位 GDP 电耗上升或下降 （±%）	Electric Power Consumption of Unit GDP Increase or Decrease (±%)	2.33	−0.68	−0.28	3.70	−0.70

注：2022 年单位 GDP 能耗上升或下降 、单位 GDP 电耗上升或下降根据当年能源消费增速、电耗增速与按 2020 年可比价计算的 GDP 增速相比较取得。2016–2020 年单位 GDP 能耗上升或下降、单位 GDP 电耗上升或下降根据当年能源消费增速、电耗增速与按 2015 年可比价计算的 GDP 增速相比较取得。2016–2018 年单位 GDP 能耗上升或下降、能源消费总量增速、单位 GDP 电耗上升或下降根据第四次全国经济普查调查结果进行了修订。

The rise or fall in energy consumption per unit of GDP and the rise or fall in power consumption per unit of GDP in 2022 are obtained by comparing the growth rate of energy consumption and power consumption with the GDP growth rate calculated at comparable prices in 2020. The rise or fall in energy consumption per unit of GDP and the rise or fall in power consumption per unit of GDP from 2016 to 2020 are obtained by comparing the growth rate of energy consumption and power consumption with the GDP growth rate calculated at comparable prices in 2015. The rise or fall in energy consumption per unit of GDP, the growth rate of total energy consumption, and the rise or fall of electricity consumption per unit of GDP from 2016 to 2018 were revised based on the results of the fourth National Economic Census.

9-7 非工业主要耗能单位综合能源消费量

Comprehensive Energy Consumption of Non-industrial Major Energy Consuming Units

单位：吨标准煤 (tce)

指 标	Item	2021	2022
消费合计	**Total Energy**	**1568999.77**	**1559748.42**
按国民经济行业分组	**By Sector**		
建筑业	Construction	932997.74	951388.55
批发和零售业	Wholesale and Retail Trade	5616.70	3142.42
交通运输、仓储和邮政业	Traffic,Transport, Storage and Post	406021.42	354308.25
住宿和餐饮业	Hotels and Catering Services	6477.58	5537.11
信息传输、软件和信息技术服务业	Information Transfer ,Computer Services and Software	217340.89	244838.35
金融业	Finance		
房地产业	Real Estate Trade		
租赁和商务服务业	Tenancy and Business Services		
科学研究和技术服务业	Scientific Research, Technical Service	545.44	533.74
水利、环境和公共设施管理业	Management of Water Conservancy Environment and Public Establishment		
居民服务、修理和其他服务业	Resident Services and Other Services		
教育	Education		
卫生和社会工作	Sanitation,Social Security		
按登记注册类型	**Grouped by Registration**		
内资企业	Internal-invested Enterprises	1539070.42	1524221.42
港澳台商投资	Enterprises With Investment From Hong Kong, Macao and Taiwan	26133.00	32384.58
外商投资	Enterprises With Foreign Investment	3796.35	3142.42
国有控股	**State Controlling Share Hold Enterprises**	**1141487.64**	**1182111.54**

注：本表统计范围为年耗能3000吨标准煤以上的非工业企业。
The range of statistics is more than 3000 tons of standard coal consumption per year of non-industrial enterprises.

主要统计指标解释

一次能源生产总量 指一定时期内，全国一次能源生产量的总和。该指标是观察全国能源生产水平、规模、构成和发展速度的总量指标。包括：原煤、原油、天然气、水电、核能及其他动力能（如风能、地热能等）发电量等，不包括低热值燃料生产量和由一次能源加工转换而成的二次能源产量。

能源消费总量 指一定地域内，国民经济各行业和居民家庭在一定时期内消费的各种能源的总和。包括：原煤、原油、天然气、水能、核能、风能、太阳能、地热能、生物质能等一次能源；一次能源通过加工转换产生的洗煤、焦炭、煤气、电力、热力、成品油等二次能源和同时产生的其他产品；其他化石能源、可再生能源和新能源。其中水能、风能、太阳能、地热能、生物质能等可再生能源，是指人们通过一定技术手段获得的，并作为商品能源使用的部分。在核算过程中，一次能源、二次能源消费不能重复计算。能源消费总量分为终端能源消费量、能源加工转换损失量和能源损失量三部分。

(1) 终端能源消费量：指一定时期内，用于消费（而非用于加工转换产出其他能源）的各种能源之和。

(2) 能源加工转换损失量：指一定时期内，全国投入加工转换的各种能源数量之和与产出各种能源产品之和的差额。该指标是观察能源在加工转换过程中损失量变化的指标。

(3) 能源损失量：指一定时期内，能源在输送、分配、储存过程中发生的损失和由客观原因造成的各种损失量，不包括各种气体能源放空、放散量。

单位国内生产总值能耗 指一定时期内，一个国家或地区每生产一个单位的国内生产总值所消耗的能源。计算公式为：

$$\text{单位国内生产总值能源} = \frac{\text{能源消费总量}}{\text{国内生产总值}}$$

单位国内生产总值电耗 指一定时期内，一个国家或地区每生产一个单位的国内生产总值所消耗的电力。计算公式为：

$$\text{单位国内生产总值电耗} = \frac{\text{全社会用电量}}{\text{国内生产总值}}$$

单位工业增加值能耗 指一定时期内，一个国家或地区每生产一个单位的工业增加值所消耗的能源。计算公式为：

$$\text{单位工业增加值能耗} = \frac{\text{工业能源消费量}}{\text{工业增加值}}$$

Explanatory Notes on Main Statistical Indicators

Total Primary Energy Production refers to the total production of primary energy in a given period of time. It is a comprehensive indicator to show the level, scale, composition and growth of energy production of the country. It includes that of coal, crude oil, natural gas, hydropower and electricity generated by nuclear energy and other means such as wind power and geothermal power, etc. However, it does not include the production of fuels of low calorific value and secondary energy converted from primary energy.

Total Energy Consumption refers to the total consumption of energy of various kinds by the production sectors of the economy and the households in a given period of time. It includes primary energy such as coal, crude oil, natural gas, hydropower, nuclear power, wind power, solar power, geothermal power and bio-energy; the secondary energy and their products which are transformed from the primary energy such as washed coal, coke, coal gas, electricity, heating, and petroleum products; and other kinds of fossil energy, renewable energy and new energy. The renewable energy refers to the part of renewable energy that is attained with some given technical means and used for commercial purposes, including hydropower, wind power, solar power, geothermal power and bio-energy. In the process of accounting, there should be no double or multiple counting between and primary and the secondary accounting. Total energy consumption can be divided into three parts: final energy consumption; loss during the process of energy transformation; and other losses.

(1) Final Energy Consumption: It refers to the consumption of various kinds of energy in a given period of time, not involving the energy consumed for transformation.

(2) Losses During the Process of Energy Transformation: It refers to the total input of various kinds of energy for transformation, minus the total output of various kinds of energy products in a given period of time. It is an indicator to show the losses that occurs during the process of energy transformation.

(3) Other Losses: It refers to the total of the losses of energy during the course of energy transport, distribution and storage and the losses caused by any objective reason in a given period of time. The losses of various kinds of gas due to gas discharges and stocktaking is not included.

Energy Consumption per Unit of GDP refers to the energy consumption per unit of Gross Domestic Product in a country or the Gross Regional Product in a region in the same reference period. The formula is:

$$\text{Energy Consumption per Unit of GDP} = \frac{\text{Total Energy Consumption}}{\text{Gross Domestic Product}}$$

Electricity Consumption per Unit of GDP refers to the electricity consumption per unit of Gross Domestic Product in a country or the Gross Regional Product in a region in the same reference period. The formula is:

$$\text{Electricity Consumption per Unit of GDP} = \frac{\text{Total Electricity Consumption}}{\text{Gross Domestic Product}}$$

Energy Consumption per Unit of Industrial Value-added refers to the energy consumption per unit of indu- strial value-added in a country or region in the same reference period. The formula is:

$$\text{Energy Consumption per Unit of Industrial Value-added} = \frac{\text{Total Energy Consumption}}{\text{Industrial Value-added.}}$$

10

财政、金融和保险

Government Finance, Banking and Insurance

资料整理人员：廖闻菲

10-1 财政、金融和保险
Government Finance, Banking and Insurance

单位：亿元 (100 million yuan)

年份 Year	地方一般公共预算收入 General Public Budget Revenue	一般公共预算支出 Public Budgetary Expenditure	金融机构人民币存款余额 Deposits of Financial Institutions	金融机构人民币贷款余额 Loans of Financial Institutions	全年各项保费收入 Premiums Institutions
1950	2.15	0.79	0.44	0.05	
1951	3.15	1.12	1.18	0.21	
1952	4.07	2.06	1.76	0.31	
1953	4.13	2.08	2.12	1.60	
1954	4.91	2.93	3.01	4.02	
1955	4.73	2.24	3.44	7.40	
1956	5.23	3.14	2.52	8.45	
1957	5.53	3.22	3.13	8.90	
1958	10.47	8.40	7.60	16.62	
1959	13.40	11.09	12.82	26.53	
1960	15.17	14.07	13.37	30.98	
1961	8.50	9.21	13.10	27.64	
1962	8.77	4.22	11.00	25.19	
1963	8.09	5.01	10.41	21.92	
1964	9.12	6.88	10.33	19.87	
1965	10.05	7.00	11.53	21.40	
1966	10.96	9.06	12.53	24.07	
1967	8.86	8.31	13.82	26.84	
1968	6.92	6.24	14.32	30.24	
1969	9.81	9.34	14.38	32.19	
1970	14.95	10.84	26.24	35.92	
1971	17.71	12.33	28.24	38.16	
1972	18.43	14.61	28.10	39.51	
1973	21.72	15.07	34.00	44.75	
1974	13.89	15.40	27.53	45.23	
1975	18.27	15.92	34.00	48.33	
1976	16.02	15.85	31.21	50.55	
1977	20.88	16.41	35.84	55.25	
1978	27.98	24.46	38.64	64.46	
1979	28.63	25.17	47.38	72.85	
1980	29.86	23.71	58.08	87.34	
1981	31.40	21.39	67.79	99.70	
1982	30.33	23.26	76.08	112.58	
1983	29.27	25.31	88.47	124.10	
1984	32.85	30.04	115.03	151.59	
1985	39.19	40.09	118.84	159.73	
1986	47.65	54.29	157.51	201.04	
1987	54.38	55.93	192.89	239.39	
1988	56.54	64.89	325.74	366.49	
1989	68.86	74.23	395.60	428.29	

10-1 续表 Continued

单位：亿元 (100 million yuan)

年份 Year	地方一般公共预算收入 General Public Budget Revenue	一般公共预算支出 Public Budgetary Expenditure	金融机构人民币存款余额 Deposits of Financial Institutions	金融机构人民币贷款余额 Loans of Financial Institutions	全年各项保费收入 Premiums Institutions
1990	70.07	80.08	369.96	517.90	3.15
1991	80.52	88.58	472.10	631.07	3.69
1992	92.78	99.10	595.10	776.79	5.46
1993	127.56	132.03	738.86	944.40	7.15
1994	85.89	151.49	1107.80	1263.11	12.23
1995	108.16	173.94	1389.05	1494.03	16.17
1996	130.36	217.74	1748.61	1880.94	21.03
1997	137.16	230.82	1769.91	2123.00	30.74
1998	156.77	273.64	2110.71	2274.41	34.47
1999	166.50	313.12	2539.75	2408.36	42.30
2000	177.04	347.83	2874.75	2403.39	59.91
2001	205.41	431.70	3342.91	2787.92	56.09
2002	231.15	533.02	3923.17	3227.46	87.22
2003	268.65	573.75	4669.00	3796.31	103.70
2004	320.63	719.54	5500.47	4258.03	115.81
2005	395.27	873.42	6498.23	4509.09	127.17
2006	477.93	1064.52	7719.43	5173.87	147.82
2007	606.55	1357.03	9083.27	6037.40	201.31
2008	722.71	1765.22	10895..49	6989.42	312.49
2009	847.62	2210.44	13948.00	9369.81	348.45
2010	1081.69	2702.47	16553.78	11303.76	438.53
2011	1517.07	3520.76	19334.70	13186.68	443.53
2012	1782.16	4119.00	23037.07	15336.52	465.11
2013	2030.88	4690.89	26756.64	17774.99	508.57
2014	2262.79	5017.38	30073.36	20356.39	587.73
2015	2515.43	5728.72	36009.09	23738.58	712.18
2016	2697.88	6339.16	41694.54	27215.51	886.46
2017	2757.82	6869.39	46437.72	31532.69	1110.18
2018	2860.84	7479.61	48697.54	36211.75	1255.07
2019	3007.15	8034.42	52312.47	42159.45	1396.12
2020	3008.66	8403.13	57479.96	49165.68	1513.06
2021	3250.69	8325.50	62339.85	55508.70	1508.75
2022	3101.76	8991.61	69770.07	62072.08	1613.74

注：根据国家金融监督管理总局统计标准，2022年全省保费收入不包含风险处置中机构的数据（后表同）。

According to the statistical standards of the State Financial Supervision and Administration, the premium income of the province in 2022 does not contain the data of institutions in risk disposal.(The following table is the same).

10–2 财政收支基本情况
Government Financial Revenue and Expenditure

单位：亿元 (100 million yuan)

年份 Year	地方一般公共预算收入 General Public Budget Revenue	税收收入 Taxes Revenue	非税收入 Revenue form Enterprises	一般公共预算支出 Public Budgetary Expenditure	一般公共服务 General Public Services	社会保障和就业 Social Security and Employment
1978	27.98	17.17	9.68	24.46	7.62	3.57
1979	28.63			25.17		
1980	29.86	19.53	9.58	23.71	4.86	3.44
1981	31.40			21.39		
1982	30.33	24.48	5.11	23.26	3.12	2.95
1983	29.27	26.16	2.25	25.31	3.48	3.26
1984	32.85	29.12	2.74	30.04	4.43	3.21
1985	39.19	36.83	1.61	40.09	4.60	4.01
1986	47.65	42.26	4.08	54.29	5.80	4.52
1987	54.38	48.36	4.37	55.93	4.65	3.09
1988	56.54	54.25	–0.47	64.89	5.21	5.88
1989	68.86	64.88	–1.48	74.23	5.44	6.91
1990	70.07	67.33	–3.70	80.08	5.60	8.17
1991	80.52	74.14	–0.91	88.58	6.16	8.81
1992	92.78	84.90	–0.78	99.10	6.23	9.86
1993	127.56	116.31	–0.66	132.03	7.73	12.89
1994	85.89	65.04	2.70	151.49	7.89	13.74
1995	108.16	78.05	2.74	173.94	9.65	14.55
1996	130.36	88.00	2.30	217.74	13.33	17.09
1997	137.16	105.75	2.72	230.82	13.78	17.66
1998	156.77	102.95	3.63	273.64	28.75	22.16
1999	166.50	105.50	6.04	313.12	37.66	21.49
2000	177.04	111.57	8.60	347.83	38.08	22.15
2001	205.41	124.45	19.35	431.70	39.40	25.55
2002	231.15	148.61	14.16	533.02	58.26	40.59
2003	268.65	173.15	14.69	573.75	51.40	36.21
2004	320.63	218.70	21.99	719.54	46.48	74.13
2005	395.27	267.87	32.67	873.42	74.98	71.91
2006	477.93	322.74	155.19	1064.52	72.67	84.32
2007	606.55	410.66	195.89	1357.03	256.59	220.98
2008	722.71	486.31	236.40	1765.22	295.56	310.31
2009	847.62	568.27	279.34	2210.44	336.07	360.75
2010	1081.69	730.84	350.85	2702.48	367.20	396.40
2011	1517.07	915.40	601.67	3520.76	466.74	484.44
2012	1782.16	1110.74	671.42	4119.00	550.26	525.71
2013	2030.88	1299.15	731.73	4690.89	628.45	625.94
2014	2262.79	1438.52	824.27	5017.38	627.24	661.97
2015	2515.43	1527.52	987.91	5728.72	634.17	779.84
2016	2697.88	1551.33	1146.56	6339.16	675.95	874.41
2017	2757.82	1759.13	998.69	6869.39	747.05	1017.90
2018	2860.84	1959.67	901.18	7479.61	797.30	1095.57
2019	3007.15	2061.96	945.19	8034.42	850.66	1160.33
2020	3008.66	2057.98	950.69	8403.13	861.15	1300.22
2021	3250.69	2245.99	1004.70	8325.50	820.29	1312.65
2022	3101.76	2004.46	1097.30	8991.61	841.91	1441.66

注：2007 年起，“基本建设支出”指标更改为“一般公共服务”，“支援农村生产支出及农业事业费”指标更改为“社会保障和就业”。

From 2007,the index of" expenditure for capital construction" has been changed into general public services and "expenditure for supporting agricultural production and agricultural expense" changed into "social security programs and employment".

10−3 财政收入（2022年）
Government Financial Revenue (2022)

项　目	Item	财政收入（亿元） Financial Revenue (100 million yuan)
地方一般公共预算收入	**General Public Budget Revenue**	**3101.76**
税收收入	**Tax Revenue**	**2004.46**
增值税	Domestic Value-added Tax	541.50
企业所得税	Corporate Income Tax	234.26
个人所得税	Individual Income Tax	101.53
资源税	Resources Tax	17.73
城市维护建设税	City Maintenance and Construction Tax	142.63
房产税	House Property Tax	108.80
印花税	Stamp Tax	43.16
城镇土地使用税	Urban Land Use Tax	78.98
土地增值税	Land Appreciation Tax	321.88
车船税	Tax on Vehicles and Boat Operation	35.74
耕地占用税	Farm Land Occupation Tax	68.31
契税	Deed Tax	293.44
烟叶税	Tobacco Leaf Tax	11.70
环境保护税	Environment Protection Tax	4.12
其他税收收入	Other Tax Revenue	0.69
非税收入	**Non-tax Revenue**	**1097.30**
专项收入	Special Program Receipts	232.83
行政事业性收费收入	Charge of Administrative and Institutional Units	148.29
罚没收入	Penalty Receipts	191.74
国有资产经营收入	Operating Income from Government Capital	9.41
国有资源（资产）有偿使用收入	Income from Use of State-owed Resources or assets	329.69
捐赠收入	Donation Tax Revenue	2.97
政府住房基金收入	Government Housing Fund Tax Revenue	55.90
其他收入	Other Revenue	126.48

10−4 财政支出(2022年)
Government Financial Expenditure (2022)

项 目	Item	财政支出(亿元) Financial Expenditure (100 million yuan)
一般公共预算支出	**General Public Budget Expenditure**	**8991.61**
一般公共服务支出	Expenditure for General Public Services	841.91
国防支出	National Defense	12.87
公共安全支出	Public Safety	451.52
教育支出	Expenditure for Education	1500.39
其中：普通教育	Common	1170.05
职业教育	Vocational	146.99
科学技术支出	Expenditure for Science and Technology	279.65
文化体育与传媒支出	Expenditure for Culture,Sport and Media	136.98
其中：文化和旅游	Culture and Tourism	68.14
体育	Sport	11.65
社会保障和就业支出	Expenditure for Social Security and Employment	1441.66
卫生健康支出	Expenditure for Medical and Health Care	820.61
节能环保支出	Environmental Protection	166.55
城乡社区支出	Expenditure for Urban and Rural Community Affairs	1005.55
农林水支出	Expenditure for Agriculture,Forestry and and Water Conservancy	995.44
其中：巩固脱贫衔接乡村振兴	Consolidating Poverty Alleviation and Connecting Rural Revitalization	186.18
交通运输支出	Expenditure for Transportation	408.80
资源勘探信息等支出	Expenditure for Affairs of Resource Exploration and Information	153.85
商业服务业等支出	Expenditure for Affairs of Commerce and Services	50.62
金融支出	Expenditure for Financial Affairs	12.74
援助其他地区支出	Expenditure for Other Regional Assistance	5.27
自然资源支出	Expenditure for Natural Resources	95.59
住房保障支出	Expenditure for Housing Security	222.10
粮油物资储备支出	Expenditure for Affairs of Management of Grain & Oil Reserves	31.67
灾害防治及应急管理支出	Expenditure for Disaster Prevention and Emergency Management	69.11
其他支出	Other Expenditure	42.30
债务付息支出	Expenditure for Interest Payments on Debts	245.55
债务发行支出	Expenditure for Issuing Debts	0.87

10–5 金融机构本外币信贷收支（2022年）
Loans and Deposits of Financial Institutions (2022)

单位：亿元 (100 million yuan)

项　目	Item	年末余额 Balance at the Year–end	比年初增减 Increase Over the Year–beginning
各项存款	**Deposits**	**70141.87**	**7250.83**
境内存款	Domestic Deposits	70096.71	7299.70
住户存款	Household Deposits	41313.92	5782.46
活期存款	Demand Deposits	12714.40	1064.01
定期及其他存款	Regular and Other Deposits	28599.52	4718.45
非金融企业存款	Corporate Deposits	14174.67	357.82
活期存款	Demand Deposits	6046.01	–537.06
定期及其他存款	Regular and Other Deposits	8128.66	894.88
财政性存款	Fiscal Deposits	1445.30	103.94
机关团体存款	Deposits of Government Departments & Organizations	9567.74	532.21
非银行业金融机构存款	Non–banking Financial Institutions Deposit	3595.08	523.28
境外存款	Foreign Deposits	45.15	–48.87
金融债券	**Financial Bonds**	**467.84**	**-16.37**
卖出回购资产	**Sell Back Assets**	**0.50**	**-0.20**
借款及非银行业金融机构拆入	**Borrowing and Non-banking Financial Institutions are Dismantled**	**3.58**	**-3.29**
联行往来（净）	**Inter-bank Credits**		**-62.72**
应付及暂收款	**Payable & Actually Received Funds**	**1650.81**	**162.71**
各项准备	**All Plans**	**1584.93**	**187.42**
所有者权益	**Creditors' Equity**	**2804.72**	**162.39**
实收资本	Total Capital Hold	888.93	10.07
其他	**Others**	**-2631.56**	**415.66**
资金来源总计	**All Sources**	**74022.68**	**8096.44**
各项贷款	**Loans**	**62351.51**	**6506.47**
境内贷款	Domestic Loans	62238.94	6471.38
住户贷款	Households Loans	21576.16	799.72
短期贷款	Short–term Loans	5595.13	405.54
#消费贷款	#Consumption Loans	2348.20	23.52
中长期贷款	Medium–term and Long–term Loans	15981.03	394.18
#消费贷款	#Consumption Loans	13506.96	347.64
非金融企业及机关团体贷款	Non–financial Enterprises and Institutions Group Loans	40498.89	5554.36
非银行业金融机构贷款	Non–banking Financial Institution Loans	163.90	117.31
境外贷款	Foreign Loans	112.57	35.09
债券投资	**Securities**	**7956.74**	**1207.89**
股权及其他投资	**Equity and Other Investments**	**2120.18**	**-105.62**
买入返售资产	**Assets Purchased Under Resale Agreements**	**317.21**	**40.07**
存放非银行业金融机构款项	**Deposit of Non-banking Financial Institutions**	**34.70**	**-8.55**
联行往来（净）	**Inter-bank Credits**	**453.68**	**453.68**
应收及预付款	**Account Receivable and Advance Payment**	**405.66**	**3.76**
投资性房地产	**Investment Real Estate**	**0.52**	**0.08**
固定资产	**Fixed Assets**	**382.46**	**-1.34**
资金运用总计	**All Uses**	**74022.68**	**8096.44**

10-6 金融机构本外币存贷款分机构表(2022年)

Statement of Local and Foreign Currency Deposits and Loans of Financial Institutions (2022)

单位：亿元 (100 million yuan)

项　目	Item	存款 Deposit		贷款 Loan	
		年末余额 Balance at the Year-end	比年初增减 Increase Over the Year-beginning	年末余额 Balance at the Year-end	比年初增减 Increase Over the Year-beginning
金融机构	**Financial Institutions**	**70141.87**	**7250.83**	**62351.51**	**6506.47**
工商银行	Industrial and Commercial Bank of China Limited	6222.03	861.02	5918.17	732.44
建设银行	China Construction Bank	9616.05	1039.45	7904.76	860.47
农业银行	Agricultural Bank of China	6610.87	922.95	4931.93	701.88
中国银行	Bank of China	3950.10	414.54	3792.75	294.38
开发银行	China Development Bank	410.35	36.65	5016.09	597.64
交通银行	Bank of Communications	2347.52	290.37	2329.46	231.65
邮政储蓄银行	Postal Savings Bank of China	6311.30	600.11	2865.27	232.34
农发行	Agricultural Development Bank of China	511.16	86.06	3573.00	561.73
进出口银行	Export-import Bank of China	29.41	10.83	1284.77	171.17
招商银行	China Merchants Bank	1162.05	129.02	874.92	184.51
浦发银行	Shanghai Pudong Development Bank	740.82	34.63	781.12	-72.32
中信银行	China CITIC Bank	971.28	107.75	1055.75	107.41
兴业银行	Industrial Bank Co.,Ltd.	1124.88	-158.09	750.97	75.32
民生银行	China Minsheng Banking Corp., Ltd	719.02	28.47	740.64	-20.28
光大银行	China Everbright Bank	1020.36	69.49	1066.06	123.96
华夏银行	Hua Xia bank	301.37	26.05	290.27	27.76
广发银行	China Guangfa Bank	440.49	-44.78	391.46	-46.06
平安银行	Ping An Bank	427.57	120.55	489.48	-63.34
恒丰银行	Hengfeng Bank	191.49	37.56	154.69	21.79
浙商银行	China Zheshang Bank Co.	202.59	59.50	169.86	24.80
渤海银行	Bohai Bank	181.99	18.50	220.70	-28.39
北京银行	Bank of Beijing	394.71	55.70	810.49	3.61
东莞银行	Bank of Dongguan	74.52	9.01	114.80	15.56
南粤银行	Nanyue Bank	102.65	8.67	31.97	6.92
上海农商行	Shanghai Rural Commercial Bank	10.57	0.73	48.44	-5.24
电力财务	Power Finance Limited	45.89	-29.03	94.00	-1.00
长沙银行	Bank of Changsha	6629.76	850.29	3994.33	569.64
湖南银行	Bank of Hunan	3171.20	262.21	2682.11	181.09
农信机构	Rural Credit Institutions	13369.89	1188.21	8952.94	1010.48
三湘银行	Sanxiang Bank	408.88	-18.93	345.95	-33.01
信托公司	Trust and Investment Companies			11.40	5.41
财务公司	Finance Companies	484.00	19.54	152.28	44.16
村镇银行	Village and Township Bank	606.58	56.50	494.77	42.53
三一金融	Sany Auto Finance Co., Ltd.	59.08	-17.79	162.41	27.41
外资银行	Foreign Bank	16.90	-2.15	56.97	-9.60

注：外资银行包括汇丰、花旗、东亚、新韩、渣打和合作金库。
Foreign Banks include HSBC, Citigroup, East Asia, New Korea, Standard Chartered Bank and Co-operative.

10−7 金融机构大中小微型企业贷款分行业情况统计表（2022年）

单位：亿元

项 目	Item	企业合计 Enterprise Total	
		年末余额 Balance at the Year-end	比年初增减 Increase Over the Year-beginning
合计	**Total**	**36379.18**	**4439.49**
农、林、牧、渔业	Agriculture,Forestry,Farming of Animals and Fishing	441.90	119.96
采矿业	Mining	170.33	46.40
制造业	Manufacturing	4350.60	727.02
电力、热力、燃气及水生产和供应业	Production and Distribution of Electricity,Gas and Water	2011.02	185.34
建筑业	Construction	1997.25	333.01
批发和零售业	Wholesale and Retail Trade	1912.14	261.41
交通运输、仓储和邮政业	Traffic,Transport, Storage and Post	6040.87	465.95
住宿和餐饮业	Hotels and Catering Services	189.07	3.16
信息传输、软件和信息技术服务业	Information Transfer, Software and Information	188.53	43.25
金融业	Finance	556.69	227.33
房地产业	Real Estate	3197.64	65.94
租赁和商务服务业	Tenancy and Business Services	7776.46	1187.26
科学研究和技术服务业	Scientific Research,Technical Service	179.64	56.39
水利、环境和公共设施管理业	Management of Water Conservancy, Environment and Public Establishment	6628.98	597.16
居民服务、修理和其他服务业	Resident Services and Other Services	225.96	37.57
教育业	Education	168.33	35.32
卫生和社会工作	Health and Social Work	154.75	40.50
文化、体育和娱乐业	Culture,Sports and Entertainment	189.02	7.12
公共管理、社会保障和社会组织	Public Management and Social Organization		−0.60

注：本表不含票据融资。

The statistical scope in the table not−include Financing Instruments.

Statistical Table on Loans by Sector of Financial Institutions, Large, Medium and Small Enterprises (2022)

(100 million yuan)

大型企业 Large Enterprise		中型企业 Medium-sized Enterprise		小型企业 Small Enterprise		微型企业 Miniature Enterprise	
年末余额 Balance at the Year-end	比年初增减 Increase Over the Year-beginning	年末余额 Balance at the Year-end	比年初增减 Increase Over the Year-beginning	年末余额 Balance at the Year-end	比年初增减 Increase Over the Year-beginning	年末余额 Balance at the Year-end	比年初增减 Increase Over the Year-beginning
10675.96	**825.77**	**12351.10**	**1381.45**	**11504.96**	**1697.47**	**1847.17**	**534.80**
103.82	25.68	106.15	37.57	185.08	28.02	46.85	28.69
27.96	0.81	58.72	16.18	69.43	21.52	14.22	7.89
1887.93	255.57	912.17	175.15	1306.92	236.48	243.58	59.82
613.70	-20.57	771.05	100.15	466.44	58.52	159.83	47.24
651.20	62.54	533.26	83.25	653.07	137.74	159.72	49.48
349.39	5.26	438.06	40.54	877.21	146.44	247.48	69.17
4052.06	120.19	1161.56	143.04	693.67	151.84	133.59	50.87
20.43	-6.93	37.24	2.72	115.23	4.97	16.17	2.40
20.51	-3.73	38.62	9.13	103.64	29.40	25.75	8.45
172.76	89.27	228.00	150.38	85.32	-2.77	70.60	-9.55
314.26	72.18	2157.75	-36.98	538.41	22.42	187.22	8.32
1192.58	138.56	2721.25	269.98	3511.38	616.82	351.25	161.90
32.07	11.08	35.74	9.77	89.54	26.38	22.28	9.17
1100.54	42.85	2928.83	356.96	2476.27	166.38	123.33	30.97
30.83	-0.58	55.63	6.62	125.27	26.44	14.23	5.09
14.86	0.28	66.63	11.03	75.99	19.86	10.85	4.15
55.55	29.22	40.08	-0.25	52.34	13.89	6.78	-2.35
35.51	4.09	60.36	6.21	79.73	-6.27	13.42	3.08
					-0.60		

10−8 保险机构与人员（2022年）
Institutions and Personnel of Insurance System (2022)

项 目		Item		合计 Total
全年各项保费收入	（亿元）	Premiums	(100 million yuan)	1613.74
保险机构数	（个）	Number of Institutions of Insurance System	(unit)	3436
法人机构		Legal Institutions		1
省级公司		Provincial Branches		59
地市级公司		Prefecture/City Branches		455
县支公司及营业部		County Branches		1372
营销服务部		Marketing Services Division		1540
年底实有职工人数	（人）	Employees at the Year−end	(person)	379729
专业保险代理公司法人机构数	（个）	Professional Insurance Agents of Corporate Institutions	(unit)	18
专业保险经纪公司法人机构数	（个）	Professional Insurance Brokers Corporate Institutions	(unit)	9
专业保险评估公司法人机构数	（个）	Professional Insurance Agencies Assess Corporate Institutions	(unit)	8
兼业保险代理机构数	（个）	Insurance Agencies and Industry	(unit)	10724

10−9 财产保险公司业务主要指标（2022年）
Major Indicators of Property Insurance Business (2022)

单位：万元　　(10 000 yuan)

指 标	Item	保费收入 Premiums	赔款支出 Indemnity Expenditure
合 计	**Total**	**5619767**	**3793564**
企业财产保险	Enterprises Property Insurance	139576	72194
家庭财产保险	Household Property Insurance	56622	9412
其中：投资型家财险	Investment Link Household Property Insurance	74	12
机动车辆保险	Motor Vehicle Insurance	2906244	1929466
工程保险	Project Insurance	30075	14151
责任保险	Liability Insurance	316716	122805
信用保险	Credit Insurance	30437	19760
保证保险	Guarantee Insurance	151929	191800
其中：机动车辆消费贷款保证保险	Motor Vehicle Consumption Loans	12	
船舶保险	Ships Insurance	3387	4413
货物运输保险	Freight Transport Insurance	22999	7368
特殊风险保险	Special Venture Insurance		1072
农业保险	Agriculture Insurance	602196	434271
健康险	Health Insurance	1101532	897309
意外伤害保险	Unforeseen Injury Insurance	217220	65322
其他险	Other Property Insurance	41275	24221

10-10 人寿保险公司主要业务指标(2022年)
Major Indicators of Life Insurance Business (2022)

单位：万元 (10 000 yuan)

指 标	Item	合计 Total
一、原保险保费收入	**The Original Insurance Premium Income**	**10517601**
(一)按险种分	According to The Insurance Division	10517601
1. 人寿保险	Life Insurance	5399740
(1)个人业务	Personal Business	5392525
新单保费	New Insurance Premium	2650775
续期保费	Renewal Premium	2741750
(2)团体业务	Group Insurance	7215
新单保费	New Insurance Premium	6750
续期保费	Renewal Premium	465
2. 年金保险	Pension Insurance	2777945
(1)个人业务	Personal Business	2773849
新单保费	New Insurance Premium	445300
续期保费	Renewal Premium	2328548
(2)团体业务	Group Insurance	4096
新单保费	New Insurance Premium	2312
续期保费	Renewal Premium	1784
3. 意外伤害险小计	Accidence Injury Insurance	156442
(1)一年期以内业务	Within One Year Period	18922
(2)一年期业务	One Year Period	91680
(3)一年期以上业务	Over One Year Period	45840
4. 健康险小计	Health Insurance	2183475
(1)一年期以内及一年期业务	Within One Year Period and One Year Period	601867
个人业务	Personal Business	186722
团体业务	Group Insurance	415145
(2)一年期以上业务	Over One Year Period	1581608
个人业务	Personal Business	1563634
团体业务	Group Insurance	17973
(二)按销售渠道分	According to The Sales Channels	10517601
1. 公司直销小计	Direct Sales Company	658627
(1)人寿保险	Life Insurance	117107
(2)年金保险	Accidence Injury Insurance	104985
(3)意外伤害险	Health Insurance	19332
(4)健康险	Personal Agent	417203
2. 个人代理小计	Life Insurance	5850310
(1)人寿保险	Accidence Injury Insurance	2104614
(2)年金保险	Health Insurance	2034065
(3)意外伤害险	Professional Insurance Agents	100738
(4)健康险	Life Insurance	1610893
3. 银行邮政代理小计	The Insurance Company	3737417
(1)人寿保险	Accidence Injury Insurance	3089351
(2)年金保险	The Insurance Company	618318
(3)意外伤害险	Health Insurance	4810
(4)健康险	The Insurance Company	24939
4. 保险专业代理小计	Bank of Postal Agent	158827
5. 其他兼业代理小计	Life Insurance	63722
6. 保险经纪业务小计	Accidence Injury Insurance	48699

10-10 续表 Continued

单位：万元 (10 000 yuan)

指 标	Item	合计 Total
二、赔付支出	**Indemnity Expenditure**	**2014080**
1. 赔款支出	Indemnity Expenditure	476771
（1）意外伤害险	Accidence Injury Insurance	38347
一年期以内业务	Within One Year Period	7505
一年期业务	One Year Period	30842
（2）短期健康险	Health Insurance Within One Year Period and One Year Period	438424
个人业务	Personal Business	104463
团体业务	Group Insurance	333961
2. 死伤医疗给付	Casualty Medical Payment	422692
（1）人寿保险	Life Insurance	109504
个人业务	Personal Business	104728
团体业务	Group Insurance	4776
（2）年金保险	Accidence Injury Insurance	29928
个人业务	Personal Business	29746
团体业务	Group Insurance	182
（3）长期健康险	Health Insurance Over One Year Period	283260
个人业务	Personal Business	282023
团体业务	Group Insurance	1236
3. 满期给付	Mature payment	811359
（1）人寿保险	Life Insurance	754394
个人业务	Personal Business	754181
团体业务	Group Insurance	212
（2）年金保险	Accidence Injury Insurance	54970
个人业务	Personal Business	54970
团体业务	Group Insurance	
（3）长期健康险	Health Insurance Over One Year Period	1995
个人业务	Personal Business	1953
团体业务	Group Insurance	42
4. 年金给付	Annuity	303258
个人业务	Personal Business	279272
团体业务	Personal Business	23986
三、退保金	**Surrender Value**	**1553865**
1. 人寿保险	Life Insurance	411564
个人业务	Personal Business	411373
团体业务	Annuity Assurance	191
2. 年金保险	Accidence Injury Insurance	1053659
个人业务	Personal Business	1053480
团体业务	Group Insurance	179
3. 长期健康险	Health Insurance Over One Year Period	88643

主要统计指标解释

地方一般公共预算收入 包括城市维护建设税（不含铁道部门、各银行总行、各保险公司总公司集中缴纳的部分），房产税，城镇土地使用税，土地增值税，车船税，耕地占用税，契税，烟叶税，印花税（不含证券交易印花税），增值税 50% 部分，纳入共享范围的企业所得税 40% 部分，个人所得税 40% 部分，海洋石油资源税以外的其他资源税，地方非税收入等。

地方一般公共预算支出 包括一般公共服务，公共安全支出，地方统筹的各项社会事业支出等。

存款 指企业、机关、团体或居民把货币资金存入银行或其他信贷机构保管，可随时或按约定时间支取款项，并取得一定利息的一种信用活动形式。根据存款对象或性质的不同可划分为住户存款、非金融企业存款、政府存款、非银行业金融机构存款等科目。它是银行信贷资金的主要来源。

贷款 指银行或其他信贷机构根据资金必须归还的原则，按一定利率，为企业、个人等提供资金的一种信用活动形式。我国银行贷款分为短期贷款、中长期贷款、融资租赁、票据融资、各项垫款、境外贷款等。

保险公司 在中国境内的、经过保险监督管理部门批准设立，并依法登记注册的各类商业保险公司。

保险金额 指保险人承担赔偿或者给付保险金责任的最高限额。

保费 指投保人为取得保险人在约定范围内所承担赔偿责任而支付给保险人的费用。

赔款 指保险人根据保险合同的规定，向被保险人支付的赔偿保险责任损失的金额。

给付 包括死伤医疗给付和满期给付。死伤医疗给付是指保险人根据人寿保险及长期健康保险合同的规定，因被保险人在保险期内发生保险责任范围内的保险事故支付给被保险人（或受益人）的金额。满期给付是指被保险人生存期满，保险人按人寿保险合同规定支付给被保险人的满期保险金额。

Explanatory Notes on Main Statistical Indicators

General Public Budget Revenue of the Local Governments includes city maintenance and construct tax (excluding the part of the Ministry of Railways, head offices of banks, head offices of insurance company, which are handed over to the government in a centralized way), house property tax, urban land use tax, land appreciation tax, tax on vehicles and boat operation, farm land occupation tax, deed tax, and tobacco leaf tax, stamp tax (not including stamp tax on security exchange), 50% of the value added tax, 40% the share part of the corporate income tax, 40% of individual income tax, resource tax other than the tax on offshore petroleum resources, local non-tax revenue, etc.

General Public Budget Expenditure of the Local Governments includes mainly the expenditure for general public services, expenditure for public security, and expenditures for social development which are planed by local governments, etc.

Deposit is a form of credit by which enterprises, institutions, organizations or households can put money into banks and other credit institutions for safekeeping and interest earning, and can withdraw anytime or at appointed time. According to different depositors, deposits are divided into household deposits, non-financial enterprise deposits, government deposits, and non-banking financial institutions deposits. Deposits are major sources of the credit funds of banks.

Loan is a form of credit by which banks and other credit institutions provide funds at certain interest rate to enterprises and individuals under the principle of unconditional repayment. Loans from Chinese banks include short-term loans, medium-term and long-term loans, financial lease, bill financing, various money advanced, and overseas loans.

Insurance Companies refer to commercial insurance companies of various forms registered by law and established in China with the approval of insurance regulatory agencies.

Amount Insured refers to the maximum that the insurant will get for the claim of the case insured.

Premium is the fee paid by the insurant to the insurer to obtain the obligation of compensation from the insurance within the agreed terms.

Settled Claim is the compensation paid by the insurer to the insurant in accordance with the insurance contract.

Payment includes payment for death, injury or medical treatment and mature payment. Payment for death, injury or medical treatment refers to the money paid to the insurant (or the beneficiary) in accordance with the life or health insurance contract when the insurant encounters accidents within the insured period covered in the contract. Mature payment refers to the mature payment to the insurant in accordance with the life insurance contract at the end of the insured period.

11

城市建设和环境保护

Construction of Cities and Environmental Protection

资料整理人员：邹　晨　　孙邦昕

11-1 城市公用事业基本情况
Basic Statistics for Urban Public Utilities

指 标	Item	2010	2020	2021	2022
城市个数 （个）	**Number of Cities (unit)**				
省辖市	Cities Under the Jurisdiction of Province	13	13	13	13
县级市	Cities at County Level	16	18	19	19
城市规模	**City Size**				
城区人口 （万人）	Population of Cities (10 000 persons)	1151.41	1520.45	1685.91	1697.15
供水	**Water Supply**				
综合生产能力（万立方米/日）	Production Capacity of Tap Water (10 000 cu.m/day)	979	1155	1086	1057
供水管长度 （公里）	Length of Water Supply Pipelines (km)	14400	38420	38519	41225
供水总量 （万立方米）	Total Annual Volume of Water Supply (10 000 cu.m)	189223	224665	240099	248660
#生产用量	#For Production	46904	39644	41301	44224
公共服务用量	For Republic Services	17283	31099	34839	37690
居民家庭用量	Household Consumption	76625	101239	110201	112473
供水普及率 （%）	Water Supply Penetration Rate (%)	95.2	99.1	99.0	99.0
供煤气、液化石油气	**Coal Gas and Liquefied Petroleum Gas Supply**				
供气总量	Total Gas Supply				
液化石油气 （吨）	Liquefied Petroleum Gas (ton)	252906	252371	253838	250661
#居民家庭	#Consumption for Residential Use	196219	198249	192654	178509
天然气 （万立方米）	Natural Gas (10 000 cu.m)		283930	320921	332266
#居民家庭	#Consumption for Residential Use		119480	133264	147883
天然气管道长度 （公里）	Length of Natural Gas Pipelines (km)		24023	26256	32744
燃气普及率 （%）	Percentage of Population with Access to Natural Gas (%)	87.00	95.89	97.45	97.70
公共交通	**Public Traffic**				
运营车辆合计 （辆）	Number of Public Transportation Vehicles (unit)	12298	32229	32903	33266
#汽车	#Buses	12298	32229	32903	33266
标准运营车数 （标台）	Convert into Standard Unit (unit)	13748	37899	36715	37048
运营线路长度 （公里）	Length of Public Transportation Lines (km)	15338	45732	52634	59522
出租汽车总计 （辆）	Total of Taxi (unit)	23668	35561	35043	35481
每万人拥有公共交通车辆 （标台）	Number of Public Transportation Vehicles Per 10 000 Persons (unit)	12	13	12	12
公交客运总量 （万人次）	Number of Passengers Carried (10 000 person-times)	246471	209776	227396	180487

注：城市人口指标2006年起为城区人口，城市面积指标2006年起为城区面积。数据由湖南省住房和城乡建设厅、省交通厅提供。

Figure on population of cities means population of urban districts since 2006. Figure on city areas means urban district areas since 2006. Data were provided by the Hunan Provincial Department of Housing and Urban-Rural Development and the provincial Department of Transportation.

11-1 续表 Continued

指 标	Item	2010	2020	2021	2022
市政设施	**Municipal Engineering**				
道路长度 （公里）	Length of Paved Roads (km)	8585	15242	18070	18907
道路面积 （万平方米）	Area of Paved Roads (10 000 sq.m)	15972	34645	38758	39463
桥梁数 （座）	Number of bridges (unit)	588	1311	1445	1454
#立交桥	# Cloverleaf Junction	71	104	130	134
路灯 （盏）	Number of Street Lights (unit)	432349	863176	918100	958097
排水管道长度 （公里）	Length of Sewer Pipelines (km)	8882	21665	25364	26431
污水排放量 （万立方米）	Number Volume of Let Sewage (10 000 cu.m)	153696	243174	259188	264396
污水处理厂 （座数）	Number of Sewage Disposal Farm (unit)	55	92	99	100
污水处理厂处理能力 （万立方米／日）	Daily Disposal Capacity of Sewage (10 000 cu.m/day)	376.7	741.5	789.4	860.1
其他污水处理装置处理能力 （万立方米／日）	Capacity of Engineering (10 000 cu.m/day)	170.8	25.1	15.0	14.5
污水年处理量 （万立方米）	Annual Volume of Sewage Treated (10 000 cu.m)	115289	237804	255632	259546
人均拥有道路 （平方米）	Per Capita of Road Areas (sq.m)	13.0	22.8	20.1	20.4
排水管密度（公里／平方公里）	Density of Drainage Pipelines (km/sq.km)	6.7	10.0	11.7	12.0
污水处理率 （%）	Rate of Sewage Disposal (%)	75.0	97.8	98.6	98.2
园林绿化	**Parks, Gardens and Green Areas**				
绿化覆盖面积 （公顷）	Coverage Space of Green Areas (hectare)	54509	90846	97765	99626
#建成区	# Developed Area	48398	81335	87173	89084
园林绿地面积 （公顷）	Area of Parks,Gardens and Green Areas in Cities(hectare)	46028	80964	97624	99439
#建成区	# Developed Area	43611	72880	79165	81497
公园绿地面积 （公顷）	Park Green Land (hectare)	10969	21368	24263	25315
公园个数 （个）	Number of Parks (unit)	175	456	656	756
公园面积 （公顷）	Area of Parks (hectare)	6763	14244	17507	19448
人均公园绿地面积（平方米）	Park Green Land Per Capita (sq.m)	8.9	14.1	12.6	13.1
建成区绿地率 （%）	Rate of Green Areas Developed (%)	33.0	37.2	38.3	38.7
建成区绿化覆盖率 （%）	Coverage Rate of Green Areas Developed (%)	36.6	41.5	42.2	42.3
环境卫生	**Environmental Sanitation**				
道路清扫保洁面积（万平方米）	Road Cleaning Area (10 000 sq.m)	12331	29576	34431	36743
#机械清扫	# Machine Cleaning	6457	23983	30587	30501
生活垃圾清运量 （万吨）	Volume of Garbage Disposal (10 000 tons)	505.22	797.14	868.51	860.79
垃圾无害化处理场 （座数）	Number of Factories to Treat Garbage Harmlessly (unit)	21	43	46	48
#处理能力 （吨／日）	# Daily Disposal Capacity (ton/day)	11818	32355	35346	38153
垃圾无害处理量 （万吨）	Volume of Garbage Harmlessly Treatment (10 000 tons)	399.09	797.14	868.51	860.79
公共厕所数 （座）	Number of Public Lavatories (unit)	2896	4380	5018	5168
#三类以上	# Water Closet	2328	3205	3769	3874
市容环卫专用车辆设备总数（辆）	Environmental Sanitation Equipment (unit)	1998	7069	7678	7933
生活垃圾无害化处理率 （%）	Ratio of Garbage Harmlessly Treatment (%)	79.0	100.0	100.0	100.0

11-2 城市设施水平(2022年)
Indicators of Municipal Public Utilities Level (2022)

城 市	Cities	人口密度 (人/平方公里) Population Density (person/sq.km)	供 水 普及率 (%) Water Penetration Rate (%)	每万人拥有公共交通车辆 (标台) Number of Public TransportationVehicles Per 10 000 persons (unit)	燃 气 普及率 (%) Gas Penetration Rate (%)	人均城市道路面积 (平方米) Per Capita Area of Urban Roads (sq.m)
长沙市	Changsha	4338	100.00	17.56	100.00	17.43
浏阳市	Liuyang	2019	100.00	4.21	99.66	17.67
宁乡市	Ningxiang	1498	100.00	7.74	100.00	26.51
株洲市	Zhuzhou	6828	95.95	12.36	97.93	22.74
醴陵市	Liling	2913	96.98	3.79	92.61	14.85
湘潭市	Xiangtan	6922	100.00	11.01	99.60	17.31
湘乡市	Xiangxiang	6104	100.00	3.13	89.27	18.51
韶山市	Shaoshan	1284	100.00	8.70	100.00	24.81
衡阳市	Hengyang	9214	95.90	13.58	93.09	16.81
耒阳市	Leiyang	5095	100.00	10.82	97.34	24.61
常宁市	Changning	2843	100.00	2.43	89.67	16.72
邵阳市	Shaoyang	5731	97.84	14.52	97.31	21.17
武冈市	Wugang	7811	98.73	5.73	98.34	12.47
邵东市	Shaodong	8556	98.31	3.57	96.89	22.87
岳阳市	Yueyang	5786	100.00	12.11	99.25	26.05
汨罗市	Miluo	6498	100.00	5.58	96.03	30.77
临湘市	Linxiang	3461	95.52	3.52	99.59	13.48
常德市	Changde	3917	100.00	9.26	98.04	27.51
津市市	Jinshi	1699	100.00	4.79	94.42	14.71
张家界市	Zhangjiajie	5462	98.18	14.32	91.74	16.13
益阳市	Yiyang	3766	99.98	24.14	96.18	40.60
沅江市	Yuanjiang	2875	99.48	5.48	91.31	11.39
郴州市	Chenzhou	5826	99.51	26.14	96.10	21.02
资兴市	Zixing	5603	100.00	3.83	91.52	25.25
永州市	Yongzhou	6188	99.63	13.00	99.41	21.86
祁阳市	Qiyang	2943	99.97	1.99	97.04	19.19
怀化市	Huaihua	9585	99.28	8.82	98.43	11.61
洪江市	Hongjiang	4896	99.26	7.51	92.73	18.81
娄底市	Loudi	8457	99.61	8.49	99.07	24.04
冷水江市	Lengshuijiang	3104	99.01	7.35	90.30	9.92
涟源市	Lianyuan	7804	97.08	2.59	98.92	23.05
吉首市	Jishou	8810	98.56	10.44	96.12	30.35

注：本表数据由湖南省住房和城乡建设厅、省交通厅等部门提供。

The data in this table are provided by Hunan Provincial Department of Housing and Urban-Rural Development and Hunan Provincial Department of Communications.

11-2 续表 Continued

城 市	Cities	建成区排水管道密度（公里/平方公里）Density of Drainage Pipe in Built-up Area (km/sq.km)	污 水 处理率（%）Ratio of Sewage Treatment (%)	园林绿化 Parks, Gardens and Green Areas 人均公园绿地面积（平方米）Park Green Land per Capita (sq.m)	建成区绿地率（%）Ratio of Green Area in Developed Areas (%)	建成区绿化覆盖率（%）Green Area Coverage Rate in Developed Areas (%)	生活垃圾无害化处理率（%）Ratio of Garbage Harmlessly Treatment (%)
长沙市	Changsha	13.06	98.60	13.15	42.22	46.48	100.00
浏阳市	Liuyang	15.65	98.17	11.97	38.97	43.23	100.00
宁乡市	Ningxiang	7.28	90.33	12.08	40.31	41.86	100.00
株洲市	Zhuzhou	16.22	92.99	12.17	42.33	44.56	100.00
醴陵市	Liling	12.27	96.09	10.28	37.28	42.59	100.00
湘潭市	Xiangtan	14.38	100.00	14.40	39.00	42.04	100.00
湘乡市	Xiangxiang	15.20	100.00	13.13	31.46	35.29	100.00
韶山市	Shaoshan	18.83	97.58	16.39	40.23	43.93	100.00
衡阳市	Hengyang	11.42	100.00	14.61	40.12	43.26	100.00
耒阳市	Leiyang	6.81	97.80	11.07	27.16	29.32	100.00
常宁市	Changning	6.70	96.81	14.80	25.65	30.43	100.00
邵阳市	Shaoyang	7.18	96.87	14.46	36.81	43.27	100.00
武冈市	Wugang	12.20	95.20	15.29	35.98	39.40	100.00
邵东市	Shaodong	6.82	99.96	10.57	37.76	41.09	100.00
岳阳市	Yueyang	12.90	100.00	13.81	40.75	43.96	100.00
汨罗市	Miluo	12.49	100.00	12.44	36.08	39.75	100.00
临湘市	Linxiang	8.16	100.00	13.97	27.31	30.04	100.00
常德市	Changde	15.75	99.99	13.46	35.35	39.46	100.00
津市市	Jinshi	13.98	98.00	10.69	36.27	40.19	100.00
张家界市	Zhangjiajie	8.36	96.79	10.59	34.78	39.05	100.00
益阳市	Yiyang	10.58	99.99	18.47	39.65	41.40	100.00
沅江市	Yuanjiang	7.03	97.59	13.22	39.32	38.72	100.00
郴州市	Chenzhou	13.85	97.90	14.60	42.06	46.75	100.00
资兴市	Zixing	8.04	96.81	13.42	42.78	44.58	100.00
永州市	Yongzhou	10.91	99.18	12.31	38.32	40.42	100.00
祁阳市	Qiyang	19.73	99.24	15.84	41.37	47.09	100.00
怀化市	Huaihua	11.25	96.89	10.41	35.81	40.17	100.00
洪江市	Hongjiang	11.48	95.51	15.56	36.08	38.75	100.00
娄底市	Loudi	8.14	99.10	9.75	36.12	41.10	100.00
冷水江市	Lengshuijiang	8.21	98.00	15.66	34.61	40.04	100.00
涟源市	Lianyuan	12.24	96.20	7.92	34.44	38.95	100.00
吉首市	Jishou	5.82	100.00	9.00	31.81	35.65	100.00

11-3 城市供水(2022年)

Tap Water Supply in Cities (2022)

城市	Cities	年末供水综合生产能力（万立方米/日） Year-end Water Supply Comprehensive Production Capacity (10 000 cu.m/day)	年末供水管道长度（公里） Length of Water Supply Pipelines at the Year-end (km)	供水总量（万立方米） Total Annual Volume of Water Supply (10 000 cu.m)	生产运营用水 Production and Operation Water	公共服务用水 Water for Public Services	居民家庭用水 Water for Family Use	用水人口（万人） Number of Residents with Access to Tap Water (10 000 persons)
长沙市	Changsha	265.00	7148	77246	16010	17391	28065	520.51
浏阳市	Liuyang	11.50	495	3155	460	181	1848	29.27
宁乡市	Ningxiang	28.00	1642	7470	3243	107	2808	51.82
株洲市	Zhuzhou	90.00	3395	19615	3033	2542	9190	144.83
醴陵市	Liling	10.00	1019	2771	165	260	1575	32.15
湘潭市	Xiangtan	55.32	3590	11740	3678	463	5181	95.88
湘乡市	Xiangxiang	10.00	763	1999	615	118	976	23.67
韶山市	Shaoshan	3.80	368	355	52	38	193	4.11
衡阳市	Hengyang	70.00	1695	14847	1930	2895	7492	129.00
耒阳市	Leiyang	13.87	587	3754	104	338	2200	33.12
常宁市	Changning	10.00	1039	1969	326	107	1168	17.23
邵阳市	Shaoyang	38.00	1065	8690	1252	1124	4161	68.50
武冈市	Wugang	12.60	535	2535	360	135	1445	31.00
邵东市	Shaodong	6.50	890	2780	36	435	1952	36.00
岳阳市	Yueyang	49.00	2474	13468	2900	773	7350	96.62
汨罗市	Miluo	6.00	682	1541	110	3	752	14.62
临湘市	Linxiang	4.00	233	1134	47	118	734	16.20
常德市	Changde	42.44	2523	11428	1159	2520	4817	91.40
津市市	Jinshi	8.66	370	1797	532	374	633	10.94
张家界市	Zhangjiajie	20.00	636	4709	1215	302	2184	29.60
益阳市	Yiyang	42.00	855	9235	1670	1555	2785	45.22
沅江市	Yuanjiang	6.94	391	1283	155	69	920	19.00
郴州市	Chenzhou	91.00	1580	8734	753	2218	4672	70.50
资兴市	Zixing	12.00	536	1673	471	152	707	13.80
永州市	Yongzhou	44.00	1559	10351	784	1343	5852	62.32
祁阳市	Qiyang	15.00	696	2193	293	138	1259	29.42
怀化市	Huaihua	30.00	1590	7336	1378	960	3258	63.09
洪江市	Hongjiang	6.00	309	1107	217	92	576	10.78
娄底市	Loudi	23.00	1200	6720	583	682	3887	53.49
冷水江市	Lengshuijiang	11.00	188	1643	318	6	932	15.00
涟源市	Lianyuan	8.00	408	1592	171	183	888	18.94
吉首市	Jishou	13.00	765	3792	202	70	2015	41.68

注：本表数据由湖南省住房和城乡建设厅提供。

The data in this table are provided by the Department of housing and urban rural development of Hunan province.

11-4 城市公共交通(2022年)
Public Traffic in Cities (2022)

城　市	Cities	公共汽车 Buses				出租汽车数（辆）Number of Taxis (unit)
		运营车数合计（辆）Number of Public Tran-sportation Vehicles (unit)	标准运营车数（标台）Number of Vehicles Convert into Standard unit (unit)	运营线路网长度（公里）Length of Public Transportation Lines (km)	客运总量（万人次）Number of Passengers Carried (10 000 person-times)	
长沙市	Changsha	9712	10384	7440	38003	9453
浏阳市	Liuyang	412	384	2578	1365	
宁乡市	Ningxiang	514	606	2044	1586	
株洲市	Zhuzhou	1535	1880	1386	10349	3034
醴陵市	Liling	188	217	195	1511	
湘潭市	Xiangtan	920	1081	1233	6470	1733
湘乡市	Xiangxiang	115	115	180	540	
韶山市	Shaoshan	52	54	194	163	
衡阳市	Hengyang	1345	1685	1382	7116	1826
耒阳市	Leiyang	578	584	296	3494	
常宁市	Changning	85	99	167	718	
邵阳市	Shaoyang	803	1026	601	4664	2550
武冈市	Wugang	168	182	323	1128	
邵东市	Shaodong	201	209	1901	937	
岳阳市	Yueyang	1115	1380	1539	8613	2931
汨罗市	Miluo	171	165	1194	638	
临湘市	Linxiang	90	90	80	674	
常德市	Changde	906	1029	1188	5508	2329
津市市	Jinshi	70	66	299	324	
张家界市	Zhangjiajie	447	526	405	3311	1317
益阳市	Yiyang	1540	1855	1476	6051	1796
沅江市	Yuanjiang	154	154	235	959	
郴州市	Chenzhou	1772	2173	5302	12432	1528
资兴市	Zixing	71	83	210	880	
永州市	Yongzhou	766	911	1770	8596	1495
祁阳市	Qiyang	65	62	132	831	
怀化市	Huaihua	417	518	781	3642	2139
洪江市	Hongjiang	106	105	162	344	
娄底市	Loudi	423	482	656	5040	1880
冷水江市	Lengshuijiang	152	181	240	2066	
涟源市	Lianyuan	83	87	98	650	
吉首市	Jishou	292	336	902	3551	1470

注：数据由省交通厅提供，从2021年起，出租汽车数只统计到地市一级。

The data, provided by the provincial Department of Transportation, will only be counted at the prefecture-city level from 2021.

11-5 城市市政设施(2022年)

Urban Civil Facilities (2022)

城　市	Cities	道路长度（公里）Length of Streets (km)	道路面积（万平方米）Area of Streets (10 000 sq.m)	桥梁（座）Bridges (unit)	立交桥数 Number of Cloverleaf Junction	路灯盏数（盏）Number of Street Lights (unit)	排水管道长度（公里）Length of Sewer Pipelines (km)	污水年排放量（万立方米）Annual Volume of Sewage Discharged (10 000 cu.m)
长沙市	Changsha	3561	9075	300	29	122140	5768	89502
浏阳市	Liuyang	257	517	34		15203	479	2840
宁乡市	Ningxiang	714	1374	88	1	27767	529	5976
株洲市	Zhuzhou	1356	3432	172	14	77674	2499	20304
醴陵市	Liling	252	492	18		21445	373	2056
湘潭市	Xiangtan	903	1660	50	8	39890	1468	17807
湘乡市	Xiangxiang	229	438	10		10717	375	1563
韶山市	Shaoshan	58	102			3147	153	759
衡阳市	Hengyang	1912	2261	54		94880	1667	14415
耒阳市	Leiyang	329	815	3	19	8860	313	2705
常宁市	Changning	348	288	12		10199	261	1573
邵阳市	Shaoyang	687	1482	24	2	40319	686	7877
武冈市	Wugang	172	392	12	2	8933	300	2296
邵东市	Shaodong	316	838	11		16405	326	2299
岳阳市	Yueyang	1186	2517	43	7	58285	1608	11636
汨罗市	Miluo	174	450	9		12166	270	1485
临湘市	Linxiang	122	229	18		7291	330	1429
常德市	Changde	1074	2514	130	17	86340	2273	13846
津市市	Jinshi	144	161	7		8809	235	1441
张家界市	Zhangjiajie	350	486	38	3	20613	349	3793
益阳市	Yiyang	868	1836	4		33030	1151	9517
沅江市	Yuanjiang	329	218	6		6407	166	1506
郴州市	Chenzhou	656	1489	138	17	51911	1122	10200
资兴市	Zixing	188	349	5		6645	176	1137
永州市	Yongzhou	621	1367	28	3	42827	828	12790
祁阳市	Qiyang	373	565	4	1	17071	630	2616
怀化市	Huaihua	297	738	62	9	32786	746	7825
洪江市	Hongjiang	133	204	10		15631	175	930
娄底市	Loudi	442	1291	28		23130	442	6553
冷水江市	Lengshuijiang	62	150	14		7304	120	1159
涟源市	Lianyuan	270	450	52		9010	305	1293
吉首市	Jishou	524	1283	70	2	21262	309	3269

注：本表数据由湖南省住房和城乡建设厅提供。

The data in this table are provided by the Department of housing and urban rural development of Hunan province.

11-5 续表 Continued

城市	Cities	污水处理厂 Sewage Disposal Factory 座数（座） Number of Units (unit)	二、三级处理 Biological and Chemical Disposal	处理能力（万立方米/日） Disposal Capacity (10 000 cu.m/day)	二、三级处理 Biological and Chemical Disposal	其他污水处理装置处理能力（万立方米/日） Capacity of Engineering (10 000 cu.m/day)	污水处理总量（万立方米） Total Amount of Sewage Treated (10 000 cu.m)
长沙市	Changsha	14	14	296.5	296.5		88251
浏阳市	Liuyang	1	1	8.0	8.0	8.0	2788
宁乡市	Ningxiang	3	3	20.0	20.0		5398
株洲市	Zhuzhou	12	11	75.0	73.0		18882
醴陵市	Liling	1		5.2		5.5	1976
湘潭市	Xiangtan	5	5	58.5	58.5		17807
湘乡市	Xiangxiang	1	1	5.0	5.0		1563
韶山市	Shaoshan	1	1	2.0	2.0		741
衡阳市	Hengyang	4	3	52.0	48.0		14415
耒阳市	Leiyang	1	1	10.0	10.0	0.7	2645
常宁市	Changning	1		4.0			1523
邵阳市	Shaoyang	3		24.0			7631
武冈市	Wugang	2	2	7.0	7.0		2185
邵东市	Shaodong	1		8.0			2298
岳阳市	Yueyang	11	11	50.5	50.5		11636
汨罗市	Miluo	1	1	5.0	5.0		1485
临湘市	Linxiang	1	1	4.5	4.5		1429
常德市	Changde	6	6	43.0	43.0	0.1	13845
津市市	Jinshi	2		6.0			1412
张家界市	Zhangjiajie	4	4	10.5	10.5	0.2	3671
益阳市	Yiyang	4	4	32.0	32.0		9516
沅江市	Yuanjiang	1	1	4.0	4.0		1470
郴州市	Chenzhou	3	2	26.5	16.5		9986
资兴市	Zixing	1	1	4.0	4.0		1101
永州市	Yongzhou	2	2	30.0	30.0		12686
祁阳市	Qiyang	2	2	7.5	7.5		2596
怀化市	Huaihua	3	2	21.9	6.4		7582
洪江市	Hongjiang	3	1	2.5	0.5		889
娄底市	Loudi	2	2	20.0	20.0		6494
冷水江市	Lengshuijiang	1		3.0			1136
涟源市	Lianyuan	1	1	4.0	4.0		1244
吉首市	Jishou	2	2	10.0	10.0		3269

11—6 城市绿地和园林（2022年）
Urban Green Spaces and Gardens (2022)

城市	Cities	绿化覆盖面积（公顷）Coverage Space of Green Areas (hectare)	建成区 Developed Areas	绿地面积（公顷）Area of Green Areas (hectare)	建成区 Developed Areas	公园绿地面积（公顷）Park Green Land (hectare)	公园个数（个）Number of Parks (unit)	公园面积（公顷）Area of Parks (hectare)
长沙市	Changsha	20531	20531	18648	18648	6845	90	5369
浏阳市	Liuyang	1323	1323	1192	1192	350	7	241
宁乡市	Ningxiang	3037	3037	2925	2925	626	16	558
株洲市	Zhuzhou	6865	6865	6521	6521	1837	24	1182
醴陵市	Liling	1309	1295	1221	1133	341	13	254
湘潭市	Xiangtan	6317	3803	5946	3528	1381	14	702
湘乡市	Xiangxiang	983	871	9014	776	311	2	291
韶山市	Shaoshan	462	230	358	210	67	12	90
衡阳市	Hengyang	9620	6316	9501	5858	1966	28	863
耒阳市	Leiyang	1330	1330	1232	1232	367	39	367
常宁市	Changning	1182	1182	996	996	255	7	255
邵阳市	Shaoyang	3978	3375	3244	2871	1013	11	773
武冈市	Wugang	1230	969	1055	885	480	6	352
邵东市	Shaodong	1698	1447	1499	1329	387	3	122
岳阳市	Yueyang	6882	5478	5914	5079	1334	56	1279
汨罗市	Miluo	860	860	780	780	182	4	223
临湘市	Linxiang	1348	646	1198	587	237	26	243
常德市	Changde	5159	5153	4620	4617	1230	16	843
津市市	Jinshi	684	659	624	594	117	9	154
张家界市	Zhangjiajie	1775	1519	1603	1353	319	19	251
益阳市	Yiyang	3918	3918	3752	3752	836	79	836
沅江市	Yuanjiang	968	865	997	878	253	45	258
郴州市	Chenzhou	3788	3788	3408	3408	1034	61	1034
资兴市	Zixing	974	974	935	935	185	32	175
永州市	Yongzhou	3068	3068	2909	2909	770	25	585
祁阳市	Qiyang	1755	1454	1684	1277	466	14	260
怀化市	Huaihua	2663	2663	2374	2374	661	54	645
洪江市	Hongjiang	683	515	618	479	169	6	131
娄底市	Loudi	2232	2232	1961	1961	524	16	466
冷水江市	Lengshuijiang	608	565	526	488	237	6	237
涟源市	Lianyuan	587	587	519	519	155	6	155
吉首市	Jishou	1810	1568	1666	1400	381	10	252

注：本表数据由湖南省住房和城乡建设厅提供。
The data in this table are provided by the Department of housing and urban rural development of Hunan province.

11-7 城市燃气使用情况(2022年)
Urban Coal Gas and Liquefied Petroleum (2022)

城　市	Cities	液化石油气 Liquefied Petroleum Gas			天然气 Gas			
		供气总量(吨) Total Gas Supply (ton)	居民家庭 Households	用气人口(万人) Population with Access to Gas (10 000 persons)	供气总量(万立方米) Total Gas Supply (10 000 cu.m)	居民家庭 Households	用气人口(万人) Population with Access to Gas (10 000 persons)	管道长度(公里) Length of Pipelines (km)
长沙市	Changsha	70318	28616	66	90981	46724	454.25	6458.0
浏阳市	Liuyang	906	798	2	8453	2902	26.87	478.0
宁乡市	Ningxiang	6556	6346	13	8957	2826	38.95	647.4
株洲市	Zhuzhou	8268	6506	10	34834	15895	138.08	2586.0
醴陵市	Liling	11771	3415	8	30147	4479	22.50	1455.1
湘潭市	Xiangtan	12800	12800	17	18657	7122	79.00	2446.0
湘乡市	Xiangxiang	7300	6300	4	4312	546	17.12	449.0
韶山市	Shaoshan	1098	958	1	473	427	2.81	160.6
衡阳市	Hengyang	8400	7100	6	30417	8508	119.42	5104.4
耒阳市	Leiyang	4500	4493	9	1245	900	23.42	678.0
常宁市	Changning	810	793	1	977	690	14.60	503.6
邵阳市	Shaoyang	3735	3000	7	8178	4752	61.13	800.0
武冈市	Wugang	4236	4100	19	1303	745	12.08	259.0
邵东市	Shaodong	5626	4325	15	1437	1436	20.00	115.0
岳阳市	Yueyang	23010	18102	9	19617	10839	86.90	2167.6
汨罗市	Miluo	2190	1430	5	3928	651	9.02	190.0
临湘市	Linxiang	3645	3543	5	1250	1065	12.22	120.0
常德市	Changde	11751	6960	20	19956	6450	69.75	3005.8
津市市	Jinshi	1700	1631	3	700	476	7.13	214.6
张家界市	Zhangjiajie	7370	7146	10	2638	1227	18.13	445.6
益阳市	Yiyang	7800	7800	7	10664	4174	36.80	461.4
沅江市	Yuanjiang	1513	832	2	2415	1348	15.84	111.7
郴州市	Chenzhou	8535	8534	13	10570	9530	54.98	1538.6
资兴市	Zixing	3690	3460	6	1335	531.05	6.51	330.9
永州市	Yongzhou	5433	4593	19	4953	3809	43.34	483.0
祁阳市	Qiyang	4354	3255	13	800	650	15.50	360.0
怀化市	Huaihua	6080	5776	27	3454	2052	35.49	295.0
洪江市	Hongjiang	1527	1360	7	256.5	148.59	2.96	138.7
娄底市	Loudi	9115	9080	12	5776	4480	41.00	442.0
冷水江市	Lengshuijiang	511	397	7	657	326	7.12	81.1
涟源市	Lianyuan	3500	3050	15	360	180	4.70	65.0
吉首市	Jishou	2614	2011	24	2566	1995	16.34	153.4

注：本表数据由湖南省住房和城乡建设厅提供。

The data in this table are provided by the Department of housing and urban rural development of Hunan province.

11－8 全省环保产业统计情况(2022年)

Statistical Report of Hunan Environmental Protection Industry (2022)

指 标	Item	合计 Total	长沙 Changsha	株洲 Zhuzhou	湘潭 Xiangtan	衡阳 Hengyang	邵阳 Shaoyang	岳阳 Yueyang	常德 Changde
环保产业单位数（个）	**The Number of Environmental Protection Industry Units (unit)**	**1255**	**244**	**50**	**166**	**31**	**69**	**116**	**59**
环保产业从业人数（万人）	**The Number of Employees in Environmental Protection Industry (10 000 persons)**	**16.3**	**7.0**	**0.9**	**0.5**	**1.2**	**0.5**	**1.0**	**0.4**
环保产业年收入（亿元）	**Annual Income of Environmental Protection Industry (100 million yuan)**	**3259.3**	**1697.5**	**164.7**	**79.3**	**303.5**	**54.8**	**161.3**	**91.1**
# 环境服务业	# Environmental Services	350.6	241.1	9.2	27.7	28.8	3.9	9.3	5.1
# 环境保护产品生产	# Environmental Protection Products Production	433.6	389.8	7.1	6.6	5.5	0.1	8.7	0.6
# 环境友好产品生产	# Environment Friendly Products Production	1502.3	1056.5	132.3	18.2	24.9	9.1	35.4	79.7
# 资源综合利用	# Comprehensive Utilization of Resources	972.8	10.1	16.1	26.8	244.3	41.7	107.9	5.7

注：本表数据由湖南省生态环境厅提供。
The data in this table were provided by the Hunan Provincial Department of Ecology and Environment.

11－8 续表 Continued

指 标	Item	张家界 Zhangjiajie	益阳 Yiyang	郴州 Chenzhou	永州 Yongzhou	怀化 Huaihua	娄底 Loudi	湘西州 Xiangxi
环保产业单位数（个）	**The Number of Environmental Protection Industry Units (unit)**	**17**	**24**	**175**	**82**	**90**	**58**	**74**
环保产业从业人数（万人）	**The Number of Employees in Environmental Protection Industry (10 000 persons)**	**0.1**	**0.2**	**2.3**	**0.8**	**0.4**	**0.6**	**0.4**
环保产业年收入（亿元）	**Annual Income of Environmental Protection Industry (100 million yuan)**	**5.6**	**18.8**	**395.6**	**69.4**	**42.9**	**113.2**	**61.6**
# 环境服务业	# Environmental Services	2.1	2.4	4.5	8.0	3.8	2.6	2.1
# 环境保护产品生产	# Environmental Protection Products Production	0.7	5.3	3.5	0.9	0.6	2.5	1.7
# 环境友好产品生产	# Environment Friendly Products Production	0.1		94.8	28.2	5.5	11.4	6.2
# 资源综合利用	# Comprehensive Utilization of Resources	2.7	11.1	292.8	32.3	33.0	96.7	51.6

主要统计指标解释

供水综合生产能力 指按供水设施取水、净化、送水、出厂输水干管等环节设计能力计算的综合生产能力。包括在原设计能力的基础上，经挖、革、改增加的生产能力。计算时，以四个环节中最薄弱的环节为主确定能力。

供水管道长度 指从送水泵至用户水表之间所有管道的长度。不包括新安装尚未使用、水厂内以及用户建筑物内的管道。

城市供水总量 指报告期供水企业（单位）供出的全部水量。包括有效供水量和漏损水量。

生活用水 包括公共服务用水和居民家庭用水。公共服务用水指为城区社会公共生活服务的用水。包括行政事业单位、部队营区和公共设施服务、批发零售业、住宿餐饮业以及社会服务业等单位的用水。居民家庭用水指城市范围内所有居民家庭的日常生活用水。包括城市居民、农民家庭、公共供水站用水。

生产用水 指在城区范围内生产、运营的农、林、牧、渔业、工业、建筑业、交通运输业等单位在生产、运营过程中的用水。

用水普及率 指报告期末城区用水人口数与城市人口总数的比率。计算公式：

$$\text{用水普及率}=\frac{\text{城区用水人口（含暂住人口）}}{\text{城区人口}+\text{城区暂住人口}}\times 100\%$$

供气管道长度 指报告期末从气源厂压缩机的出口或门站出口至各类用户引入管之间的全部已经通气、投入使用的管道长度。不包括煤气生产厂、输配站、液化气储存站、灌瓶站、储配站、气化站、混气站、供应站等厂（站）内的管道。

城市供气总量 指报告期燃气企业（单位）向用户供应的燃气数量。包括销售量和损失量。

燃气普及率 指报告期末城区使用燃气的城市人口数与城市人口总数的比率。其中燃气包括人工煤气、天然气、液化石油气三种。计算公式为：

$$\text{燃气普及率}=\frac{\text{城区用气人口（含暂住人口）}}{\text{城区人口}+\text{城区暂住人口}}\times 100\%$$

道路长度 指道路长度和与道路相通的桥梁、隧道的长度，按车行道中心线计算。

城市桥梁 指为跨越天然或人工障碍物而修建的构筑物。包括跨河桥、立交桥、人行天桥以及人行地下通道等。

城市排水管道长度 指所有排水总管、干管、支管、检查井及连接井进出口等长度之和。

城市污水日处理能力 指污水处理厂（或污水处理装置）每昼夜处理污水量的设计能力。

年末公共交通车辆运营数 指年末城市用于公共交通运营业务的全部车辆数。新购、新制和调入的运营车辆，自投入之日起开始计算，调出、报废和调作他用的运营车辆，自上级主管机关批准之日起不再计入。

城市绿地面积 指报告期末用作园林和绿化的各种绿地面积。包括公园绿地、生产绿地、防护绿地、附属绿地和其他绿地的面积。

公园绿地 城市中向公众开放的、以游憩为主要功能，有一定的游憩设施和服务设施，同时兼有健全生态、美化景观、防灾减灾等综合作用的绿化用地。包括综合公园、社区公园、专类公园、带状公园和街旁绿地。其中综合公园、专类公园和带状公园面积之和为公园面积。

清扫保洁面积 指报告期末对城市道路和公共场所(主要包括城市行车道、人行道、车行隧道、人行过街地下通道、道路附属绿地、地铁站、高架路、人行过街天桥、立交桥、广场、停车场及其他设施等）进行清扫保洁的面积。一天清扫保洁多次的，按清扫保洁面积最大的一次计算。

市容环卫专用车辆设备 指用于环境卫生作业、监察的专用车辆和设备，包括用于道路清扫、冲洗、洒水、除雪、垃圾粪便清运、市容监察以及与其配套使用的车辆和设备。

每万人拥有公共汽电车辆 指按城市人口计算的每万人平均拥有的公共汽电车辆标台数。

Explanatory Notes on Main Statistical Indicators

Production Capacity of Water Supply refers to the designed overall production capacity of water facilities, covering the four segments of water collection, purification, conveyance, and outflow through trunk pipelines. Increased capacity through transformation and innovation projects is included as well. The capacity is determined mainly on the weakest of the above-mentioned four segments.

Length of Water Supply Pipelines refers to the total length of all the pipelines between the water pumps and the user water meters, excluding pipelines newly installed but not used yet, pipeline in the water factory, and pipeline in the user's buildings.

Total Volume of Urban Water Supply refers to the total volume of water supplied by water-works (units) during the reference period, including both the effective water supply and loss during the water supply.

Consumption of Water for Living Use It includes Consumption of Water for Public Service Use and Consumption of Water for Households Use. Consumption of Water for Public Service Use refers to water consumption for public service in the urban areas. It includes water consumption of administrative institutions, army camps, public facilities, wholesale and retail, accommodation and catering industry and social service industry, etc. Consumption of Water for Households Use refers to consumption of water for daily life of all households in cities, including households of urban residents and farmers, and public water supply stations.

Consumption of Water for Production and Operation Use refers to water consumption in the process of production and operation by production and operation units of agriculture, forestry, animal husbandry, fisheries, industry, construction industry, and transportation industry, etc. in urban areas.

Coverage Rate of Urban Population with Access to Tap Water refers to the ratio of the urban population with access to tap water to the total urban population at the end of reference period. The formula is:

$$\text{Coverage of urban population with access to tap water} = \frac{\text{Urban population with access to tap water}}{\text{Urban population}} \times 100\%$$

Length of Gas Pipelines refers to the total length of pipelines in use between the outlet of the compressor of gas-work or outlet of gas stations and the leading pipe of users, excluding pipelines within gasworks, delivery stations, LPG storage stations, refilling stations, gas-mixing stations and supply stations.

Volume of Gas Supply refers to the total volume of gas provided to users by gas-producing enterprises (units) during the reporting period, including the volume sold and the volume lost.

Coverage Rate of Urban Population with Access to Gas refers to the ratio of the urban population with access to gas to the total urban population at the end of the reference period. Gas here includes artificial coal gas, natural gas and liquefied petroleum gas. The formula is:

$$\text{Coverage rate urban population with access to gas} = \frac{\text{Urban population with access to gas}}{\text{Urban population}} \times 100\%$$

Length of Paved Roads refers to the length of roads with paved surface including bridges and tunnels connected with roads. Length of the roads is measured by the central lines.

Urban Bridges refer to bridges built to cross over natural or man-made barriers, including bridges over rivers, overpasses for traffic and for pedestrians, underpasses for pedestrians, etc.

Length of Urban Sewage Pipes refers to the total length of general drainage, trunks, branch and inspection wells, connection wells, inlets and outlets, etc.

Daily Disposal Capacity of Urban Sewage refers to the designed 24-hour capacity of sewage disposal by the sewage treatment works or facilities.

Number of Vehicles under Operation at Year-end refers to the total number of vehicles under operation by public transport enterprises (units) at the end of the year, based on the records of operational vehicles by the enterprises (units).

Area of Urban Green Land refers to the total area occupied for green projects at the end of the reference period, including park green land, production green land, protection green land, green land attached to institutions, and other green areas.

Park Green Area refers to green areas open to the public for amusement and rest with the facilities of amusement, rest and services. Its function includes perfecting ecology, beautifying landscape, and preventing and reducing disaster. Park green areas include comprehensive park, community park, theme park, linear park and roadside green space. Total areas of comprehensive park, topic park and belt-shaped is the area of park.

Road Area Cleaned refers to the area which are regularly cleaned, as at the end of the reference period, at urban roads and public places (mainly including urban roadways, pedestrian walkways, vehicular tunnels, pedestrian underpasses, underground railway stations, lifted roads, pedestrians walk bridges, overpasses, plazas, parking lots and other facilities). If there are several times of cleaning in a day at a location, the area of that time of cleaning with the largest area cleaned will be taken.

Vehicles and Facilities Dedicated to Urban Cleanliness and Environmental Sanitation refer to vehicles and facilities dedicated for use in the operation, management and monitoring of environmental hygiene work. They include vehicles for road cleaning, washing, showering, ice removal, disposal of garbage and human wastes, cleanliness monitoring and related activities.

Public Transportation Vehicles per 10 000 Population refers to the number of public transportation vehicles, calculated by urban population, per 10 000 population in the city district.

12

农 业

Agriculture

资料整理人员：彭开吾　王　丹　陈晗文　朱　鹏　易　贝　文益龙　陈　婷　李艺斌　邹　晨

12-1 农林牧渔业总产值和指数
Gross Output Value and Indices of Farming, Forestry, Animal Husbandry and Fishery

年份 Year	农林牧渔业总产值（亿元） Gross Output Value of Farming, Forestry, Animal Husbandry and Fishery (100 million yuan)					指数（1952年=100） Indices of Gross Output Value of Farming, Animal Husbandry and Fishery (year of 1952=100)				
	总产值 Total	#农业 Farming	#林业 Forestry	#牧业 Animal Husbandry	#渔业 Fishery	总指数 Total	#农业 Farming	#林业 Forestry	#牧业 Animal Husbandry	#渔业 Fishery
1949	15.84	12.05	0.24	1.42	0.03	59.6	64.4	51.1	45.7	42.9
1950	19.18	14.09	0.30	1.70	0.04	72.2	75.3	63.8	54.7	57.1
1951	21.91	15.66	0.36	2.37	0.04	82.5	83.7	76.6	76.2	57.1
1952	26.57	18.72	0.47	3.11	0.07	100.0	100.0	100.0	100.0	100.0
1953	26.59	18.70	0.37	2.97	0.10	100.1	99.9	78.7	95.5	142.9
1954	24.39	16.59	0.37	2.76	0.10	91.8	88.6	78.7	88.7	142.9
1955	28.89	19.99	0.57	2.36	0.12	108.7	106.8	121.3	75.9	171.4
1956	28.15	18.78	0.84	2.83	0.11	105.9	100.3	178.7	91.0	157.1
1957	35.04	21.14	1.20	5.39	0.28	127.2	112.9	255.3	173.3	400.0
1958	33.25	23.38	2.58	4.30	0.60	132.4	122.8	411.7	108.6	774.2
1959	30.55	21.96	2.62	3.14	0.70	121.7	115.3	418.1	79.3	903.2
1960	25.89	18.98	2.34	1.85	0.48	103.1	99.7	373.4	46.7	619.4
1961	21.95	16.63	1.00	1.56	0.26	87.4	87.3	159.6	39.4	335.5
1962	26.18	20.10	0.96	2.39	0.28	104.3	105.6	153.2	60.4	361.3
1963	24.65	18.09	1.03	3.25	0.31	98.2	95.0	164.4	82.1	400.0
1964	28.07	20.22	1.23	4.24	0.35	111.8	106.2	196.3	107.1	451.6
1965	29.31	21.07	1.31	4.42	0.40	116.7	110.7	209.0	111.7	516.1
1966	32.74	24.29	1.39	4.55	0.45	130.4	127.6	221.8	115.0	580.6
1967	34.40	25.41	1.55	4.89	0.46	137.0	133.5	247.8	123.5	593.5
1968	36.99	27.05	1.80	5.52	0.45	147.3	142.1	287.2	139.5	580.6
1969	36.21	26.48	1.85	5.36	0.34	144.2	139.1	295.2	135.4	438.7
1970	38.03	27.94	1.63	5.85	0.39	151.4	146.8	260.1	147.8	503.2
1971	58.77	43.42	2.72	9.18	0.53	151.3	150.5	295.2	151.1	541.9
1972	62.67	44.88	2.82	11.54	0.45	161.4	155.5	306.1	189.9	460.1
1973	67.86	50.48	2.77	10.93	0.57	174.7	175.0	300.6	179.9	582.8
1974	69.29	51.64	3.21	11.22	0.62	178.4	179.0	348.4	184.7	634.0
1975	72.45	54.41	2.86	11.64	0.64	186.5	188.6	310.4	191.6	654.4
1976	72.72	55.12	2.45	11.77	0.65	187.2	191.0	265.9	193.7	664.6
1977	73.81	55.40	2.98	11.95	0.68	190.0	192.0	323.4	196.7	695.3
1978	81.37	62.72	3.12	12.55	0.70	209.5	217.4	338.6	206.5	715.8
1979	86.51	65.47	3.13	14.27	0.77	222.7	226.9	339.7	234.8	787.3
1980	116.34	81.13	7.31	21.87	1.94	218.4	218.2	391.8	236.3	961.2
1981	123.38	86.05	6.70	23.32	2.18	231.6	231.4	359.1	252.0	1080.1
1982	135.90	95.95	6.45	26.26	2.46	255.1	258.1	345.7	283.8	1218.8
1983	142.70	100.60	6.43	27.87	2.88	267.9	270.6	344.6	301.2	1426.9
1984	150.80	102.32	7.02	32.16	3.37	283.1	275.2	376.3	347.5	1669.7
1985	158.22	101.84	7.25	34.87	3.89	297.0	273.9	388.6	376.8	1927.3

注：本表绝对数按当年价格计算，指数按可比价格计算。

Absolute figures in this table are calculated at current prices while indices are calculated at comparable prices.

12-1 续表 Continued

年份 Year	农林牧渔业总产值（亿元） Gross Output Value of Farming, Forestry, Animal Husbandry and Fishery (100 million yuan)					指数（1952 年 =100） Indices of Gross Output Value of Farming, Animal Husbandry and Fishery (year of 1952=100)				
	总产值 Total	# 农业 Farming	# 林业 Forestry	# 牧业 Animal Husbandry	# 渔业 Fishery	总指数 Total	# 农业 Farming	# 林业 Forestry	# 牧业 Animal Husbandry	# 渔业 Fishery
1986	166.83	106.01	6.35	38.42	4.64	313.2	285.1	340.4	415.2	2298.9
1987	172.32	108.48	6.90	38.62	5.42	323.5	291.8	369.8	417.3	2685.3
1988	173.19	103.09	6.74	42.02	5.69	325.2	277.3	361.3	454.1	2819.1
1989	182.09	109.68	7.75	44.18	6.28	341.8	295.0	415.5	477.3	3112.3
1990	430.21	241.32	22.00	120.40	22.13	348.3	296.0	404.7	493.5	3205.7
1991	451.69	249.79	28.22	126.62	22.20	361.8	306.4	434.2	519.2	3215.3
1992	468.73	250.39	31.55	135.67	24.90	375.5	307.0	485.4	556.1	3614.0
1993	493.63	258.70	31.26	147.51	28.59	395.4	317.1	481.0	604.5	4141.6
1994	532.16	266.43	32.92	169.22	32.70	426.2	326.6	506.5	693.4	4738.0
1995	578.73	277.43	33.66	195.25	39.71	463.7	340.3	518.1	800.2	5751.9
1996	627.16	283.37	34.74	224.61	47.91	502.7	347.4	534.7	920.2	6936.8
1997	679.20	306.80	35.26	245.35	52.89	544.4	376.2	542.7	1004.9	7658.2
1998	686.21	297.81	36.12	255.34	56.67	552.6	365.3	555.7	1046.1	8201.9
1999	1200.94	624.70	48.20	458.62	69.42	571.4	383.6	586.3	1048.2	8841.6
2000	1251.89	633.84	51.01	486.13	80.91	596.0	395.8	611.5	1089.1	9858.4
2001	1313.23	665.70	51.88	510.42	85.23	619.6	409.7	630.7	1136.3	10400.7
2002	1349.92	666.65	54.78	538.64	89.85	636.3	410.6	659.5	1194.3	11014.3
2003	1452.96	671.66	81.73	575.08	96.97	659.9	421.6	685.9	1243.3	11818.3
2004	1913.31	874.00	91.31	796.95	119.92	709.4	461.7	734.0	1310.4	12657.4
2005	2056.24	947.70	100.90	834.50	138.40	750.5	482.5	805.9	1393.0	13872.5
2006	1991.81	1040.85	112.45	657.92	130.42	787.3	509.0	855.1	1440.3	14996.2
2007	2584.00	1210.06	144.12	1000.84	152.99	819.1	530.1	924.4	1477.8	15866.0
2008	3204.11	1370.88	155.44	1426.18	165.83	862.8	541.3	964.1	1610.8	16659.3
2009	3035.20	1472.53	174.18	1058.66	182.35	907.3	573.2	1007.5	1681.6	17542.3
2010	3518.10	1848.89	207.43	1062.04	222.58	946.3	597.8	1077.0	1738.8	18501.3
2011	4111.04	2089.89	239.11	1336.67	241.26	986.6	639.1	1151.3	1731.8	18566.1
2012	4390.34	2255.43	259.97	1377.85	261.89	1016.7	647.0	1208.9	1813.2	19587.2
2013	4432.69	2257.55	287.67	1340.83	286.70	1044.5	665.1	1281.4	1825.8	20821.2
2014	4577.08	2324.78	304.81	1356.00	310.03	1093.5	692.8	1356.1	1911.4	21976.6
2015	4682.31	2325.93	317.38	1408.13	328.34	1133.8	723.3	1466.7	1903.6	23537.0
2016	5057.52	2485.49	321.60	1549.59	354.95	1174.5	751.0	1587.8	1913.1	25046.7
2017	5213.48	2597.63	325.01	1505.78	393.06	1221.8	773.6	1731.5	1970.7	26655.9
2018	5361.62	2664.30	387.15	1464.59	417.21	1265.5	798.1	1895.1	1992.1	28665.7
2019	6405.06	3052.06	430.66	2003.09	441.82	1305.8	827.5	2074.8	1953.9	30657.9
2020	7511.96	3364.77	428.00	2721.63	477.55	1360.0	861.7	2246.1	2002.8	31983.4
2021	7662.36	3532.87	455.82	2542.51	570.82	1501.3	892.9	2459.9	2416.0	33358.6
2022	8160.13	3973.21	477.44	2466.86	617.81	1558.5	920.2	2630.1	2490.9	34532.9

注：本表绝对数按当年价格计算，指数按可比价格计算。2006-2017 年数据按照农业普查结果进行了修正。

Absolute figures in this table are calculated at current prices while indices are calculated at comparable prices. Data for 2006-2017 are revised based on the results of the agricultural census.

12-2 农业基本情况
Basic Indicators of Agriculture

单位：万公顷 (10 000 hectares)

年 份 Year	年末实有耕地面积 Cultivated Areas (year-end)	农作物播种面积 Total Sown Areas	#粮食作物 Grain Corps	造林面积 Afforestation Areas
1978		844.58	582.94	
1979		833.44	570.42	
1980		790.95	545.13	
1981		800.94	542.01	
1982		796.95	540.34	
1983		774.62	542.32	
1984		763.92	539.09	
1985	334.17	747.71	516.14	34.40
1986		753.65	521.04	37.73
1987		747.47	515.10	32.91
1988		749.62	519.63	32.17
1989		774.88	533.05	33.99
1990	331.23	795.18	536.56	37.59
1991		804.02	536.52	37.17
1992		796.08	524.36	37.75
1993		765.39	505.05	27.83
1994		773.05	507.74	13.44
1995	324.97	784.04	511.56	10.95
1996		792.74	513.39	5.29
1997	323.01	800.90	515.53	4.29
1998	321.87	793.63	507.48	2.86
1999	321.32	802.77	513.52	2.74
2000	392.16	800.21	502.99	5.15
2001	391.26	793.17	480.28	7.56
2002	389.10	777.92	465.26	10.09
2003	383.37	773.12	452.98	40.96
2004	381.65	818.87	475.41	33.38
2005	381.60	833.64	483.86	13.65
2006	378.76	853.19	454.54	13.45
2007	378.90	739.70	453.97	7.62
2008	378.94	761.35	460.71	8.04
2009	413.50	785.22	482.72	12.50
2010	413.75	805.80	484.78	21.34
2011	413.77	817.81	493.22	40.24
2012	414.62	829.96	497.53	40.42
2013	414.97	835.27	501.00	34.98
2014	415.32	839.86	506.56	39.19
2015	415.35	835.52	505.37	37.60
2016	414.88	829.20	501.07	33.66
2017	415.10	827.01	497.89	55.41
2018	415.54	810.93	474.79	58.43
2019	362.89	812.28	461.64	57.69
2020	362.12	840.01	475.48	57.65
2021	362.60	850.43	475.84	43.12
2022	365.42	859.15	476.55	30.02

注：从2000年起，耕地面积为省自然资源厅统计数据（后表同）。
The data of cultivated Areas from Hunan Provincial Department of Natural Resources since 2000 (The following table is the same).

12–3 农村基层组织
Grassroots Units of Rural Areas

指 标	Item	2010	2020	2021	2022
农村基层组织	**Grassroots Units of Rural Areas**				
#乡(镇)个数 （个）	Number of Township (Town Governments) (unit)	2161	1525	1522	1522
#乡个数	Number of Township	1052	392	389	388
#民族乡	Number of National Township	97	83	83	83
镇个数	Number of Town Governments	1109	1133	1133	1134

12–4 耕地面积
Cultivated Areas

单位：千公顷 (1000 hectares)

指 标	Item	2010	2020	2021	2022
年初实有耕地总资源	Actual Cultivated Land Total Resources at The Year Beginning	4135.02	3628.91	3621.21	3625.98
年内增加耕地总资源	Increased Cultivated Land Total Resources This Year		7.52	19.33	41.22
年内减少耕地总资源	Decrease in Cultivated Land Total Resources This Year		15.22	14.56	13.00
年末实有耕地总资源	Actual Cultivated Land Total Resources at The Year End	4137.48	3621.21	3625.98	3654.20

12−5 农业生产条件
Condition of Agricultural Production

年 份 Year	农业机械总动力（万千瓦） Total Power of Agricultural Machinery (10 000 kw)	有效灌溉面积（千公顷） Effective Irrigated Area (1000 hectares)	化肥施用量（万吨） Consumption of Chemical Fertilizers (10 000 tons)	每公顷面积产量（公斤） Yield per hectare (kg)		
				粮 食 Grain Crops	棉 花 Cotton	油 料 Oil-bearing Crops
1949	0.11	1199.21				
1950	0.10	1289.93				
1951	0.20	1360.65				
1952	0.33	1538.27	0.20			
1953	0.38	1586.24	0.10			
1954	0.43	1630.03	0.97			
1955	0.76	1666.75	2.40			
1956	1.95	1716.85	4.95			
1957	2.45	1777.03	5.18			
1958	7.44	1849.99	11.25			
1959	14.58	1716.96	12.84			
1960	22.43	1935.57	15.85			
1961	24.60	1957.07	9.36			
1962	26.57	1984.41	12.35			
1963	29.06	2019.75	23.91			
1964	33.91	2084.79	32.75			
1965	42.89	2163.53	53.15			
1966	54.47	2202.64	90.17			
1967	55.66	2262.00	86.20			
1968	63.93	2286.15	75.19			
1969	72.95	2307.52	101.41			
1970	89.50	2343.68	121.71			
1971	106.68	2377.67	130.29			
1972	132.77	2430.93	167.99			
1973	153.42	2483.15	198.07			
1974	186.16	2503.94	177.56			
1975	233.18	2583.35	193.84			
1976	283.42	2617.13	194.25			
1977	349.56	2657.09	202.95			
1978	428.64	2691.34	271.90			
1979	507.67	2730.43	325.23			
1980	588.99	2743.73	361.04			
1981	659.74	2753.03	371.20			
1982	704.94	2759.67	396.38			
1983	785.57	2773.45	421.54			
1984	805.43	2775.57	354.21			
1985	892.02	2771.18	369.64	4875	990	1005

12-5 续表 Continued

年 份 Year	农业机械总动力（万千瓦） Total Power of Agricultural Machinery (10 000 kw)	有效灌溉面积（千公顷） Effective Irrigated Area (1000 hectares)	化肥施用量（万吨） Consumption of Chemical Fertilizers (10 000 tons)	每公顷面积产量（公斤） Yield per hectare (kg)		
				粮 食 Grain Crops	棉 花 Cotton	油 料 Oil-bearing Crops
1986	1059.37	2771.75	432.12			
1987	1053.56	2665.33	457.77			
1988	1112.91	2670.29	490.07			
1989	1168.74	2674.20	517.88			
1990	1209.17	2676.22	126.09	5025	1020	990
1991	1270.52	2612.70	138.66			
1992	1284.37	2664.98	146.18			
1993	1374.35	2676.11	148.15			
1994	1459.07	2675.09	159.41			
1995	1532.54	2680.03	167.91	5380	1206	1258
1996	1616.29	2667.07	167.08			
1997	1692.84	2672.38	175.30	5581	1448	1352
1998	1825.57	2675.14	179.93	5553	969	1323
1999	2006.97	2665.40	180.87	5632	1121	1391
2000	2209.74	2677.46	182.15	5716	1173	1490
2001	2358.02	2676.35	184.25	5622	1271	1505
2002	2498.09	2675.61	184.32	5376	1291	1334
2003	2664.45	2675.34	188.33	5393	1173	1449
2004	2923.93	2683.28	203.19	5530	1437	1591
2005	3189.86	2690.41	209.90	5477	1395	1569
2006	3416.61	2696.93	212.14	5478	1528	1628
2007	3684.43	2702.88	219.58	5944	1538	1598
2008	4021.14	2709.20	223.38	6126	1354	1267
2009	4352.64	2720.68	231.60	6067	1401	1555
2010	4651.55	2726.66	236.57	5944	1389	1432
2011	4935.59	2762.41	242.49	6049	1381	1635
2012	5189.24	3070.84	249.11	6154	1421	1510
2013	5435.93	2768.12	248.19	5967	1219	1582
2014	5680.34	3101.70	247.80	6078	1222	1628
2015	5894.05	3113.32	246.54	6123	1208	1701
2016	6097.54	3132.37	246.44	6092	1185	1702
2017	6254.83	3145.87	245.26	6173	1145	1724
2018	6338.57	3164.00	242.61	6367	1341	1743
2019	6471.82	3176.11	229.01	6444	1299	1752
2020	6588.95	3293.48	223.73	6341	1252	1793
2021	6676.40	3238.00	219.06	6461	1338	1777
2022	6755.95	3239.00	215.87	6333	1274	1824

注：化肥施用量1989年及以前均为实物量，1990年及以后为折纯量。

Data of consumption of fertilizers refer to the consumption in quantity prior to 1989, and the consumption in purity in and after 1990.

12-6 农业机械年末拥有量
Year-end Possession of Agriculture Machinery

指 标		Item		2010	2020	2021	2022
农业机械总动力合计	**（千瓦）**	**Total Power of Agricultural Machinery**	**(kw)**	**46515488**	**65889516**	**66764008**	**67559540**
柴油发动机		Diesel Engines		35478418	49619435	50210123	50748361
汽油发动机		Gasoline Engines		2748316	4234681	4331033	4429592
电动机		Electric Motor		8095821	11646458	11803534	11957037
其他机械		Other Machinery		192933	388942	419318	424550
机械分类		**Machinery by Type**					
大中型拖拉机	（混合台）	Large and Medium Tractors	(mixed unit)	84992	107671	107626	101707
	（千瓦）		(kw)	2465058	4234946	4322346	4422063
小型及手扶拖拉机	（混合台）	Mini and Walking Tractors	(mixed unit)	198611	219231	214468	187613
	（千瓦）		(kw)	2076993	2732386	2681720	2362870
耕整机	（台）	Tillage Machinery	(unit)	1349055	1832664	1839533	1735545
	（千瓦）		(kw)	5034046	7434868	7432345	6988465
大中型拖拉机配套农具	（部）	Farm Tools for Large and Medium Tractors	(unit)	27684	42829	44501	45782
小型拖拉机配套农具	（部）	Necessary Farm Tools for Mini Tractors	(unit)	97051	163513	165261	161726
# 农用水泵	（台）	# Pumps	(unit)	2099818	2325781	2330695	2390390
谷物联合收割机	（台）	Grain Combine	(unit)	69051	131217	131573	131149
	（千瓦）		(kw)	2365043	5058161	5123131	5143457
增氧机	（台）	Machinery for Pond Oxygen Increase	(unit)	21471	117805	114648	124197
农产品初加工动力机械	（千瓦）	Motorized Machinery for Products Processing	(kw)	6562481	7810316	7887295	7739515
# 柴油机动力		# Diesel Engines Power		3457597	3541489	3557007	
农田基本建设机械	（台）	Machinery for Farmland Capital Construction	(unit)		20260	20430	20739
	（千瓦）		(kw)		1390165	1409326	1413683
农用航空器	（架）	Agricultural Aircraft	(unit)		4967	6013	7564
有人驾驶农用飞机		The Farm Plane was Manned			18		
植保无人机		Plant Protection UAV			4948	6013	7564

12-7 农作物生产情况（2022年）
Basic Indicators of Farm Corp Production (2022)

指 标	Item	播种面积（千公顷）Sown Area (1000 hectares)	单 产（公斤/公顷）Per Unit Area Yield (kg/hectare)	总产量（吨）Total Output (ton)
农作物总播种面积	**Total Sown Area**	**8591.54**		
粮食作物	**Grain Crops**	**4765.52**	**6333.03**	**30180185.00**
#谷物	#Cereal	4402.81	6541.36	28800385.00
#稻谷	#Rice	3967.67	6653.49	26398835.00
#早稻	#Early Season Rice	1212.77	6112.45	7413000.00
中稻与一季晚稻	Middle Season Rice and Late Rice of One-season	1481.90	7451.13	11041835.00
晚稻	Late Season Rice	1273.00	6240.38	7944000.00
小麦	Wheat	22.38	3391.42	75900.00
玉米	Corn	393.58	5734.16	2256850.00
高粱	Sorghum	9.13	4271.63	39000.00
其他谷物	Other Cereal	10.05	2965.17	29800.00
#大麦	#Barley	1.34	3805.97	5100.00
豆类	Soybeans	170.62	2537.80	433000.00
#大豆	#Beans	132.10	2560.18	338200.00
杂豆	Mixed Beans	38.52	2461.00	94800.00
#绿豆	#Mung Beans	11.22	2067.74	23200.00
薯类（按折粮薯类计算）	Tubers(Converted into Grain)	192.09	4928.94	946800.00
#红薯	#Sweet Potatoes	129.60	4959.10	304100.00
马铃薯	Potatoes	62.49	4866.38	642700.00
油料	**Oil-bearing Crops**	**1518.19**	**1824.29**	**2769623.64**
#花生果	#Peanuts	115.36	2694.65	310854.65
油菜籽	Rapeseeds	1388.56	1755.95	2438247.12
芝麻	Sesame	11.41	1442.93	16463.88
向日葵	Sunflower	1.66	1204.25	1999.06
其他油料	Other Oil-bearing Crops	1.19	1730.19	2058.93
棉花	**Cotton**	**64.62**	**1273.68**	**82305.49**
麻类	**Fiber Crops**	**1.54**	**2392.21**	**3684.00**
#黄、红麻	#Jute and Ambary Hemp	**0.14**	2097.29	293.62
苎麻	Ramie	1.39	2416.82	3359.38
甘蔗	**Sugarcane**	**7.56**	**46112.26**	**348608.68**
烟叶	**Tobacco**	**97.23**	**2022.25**	**196622.99**
#烤烟	#Flue-cured Tobacco	96.33	2022.22	194800.09
药材	**Medicinal Herbs**	**110.24**	**6505.52**	**717168.17**
蔬菜瓜类	**Vegetables and Melons**	**1557.14**	**30795.14**	**47952352.04**
#蔬菜（包括菜用瓜）	#Vegetables(include Snake Melons)	1407.27	30958.55	43567043.07
果用瓜	Fruit Melons	149.87	29260.75	4385308.97
其他作物：	**Other Crops**	**469.50**		
#青饲料	#Succulence	143.38		

12–8 粮食、棉花播种面积

Sown Area of Grain Crops and Cotton

单位：千公顷 (1000 hectares)

年份 Year	粮食 Grain Crops	稻谷 Rice	早稻 Early Rice	中稻 Medium Rice	晚稻 Late Rice	棉花 Cotton
1983	5423.2	4418.9	1895.0	509.7	2014.2	131.3
1984	5390.9	4401.1	1885.4	507.0	2008.7	132.6
1985	5161.4	4246.5	1825.1	495.0	1926.4	101.8
1986	5210.4	4327.6	1838.3	499.4	1989.9	86.1
1987	5150.9	4255.1	1779.5	508.4	1967.2	64.4
1988	5196.3	4293.7	1803.9	505.7	1984.1	91.4
1989	5330.5	4354.1	1827.8	497.8	2028.5	94.4
1990	5365.7	4370.5	1844.1	484.3	2042.1	118.5
1991	5365.2	4298.1	1813.3	512.0	1972.8	133.3
1992	5243.6	4188.0	1741.0	477.5	1969.5	167.6
1993	5050.5	4025.9	1618.0	516.9	1891.0	172.1
1994	5077.4	4040.7	1633.8	525.1	1881.8	209.1
1995	5115.6	4084.1	1675.6	510.2	1898.3	185.3
1996	5133.9	4064.1	1669.3	513.7	1881.1	174.1
1997	5155.3	4075.8	1651.2	515.0	1909.6	176.5
1998	5074.8	3976.4	1610.1	538.1	1828.2	198.7
1999	5135.2	3984.5	1571.1	585.4	1828.0	157.8
2000	5029.9	3896.1	1515.8	632.1	1748.2	146.0
2001	4802.8	3691.6	1361.1	707.4	1623.1	149.4
2002	4652.6	3541.5	1224.5	812.5	1504.5	129.1
2003	4529.8	3410.0	1173.3	834.5	1402.1	139.0
2004	4754.1	3716.8	1288.3	1061.8	1366.7	167.7
2005	4838.6	3795.2	1324.4	1068.6	1402.2	150.9
2006	4545.4	3931.7	1355.9	1156.3	1419.5	158.6
2007	4539.7	3915.1	1303.6	1232.1	1379.5	172.2
2008	4607.1	3968.3	1306.6	1258.3	1403.4	183.0
2009	4827.2	4103.4	1399.8	1225.3	1478.3	152.6
2010	4847.8	4105.2	1385.7	1251.2	1468.3	175.0
2011	4932.2	4160.8	1427.7	1245.6	1487.4	192.4
2012	4975.3	4209.6	1464.5	1216.5	1528.5	172.7
2013	5010.0	4218.5	1494.0	1210.1	1514.5	159.6
2014	5065.6	4275.0	1507.7	1217.6	1549.6	130.1
2015	5053.7	4287.8	1505.9	1228.3	1553.6	103.6
2016	5010.7	4277.6	1487.3	1263.0	1527.3	106.5
2017	4978.9	4238.7	1448.2	1291.3	1499.2	95.7
2018	4747.9	4009.0	1238.2	1472.5	1298.3	63.9
2019	4616.4	3855.2	1094.6	1602.1	1158.5	63.0
2020	4754.8	3993.9	1225.7	1476.1	1292.0	59.5
2021	4758.4	3971.1	1219.6	1479.2	1272.3	60.2
2022	4765.5	3967.7	1212.8	1481.9	1273.0	64.6

注：2004 年起为抽样调查数，2006、2007 年为农业普查口径修正数。
From 2004 onwards, it is a sample survey, and in 2006 and 2007, it is a revision of the calibre of the agricultural census.

12-9 粮食、棉花产量
Output of Grain Crops and Cotton

单位：万吨 (10 000 tons)

年份 Year	粮食 Grain Crops	稻谷 Rice	早稻 Early Rice	中稻 Medium Rice	晚稻 Late Rice	棉花 Cotton
1983	2654.0	2458.1	1038.4	280.5	1139.2	9.8
1984	2613.0	2416.5	1069.0	280.8	1066.7	12.8
1985	2514.3	2338.8	991.7	247.3	1099.8	10.1
1986	2631.6	2464.4	1050.6	289.2	1124.6	8.3
1987	2593.7	2414.2	948.7	302.3	1163.2	5.6
1988	2519.8	2343.9	987.8	258.5	1097.6	4.4
1989	2648.2	2445.2	994.2	307.7	1143.3	6.7
1990	2651.4	2468.2	1033.5	302.4	1132.3	12.0
1991	2682.0	2473.3	957.5	314.1	1201.7	14.9
1992	2620.1	2423.1	916.1	305.0	1202.0	20.3
1993	2570.2	2343.5	825.7	324.8	1193.0	21.1
1994	2661.0	2414.9	903.5	350.6	1160.8	23.8
1995	2691.6	2438.5	854.7	336.8	1247.0	22.4
1996	2701.6	2418.6	854.6	344.2	1219.8	19.0
1997	2801.9	2495.8	945.2	359.6	1191.0	25.6
1998	2647.9	2345.1	830.6	357.1	1157.4	19.2
1999	2725.4	2360.6	817.5	404.4	1138.7	17.7
2000	2767.6	2392.5	877.6	436.1	1078.8	15.8
2001	2700.3	2328.9	783.2	478.4	1067.3	19.0
2002	2501.3	2119.2	627.8	590.8	900.6	15.3
2003	2442.7	2070.2	621.2	637.9	811.1	16.3
2004	2640.0	2285.5	716.4	720.0	849.1	20.3
2005	2678.6	2296.2	734.4	723.8	838.0	19.8
2006	2654.2	2414.5	747.6	782.0	884.9	22.7
2007	2698.5	2435.3	743.0	833.5	858.8	22.7
2008	2822.2	2551.3	774.1	890.9	886.3	24.7
2009	2928.8	2614.3	821.0	862.0	931.3	21.2
2010	2881.6	2551.8	779.5	867.1	905.2	22.7
2011	2983.6	2634.2	824.5	883.8	925.9	23.6
2012	3061.9	2704.3	841.6	881.4	981.3	25.1
2013	2989.5	2645.3	888.5	795.6	961.2	19.8
2014	3078.9	2732.7	886.8	847.1	998.8	12.9
2015	3094.2	2756.8	895.2	857.7	1003.9	12.3
2016	3052.3	2724.6	873.5	871.4	979.8	12.6
2017	3073.6	2740.4	846.5	932.6	961.3	11.0
2018	3022.9	2674.0	755.5	1086.7	831.8	8.6
2019	2974.8	2611.5	661.4	1206.8	743.3	8.2
2020	3015.1	2638.9	718.7	1110.2	810.0	7.4
2021	3074.4	2683.1	743.8	1122.2	817.1	8.0
2022	3018.0	2639.9	741.3	1104.2	794.4	8.2

注：粮食产量 1988 年起为抽样调查数，棉花产量 1998 年起为抽样调查数。2006、2007 年为农业普查口径修正数。

Grain yield has been sampled since 1988, cotton production has been sampled since 1998. The years 2006 and 2007 are corrections to the calibre of the agricultural census.

12-10 茶叶、水果生产情况(2022年)
Output of Tea and Fruit (2022)

单位：吨 (ton)

名 称	Item	数量 Number	名 称	Item	数量 Number
茶叶产量	**Output of Tea**	**265334**	**水果产量**	**Output of Fruits**	**12081684**
绿茶	Green Tea	125465	柑橘	Citrus	6393231
青茶	Oolong Tea	829	桃子	Peaches	266792
红茶	Red Tea	28671	梨	Pears	208356
黑茶	Black Tea	101096	葡萄	Grapes	277708
黄茶	Yellow Tea	778	红枣	Red Chinese Dates	33983
白茶	White Tea	1914	柿子	Fresh Persimmons	25578
其他茶	Other Tea	6581	其他水果	Other Fruits	4876037

12-11 林业情况
Basic Indicators of Forestry

单位：万公顷 (10 000 hectares)

指 标	Item	2010	2020	2021	2022
当年造林面积总计	**Total Afforestation Areas of the Current Year**	21.34	57.65	43.13	30.02
按主要林种用途分	**By the Use of Main Forestry**				
封山育林面积	Close Hillsides to Facilitate Afforestation Areas		23.42	20.89	7.05
中幼林抚育面积	Areas of Middle and Young Growth Fostering	20.63	49.91	34.11	25.74
主要林产品产量 （万吨）	**Output of Main Forestry Products (10 000 tons)**				
油茶籽	Tea-oil Seeds	39.05	128.26	171.64	96.46
竹笋干	Bamboo Shoots	3.19	8.73	7.61	13.70

12-12 畜牧业年末存栏情况(2022年)
Year-end Animals in Stock (2022)

项　目		Item		合计 Total	能繁母畜 Breeding Dams
牛	(万头)	Cattle and Buffaloes	(10 000 heads)	441.80	
役用牛		Draught Animals			
肉牛		Beef Cattle		437.30	
乳牛(奶牛)		Dairy Cattle(cows)		4.50	
马	(匹)	Horses	(head)	13790	
驴	(匹)	Donkeys	(head)	3603	
骡	(匹)	Mules	(head)	583	
生猪	(万头)	Hogs	(10 000 heads)	4116.20	369.60
羊	(万只)	Goats and Sheep	(10 000 heads)	801.40	
山羊		Goats		801.40	
绵羊		Sheep			

12—13 畜禽出栏量
Amount Over the Slaughter of Livestock and Poultry

年份 Year	生猪（万头） Live Pig (10 000 heads)	牛（万头） Cattle (10 000 heads)	羊（万只） Sheep (10 000 heads)	禽（万只） Birds (10 000 heads)
1983	1850.1	11.9	27.6	
1984	2128.9	10.1	28.8	
1985	2296.6	9.3	30.1	8458.6
1986	2471.8	9.9	28.5	9453.9
1987	2657.4	11.7	30.3	10255.8
1988	2813.7	15.3	32.6	10548.9
1989	2866.5	15.8	35.2	11384.5
1990	3092.1	16.3	35.3	11832.6
1991	3247.9	20.2	42.9	12607.1
1992	3536.3	26.5	50.1	14187.4
1993	3813.2	33.4	71.0	15872.9
1994	4372.6	43.5	101.5	18441.2
1995	5001.7	58.0	157.9	23198.2
1996	4387.5	87.0	319.1	28315.8
1997	5127.0	96.5	291.1	31458.2
1998	5467.3	109.0	331.3	35703.4
1999	5385.3	118.8	354.2	27967.5
2000	5491.3	128.1	397.1	30448.9
2001	5540.5	125.0	435.2	32672.0
2002	5653.1	146.8	526.0	35286.0
2003	5905.8	148.3	604.9	41497.0
2004	6088.7	154.6	662.1	42816.6
2005	6176.3	167.4	763.4	39209.8
2006	5126.9	121.7	638.9	32867.8
2007	4816.7	127.3	648.5	32802.0
2008	5153.1	130.0	655.0	34770.0
2009	5508.7	139.6	680.0	36880.0
2010	5723.5	144.5	656.2	38355.2
2011	5575.9	141.5	633.1	39264.2
2012	5878.8	146.6	638.2	41650.3
2013	5902.3	155.8	657.6	41283.6
2014	6220.3	161.4	676.3	40043.8
2015	6077.2	168.5	699.9	41474.7
2016	5920.9	143.4	725.5	42671.9
2017	6116.3	147.0	901.8	42263.8
2018	5993.7	152.7	911.0	42476.7
2019	4812.9	162.5	971.5	51057.0
2020	4658.9	174.6	983.3	54403.6
2021	6121.8	180.7	1064.1	54025.2
2022	6248.2	183.1	1101.4	55213.2

注：生猪2000年起为抽样调查数，牛2001起为抽样调查数，1997年起禽为农普衔接数。

The hogs number from 2000 is spot check number; the cattle number from 2002 is spot check number; The sheep number is joined number of agriculture surveys; the poultry number from 2003 is spot check number.

12–14 主要畜禽存栏和水产品产量
Number of Live Stocks, Birds and Output of Aquatic Products

年份 Year	年底牛头数（万头） Cattle and Buffaloes (Year–end) (10 000 heads)	年底猪头数（万头） Hogs(Year–end) (10 000 heads)	年底羊只数（万只） Sheep and Goats (Year–end) (10 000 heads)	猪牛羊肉（万吨） Pork,Beef, and Mutton (10 000 tons)	禽（万只） Birds (10 000 heads)	水产品（万吨） Aquatic Products (10 000 tons)
2006	405.67	3452.45	499.14	389.18	24346.50	160.04
2007	399.59	3776.39	511.91	373.31	26099.40	170.09
2008	399.55	3924.46	523.95	395.74	26882.40	178.59
2009	414.32	4046.99	553.80	421.93	27100.00	188.59
2010	401.68	4063.91	552.66	438.98	27262.60	198.89
2011	385.04	4182.65	567.30	432.17	27563.80	200.02
2012	381.75	4275.51	565.59	454.25	29023.40	220.08
2013	384.96	4130.69	590.64	458.89	29920.50	233.91
2014	389.18	4227.81	622.13	487.43	31024.60	247.96
2015	393.91	4122.72	655.38	478.77	32105.80	261.32
2016	374.13	3983.11	648.06	466.39	33101.10	238.35
2017	379.37	3968.10	661.71	480.79	33012.80	242.31
2018	385.40	3822.00	668.30	479.60	32616.00	252.53
2019	410.40	2698.30	712.20	383.40	36333.20	264.85
2020	438.10	3734.60	761.20	374.30	37688.50	258.92
2021	435.10	4202.00	775.10	481.90	37456.10	266.11
2022	441.80	4116.20	801.40	497.70	36332.40	272.59

12-15 渔业生产情况
Basic Indicators of Fishery Production

名 称	Item	2010	2020	2021	2022
水产品总产量 （吨）	**Total Aquatic Products (ton)**	**1988859**	**2589158**	**2661061**	**2725944**
淡水产品捕捞产量 （吨）	**Freshwater Aquatic Products Caught (ton)**	**168047**	**24520**	**5612**	**2039**
#鱼类	#Fish	145703	20793	4336	1277
虾蟹类	Shrimps,Prawns and Crabs	12635	2477	655	253
贝类	Shellfish	8137	983	532	498
其他	Others	1572	267	89	11
淡水产品养殖产量 （吨）	**Freshwater Aquatic Products Cultured (ton)**	**1820812**	**2564638**	**2655449**	**2723905**
#鱼类	#Fish	1763313	2109722	2156598	2175140
虾蟹类	Shrimps,Prawns and Crabs	23312	384576	407758	447991
贝类	Shellfish	15848	13629	11694	11539
其他	Others	18039	56711	79399	89235
淡水养殖面积合计 （千公顷）	**Freshwater Cultured Area (1 000 hectares)**	**395.57**	**426.78**	**433.13**	**449.15**
#池塘养殖	#Pond Cultivated	192.10	265.10	270.41	277.71
湖泊养殖	Lake Cultivated	82.70	55.23	58.33	63.78
河沟养殖	Brook Cultivated	6.26	1.06	1.12	1.11
水库养殖	Reservoir Cultivated	111.93	95.58	93.51	96.50
其他养殖	Other Cultivated	2.58	9.81	9.76	10.05
附：稻田养殖	**Enclose: Paddy Cultivated**	**126.14**	**331.43**	**337.96**	**356.02**

12-16 洞庭湖区主要社会经济指标(2022年)

Major Economic Indicators and Social Indicators on The DongTing Lake Area (2022)

指 标		Item		2022
常住户数	（万户）	Total Number of Households	(10 000 households)	514.28
有效灌溉面积	（千公顷）	Effective Irrigated Area	(1 000 hectares)	1126.76
农作物总播种面积	（千公顷）	Total Sown Area of Crops	(1 000 hectares)	2604.02
油料播种面积	（千公顷）	Sown Area of Oils-bearing	(1 000 hectares)	576.88
棉花播种面积	（千公顷）	Sown Area of Cotton	(1 000 hectares)	52.41
油料产量	（万吨）	Output of Oils-bearing	(10 000 tons)	110.67
水产品总产量	（万吨）	Total Output of Aquatic Products	(10 000 tons)	149.15
水果产量	（万吨）	Output of Fruits	(10 000 tons)	266.48
普通中学在校学生数	（人）	Student Enrollment in General Secondary Schools	(person)	704697
小学在校学生人数	（人）	Student Enrollment in Primary Schools	(person)	928887
医院、卫生院床位数	（张）	Hospital Beds	(unit)	100578
医院、卫生院技术人员数	（人）	Medical Technical Personnel in Hospitals	(person)	102028

注：洞庭湖区包括：岳阳市、常德市、益阳市。

Dongting Lake areas include:Yueyang city,Changde city,Yiyang city.

12-17 农村主要能源及物资消耗
Consumption of Major Energy and Materials of Rural Areas

指 标		Item		2010	2020	2021	2022
农用化肥施用量		**Consumption of Agricultural Chemical Fertilizer**					
按折纯量计算	（吨）	Calculated at Quantity of 100% Content	(ton)	2365718	2237331	2190627	2158736
#氮肥		#Nitrogenous Fertilizer		1103546	798969	706870	665280
磷肥		Phosphate Fertilizer		267177	223306	189254	174481
钾肥		Potash Fertilizer		404631	372159	336997	313832
复合肥		Compound Fertilizer		590364	842897	957506	1005143
农用薄膜使用量	**（吨）**	**Consumption of Agricultural Films**	**(ton)**	**73173**	**83004**	**79094**	**73837**
#地膜使用量		#Consumption of Ground Films		51083	54857	49927	41719
地膜覆盖面积	（公顷）	Ground Film Covered Areas	(hectare)	706696	630059	582699	518972
农药使用量	**（吨）**	**Consumption of Pesticide**	**(ton)**	**118762**	**101450**	**91114**	**82380**
农用柴油使用量	**（吨）**	**Consumption of Agricultural Diesel Oil**	**(ton)**	**377821**	**452055**	**460467**	**471647**

12-18 自然灾害情况(2022年)
Statistics on Natural Disaster (2022)

名 称		Item		2022
农作物受灾面积	（千公顷）	Areas Affected by Crop Disaster	(1 000 hectares)	1129.7
成灾面积	（千公顷）	Areas Disaster-affected	(1 000 hectares)	530.7
因灾死亡人数	（人）	Number of Dead Population in the Disaster	(person)	23
倒塌房屋	（间）	Collapsed Houses	(unit)	5173
严重损坏房屋	（间）	Badly Destroyed Houses	(unit)	8401
一般损坏房屋	（间）	General Destroyed Houses	(unit)	30567
直接经济损失	（万元）	Direct Economic Loss of Disaster	(10 000 yuan)	1998716
洪涝灾害损失	（万元）	Flood Damage Loss	(10 000 yuan)	1099174

主要统计指标解释

农林牧渔业总产值 指以货币表现的农、林、牧、渔业全部产品和对农林牧渔业生产活动进行的各种支持性服务活动的价值总量，它反映一定时期内农林牧渔业生产总规模和总成果。1957年以前的农林牧渔业总产值中包括了厩肥和农民自给性手工业（如农民自制衣服、鞋、袜，自己从事粮食初步加工等）。1958年及以后，林业中增加了村及村以下竹木采伐产值；牧业中取消了厩肥产值；副业中取消了农民自给性手工业产值，增加了村及村以下办的工业产值； 渔业中增加了海洋捕捞水产品产值。1980年及以后，在副业中增加了农民家庭兼营工业商品部分的产值。从1984年起村及村以下工业产值划归工业。从1993年起取消副业，将野生动物的捕猎划入牧业，野生植物采集和农民家庭兼营商品性工业划归农业。从2003年起，执行新的国民经济行业分类标准，农林牧渔业总产值中包括了农林牧渔服务业产值，2018年以后农林牧渔服务业产值改称农林牧渔专业及辅助性活动产值。林业中增加了森林采运业产值。农业中取消了家庭兼营商品性工业产值，将野生林产品的采集划归林业。第一、二、三次农业普查以后，根据农业普查结果，对农业、畜牧业、渔业年报数据和农业、畜牧业、渔业产值进行了修订。2010年执行《统计用产品分类目录》， 对2009年的农业、林业产值做了相应调整。

农林牧渔业总产值的计算方法通常是按农、林、牧、渔业产品及其副产品的产量分别乘以各自单位产品价格求得；少数生产周期较长，当年没有产品或产品产量不易统计的，则采用间接方法匡算其产值；然后将四业产品产值及农林牧渔专业及辅助性活动产值相加即为农林牧渔业总产值。

粮食产量 指农业生产经营者日历年度内生产的全部粮食数量。按收获季节包括夏收粮食、早稻和秋收粮食，按作物品种包括谷物、薯类和豆类。其产量计算方法：谷物按脱粒后的原粮计算，豆类按去豆荚后的干豆计算；薯类（包括甘薯和马铃薯，不包括芋头和木薯）1963年以前按每4公斤鲜薯折1公斤粮食计算，从1964年开始改为按5公斤鲜薯折1公斤粮食计算；城市郊区作为蔬菜的薯类（如马铃薯等）按鲜品计算，并且不作粮食统计。1989年以前全国粮食产量数据主要靠全面报表取得，1989年开始使用抽样调查数据。

棉花产量 指全社会的产量。包括春播棉和夏播棉。产量按皮棉计算。不包括木棉。

油料产量 指全部油料作物的生产量。包括花生、油菜籽、芝麻、向日葵籽、胡麻籽（亚麻籽）和其他油料。不包括大豆、木本油料和野生油料。花生以带壳干花生计算。

水产品产量 指渔业（捕捞和养殖）生产活动的最终有效成果，包括全部海水和淡水鱼类、甲壳类（虾、蟹）、贝类、头足类、藻类和其他类渔业产品的最终产量。水产品产量是通过各级水产部门逐级上报取得数据。1995年及以前，贝类中牡蛎按鲜肉计算；蚶、蛤、蛙按5斤鲜品折1斤计算。1996年以后则统一按鲜品计算。

猪、牛、羊肉产量 指当年出栏并已屠宰、除去头蹄下水后带骨肉（即胴体重）的重量。包括全社会范围内的产量。1996年以前为全面统计并逐级上报数据。1996年第一次农业普查以后，根据普查结果，对畜牧业主要年报数据进行了修正。1999年以后，国家统计局在部分地区开展了猪、牛、羊、禽等主要畜禽品种的抽样调查，并用抽样数据作为国家定案数据使用。未开展抽样调查的地区和品种，仍使用各级统计部门逐级上报数据。2008年，建立了主要畜禽监测调查制度，猪、牛、羊、禽等主要畜禽数据均以抽样调查数为法定数据。

期初（末）畜禽存栏头（只）数 指报告期初（末）农村各种合作经济组织和国营农场、农民个人、机关、团体、学校、工矿企业、部队等单位以及城镇居民饲养的大牲畜、猪、羊、家禽等畜禽的数量。数据上报方式及数据调整情况同猪、牛、羊肉产量。

农作物播种面积 指农业生产经营者应在日历年度内收获农作物在全部土地（耕地或非耕地）上的播种或移植面积。凡是本年内收获的农作物，无论是本年还是上年播种，都算为播种面积，但不包括本年播种，下年收获的农作物面积。

耕地灌溉面积 指具有一定的水源，地块比较平整，灌溉工程或设备已经配套，在一般年景下能够进行正常灌溉的耕地面积。在一般情况下，耕地灌溉面积应等于灌溉工程或设备已经配套，能够进行正常灌溉的水田和水浇地面积之和。它是反映我国农田水利建设的重要指标。

农用化肥施用量 指本年内实际用于农业生产的化肥数量，包括氮肥、磷肥、钾肥和复合肥。化肥施用量要求按折纯量计算数量。折纯量是指把氮肥、磷肥、钾肥分别按含氮、含五氧化二磷、含氧化钾的百分之百成分进行折算后的数量。复合肥按其所含主要成分折算。公式为：

折纯量 = 实物量 × 某种化肥有效成分含量的百分比

农业机械总动力 指全部农业机械动力的额定功率之和。农业机械是指用于种植业、畜牧业、渔业、农产品初加工、农用运输和农田基本建设等活动的机械及设备。农机总动力按使用能源不同分为以下四部分：

柴油发动机动力：指全部柴油发动机额定功率之和；

汽油发动机动力：指全部汽油发动机额定功率之和；

电动机动力：指全部电动机（含潜水电泵的电动机）额定功率之和；

其他机械动力：指采用柴油、汽油、电力之外的其他能源，如水力、风力、煤炭、太阳能等动力机械功率之和。

这个指标的统计数据主要来源于农机部门。

Explanatory Notes on Main Statistical Indicators

Gross Output Value of Agriculture, Forestry, Animal Husbandry and Fishery refers to the total value of products of agriculture, forestry, animal husbandry and fishery, and total value of services in support of agriculture, forestry, animal husbandry and fishery activities. It reflects the total scale and results of agricultural production during a given period. Prior to 1957, China's gross agricultural output value included barnyard manure and handicraft products for self-consumption (clothes, shoes, stockings, and initial grain processing undertaken by peasants). Since 1958, cutting and felling of bamboo and trees by villages and other cooperative organizations under villages have been included in forestry; value of barnyard manure has been excluded from animal husbandry; self consumed handicrafts have not been included from sideline occupations, while the output value of industries run by villages and cooperative organizations under village has been included in sideline occupations; and the output value of fish catches by motor fishing boats has been added to fishery. Since 1980, the value of handicraft products made for sale by individuals in households has been added to sideline occupations. Since 1984, industries run by villages and under villages have been included in the sector of industry. Since 1993, the subdivision of sideline occupations has been cancelled, and the hunting of wild animals has been classified into animal husbandry, and the gathering of wild plants and commodity industry run by rural household have been included in farming. A new industrial classification of economic activities was introduced in 2003. Under the new classification, value of services to agriculture, forestry, animal husbandry and fishery is included in the gross output value of agriculture. In 2018, the output value of agriculture, forestry, animal husbandry and fishery services was renamed the output value of professional and auxiliary activities in support of agriculture, forestry, animal husbandry and fishery, value of wood felling and transport is included in forestry, value of industrial output by rural households is not included in agriculture. According to the result of the first, second, third Agriculture Census, efforts were made to adjust the annual reports of animal husbandry and fishery output and the output value of agriculture, animal husbandry and fishery output to make the figures from the annual reports consistent with the census data. "The Classification of Products for Statistical Purposes" implemented in 2010 made relevant revision on the output value of agriculture and forestry in 2009.

Gross output value of agriculture is obtained by multiplying the output of each product or by-product by its price, resulting in the output value of each single item. For a small number of products, annual output of which is not available or difficult to get due to the long production (growing) process involved, the output value is estimated through an indirect approach. The sum of output values of all products of agriculture, forestry, animal husbandry and fishery and professional and auxiliary activities in support of agriculture, forestry, animal husbandry and fishery is then equal to the gross output value of agriculture.

Grain Output refers to the total output of grains produced by agricultural producers within a calendar year. It includes summer grain, early rice and autumn grain if classified by harvest seasons; it covers cereal, tubers and beans if classified by type of crops. Output of cereal should be limited to husked grain only. Output of beans refers to dry beans without pods. The output of tubers (sweet potatoes and potatoes, not including taros and cassava) are converted into that of grain at the ratio 4:1, i.e. 4 kilograms of fresh tubers were equivalent to 1 kilogram of grain up to 1963. Since 1964 the ratio for conversion has been 5:1. Tubers supplied as vegetables (such as potatoes) in cities and suburbs are calculated as fresh vegetables and their output is not included in the output of grain. Data on grain production before 1989 were obtained through the Comprehensive Statistical Reporting System. Since 1989, data from sample surveys are used.

Cotton Output refers to cotton production in the whole country including cotton planted in spring and in autumn. Output is measured as the weight of ginned cotton. Ceiba is not included.

Output of Oil-bearing Crops refers to the total production of oil-bearing crops of various kinds, including peanuts (dry, in shell), rapeseeds, sesame, sunflower seeds, flax seeds, and other oil-bearing crops. Soybeans, oil-bearing woody plants, and wild oil-bearing crops are not included.

Output of Aquatic Products refers to final output actually yielded from fishing production (fishery and breeding), including all output of marine and freshwater fish, crustaceans (shrimps, crabs), shellfish, cephalopod, seaweed and other fishery products. Data on output of aquatic products are reported by aquatic product agencies level by level. Before 1995, among the shellfish, oyster was counted as fresh meat; 5 kilograms of ark shell, clams and frogs are equivalent to 1 kilogram of fresh aquatic products; they have all been counted as fresh aquatic products since 1996.

Output of Pork, Beef, and Mutton refers to the meat of slaughtered hogs, cattle, sheep and goats with head, feet, and offal taken away. Data refers to the production of the whole country. Before 1996, it was a comprehensive reporting from the lower level to the upper one. The First Agricultural Census of China in 1996 revealed some discrepancy between the production of animal products from the annual reports and that from the census. Efforts were made to adjust the output value of animal husbandry to make the figures from the annual reports consistent with the census data. Since 1999, the NBS conducted sample surveys for the major animal husbandry products, such as hogs, cattle, sheep and goats and fowls, and the data from sample surveys are used as national finalized data. Those products, which are not covered by the sample survey, are still reported by statistical agencies level by level. In 2008, A Monitoring and Survey Program was set up on main livestock, the data on the main livestock such as hog, cattle, sheep and poultry became the official data based on the sampling survey.

Number of Livestock or Poultry in Stock at Beginning (or End) of Period refers to the total number of large animals, pigs, sheep, fowls, etc. raised by rural cooperative organizations, State farms, rural individuals, government agencies, schools, industrial and mining enterprises, army, and urban residents at the beginning (or end) of the reference period. Data reporting system and data adjustment are the same as that in the output of pork, beef and mutton.

Sown Area of Crops refers to area of all land (cultivated or non-cultivated area) sown or transplanted with crops that are harvested within the calendar year by agricultural producers. All crops harvested within the year are counted as sown area, regardless of being sown in this year or the previous year. Crops sown this year but will be harvested in the coming year are excluded.

Irrigated Area of Cultivated Land refers to area of land that are effectively irrigated, i.e. relatively level land, where there are water sources or complete sets of irrigation facilities to lift and move adequate water for irrigation purpose under normal conditions. Under normal situations, irrigated area of cultivated land is the sum of watered fields and irrigated fields where irrigation systems or equipment have been installed for regular irrigation purpose. It is an important indicator to reflect the farmland water conservancy construction in China.

Consumption of Chemical Fertilizers in Agriculture refers to the quantity of chemical fertilizers applied in agriculture in the year, including nitrogenous fertilizer, phosphate fertilizer, potash fertilizer, and compound fertilizer. The consumption of chemical fertilizers is calculated in terms of volume of effective components by means of converting the gross weight of the respective fertilizers into weight containing effective component (e.g. nitrogen content in nitrogenous fertilizer, phosphorous pentoxide contents in phosphate fertilizer, and potassium oxide contents in potash fertilizer). Compound fertilizer is converted in regard to its major components. The formula is:

Volume of effective component= physical quantity× effective component of certain chemical fertilizer (%)

Total Power of Agricultural Machinery refers to the total rated capacity of all agricultural machinery. Agricultural machinery refers to the machineries and equipments which are used for activities of planting, animal husbandry, fishery, primary processing of agricultural products, agricultural transport and infrastructure construction of farmland. Total power of agricultural machinery is grouped into four parts according to the energy used:

Diesel engine power refers to the total rated capacity of all diesel engines.

Gasoline engine power refers to the total rated capacity of all gasoline engines.

Motor power refers to the total rated capacity of all motors (include submersible pump motors).

Other mechanical powers refer to the total mechanical capacity of the sources of energy besides diesel, gasoline and motor power, such as hydro power, wind power, coal and solar energy.

Data are mainly from agricultural machinery agencies.

13

工　业

Industry

资料整理人员：孙　靖　　凌　骞　　栗子林　　吴彧宇
吕　燕

13-1 规模以上工业企业基本情况
Basic Conditions of Industrial Enterprises above Designated Size

单位：亿元 (100 million yuan)

年份 Year	工业增加值增速（%） The Speed of Value Added of Industry (%)	营业收入 Revenue of Bussiness	利润总额 Total Profits
1978		124.40	14.15
1979		137.89	17.29
1980		159.74	19.02
1981		167.95	17.70
1982		183.52	19.92
1983		198.22	21.85
1984		219.47	23.37
1985		271.98	26.23
1986		313.30	27.32
1987		382.17	30.48
1988		481.22	36.01
1989		527.17	29.24
1990		540.02	9.33
1991		632.96	10.27
1992		782.16	18.91
1993		1102.25	19.91
1994		1120.34	15.93
1995		1340.79	4.77
1996		1487.09	10.90
1997		1520.14	-1.22
1998		1212.79	3.18
1999		1366.59	16.21
2000		1563.26	34.48
2001	13.8	1699.15	51.42
2002	16.1	1980.04	69.02
2003	20.7	2604.98	111.25
2004	24.1	3544.38	154.77

13-1 续表 Continued

单位：亿元 (100 million yuan)

年份 Year	工业增加值增速（%） The Speed of Value Added of Industry (%)	营业收入 Revenue of Bussiness	利润总额 Total Profits
2005	20.6	4585.31	189.25
2006	20.1	5968.67	272.69
2007	24.3	8348.97	488.24
2008	18.4	11285.44	663.56
2009	20.5	13077.27	758.48
2010	23.4	18669.79	1451.45
2011	20.1	25726.21	1832.99
2012	14.6	27823.31	1790.96
2013	11.6	31854.65	2047.87
2014	9.6	33489.44	1688.30
2015	7.8	35410.45	1808.70
2016	6.9	38314.28	1953.67
2017	7.3	38934.23	2093.98
2018	7.4	35086.89	2014.60
2019	8.3	37919.60	2227.27
2020	4.8	38914.75	2559.92
2021	8.4	43408.68	2618.32
2022	7.2	39760.49	2282.93

注：1. 规模以上工业企业的统计范围：1998 年至 2006 年为全部国有和年主营业务收入 500 万元及以上的非国有工业法人单位；2007 年至 2010 年为年主营业务收入 500 万元及以上的工业法人单位；从 2011 年开始，为年主营业务收入 2000 万元及以上的工业法人单位。

2. 规模以上工业企业“主营业务收入”指标 2018 年调整为“营业收入”指标。

3. 2017 年以来全国规模以上工业企业主要经济指标数据与上年数据之间存在不可比因素，其主要原因是：（1）根据统计制度，每年定期对规模以上工业企业调查范围进行调整。每年有部分企业达到规模标准纳入调查范围，也有部分企业因规模变小而退出调查范围，还有新建投产企业、破产、注（吊）销企业等变化。（2）加强统计执法，对统计执法检查中发现的不符合规模以上工业统计要求的企业进行了清理，对相关基数依规进行了修正。（3）加强数据质量管理，剔除跨地区、跨行业重复统计数据。

a. The scopes of industrial enterprises above designated size were: all State-owned industrial enterprises and the non-State-owned industrial enterprises with revenue from principal business over 5 million yuan from 1998 to 2006; all industrial enterprises with revenue from principal business over 5 million yuan from 2007 to 2010; and all industrial enterprises with revenue from principal business above 20 million yuan since 2011.

b. Indicators of revenue from principal business for industrial enterprises above designated size change into business revenue in 2018.

c. Since 2017, data of main indicators of industrial enterprises above designated size nationwide are not comparable with previous years, the reasons are as following: (1) According to the statistical system, the investigation scope of industrial enterprises above designated size should be adjusted regularly every year. Every year, some enterprises meet the scale criteria to be included in the scope of investigation, some enterprises withdraw from the scope of investigation because of the smaller scale, and there are other changes: new enterprises, bankruptcy, annotation (cancellation) enterprises, etc. (2) Strengthening of statistical law enforcement, cleaning up enterprises found in the inspection of statistical law enforcement that do not meet the standard of industrial statistics above designated size, and amending the relevant cardinality in accordance with regulations. (3) Strengthening data quality management and eliminating duplicated statistical data across regions and across industries.

13-2 规模以上工业企业主要经济指标(2022年)
Major Economic Indicators of Industrial Enterprises above Designated Size (2022)

单位：亿元 (100 million yuan)

指 标	Item	企业单位数（个）Number of Enterprises (unit)	亏损企业 Loss-making Enterprises	资产总计 Total Assets	流动资产合计 Total Current Assets
总计	**Total**	**19885**	**1865**	**36684.69**	**17600.61**
按登记注册类型：	**Grouped by Registration**				
内资企业	Internal-invested Enterprises	19395	1765	32709.27	16024.52
国有企业	State-owned Enterprises	171	36	3542.67	1170.40
中央企业	Central Enterprises	43	8	3095.64	984.51
地方企业	Local Enterprises	128	28	447.03	185.89
集体企业	Collective-owned Enterprises	46	1	40.18	12.46
股份合作企业	Enterprises Cooperated by Joint-stock	6		5.07	1.53
联营企业	Cooperative Enterprises	7		15.94	2.68
有限责任公司	Limited Liability Company	2097	365	10535.26	5242.27
股份有限公司	Company Limited by Shares	232	28	4901.71	2849.79
私营企业	Individual-owned Enterprises	16833	1335	13630.80	6719.54
其他企业	Enterprises of Other Types of Ownership	3		37.65	25.86
港、澳、台商投资企业	Enterprises Funded by Entrepreneurs From Hong Kong,Macao and Taiwan	272	46	2613.33	932.51
外商投资企业	Enterprises Funded by Foreigners	218	54	1362.08	643.58
按经济组织类型：	**Grouped by Ownership**				
独资企业	Enterprises Owned by a Sole Investor	959	89	4649.65	1679.42
合作、合伙企业	Enterprises of Partnership	315	12	233.18	95.08
股份有限公司	Company Limited by Shares	762	100	7792.87	4337.64
有限责任公司	Limited Liability Company	17849	1664	24008.99	11488.47
按企业规模分：	**Grouped by Size of Enterprises**				
大型企业	Large Enterprises	169	25	14342.18	7162.58
中型企业	Medium-sized Enterprises	1390	153	7646.10	3759.84
小型企业	Small Enterprises	15602	1355	12613.98	5723.85
微型企业	Miniature Enterprise	2724	332	2082.43	954.34
国有控股企业	**State Controlling Share Hold Enterprises**	**934**	**179**	**14630.19**	**6335.34**

13-2 续表 1 Continued

单位：亿元 (100 million yuan)

指 标	Item	应收账款 Net Value of Account Received	存货 Stock	产成品 Finished Products	固定资产原价 Original Price of Fixed Assets	累计折旧 Accumulated Depreciation
总计	**Total**	**5537.95**	**3673.42**	**1320.56**	**19480.45**	**8293.87**
按登记注册类型：	**Grouped by Registration**					
内资企业	Internal-invested Enterprises	5032.98	3432.07	1211.00	16878.10	7145.48
国有企业	State-owned Enterprises	159.68	414.77	24.93	3636.65	1841.08
中央企业	Central Enterprises	108.31	392.88	16.54	3332.69	1683.09
地方企业	Local Enterprises	51.37	21.89	8.39	303.95	157.99
集体企业	Collective-owned Enterprises	2.21	1.75	0.81	21.04	8.65
股份合作企业	Enterprises Cooperated by Joint-stock	0.29	0.59	0.31	5.47	3.69
联营企业	Cooperative Enterprises	1.69	0.16	0.08	11.77	6.96
有限责任公司	Limited Liability Company	1842.19	972.97	335.60	5409.28	2099.82
股份有限公司	Company Limited by Shares	993.93	412.32	132.47	1274.19	591.80
私营企业	Individual-owned Enterprises	2013.82	1623.47	716.14	6500.44	2584.59
其他企业	Enterprises of Other Types of Ownership	19.17	6.03	0.67	19.26	8.89
港、澳、台商投资企业	Enterprises Funded by Entrepreneurs From Hong Kong,Macao and Taiwan	286.37	113.99	51.75	1687.53	730.53
外商投资企业	Enterprises Funded by Foreigners	218.59	127.36	57.81	914.82	417.85
按经济组织类型：	**Grouped by Ownership**					
独资企业	Enterprises Owned by a Sole Investor	330.31	520.71	72.20	4257.03	2139.48
合作、合伙企业	Enterprises of Partnership	45.70	18.64	8.44	136.54	64.88
股份有限公司	Company Limited by Shares	1391.37	680.74	255.97	2005.10	870.22
有限责任公司	Limited Liability Company	3770.57	2453.34	983.96	13081.79	5219.28
按企业规模分：	**Grouped by Size of Enterprises**					
大型企业	Large Enterprises	2415.11	1406.72	340.47	7645.36	3530.59
中型企业	Medium-sized Enterprises	1082.90	840.97	337.02	3946.40	1854.83
小型企业	Small Enterprises	1772.96	1230.94	583.88	6711.63	2599.96
微型企业	Miniature Enterprise	266.97	194.80	59.20	1177.06	308.49
国有控股企业	**State Controlling Share Hold Enterprises**	**1755.72**	**1329.53**	**301.60**	**9808.56**	**4488.03**

13-2 续表 2 Continued

单位：亿元 (100 million yuan)

指 标	Item	负债合计 Total Liability	流动负债合计 Total Circulating Liability	应付账款 Account Payable	所有者权益合计 Total Rights of Owners
总计	**Total**	**19297.82**	**14061.99**	**4750.40**	**17386.89**
按登记注册类型：	**Grouped by Registration**				
内资企业	Internal-invested Enterprises	17385.96	12847.01	4396.17	15323.33
国有企业	State-owned Enterprises	1910.48	1227.65	366.93	1632.21
中央企业	Central Enterprises	1614.70	1049.73	308.62	1480.96
地方企业	Local Enterprises	295.78	177.92	58.31	151.25
集体企业	Collective-owned Enterprises	9.40	6.65	2.18	30.78
股份合作企业	Enterprises Cooperated by Joint-stock	0.92	0.72	0.04	4.15
联营企业	Cooperative Enterprises	5.11	2.52	5.04	10.82
有限责任公司	Limited Liability Company	6358.47	4839.31	1814.82	4176.78
股份有限公司	Company Limited by Shares	2693.24	2126.67	712.01	2208.48
私营企业	Individual-owned Enterprises	6393.83	4629.19	1485.81	7236.96
其他企业	Enterprises of Other Types of Ownership	14.51	14.28	9.34	23.14
港、澳、台商投资企业	Enterprises Funded by Entrepreneurs From Hong Kong,Macao and Taiwan	1221.29	689.86	227.21	1392.04
外商投资企业	Enterprises Funded by Foreigners	690.57	525.12	127.02	671.52
按经济组织类型：	**Grouped by Ownership**				
独资企业	Enterprises Owned by a Sole Investor	2409.34	1593.64	509.29	2240.33
合作、合伙企业	Enterprises of Partnership	80.70	64.03	36.94	152.49
股份有限公司	Company Limited by Shares	3802.80	2993.18	988.24	3990.06
有限责任公司	Limited Liability Company	13004.98	9411.15	3215.93	11004.00
按企业规模分：	**Grouped by Size of Enterprises**				
大型企业	Large Enterprises	8089.18	6176.51	2379.33	6253.00
中型企业	Medium-sized Enterprises	3999.42	3021.48	870.92	3646.68
小型企业	Small Enterprises	5946.39	4177.17	1300.47	6667.58
微型企业	Miniature Enterprise	1262.83	686.83	199.69	819.62
国有控股企业	**State Controlling Share Hold Enterprises**	**8482.52**	**5882.59**	**1771.60**	**6147.70**

13-2 续表 3 Continued

单位：亿元 (100 million yuan)

指　标	Item	实收资本 Paid-in Capital	国家资本 National Assets	集体资本 Collective Assets	法人资本 Corporate Assets
总计	**Total**	**8000.95**	**1226.48**	**99.90**	**4362.88**
按登记注册类型：	**Grouped by Registration**				
内资企业	Internal-invested Enterprises	7115.59	1126.85	93.17	3962.35
国有企业	State-owned Enterprises	728.53	182.80	2.54	539.15
中央企业	Central Enterprises	593.09	88.86	0.13	501.69
地方企业	Local Enterprises	135.43	93.95	2.41	37.46
集体企业	Collective-owned Enterprises	15.55	0.65	0.44	4.81
股份合作企业	Enterprises Cooperated by Joint-stock	2.80	0.04		2.61
联营企业	Cooperative Enterprises	2.15	0.02		1.95
有限责任公司	Limited Liability Company	2357.54	710.90	47.04	1461.54
股份有限公司	Company Limited by Shares	653.39	213.58	8.61	255.67
私营企业	Individual-owned Enterprises	3347.90	14.65	34.54	1693.09
其他企业	Enterprises of Other Types of Ownership	7.74	4.21		3.53
港、澳、台商投资企业	Enterprises Funded by Entrepreneurs From Hong Kong,Macao and Taiwan	611.67	79.48	2.46	294.64
外商投资企业	Enterprises Funded by Foreigners	273.69	20.15	4.27	105.89
按经济组织类型：	**Grouped by Ownership**				
独资企业	Enterprises Owned by a Sole Investor	1067.68	184.70	4.54	661.14
合作、合伙企业	Enterprises of Partnership	83.35	4.48	0.15	32.31
股份有限公司	Company Limited by Shares	1059.66	215.63	13.44	434.72
有限责任公司	Limited Liability Company	5790.26	821.67	81.77	3234.71
按企业规模分：	**Grouped by Size of Enterprises**				
大型企业	Large Enterprises	2343.85	448.13	0.51	1537.36
中型企业	Medium-sized Enterprises	1945.38	369.43	22.88	942.43
小型企业	Small Enterprises	3355.68	287.21	71.60	1728.11
微型企业	Miniature Enterprise	356.04	121.71	4.91	154.98
国有控股企业	**State Controlling Share Hold Enterprises**	**2874.63**	**1166.24**	**20.80**	**1468.41**

13-2 续表 4 Continued

单位：亿元 (100 million yuan)

指标	Item	实收资本 Paid-in Capital 个人资本 Individual Assets	港澳台资本 Assets from Hongkong, Maco and Taiwan Funded Enterprises	外商资本 Total Rights of Owners Foreign Assets
总计	**Total**	**1941.28**	**217.63**	**147.99**
按登记注册类型:	**Grouped by Registration**			
内资企业	Internal-invested Enterprises	1885.57	32.42	10.43
国有企业	State-owned Enterprises	1.64		0.14
中央企业	Central Enterprises	0.04		0.13
地方企业	Local Enterprises	1.60		0.01
集体企业	Collective-owned Enterprises	9.64		
股份合作企业	Enterprises Cooperated by Joint-stock	0.15		
联营企业	Cooperative Enterprises	0.19		
有限责任公司	Limited Liability Company	127.12	3.83	4.57
股份有限公司	Company Limited by Shares	150.27	24.94	0.31
私营企业	Individual-owned Enterprises	1596.56	3.65	5.41
其他企业	Enterprises of Other Types of Ownership			
港、澳、台商投资企业	Enterprises Funded by Entrepreneurs From Hong Kong,Macao and Taiwan	44.86	180.32	9.90
外商投资企业	Enterprises Funded by Foreigners	10.84	4.88	127.66
按经济组织类型:	**Grouped by Ownership**			
独资企业	Enterprises Owned by a Sole Investor	80.81	67.94	66.29
合作、合伙企业	Enterprises of Partnership	44.78	0.38	1.25
股份有限公司	Company Limited by Shares	326.63	62.86	6.39
有限责任公司	Limited Liability Company	1489.06	86.45	74.06
按企业规模分:	**Grouped by Size of Enterprises**			
大型企业	Large Enterprises	167.66	146.91	43.29
中型企业	Medium-sized Enterprises	507.66	33.51	69.47
小型企业	Small Enterprises	1201.70	34.72	32.33
微型企业	Miniature Enterprise	64.25	2.49	2.90
国有控股企业	**State Controlling Share Hold Enterprises**	**113.36**	**63.51**	**37.52**

13-2 续表 5 Continued

单位：亿元 (100 million yuan)

指 标	Item	营业收入 Revenue of Business	营业成本 Cost of Business	营业税金及附加 Tax and Surcharge of Business	销售费用 Operation Expenses	管理费用 Management Expense
总计	**Total**	**39760.49**	**32250.74**	**1040.20**	**1101.87**	**1516.44**
按登记注册类型：	**Grouped by Registration**					
内资企业	Internal-invested Enterprises	37142.79	30112.38	1020.10	1032.30	1420.52
国有企业	State-owned Enterprises	2925.18	1988.20	646.44	15.93	101.02
中央企业	Central Enterprises	2674.88	1780.95	644.19	10.48	85.64
地方企业	Local Enterprises	250.30	207.25	2.24	5.46	15.37
集体企业	Collective-owned Enterprises	77.06	66.55	0.73	1.81	3.59
股份合作企业	Enterprises Cooperated by Joint-stock	7.12	5.09	0.04	0.13	1.16
联营企业	Cooperative Enterprises	6.09	5.12	0.04	0.04	0.16
有限责任公司	Limited Liability Company	9469.88	8187.92	61.17	167.09	269.99
股份有限公司	Company Limited by Shares	2572.04	2086.66	115.17	92.89	78.06
私营企业	Individual-owned Enterprises	21973.92	17666.02	196.20	754.09	965.98
其他企业	Enterprises of Other Types of Ownership	111.51	106.82	0.33	0.32	0.57
港、澳、台商投资企业	Enterprises Funded by Entrepreneurs From Hong Kong,Macao and Taiwan	1197.69	953.76	9.85	37.41	53.80
外商投资企业	Enterprises Funded by Foreigners	1420.01	1184.60	10.25	32.15	42.12
按经济组织类型：	**Grouped by Ownership**					
独资企业	Enterprises Owned by a Sole Investor	4449.62	3220.25	663.81	67.76	160.13
合作、合伙企业	Enterprises of Partnership	440.51	368.07	6.00	12.30	18.20
股份有限公司	Company Limited by Shares	4281.47	3337.51	126.84	215.22	158.30
有限责任公司	Limited Liability Company	30588.90	25324.91	243.55	806.59	1179.81
按企业规模分：	**Grouped by Size of Enterprises**					
大型企业	Large Enterprises	11690.67	9438.22	790.59	254.42	275.95
中型企业	Medium-sized Enterprises	7468.57	6108.05	66.30	238.99	294.50
小型企业	Small Enterprises	19379.33	15673.43	174.59	585.96	888.60
微型企业	Miniature Enterprise	1221.92	1031.03	8.73	22.50	57.39
国有控股企业	**State Controlling Share Hold Enterprises**	**10246.68**	**8238.33**	**795.83**	**138.75**	**310.34**

13-2 续表 6 Continued

单位：亿元 (100 million yuan)

指 标	Item	研发费用 Research and Development Costs	财务费用 Financial Expense	利息费用 Interest Charges	利息收入 Interest Income
总计	**Total**	**1267.84**	**292.25**	**248.39**	**58.03**
按登记注册类型：	**Grouped by Registration**				
内资企业	Internal-invested Enterprises	1178.29	264.85	208.37	51.92
国有企业	State-owned Enterprises	17.32	16.28	23.04	9.45
中央企业	Central Enterprises	11.16	11.90	20.48	9.34
地方企业	Local Enterprises	6.16	4.38	2.56	0.11
集体企业	Collective-owned Enterprises	1.35	0.38	0.12	
股份合作企业	Enterprises Cooperated by Joint-stock	0.35	0.05	0.05	
联营企业	Cooperative Enterprises	0.15	0.30	0.03	
有限责任公司	Limited Liability Company	327.75	65.39	64.80	14.88
股份有限公司	Company Limited by Shares	71.68	3.95	24.42	16.78
私营企业	Individual-owned Enterprises	759.45	178.50	95.91	10.81
其他企业	Enterprises of Other Types of Ownership	0.25	-0.01		
港、澳、台商投资企业	Enterprises Funded by Entrepreneurs From Hong Kong,Macao and Taiwan	43.98	14.99	27.63	3.90
外商投资企业	Enterprises Funded by Foreigners	45.57	12.41	12.38	2.21
按经济组织类型：	**Grouped by Ownership**				
独资企业	Enterprises Owned by a Sole Investor	63.41	24.11	27.43	11.03
合作、合伙企业	Enterprises of Partnership	5.54	2.93	0.47	0.04
股份有限公司	Company Limited by Shares	151.69	8.89	39.27	21.21
有限责任公司	Limited Liability Company	1047.20	256.32	181.22	25.75
按企业规模分：	**Grouped by Size of Enterprises**				
大型企业	Large Enterprises	327.52	27.58	83.57	39.40
中型企业	Medium-sized Enterprises	254.24	68.33	50.02	8.12
小型企业	Small Enterprises	649.39	178.91	103.91	7.94
微型企业	Miniature Enterprise	36.69	17.43	10.89	2.58
国有控股企业	**State Controlling Share Hold Enterprises**	**249.53**	**88.77**	**115.92**	**34.15**

13-2 续表 7 Continued

单位：亿元 (100 million yuan)

指 标	Item	营业利润 Operating Profit	投资收益 Income from Investment	营业外收入 Non-operating Income	利润总额 Total Profit
总计	**Total**	**2334.86**	**133.93**	**82.05**	**2282.93**
按登记注册类型：	**Grouped by Registration**				
内资企业	Internal-invested Enterprises	2193.68	117.62	76.12	2142.77
国有企业	State-owned Enterprises	147.71	7.35	8.03	147.02
中央企业	Central Enterprises	133.55	2.57	5.96	131.57
地方企业	Local Enterprises	14.15	4.78	2.07	15.45
集体企业	Collective-owned Enterprises	4.50	1.83	0.03	4.40
股份合作企业	Enterprises Cooperated by Joint-stock	0.31			0.31
联营企业	Cooperative Enterprises	0.28	-0.01	0.01	0.29
有限责任公司	Limited Liability Company	447.46	45.43	20.35	450.16
股份有限公司	Company Limited by Shares	165.09	50.79	3.51	166.22
私营企业	Individual-owned Enterprises	1424.90	12.23	44.10	1370.85
其他企业	Enterprises of Other Types of Ownership	3.44		0.08	3.52
港、澳、台商投资企业	Enterprises Funded by Entrepreneurs From Hong Kong,Macao and Taiwan	84.68	4.07	2.61	85.45
外商投资企业	Enterprises Funded by Foreigners	56.50	12.25	3.32	54.71
按经济组织类型：	**Grouped by Ownership**				
独资企业	Enterprises Owned by a Sole Investor	265.62	13.27	11.57	265.91
合作、合伙企业	Enterprises of Partnership	27.74	-0.06	0.36	27.95
股份有限公司	Company Limited by Shares	333.30	62.15	7.62	326.21
有限责任公司	Limited Liability Company	1708.19	58.57	62.51	1662.85
按企业规模分：	**Grouped by Size of Enterprises**				
大型企业	Large Enterprises	589.66	65.51	14.25	586.33
中型企业	Medium-sized Enterprises	492.33	45.88	16.39	490.52
小型企业	Small Enterprises	1210.45	20.88	47.35	1163.99
微型企业	Miniature Enterprise	42.42	1.66	4.06	42.09
国有控股企业	**State Controlling Share Hold Enterprises**	**485.31**	**59.29**	**20.53**	**484.60**

13-2 续表 8 Continued

单位：亿元 (100 million yuan)

指 标	Item	亏损企业亏损总额 Total Loss of Enterprises Running under Deficit	本年应付职工薪酬 Total Sum of Wages Payable this Year	平均用工人数（万人） Annual Average Employees (10 000 persons)	百元固定资产原价实现利润（元） Profits per 100 Yuan of Original Value of Fix Assets (yuan)
总计	**Total**	**271.69**	**3388.16**	**297.83**	**11.72**
按登记注册类型：	**Grouped by Registration**				
内资企业	Internal-invested Enterprises	213.29	3073.92	270.28	12.70
国有企业	State-owned Enterprises	16.58	255.74	9.86	4.04
中央企业	Central Enterprises	14.07	218.89	6.97	3.95
地方企业	Local Enterprises	2.51	36.85	2.89	5.08
集体企业	Collective-owned Enterprises	0.03	12.56	1.06	20.91
股份合作企业	Enterprises Cooperated by Joint-stock		1.35	0.11	5.67
联营企业	Cooperative Enterprises		0.89	0.08	2.46
有限责任公司	Limited Liability Company	86.71	670.42	49.94	8.32
股份有限公司	Company Limited by Shares	33.63	174.09	11.56	13.05
私营企业	Individual-owned Enterprises	76.34	1955.45	197.34	21.09
其他企业	Enterprises of Other Types of Ownership		3.41	0.33	18.28
港、澳、台商投资企业	Enterprises Funded by Entrepreneurs From Hong Kong,Macao and Taiwan	21.36	191.88	19.20	5.06
外商投资企业	Enterprises Funded by Foreigners	37.05	122.35	8.34	5.98
按经济组织类型：	**Grouped by Ownership**				
独资企业	Enterprises Owned by a Sole Investor	20.25	437.89	27.81	6.25
合作、合伙企业	Enterprises of Partnership	0.19	40.78	4.95	20.47
股份有限公司	Company Limited by Shares	53.01	384.44	30.82	16.27
有限责任公司	Limited Liability Company	198.25	2525.04	234.24	12.71
按企业规模分：	**Grouped by Size of Enterprises**				
大型企业	Large Enterprises	80.29	914.24	59.53	7.67
中型企业	Medium-sized Enterprises	63.74	762.68	70.95	12.43
小型企业	Small Enterprises	90.44	1611.18	155.67	17.34
微型企业	Miniature Enterprise	37.22	100.05	11.67	3.58
国有控股企业	**State Controlling Share Hold Enterprises**	**112.08**	**770.83**	**40.43**	**4.94**

13-2 续表 9 Continued

单位：% (%)

指 标	Item	营业收入利润率 Operating Profit Margin	资产负债率 Assets-Liability Ratio	总资产贡献率 Ratio of Total Assets to Industrial Output Vale	成本费用利润率 Rate of Cost Profits
总计	**Total**	**5.74**	**52.60**	**11.99**	**6.27**
按登记注册类型：	**Grouped by Registration**				
内资企业	Internal-invested Enterprises	5.77	53.15	12.68	6.30
国有企业	State-owned Enterprises	5.03	53.93	26.62	6.87
中央企业	Central Enterprises	4.92	52.16	29.64	6.92
地方企业	Local Enterprises	6.17	66.17	5.69	6.48
集体企业	Collective-owned Enterprises	5.72	23.40	17.58	5.98
股份合作企业	Enterprises Cooperated by Joint-stock	4.33	18.19	10.30	4.54
联营企业	Cooperative Enterprises	4.78	32.09	3.08	5.04
有限责任公司	Limited Liability Company	4.75	60.35	7.26	4.99
股份有限公司	Company Limited by Shares	6.46	54.94	7.42	7.12
私营企业	Individual-owned Enterprises	6.24	46.91	15.12	6.74
其他企业	Enterprises of Other Types of Ownership	3.15	38.54	16.18	3.26
港、澳、台商投资企业	Enterprises Funded by Entrepreneurs From Hong Kong,Macao and Taiwan	7.13	46.73	5.78	7.74
外商投资企业	Enterprises Funded by Foreigners	3.85	50.70	7.36	4.15
按经济组织类型：	**Grouped by Ownership**				
独资企业	Enterprises Owned by a Sole Investor	5.98	51.82	23.80	7.52
合作、合伙企业	Enterprises of Partnership	6.35	34.61	18.98	6.87
股份有限公司	Company Limited by Shares	7.62	48.80	7.59	8.43
有限责任公司	Limited Liability Company	5.44	54.17	11.06	5.81
按企业规模分：	**Grouped by Size of Enterprises**				
大型企业	Large Enterprises	5.02	56.40	12.24	5.68
中型企业	Medium-sized Enterprises	6.57	52.31	10.01	7.04
小型企业	Small Enterprises	6.01	47.14	14.21	6.48
微型企业	Miniature Enterprise	3.44	60.64	4.07	3.61
国有控股企业	**State Controlling Share Hold Enterprises**	**4.73**	**57.98**	**11.53**	**5.37**

13-3 规模以上工业企业行业大类主要经济指标(2022年)
Main Economic indicators of Industrial Enterprises above Designated Size by Industrial Sector (2022)

单位：亿元 (100 million yuan)

指 标	Item	企业单位数(个) Number of Enterprises (unit)	亏损企业 Loss-making Enterprises	资产总计 Total Assets	流动资产合计 Total Current Assets
总计	**Total**	**19885**	**1865**	**36684.69**	**17600.61**
煤炭开采和洗选业	Mining and Washing of Coal	109	4	152.92	55.57
石油和天然气开采业	Petroleum and Natural Gas Extraction				
黑色金属矿采选业	Mining of Ferrous Metal Ores	33	4	40.46	15.43
有色金属矿采选业	Mining of Non-ferrous Metal Ores	107	12	233.62	61.56
非金属矿采选业	Mining and Processing of Nonmetal Ores	342	23	235.42	97.59
开采专业及辅助性活动	Professional and Support Activities for Mining				
其他采矿业	Other Mining and Dressing				
农副食品加工业	Processing of Food from Agricultural Products	1775	113	1485.45	726.19
食品制造业	Manufacture of Foods	608	59	712.39	385.27
酒、饮料和精制茶制造业	Manufacture of Liquor, Beverage and Refined Tea	557	30	469.54	241.12
烟草制品业	Manufacture of Tobacco	7		881.43	676.78
纺织业	Manufacture of Textile	274	25	328.82	172.45
纺织服装、服饰业	Manufacture of Textile Wearing and Clothing Apparel	327	13	213.67	70.35
皮革、毛皮、羽毛及其制品和制鞋业	Leather, Fur, Feather and Its Products and Footwear	570	29	229.83	103.38
木材加工和木、竹、藤、棕、草制品业	Processing of Timbers, Manufacture of Wood, Bamboo, Rattan, Palm and Straw Products	476	22	178.63	67.53
家具制造业	Manufacture of Furniture	231	18	103.43	37.07
造纸和纸制品业	Manufacture of Paper and Paper Products	281	28	417.19	210.56
印刷和记录媒介复制业	Printing,Reproduction of Recording Media	288	18	207.13	98.90
文教、工美、体育和娱乐用品制造业	Manufacture of Articles for Culture, Education and Sport Activity	397	7	199.97	103.55
石油、煤炭及其他燃料加工业	Processing of Petroleum, Coal and Other Fuels	99	6	410.83	104.66
化学原料和化学制品制造业	Manufacture of Chemical Raw Material and Chemical Products	1452	85	1643.78	717.89
医药制造业	Manufacture of Medicines	449	44	880.30	428.78
化学纤维制造业	Manufacture of Chemical Fiber	20		77.66	19.66
橡胶和塑料制品业	Manufacture of Rubber and Plastic	600	45	364.05	177.64
非金属矿物制品业	Manufacture of Non-metallic Mineral Products	2975	263	2718.73	1141.22
黑色金属冶炼和压延加工业	Manufacture and Processing of Ferrous Metals	142	25	1194.52	489.58
有色金属冶炼和压延加工业	Manufacture and Processing of Non-ferrous Metals	463	59	1233.41	657.73
金属制品业	Manufacture of Metal Products	1227	108	910.29	454.69
通用设备制造业	Manufacture of General Purpose Machinery	1175	141	2964.90	1967.25
专用设备制造业	Manufacture of Special Purpose Machinery	1014	137	2148.20	1369.99
汽车制造业	Automobile Industry	445	107	2172.46	1362.64
铁路、船舶、航空航天和其他运输设备制造业	Manufacture of Railway,Marine,Aerospace and Other Transport Equipment	210	34	1523.96	915.04
电气机械和器材制造业	Manufacture of Electrical Machinery and Equipment	982	104	2089.35	1343.70
计算机、通信和其他电子设备制造业	Manufacture of Communication Equipment, Computer and Other Electronic Equipment	1001	134	3750.87	1981.43
仪器仪表制造业	Manufacture of Measuring Instrument	195	34	245.77	161.60
其他制造业	Other Manufacture	113	9	126.05	57.67
废弃资源综合利用业	Utilization of Waste Resources	215	21	245.29	123.93
金属制品、机械和设备修理业	Mental Products,Machine and Equipment Repair	12	1	10.44	7.77
电力、热力生产和供应业	Production and Supply of Electric Power and Heat Power	437	53	4764.22	698.61
燃气生产和供应业	Production and Distribution of Gas	83	21	237.89	80.84
水的生产和供应业	Production and Distribution of Water	194	29	881.82	214.99

13-3 续表 1 Continued

单位：亿元 (100 million yuan)

指标	Item	应收账款 Value of Account Received	存货 Stock	产成品 Finished Products	固定资产原价 Original Price of Fixed Assets	累计折旧 Accumulated Depreciation
总计	**Total**	**5537.95**	**3673.42**	**1320.56**	**19480.45**	**8293.87**
煤炭开采和洗选业	Mining and Washing of Coal	5.28	3.14	2.10	88.82	32.25
石油和天然气开采业	Petroleum and Natural Gas Extraction					
黑色金属矿采选业	Mining of Ferrous Metal Ores	1.93	2.17	1.47	18.87	7.27
有色金属矿采选业	Mining of Non-ferrous Metal Ores	6.38	13.66	7.05	183.11	77.31
非金属矿采选业	Mining and Processing of Nonmetal Ores	23.21	12.34	7.24	119.34	51.18
开采专业及辅助性活动	Professional and Support Activities for Mining					
其他采矿业	Other Mining and Dressing					
农副食品加工业	Processing of Food from Agricultural Products	112.68	185.99	71.80	722.63	280.30
食品制造业	Manufacture of Foods	38.28	119.72	28.27	391.96	184.42
酒、饮料和精制茶制造业	Manufacture of Liquor, Beverage and Refined Tea	26.73	86.69	38.26	274.45	111.13
烟草制品业	Manufacture of Tobacco	19.84	339.79	5.28	271.33	171.55
纺织业	Manufacture of Textile	53.94	49.50	32.61	174.66	64.97
纺织服装、服饰业	Manufacture of Textile Wearing and Clothing Apparel	18.18	21.64	12.69	86.51	38.67
皮革、毛皮、羽毛及其制品和制鞋业	Leather, Fur, Feather and Its Products and Footwear	36.65	29.44	14.48	118.44	36.88
木材加工和木、竹、藤、棕、草制品业	Processing of Timbers, Manufacture of Wood, Bamboo, Rattan, Palm and Straw Products	18.06	18.28	10.94	130.40	49.01
家具制造业	Manufacture of Furniture	11.05	11.26	7.07	49.60	17.35
造纸和纸制品业	Manufacture of Paper and Paper Products	37.74	77.42	13.89	257.50	121.49
印刷和记录媒介复制业	Printing,Reproduction of Recording Media	26.76	22.76	8.80	131.47	59.35
文教、工美、体育和娱乐用品制造业	Manufacture of Articles for Culture, Education and Sport Activity	32.80	35.23	19.73	97.19	33.54
石油、煤炭及其他燃料加工业	Processing of Petroleum, Coal and Other Fuels	13.97	34.98	10.80	410.53	239.36
化学原料和化学制品制造业	Manufacture of Chemical Raw Material and Chemical Products	174.15	161.18	89.90	772.04	319.32
医药制造业	Manufacture of Medicines	86.24	91.74	42.08	328.20	116.66
化学纤维制造业	Manufacture of Chemical Fiber	1.52	6.53	2.67	78.87	33.32
橡胶和塑料制品业	Manufacture of Rubber and Plastic	57.52	46.82	25.07	199.85	74.56
非金属矿物制品业	Manufacture of Non-metallic Mineral Products	456.94	226.00	103.07	1448.65	589.76
黑色金属冶炼和压延加工业	Manufacture and Processing of Ferrous Metals	55.82	116.20	42.53	1000.42	525.84
有色金属冶炼和压延加工业	Manufacture and Processing of Non-ferrous Metals	145.86	228.21	67.29	583.86	235.01
金属制品业	Manufacture of Metal Products	151.90	115.64	57.61	471.59	221.41
通用设备制造业	Manufacture of General Purpose Machinery	762.71	267.52	123.94	543.41	228.41
专用设备制造业	Manufacture of Special Purpose Machinery	481.57	251.33	87.63	585.30	223.96
汽车制造业	Automobile Industry	789.81	190.70	70.76	824.75	285.42
铁路、船舶、航空航天和其他运输设备制造业	Manufacture of Railway,Marine,Aerospace and Other Transport Equipment	297.07	193.94	44.42	419.64	174.95
电气机械和器材制造业	Manufacture of Electrical Machinery and Equipment	545.35	247.40	103.36	615.78	265.67
计算机、通信和其他电子设备制造业	Manufacture of Communication Equipment, Computer and Other Electronic Equipment	689.07	344.43	131.18	1199.61	384.88
仪器仪表制造业	Manufacture of Measuring Instrument	61.70	26.54	9.48	62.28	25.03
其他制造业	Other Manufacture	11.44	25.38	3.95	54.45	24.24
废弃资源综合利用业	Utilization of Waste Resources	33.21	23.04	12.30	112.36	51.20
金属制品、机械和设备修理业	Mental Products,Machine and Equipment Repair	1.72	0.73	0.15	3.94	1.85
电力、热力生产和供应业	Production and Supply of Electric Power and Heat Power	191.11	33.14	5.47	5946.72	2716.99
燃气生产和供应业	Production and Distribution of Gas	10.20	6.67	3.09	169.50	47.54
水的生产和供应业	Production and Distribution of Water	49.55	6.25	2.13	532.45	171.80

13-3 续表 2 Continued

单位：亿元 (100 million yuan)

指 标	Item	负债合计 Total Liability	流动负债合计 Total Circulating Liability	应付账款 Account Payable	所有者权益合计 Total Rights of Owners
总计	**Total**	**19297.82**	**14061.99**	**4750.40**	**17386.89**
煤炭开采和洗选业	Mining and Washing of Coal	95.78	81.12	7.82	57.14
石油和天然气开采业	Petroleum and Natural Gas Extraction				
黑色金属矿采选业	Mining of Ferrous Metal Ores	23.53	14.85	3.91	16.94
有色金属矿采选业	Mining of Non-ferrous Metal Ores	116.15	75.67	15.04	117.47
非金属矿采选业	Mining and Processing of Nonmetal Ores	100.42	59.46	13.06	135.00
开采专业及辅助性活动	Professional and Support Activities for Mining				
其他采矿业	Other Mining and Dressing				
农副食品加工业	Processing of Food from Agricultural Products	644.78	465.98	116.49	840.67
食品制造业	Manufacture of Foods	379.82	321.06	59.94	332.57
酒、饮料和精制茶制造业	Manufacture of Liquor, Beverage and Refined Tea	198.30	145.27	31.50	271.24
烟草制品业	Manufacture of Tobacco	99.46	99.46	19.97	781.98
纺织业	Manufacture of Textile	197.92	162.96	54.97	130.90
纺织服装、服饰业	Manufacture of Textile Wearing and Clothing Apparel	55.43	36.33	13.01	158.24
皮革、毛皮、羽毛及其制品和制鞋业	Leather, Fur, Feather and Its Products and Footwear	88.17	53.73	26.91	141.66
木材加工和木、竹、藤、棕、草制品业	Processing of Timbers, Manufacture of Wood, Bamboo, Rattan, Palm and Straw Products	64.60	37.01	9.78	114.03
家具制造业	Manufacture of Furniture	42.67	21.47	6.82	60.77
造纸和纸制品业	Manufacture of Paper and Paper Products	227.44	160.37	48.80	189.75
印刷和记录媒介复制业	Printing,Reproduction of Recording Media	90.30	65.24	20.95	116.82
文教、工美、体育和娱乐用品制造业	Manufacture of Articles for Culture, Education and Sport Activity	83.95	63.32	25.93	116.02
石油、煤炭及其他燃料加工业	Processing of Petroleum, Coal and Other Fuels	261.78	195.06	72.47	149.08
化学原料和化学制品制造业	Manufacture of Chemical Raw Material and Chemical Products	635.40	487.75	148.77	1008.38
医药制造业	Manufacture of Medicines	324.49	268.13	61.69	555.81
化学纤维制造业	Manufacture of Chemical Fiber	56.43	41.73	6.15	21.23
橡胶和塑料制品业	Manufacture of Rubber and Plastic	152.33	115.17	36.93	211.72
非金属矿物制品业	Manufacture of Non-metallic Mineral Products	1278.83	967.88	317.45	1439.90
黑色金属冶炼和压延加工业	Manufacture and Processing of Ferrous Metals	651.52	485.45	126.53	543.00
有色金属冶炼和压延加工业	Manufacture and Processing of Non-ferrous Metals	679.54	439.06	109.70	553.87
金属制品业	Manufacture of Metal Products	433.38	329.80	88.08	476.91
通用设备制造业	Manufacture of General Purpose Machinery	1812.76	1543.30	628.84	1152.14
专用设备制造业	Manufacture of Special Purpose Machinery	1190.31	885.36	329.17	957.89
汽车制造业	Automobile Industry	1832.85	1630.28	639.85	339.60
铁路、船舶、航空航天和其他运输设备制造业	Manufacture of Railway,Marine,Aerospace and Other Transport Equipment	808.08	671.26	315.74	715.88
电气机械和器材制造业	Manufacture of Electrical Machinery and Equipment	1223.30	1025.95	410.20	866.05
计算机、通信和其他电子设备制造业	Manufacture of Communication Equipment, Computer and Other Electronic Equipment	1486.61	1125.10	541.85	2264.25
仪器仪表制造业	Manufacture of Measuring Instrument	105.76	88.03	35.76	140.01
其他制造业	Other Manufacture	58.93	47.88	14.98	67.13
废弃资源综合利用业	Utilization of Waste Resources	130.20	104.07	26.55	115.09
金属制品、机械和设备修理业	Mental Products,Machine and Equipment Repair	3.98	3.51	0.73	6.46
电力、热力生产和供应业	Production and Supply of Electric Power and Heat Power	2956.32	1346.07	288.49	1807.90
燃气生产和供应业	Production and Distribution of Gas	167.05	134.86	24.21	70.84
水的生产和供应业	Production and Distribution of Water	539.25	263.00	51.34	342.57

13-3 续表 3 Continued

单位：亿元 (100 million yuan)

指 标	Item	实收资本 Paid-in Capital	国家资本 National Assets	集体资本 Collective Assets	法人资本 Corporate Assets
总计	**Total**	**8000.95**	**1226.48**	**99.90**	**4362.88**
煤炭开采和洗选业	Mining and Washing of Coal	39.65	5.26	0.02	23.21
石油和天然气开采业	Petroleum and Natural Gas Extraction				
黑色金属矿采选业	Mining of Ferrous Metal Ores	6.66			3.99
有色金属矿采选业	Mining of Non-ferrous Metal Ores	88.00	28.69	1.90	28.50
非金属矿采选业	Mining and Processing of Nonmetal Ores	73.65	1.65	2.24	42.29
开采专业及辅助性活动	Professional and Support Activities for Mining				
其他采矿业	Other Mining and Dressing				
农副食品加工业	Processing of Food from Agricultural Products	353.31	9.38	7.92	211.54
食品制造业	Manufacture of Foods	164.17	9.47	4.58	85.30
酒、饮料和精制茶制造业	Manufacture of Liquor, Beverage and Refined Tea	110.53	15.62	1.16	50.65
烟草制品业	Manufacture of Tobacco	75.99	44.79		31.20
纺织业	Manufacture of Textile	83.09	1.80	1.31	46.35
纺织服装、服饰业	Manufacture of Textile Wearing and Clothing Apparel	114.72	1.04	0.40	30.17
皮革、毛皮、羽毛及其制品和制鞋业	Leather, Fur, Feather and Its Products and Footwear	53.12	1.57	0.07	30.37
木材加工和木、竹、藤、棕、草制品业	Processing of Timbers, Manufacture of Wood, Bamboo, Rattan, Palm and Straw Products	54.99	1.60	0.06	23.94
家具制造业	Manufacture of Furniture	36.09	0.05	0.16	21.74
造纸和纸制品业	Manufacture of Paper and Paper Products	103.47	41.48	0.10	34.36
印刷和记录媒介复制业	Printing,Reproduction of Recording Media	43.60	0.84	0.27	23.36
文教、工美、体育和娱乐用品制造业	Manufacture of Articles for Culture, Education and Sport Activity	53.24	0.01	0.08	28.61
石油、煤炭及其他燃料加工业	Processing of Petroleum, Coal and Other Fuels	146.42	82.97	0.05	56.74
化学原料和化学制品制造业	Manufacture of Chemical Raw Material and Chemical Products	469.48	48.48	8.31	219.44
医药制造业	Manufacture of Medicines	173.66	8.02	3.30	93.58
化学纤维制造业	Manufacture of Chemical Fiber	32.33	16.82		14.04
橡胶和塑料制品业	Manufacture of Rubber and Plastic	113.45	1.48	0.46	56.09
非金属矿物制品业	Manufacture of Non-metallic Mineral Products	851.68	66.69	21.03	355.68
黑色金属冶炼和压延加工业	Manufacture and Processing of Ferrous Metals	255.99	110.21		138.00
有色金属冶炼和压延加工业	Manufacture and Processing of Non-ferrous Metals	308.32	80.59	1.00	148.40
金属制品业	Manufacture of Metal Products	222.51	6.03	3.61	138.00
通用设备制造业	Manufacture of General Purpose Machinery	348.37	34.16	2.47	142.21
专用设备制造业	Manufacture of Special Purpose Machinery	304.09	17.07	1.81	180.52
汽车制造业	Automobile Industry	268.52	30.57	1.56	159.33
铁路、船舶、航空航天和其他运输设备制造业	Manufacture of Railway,Marine,Aerospace and Other Transport Equipment	321.39	80.37	4.21	201.60
电气机械和器材制造业	Manufacture of Electrical Machinery and Equipment	428.54	105.45	5.23	211.42
计算机、通信和其他电子设备制造业	Manufacture of Communication Equipment, Computer and Other Electronic Equipment	937.80	35.35	4.78	680.90
仪器仪表制造业	Manufacture of Measuring Instrument	42.51	0.29	0.31	24.01
其他制造业	Other Manufacture	25.86	0.89	0.03	12.33
废弃资源综合利用业	Utilization of Waste Resources	53.22	4.38	0.11	31.89
金属制品、机械和设备修理业	Mental Products,Machine and Equipment Repair	1.84	0.37		0.58
电力、热力生产和供应业	Production and Supply of Electric Power and Heat Power	1044.76	260.96	14.33	686.82
燃气生产和供应业	Production and Distribution of Gas	31.05	4.81	1.00	17.03
水的生产和供应业	Production and Distribution of Water	164.87	67.27	6.00	78.67

13-3 续表 4 Continued

单位：亿元 (100 million yuan)

指 标	Item	实收资本 Paid-in Capital 个人资本 Individual Assets	港澳台资本 Assets from Hongkong, Maco and Taiwan Funded Enterprises	外商资本 Total Rights of Owners Foreign Assets
总计	**Total**	**1941.28**	**217.63**	**147.99**
煤炭开采和洗选业	Mining and Washing of Coal	11.16		
石油和天然气开采业	Petroleum and Natural Gas Extraction			
黑色金属矿采选业	Mining of Ferrous Metal Ores	2.67		
有色金属矿采选业	Mining of Non-ferrous Metal Ores	27.75		1.15
非金属矿采选业	Mining and Processing of Nonmetal Ores	27.12	0.03	0.32
开采专业及辅助性活动	Professional and Support Activities for Mining			
其他采矿业	Other Mining and Dressing			
农副食品加工业	Processing of Food from Agricultural Products	117.60	2.78	4.08
食品制造业	Manufacture of Foods	52.07	7.31	5.44
酒、饮料和精制茶制造业	Manufacture of Liquor, Beverage and Refined Tea	33.77	2.84	6.48
烟草制品业	Manufacture of Tobacco			
纺织业	Manufacture of Textile	32.64	0.99	
纺织服装、服饰业	Manufacture of Textile Wearing and Clothing Apparel	82.50	0.34	0.28
皮革、毛皮、羽毛及其制品和制鞋业	Leather, Fur, Feather and Its Products and Footwear	11.94	4.33	4.84
木材加工和木、竹、藤、棕、草制品业	Processing of Timbers, Manufacture of Wood, Bamboo, Rattan, Palm and Straw Products	29.38		
家具制造业	Manufacture of Furniture	14.14		
造纸和纸制品业	Manufacture of Paper and Paper Products	25.70	0.85	0.98
印刷和记录媒介复制业	Printing,Reproduction of Recording Media	16.36	2.17	0.60
文教、工美、体育和娱乐用品制造业	Manufacture of Articles for Culture, Education and Sport Activity	22.06	1.16	1.33
石油、煤炭及其他燃料加工业	Processing of Petroleum, Coal and Other Fuels	6.65		
化学原料和化学制品制造业	Manufacture of Chemical Raw Material and Chemical Products	183.12	4.97	5.17
医药制造业	Manufacture of Medicines	68.32	0.31	0.13
化学纤维制造业	Manufacture of Chemical Fiber	1.46		0.01
橡胶和塑料制品业	Manufacture of Rubber and Plastic	30.12	6.48	18.83
非金属矿物制品业	Manufacture of Non-metallic Mineral Products	404.07	4.19	0.02
黑色金属冶炼和压延加工业	Manufacture and Processing of Ferrous Metals	7.77		
有色金属冶炼和压延加工业	Manufacture and Processing of Non-ferrous Metals	78.05	0.24	0.05
金属制品业	Manufacture of Metal Products	74.26	0.58	0.03
通用设备制造业	Manufacture of General Purpose Machinery	143.01	22.08	4.43
专用设备制造业	Manufacture of Special Purpose Machinery	100.34	1.39	2.96
汽车制造业	Automobile Industry	22.37	4.22	50.48
铁路、船舶、航空航天和其他运输设备制造业	Manufacture of Railway,Marine,Aerospace and Other Transport Equipment	28.43	0.16	5.51
电气机械和器材制造业	Manufacture of Electrical Machinery and Equipment	100.92	4.56	0.96
计算机、通信和其他电子设备制造业	Manufacture of Communication Equipment, Computer and Other Electronic Equipment	99.93	99.10	14.04
仪器仪表制造业	Manufacture of Measuring Instrument	17.63	0.03	0.25
其他制造业	Other Manufacture	12.40	0.21	
废弃资源综合利用业	Utilization of Waste Resources	16.02	0.36	0.46
金属制品、机械和设备修理业	Mental Products,Machine and Equipment Repair	0.89		
电力、热力生产和供应业	Production and Supply of Electric Power and Heat Power	29.12	42.35	11.18
燃气生产和供应业	Production and Distribution of Gas	3.52	1.03	3.66
水的生产和供应业	Production and Distribution of Water	6.02	2.58	4.33

13-3 续表 5 Continued

单位：亿元 (100 million yuan)

指 标	Item	营业收入 Revenue of Business	营业成本 Cost of Business	营业税金及附加 Tax and Surcharge of Business	销售费用 Operation Expenses	管理费用 Management Expense
总计	**Total**	**39760.49**	**32250.74**	**1040.20**	**1101.87**	**1516.44**
煤炭开采和洗选业	Mining and Washing of Coal	111.29	82.75	2.09	2.46	6.80
石油和天然气开采业	Petroleum and Natural Gas Extraction					
黑色金属矿采选业	Mining of Ferrous Metal Ores	26.95	21.78	0.63	0.76	1.43
有色金属矿采选业	Mining of Non-ferrous Metal Ores	214.45	155.40	7.15	4.46	16.77
非金属矿采选业	Mining and Processing of Nonmetal Ores	345.44	257.88	6.55	13.96	27.73
开采专业及辅助性活动	Professional and Support Activities for Mining					
其他采矿业	Other Mining and Dressing					
农副食品加工业	Processing of Food from Agricultural Products	3176.06	2681.70	20.97	90.54	119.99
食品制造业	Manufacture of Foods	1125.82	918.97	9.13	52.84	53.34
酒、饮料和精制茶制造业	Manufacture of Liquor, Beverage and Refined Tea	661.99	480.98	16.23	45.70	34.26
烟草制品业	Manufacture of Tobacco	1069.90	245.54	627.19	9.06	51.03
纺织业	Manufacture of Textile	527.22	441.54	3.58	19.90	19.37
纺织服装、服饰业	Manufacture of Textile Wearing and Clothing Apparel	367.73	293.34	2.65	13.36	18.84
皮革、毛皮、羽毛及其制品和制鞋业	Leather, Fur, Feather and Its Products and Footwear	695.10	568.24	3.56	20.72	31.38
木材加工和木、竹、藤、棕、草制品业	Processing of Timbers, Manufacture of Wood, Bamboo, Rattan, Palm and Straw Products	536.06	437.17	4.46	15.76	22.27
家具制造业	Manufacture of Furniture	233.48	183.54	1.89	7.88	9.87
造纸和纸制品业	Manufacture of Paper and Paper Products	460.43	380.98	4.44	14.29	20.71
印刷和记录媒介复制业	Printing,Reproduction of Recording Media	334.15	269.26	3.25	10.00	18.15
文教、工美、体育和娱乐用品制造业	Manufacture of Articles for Culture, Education and Sport Activity	463.52	368.22	3.94	13.04	23.06
石油、煤炭及其他燃料加工业	Processing of Petroleum, Coal and Other Fuels	977.21	823.16	107.28	4.35	23.60
化学原料和化学制品制造业	Manufacture of Chemical Raw Material and Chemical Products	2328.56	1836.80	37.17	75.86	102.28
医药制造业	Manufacture of Medicines	768.47	493.78	7.34	109.73	44.92
化学纤维制造业	Manufacture of Chemical Fiber	87.13	77.22	0.80	0.94	2.24
橡胶和塑料制品业	Manufacture of Rubber and Plastic	712.89	580.10	6.11	20.17	32.99
非金属矿物制品业	Manufacture of Non-metallic Mineral Products	3112.27	2471.16	29.77	119.82	163.49
黑色金属冶炼和压延加工业	Manufacture and Processing of Ferrous Metals	2067.33	1901.48	6.87	7.40	22.52
有色金属冶炼和压延加工业	Manufacture and Processing of Non-ferrous Metals	2443.38	2148.35	16.64	20.65	49.70
金属制品业	Manufacture of Metal Products	1442.36	1167.54	13.14	41.47	61.65
通用设备制造业	Manufacture of General Purpose Machinery	1916.67	1588.05	10.58	60.81	73.56
专用设备制造业	Manufacture of Special Purpose Machinery	1679.31	1289.64	12.08	88.38	73.68
汽车制造业	Automobile Industry	2359.36	2061.29	16.54	38.37	66.09
铁路、船舶、航空航天和其他运输设备制造业	Manufacture of Railway,Marine,Aerospace and Other Transport Equipment	864.65	696.08	4.24	19.88	41.84
电气机械和器材制造业	Manufacture of Electrical Machinery and Equipment	2203.00	1851.46	12.98	54.65	75.28
计算机、通信和其他电子设备制造业	Manufacture of Communication Equipment, Computer and Other Electronic Equipment	2975.46	2465.08	17.28	63.61	102.66
仪器仪表制造业	Manufacture of Measuring Instrument	208.27	154.97	1.64	9.80	12.01
其他制造业	Other Manufacture	202.83	160.34	1.18	4.93	9.72
废弃资源综合利用业	Utilization of Waste Resources	456.82	399.03	6.13	6.34	10.00
金属制品、机械和设备修理业	Mental Products,Machine and Equipment Repair	17.22	14.33	0.12	0.13	0.91
电力、热力生产和供应业	Production and Supply of Electric Power and Heat Power	2113.02	1891.35	11.26	3.21	45.68
燃气生产和供应业	Production and Distribution of Gas	239.12	219.44	0.59	6.93	6.91
水的生产和供应业	Production and Distribution of Water	235.58	172.80	2.74	9.70	19.75

13—3　续表 6　Continued

单位：亿元　(100 million yuan)

指　标	Item	研发费用 Research and Development Costs	财务费用 Financial Expense	利息费用 Interest Charges	利息收入 Interest Expense
总计	**Total**	**1267.84**	**292.25**	**248.39**	**58.03**
煤炭开采和洗选业	Mining and Washing of Coal	2.31	1.14	0.85	0.01
石油和天然气开采业	Petroleum and Natural Gas Extraction				
黑色金属矿采选业	Mining of Ferrous Metal Ores	1.17	0.56	0.42	
有色金属矿采选业	Mining of Non-ferrous Metal Ores	7.69	2.40	1.47	0.12
非金属矿采选业	Mining and Processing of Nonmetal Ores	9.26	3.18	1.23	0.04
开采专业及辅助性活动	Professional and Support Activities for Mining				
其他采矿业	Other Mining and Dressing				
农副食品加工业	Processing of Food from Agricultural Products	87.62	25.02	15.90	2.63
食品制造业	Manufacture of Foods	32.98	10.14	6.62	0.81
酒、饮料和精制茶制造业	Manufacture of Liquor, Beverage and Refined Tea	20.00	4.49	3.11	0.76
烟草制品业	Manufacture of Tobacco	3.37	−8.53	0.02	7.24
纺织业	Manufacture of Textile	18.97	5.54	4.52	0.2
纺织服装、服饰业	Manufacture of Textile Wearing and Clothing Apparel	10.87	2.84	0.78	0.04
皮革、毛皮、羽毛及其制品和制鞋业	Leather, Fur, Feather and Its Products and Footwear	21.54	2.90	1.63	0.06
木材加工和木、竹、藤、棕、草制品业	Processing of Timbers, Manufacture of Wood, Bamboo,Rattan, Palm and Straw Products	14.48	3.79	1.40	0.25
家具制造业	Manufacture of Furniture	6.81	1.20	0.69	0.03
造纸和纸制品业	Manufacture of Paper and Paper Products	13.34	7.15	4.98	0.48
印刷和记录媒介复制业	Printing,Reproduction of Recording Media	10.81	2.53	1.15	0.15
文教、工美、体育和娱乐用品制造业	Manufacture of Articles for Culture, Education and Sport Activity	17.29	3.87	1.39	0.02
石油、煤炭及其他燃料加工业	Processing of Petroleum, Coal and Other Fuels	6.49	2.46	2.52	0.48
化学原料和化学制品制造业	Manufacture of Chemical Raw Material and Chemical Products	79.66	18.66	8.28	1.61
医药制造业	Manufacture of Medicines	38.84	5.36	4.40	0.79
化学纤维制造业	Manufacture of Chemical Fiber	3.21	1.39	1.05	0.06
橡胶和塑料制品业	Manufacture of Rubber and Plastic	25.12	4.50	2.32	0.22
非金属矿物制品业	Manufacture of Non-metallic Mineral Products	100.77	35.52	18.45	1.08
黑色金属冶炼和压延加工业	Manufacture and Processing of Ferrous Metals	77.83	−2.68	5.94	6.95
有色金属冶炼和压延加工业	Manufacture and Processing of Non-ferrous Metals	63.34	14.36	10.14	0.52
金属制品业	Manufacture of Metal Products	51.77	9.88	5.97	0.57
通用设备制造业	Manufacture of General Purpose Machinery	78.38	2.05	13.65	12.29
专用设备制造业	Manufacture of Special Purpose Machinery	89.84	7.11	10.66	5.99
汽车制造业	Automobile Industry	70.69	6.50	5.98	1.49
铁路、船舶、航空航天和其他运输设备制造业	Manufacture of Railway,Marine,Aerospace and Other Transport Equipment	44.40	1.45	4.39	2.08
电气机械和器材制造业	Manufacture of Electrical Machinery and Equipment	74.57	13.86	9.19	1.66
计算机、通信和其他电子设备制造业	Manufacture of Communication Equipment, Computer and Other Electronic Equipment	129.71	−0.31	13.15	7.01
仪器仪表制造业	Manufacture of Measuring Instrument	13.00	1.63	1.24	0.17
其他制造业	Other Manufacture	5.50	1.63	0.84	0.06
废弃资源综合利用业	Utilization of Waste Resources	9.65	3.39	2.05	0.18
金属制品、机械和设备修理业	Mental Products,Machine and Equipment Repair	0.32	0.01	0.01	
电力、热力生产和供应业	Production and Supply of Electric Power and Heat Power	17.11	84.16	70.73	1.44
燃气生产和供应业	Production and Distribution of Gas	3.42	1.97	1.67	0.14
水的生产和供应业	Production and Distribution of Water	5.70	11.12	9.60	0.38

13-3 续表 7 Continued

单位：亿元 (100 million yuan)

指 标	Item	营业利润 Operating Profit	投资收益 Income from Investment	营业外收入 Non-operating Income	利润总额 Total Profit
总计	**Total**	**2334.86**	**133.93**	**82.05**	**2282.93**
煤炭开采和洗选业	Mining and Washing of Coal	13.90	-0.03	0.12	13.57
石油和天然气开采业	Petroleum and Natural Gas Extraction				
黑色金属矿采选业	Mining of Ferrous Metal Ores	0.62		0.11	0.72
有色金属矿采选业	Mining of Non-ferrous Metal Ores	21.00	0.38	0.29	19.47
非金属矿采选业	Mining and Processing of Nonmetal Ores	27.05	0.04	0.39	26.76
开采专业及辅助性活动	Professional and Support Activities for Mining				
其他采矿业	Other Mining and Dressing				
农副食品加工业	Processing of Food from Agricultural Products	151.02	4.14	4.51	121.98
食品制造业	Manufacture of Foods	51.84	2.54	2.69	51.47
酒、饮料和精制茶制造业	Manufacture of Liquor, Beverage and Refined Tea	64.38	2.94	1.29	61.09
烟草制品业	Manufacture of Tobacco	134.68	2.29	0.32	133.18
纺织业	Manufacture of Textile	19.14	0.34	2.86	20.12
纺织服装、服饰业	Manufacture of Textile Wearing and Clothing Apparel	26.05	0.05	0.30	24.65
皮革、毛皮、羽毛及其制品和制鞋业	Leather, Fur, Feather and Its Products and Footwear	47.68	0.23	0.38	47.88
木材加工和木、竹、藤、棕、草制品业	Processing of Timbers, Manufacture of Wood, Bamboo, Rattan, Palm and Straw Products	37.96	0.07	0.55	35.70
家具制造业	Manufacture of Furniture	19.96	0.01	0.34	19.62
造纸和纸制品业	Manufacture of Paper and Paper Products	20.15	0.04	0.73	20.52
印刷和记录媒介复制业	Printing,Reproduction of Recording Media	19.99	0.15	0.99	20.09
文教、工美、体育和娱乐用品制造业	Manufacture of Articles for Culture, Education and Sport Activity	34.03	0.07	1.09	34.50
石油、煤炭及其他燃料加工业	Processing of Petroleum, Coal and Other Fuels	11.09	-1.24	0.63	11.18
化学原料和化学制品制造业	Manufacture of Chemical Raw Material and Chemical Products	195.53	14.63	3.54	195.08
医药制造业	Manufacture of Medicines	75.44	6.65	1.85	76.20
化学纤维制造业	Manufacture of Chemical Fiber	2.11	0.30	0.18	2.23
橡胶和塑料制品业	Manufacture of Rubber and Plastic	42.45	0.69	1.64	42.22
非金属矿物制品业	Manufacture of Non-metallic Mineral Products	187.19	2.02	6.18	186.19
黑色金属冶炼和压延加工业	Manufacture and Processing of Ferrous Metals	62.54	9.13	1.05	62.88
有色金属冶炼和压延加工业	Manufacture and Processing of Non-ferrous Metals	132.22	4.18	6.39	135.33
金属制品业	Manufacture of Metal Products	96.94	0.70	2.39	97.15
通用设备制造业	Manufacture of General Purpose Machinery	104.73	4.59	5.03	97.99
专用设备制造业	Manufacture of Special Purpose Machinery	124.16	15.94	4.47	117.99
汽车制造业	Automobile Industry	40.14	3.08	4.59	36.49
铁路、船舶、航空航天和其他运输设备制造业	Manufacture of Railway,Marine,Aerospace and Other Transport Equipment	57.29	3.51	2.10	58.72
电气机械和器材制造业	Manufacture of Electrical Machinery and Equipment	134.62	21.60	3.79	134.20
计算机、通信和其他电子设备制造业	Manufacture of Communication Equipment, Computer and Other Electronic Equipment	205.85	13.68	4.88	200.53
仪器仪表制造业	Manufacture of Measuring Instrument	19.38	2.67	1.01	19.58
其他制造业	Other Manufacture	19.93	0.20	0.40	19.52
废弃资源综合利用业	Utilization of Waste Resources	26.44	2.08	3.53	29.51
金属制品、机械和设备修理业	Mental Products,Machine and Equipment Repair	3.12	1.79	0.06	3.12
电力、热力生产和供应业	Production and Supply of Electric Power and Heat Power	84.54	12.48	8.62	85.96
燃气生产和供应业	Production and Distribution of Gas	0.32	0.18	0.20	-1.47
水的生产和供应业	Production and Distribution of Water	19.35	1.83	2.57	21.03

13-3 续表 8 Continued

单位：亿元 (100 million yuan)

指 标	Item	亏损企业亏损总额 Total Loss of Enterprises Running under Deficit	本年应付职工薪酬 Total Sum of Wages Payable this Year	平均用工人数（万人） Annual Average Employees (10 000 persons)	百元固定资产原价实现利润（元） Profits per 100 Yuan of Original Value of Fix Assets (yuan)
总计	**Total**	**271.69**	**3388.16**	**297.83**	**11.72**
煤炭开采和洗选业	Mining and Washing of Coal	0.22	23.29	2.79	15.28
石油和天然气开采业	Petroleum and Natural Gas Extraction				
黑色金属矿采选业	Mining of Ferrous Metal Ores	0.74	3.92	0.35	3.82
有色金属矿采选业	Mining of Non-ferrous Metal Ores	0.73	20.88	2.20	10.63
非金属矿采选业	Mining and Processing of Nonmetal Ores	1.77	26.16	2.91	22.42
开采专业及辅助性活动	Professional and Support Activities for Mining				
其他采矿业	Other Mining and Dressing				
农副食品加工业	Processing of Food from Agricultural Products	10.22	215.58	20.50	16.88
食品制造业	Manufacture of Foods	4.70	128.18	12.82	13.13
酒、饮料和精制茶制造业	Manufacture of Liquor, Beverage and Refined Tea	1.81	57.26	5.61	22.26
烟草制品业	Manufacture of Tobacco		72.67	1.10	49.08
纺织业	Manufacture of Textile	4.54	51.70	5.24	11.52
纺织服装、服饰业	Manufacture of Textile Wearing and Clothing Apparel	0.25	48.03	5.33	28.49
皮革、毛皮、羽毛及其制品和制鞋业	Leather, Fur, Feather and Its Products and Footwear	1.43	100.53	10.68	40.43
木材加工和木、竹、藤、棕、草制品业	Processing of Timbers, Manufacture of Wood, Bamboo, Rattan, Palm and Straw Products	0.53	46.58	5.18	27.38
家具制造业	Manufacture of Furniture	0.26	18.82	2.22	39.56
造纸和纸制品业	Manufacture of Paper and Paper Products	1.67	36.52	3.72	7.97
印刷和记录媒介复制业	Printing,Reproduction of Recording Media	0.74	37.97	3.69	15.28
文教、工美、体育和娱乐用品制造业	Manufacture of Articles for Culture, Education and Sport Activity	0.31	48.34	5.09	35.50
石油、煤炭及其他燃料加工业	Processing of Petroleum, Coal and Other Fuels	9.26	37.61	1.75	2.72
化学原料和化学制品制造业	Manufacture of Chemical Raw Material and Chemical Products	4.95	240.45	23.96	25.27
医药制造业	Manufacture of Medicines	2.85	80.49	7.47	23.22
化学纤维制造业	Manufacture of Chemical Fiber		6.85	0.68	2.83
橡胶和塑料制品业	Manufacture of Rubber and Plastic	1.10	57.43	5.70	21.13
非金属矿物制品业	Manufacture of Non-metallic Mineral Products	24.50	286.13	31.16	12.85
黑色金属冶炼和压延加工业	Manufacture and Processing of Ferrous Metals	3.58	82.01	4.08	6.29
有色金属冶炼和压延加工业	Manufacture and Processing of Non-ferrous Metals	6.23	137.75	9.18	23.18
金属制品业	Manufacture of Metal Products	3.14	118.07	12.03	20.60
通用设备制造业	Manufacture of General Purpose Machinery	6.95	165.08	14.66	18.03
专用设备制造业	Manufacture of Special Purpose Machinery	21.81	209.91	14.20	20.16
汽车制造业	Automobile Industry	65.78	145.34	13.13	4.42
铁路、船舶、航空航天和其他运输设备制造业	Manufacture of Railway,Marine,Aerospace and Other Transport Equipment	7.90	118.13	6.58	13.99
电气机械和器材制造业	Manufacture of Electrical Machinery and Equipment	8.31	151.48	14.39	21.79
计算机、通信和其他电子设备制造业	Manufacture of Communication Equipment, Computer and Other Electronic Equipment	28.42	310.02	29.79	16.72
仪器仪表制造业	Manufacture of Measuring Instrument	1.85	25.34	2.03	31.44
其他制造业	Other Manufacture	4.33	22.18	2.92	35.85
废弃资源综合利用业	Utilization of Waste Resources	3.82	14.01	1.45	26.26
金属制品、机械和设备修理业	Mental Products,Machine and Equipment Repair		4.89	0.44	79.19
电力、热力生产和供应业	Production and Supply of Electric Power and Heat Power	25.62	182.67	8.80	1.45
燃气生产和供应业	Production and Distribution of Gas	8.14	10.98	0.87	-0.87
水的生产和供应业	Production and Distribution of Water	3.19	44.93	3.14	3.95

13-3 续表 9 Continued

单位：%　　(%)

指 标	Item	营业收入利润率 Operating Income Margin	资产负债率 Assets Liability Ratio	总资产贡献率 Ratio of Per-tax Profits to Total Capital	成本费用利润率 Rate of Cost Profit
总计	**Total**	**5.74**	**52.60**	**11.99**	**6.27**
煤炭开采和洗选业	Mining and Washing of Coal	12.19	62.64	14.81	14.21
石油和天然气开采业	Petroleum and Natural Gas Extraction				
黑色金属矿采选业	Mining of Ferrous Metal Ores	2.68	58.15	5.96	2.81
有色金属矿采选业	Mining of Non-ferrous Metal Ores	9.08	49.72	14.96	10.43
非金属矿采选业	Mining and Processing of Nonmetal Ores	7.75	42.66	17.97	8.58
开采专业及辅助性活动	Professional and Support Activities for Mining				
其他采矿业	Other Mining and Dressing				
农副食品加工业	Processing of Food from Agricultural Products	3.84	43.41	13.63	4.06
食品制造业	Manufacture of Foods	4.57	53.32	11.85	4.82
酒、饮料和精制茶制造业	Manufacture of Liquor, Beverage and Refined Tea	9.23	42.23	19.72	10.43
烟草制品业	Manufacture of Tobacco	12.45	11.28	97.77	44.32
纺织业	Manufacture of Textile	3.82	60.19	10.29	3.98
纺织服装、服饰业	Manufacture of Textile Wearing and Clothing Apparel	6.70	25.94	15.12	7.27
皮革、毛皮、羽毛及其制品和制鞋业	Leather, Fur, Feather and Its Products and Footwear	6.89	38.36	26.83	7.43
木材加工和木、竹、藤、棕、草制品业	Processing of Timbers, Manufacture of Wood, Bamboo, Rattan, Palm and Straw Products	6.66	36.16	26.57	7.24
家具制造业	Manufacture of Furniture	8.40	41.25	24.97	9.38
造纸和纸制品业	Manufacture of Paper and Paper Products	4.46	54.52	9.87	4.70
印刷和记录媒介复制业	Printing,Reproduction of Recording Media	6.01	43.60	14.41	6.47
文教、工美、体育和娱乐用品制造业	Manufacture of Articles for Culture, Education and Sport Activity	7.44	41.98	25.68	8.11
石油、煤炭及其他燃料加工业	Processing of Petroleum, Coal and Other Fuels	1.14	63.72	33.31	1.30
化学原料和化学制品制造业	Manufacture of Chemical Raw Material and Chemical Products	8.38	38.65	17.75	9.23
医药制造业	Manufacture of Medicines	9.92	36.86	12.84	11.00
化学纤维制造业	Manufacture of Chemical Fiber	2.56	72.66	7.16	2.62
橡胶和塑料制品业	Manufacture of Rubber and Plastic	5.92	41.84	17.45	6.37
非金属矿物制品业	Manufacture of Non-metallic Mineral Products	5.98	47.04	10.79	6.44
黑色金属冶炼和压延加工业	Manufacture and Processing of Ferrous Metals	3.04	54.54	8.84	3.13
有色金属冶炼和压延加工业	Manufacture and Processing of Non-ferrous Metals	5.54	55.09	18.09	5.89
金属制品业	Manufacture of Metal Products	6.74	47.61	15.58	7.29
通用设备制造业	Manufacture of General Purpose Machinery	5.11	61.14	4.79	5.44
专用设备制造业	Manufacture of Special Purpose Machinery	7.03	55.41	7.73	7.62
汽车制造业	Automobile Industry	1.55	84.37	4.53	1.63
铁路、船舶、航空航天和其他运输设备制造业	Manufacture of Railway,Marine,Aerospace and Other Transport Equipment	6.79	53.03	5.84	7.31
电气机械和器材制造业	Manufacture of Electrical Machinery and Equipment	6.09	58.55	9.33	6.48
计算机、通信和其他电子设备制造业	Manufacture of Communication Equipment, Computer and Other Electronic Equipment	6.74	39.63	7.73	7.26
仪器仪表制造业	Manufacture of Measuring Instrument	9.40	43.03	10.93	10.23
其他制造业	Other Manufacture	9.62	46.75	19.54	10.72
废弃资源综合利用业	Utilization of Waste Resources	6.46	53.08	23.35	6.89
金属制品、机械和设备修理业	Mental Products,Machine and Equipment Repair	18.13	38.09	39.20	19.89
电力、热力生产和供应业	Production and Supply of Electric Power and Heat Power	4.07	62.05	4.68	4.21
燃气生产和供应业	Production and Distribution of Gas	-0.62	70.22	1.09	-0.62
水的生产和供应业	Production and Distribution of Water	8.93	61.15	4.32	9.60

13-4 规模以上国有控股工业企业主要经济指标(2022年)
Major Economic Indications of State-owned Share Holding Industrial Enterprises above Designated Size (2022)

单位：个 (unit)

指 标	Item	企业单位数 Number of Enterprises	亏损企业 Loss-making Enterprises
总计	**Total**	**934**	**179**
在总计中：	Of the Total		
亏损企业	Enterprises Running under Deficit	179	179
在总计中：	Of the Total		
中央企业	Central Enterprises	223	42
地方企业	Local Enterprises	711	137
在总计中：	Of the Total		
大型企业	Large Scale Enterprises	47	8
中型企业	Medium Scale Enterprises	182	28
小型企业	Small Enterprises	552	115
微型企业	Microenterprise	153	28
按行业分	Grouped by Sector		
煤炭开采和洗选业	Mining and Washing of Coal	15	1
石油和天然气开采业	Petroleum and Natural Gas Extraction		
黑色金属矿采选业	Mining of Ferrous Metal Ores	2	
有色金属矿采选业	Mining of Non-ferrous Metal Ores	18	3
非金属矿采选业	Mining and Processing of Nonmetal Ores	14	3
开采专业及辅助性活动	Professional and Support Activities for Mining		
其他采矿业	Other Mining and Dressing		
农副食品加工业	Processing of Food from Agricultural Products	43	3
食品制造业	Manufacture of Foods	19	10
酒、饮料和精制茶制造业	Manufacture of Liquor, Beverage and Refined Tea	11	2
烟草制品业	Manufacture of Tobacco	7	
纺织业	Manufacture of Textile	5	4
纺织服装、服饰业	Manufacture of Textile Wearing and Clothing Apparel	7	
皮革、毛皮、羽毛及其制品和制鞋业	Leather, Fur, Feather and Its Products and Footwear	3	1
木材加工和木、竹、藤、棕、草制品业	Processing of Timbers, Manufacture of Wood, Bamboo, Rattan, Palm and Straw Products	3	2
家具制造业	Manufacture of Furniture		
造纸和纸制品业	Manufacture of Paper and Paper Products	7	4
印刷和记录媒介复制业	Printing, Reproduction of Recording Media	6	2
文教、工美、体育和娱乐用品制造业	Manufacture of Articles for Culture,Education and Sport Activity	3	1
石油、煤炭及其他燃料加工业	Processing of Petroleum, Coal and Other Fuels	7	1
化学原料和化学制品制造业	Manufacture of Chemical Raw Material and Chemical Products	30	1
医药制造业	Manufacture of Medicines	19	2
化学纤维制造业	Manufacture of Chemical Fiber	2	
橡胶和塑料制品业	Manufacture of Rubber and Plastic	6	
非金属矿物制品业	Manufacture of Non-metallic Mineral Products	93	25
黑色金属冶炼和压延加工业	Manufacture and Processing of Ferrous Metals	7	
有色金属冶炼和压延加工业	Manufacture and Processing of Non-ferrous Metals	36	7
金属制品业	Manufacture of Metal Products	19	4
通用设备制造业	Manufacture of General Purpose Machinery	35	4
专用设备制造业	Manufacture of Special Purpose Machinery	38	10
汽车制造业	Automobile Industry	35	13
铁路、船舶、航空航天和其他运输设备制造业	Manufacture of Railway,Marine,Aerospace and Other Transport Equipment	31	5
电气机械和器材制造业	Manufacture of Electrical Machinery and Equipment	24	6
计算机、通信和其他电子设备制造业	Manufacture of Communication Equipment, Computer and Other Electronic Equipment	26	2
仪器仪表制造业	Manufacture of Measuring Instrument	5	2
其他制造业	Other Manufacture	4	1
废弃资源综合利用业	Utilization of Waste Resources	8	2
金属制品、机械和设备修理业	Mental Products,Machine and Equipment Repair	1	
电力、热力生产和供应业	Production and Supply of Electric Power and Heat Power	214	32
燃气生产和供应业	Production and Distribution of Gas	14	3
水的生产和供应业	Production and Distribution of Water	117	23

13-4 续表 1 Continued

单位：亿元 (100 million yuan)

指 标	Item	资产总计 Total Assets	流动资产合 计 Total Current Assets	负债合计 Total Liabilities
总计	**Total**	**14630.19**	**6335.34**	**8482.52**
在总计中：	Of the Total			
亏损企业	Enterprises Running under Deficit	2039.94	783.54	1712.61
在总计中：	Of the Total			
中央企业	Central Enterprises	7345.21	2867.45	4069.80
地方企业	Local Enterprises	7284.98	3467.89	4412.72
在总计中：	Of the Total			
大型企业	Large Scale Enterprises	8538.92	3698.36	4895.98
中型企业	Medium Scale Enterprises	2487.58	1181.57	1522.28
小型企业	Small Enterprises	2380.15	889.98	1278.66
微型企业	Microenterprise	1223.53	565.43	785.61
按行业分	Grouped by Sector			
煤炭开采和洗选业	Mining and Washing of Coal	93.37	36.87	72.54
石油和天然气开采业	Petroleum and Natural Gas Extraction			
黑色金属矿采选业	Mining of Ferrous Metal Ores	1.54	0.07	0.55
有色金属矿采选业	Mining of Non-ferrous Metal Ores	140.29	28.61	77.69
非金属矿采选业	Mining and Processing of Nonmetal Ores	69.63	36.59	33.06
开采专业及辅助性活动	Professional and Support Activities for Mining			
其他采矿业	Other Mining and Dressing			
农副食品加工业	Processing of Food from Agricultural Products	72.36	36.25	41.04
食品制造业	Manufacture of Foods	33.40	12.83	20.48
酒、饮料和精制茶制造业	Manufacture of Liquor, Beverage and Refined Tea	98.58	78.03	36.50
烟草制品业	Manufacture of Tobacco	881.43	676.78	99.46
纺织业	Manufacture of Textile	9.60	2.01	7.15
纺织服装、服饰业	Manufacture of Textile Wearing and Clothing Apparel	5.88	3.78	2.22
皮革、毛皮、羽毛及其制品和制鞋业	Leather, Fur, Feather and Its Products and Footwear	27.74	8.49	5.03
木材加工和木、竹、藤、棕、草制品业	Processing of Timbers, Manufacture of Wood, Bamboo, Rattan, Palm and Straw Products	6.82	1.74	5.51
家具制造业	Manufacture of Furniture			
造纸和纸制品业	Manufacture of Paper and Paper Products	230.47	132.33	150.59
印刷和记录媒介复制业	Printing, Reproduction of Recording Media	24.50	17.44	7.65
文教、工美、体育和娱乐用品制造业	Manufacture of Articles for Culture,Education and Sport Activity	11.63	7.72	5.89
石油、煤炭及其他燃料加工业	Processing of Petroleum, Coal and Other Fuels	358.07	81.17	239.17
化学原料和化学制品制造业	Manufacture of Chemical Raw Material and Chemical Products	214.13	94.02	88.22
医药制造业	Manufacture of Medicines	84.40	53.15	37.65
化学纤维制造业	Manufacture of Chemical Fiber	39.12	8.01	42.24
橡胶和塑料制品业	Manufacture of Rubber and Plastic	11.26	8.55	5.66
非金属矿物制品业	Manufacture of Non-metallic Mineral Products	468.60	194.27	301.98
黑色金属冶炼和压延加工业	Manufacture and Processing of Ferrous Metals	971.15	374.49	519.08
有色金属冶炼和压延加工业	Manufacture and Processing of Non-ferrous Metals	401.94	191.03	231.59
金属制品业	Manufacture of Metal Products	70.80	38.31	29.26
通用设备制造业	Manufacture of General Purpose Machinery	1630.25	1082.16	1054.58
专用设备制造业	Manufacture of Special Purpose Machinery	468.95	331.49	330.50
汽车制造业	Automobile Industry	635.82	385.07	612.92
铁路、船舶、航空航天和其他运输设备制造业	Manufacture of Railway,Marine,Aerospace and Other Transport Equipment	1223.08	749.22	650.39
电气机械和器材制造业	Manufacture of Electrical Machinery and Equipment	479.08	331.83	343.24
计算机、通信和其他电子设备制造业	Manufacture of Communication Equipment, Computer and Other Electronic Equipment	959.21	611.50	330.99
仪器仪表制造业	Manufacture of Measuring Instrument	11.27	7.52	7.54
其他制造业	Other Manufacture	56.39	34.42	38.44
废弃资源综合利用业	Utilization of Waste Resources	28.12	23.38	22.83
金属制品、机械和设备修理业	Mental Products,Machine and Equipment Repair			
电力、热力生产和供应业	Production and Supply of Electric Power and Heat Power	4079.34	485.68	2569.55
燃气生产和供应业	Production and Distribution of Gas	51.14	21.90	33.16
水的生产和供应业	Production and Distribution of Water	680.81	148.62	428.14

13-4 续表 2 Continued

单位：亿元 (100 million yuan)

指 标	Item	实收资本 Paid-in Capital	所有者权益 Total Rights of Owners	营业收入 Revenue of Business
总计	**Total**	**2874.63**	**6147.70**	**10246.68**
在总计中：	Of the Total			
亏损企业	Enterprises Running under Deficit	384.69	327.32	965.07
在总计中：	Of the Total			
中央企业	Central Enterprises	1503.36	3275.44	5482.63
地方企业	Local Enterprises	1371.27	2872.26	4764.05
在总计中：	Of the Total			
大型企业	Large Scale Enterprises	1420.75	3642.94	6588.01
中型企业	Medium Scale Enterprises	690.84	965.31	1829.48
小型企业	Small Enterprises	562.35	1101.50	1425.34
微型企业	Microenterprise	200.69	437.95	403.84
按行业分	Grouped by Sector			
煤炭开采和洗选业	Mining and Washing of Coal	21.82	20.82	40.36
石油和天然气开采业	Petroleum and Natural Gas Extraction			
黑色金属矿采选业	Mining of Ferrous Metal Ores	0.35	0.99	6.09
有色金属矿采选业	Mining of Non-ferrous Metal Ores	45.27	62.60	77.50
非金属矿采选业	Mining and Processing of Nonmetal Ores	20.81	36.57	44.96
开采专业及辅助性活动	Professional and Support Activities for Mining			
其他采矿业	Other Mining and Dressing			
农副食品加工业	Processing of Food from Agricultural Products	19.98	31.33	149.73
食品制造业	Manufacture of Foods	14.10	12.91	29.14
酒、饮料和精制茶制造业	Manufacture of Liquor, Beverage and Refined Tea	17.71	62.08	63.73
烟草制品业	Manufacture of Tobacco	75.99	781.98	1069.90
纺织业	Manufacture of Textile	4.07	2.45	6.51
纺织服装、服饰业	Manufacture of Textile Wearing and Clothing Apparel	2.03	3.67	6.16
皮革、毛皮、羽毛及其制品和制鞋业	Leather, Fur, Feather and Its Products and Footwear	2.27	22.70	7.74
木材加工和木、竹、藤、棕、草制品业	Processing of Timbers, Manufacture of Wood, Bamboo, Rattan, Palm and Straw Products	3.92	1.31	3.89
家具制造业	Manufacture of Furniture			
造纸和纸制品业	Manufacture of Paper and Paper Products	44.79	79.88	133.89
印刷和记录媒介复制业	Printing, Reproduction of Recording Media	5.02	16.85	23.40
文教、工美、体育和娱乐用品制造业	Manufacture of Articles for Culture,Education and Sport Activity	2.69	5.73	5.35
石油、煤炭及其他燃料加工业	Processing of Petroleum, Coal and Other Fuels	131.05	118.93	855.78
化学原料和化学制品制造业	Manufacture of Chemical Raw Material and Chemical Products	59.56	125.91	147.82
医药制造业	Manufacture of Medicines	15.33	46.75	44.16
化学纤维制造业	Manufacture of Chemical Fiber	16.87	-3.13	32.60
橡胶和塑料制品业	Manufacture of Rubber and Plastic	2.79	5.60	14.19
非金属矿物制品业	Manufacture of Non-metallic Mineral Products	102.05	166.63	266.16
黑色金属冶炼和压延加工业	Manufacture and Processing of Ferrous Metals	215.46	452.07	1718.56
有色金属冶炼和压延加工业	Manufacture and Processing of Non-ferrous Metals	146.43	170.35	809.58
金属制品业	Manufacture of Metal Products	21.35	41.54	47.46
通用设备制造业	Manufacture of General Purpose Machinery	131.16	575.67	471.23
专用设备制造业	Manufacture of Special Purpose Machinery	49.43	138.45	219.67
汽车制造业	Automobile Industry	109.77	22.90	370.60
铁路、船舶、航空航天和其他运输设备制造业	Manufacture of Railway,Marine,Aerospace and Other Transport Equipment	271.33	572.69	645.82
电气机械和器材制造业	Manufacture of Electrical Machinery and Equipment	129.01	135.84	281.44
计算机、通信和其他电子设备制造业	Manufacture of Communication Equipment, Computer and Other Electronic Equipment	160.29	628.22	518.71
仪器仪表制造业	Manufacture of Measuring Instrument	0.83	3.73	6.29
其他制造业	Other Manufacture	2.69	17.94	21.58
废弃资源综合利用业	Utilization of Waste Resources	2.64	5.29	33.43
金属制品、机械和设备修理业	Mental Products,Machine and Equipment Repair			0.49
电力、热力生产和供应业	Production and Supply of Electric Power and Heat Power	900.23	1509.79	1880.76
燃气生产和供应业	Production and Distribution of Gas	7.35	17.98	51.77
水的生产和供应业	Production and Distribution of Water	118.20	252.68	140.20

13-4 续表 3 Continued

单位：亿元 (100 million yuan)

指 标	Item	营业成本 Cost of Business	利润总额 Total Profit
总计	**Total**	**8238.33**	**484.60**
在总计中：	Of the Total		
亏损企业	Enterprises Running under Deficit	931.36	-112.08
在总计中：	Of the Total		
中央企业	Central Enterprises	4135.69	287.03
地方企业	Local Enterprises	4102.65	197.57
在总计中：	Of the Total		
大型企业	Large Scale Enterprises	5133.38	311.91
中型企业	Medium Scale Enterprises	1546.77	99.38
小型企业	Small Enterprises	1216.97	61.44
微型企业	Microenterprise	341.22	11.86
按行业分	Grouped by Sector		
煤炭开采和洗选业	Mining and Washing of Coal	24.43	8.05
石油和天然气开采业	Petroleum and Natural Gas Extraction		
黑色金属矿采选业	Mining of Ferrous Metal Ores	4.74	0.51
有色金属矿采选业	Mining of Non-ferrous Metal Ores	47.51	11.65
非金属矿采选业	Mining and Processing of Nonmetal Ores	28.24	4.62
开采专业及辅助性活动	Professional and Support Activities for Mining		
其他采矿业	Other Mining and Dressing		
农副食品加工业	Processing of Food from Agricultural Products	135.92	2.87
食品制造业	Manufacture of Foods	24.89	-0.35
酒、饮料和精制茶制造业	Manufacture of Liquor, Beverage and Refined Tea	19.61	16.51
烟草制品业	Manufacture of Tobacco	245.54	133.18
纺织业	Manufacture of Textile	6.50	-0.63
纺织服装、服饰业	Manufacture of Textile Wearing and Clothing Apparel	4.14	0.50
皮革、毛皮、羽毛及其制品和制鞋业	Leather, Fur, Feather and Its Products and Footwear	6.87	-0.29
木材加工和木、竹、藤、棕、草制品业	Processing of Timbers, Manufacture of Wood, Bamboo, Rattan, Palm and Straw Products	3.36	-0.12
家具制造业	Manufacture of Furniture		
造纸和纸制品业	Manufacture of Paper and Paper Products	114.94	4.50
印刷和记录媒介复制业	Printing, Reproduction of Recording Media	18.08	2.12
文教、工美、体育和娱乐用品制造业	Manufacture of Articles for Culture,Education and Sport Activity	4.17	-0.05
石油、煤炭及其他燃料加工业	Processing of Petroleum, Coal and Other Fuels	722.71	4.04
化学原料和化学制品制造业	Manufacture of Chemical Raw Material and Chemical Products	115.69	17.66
医药制造业	Manufacture of Medicines	20.35	6.80
化学纤维制造业	Manufacture of Chemical Fiber	29.51	0.37
橡胶和塑料制品业	Manufacture of Rubber and Plastic	11.54	0.57
非金属矿物制品业	Manufacture of Non-metallic Mineral Products	227.89	7.79
黑色金属冶炼和压延加工业	Manufacture and Processing of Ferrous Metals	1585.38	55.00
有色金属冶炼和压延加工业	Manufacture and Processing of Non-ferrous Metals	744.66	25.82
金属制品业	Manufacture of Metal Products	37.82	3.84
通用设备制造业	Manufacture of General Purpose Machinery	412.63	18.77
专用设备制造业	Manufacture of Special Purpose Machinery	171.32	7.24
汽车制造业	Automobile Industry	339.84	-18.00
铁路、船舶、航空航天和其他运输设备制造业	Manufacture of Railway,Marine,Aerospace and Other Transport Equipment	520.31	47.29
电气机械和器材制造业	Manufacture of Electrical Machinery and Equipment	239.24	8.30
计算机、通信和其他电子设备制造业	Manufacture of Communication Equipment, Computer and Other Electronic Equipment	442.03	67.73
仪器仪表制造业	Manufacture of Measuring Instrument	5.31	-0.34
其他制造业	Other Manufacture	18.79	-2.17
废弃资源综合利用业	Utilization of Waste Resources	32.56	0.68
金属制品、机械和设备修理业	Mental Products,Machine and Equipment Repair	0.45	0.02
电力、热力生产和供应业	Production and Supply of Electric Power and Heat Power	1720.78	40.35
燃气生产和供应业	Production and Distribution of Gas	47.42	1.28
水的生产和供应业	Production and Distribution of Water	103.15	8.47

13-4 续表 4 Continued

指 标	Item	本年应付职工薪酬（亿元）Total Sum of Wages Payable this Year (100 million yuan)	平均用工人数（万人）Annual Average Employees (10 000 persons)
总计	**Total**	**770.83**	**40.43**
在总计中：	Of the Total		
亏损企业	Enterprises Running under Deficit	100.79	6.67
在总计中：	Of the Total		
中央企业	Central Enterprises	412.38	16.69
地方企业	Local Enterprises	358.45	23.74
在总计中：	Of the Total		
大型企业	Large Scale Enterprises	437.10	17.74
中型企业	Medium Scale Enterprises	167.41	11.46
小型企业	Small Enterprises	105.83	7.37
微型企业	Microenterprise	60.49	3.87
按行业分	Grouped by Sector		
煤炭开采和洗选业	Mining and Washing of Coal	13.92	1.71
石油和天然气开采业	Petroleum and Natural Gas Extraction		
黑色金属矿采选业	Mining of Ferrous Metal Ores	0.37	0.05
有色金属矿采选业	Mining of Non-ferrous Metal Ores	10.37	0.94
非金属矿采选业	Mining and Processing of Nonmetal Ores	2.87	0.25
开采专业及辅助性活动	Professional and Support Activities for Mining		
其他采矿业	Other Mining and Dressing		
农副食品加工业	Processing of Food from Agricultural Products	9.40	0.82
食品制造业	Manufacture of Foods	3.74	0.45
酒、饮料和精制茶制造业	Manufacture of Liquor, Beverage and Refined Tea	6.55	0.49
烟草制品业	Manufacture of Tobacco	72.67	1.10
纺织业	Manufacture of Textile	1.14	0.23
纺织服装、服饰业	Manufacture of Textile Wearing and Clothing Apparel	1.14	0.08
皮革、毛皮、羽毛及其制品和制鞋业	Leather, Fur, Feather and Its Products and Footwear	1.13	0.11
木材加工和木、竹、藤、棕、草制品业	Processing of Timbers, Manufacture of Wood, Bamboo, Rattan, Palm and Straw Products	1.51	0.11
家具制造业	Manufacture of Furniture		
造纸和纸制品业	Manufacture of Paper and Paper Products	7.58	0.56
印刷和记录媒介复制业	Printing, Reproduction of Recording Media	3.85	0.26
文教、工美、体育和娱乐用品制造业	Manufacture of Articles for Culture,Education and Sport Activity	1.47	0.10
石油、煤炭及其他燃料加工业	Processing of Petroleum, Coal and Other Fuels	30.43	1.12
化学原料和化学制品制造业	Manufacture of Chemical Raw Material and Chemical Products	13.92	0.86
医药制造业	Manufacture of Medicines	6.71	0.63
化学纤维制造业	Manufacture of Chemical Fiber	1.26	0.15
橡胶和塑料制品业	Manufacture of Rubber and Plastic	1.78	0.09
非金属矿物制品业	Manufacture of Non-metallic Mineral Products	26.04	1.78
黑色金属冶炼和压延加工业	Manufacture and Processing of Ferrous Metals	64.47	2.38
有色金属冶炼和压延加工业	Manufacture and Processing of Non-ferrous Metals	43.88	2.56
金属制品业	Manufacture of Metal Products	7.67	0.50
通用设备制造业	Manufacture of General Purpose Machinery	31.37	2.59
专用设备制造业	Manufacture of Special Purpose Machinery	29.63	1.40
汽车制造业	Automobile Industry	27.16	2.03
铁路、船舶、航空航天和其他运输设备制造业	Manufacture of Railway,Marine,Aerospace and Other Transport Equipment	92.34	4.23
电气机械和器材制造业	Manufacture of Electrical Machinery and Equipment	18.33	1.19
计算机、通信和其他电子设备制造业	Manufacture of Communication Equipment, Computer and Other Electronic Equipment	30.83	1.51
仪器仪表制造业	Manufacture of Measuring Instrument	1.40	0.11
其他制造业	Other Manufacture	7.42	0.40
废弃资源综合利用业	Utilization of Waste Resources	1.00	0.08
金属制品、机械和设备修理业	Mental Products,Machine and Equipment Repair		0.02
电力、热力生产和供应业	Production and Supply of Electric Power and Heat Power	164.49	7.20
燃气生产和供应业	Production and Distribution of Gas	2.02	0.12
水的生产和供应业	Production and Distribution of Water	30.95	2.22

13-4 续表 5 Continued

单位：% (%)

指 标	Item	总资产贡献率 Ratio of Total Assets to Industrial Output Value	成本费用利润率 Ratio of Profits to Industrial Cost	资产负债率 Assets-Liability Ratio
总计	**Total**	**11.53**	**5.37**	**57.98**
在总计中：	Of the Total			
亏损企业	Enterprises Running under Deficit	-2.51	-10.85	83.95
在总计中：	Of the Total			
中央企业	Central Enterprises	17.81	6.40	55.41
地方企业	Local Enterprises	5.21	4.35	60.57
在总计中：	Of the Total			
大型企业	Large Scale Enterprises	15.71	5.62	57.34
中型企业	Medium Scale Enterprises	7.25	5.74	61.19
小型企业	Small Enterprises	5.70	4.52	53.72
微型企业	Microenterprise	2.45	3.06	64.21
按行业分	Grouped by Sector			
煤炭开采和洗选业	Mining and Washing of Coal	14.95	26.27	77.70
石油和天然气开采业	Petroleum and Natural Gas Extraction			
黑色金属矿采选业	Mining of Ferrous Metal Ores	48.17	9.44	36.02
有色金属矿采选业	Mining of Non-ferrous Metal Ores	15.44	19.28	55.38
非金属矿采选业	Mining and Processing of Nonmetal Ores	11.53	12.00	47.48
开采专业及辅助性活动	Professional and Support Activities for Mining			
其他采矿业	Other Mining and Dressing			
农副食品加工业	Processing of Food from Agricultural Products	10.14	1.95	56.71
食品制造业	Manufacture of Foods	3.70	-1.21	61.33
酒、饮料和精制茶制造业	Manufacture of Liquor, Beverage and Refined Tea	29.88	42.27	37.02
烟草制品业	Manufacture of Tobacco	97.77	44.32	11.28
纺织业	Manufacture of Textile	-4.60	-8.62	74.48
纺织服装、服饰业	Manufacture of Textile Wearing and Clothing Apparel	14.07	8.66	37.70
皮革、毛皮、羽毛及其制品和制鞋业	Leather, Fur, Feather and Its Products and Footwear	0.46	-3.27	18.15
木材加工和木、竹、藤、棕、草制品业	Processing of Timbers, Manufacture of Wood, Bamboo, Rattan, Palm and Straw Products	1.70	-2.89	80.84
家具制造业	Manufacture of Furniture			
造纸和纸制品业	Manufacture of Paper and Paper Products	5.72	3.48	65.34
印刷和记录媒介复制业	Printing, Reproduction of Recording Media	11.89	9.86	31.23
文教、工美、体育和娱乐用品制造业	Manufacture of Articles for Culture,Education and Sport Activity	1.66	-1.07	50.69
石油、煤炭及其他燃料加工业	Processing of Petroleum, Coal and Other Fuels	35.22	0.54	66.79
化学原料和化学制品制造业	Manufacture of Chemical Raw Material and Chemical Products	10.57	13.14	41.20
医药制造业	Manufacture of Medicines	12.47	17.92	44.61
化学纤维制造业	Manufacture of Chemical Fiber	5.75	1.13	107.99
橡胶和塑料制品业	Manufacture of Rubber and Plastic	8.43	4.18	50.27
非金属矿物制品业	Manufacture of Non-metallic Mineral Products	4.33	3.02	64.44
黑色金属冶炼和压延加工业	Manufacture and Processing of Ferrous Metals	9.11	3.30	53.45
有色金属冶炼和压延加工业	Manufacture and Processing of Non-ferrous Metals	12.07	3.29	57.62
金属制品业	Manufacture of Metal Products	7.44	8.79	41.33
通用设备制造业	Manufacture of General Purpose Machinery	1.50	4.10	64.69
专用设备制造业	Manufacture of Special Purpose Machinery	3.69	3.60	70.48
汽车制造业	Automobile Industry	0.07	-4.81	96.40
铁路、船舶、航空航天和其他运输设备制造业	Manufacture of Railway,Marine,Aerospace and Other Transport Equipment	5.74	7.92	53.18
电气机械和器材制造业	Manufacture of Electrical Machinery and Equipment	3.91	3.09	71.65
计算机、通信和其他电子设备制造业	Manufacture of Communication Equipment, Computer and Other Electronic Equipment	9.06	13.94	34.51
仪器仪表制造业	Manufacture of Measuring Instrument	-1.42	-5.07	66.88
其他制造业	Other Manufacture	-2.81	-9.20	68.18
废弃资源综合利用业	Utilization of Waste Resources	9.21	2.03	81.20
金属制品、机械和设备修理业	Mental Products,Machine and Equipment Repair		3.61	
电力、热力生产和供应业	Production and Supply of Electric Power and Heat Power	3.92	2.19	62.99
燃气生产和供应业	Production and Distribution of Gas	3.39	2.54	64.84
水的生产和供应业	Production and Distribution of Water	3.04	6.28	62.89

13-5 集体工业企业主要经济指标(2022年)
Major Economic Indications of Collective-owned Industrial Enterprises (2022)

单位：个 (unit)

指 标	Item	企业单位数 Number of Enterprises	亏损企业 Loss-making Enterprises
总计	**Total**	**46**	**1**
在总计中：	Of the Total		
亏损企业	Enterprises Running under Deficit	1	1
在总计中：	Of the Total		
大型企业	Large Scale Enterprises		
中型企业	Medium Scale Enterprises	8	
小型企业	Small Enterprises	29	1
微型企业	Microenterprise	9	
按行业分	Grouped by Sector		
煤炭开采和洗选业	Mining and Washing of Coal	4	
石油和天然气开采业	Petroleum and Natural Gas Extraction		
黑色金属矿采选业	Mining of Ferrous Metal Ores	1	
有色金属矿采选业	Mining of Non-ferrous Metal Ores	1	
非金属矿采选业	Mining and Processing of Nonmetal Ores	8	
开采专业及辅助性活动	Professional and Support Activities for Mining		
其他采矿业	Other Mining and Dressing		
农副食品加工业	Processing of Food from Agricultural Products	1	
食品制造业	Manufacture of Foods		
酒、饮料和精制茶制造业	Manufacture of Liquor, Beverage and Refined Tea	1	
烟草制品业	Manufacture of Tobacco		
纺织业	Manufacture of Textile		
纺织服装、服饰业	Manufacture of Textile Wearing and Clothing Apparel		
皮革、毛皮、羽毛及其制品和制鞋业	Leather, Fur, Feather and Its Products and Footwear		
木材加工和木、竹、藤、棕、草制品业	Processing of Timbers, Manufacture of Wood, Bamboo, Rattan, Palm and Straw Products	1	1
家具制造业	Manufacture of Furniture		
造纸和纸制品业	Manufacture of Paper and Paper Products	3	
印刷和记录媒介复制业	Printing, Reproduction of Recording Media	2	
文教、工美、体育和娱乐用品制造业	Manufacture of Articles for Culture,Education and Sport Activity		
石油、煤炭及其他燃料加工业	Processing of Petroleum, Coal and Other Fuels		
化学原料和化学制品制造业	Manufacture of Chemical Raw Material and Chemical Products	7	
医药制造业	Manufacture of Medicines	1	
化学纤维制造业	Manufacture of Chemical Fiber		
橡胶和塑料制品业	Manufacture of Rubber and Plastic	2	
非金属矿物制品业	Manufacture of Non-metallic Mineral Products	3	
黑色金属冶炼和压延加工业	Manufacture and Processing of Ferrous Metals		
有色金属冶炼和压延加工业	Manufacture and Processing of Non-ferrous Metals	1	
金属制品业	Manufacture of Metal Products	1	
通用设备制造业	Manufacture of General Purpose Machinery		
专用设备制造业	Manufacture of Special Purpose Machinery	1	
汽车制造业	Automobile Industry		
铁路、船舶、航空航天和其他运输设备制造业	Manufacture of Railway,Marine,Aerospace and Other Transport Equipment		
电气机械和器材制造业	Manufacture of Electrical Machinery and Equipment	2	
计算机、通信和其他电子设备制造业	Manufacture of Communication Equipment, Computer and Other Electronic Equipment		
仪器仪表制造业	Manufacture of Measuring Instrument	1	
其他制造业	Other Manufacture		
废弃资源综合利用业	Utilization of Waste Resources	1	
金属制品、机械和设备修理业	Mental Products,Machine and Equipment Repair	1	
电力、热力生产和供应业	Production and Supply of Electric Power and Heat Power	2	
燃气生产和供应业	Production and Distribution of Gas		
水的生产和供应业	Production and Distribution of Water	1	

13-5 续表 1 Continued

单位：亿元 (100 million yuan)

指 标	Item	资产总计 Total Assets	流动资产合计 Total Current Assets	负债合计 Total Liabilities
总计	**Total**	**40.18**	**12.46**	**9.40**
在总计中：	Of the Total			
亏损企业	Enterprises Running under Deficit	0.27	0.15	0.17
在总计中：	Of the Total			
大型企业	Large Scale Enterprises			
中型企业	Medium Scale Enterprises	23.58	7.41	4.26
小型企业	Small Enterprises	15.94	4.77	4.73
微型企业	Microenterprise	0.67	0.27	0.42
按行业分	Grouped by Sector			
煤炭开采和洗选业	Mining and Washing of Coal	1.26	0.28	0.49
石油和天然气开采业	Petroleum and Natural Gas Extraction			
黑色金属矿采选业	Mining of Ferrous Metal Ores	0.39	0.23	0.16
有色金属矿采选业	Mining of Non-ferrous Metal Ores	0.15	0.05	0.05
非金属矿采选业	Mining and Processing of Nonmetal Ores	3.54	0.49	1.25
开采专业及辅助性活动	Professional and Support Activities for Mining			
其他采矿业	Other Mining and Dressing			
农副食品加工业	Processing of Food from Agricultural Products	1.76	0.02	0.01
食品制造业	Manufacture of Foods			
酒、饮料和精制茶制造业	Manufacture of Liquor, Beverage and Refined Tea	0.67	0.47	0.37
烟草制品业	Manufacture of Tobacco			
纺织业	Manufacture of Textile			
纺织服装、服饰业	Manufacture of Textile Wearing and Clothing Apparel			
皮革、毛皮、羽毛及其制品和制鞋业	Leather, Fur, Feather and Its Products and Footwear			
木材加工和木、竹、藤、棕、草制品业	Processing of Timbers, Manufacture of Wood, Bamboo, Rattan, Palm and Straw Products	0.27	0.15	0.17
家具制造业	Manufacture of Furniture			
造纸和纸制品业	Manufacture of Paper and Paper Products	1.52	0.78	0.57
印刷和记录媒介复制业	Printing, Reproduction of Recording Media	2.74	2.10	0.50
文教、工美、体育和娱乐用品制造业	Manufacture of Articles for Culture,Education and Sport Activity			
石油、煤炭及其他燃料加工业	Processing of Petroleum, Coal and Other Fuels			
化学原料和化学制品制造业	Manufacture of Chemical Raw Material and Chemical Products	1.73	0.40	0.27
医药制造业	Manufacture of Medicines	0.07	0.05	0.07
化学纤维制造业	Manufacture of Chemical Fiber			
橡胶和塑料制品业	Manufacture of Rubber and Plastic	1.85	1.17	0.94
非金属矿物制品业	Manufacture of Non-metallic Mineral Products	11.54	0.75	1.11
黑色金属冶炼和压延加工业	Manufacture and Processing of Ferrous Metals			
有色金属冶炼和压延加工业	Manufacture and Processing of Non-ferrous Metals	0.89	0.11	0.42
金属制品业	Manufacture of Metal Products	0.17	0.15	0.15
通用设备制造业	Manufacture of General Purpose Machinery			
专用设备制造业	Manufacture of Special Purpose Machinery	0.50	0.20	
汽车制造业	Automobile Industry			
铁路、船舶、航空航天和其他运输设备制造业	Manufacture of Railway,Marine,Aerospace and Other Transport Equipment			
电气机械和器材制造业	Manufacture of Electrical Machinery and Equipment	3.62	0.32	0.62
计算机、通信和其他电子设备制造业	Manufacture of Communication Equipment, Computer and Other Electronic Equipment			
仪器仪表制造业	Manufacture of Measuring Instrument	0.09	0.04	0.02
其他制造业	Other Manufacture			
废弃资源综合利用业	Utilization of Waste Resources	1.23	0.99	0.28
金属制品、机械和设备修理业	Mental Products,Machine and Equipment Repair	5.38	3.54	1.58
电力、热力生产和供应业	Production and Supply of Electric Power and Heat Power	0.67	0.15	0.34
燃气生产和供应业	Production and Distribution of Gas			
水的生产和供应业	Production and Distribution of Water	0.12	0.01	0.01

13-5 续表 2 Continued

单位：亿元 (100 million yuan)

指 标	Item	实收资本 Paid-in Capital	所有者权益 Total Rights of Owners	营业收入 Revenue of Business
总计	**Total**	**15.55**	**30.78**	**77.06**
在总计中：	Of the Total			
亏损企业	Enterprises Running under Deficit	0.03	0.10	0.91
在总计中：	Of the Total			
大型企业	Large Scale Enterprises			
中型企业	Medium Scale Enterprises	10.81	19.32	39.14
小型企业	Small Enterprises	4.73	11.21	37.28
微型企业	Microenterprise		0.25	0.63
按行业分	Grouped by Sector			
煤炭开采和洗选业	Mining and Washing of Coal	0.37	0.77	4.91
石油和天然气开采业	Petroleum and Natural Gas Extraction			
黑色金属矿采选业	Mining of Ferrous Metal Ores	0.05	0.23	0.35
有色金属矿采选业	Mining of Non-ferrous Metal Ores	0.02	0.10	0.92
非金属矿采选业	Mining and Processing of Nonmetal Ores	0.74	2.29	15.25
开采专业及辅助性活动	Professional and Support Activities for Mining			
其他采矿业	Other Mining and Dressing			
农副食品加工业	Processing of Food from Agricultural Products	0.08	1.75	16.09
食品制造业	Manufacture of Foods			
酒、饮料和精制茶制造业	Manufacture of Liquor, Beverage and Refined Tea	0.30	0.30	0.84
烟草制品业	Manufacture of Tobacco			
纺织业	Manufacture of Textile			
纺织服装、服饰业	Manufacture of Textile Wearing and Clothing Apparel			
皮革、毛皮、羽毛及其制品和制鞋业	Leather, Fur, Feather and Its Products and Footwear			
木材加工和木、竹、藤、棕、草制品业	Processing of Timbers, Manufacture of Wood, Bamboo, Rattan, Palm and Straw Products	0.03	0.10	0.91
家具制造业	Manufacture of Furniture			
造纸和纸制品业	Manufacture of Paper and Paper Products	0.64	0.94	2.54
印刷和记录媒介复制业	Printing, Reproduction of Recording Media		2.23	3.33
文教、工美、体育和娱乐用品制造业	Manufacture of Articles for Culture,Education and Sport Activity			
石油、煤炭及其他燃料加工业	Processing of Petroleum, Coal and Other Fuels			
化学原料和化学制品制造业	Manufacture of Chemical Raw Material and Chemical Products	1.12	1.45	4.59
医药制造业	Manufacture of Medicines			0.80
化学纤维制造业	Manufacture of Chemical Fiber			
橡胶和塑料制品业	Manufacture of Rubber and Plastic	0.52	0.91	6.67
非金属矿物制品业	Manufacture of Non-metallic Mineral Products	9.67	10.43	2.81
黑色金属冶炼和压延加工业	Manufacture and Processing of Ferrous Metals			
有色金属冶炼和压延加工业	Manufacture and Processing of Non-ferrous Metals		0.47	1.90
金属制品业	Manufacture of Metal Products		0.02	0.15
通用设备制造业	Manufacture of General Purpose Machinery			
专用设备制造业	Manufacture of Special Purpose Machinery	0.02	0.49	0.48
汽车制造业	Automobile Industry			
铁路、船舶、航空航天和其他运输设备制造业	Manufacture of Railway,Marine,Aerospace and Other Transport Equipment			
电气机械和器材制造业	Manufacture of Electrical Machinery and Equipment	0.23	3.00	1.50
计算机、通信和其他电子设备制造业	Manufacture of Communication Equipment, Computer and Other Electronic Equipment			
仪器仪表制造业	Manufacture of Measuring Instrument	0.07	0.07	0.39
其他制造业	Other Manufacture			
废弃资源综合利用业	Utilization of Waste Resources	0.26	0.95	0.43
金属制品、机械和设备修理业	Mental Products,Machine and Equipment Repair	0.37	3.80	6.81
电力、热力生产和供应业	Production and Supply of Electric Power and Heat Power	1.05	0.34	5.36
燃气生产和供应业	Production and Distribution of Gas			
水的生产和供应业	Production and Distribution of Water		0.11	

13-5 续表 3 Continued

单位：亿元 (100 million yuan)

指 标	Item	营业成本 Cost of Business	利润总额 Total Profit
总计	**Total**	**66.55**	**4.40**
在总计中：	Of the Total		
亏损企业	Enterprises Running under Deficit	0.85	-0.03
在总计中：	Of the Total		
大型企业	Large Scale Enterprises		
中型企业	Medium Scale Enterprises	35.17	2.97
小型企业	Small Enterprises	30.85	1.38
微型企业	Microenterprise	0.53	0.05
按行业分	Grouped by Sector		
煤炭开采和洗选业	Mining and Washing of Coal	3.95	0.38
石油和天然气开采业	Petroleum and Natural Gas Extraction		
黑色金属矿采选业	Mining of Ferrous Metal Ores	0.28	0.02
有色金属矿采选业	Mining of Non-ferrous Metal Ores	0.63	0.05
非金属矿采选业	Mining and Processing of Nonmetal Ores	13.12	0.41
开采专业及辅助性活动	Professional and Support Activities for Mining		
其他采矿业	Other Mining and Dressing		
农副食品加工业	Processing of Food from Agricultural Products	15.39	0.06
食品制造业	Manufacture of Foods		
酒、饮料和精制茶制造业	Manufacture of Liquor, Beverage and Refined Tea	0.66	0.03
烟草制品业	Manufacture of Tobacco		
纺织业	Manufacture of Textile		
纺织服装、服饰业	Manufacture of Textile Wearing and Clothing Apparel		
皮革、毛皮、羽毛及其制品和制鞋业	Leather, Fur, Feather and Its Products and Footwear		
木材加工和木、竹、藤、棕、草制品业	Processing of Timbers, Manufacture of Wood, Bamboo, Rattan, Palm and Straw Products	0.85	-0.03
家具制造业	Manufacture of Furniture		
造纸和纸制品业	Manufacture of Paper and Paper Products	1.84	0.17
印刷和记录媒介复制业	Printing, Reproduction of Recording Media	3.22	0.11
文教、工美、体育和娱乐用品制造业	Manufacture of Articles for Culture,Education and Sport Activity		
石油、煤炭及其他燃料加工业	Processing of Petroleum, Coal and Other Fuels		
化学原料和化学制品制造业	Manufacture of Chemical Raw Material and Chemical Products	4.03	0.16
医药制造业	Manufacture of Medicines	0.68	
化学纤维制造业	Manufacture of Chemical Fiber		
橡胶和塑料制品业	Manufacture of Rubber and Plastic	5.96	0.02
非金属矿物制品业	Manufacture of Non-metallic Mineral Products	2.09	0.20
黑色金属冶炼和压延加工业	Manufacture and Processing of Ferrous Metals		
有色金属冶炼和压延加工业	Manufacture and Processing of Non-ferrous Metals	1.15	0.24
金属制品业	Manufacture of Metal Products	0.13	0.01
通用设备制造业	Manufacture of General Purpose Machinery		
专用设备制造业	Manufacture of Special Purpose Machinery	0.31	0.04
汽车制造业	Automobile Industry		
铁路、船舶、航空航天和其他运输设备制造业	Manufacture of Railway,Marine,Aerospace and Other Transport Equipment		
电气机械和器材制造业	Manufacture of Electrical Machinery and Equipment	1.17	0.08
计算机、通信和其他电子设备制造业	Manufacture of Communication Equipment, Computer and Other Electronic Equipment		
仪器仪表制造业	Manufacture of Measuring Instrument	0.28	0.04
其他制造业	Other Manufacture		
废弃资源综合利用业	Utilization of Waste Resources	0.40	0.01
金属制品、机械和设备修理业	Mental Products,Machine and Equipment Repair	5.91	2.26
电力、热力生产和供应业	Production and Supply of Electric Power and Heat Power	4.52	0.15
燃气生产和供应业	Production and Distribution of Gas		
水的生产和供应业	Production and Distribution of Water		

13-5 续表 4 Continued

指 标	Item	本年应付职工薪酬（亿元）Total Sum of Wages Payable this Year (100 million yuan)	平均用工人数（万人）Annual Average Employees (10 000 persons)
总计	**Total**	**12.56**	**1.06**
在总计中：	Of the Total		
亏损企业	Enterprises Running under Deficit	0.14	0.02
在总计中：	Of the Total		
大型企业	Large Scale Enterprises		
中型企业	Medium Scale Enterprises	7.91	0.57
小型企业	Small Enterprises	4.62	0.44
微型企业	Microenterprise	0.03	0.05
按行业分	Grouped by Sector		
煤炭开采和洗选业	Mining and Washing of Coal	0.59	0.07
石油和天然气开采业	Petroleum and Natural Gas Extraction		
黑色金属矿采选业	Mining of Ferrous Metal Ores	0.05	0.01
有色金属矿采选业	Mining of Non-ferrous Metal Ores	0.10	0.01
非金属矿采选业	Mining and Processing of Nonmetal Ores	0.81	0.10
开采专业及辅助性活动	Professional and Support Activities for Mining		
其他采矿业	Other Mining and Dressing		
农副食品加工业	Processing of Food from Agricultural Products	3.28	0.16
食品制造业	Manufacture of Foods		
酒、饮料和精制茶制造业	Manufacture of Liquor, Beverage and Refined Tea	0.08	0.01
烟草制品业	Manufacture of Tobacco		
纺织业	Manufacture of Textile		
纺织服装、服饰业	Manufacture of Textile Wearing and Clothing Apparel		
皮革、毛皮、羽毛及其制品和制鞋业	Leather, Fur, Feather and Its Products and Footwear		
木材加工和木、竹、藤、棕、草制品业	Processing of Timbers, Manufacture of Wood, Bamboo, Rattan, Palm and Straw Products	0.14	0.02
家具制造业	Manufacture of Furniture		
造纸和纸制品业	Manufacture of Paper and Paper Products	0.29	0.09
印刷和记录媒介复制业	Printing, Reproduction of Recording Media	1.05	0.06
文教、工美、体育和娱乐用品制造业	Manufacture of Articles for Culture,Education and Sport Activity		
石油、煤炭及其他燃料加工业	Processing of Petroleum, Coal and Other Fuels		
化学原料和化学制品制造业	Manufacture of Chemical Raw Material and Chemical Products	1.10	0.07
医药制造业	Manufacture of Medicines	0.42	0.06
化学纤维制造业	Manufacture of Chemical Fiber		
橡胶和塑料制品业	Manufacture of Rubber and Plastic	0.67	0.12
非金属矿物制品业	Manufacture of Non-metallic Mineral Products	0.58	0.08
黑色金属冶炼和压延加工业	Manufacture and Processing of Ferrous Metals		
有色金属冶炼和压延加工业	Manufacture and Processing of Non-ferrous Metals	0.20	0.02
金属制品业	Manufacture of Metal Products	0.02	
通用设备制造业	Manufacture of General Purpose Machinery		
专用设备制造业	Manufacture of Special Purpose Machinery	0.02	
汽车制造业	Automobile Industry		
铁路、船舶、航空航天和其他运输设备制造业	Manufacture of Railway,Marine,Aerospace and Other Transport Equipment		
电气机械和器材制造业	Manufacture of Electrical Machinery and Equipment	0.13	0.01
计算机、通信和其他电子设备制造业	Manufacture of Communication Equipment, Computer and Other Electronic Equipment		
仪器仪表制造业	Manufacture of Measuring Instrument	0.03	0.01
其他制造业	Other Manufacture		
废弃资源综合利用业	Utilization of Waste Resources	0.02	
金属制品、机械和设备修理业	Mental Products,Machine and Equipment Repair	1.60	0.06
电力、热力生产和供应业	Production and Supply of Electric Power and Heat Power	1.37	0.10
燃气生产和供应业	Production and Distribution of Gas		
水的生产和供应业	Production and Distribution of Water		

13-5 续表 5 Continued

单位：% (%)

指 标	Item	总资产贡献率 Ratio of Total Assets to Industrial Output Value	成本费用利润率 Ratio of Profits to Industrial Cost	资产负债率 Assets-Liability Ratio
总计	**Total**	**17.58**	**5.98**	**23.40**
在总计中：	Of the Total			
亏损企业	Enterprises Running under Deficit	2.30	-2.82	62.20
在总计中：	Of the Total			
大型企业	Large Scale Enterprises			
中型企业	Medium Scale Enterprises	16.71	7.89	18.05
小型企业	Small Enterprises	18.99	3.90	29.65
微型企业	Microenterprise	14.29	8.95	62.85
按行业分	Grouped by Sector			
煤炭开采和洗选业	Mining and Washing of Coal	50.96	8.54	38.82
石油和天然气开采业	Petroleum and Natural Gas Extraction			
黑色金属矿采选业	Mining of Ferrous Metal Ores	16.81	5.90	40.76
有色金属矿采选业	Mining of Non-ferrous Metal Ores	93.08	6.98	34.96
非金属矿采选业	Mining and Processing of Nonmetal Ores	23.37	2.79	35.31
开采专业及辅助性活动	Professional and Support Activities for Mining			
其他采矿业	Other Mining and Dressing			
农副食品加工业	Processing of Food from Agricultural Products	17.42	0.41	0.62
食品制造业	Manufacture of Foods			
酒、饮料和精制茶制造业	Manufacture of Liquor, Beverage and Refined Tea	5.50	3.76	54.88
烟草制品业	Manufacture of Tobacco			
纺织业	Manufacture of Textile			
纺织服装、服饰业	Manufacture of Textile Wearing and Clothing Apparel			
皮革、毛皮、羽毛及其制品和制鞋业	Leather, Fur, Feather and Its Products and Footwear			
木材加工和木、竹、藤、棕、草制品业	Processing of Timbers, Manufacture of Wood, Bamboo, Rattan, Palm and Straw Products	2.30	-2.82	62.20
家具制造业	Manufacture of Furniture			
造纸和纸制品业	Manufacture of Paper and Paper Products	16.18	7.02	37.76
印刷和记录媒介复制业	Printing, Reproduction of Recording Media	7.64	3.45	18.41
文教、工美、体育和娱乐用品制造业	Manufacture of Articles for Culture,Education and Sport Activity			
石油、煤炭及其他燃料加工业	Processing of Petroleum, Coal and Other Fuels			
化学原料和化学制品制造业	Manufacture of Chemical Raw Material and Chemical Products	35.72	3.71	15.87
医药制造业	Manufacture of Medicines	3.87	0.33	95.49
化学纤维制造业	Manufacture of Chemical Fiber			
橡胶和塑料制品业	Manufacture of Rubber and Plastic	6.66	0.24	50.90
非金属矿物制品业	Manufacture of Non-metallic Mineral Products	2.16	7.73	9.63
黑色金属冶炼和压延加工业	Manufacture and Processing of Ferrous Metals			
有色金属冶炼和压延加工业	Manufacture and Processing of Non-ferrous Metals	42.19	14.85	47.41
金属制品业	Manufacture of Metal Products	5.80	3.53	86.10
通用设备制造业	Manufacture of General Purpose Machinery			
专用设备制造业	Manufacture of Special Purpose Machinery	16.25	9.56	0.85
汽车制造业	Automobile Industry			
铁路、船舶、航空航天和其他运输设备制造业	Manufacture of Railway,Marine,Aerospace and Other Transport Equipment			
电气机械和器材制造业	Manufacture of Electrical Machinery and Equipment	4.57	5.41	17.26
计算机、通信和其他电子设备制造业	Manufacture of Communication Equipment, Computer and Other Electronic Equipment			
仪器仪表制造业	Manufacture of Measuring Instrument	55.03	10.41	21.93
其他制造业	Other Manufacture			
废弃资源综合利用业	Utilization of Waste Resources	1.57	1.92	22.74
金属制品、机械和设备修理业	Mental Products,Machine and Equipment Repair	48.76	36.06	29.36
电力、热力生产和供应业	Production and Supply of Electric Power and Heat Power	38.76	2.91	49.77
燃气生产和供应业	Production and Distribution of Gas			
水的生产和供应业	Production and Distribution of Water	0.08	5.71	9.93

13-6 私营工业企业主要经济指标(2022年)
Major Economic Indications of Private Industrial Enterprises (2022)

单位：个 (unit)

指 标	Item	企业单位数 Number of Enterprises	亏损企业 Loss-making Enterprises
总计	**Total**	**16833**	**1335**
在总计中：	Of the Total		
亏损企业	Enterprises Running under Deficit	1335	1335
在总计中：	Of the Total		
大型企业	Large Scale Enterprises	61	10
中型企业	Medium Scale Enterprises	927	86
小型企业	Small Enterprises	13535	986
微型企业	Microenterprise	2310	253
按行业分	Grouped by Sector		
煤炭开采和洗选业	Mining and Washing of Coal	89	3
石油和天然气开采业	Petroleum and Natural Gas Extraction		
黑色金属矿采选业	Mining of Ferrous Metal Ores	27	4
有色金属矿采选业	Mining of Non-ferrous Metal Ores	75	5
非金属矿采选业	Mining and Processing of Nonmetal Ores	296	20
开采专业及辅助性活动	Professional and Support Activities for Mining		
其他采矿业	Other Mining and Dressing		
农副食品加工业	Processing of Food from Agricultural Products	1566	80
食品制造业	Manufacture of Foods	534	45
酒、饮料和精制茶制造业	Manufacture of Liquor, Beverage and Refined Tea	484	19
烟草制品业	Manufacture of Tobacco		
纺织业	Manufacture of Textile	239	19
纺织服装、服饰业	Manufacture of Textile Wearing and Clothing Apparel	292	7
皮革、毛皮、羽毛及其制品和制鞋业	Leather, Fur, Feather and Its Products and Footwear	508	15
木材加工和木、竹、藤、棕、草制品业	Processing of Timbers, Manufacture of Wood, Bamboo, Rattan, Palm and Straw Products	449	17
家具制造业	Manufacture of Furniture	220	14
造纸和纸制品业	Manufacture of Paper and Paper Products	259	21
印刷和记录媒介复制业	Printing, Reproduction of Recording Media	260	15
文教、工美、体育和娱乐用品制造业	Manufacture of Articles for Culture,Education and Sport Activity	350	5
石油、煤炭及其他燃料加工业	Processing of Petroleum, Coal and Other Fuels	86	5
化学原料和化学制品制造业	Manufacture of Chemical Raw Material and Chemical Products	1291	69
医药制造业	Manufacture of Medicines	355	29
化学纤维制造业	Manufacture of Chemical Fiber	13	
橡胶和塑料制品业	Manufacture of Rubber and Plastic	542	41
非金属矿物制品业	Manufacture of Non-metallic Mineral Products	2661	199
黑色金属冶炼和压延加工业	Manufacture and Processing of Ferrous Metals	126	22
有色金属冶炼和压延加工业	Manufacture and Processing of Non-ferrous Metals	363	36
金属制品业	Manufacture of Metal Products	1118	91
通用设备制造业	Manufacture of General Purpose Machinery	1017	117
专用设备制造业	Manufacture of Special Purpose Machinery	869	104
汽车制造业	Automobile Industry	301	53
铁路、船舶、航空航天和其他运输设备制造业	Manufacture of Railway,Marine,Aerospace and Other Transport Equipment	142	25
电气机械和器材制造业	Manufacture of Electrical Machinery and Equipment	834	82
计算机、通信和其他电子设备制造业	Manufacture of Communication Equipment, Computer and Other Electronic Equipment	797	94
仪器仪表制造业	Manufacture of Measuring Instrument	163	28
其他制造业	Other Manufacture	97	6
废弃资源综合利用业	Utilization of Waste Resources	182	17
金属制品、机械和设备修理业	Mental Products,Machine and Equipment Repair	8	1
电力、热力生产和供应业	Production and Supply of Electric Power and Heat Power	137	14
燃气生产和供应业	Production and Distribution of Gas	38	9
水的生产和供应业	Production and Distribution of Water	45	4

13-6 续表 1 Continued

单位：亿元 (100 million yuan)

指 标	Item	资产总计 Total Assets	流动资产合计 Total Current Assets	负债合计 Total Liabilities
总计	**Total**	**13630.80**	**6719.54**	**6393.83**
在总计中：	Of the Total			
亏损企业	Enterprises Running under Deficit	1990.41	1096.01	1387.13
在总计中：	Of the Total			
大型企业	Large Scale Enterprises	1977.00	1319.39	1179.64
中型企业	Medium Scale Enterprises	2920.94	1332.19	1324.03
小型企业	Small Enterprises	8117.80	3774.68	3588.17
微型企业	Microenterprise	615.05	293.29	301.98
按行业分	Grouped by Sector			
煤炭开采和洗选业	Mining and Washing of Coal	58.29	18.42	22.75
石油和天然气开采业	Petroleum and Natural Gas Extraction			
黑色金属矿采选业	Mining of Ferrous Metal Ores	36.85	13.85	21.30
有色金属矿采选业	Mining of Non-ferrous Metal Ores	73.15	26.02	25.55
非金属矿采选业	Mining and Processing of Nonmetal Ores	138.47	54.23	57.32
开采专业及辅助性活动	Professional and Support Activities for Mining			
其他采矿业	Other Mining and Dressing			
农副食品加工业	Processing of Food from Agricultural Products	1037.59	454.32	424.25
食品制造业	Manufacture of Foods	544.82	290.68	299.07
酒、饮料和精制茶制造业	Manufacture of Liquor, Beverage and Refined Tea	252.86	105.63	92.97
烟草制品业	Manufacture of Tobacco			
纺织业	Manufacture of Textile	272.86	142.63	159.12
纺织服装、服饰业	Manufacture of Textile Wearing and Clothing Apparel	193.99	59.80	48.09
皮革、毛皮、羽毛及其制品和制鞋业	Leather, Fur, Feather and Its Products and Footwear	136.84	60.05	52.43
木材加工和木、竹、藤、棕、草制品业	Processing of Timbers, Manufacture of Wood, Bamboo, Rattan, Palm and Straw Products	155.00	60.53	46.93
家具制造业	Manufacture of Furniture	96.40	34.41	38.92
造纸和纸制品业	Manufacture of Paper and Paper Products	141.80	49.96	52.72
印刷和记录媒介复制业	Printing, Reproduction of Recording Media	137.79	59.02	66.13
文教、工美、体育和娱乐用品制造业	Manufacture of Articles for Culture,Education and Sport Activity	156.43	75.44	61.14
石油、煤炭及其他燃料加工业	Processing of Petroleum, Coal and Other Fuels	49.30	21.07	20.67
化学原料和化学制品制造业	Manufacture of Chemical Raw Material and Chemical Products	1045.68	436.59	427.68
医药制造业	Manufacture of Medicines	517.73	282.27	203.65
化学纤维制造业	Manufacture of Chemical Fiber	28.49	7.27	9.31
橡胶和塑料制品业	Manufacture of Rubber and Plastic	270.34	132.68	112.29
非金属矿物制品业	Manufacture of Non-metallic Mineral Products	1833.72	764.75	780.05
黑色金属冶炼和压延加工业	Manufacture and Processing of Ferrous Metals	138.80	49.34	91.05
有色金属冶炼和压延加工业	Manufacture and Processing of Non-ferrous Metals	589.47	350.68	322.29
金属制品业	Manufacture of Metal Products	705.24	338.08	343.85
通用设备制造业	Manufacture of General Purpose Machinery	813.96	492.19	413.64
专用设备制造业	Manufacture of Special Purpose Machinery	1143.63	686.49	617.47
汽车制造业	Automobile Industry	249.83	140.80	153.49
铁路、船舶、航空航天和其他运输设备制造业	Manufacture of Railway,Marine,Aerospace and Other Transport Equipment	205.99	104.96	94.45
电气机械和器材制造业	Manufacture of Electrical Machinery and Equipment	820.95	492.87	397.46
计算机、通信和其他电子设备制造业	Manufacture of Communication Equipment, Computer and Other Electronic Equipment	1020.58	624.83	526.81
仪器仪表制造业	Manufacture of Measuring Instrument	152.36	90.53	70.84
其他制造业	Other Manufacture	64.53	21.16	18.64
废弃资源综合利用业	Utilization of Waste Resources	152.01	76.96	76.94
金属制品、机械和设备修理业	Mental Products,Machine and Equipment Repair	4.03	3.33	1.95
电力、热力生产和供应业	Production and Supply of Electric Power and Heat Power	296.38	63.79	182.30
燃气生产和供应业	Production and Distribution of Gas	33.29	11.03	22.59
水的生产和供应业	Production and Distribution of Water	61.33	22.86	37.72

13-6 续表 2 Continued

单位：亿元 (100 million yuan)

指 标	Item	实收资本 Paid-in Capital	所有者权益 Total Rights of Owners	营业收入 Revenue of Business
总计	**Total**	**3347.90**	**7236.96**	**21973.92**
在总计中：	Of the Total			
亏损企业	Enterprises Running under Deficit	405.67	603.28	1208.39
在总计中：	Of the Total			
大型企业	Large Scale Enterprises	219.71	797.36	1823.41
中型企业	Medium Scale Enterprises	806.19	1596.91	3801.85
小型企业	Small Enterprises	2206.88	4529.62	15671.54
微型企业	Microenterprise	115.12	313.07	677.12
按行业分	Grouped by Sector			
煤炭开采和洗选业	Mining and Washing of Coal	17.46	35.54	66.03
石油和天然气开采业	Petroleum and Natural Gas Extraction			
黑色金属矿采选业	Mining of Ferrous Metal Ores	6.22	15.55	18.93
有色金属矿采选业	Mining of Non-ferrous Metal Ores	37.28	47.61	112.19
非金属矿采选业	Mining and Processing of Nonmetal Ores	44.44	81.15	258.48
开采专业及辅助性活动	Professional and Support Activities for Mining			
其他采矿业	Other Mining and Dressing			
农副食品加工业	Processing of Food from Agricultural Products	274.76	613.35	2560.83
食品制造业	Manufacture of Foods	121.63	245.75	919.75
酒、饮料和精制茶制造业	Manufacture of Liquor, Beverage and Refined Tea	69.23	159.90	459.40
烟草制品业	Manufacture of Tobacco			
纺织业	Manufacture of Textile	70.44	113.75	464.90
纺织服装、服饰业	Manufacture of Textile Wearing and Clothing Apparel	106.42	145.90	330.27
皮革、毛皮、羽毛及其制品和制鞋业	Leather, Fur, Feather and Its Products and Footwear	30.03	84.40	482.12
木材加工和木、竹、藤、棕、草制品业	Processing of Timbers, Manufacture of Wood, Bamboo, Rattan, Palm and Straw Products	47.52	108.07	508.12
家具制造业	Manufacture of Furniture	34.46	57.48	223.10
造纸和纸制品业	Manufacture of Paper and Paper Products	41.63	89.08	280.91
印刷和记录媒介复制业	Printing, Reproduction of Recording Media	22.69	71.66	271.86
文教、工美、体育和娱乐用品制造业	Manufacture of Articles for Culture,Education and Sport Activity	41.13	95.29	391.66
石油、煤炭及其他燃料加工业	Processing of Petroleum, Coal and Other Fuels	14.61	28.63	113.36
化学原料和化学制品制造业	Manufacture of Chemical Raw Material and Chemical Products	342.71	618.00	1835.51
医药制造业	Manufacture of Medicines	105.67	314.08	550.00
化学纤维制造业	Manufacture of Chemical Fiber	9.89	19.19	35.06
橡胶和塑料制品业	Manufacture of Rubber and Plastic	79.27	158.04	603.53
非金属矿物制品业	Manufacture of Non-metallic Mineral Products	638.71	1053.67	2548.83
黑色金属冶炼和压延加工业	Manufacture and Processing of Ferrous Metals	27.44	47.76	213.67
有色金属冶炼和压延加工业	Manufacture and Processing of Non-ferrous Metals	94.96	267.18	1183.13
金属制品业	Manufacture of Metal Products	162.53	361.40	1268.14
通用设备制造业	Manufacture of General Purpose Machinery	152.44	400.32	1061.83
专用设备制造业	Manufacture of Special Purpose Machinery	170.38	526.16	1204.84
汽车制造业	Automobile Industry	52.97	96.34	307.85
铁路、船舶、航空航天和其他运输设备制造业	Manufacture of Railway,Marine,Aerospace and Other Transport Equipment	34.72	111.55	149.19
电气机械和器材制造业	Manufacture of Electrical Machinery and Equipment	178.00	423.48	1186.46
计算机、通信和其他电子设备制造业	Manufacture of Communication Equipment, Computer and Other Electronic Equipment	164.28	493.77	1502.36
仪器仪表制造业	Manufacture of Measuring Instrument	28.83	81.52	139.52
其他制造业	Other Manufacture	19.62	45.89	173.68
废弃资源综合利用业	Utilization of Waste Resources	33.70	75.07	356.29
金属制品、机械和设备修理业	Mental Products,Machine and Equipment Repair	1.16	2.08	7.63
电力、热力生产和供应业	Production and Supply of Electric Power and Heat Power	50.64	114.08	96.02
燃气生产和供应业	Production and Distribution of Gas	7.36	10.70	55.07
水的生产和供应业	Production and Distribution of Water	12.67	23.61	33.38

13-6 续表 3 Continued

单位：亿元 (100 million yuan)

指 标	Item	营业成本 Cost of Business	利润总额 Total Profit
总计	**Total**	**17666.02**	**1370.85**
在总计中：	Of the Total		
亏损企业	Enterprises Running under Deficit	1086.03	-76.34
在总计中：	Of the Total		
大型企业	Large Scale Enterprises	1456.74	127.03
中型企业	Medium Scale Enterprises	3050.46	242.55
小型企业	Small Enterprises	12594.40	968.43
微型企业	Microenterprise	564.43	32.83
按行业分	Grouped by Sector		
煤炭开采和洗选业	Mining and Washing of Coal	54.37	5.14
石油和天然气开采业	Petroleum and Natural Gas Extraction		
黑色金属矿采选业	Mining of Ferrous Metal Ores	15.84	0.06
有色金属矿采选业	Mining of Non-ferrous Metal Ores	90.63	5.76
非金属矿采选业	Mining and Processing of Nonmetal Ores	195.91	20.28
开采专业及辅助性活动	Professional and Support Activities for Mining		
其他采矿业	Other Mining and Dressing		
农副食品加工业	Processing of Food from Agricultural Products	2135.73	108.74
食品制造业	Manufacture of Foods	754.80	39.78
酒、饮料和精制茶制造业	Manufacture of Liquor, Beverage and Refined Tea	357.98	29.15
烟草制品业	Manufacture of Tobacco		
纺织业	Manufacture of Textile	388.85	16.11
纺织服装、服饰业	Manufacture of Textile Wearing and Clothing Apparel	263.79	22.10
皮革、毛皮、羽毛及其制品和制鞋业	Leather, Fur, Feather and Its Products and Footwear	382.71	38.65
木材加工和木、竹、藤、棕、草制品业	Processing of Timbers, Manufacture of Wood, Bamboo, Rattan, Palm and Straw Products	413.76	34.25
家具制造业	Manufacture of Furniture	175.03	19.45
造纸和纸制品业	Manufacture of Paper and Paper Products	224.53	15.89
印刷和记录媒介复制业	Printing, Reproduction of Recording Media	219.71	14.99
文教、工美、体育和娱乐用品制造业	Manufacture of Articles for Culture,Education and Sport Activity	309.73	30.46
石油、煤炭及其他燃料加工业	Processing of Petroleum, Coal and Other Fuels	93.74	6.90
化学原料和化学制品制造业	Manufacture of Chemical Raw Material and Chemical Products	1461.25	131.28
医药制造业	Manufacture of Medicines	370.37	51.25
化学纤维制造业	Manufacture of Chemical Fiber	30.39	1.09
橡胶和塑料制品业	Manufacture of Rubber and Plastic	490.61	35.43
非金属矿物制品业	Manufacture of Non-metallic Mineral Products	2006.23	168.01
黑色金属冶炼和压延加工业	Manufacture and Processing of Ferrous Metals	183.09	9.51
有色金属冶炼和压延加工业	Manufacture and Processing of Non-ferrous Metals	1005.75	84.55
金属制品业	Manufacture of Metal Products	1031.75	82.95
通用设备制造业	Manufacture of General Purpose Machinery	853.93	57.65
专用设备制造业	Manufacture of Special Purpose Machinery	916.04	96.12
汽车制造业	Automobile Industry	254.60	13.51
铁路、船舶、航空航天和其他运输设备制造业	Manufacture of Railway,Marine,Aerospace and Other Transport Equipment	118.24	7.63
电气机械和器材制造业	Manufacture of Electrical Machinery and Equipment	971.04	67.91
计算机、通信和其他电子设备制造业	Manufacture of Communication Equipment, Computer and Other Electronic Equipment	1194.55	88.15
仪器仪表制造业	Manufacture of Measuring Instrument	104.51	11.33
其他制造业	Other Manufacture	135.18	21.46
废弃资源综合利用业	Utilization of Waste Resources	313.46	17.70
金属制品、机械和设备修理业	Mental Products,Machine and Equipment Repair	5.86	0.79
电力、热力生产和供应业	Production and Supply of Electric Power and Heat Power	67.85	13.39
燃气生产和供应业	Production and Distribution of Gas	49.00	-0.59
水的生产和供应业	Production and Distribution of Water	25.23	4.00

13-6 续表 4 Continued

指 标	Item	本年应付职工薪酬（亿元）Total Sum of Wages Payable this Year (100 million yuan)	平均用工人数（万人）Annual Average Employees (10 000 persons)
总计	**Total**	**1955.45**	**197.34**
在总计中：	Of the Total		
亏损企业	Enterprises Running under Deficit	132.90	14.24
在总计中：	Of the Total		
大型企业	Large Scale Enterprises	186.87	15.90
中型企业	Medium Scale Enterprises	423.98	43.90
小型企业	Small Enterprises	1309.99	130.93
微型企业	Microenterprise	34.60	6.60
按行业分	Grouped by Sector		
煤炭开采和洗选业	Mining and Washing of Coal	8.78	1.02
石油和天然气开采业	Petroleum and Natural Gas Extraction		
黑色金属矿采选业	Mining of Ferrous Metal Ores	2.94	0.26
有色金属矿采选业	Mining of Non-ferrous Metal Ores	8.30	0.98
非金属矿采选业	Mining and Processing of Nonmetal Ores	20.44	2.36
开采专业及辅助性活动	Professional and Support Activities for Mining		
其他采矿业	Other Mining and Dressing		
农副食品加工业	Processing of Food from Agricultural Products	180.31	17.48
食品制造业	Manufacture of Foods	104.81	10.53
酒、饮料和精制茶制造业	Manufacture of Liquor, Beverage and Refined Tea	40.89	4.09
烟草制品业	Manufacture of Tobacco		
纺织业	Manufacture of Textile	44.41	4.30
纺织服装、服饰业	Manufacture of Textile Wearing and Clothing Apparel	41.39	4.61
皮革、毛皮、羽毛及其制品和制鞋业	Leather, Fur, Feather and Its Products and Footwear	57.78	6.26
木材加工和木、竹、藤、棕、草制品业	Processing of Timbers, Manufacture of Wood, Bamboo, Rattan, Palm and Straw Products	43.15	4.80
家具制造业	Manufacture of Furniture	17.92	2.07
造纸和纸制品业	Manufacture of Paper and Paper Products	25.87	2.85
印刷和记录媒介复制业	Printing, Reproduction of Recording Media	28.75	2.94
文教、工美、体育和娱乐用品制造业	Manufacture of Articles for Culture,Education and Sport Activity	38.05	3.86
石油、煤炭及其他燃料加工业	Processing of Petroleum, Coal and Other Fuels	6.62	0.60
化学原料和化学制品制造业	Manufacture of Chemical Raw Material and Chemical Products	194.72	20.53
医药制造业	Manufacture of Medicines	50.27	4.75
化学纤维制造业	Manufacture of Chemical Fiber	4.07	0.35
橡胶和塑料制品业	Manufacture of Rubber and Plastic	45.36	4.64
非金属矿物制品业	Manufacture of Non-metallic Mineral Products	225.71	25.84
黑色金属冶炼和压延加工业	Manufacture and Processing of Ferrous Metals	12.66	1.33
有色金属冶炼和压延加工业	Manufacture and Processing of Non-ferrous Metals	76.71	5.32
金属制品业	Manufacture of Metal Products	100.28	10.61
通用设备制造业	Manufacture of General Purpose Machinery	98.60	9.78
专用设备制造业	Manufacture of Special Purpose Machinery	140.54	10.33
汽车制造业	Automobile Industry	28.16	3.14
铁路、船舶、航空航天和其他运输设备制造业	Manufacture of Railway,Marine,Aerospace and Other Transport Equipment	14.24	1.44
电气机械和器材制造业	Manufacture of Electrical Machinery and Equipment	99.12	10.20
计算机、通信和其他电子设备制造业	Manufacture of Communication Equipment, Computer and Other Electronic Equipment	136.64	13.58
仪器仪表制造业	Manufacture of Measuring Instrument	16.76	1.44
其他制造业	Other Manufacture	13.46	2.34
废弃资源综合利用业	Utilization of Waste Resources	9.77	1.12
金属制品、机械和设备修理业	Mental Products,Machine and Equipment Repair	1.45	0.18
电力、热力生产和供应业	Production and Supply of Electric Power and Heat Power	8.71	0.83
燃气生产和供应业	Production and Distribution of Gas	2.61	0.23
水的生产和供应业	Production and Distribution of Water	5.20	0.35

13-6 续表 5 Continued

单位：%　　(%)

指　标	Item	总资产贡献率 Ratio of Total Assets to Industrial Output Value	成本费用利润率 Ratio of Profits to Industrial Cost	资产负债率 Assets-Liability Ratio
总计	**Total**	**15.12**	**6.74**	**46.91**
在总计中：	Of the Total			
亏损企业	Enterprises Running under Deficit	-1.44	-5.94	69.69
在总计中：	Of the Total			
大型企业	Large Scale Enterprises	9.57	7.57	59.67
中型企业	Medium Scale Enterprises	12.91	6.89	45.33
小型企业	Small Enterprises	17.76	6.68	44.20
微型企业	Microenterprise	8.64	5.18	49.10
按行业分	Grouped by Sector			
煤炭开采和洗选业	Mining and Washing of Coal	13.79	8.51	39.03
石油和天然气开采业	Petroleum and Natural Gas Extraction			
黑色金属矿采选业	Mining of Ferrous Metal Ores	3.83	0.34	57.81
有色金属矿采选业	Mining of Non-ferrous Metal Ores	13.51	5.53	34.92
非金属矿采选业	Mining and Processing of Nonmetal Ores	22.13	8.66	41.40
开采专业及辅助性活动	Professional and Support Activities for Mining			
其他采矿业	Other Mining and Dressing			
农副食品加工业	Processing of Food from Agricultural Products	16.83	4.52	40.89
食品制造业	Manufacture of Foods	11.80	4.55	54.89
酒、饮料和精制茶制造业	Manufacture of Liquor, Beverage and Refined Tea	15.65	6.89	36.77
烟草制品业	Manufacture of Tobacco			
纺织业	Manufacture of Textile	10.38	3.62	58.31
纺织服装、服饰业	Manufacture of Textile Wearing and Clothing Apparel	15.00	7.26	24.79
皮革、毛皮、羽毛及其制品和制鞋业	Leather, Fur, Feather and Its Products and Footwear	36.01	8.76	38.32
木材加工和木、竹、藤、棕、草制品业	Processing of Timbers, Manufacture of Wood, Bamboo, Rattan, Palm and Straw Products	29.21	7.33	30.28
家具制造业	Manufacture of Furniture	26.39	9.76	40.37
造纸和纸制品业	Manufacture of Paper and Paper Products	18.24	6.07	37.18
印刷和记录媒介复制业	Printing, Reproduction of Recording Media	16.22	5.91	47.99
文教、工美、体育和娱乐用品制造业	Manufacture of Articles for Culture,Education and Sport Activity	29.10	8.51	39.09
石油、煤炭及其他燃料加工业	Processing of Petroleum, Coal and Other Fuels	20.91	6.58	41.93
化学原料和化学制品制造业	Manufacture of Chemical Raw Material and Chemical Products	19.86	7.83	40.90
医药制造业	Manufacture of Medicines	14.44	10.34	39.34
化学纤维制造业	Manufacture of Chemical Fiber	6.72	3.20	32.67
橡胶和塑料制品业	Manufacture of Rubber and Plastic	19.47	6.32	41.54
非金属矿物制品业	Manufacture of Non-metallic Mineral Products	13.62	7.14	42.54
黑色金属冶炼和压延加工业	Manufacture and Processing of Ferrous Metals	11.97	4.68	65.59
有色金属冶炼和压延加工业	Manufacture and Processing of Non-ferrous Metals	22.46	7.77	54.67
金属制品业	Manufacture of Metal Products	17.44	7.08	48.76
通用设备制造业	Manufacture of General Purpose Machinery	10.69	5.84	50.82
专用设备制造业	Manufacture of Special Purpose Machinery	11.07	8.71	53.99
汽车制造业	Automobile Industry	9.18	4.64	61.44
铁路、船舶、航空航天和其他运输设备制造业	Manufacture of Railway,Marine,Aerospace and Other Transport Equipment	6.13	5.42	45.85
电气机械和器材制造业	Manufacture of Electrical Machinery and Equipment	11.90	6.14	48.42
计算机、通信和其他电子设备制造业	Manufacture of Communication Equipment, Computer and Other Electronic Equipment	13.29	6.46	51.62
仪器仪表制造业	Manufacture of Measuring Instrument	10.55	8.73	46.50
其他制造业	Other Manufacture	39.88	14.19	28.88
废弃资源综合利用业	Utilization of Waste Resources	26.32	5.25	50.62
金属制品、机械和设备修理业	Mental Products,Machine and Equipment Repair	26.85	11.66	48.46
电力、热力生产和供应业	Production and Supply of Electric Power and Heat Power	7.22	16.14	61.51
燃气生产和供应业	Production and Distribution of Gas	0.82	-1.09	67.85
水的生产和供应业	Production and Distribution of Water	9.52	13.18	61.50

13-7 外商投资和港澳台投资工业企业主要经济指标(2022年)
Main Indicators of Industrial Enterprises with Hong Kong, Taiwan and Foreign Funds (2022)

单位：个 (unit)

指 标	Item	企业单位数 Number of Enterprises	亏损企业 Loss-making Enterprises
总计	**Total**	**490**	**100**
在总计中：	Of the Total		
亏损企业	Enterprises Running under Deficit	100	100
在总计中：	Of the Total		
大型企业	Large Scale Enterprises	33	5
中型企业	Medium Scale Enterprises	120	19
小型企业	Small Enterprises	294	65
微型企业	Microenterprise	43	11
按行业分	Grouped by Sector		
煤炭开采和洗选业	Mining and Washing of Coal		
石油和天然气开采业	Petroleum and Natural Gas Extraction		
黑色金属矿采选业	Mining of Ferrous Metal Ores		
有色金属矿采选业	Mining of Non-ferrous Metal Ores	1	1
非金属矿采选业	Mining and Processing of Nonmetal Ores	2	
开采专业及辅助性活动	Professional and Support Activities for Mining		
其他采矿业	Other Mining and Dressing		
农副食品加工业	Processing of Food from Agricultural Products	29	7
食品制造业	Manufacture of Foods	14	
酒、饮料和精制茶制造业	Manufacture of Liquor, Beverage and Refined Tea	17	3
烟草制品业	Manufacture of Tobacco		
纺织业	Manufacture of Textile	5	
纺织服装、服饰业	Manufacture of Textile Wearing and Clothing Apparel	12	3
皮革、毛皮、羽毛及其制品和制鞋业	Leather, Fur, Feather and Its Products and Footwear	36	7
木材加工和木、竹、藤、棕、草制品业	Processing of Timbers, Manufacture of Wood, Bamboo, Rattan, Palm and Straw Products	3	
家具制造业	Manufacture of Furniture	4	2
造纸和纸制品业	Manufacture of Paper and Paper Products	5	2
印刷和记录媒介复制业	Printing, Reproduction of Recording Media	8	1
文教、工美、体育和娱乐用品制造业	Manufacture of Articles for Culture,Education and Sport Activity	28	1
石油、煤炭及其他燃料加工业	Processing of Petroleum, Coal and Other Fuels		
化学原料和化学制品制造业	Manufacture of Chemical Raw Material and Chemical Products	25	1
医药制造业	Manufacture of Medicines	5	2
化学纤维制造业	Manufacture of Chemical Fiber	2	
橡胶和塑料制品业	Manufacture of Rubber and Plastic	15	
非金属矿物制品业	Manufacture of Non-metallic Mineral Products	28	7
黑色金属冶炼和压延加工业	Manufacture and Processing of Ferrous Metals		
有色金属冶炼和压延加工业	Manufacture and Processing of Non-ferrous Metals	9	3
金属制品业	Manufacture of Metal Products	9	
通用设备制造业	Manufacture of General Purpose Machinery	29	6
专用设备制造业	Manufacture of Special Purpose Machinery	18	7
汽车制造业	Automobile Industry	47	21
铁路、船舶、航空航天和其他运输设备制造业	Manufacture of Railway,Marine,Aerospace and Other Transport Equipment	12	1
电气机械和器材制造业	Manufacture of Electrical Machinery and Equipment	14	3
计算机、通信和其他电子设备制造业	Manufacture of Communication Equipment, Computer and Other Electronic Equipment	44	8
仪器仪表制造业	Manufacture of Measuring Instrument	5	1
其他制造业	Other Manufacture	2	
废弃资源综合利用业	Utilization of Waste Resources	3	1
金属制品、机械和设备修理业	Mental Products,Machine and Equipment Repair	1	
电力、热力生产和供应业	Production and Supply of Electric Power and Heat Power	26	4
燃气生产和供应业	Production and Distribution of Gas	19	7
水的生产和供应业	Production and Distribution of Water	13	1

13-7 续表 1 Continued

单位：亿元 (100 million yuan)

指 标	Item	资产总计 Total Assets	流动资产合计 Total Current Assets	负债合计 Total Liabilities
总计	**Total**	**3975.42**	**1576.08**	**1911.86**
在总计中：	Of the Total			
亏损企业	Enterprises Running under Deficit	990.69	436.74	575.15
在总计中：	Of the Total			
大型企业	Large Scale Enterprises	2320.17	816.09	1147.08
中型企业	Medium Scale Enterprises	969.40	452.49	472.18
小型企业	Small Enterprises	589.32	285.65	214.49
微型企业	Microenterprise	96.53	21.86	78.12
按行业分	Grouped by Sector			
煤炭开采和洗选业	Mining and Washing of Coal			
石油和天然气开采业	Petroleum and Natural Gas Extraction			
黑色金属矿采选业	Mining of Ferrous Metal Ores			
有色金属矿采选业	Mining of Non-ferrous Metal Ores	1.92	0.78	4.64
非金属矿采选业	Mining and Processing of Nonmetal Ores	0.95	0.59	0.41
开采专业及辅助性活动	Professional and Support Activities for Mining			
其他采矿业	Other Mining and Dressing			
农副食品加工业	Processing of Food from Agricultural Products	186.73	129.70	83.25
食品制造业	Manufacture of Foods	82.86	54.52	29.96
酒、饮料和精制茶制造业	Manufacture of Liquor, Beverage and Refined Tea	46.14	24.27	18.85
烟草制品业	Manufacture of Tobacco			
纺织业	Manufacture of Textile	17.42	11.79	11.45
纺织服装、服饰业	Manufacture of Textile Wearing and Clothing Apparel	5.78	2.13	1.51
皮革、毛皮、羽毛及其制品和制鞋业	Leather, Fur, Feather and Its Products and Footwear	57.27	30.82	26.92
木材加工和木、竹、藤、棕、草制品业	Processing of Timbers, Manufacture of Wood, Bamboo, Rattan, Palm and Straw Products	2.02	0.59	0.13
家具制造业	Manufacture of Furniture	4.41	1.22	2.39
造纸和纸制品业	Manufacture of Paper and Paper Products	36.18	24.56	18.34
印刷和记录媒介复制业	Printing, Reproduction of Recording Media	31.65	18.84	10.26
文教、工美、体育和娱乐用品制造业	Manufacture of Articles for Culture,Education and Sport Activity	22.04	14.21	13.01
石油、煤炭及其他燃料加工业	Processing of Petroleum, Coal and Other Fuels			
化学原料和化学制品制造业	Manufacture of Chemical Raw Material and Chemical Products	133.90	67.83	45.32
医药制造业	Manufacture of Medicines	16.97	9.39	4.47
化学纤维制造业	Manufacture of Chemical Fiber	3.61	1.93	0.87
橡胶和塑料制品业	Manufacture of Rubber and Plastic	52.79	22.86	17.82
非金属矿物制品业	Manufacture of Non-metallic Mineral Products	154.71	55.83	70.75
黑色金属冶炼和压延加工业	Manufacture and Processing of Ferrous Metals			
有色金属冶炼和压延加工业	Manufacture and Processing of Non-ferrous Metals	17.74	13.63	14.42
金属制品业	Manufacture of Metal Products	32.90	19.26	21.31
通用设备制造业	Manufacture of General Purpose Machinery	87.91	44.52	51.11
专用设备制造业	Manufacture of Special Purpose Machinery	154.07	106.45	63.91
汽车制造业	Automobile Industry	490.81	226.65	345.98
铁路、船舶、航空航天和其他运输设备制造业	Manufacture of Railway,Marine,Aerospace and Other Transport Equipment	36.14	20.54	25.59
电气机械和器材制造业	Manufacture of Electrical Machinery and Equipment	65.90	43.24	36.51
计算机、通信和其他电子设备制造业	Manufacture of Communication Equipment, Computer and Other Electronic Equipment	1184.16	459.16	385.44
仪器仪表制造业	Manufacture of Measuring Instrument	4.75	2.56	1.75
其他制造业	Other Manufacture	0.68	0.54	0.56
废弃资源综合利用业	Utilization of Waste Resources	21.42	4.19	9.86
金属制品、机械和设备修理业	Mental Products,Machine and Equipment Repair	0.66	0.62	0.41
电力、热力生产和供应业	Production and Supply of Electric Power and Heat Power	837.62	111.12	468.27
燃气生产和供应业	Production and Distribution of Gas	137.53	40.64	103.64
水的生产和供应业	Production and Distribution of Water	45.74	11.09	22.73

13-7 续表 2 Continued

单位：亿元 (100 million yuan)

指 标	Item	实收资本 Paid-in Capital	所有者权益 Total Rights of Owners	营业收入 Revenue of Business
总计	**Total**	**885.36**	**2063.56**	**2617.71**
在总计中：	Of the Total			
亏损企业	Enterprises Running under Deficit	344.26	415.54	512.99
在总计中：	Of the Total			
大型企业	Large Scale Enterprises	484.96	1173.09	1167.86
中型企业	Medium Scale Enterprises	231.15	497.22	901.75
小型企业	Small Enterprises	162.48	374.84	526.23
微型企业	Microenterprise	6.77	18.41	21.87
按行业分	Grouped by Sector			
煤炭开采和洗选业	Mining and Washing of Coal			
石油和天然气开采业	Petroleum and Natural Gas Extraction			
黑色金属矿采选业	Mining of Ferrous Metal Ores			
有色金属矿采选业	Mining of Non-ferrous Metal Ores	2.23	-2.72	0.97
非金属矿采选业	Mining and Processing of Nonmetal Ores	0.34	0.54	0.39
开采专业及辅助性活动	Professional and Support Activities for Mining			
其他采矿业	Other Mining and Dressing			
农副食品加工业	Processing of Food from Agricultural Products	22.47	103.48	139.22
食品制造业	Manufacture of Foods	13.73	52.90	106.46
酒、饮料和精制茶制造业	Manufacture of Liquor, Beverage and Refined Tea	12.07	27.28	77.80
烟草制品业	Manufacture of Tobacco			
纺织业	Manufacture of Textile	3.92	5.97	11.35
纺织服装、服饰业	Manufacture of Textile Wearing and Clothing Apparel	2.93	4.27	17.09
皮革、毛皮、羽毛及其制品和制鞋业	Leather, Fur, Feather and Its Products and Footwear	19.11	30.36	191.13
木材加工和木、竹、藤、棕、草制品业	Processing of Timbers, Manufacture of Wood, Bamboo, Rattan, Palm and Straw Products	1.22	1.89	7.54
家具制造业	Manufacture of Furniture	0.93	2.02	5.73
造纸和纸制品业	Manufacture of Paper and Paper Products	15.07	17.84	38.42
印刷和记录媒介复制业	Printing, Reproduction of Recording Media	10.47	21.39	28.87
文教、工美、体育和娱乐用品制造业	Manufacture of Articles for Culture,Education and Sport Activity	6.19	9.03	47.13
石油、煤炭及其他燃料加工业	Processing of Petroleum, Coal and Other Fuels			
化学原料和化学制品制造业	Manufacture of Chemical Raw Material and Chemical Products	22.51	88.58	113.47
医药制造业	Manufacture of Medicines	4.43	12.50	8.05
化学纤维制造业	Manufacture of Chemical Fiber	1.51	2.74	8.12
橡胶和塑料制品业	Manufacture of Rubber and Plastic	25.61	34.97	52.40
非金属矿物制品业	Manufacture of Non-metallic Mineral Products	38.95	83.96	59.57
黑色金属冶炼和压延加工业	Manufacture and Processing of Ferrous Metals			
有色金属冶炼和压延加工业	Manufacture and Processing of Non-ferrous Metals	5.67	3.32	68.04
金属制品业	Manufacture of Metal Products	9.34	11.59	29.91
通用设备制造业	Manufacture of General Purpose Machinery	18.71	36.81	68.44
专用设备制造业	Manufacture of Special Purpose Machinery	12.78	90.16	73.10
汽车制造业	Automobile Industry	93.62	144.83	529.87
铁路、船舶、航空航天和其他运输设备制造业	Manufacture of Railway,Marine,Aerospace and Other Transport Equipment	9.60	10.55	39.38
电气机械和器材制造业	Manufacture of Electrical Machinery and Equipment	10.87	29.39	56.68
计算机、通信和其他电子设备制造业	Manufacture of Communication Equipment, Computer and Other Electronic Equipment	321.90	798.72	503.98
仪器仪表制造业	Manufacture of Measuring Instrument	0.72	2.99	2.84
其他制造业	Other Manufacture	0.11	0.13	1.59
废弃资源综合利用业	Utilization of Waste Resources	6.59	11.56	6.94
金属制品、机械和设备修理业	Mental Products,Machine and Equipment Repair	0.24	0.25	2.07
电力、热力生产和供应业	Production and Supply of Electric Power and Heat Power	165.38	369.34	194.45
燃气生产和供应业	Production and Distribution of Gas	10.91	33.89	111.82
水的生产和供应业	Production and Distribution of Water	15.21	23.01	14.89

13-7 续表 3 Continued

单位：亿元 (100 million yuan)

指　标	Item	营业成本 Cost of Business	利润总额 Total Profit
总计	**Total**	**2138.36**	**140.16**
在总计中：	Of the Total		
亏损企业	Enterprises Running under Deficit	493.40	-58.41
在总计中：	Of the Total		
大型企业	Large Scale Enterprises	934.79	64.94
中型企业	Medium Scale Enterprises	750.70	57.67
小型企业	Small Enterprises	433.48	24.18
微型企业	Microenterprise	19.38	-6.63
按行业分	Grouped by Sector		
煤炭开采和洗选业	Mining and Washing of Coal		
石油和天然气开采业	Petroleum and Natural Gas Extraction		
黑色金属矿采选业	Mining of Ferrous Metal Ores		
有色金属矿采选业	Mining of Non-ferrous Metal Ores	0.67	-0.13
非金属矿采选业	Mining and Processing of Nonmetal Ores	0.21	0.11
开采专业及辅助性活动	Professional and Support Activities for Mining		
其他采矿业	Other Mining and Dressing		
农副食品加工业	Processing of Food from Agricultural Products	122.73	5.25
食品制造业	Manufacture of Foods	84.54	8.63
酒、饮料和精制茶制造业	Manufacture of Liquor, Beverage and Refined Tea	62.54	8.63
烟草制品业	Manufacture of Tobacco		
纺织业	Manufacture of Textile	9.65	1.45
纺织服装、服饰业	Manufacture of Textile Wearing and Clothing Apparel	14.27	0.79
皮革、毛皮、羽毛及其制品和制鞋业	Leather, Fur, Feather and Its Products and Footwear	166.36	9.29
木材加工和木、竹、藤、棕、草制品业	Processing of Timbers, Manufacture of Wood, Bamboo, Rattan, Palm and Straw Products	5.91	1.17
家具制造业	Manufacture of Furniture	5.18	0.09
造纸和纸制品业	Manufacture of Paper and Paper Products	35.89	-0.20
印刷和记录媒介复制业	Printing, Reproduction of Recording Media	22.61	2.92
文教、工美、体育和娱乐用品制造业	Manufacture of Articles for Culture,Education and Sport Activity	38.88	2.14
石油、煤炭及其他燃料加工业	Processing of Petroleum, Coal and Other Fuels		
化学原料和化学制品制造业	Manufacture of Chemical Raw Material and Chemical Products	74.75	21.85
医药制造业	Manufacture of Medicines	2.59	0.70
化学纤维制造业	Manufacture of Chemical Fiber	6.99	0.51
橡胶和塑料制品业	Manufacture of Rubber and Plastic	44.56	3.52
非金属矿物制品业	Manufacture of Non-metallic Mineral Products	45.77	-3.28
黑色金属冶炼和压延加工业	Manufacture and Processing of Ferrous Metals		
有色金属冶炼和压延加工业	Manufacture and Processing of Non-ferrous Metals	59.58	4.69
金属制品业	Manufacture of Metal Products	22.84	3.42
通用设备制造业	Manufacture of General Purpose Machinery	55.76	3.22
专用设备制造业	Manufacture of Special Purpose Machinery	66.11	-1.50
汽车制造业	Automobile Industry	414.69	15.61
铁路、船舶、航空航天和其他运输设备制造业	Manufacture of Railway,Marine,Aerospace and Other Transport Equipment	35.49	1.46
电气机械和器材制造业	Manufacture of Electrical Machinery and Equipment	44.22	3.95
计算机、通信和其他电子设备制造业	Manufacture of Communication Equipment, Computer and Other Electronic Equipment	421.67	31.54
仪器仪表制造业	Manufacture of Measuring Instrument	1.97	0.25
其他制造业	Other Manufacture	1.33	0.08
废弃资源综合利用业	Utilization of Waste Resources	3.73	3.56
金属制品、机械和设备修理业	Mental Products,Machine and Equipment Repair	2.01	0.03
电力、热力生产和供应业	Production and Supply of Electric Power and Heat Power	150.07	11.13
燃气生产和供应业	Production and Distribution of Gas	106.11	-3.83
水的生产和供应业	Production and Distribution of Water	8.68	3.08

13-7 续表 4 Continued

指 标	Item	本年应付职工薪酬（亿元）Total Sum of Wages Payable this Year (100 million yuan)	平均用工人数（万人）Annual Average Employees (10 000 persons)
总计	**Total**	**314.24**	**27.55**
在总计中：	Of the Total		
亏损企业	Enterprises Running under Deficit	80.36	6.78
在总计中：	Of the Total		
大型企业	Large Scale Enterprises	180.05	15.45
中型企业	Medium Scale Enterprises	84.34	7.47
小型企业	Small Enterprises	49.03	4.31
微型企业	Microenterprise	0.82	0.32
按行业分	Grouped by Sector		
煤炭开采和洗选业	Mining and Washing of Coal		
石油和天然气开采业	Petroleum and Natural Gas Extraction		
黑色金属矿采选业	Mining of Ferrous Metal Ores		
有色金属矿采选业	Mining of Non-ferrous Metal Ores	0.47	0.05
非金属矿采选业	Mining and Processing of Nonmetal Ores	0.03	
开采专业及辅助性活动	Professional and Support Activities for Mining		
其他采矿业	Other Mining and Dressing		
农副食品加工业	Processing of Food from Agricultural Products	6.53	0.51
食品制造业	Manufacture of Foods	12.93	1.01
酒、饮料和精制茶制造业	Manufacture of Liquor, Beverage and Refined Tea	5.53	0.42
烟草制品业	Manufacture of Tobacco		
纺织业	Manufacture of Textile	1.60	0.29
纺织服装、服饰业	Manufacture of Textile Wearing and Clothing Apparel	3.23	0.32
皮革、毛皮、羽毛及其制品和制鞋业	Leather, Fur, Feather and Its Products and Footwear	38.79	3.91
木材加工和木、竹、藤、棕、草制品业	Processing of Timbers, Manufacture of Wood, Bamboo, Rattan, Palm and Straw Products	0.30	0.05
家具制造业	Manufacture of Furniture	0.54	0.10
造纸和纸制品业	Manufacture of Paper and Paper Products	2.48	0.16
印刷和记录媒介复制业	Printing, Reproduction of Recording Media	3.75	0.27
文教、工美、体育和娱乐用品制造业	Manufacture of Articles for Culture,Education and Sport Activity	7.21	0.91
石油、煤炭及其他燃料加工业	Processing of Petroleum, Coal and Other Fuels		
化学原料和化学制品制造业	Manufacture of Chemical Raw Material and Chemical Products	6.82	0.60
医药制造业	Manufacture of Medicines	1.11	0.10
化学纤维制造业	Manufacture of Chemical Fiber	0.70	0.10
橡胶和塑料制品业	Manufacture of Rubber and Plastic	5.48	0.50
非金属矿物制品业	Manufacture of Non-metallic Mineral Products	7.58	0.82
黑色金属冶炼和压延加工业	Manufacture and Processing of Ferrous Metals		
有色金属冶炼和压延加工业	Manufacture and Processing of Non-ferrous Metals	1.04	0.12
金属制品业	Manufacture of Metal Products	2.32	0.18
通用设备制造业	Manufacture of General Purpose Machinery	7.04	0.50
专用设备制造业	Manufacture of Special Purpose Machinery	17.10	0.80
汽车制造业	Automobile Industry	32.19	1.92
铁路、船舶、航空航天和其他运输设备制造业	Manufacture of Railway,Marine,Aerospace and Other Transport Equipment	6.06	0.54
电气机械和器材制造业	Manufacture of Electrical Machinery and Equipment	5.21	0.55
计算机、通信和其他电子设备制造业	Manufacture of Communication Equipment, Computer and Other Electronic Equipment	108.97	11.30
仪器仪表制造业	Manufacture of Measuring Instrument	0.35	0.04
其他制造业	Other Manufacture	0.42	0.08
废弃资源综合利用业	Utilization of Waste Resources	1.37	0.08
金属制品、机械和设备修理业	Mental Products,Machine and Equipment Repair	1.79	0.18
电力、热力生产和供应业	Production and Supply of Electric Power and Heat Power	17.98	0.55
燃气生产和供应业	Production and Distribution of Gas	5.44	0.43
水的生产和供应业	Production and Distribution of Water	1.86	0.15

13-7 续表 5 Continued

单位：% (%)

指 标	Item	总资产贡献率 Ratio of Total Assets to Industrial Output Value	成本费用利润率 Ratio of Profits to Industrial Cost	资产负债率 Assets-Liability Ratio
总计	**Total**	**6.32**	**5.79**	**48.09**
在总计中：	Of the Total			
亏损企业	Enterprises Running under Deficit	-3.82	-10.47	58.06
在总计中：	Of the Total			
大型企业	Large Scale Enterprises	5.27	6.16	49.44
中型企业	Medium Scale Enterprises	8.85	6.87	48.71
小型企业	Small Enterprises	8.35	4.85	36.40
微型企业	Microenterprise	-6.16	-23.62	80.93
按行业分	Grouped by Sector			
煤炭开采和洗选业	Mining and Washing of Coal			
石油和天然气开采业	Petroleum and Natural Gas Extraction			
黑色金属矿采选业	Mining of Ferrous Metal Ores			
有色金属矿采选业	Mining of Non-ferrous Metal Ores	-5.12	-12.13	241.28
非金属矿采选业	Mining and Processing of Nonmetal Ores	15.16	40.26	43.13
开采专业及辅助性活动	Professional and Support Activities for Mining			
其他采矿业	Other Mining and Dressing			
农副食品加工业	Processing of Food from Agricultural Products	4.75	3.89	44.58
食品制造业	Manufacture of Foods	14.85	8.75	36.16
酒、饮料和精制茶制造业	Manufacture of Liquor, Beverage and Refined Tea	24.80	12.51	40.86
烟草制品业	Manufacture of Tobacco			
纺织业	Manufacture of Textile	10.42	14.69	65.72
纺织服装、服饰业	Manufacture of Textile Wearing and Clothing Apparel	16.66	4.91	26.14
皮革、毛皮、羽毛及其制品和制鞋业	Leather, Fur, Feather and Its Products and Footwear	20.69	5.14	47.00
木材加工和木、竹、藤、棕、草制品业	Processing of Timbers, Manufacture of Wood, Bamboo, Rattan, Palm and Straw Products	61.46	18.40	6.64
家具制造业	Manufacture of Furniture	2.56	1.60	54.26
造纸和纸制品业	Manufacture of Paper and Paper Products	4.24	-0.51	50.69
印刷和记录媒介复制业	Printing, Reproduction of Recording Media	13.28	11.35	32.41
文教、工美、体育和娱乐用品制造业	Manufacture of Articles for Culture,Education and Sport Activity	14.12	4.77	59.02
石油、煤炭及其他燃料加工业	Processing of Petroleum, Coal and Other Fuels			
化学原料和化学制品制造业	Manufacture of Chemical Raw Material and Chemical Products	19.93	23.70	33.85
医药制造业	Manufacture of Medicines	9.50	9.44	26.33
化学纤维制造业	Manufacture of Chemical Fiber	21.89	6.58	24.17
橡胶和塑料制品业	Manufacture of Rubber and Plastic	11.14	7.24	33.75
非金属矿物制品业	Manufacture of Non-metallic Mineral Products	-0.17	-5.68	45.73
黑色金属冶炼和压延加工业	Manufacture and Processing of Ferrous Metals			
有色金属冶炼和压延加工业	Manufacture and Processing of Non-ferrous Metals	47.63	7.53	81.27
金属制品业	Manufacture of Metal Products	12.88	12.79	64.76
通用设备制造业	Manufacture of General Purpose Machinery	5.36	5.07	58.13
专用设备制造业	Manufacture of Special Purpose Machinery	0.09	-1.88	41.48
汽车制造业	Automobile Industry	6.17	3.40	70.49
铁路、船舶、航空航天和其他运输设备制造业	Manufacture of Railway,Marine,Aerospace and Other Transport Equipment	6.36	3.84	70.81
电气机械和器材制造业	Manufacture of Electrical Machinery and Equipment	9.01	7.62	55.40
计算机、通信和其他电子设备制造业	Manufacture of Communication Equipment, Computer and Other Electronic Equipment	4.01	6.68	32.55
仪器仪表制造业	Manufacture of Measuring Instrument	7.88	9.89	36.96
其他制造业	Other Manufacture	39.95	5.08	81.40
废弃资源综合利用业	Utilization of Waste Resources	18.44	68.02	46.04
金属制品、机械和设备修理业	Mental Products,Machine and Equipment Repair	41.62	1.60	62.14
电力、热力生产和供应业	Production and Supply of Electric Power and Heat Power	5.76	6.09	55.91
燃气生产和供应业	Production and Distribution of Gas	-1.13	-3.32	75.35
水的生产和供应业	Production and Distribution of Water	8.53	26.33	49.69

13-8 规模以上大中型工业企业主要经济指标及在工业中的地位(2022年)

Main Indicators of Large and Medium-sized Industrial Enterprises above Designated Size & Percentage of Industry Total (2022)

指 标	Item	企业单位数（个）Number of Enterprises (unit)	在工业中的地位（%）Status in Industry (%)	平均用工人数（万人）Annual Average Employees (10 000 persons)	在工业中的地位（%）Status in Industry (%)
总计	**Total**	**1559**	**7.8**	**130.48**	**43.8**
按登记注册类型:	**Grouped by Registration**				
内资企业	Internal-invested Enterprises	1406	7.3	107.56	39.8
国有企业	State-owned Enterprises	30	17.5	7.25	73.5
集体企业	Collective-owned Enterprises	8	17.4	0.57	53.8
股份合作企业	Enterprises Cooperated by Joint-stock	1	16.7	0.04	36.4
联营企业	Cooperative Enterprises	1	14.3	0.05	62.5
有限责任公司	Limited Liability Company	296	14.1	29.75	59.6
股份有限公司	Company Limited by Shares	80	34.5	9.76	84.4
私营企业	Individual-owned Enterprises	988	5.9	59.80	30.3
其他企业	Enterprises of Other Types of Ownership	2	66.7	0.33	100.0
港、澳、台投资企业	Enterprises Funded by Entrepreneurs From Hong Kong, Macao and Taiwan	82	30.2	17.02	88.7
外商投资企业	Enterprises funded by Foreigners	71	32.6	5.90	70.7
按经济组织类型:	**Grouped by Ownership**				
独资企业	Enterprises Owned by a Sole Investor	155	16.2	17.62	63.4
合作、合伙企业	Enterprises of Partnership	34	10.8	1.78	36.0
股份有限公司	Company Limited by Shares	177	23.2	23.98	77.8
有限责任公司	Limited Liability Company	1193	6.7	87.10	37.2
按行业划分:	**Grouped by Sector**				
煤炭开采和洗选业	Mining and Washing of Coal	26	23.9	2.24	80.3
石油和天然气开采业	Petroleum and Natural Gas Extraction				
黑色金属矿采选业	Mining of Ferrous Metal Ores	2	6.1	0.11	31.4
有色金属矿采选业	Mining of Non-ferrous Metal Ores	25	23.4	1.43	65.0
非金属矿采选业	Mining and Processing of Nonmetal Ores	9	2.6	0.37	12.7
开采专业及辅助性活动	Professional and Support Activities for Mining				
其他采矿业	Other Mining and Dressing				

13-8 续表 1 Continued

指 标	Item	企业单位数（个）Number of Enterprises (unit)	在工业中的地位（%）Status in Industry (%)	平均用工人数（万人）Annual Average Employees (10 000 persons)	在工业中的地位（%）Status in Industry (%)
农副食品加工业	Processing of Food from Agricultural Products	103	5.8	6.35	31.0
食品制造业	Manufacture of Foods	59	9.7	6.87	53.6
酒、饮料和精制茶制造业	Manufacture of Liquor, Beverage and Refined Tea	31	5.6	1.70	30.3
烟草制品业	Manufacture of Tobacco	4	57.1	1.04	94.6
纺织业	Manufacture of Textile	48	17.5	3.01	57.4
纺织服装、服饰业	Manufacture of Textile Wearing and Clothing Apparel	35	10.7	1.95	36.6
皮革、毛皮、羽毛及其制品和制鞋业	Leather, Fur, Feather and Its Products and Footwear	68	11.9	6.31	59.1
木材加工和木、竹、藤、棕、草制品业	Processing of Timbers, Manufacture of Wood, Bamboo, Rattan, Palm and Straw Products	24	5.0	1.09	21.0
家具制造业	Manufacture of Furniture	10	4.3	0.32	14.4
造纸和纸制品业	Manufacture of Paper and Paper Products	17	6.1	1.19	32.0
印刷和记录媒介复制业	Printing,Reproduction of Recording Media	23	8.0	1.19	32.3
文教、工美、体育和娱乐用品制造业	Manufacture of Articles for Culture, Education and Sport Activity	30	7.6	1.64	32.2
石油、煤炭及其他燃料加工业	Processing of Petroleum, Coal and Other Fuels	6	6.1	1.06	60.6
化学原料和化学制品制造业	Manufacture of Chemical Raw Material and Chemical Products	151	10.4	6.90	28.8
医药制造业	Manufacture of Medicines	55	12.3	3.22	43.1
化学纤维制造业	Manufacture of Chemical Fiber	5	25.0	0.26	38.2
橡胶和塑料制品业	Manufacture of Rubber and Plastic	23	3.8	1.12	19.7
非金属矿物制品业	Manufacture of Non-metallic Mineral Products	152	5.1	8.86	28.4
黑色金属冶炼和压延加工业	Manufacture and Processing of Ferrous Metals	13	9.2	2.91	71.3
有色金属冶炼和压延加工业	Manufacture and Processing of Non-ferrous Metals	51	11.0	4.42	48.2
金属制品业	Manufacture of Metal Products	58	4.7	3.15	26.2
通用设备制造业	Manufacture of General Purpose Machinery	64	5.5	5.14	35.1
专用设备制造业	Manufacture of Special Purpose Machinery	68	6.7	6.09	42.9
汽车制造业	Automobile Industry	51	11.5	9.31	70.9
铁路、船舶、航空航天和其他运输	Manufacture of Railway, Marine, Aerospace and Other	20	9.5	3.06	46.5
电气机械和器材制造业	Manufacture of Electrical Machinery and Equipment	98	10.0	7.17	49.8
计算机、通信和其他电子设备制造业	Manufacture of Communication Equipment, Computer	141	14.1	20.75	69.7
仪器仪表制造业	Manufacture of Measuring Instrument	11	5.6	0.64	31.5
其他制造业	Other Manufacture	10	8.9	1.54	52.7
废弃资源综合利用业	Utilization of Waste Resources	3	1.4	0.11	7.6
金属制品、机械和设备修理业	Mental Products,Machine and Equipment Repair	3	25.0	0.31	70.5
电力、热力生产和供应业	Production and Supply of Electric Power and Heat Power	36	8.2	6.18	70.2
燃气生产和供应业	Production and Distribution of Gas	6	7.2	0.33	37.9
水的生产和供应业	Production and Distribution of Water	20	10.3	1.15	36.6

13-8 续表 2 Continued

指 标	Item	固定资产原价（亿元）Original Value of Fixed Assets (100 million yuan)	在工业中的地位（%）Status in Industry (%)	利润总额（亿元）Total Profits (100 million yuan)	在工业中的地位（%）Status in Industry (%)
总计	**Total**	**11591.76**	**59.5**	**1076.85**	**47.2**
按登记注册类型：	**Grouped by Registration**				
内资企业	Internal-invested Enterprises	9488.49	56.2	954.25	44.5
国有企业	State-owned Enterprises	3260.92	89.7	134.34	91.4
集体企业	Collective-owned Enterprises	9.32	44.3	2.97	67.5
股份合作企业	Enterprises Cooperated by Joint-stock	0.75	13.7	0.11	35.5
联营企业	Cooperative Enterprises	0.20	1.7	0.06	20.7
有限责任公司	Limited Liability Company	3200.84	59.2	305.25	67.8
股份有限公司	Company Limited by Shares	1084.39	85.1	138.44	83.3
私营企业	Individual-owned Enterprises	1912.88	29.4	369.58	27.0
其他企业	Enterprises of Other Types of Ownership	19.20	99.7	3.50	99.4
港、澳、台投资企业	Enterprises Funded by Entrepreneurs From Hong Kong, Macao and Taiwan	1509.79	89.5	72.34	84.7
外商投资企业	Enterprises funded by Foreigners	593.48	64.9	50.27	91.9
按经济组织类型：	**Grouped by Ownership**				
独资企业	Enterprises Owned by a Sole Investor	3653.82	85.8	206.51	77.7
合作、合伙企业	Enterprises of Partnership	57.87	42.4	8.61	30.8
股份有限公司	Company Limited by Shares	1613.24	80.5	257.08	78.8
有限责任公司	Limited Liability Company	6266.84	47.9	604.65	36.4
按行业划分：	**Grouped by Sector**				
煤炭开采和洗选业	Mining and Washing of Coal	61.29	69.0	10.21	75.2
石油和天然气开采业	Petroleum and Natural Gas Extraction				
黑色金属矿采选业	Mining of Ferrous Metal Ores	1.48	7.8	0.24	33.3
有色金属矿采选业	Mining of Non-ferrous Metal Ores	138.24	75.5	10.16	52.2
非金属矿采选业	Mining and Processing of Nonmetal Ores	20.81	17.4	3.60	13.5
开采专业及辅助性活动	Professional and Support Activities for Mining				
其他采矿业	Other Mining and Dressing				

13-8 续表 3 Continued

指标	Item	固定资产原价（亿元）Original Value of Fixed Assets (100 million yuan)	在工业中的地位（%）Status in Industry (%)	利润总额（亿元）Total Profits (100 million yuan)	在工业中的地位（%）Status in Industry (%)
农副食品加工业	Processing of Food from Agricultural Products	211.77	29.3	24.44	20.0
食品制造业	Manufacture of Foods	204.95	52.3	23.93	46.5
酒、饮料和精制茶制造业	Manufacture of Liquor, Beverage and Refined Tea	98.80	36.0	27.42	44.9
烟草制品业	Manufacture of Tobacco	261.51	96.4	132.52	99.5
纺织业	Manufacture of Textile	108.06	61.9	7.59	37.7
纺织服装、服饰业	Manufacture of Textile Wearing and Clothing Apparel	22.81	26.4	7.15	29.0
皮革、毛皮、羽毛及其制品和制鞋业	Leather, Fur, Feather and Its Products and Footwear	51.95	43.9	12.70	26.5
木材加工和木、竹、藤、棕、草制品业	Processing of Timbers, Manufacture of Wood, Bamboo, Rattan, Palm and Straw Products	15.69	12.0	6.49	18.2
家具制造业	Manufacture of Furniture	8.16	16.5	5.70	29.1
造纸和纸制品业	Manufacture of Paper and Paper Products	157.17	61.0	8.10	39.5
印刷和记录媒介复制业	Printing,Reproduction of Recording Media	53.41	40.6	5.11	25.4
文教、工美、体育和娱乐用品制造业	Manufacture of Articles for Culture, Education and Sport Activity	20.72	21.3	4.57	13.3
石油、煤炭及其他燃料加工业	Processing of Petroleum, Coal and Other Fuels	363.81	88.6	5.95	53.2
化学原料和化学制品制造业	Manufacture of Chemical Raw Material and Chemical Products	297.60	38.6	74.51	38.2
医药制造业	Manufacture of Medicines	151.21	46.1	37.95	49.8
化学纤维制造业	Manufacture of Chemical Fiber	68.13	86.4	0.85	38.1
橡胶和塑料制品业	Manufacture of Rubber and Plastic	58.20	29.1	9.12	21.6
非金属矿物制品业	Manufacture of Non-metallic Mineral Products	448.07	30.9	38.18	20.5
黑色金属冶炼和压延加工业	Manufacture and Processing of Ferrous Metals	945.55	94.5	56.64	90.1
有色金属冶炼和压延加工业	Manufacture and Processing of Non-ferrous Metals	366.68	62.8	58.64	43.3
金属制品业	Manufacture of Metal Products	185.83	39.4	26.30	27.1
通用设备制造业	Manufacture of General Purpose Machinery	219.84	40.5	49.51	50.5
专用设备制造业	Manufacture of Special Purpose Machinery	292.44	50.0	68.23	57.8
汽车制造业	Automobile Industry	549.00	66.6	34.22	93.8
铁路、船舶、航空航天和其他运输	Manufacture of Railway, Marine, Aerospace and Other	200.48	47.8	48.15	82.0
电气机械和器材制造业	Manufacture of Electrical Machinery and Equipment	348.08	56.5	82.81	61.7
计算机、通信和其他电子设备制造业	Manufacture of Communication Equipment, Computer	950.99	79.3	136.64	68.1
仪器仪表制造业	Manufacture of Measuring Instrument	17.11	27.5	10.55	53.9
其他制造业	Other Manufacture	12.58	23.1	8.74	44.8
废弃资源综合利用业	Utilization of Waste Resources	13.67	12.2	8.12	27.5
金属制品、机械和设备修理业	Mental Products,Machine and Equipment Repair	2.70	68.5	2.83	90.7
电力、热力生产和供应业	Production and Supply of Electric Power and Heat Power	4262.71	71.7	29.36	34.2
燃气生产和供应业	Production and Distribution of Gas	93.00	54.9	-4.19	285.0
水的生产和供应业	Production and Distribution of Water	307.25	57.7	3.79	18.0

13-9 规模以上中小微型工业企业主要经济指标及在工业中的地位(2022年)
Main Indicators of Small and Medium-sized Micro Industrial Enterprises above Designated Size & Percentage of Industry Total (2022)

指 标	Item	企业单位数 (个) Number of Enterprises (unit)	在工业中的地位 (%) Status in Industry (%)	平均用工人数 (万人) Annual Average Employees (10 000 persons)	在工业中的地位 (%) Status in Industry (%)
总计	**Total**	**19716**	**99.2**	**238.29**	**80.0**
按登记注册类型:	**Grouped by Registration**				
内资企业	Internal-invested Enterprises	19259	99.3	226.20	83.7
国有企业	State-owned Enterprises	167	97.7	4.12	41.8
集体企业	Collective-owned Enterprises	46	100.0	1.06	100.0
股份合作企业	Enterprises Cooperated by Joint-stock	6	100.0	0.11	100.0
联营企业	Cooperative Enterprises	7	100.0	0.08	100.0
有限责任公司	Limited Liability Company	2056	98.0	34.80	69.7
股份有限公司	Company Limited by Shares	203	87.5	4.54	39.3
私营企业	Individual-owned Enterprises	16772	99.6	181.43	91.9
其他企业	Enterprises of Other Types of Ownership	2	66.7	0.06	18.2
港、澳、台投资企业	Enterprises Funded by Entrepreneurs from Hong Kong, Macao and Taiwan	251	92.3	6.32	32.9
外商投资企业	Enterprises funded by Foreigners	206	94.5	5.77	69.2
按经济组织类型:	**Grouped by Ownership**				
独资企业	Enterprises Owned by a Sole Investor	936	97.6	17.94	64.5
合作、合伙企业	Enterprises of Partnership	313	99.4	4.44	89.7
股份有限公司	Company Limited by Shares	713	93.6	13.67	44.4
有限责任公司	Limited Liability Company	17754	99.5	202.24	86.3
按行业划分:	**Grouped by Sector**				
煤炭开采和洗选业	Mining and Washing of Coal	108	99.1	2.62	93.9
石油和天然气开采业	Petroleum and Natural Gas Extraction				
黑色金属矿采选业	Mining of Ferrous Metal Ores	33	100.0	0.35	100.0
有色金属矿采选业	Mining of Non-ferrous Metal Ores	103	96.3	1.69	76.8
非金属矿采选业	Mining and Processing of Nonmetal Ores	342	100.0	2.91	100.0
开采专业及辅助性活动	Professional and Support Activities for Mining				
其他采矿业	Other Mining and Dressing				

13–9 续表 1 Continued

指 标	Item	企业单位数（个）Number of Enterprises (unit)	在工业中的地位（%）Status in Industry (%)	平均用工人数（万人）Annual Average Employees (10 000 persons)	在工业中的地位（%）Status in Industry (%)
农副食品加工业	Processing of Food from Agricultural Products	1768	99.6	18.98	92.6
食品制造业	Manufacture of Foods	596	98.0	8.29	64.7
酒、饮料和精制茶制造业	Manufacture of Liquor, Beverage and Refined Tea	553	99.3	5.07	90.4
烟草制品业	Manufacture of Tobacco	6	85.7	0.28	25.5
纺织业	Manufacture of Textile	268	97.8	4.20	80.2
纺织服装、服饰业	Manufacture of Textile Wearing and Clothing Apparel	327	100.0	5.33	100.0
皮革、毛皮、羽毛及其制品和制鞋业	Leather, Fur, Feather and Its Products and Footwear	559	98.1	7.82	73.2
木材加工和木、竹、藤、棕、草制品业	Processing of Timbers, Manufacture of Wood, Bamboo, Rattan, Palm and Straw Products	476	100.0	5.18	100.0
家具制造业	Manufacture of Furniture	231	100.0	2.22	100.0
造纸和纸制品业	Manufacture of Paper and Paper Products	279	99.3	3.18	85.5
印刷和记录媒介复制业	Printing,Reproduction of Recording Media	288	100.0	3.69	100.0
文教、工美、体育和娱乐用品制造业	Manufacture of Articles for Culture, Education and Sport Activity	397	100.0	5.09	100.0
石油、煤炭及其他燃料加工业	Processing of Petroleum, Coal and Other Fuels	97	98.0	0.97	55.4
化学原料和化学制品制造业	Manufacture of Chemical Raw Material and Chemical Products	1447	99.7	22.93	95.7
医药制造业	Manufacture of Medicines	440	98.0	6.24	83.5
化学纤维制造业	Manufacture of Chemical Fiber	20	100.0	0.68	100.0
橡胶和塑料制品业	Manufacture of Rubber and Plastic	598	99.7	5.45	95.6
非金属矿物制品业	Manufacture of Non-metallic Mineral Products	2969	99.8	29.87	95.9
黑色金属冶炼和压延加工业	Manufacture and Processing of Ferrous Metals	137	96.5	1.53	37.5
有色金属冶炼和压延加工业	Manufacture and Processing of Non-ferrous Metals	456	98.5	7.54	82.1
金属制品业	Manufacture of Metal Products	1224	99.8	11.57	96.2
通用设备制造业	Manufacture of General Purpose Machinery	1165	99.2	12.30	83.9
专用设备制造业	Manufacture of Special Purpose Machinery	1003	98.9	11.14	78.5
汽车制造业	Automobile Industry	434	97.5	5.92	45.1
铁路、船舶、航空航天和其他运输	Manufacture of Railway, Marine, Aerospace and Other	203	96.7	4.17	63.4
电气机械和器材制造业	Manufacture of Electrical Machinery and Equipment	971	98.9	12.36	85.9
计算机、通信和其他电子设备制造业	Manufacture of Communication Equipment, Computer	976	97.5	14.91	50.1
仪器仪表制造业	Manufacture of Measuring Instrument	195	100.0	2.03	100.0
其他制造业	Other Manufacture	111	98.2	1.97	67.5
废弃资源综合利用业	Utilization of Waste Resources	215	100.0	1.45	100.0
金属制品、机械和设备修理业	Mental Products,Machine and Equipment Repair	12	100.0	0.44	100.0
电力、热力生产和供应业	Production and Supply of Electric Power and Heat Power	433	99.1	4.08	46.4
燃气生产和供应业	Production and Distribution of Gas	83	100.0	0.87	100.0
水的生产和供应业	Production and Distribution of Water	193	99.5	2.97	94.6

13-9 续表 2 Continued

指 标	Item	固定资产原价（亿元） Original Value of Fixed Assets (100 million yuan)	在工业中的地位（%） Status in Industry (%)	利润总额（亿元） Total Profits (100 million yuan)	在工业中的地位（%） Status in Industry (%)
总计	**Total**	**11835.10**	**60.8**	**1696.59**	**74.3**
按登记注册类型:	**Grouped by Registration**				
内资企业	Internal-invested Enterprises	10735.58	63.6	1621.37	75.7
国有企业	State-owned Enterprises	522.19	14.4	18.08	12.3
集体企业	Collective-owned Enterprises	21.04	100.0	4.40	100.0
股份合作企业	Enterprises Cooperated by Joint-stock	5.47	100.0	0.31	100.0
联营企业	Cooperative Enterprises	11.77	100.0	0.29	100.0
有限责任公司	Limited Liability Company	3682.70	68.1	292.94	65.1
股份有限公司	Company Limited by Shares	452.82	35.5	61.11	36.8
私营企业	Individual-owned Enterprises	6023.13	92.7	1243.81	90.7
其他企业	Enterprises of Other Types of Ownership	16.45	85.4	0.42	11.9
港、澳、台投资企业	Enterprises Funded by Entrepreneurs From Hong Kong, Macao and Taiwan	372.21	22.1	28.82	33.7
外商投资企业	Enterprises Funded by Foreigners	727.32	79.5	46.40	84.8
按经济组织类型:	**Grouped by Ownership**				
独资企业	Enterprises Owned by a Sole Investor	961.01	22.6	102.89	38.7
合作、合伙企业	Enterprises of Partnership	128.69	94.3	23.45	83.9
股份有限公司	Company Limited by Shares	847.42	42.3	144.44	44.3
有限责任公司	Limited Liability Company	9897.98	75.7	1425.80	85.7
按行业划分:	**Grouped by Sector**				
煤炭开采和洗选业	Mining and Washing of Coal	85.78	96.6	12.55	92.5
石油和天然气开采业	Petroleum and Natural Gas Extraction				
黑色金属矿采选业	Mining of Ferrous Metal Ores	18.87	100.0	0.72	100.0
有色金属矿采选业	Mining of Non-ferrous Metal Ores	129.96	71.0	14.11	72.5
非金属矿采选业	Mining and Processing of Nonmetal Ores	119.34	100.0	26.76	100.0
开采专业及辅助性活动	Professional and Support Activities for Mining				
其他采矿业	Other Mining and Dressing				

13-9 续表 3 Continued

指 标	Item	固定资产原价（亿元）Original Value of Fixed Assets (100 million yuan)	在工业中的地位（%）Status in Industry (%)	利润总额（亿元）Total Profits (100 million yuan)	在工业中的地位（%）Status in Industry (%)
农副食品加工业	Processing of Food from Agricultural Products	682.85	94.5	113.49	93.0
食品制造业	Manufacture of Foods	319.00	81.4	42.52	82.6
酒、饮料和精制茶制造业	Manufacture of Liquor, Beverage and Refined Tea	246.34	89.8	40.86	66.9
烟草制品业	Manufacture of Tobacco	34.65	12.8	1.19	0.9
纺织业	Manufacture of Textile	140.86	80.7	19.51	97.0
纺织服装、服饰业	Manufacture of Textile Wearing and Clothing Apparel	86.51	100.0	24.65	100.0
皮革、毛皮、羽毛及其制品和制鞋业	Leather, Fur, Feather and Its Products and Footwear	97.35	82.2	40.02	83.6
木材加工和木、竹、藤、棕、草制品业	Processing of Timbers, Manufacture of Wood, Bamboo, Rattan, Palm and Straw Products	130.40	100.0	35.70	100.0
家具制造业	Manufacture of Furniture	49.60	100.0	19.62	100.0
造纸和纸制品业	Manufacture of Paper and Paper Products	118.60	46.1	15.72	76.6
印刷和记录媒介复制业	Printing,Reproduction of Recording Media	131.47	100.0	20.09	100.0
文教、工美、体育和娱乐用品制造业	Manufacture of Articles for Culture, Education and Sport Activity	97.19	100.0	34.50	100.0
石油、煤炭及其他燃料加工业	Processing of Petroleum, Coal and Other Fuels	86.12	21.0	10.92	97.7
化学原料和化学制品制造业	Manufacture of Chemical Raw Material and Chemical Products	701.03	90.8	173.31	88.8
医药制造业	Manufacture of Medicines	282.83	86.2	54.79	71.9
化学纤维制造业	Manufacture of Chemical Fiber	78.87	100.0	2.23	100.0
橡胶和塑料制品业	Manufacture of Rubber and Plastic	166.38	83.3	39.77	94.2
非金属矿物制品业	Manufacture of Non-metallic Mineral Products	1409.62	97.3	179.46	96.4
黑色金属冶炼和压延加工业	Manufacture and Processing of Ferrous Metals	97.50	9.8	9.86	15.7
有色金属冶炼和压延加工业	Manufacture and Processing of Non-ferrous Metals	441.68	75.7	106.05	78.4
金属制品业	Manufacture of Metal Products	407.87	86.5	90.34	93.0
通用设备制造业	Manufacture of General Purpose Machinery	428.80	78.9	68.44	69.8
专用设备制造业	Manufacture of Special Purpose Machinery	431.30	73.7	75.00	63.6
汽车制造业	Automobile Industry	457.28	55.4	15.88	43.5
铁路、船舶、航空航天和其他运输	Manufacture of Railway, Marine, Aerospace and Other	254.62	60.7	14.43	24.6
电气机械和器材制造业	Manufacture of Electrical Machinery and Equipment	477.30	77.5	113.73	84.8
计算机、通信和其他电子设备制造业	Manufacture of Communication Equipment, Computer	419.54	35.0	116.93	58.3
仪器仪表制造业	Manufacture of Measuring Instrument	62.28	100.0	19.58	100.0
其他制造业	Other Manufacture	45.16	82.9	16.26	83.3
废弃资源综合利用业	Utilization of Waste Resources	112.36	100.0	29.51	100.0
金属制品、机械和设备修理业	Mental Products,Machine and Equipment Repair	3.94	100.0	3.12	100.0
电力、热力生产和供应业	Production and Supply of Electric Power and Heat Power	2364.27	39.8	74.72	86.9
燃气生产和供应业	Production and Distribution of Gas	169.50	100.0	-1.47	100.0
水的生产和供应业	Production and Distribution of Water	448.06	84.2	21.71	103.2

13-10 规模以上非公有制工业主要经济指标及在工业中的地位(2022年)
Main Indicators of Non-public Industrial Enterprises above Designated Size & Percentage of Industry Total (2022)

指 标	Item	企业单位数（个） Number of Enterprises (unit)	在工业中的地位（%） Status in Industry (%)	平均用工人数（万人） Annual Average Employees (10 000 persons)	在工业中的地位（%） Status in Industry (%)
总计	**Total**	**18805**	**94.6**	**253.81**	**85.2**
按登记注册类型：	**Grouped by Registration**				
内资企业	Internal-invested Enterprises	18336	94.5	227.39	84.1
股份合作企业	Enterprises Cooperated by Joint-stock	3	50.0	0.04	36.4
联营企业	Cooperative Enterprises				
有限责任公司	Limited Liability Company	1350	64.4	25.57	51.2
股份有限公司	Company Limited by Shares	148	63.8	4.16	36.0
私营企业	Individual-owned Enterprises	16833	100.0	197.34	100.0
其他企业	Enterprises of Other Types of Ownership	2	66.7	0.28	84.9
港、澳、台投资企业	Enterprises Funded by Entrepreneurs from Hong Kong, Macao and Taiwan	262	96.3	18.77	97.8
外商投资企业	Enterprises Funded by Foreigners	207	95.0	7.65	91.7
按经济组织类型：	**Grouped by Ownership**				
独资企业	Enterprises Owned by a Sole Investor	742	77.4	16.88	60.7
合作、合伙企业	Enterprises of Partnership	302	95.9	4.74	95.8
股份有限公司	Company Limited by Shares	678	89.0	23.43	76.0
有限责任公司	Limited Liability Company	17083	95.7	208.75	89.1
按行业划分：	**Grouped by Sector**				
煤炭开采和洗选业	Mining and Washing of Coal	90	82.6	1.02	36.6
石油和天然气开采业	Petroleum and Natural Gas Extraction				
黑色金属矿采选业	Mining of Ferrous Metal Ores	30	90.9	0.29	82.9
有色金属矿采选业	Mining of Non-ferrous Metal Ores	86	80.4	1.18	53.6
非金属矿采选业	Mining and Processing of Nonmetal Ores	320	93.6	2.56	88.0
开采专业及辅助性活动	Professional and Support Activities for Mining				
其他采矿业	Other Mining and Dressing				

13-10 续表 1 Continued

指 标	Item	企业单位数（个） Number of Enterprises (unit)	在工业中的地位（%） Status in Industry (%)	平均用工人数（万人） Annual Average Employees (10 000 persons)	在工业中的地位（%） Status in Industry (%)
农副食品加工业	Processing of Food from Agricultural Products	1724	97.1	19.42	94.7
食品制造业	Manufacture of Foods	587	96.6	12.34	96.3
酒、饮料和精制茶制造业	Manufacture of Liquor, Beverage and Refined Tea	544	97.7	5.11	91.1
烟草制品业	Manufacture of Tobacco				
纺织业	Manufacture of Textile	267	97.5	4.99	95.2
纺织服装、服饰业	Manufacture of Textile Wearing and Clothing Apparel	319	97.6	5.24	98.3
皮革、毛皮、羽毛及其制品和制鞋业	Leather, Fur, Feather and Its Products and Footwear	566	99.3	10.56	98.9
木材加工和木、竹、藤、棕、草制品业	Processing of Timbers,Manufacture of Wood, Bamboo, Rattan, Palm and Straw Products	471	99.0	5.02	96.9
家具制造业	Manufacture of Furniture	231	100.0	2.22	100.0
造纸和纸制品业	Manufacture of Paper and Paper Products	271	96.4	3.07	82.5
印刷和记录媒介复制业	Printing,Reproduction of Recording Media	279	96.9	3.36	91.1
文教、工美、体育和娱乐用品制造业	Manufacture of Articles for Culture, Education and Sport Activity	394	99.2	4.99	98.0
石油、煤炭及其他燃料加工业	Processing of Petroleum, Coal and Other Fuels	92	92.9	0.63	36.0
化学原料和化学制品制造业	Manufacture of Chemical Raw Material and Chemical Products	1400	96.4	22.45	93.7
医药制造业	Manufacture of Medicines	426	94.9	6.75	90.4
化学纤维制造业	Manufacture of Chemical Fiber	17	85.0	0.47	69.1
橡胶和塑料制品业	Manufacture of Rubber and Plastic	591	98.5	5.47	96.0
非金属矿物制品业	Manufacture of Non-metallic Mineral Products	2873	96.6	29.08	93.3
黑色金属冶炼和压延加工业	Manufacture and Processing of Ferrous Metals	134	94.4	1.42	34.8
有色金属冶炼和压延加工业	Manufacture and Processing of Non-ferrous Metals	425	91.8	6.50	70.8
金属制品业	Manufacture of Metal Products	1203	98.0	11.45	95.2
通用设备制造业	Manufacture of General Purpose Machinery	1132	96.3	11.89	81.1
专用设备制造业	Manufacture of Special Purpose Machinery	975	96.2	12.79	90.1
汽车制造业	Automobile Industry	409	91.9	11.08	84.4
铁路、船舶、航空航天和其他运输设备制造业	Manufacture of Railway,Marine,Aerospace and Other Transport Equipment	172	81.9	2.10	31.9
电气机械和器材制造业	Manufacture of Electrical Machinery and Equipment	947	96.4	13.01	90.4
计算机、通信和其他电子设备制造业	Manufacture of Communication Equipment, Computer and Other Electronic Equipment	973	97.2	28.25	94.8
仪器仪表制造业	Manufacture of Measuring Instrument	187	95.9	1.91	94.1
其他制造业	Other Manufacture	108	95.6	2.51	86.0
废弃资源综合利用业	Utilization of Waste Resources	206	95.8	1.37	94.5
金属制品、机械和设备修理业	Mental Products,Machine and Equipment Repair	10	83.3	0.36	81.8
电力、热力生产和供应业	Production and Supply of Electric Power and Heat Power	202	46.2	1.30	14.8
燃气生产和供应业	Production and Distribution of Gas	69	83.1	0.75	86.2
水的生产和供应业	Production and Distribution of Water	75	38.7	0.91	29.0

13-10 续表 2 Continued

指 标	Item	固定资产原价（亿元）Original Value of Fixed Assets (100 million yuan)	在工业中的地位（%）Status in Industry (%)	利润总额（亿元）Total Profits (100 million yuan)	在工业中的地位（%）Status in Industry (%)
总计	**Total**	**9420.24**	**48.4**	**1760.19**	**77.1**
按登记注册类型：	**Grouped by Registration**				
内资企业	Internal-invested Enterprises	7947.20	47.1	1639.02	76.5
股份合作企业	Enterprises Cooperated by Joint-stock	4.06	74.2	0.16	51.6
联营企业	Cooperative Enterprises				
有限责任公司	Limited Liability Company	1226.25	22.7	221.91	49.3
股份有限公司	Company Limited by Shares	213.59	16.8	43.00	25.9
私营企业	Individual-owned Enterprises	6500.44	100.0	1370.85	100.0
其他企业	Enterprises of Other Types of Ownership	2.86	14.9	3.11	88.4
港、澳、台投资企业	Enterprises Funded by Entrepreneurs from Hong Kong, Macao and Taiwan	879.08	52.1	72.71	85.1
外商投资企业	Enterprises Funded by Foreigners	593.96	64.9	48.46	88.6
按经济组织类型：	**Grouped by Ownership**				
独资企业	Enterprises Owned by a Sole Investor	599.34	14.1	114.49	43.1
合作、合伙企业	Enterprises of Partnership	106.75	78.2	27.11	97.0
股份有限公司	Company Limited by Shares	944.49	47.1	202.99	62.2
有限责任公司	Limited Liability Company	7769.66	59.4	1415.60	85.1
按行业划分：	**Grouped by Sector**				
煤炭开采和洗选业	Mining and Washing of Coal	36.98	41.6	5.14	37.9
石油和天然气开采业	Petroleum and Natural Gas Extraction				
黑色金属矿采选业	Mining of Ferrous Metal Ores	17.67	93.6	0.20	27.8
有色金属矿采选业	Mining of Non-ferrous Metal Ores	60.30	32.9	7.11	36.5
非金属矿采选业	Mining and Processing of Nonmetal Ores	96.40	80.8	21.73	81.2
开采专业及辅助性活动	Professional and Support Activities for Mining				
其他采矿业	Other Mining and Dressing				

13-10 续表 3 Continued

指 标	Item	固定资产原价（亿元）Original Value of Fixed Assets (100 million yuan)	在工业中的地位（%）Status in Industry (%)	利润总额（亿元）Total Profits (100 million yuan)	在工业中的地位（%）Status in Industry (%)
农副食品加工业	Processing of Food from Agricultural Products	683.59	94.6	120.32	98.6
食品制造业	Manufacture of Foods	365.85	93.3	51.68	100.4
酒、饮料和精制茶制造业	Manufacture of Liquor, Beverage and Refined Tea	240.36	87.6	44.55	72.9
烟草制品业	Manufacture of Tobacco				
纺织业	Manufacture of Textile	166.74	95.5	20.71	102.9
纺织服装、服饰业	Manufacture of Textile Wearing and Clothing Apparel	84.10	97.2	24.14	97.9
皮革、毛皮、羽毛及其制品和制鞋业	Leather, Fur, Feather and Its Products and Footwear	112.96	95.4	48.01	100.3
木材加工和木、竹、藤、棕、草制品业	Processing of Timbers,Manufacture of Wood, Bamboo, Rattan, Palm and Straw Products	124.62	95.6	35.81	100.3
家具制造业	Manufacture of Furniture	49.60	100.0	19.62	100.0
造纸和纸制品业	Manufacture of Paper and Paper Products	114.06	44.3	15.85	77.2
印刷和记录媒介复制业	Printing,Reproduction of Recording Media	109.43	83.2	17.86	88.9
文教、工美、体育和娱乐用品制造业	Manufacture of Articles for Culture, Education and Sport Activity	93.07	95.8	34.56	100.2
石油、煤炭及其他燃料加工业	Processing of Petroleum, Coal and Other Fuels	41.87	10.2	7.13	63.8
化学原料和化学制品制造业	Manufacture of Chemical Raw Material and Chemical Products	626.13	81.1	164.53	84.3
医药制造业	Manufacture of Medicines	300.45	91.5	69.11	90.7
化学纤维制造业	Manufacture of Chemical Fiber	31.12	39.5	1.74	78.0
橡胶和塑料制品业	Manufacture of Rubber and Plastic	194.76	97.5	41.60	98.5
非金属矿物制品业	Manufacture of Non-metallic Mineral Products	1089.82	75.2	176.01	94.5
黑色金属冶炼和压延加工业	Manufacture and Processing of Ferrous Metals	84.97	8.5	9.25	14.7
有色金属冶炼和压延加工业	Manufacture and Processing of Non-ferrous Metals	322.09	55.2	107.22	79.2
金属制品业	Manufacture of Metal Products	429.89	91.2	93.36	96.1
通用设备制造业	Manufacture of General Purpose Machinery	399.03	73.4	77.84	79.4
专用设备制造业	Manufacture of Special Purpose Machinery	487.21	83.2	110.70	93.8
汽车制造业	Automobile Industry	571.79	69.3	54.49	149.3
铁路、船舶、航空航天和其他运输	Manufacture of Railway, Marine, Aerospace and Other	76.36	18.2	9.46	16.1
电气机械和器材制造业	Manufacture of Electrical Machinery and Equipment	536.87	87.2	123.65	92.1
计算机、通信和其他电子设备制造业	Manufacture of Communication Equipment, Computer	1053.63	87.8	132.79	66.2
仪器仪表制造业	Manufacture of Measuring Instrument	58.04	93.2	19.73	100.8
其他制造业	Other Manufacture	34.99	64.3	21.69	111.1
废弃资源综合利用业	Utilization of Waste Resources	106.16	94.5	28.82	97.7
金属制品、机械和设备修理业	Mental Products,Machine and Equipment Repair	1.80	45.7	0.85	27.2
电力、热力生产和供应业	Production and Supply of Electric Power and Heat Power	424.88	7.1	33.14	38.6
燃气生产和供应业	Production and Distribution of Gas	140.11	82.7	-2.75	187.1
水的生产和供应业	Production and Distribution of Water	52.56	9.9	12.56	59.7

13-11 规模以上工业主要产品产量

Output of Industrial Products above Designated Size

产 品		Item		2010	2020	2021	2022
化学纤维	（万吨）	Chemical Fiber	(10 000 tons)	4.55	6.95	4.65	6.53
纱(混合数)	（万吨）	Yarn	(10 000 tons)	78.53	102.60	104.19	102.85
布(混合数)	（亿米）	Cloth	(100 million m)	4.65	1.31	1.04	0.80
棉布	（亿米）	Cotton Cloth	(100 million m)	2.91	0.81	0.64	0.50
毛巾	（万条）	Towel	(10 000 cartons)	111605.57	107729.00	46186.50	38366.70
服装	（万件）	Clothes	(10 000 pieces)	28574.94	133316.68	46037.49	64681.07
麻袋	（万条）	Gunny-bag	(10 000 cartons)	361.94	611.70	623.69	619.29
纸浆	（万吨）	Paper Pulp	(10 000 tons)	127.76	56.82	70.49	90.76
机制纸及纸板	（万吨）	Machine-made Paper and Paper Boards	(10 000 tons)	384.63	316.10	343.75	368.52
日用玻璃制品	（万吨）	Household Glass Product	(10 000 tons)	23.93	44.76	37.86	19.01
玻璃保温容器	（万个）	Glass Insulated Container	(10 000 units)	22479.00	2879.05	4570.60	5900.00
合成洗涤剂	（万吨）	Synthetic Detergents	(10 000 tons)	36.30	32.15	27.17	20.67
铅酸蓄电池	（万千伏安时）	Lead-acid Dry Cell	(10 000 kva)	60.12	357.89	406.16	424.26
大米	（万吨）	Rice	(10 000 tons)	829.09	1732.23	1908.10	1850.91
原盐	（万吨）	Salt	(10 000 tons)	228.56	330.46	332.75	335.11
成品糖	（万吨）	Refined Sugar	(10 000 tons)	0.40	0.29	0.28	0.11
卷烟	（万箱）	Cigarettes	(10 000 cases)	350.55	324.99	328.83	331.55
罐头	（万吨）	Canned Food	(10 000 tons)	92.28	90.39	77.76	81.87
软饮料	（万吨）	Soft Drinks	(10 000 tons)	141.45	778.31	948.59	963.01

13-11 续表 1 Continued

产 品		Item		2010	2020	2021	2022
饮料酒	（万千升）	Liquor	(10 000 kiloliter)	123.10	110.07	88.14	88.52
白酒（商品量）		Spirit		12.95	13.31	11.76	12.54
啤酒		Beer		104.10	66.64	69.76	70.81
乳制品	（吨）	Dairy Products	(ton)	182554.00	283528.26	478209.71	455783.10
食用植物油	（万吨）	Edible Vegetable Oil	(10 000 tons)	219.31	310.39	287.23	237.05
化学药品原药	（吨）	Chemical Medicine	(ton)	6442.10	139413.22	188446.77	226195.57
中成药	（吨）	Traditional Chinese Medicine	(10 000 tons)	114362.00	240861.76	220054.42	210669.85
饲料	（万吨）	Fixed-forage	(10 000 tons)	993.73	1791.02	2038.31	2260.63
塑料制品	（万吨）	Plastics Products	(10 000 tons)	74.27	348.75	319.10	353.63
皮革鞋靴	（万双）	Leather Shoe	(10 000 units)	7142.61	20428.78	12006.61	13231.34
原煤	（万吨）	Coal	(10 000 tons)	7670.12	1053.30	723.38	799.56
原油加工量	（万吨）	Crude Process	(10 000 tons)	590.67	877.85	808.91	828.30
汽油	（万吨）	Gasoline	(10 000 tons)	125.54	257.47	281.68	283.39
柴油	（万吨）	Diesel oil	(10 000 tons)	215.02	211.79	221.95	233.93
发电量	（亿千瓦时）	Electricity	(100 million kw.h)	1186.44	1496.21	1658.62	1658.96
水电		Hydro-power		462.69	538.97	485.96	452.51
火电		Thermal Power		723.75	851.24	1016.36	1018.49
生铁	（万吨）	Pig Iron	(10 000 tons)	1700.64	2105.44	2177.35	2179.62
粗钢	（万吨）	Steel	(10 000 tons)	1766.52	2612.90	2612.68	2612.68
钢材	（万吨）	Steel Products	(10 000 tons)	1811.73	2720.67	2979.70	3038.30
铁道用钢材		Railway Steel		3.83	7.68	4.26	12.87
线材		Wire Rod		332.10	272.42	262.82	282.23
无缝钢管		Seamless Steel Pipe		108.09	181.15	191.54	202.24
焊接钢管		Welding Steel Pipe		12.03	1.14		0.83
铁矿石（原矿）	（万吨）	Iron Mineral	(10 000 tons)	451.36	109.78	100.13	99.43
水泥	（万吨）	Cement	(10 000 tons)	8691.20	10989.09	10408.05	9934.51
焦炭	（万吨）	Coke	(10 000 tons)	397.91	603.99	660.93	662.07
煤气	（亿立方米）	Gas	(100 million Cu.M)	10.73	358.15	364.44	364.60

13-11 续表 2 Continued

产 品		Item		2010	2020	2021	2022
平板玻璃	（万重量箱）	Plate Glass	(10 000 weight cases)	1756.20	3284.57	3984.68	5034.11
硫酸（折 100%）	（万吨）	Sulfuric Acid	(10 000 tons)	260.34	207.55	189.33	219.46
纯碱	（万吨）	Soda Ash	(10 000 tons)	45.42	32.86	36.47	36.38
烧碱（折 100%）	（万吨）	Caustic Soda	(10 000 tons)	73.49	59.74	62.02	65.56
合成氨	（万吨）	Synthetic Ammonia	(10 000 tons)	164.06	62.51	59.54	65.74
农用化肥（折纯量）	（万吨）	Chemical Fertilizer	(10 000 tons)	333.58	58.69	59.56	76.32
氮肥		Nitrogen Fertilizers	(10 000 tons)	295.99	48.70	50.40	59.64
磷肥		Phosphate Fertilizers	(10 000 tons)	37.59	10.00	9.16	16.68
化学农药原药	（万吨）	Chemical Pesticide	(10 000 tons)	13.19	13.02	16.85	17.79
电石	（万吨）	Calcium Carbide	(10 000 tons)	20.66	13.36	19.69	16.83
初级形态的塑料	（万吨）	Primary Plastics	(10 000 tons)	48.29	58.27	63.71	59.44
合成橡胶	（万吨）	Synthetic Rubber	(10 000 tons)	15.37	41.90	43.21	39.76
矿山专用设备	（万吨）	Mining Special Equipment	(10 000 tons)	17.00	65.84	63.98	60.99
起重机	（万吨）	Crane	(10 000 tons)	87.58	273.99	255.37	134.69
金属冶炼设备	（万吨）	Metal Smelting Equipment	(10 000 tons)	3.26	8.75	9.03	10.26
发电设备	（万千瓦）	Power Generating Equipment	(10 000 kw)	119.97	493.97	958.79	1461.47
交流电动机	（万千瓦）	AC Electric Motor	(10 000 kw)	1632.16	1654.45	2186.44	2242.25
变压器	（万千伏安）	Transformer	(10 000 kva)	10733.24	13221.39	12757.89	15748.46
泵	（万台）	Pump	(10 000 units)	354.65	137.82	180.04	1392.95
金属切削机床	（台）	Metal-cutting Machine Tools	(unit)	3904	3331	3040	5573
金属成形机床	（台）	Metal Forming Machine Tools	(unit)	2460	20986	7738	8893
汽车	（辆）	Motor Vehicles	(unit)	240203	635068	633710	916044
摩托车	（辆）	Motorcycles	(unit)	231937	133400	160048	189341
滚动轴承	（万套）	Rolling Bearings	(10 000 sets)	1404.54	13861.10	14125.11	12652.53
小型拖拉机	（万台）	Small Tractor	(10 000 units)	3.19	1.73	1.61	1.69
发动机	（万千瓦）	Engines	(10 000 kw)	20.42	358.54	121.53	43.50
铁路机车	（辆）	Railway Locomotive	(unit)	772	248	214	276
铁路货车	（辆）	Railway Freight Wagons	(unit)	4012	6365	6290	5728
民用钢质船舶	（万载重吨）	Civil Plate Ship	(10 000 tons)	12.77	17.37	17.42	18.13
工业锅炉	（蒸发量吨）	Industrial Boiler	(ton)	59304	12789	9790	11761

注：汽车产量包括在湘非法人汽车企业生产的整车产量。
Automobile output includes the complete vehicle output produced by unincorporated automobile enterprises in Hunan.

13-12 规模以上工业企业主要产品、生产能力及能力利用率综合表(2022年)

产品名称	Item	企业单位数（个）Number of Enterprises (unit)
原煤（万吨）	Raw Coal (10 000 tons)	32
卷烟（亿支）	Cigarette (100 million pieces)	1
棉纺锭／纺纱量（万锭／万吨）	Cotton Spindle/Spinning Capacity (10 000 ingots/10 000 tons)	59
气流纺锭／纺纱量（万头／万吨）	Air Spindle/Spinning Capacity (10 000 ingots/10 000 tons)	11
棉布织机／布（万台／亿米）	Cotton Weaving/Cloth (10 000 units/100 million m)	12
原油加工能力／原油加工量（万吨／万吨）	Crude Oil Processing Capacity/Crude Oil Processing Capacity (10 000 tons/10 000 tons)	4
焦炭（万吨）	Coke	6
烧碱（折100%）（万吨）	Caustic Soda (10 000 tons)	5
碳化钙（电石，折300升／千克）（万吨）	Calcium Carbide (converted to 300 liters/kg) (10 000 tons)	4
农用氮、磷、钾化学肥料总计（折纯）（万吨）	Agricultural Nitrogen,Phosphorus And Potassium Fertilizer Total(off net) (10 000 tons)	16
初级形态塑料（万吨）	Primary Form of Plastic (10 000 tons)	35
焰火制品（亿元）	Pyrotechnic Products (100 million yuan)	274
烟花	Fireworks	204
化学纤维（万吨）	Chemical Fiber (10 000 tons)	13
硅酸盐水泥熟料（万吨）	Cement Clinker (10 000 tons)	60
水泥（万吨）	Cement (10 000 tons)	129
平板玻璃（万重量箱）	Plate Glass (10 000 weight cases)	14
生铁（万吨）	Pig Iron (10 000 tons)	10
粗钢（万吨）	Crude Steel (10 000 tons)	4
钢材（万吨）	Steel (10 000 tons)	28
铁合金（万吨）	Ferroalloy (10 000 tons)	60
原铝（电解铝）（万吨）	Primary Aluminum (10 000 tons)	
金属切削机床（万台）	Metal Cutting Machine Tools (10 000 units)	25
挖掘机（万台）	Excavator (10 000 sets)	3
汽车（万辆）	Car (10 000 sets)	13
乘用车	Passenger Car	6
新能源乘用车	New Energy Passenger Car	4
商用车	Commercial Vehicles	5
新能源商用车	New Energy Commercial Vehicles	1
民用钢质船舶（万载重吨）	Civil Steel Ship (10 000 tons)	15
太阳能电池（万千瓦）	Solar Battery (10 000 kw)	2
家用电冰箱（万台）	Household Refrigerators (10 000 sets)	
房间空气调节器（万台）	Room Air Conditioners (10 000 sets)	2
家用洗衣机（万台）	Household Washing Machines (10 000 sets)	
微型计算机设备（万台）	Micro Computers (10 000 sets)	11
移动通信手持机（手机）（万台）	Mobile Handset (Cell Phone) (10 000 sets)	11
彩色电视机（万台）	Color TV (10 000 sets)	1
发电设备容量总计／发电量（万千瓦／万千瓦小时）	Total Capacity of Power Equipment/Power Generation (10 000 kw/10 000 kw·h)	245
其中：火电设备容量／发电量	Of Which: Thermal Power Equipment Capacity/Power Generation	49
水电设备容量／发电量	Hydropower Equipment Capacity/Power Generation	109
风电设备容量／发电量	Capacity of Wind Power Equipment/Power Generation	61

注：报表制度规定“棉纺锭／纱纺量”“气流纺锭／纺纱量”“棉布织机／布”不计算能力利用率。

Main Products, Production Capacity and Utilization Rate of Industrial Enterprises above Designated Size (2022)

年初生产能力 Early Production	年末生产能力 At the End of Production Capacity	能力利用率（%） Capacity Utilization (%)
945.77	977.03	81.84
1741.29	1740.19	95.23
103.50	106.61	
6.21	9.11	
0.86	1.23	
1500.10	1500.10	55.22
710.00	640.00	98.09
65.50	70.50	96.41
23.01	23.41	82.29
192.35	213.27	62.27
87.61	91.82	66.00
1078.49	1370.94	91.33
819.73	1063.73	90.61
28.40	28.45	65.88
8552.46	8654.68	66.69
15451.34	15489.97	60.75
4677.00	5225.30	100.35
1860.77	1862.11	117.27
2055.00	2055.00	127.14
2951.68	3025.02	104.47
205.20	221.06	67.35
1.03	1.33	48.89
5.16	5.18	27.77
72.32	72.32	36.54
65.32	65.32	35.85
28.32	28.32	10.04
7.00	7.00	43.03
1.00	1.00	36.41
60.38	60.91	51.01
75.51	84.28	99.48
792.28	1101.42	98.18
432.39	437.37	55.08
4213.87	3021.63	55.05
0.00	30.00	43.40
3649.45	3645.53	43.23
1990.66	1947.79	48.06
973.04	976.74	40.00
408.22	440.78	28.32

The report system stipulates that "cotton spindle/spinning capacity ", " air spindle/spinning capacity" and "cotton weaving/cloth " do not calculate the utilization rate of capacity.

13-13 按全省人口平均的主要产品产量
Per Capita Output of Major Industrial Products

产　品		Item		2010	2020	2021	2022
化学纤维	（公斤/人）	Chemical Fiber	(kg / person)	0.64	1.05	0.70	0.99
纱（混合数）	（公斤/人）	Yarn	(kg / person)	11.08	15.44	15.73	15.57
布（混合数）	（米/人）	Cloth	(m / person)	6.56	1.98	1.57	1.21
针棉织品（折用纱量）	（公斤/人）	Cotton Knitwear	(kg / person)	0.44	0.68	0.13	0.15
机制纸及纸板	（公斤/人）	Machine-made Paper and Paperboards	(kg/person)	54.25	47.57	51.91	55.80
合成洗涤剂	（公斤/人）	Synthetic Detergents	(kg / person)	5.12	4.84	4.10	3.13
原盐	（公斤/人）	Salt	(kg / person)	32.24	49.73	50.25	50.74
成品糖	（公斤/人）	Refined Sugar	(kg / person)	0.06	0.04	0.04	0.02
卷烟	（箱/百人）	Cigarette	(case /100 person)	4.94	4.89	4.97	5.02
原煤	（吨/人）	Coal	(ton / person)	1.08	0.16	0.11	0.12
原油加工量	（公斤/人）	Processing Output of Crude Oil	(kg / person)	83.32	132.10	121.94	125.25
发电量	（千瓦小时/人）	Electricity	(kwh / person)	1673.51	2251.50	2500.29	2508.63
生铁	（公斤/人）	Pig Iron	(kg / person)	239.88	316.83	328.81	330.05
粗钢	（公斤/人）	Crude Steel	(kg / person)	249.17	393.19	394.55	395.62
钢材	（公斤/人）	Steel	(kg / person)	255.55	409.41	449.97	460.07
水泥	（吨/人）	Cement	(ton / person)	1.23	1.65	1.57	1.50
平板玻璃	（重量箱/人）	Plate Glass	(weight case / person)	0.25	0.49	0.60	0.76
硫酸（折100）	（公斤/人）	Sulfuric Acid	(kg / person)	36.72	31.23	28.59	33.23
纯碱	（公斤/人）	Soda Ash	(kg / person)	6.41	4.95	5.51	5.51
烧碱（折100）	（公斤/人）	Caustic Soda	(kg / person)	10.37	8.99	9.37	9.93
合成氨	（公斤/人）	Synthetic Ammonia	(kg / person)	23.14	9.41	8.99	9.95
农用化肥（折纯量）	（公斤/人）	Chemical Fertilizer	(kg / person)	47.05	8.83	8.99	11.56
氮肥	（公斤/人）	Nitrogen Fertilizer	(kg / person)	41.75	7.33	7.61	9.03
磷肥	（公斤/人）	Phosphate Fertilizer	(kg / person)	5.30	1.50	1.38	2.53
化学农药原药	（公斤/人）	Chemical Pesticide	(kg / person)	1.86	1.96	2.54	2.69
初级形态塑料	（公斤/人）	Primary Plastics	(kg / person)	6.81	8.77	9.62	9.00
合成橡胶	（公斤/人）	Synthetic Rubber	(kg/person)	2.17	6.30	6.53	6.02
汽车	（辆/万人）	Motor Vehicles	(unit/10 000 persons)	33.88	95.57	95.70	138.71
摩托车	（辆/万人）	Motorcycles	(unit/10 000 persons)	32.72	20.07	24.17	28.67

注：人均主要产品产量按常住人口计算。
The data are based on the permanent population.

13-14 各市、州规模以上工业主要经济指标(2022年)
Main Indicators of Industrial Enterprises above Designated Size by Region (2022)

单位：亿元 (100 million yuan)

类 别	Item	全省 Total	长沙市 Changsha	株洲市 Zhuzhou	湘潭市 Xiangtan	衡阳市 Hengyang	邵阳市 Shaoyang	岳阳市 Yueyang	常德市 Changde
企业单位数（个）	Number of Enterprises (unit)	19885	3122	2004	1370	1392	1966	1949	1712
大型企业	Largest Enterprise	169	54	18	13	16	11	13	13
中型企业	Medium-sized Enterprises	1390	239	230	70	93	90	170	135
小型企业	Small Enterprises	15602	2477	1415	1065	1112	1559	1487	1380
微型企业	Micro Enterprises	2735	352	342	222	171	306	286	184
#亏损企业	#Loss-making Enterprises	1865	588	207	188	150	23	94	111
实收资本	Total Capital Hold	8000.95	2101.45	1224.48	572.01	428.22	277.52	1001.74	474.99
#外商资本	#Foreign Capital	147.99	72.09	7.12	10.05	3.89	2.01	16.90	5.59

13-14 续表 1 Continued

单位：亿元 (100 million yuan)

类 别	Item	张家界市 Zhangjiajie	益阳市 Yiyang	郴州市 Chenzhou	永州市 Yongzhou	怀化市 Huaihua	娄底市 Loudi	湘西州 Xiangxi
企业单位数（个）	Number of Enterprises (unit)	245	1441	1322	1212	844	972	349
大型企业	Largest Enterprise		9	12	5	3	12	2
中型企业	Medium-sized Enterprises	3	84	87	103	29	47	13
小型企业	Small Enterprises	210	1152	1049	976	711	770	239
微型企业	Micro Enterprises	32	196	176	128	102	143	95
#亏损企业	#Loss-making Enterprises	28	72	110	68	70	104	52
实收资本	Total Capital Hold	35.76	269.08	494.83	304.18	232.77	364.09	84.84
#外商资本	#Foreign Capital	0.11	1.92	2.29	5.82	1.77	18.21	0.21

13-14 续表 2 Continued

单位：亿元 (100 million yuan)

指 标	Item	全省 Total	长沙市 Changsha	株洲市 Zhuzhou	湘潭市 Xiangtan	衡阳市 Hengyang
全部从业人员年平均人数（万人）	Annual Average Number of Obtain Employees (10 000 persons)	297.83	64.19	34.23	19.15	20.00
流动资产	Current Assets	17600.61	6878.52	2247.80	1272.17	859.08
#存货	#Inventory	3673.42	1187.28	412.07	270.85	200.88
产成品	Products	1320.56	446.85	140.56	83.18	78.11
固定资产原价	Original Value of Fixed Assets	19480.45	4034.10	1545.03	1333.51	1263.22
累计折旧	Add up Depreciation of Fixed Assets	8293.87	1512.29	682.36	631.66	558.99
资产总计	Total Assets	36684.69	12233.82	4414.63	2433.31	1874.65
流动负债合计	Total Liquid Liabilities	14061.99	5365.78	1816.73	1110.01	741.07
负债合计	Total Liabilities	19297.82	6708.36	2266.15	1451.67	1036.71
所有者权益	Creditors Equity	17386.89	5525.45	2148.48	981.63	837.97
营业收入	Business Revenue	39760.49	8688.27	2820.56	3161.23	2042.71
营业成本	Business Cost	32250.74	7048.71	2279.30	2746.57	1672.59
营业税金及附加	Tax and Surcharge of Business	1040.20	263.67	24.50	17.21	14.83
管理费用	Administrative Expense	1516.44	293.47	134.53	74.00	90.19
利息费用	Interest Charges	248.39	61.46	13.49	12.48	12.47
利息收入	Interest Revenue	58.03	27.77	5.47	3.28	1.71
营业利润	Operating Profit	2334.86	472.47	189.26	113.94	104.24
利润总额	Total Profit	2282.93	475.01	192.63	116.36	104.70
本年应付职工薪酬	Total Wages Payable of the Year	3388.16	761.19	359.73	278.49	203.04
总资产贡献率（%）	Ratio of Total Assets to Output Value (%)	11.99	8.04	6.74	8.26	9.98
营业收入利润率（%）	Operating Profit Margin (%)	5.74	5.47	6.83	3.68	5.13
资产负债率（%）	Asset-liability Ratio (%)	52.60	54.83	51.33	59.66	55.30
成本费用利润率（%）	Ratio of Profits to Cost (%)	6.27	5.94	7.26	3.90	5.50

13-14 续表 3 Continued

单位：亿元 (100 million yuan)

指 标	Item	邵阳市 Shaoyang	岳阳市 Yueyang	常德市 Changde	张家界市 Zhangjiajie	益阳市 Yiyang
全部从业人员年平均人数（万人）	Annual Average Number of Obtain Employees (10 000 persons)	20.88	32.90	23.35	1.47	19.18
流动资产	Current Assets	475.27	1067.68	1531.89	61.38	724.85
#存货	#Inventory	125.35	302.06	466.28	14.84	166.94
产成品	Products	58.85	117.21	122.39	7.44	73.86
固定资产原价	Original Value of Fixed Assets	848.00	2138.02	1411.81	117.16	923.12
累计折旧	Add up Depreciation of Fixed Assets	268.84	1131.33	604.28	44.84	385.22
资产总计	Total Assets	1268.28	2803.91	2673.55	160.25	1577.29
流动负债合计	Total Liquid Liabilities	376.45	931.17	954.13	52.77	578.91
负债合计	Total Liabilities	604.25	1339.31	1265.06	82.90	821.93
所有者权益	Creditors Equity	664.03	1464.61	1408.49	77.35	755.36
营业收入	Business Revenue	2470.33	5886.12	3232.64	129.54	2748.38
营业成本	Business Cost	1937.78	4817.05	2259.88	105.72	2275.43
营业税金及附加	Tax and Surcharge of Business	18.08	159.11	382.53	0.84	17.49
管理费用	Administrative Expense	92.79	236.56	138.41	6.80	126.60
利息费用	Interest Charges	13.13	40.56	17.92	1.19	11.68
利息收入	Interest Revenue	0.56	2.70	5.40	-0.01	0.78
营业利润	Operating Profit	271.16	282.94	231.52	5.00	192.86
利润总额	Total Profit	273.81	281.98	241.85	5.69	113.15
本年应付职工薪酬	Total Wages Payable of the Year	162.03	444.09	253.01	10.05	206.24
总资产贡献率（%）	Ratio of Total Assets to Output Value (%)	28.45	21.52	27.97	6.05	10.58
营业收入利润率（%）	Operating Profit Margin (%)	11.08	4.79	7.48	4.39	4.12
资产负债率（%）	Asset-liability Ratio (%)	47.64	47.77	47.32	51.73	52.11
成本费用利润率（%）	Ratio of Profits to Cost (%)	12.52	5.17	9.23	4.60	4.44

13-14 续表 4 Continued

单位：亿元 (100 million yuan)

指 标	Item	郴州市 Chenzhou	永州市 Yongzhou	怀化市 Huaihua	娄底市 Loudi	湘西州 Xiangxi
全部从业人员年平均人数 （万人）	Annual Average Number of Obtain Employees (10 000 persons)	19.69	19.24	8.21	11.67	3.07
流动资产	Current Assets	733.40	473.93	362.53	608.48	222.10
#存货	#Inventory	179.97	104.02	65.64	124.93	52.34
产成品	Products	69.42	37.41	22.49	41.59	21.19
固定资产原价	Original Value of Fixed Assets	1420.32	1017.65	940.11	1263.77	234.36
累计折旧	Add up Depreciation of Fixed Assets	558.22	402.10	426.22	585.84	103.89
资产总计	Total Assets	2058.75	1331.15	1096.07	1558.01	435.09
流动负债合计	Total Liquid Liabilities	539.33	345.73	304.58	610.62	172.35
负债合计	Total Liabilities	1040.28	626.44	476.35	808.56	243.85
所有者权益	Creditors Equity	1018.46	704.71	619.72	749.45	191.24
营业收入	Business Revenue	2774.31	1836.83	1181.35	2314.30	298.18
营业成本	Business Cost	2232.65	1482.69	958.28	2058.31	236.27
营业税金及附加	Tax and Surcharge of Business	66.72	41.44	7.80	17.07	7.68
管理费用	Administrative Expense	106.43	77.97	73.77	48.99	12.94
利息费用	Interest Charges	11.99	6.13	13.70	10.93	2.81
利息收入	Interest Revenue	1.53	0.87	2.03	5.13	0.73
营业利润	Operating Profit	173.70	115.69	57.12	96.59	15.92
利润总额	Total Profit	173.60	115.72	58.33	99.66	17.91
本年应付职工薪酬	Total Wages Payable of the Year	211.12	243.21	72.36	141.55	22.66
总资产贡献率 （%）	Ratio of Total Assets to Output Value (%)	15.18	14.08	9.45	10.47	8.22
营业收入利润率 （%）	Operating Profit Margin (%)	6.26	6.30	4.94	4.31	6.01
资产负债率 （%）	Asset-liability Ratio (%)	50.53	47.06	43.46	51.90	56.05
成本费用利润率 （%）	Ratio of Profits to Cost (%)	6.95	6.85	5.20	4.50	6.49

主要统计指标解释

工业 指从事自然资源的开采，对采掘品和农产品进行加工和再加工的物质生产部门。具体包括：(1)对自然资源的开采，如采矿、晒盐等(但不包括禽兽捕猎和水产捕捞)；(2)对农副产品的加工、再加工，如粮油加工、食品加工、缫丝、纺织、制革等；(3)对采掘品的加工、再加工，如炼铁、炼钢、化工生产、石油加工、机器制造、木材加工等，以及电力、燃气及水的生产和供应等；(4)对工业品的修理、翻新，如机器设备的修理等。

工业统计调查单位为工业法人单位。

工业法人单位指从事工业生产经营活动的法人单位。工业法人单位应同时具备以下条件：①依法成立，有自己的名称、组织机构和场所，能够独立承担民事责任；②独立拥有（或授权）使用资产，承担负债，有权与其他单位签订合同；③具有包括资产负债表在内的帐户，或者能够根据需要编制帐户。

国有控股企业 即原来的国有及国有控股企业，根据企业实收资本中国有经济成分的出资人的实际投资情况，或国有经济成分的出资人对企业资产的实际控制、支配程度进行分类。以下情况为国有控股：（1）在企业的全部实收资本中，国有经济成分的出资人拥有的实收资本（股本）所占企业全部实收资本（股本）的比例大于50%的国有绝对控股。（2）在企业的全部实收资本中，国有经济成分的出资人拥有的实收资本（股本）所占比例虽未大于50%，但相对大于其他任何一方经济成分的出资人所占比例的国有相对控股；或者虽不大于其他经济成分，但根据协议规定拥有企业实际控制权的国有协议控股。（3）投资双方各占50%，且未明确由谁绝对控股的企业，若其中一方为国有经济成分的，一律按国有控股处理。

本篇涉及的企业登记注册类型的解释详见综合篇。

资产总计 指企业过去的交易或者事项形成的、由企业拥有或者控制的、预期会给企业带来经济利益的资源。资产一般按流动性分为流动资产和非流动资产。其中流动资产可分为货币资金、交易性金融资产、应收票据、应收账款、预付款项、其他应收款、存货等；非流动资产可分为长期股权投资、固定资产、无形资产及其他非流动资产等。来源于会计“资产负债表”中“资产总计”项目的期末余额数。

流动资产合计 资产满足以下条件之一应归为流动资产：（1）预计在一个正常营业周期中变现、出售或耗用，主要包括存货、应收账款等；（2）主要为交易目的而持有；（3）预计在资产负债表日起一年内（含一年）变现；（4）自资产负债日起一年内，交换其他资产或清偿负债的能力不受限制的现金或现金等价物。包括货币资金、应收票据、应收账款、存货等项目。来源于会计“资产负债表”中“流动资产合计”项目的期末余额数。

负债合计 指企业过去的交易或者事项形成的，预期会导致经济利益流出企业的现时义务。负债一般按偿还期长短分为流动负债和非流动负债。来源于会计“资产负债表”中“负债合计”项目的期末余额数。

应收账款 指企业因销售商品、提供劳务等经营活动所形成的债权，包括应向客户收取的货款、增值税款和为客户代垫的运杂费等。来源于会计“资产负债表”中“应收账款”项目的期末余额数。

存货 指企业在日常活动中持有以备出售的产成品或商品、处在生产过程中的在产品、在生产过程或提供劳务过程中耗用的材料或物料等，通常包括原材料、在产品、半成品、产成品、商品以及周转材料等。来源于会计“资产负债表”中“存货”项目的期末余额数。

产成品 指企业已经完成全部生产过程并验收入库，可以按照合同规定的条件送交订货单位，或者可以作为商品对外销售的产品。来源于会计“产成品”科目的借方余额。

营业收入 指企业经营主要业务和其他业务所确认的收入总额。营业收入包括“主营业务收入”和“其他业务收入”。来源于会计“利润表”中“营业收入”项目的本年累计数。

营业成本 指企业经营主要业务和其他业务所发生的成本总额。包括企业（单位）在报告期内从事销售商品、提供劳务等日常活动发生的各种耗费。包括“主营业务成本”和“其他业务成本”。来源于会计“利润表”中“营业成本”项目的本年累计数。

销售费用 指企业在销售商品和材料、提供劳务的过程中发生的各种费用，包括保险费、包装费、展览费和广告费、商品维修费、预计产品质量保证损失、运输费、装卸费等以及为销售本企业商品而专设的销售机构（含销售网点、售后服务网点等）的职工薪酬、业务费、折旧费等经营费用。

管理费用 指企业为组织和管理企业生产经营所发生的费用，包括企业在筹建期间内发生的开办费、董事会和行政管理部门在企业经营管理中发生的，或者应当由企业统一负担的公司经费等。来源于会计“利润表”中“管理费用”项目的本年累计数。

财务费用 指企业为筹集生产经营所需资金等而发生的筹资费用，包括企业生产经营期间发生的利息支出（减利息收入）、汇兑损失（减汇兑收益）以及相关的手续费等。来源于会计“利润表”中“财务费用”项目的本年累计数。

利润总额 指企业在一定会计期间的经营成果，是生产经营过程中各种收入扣除各种耗费后的盈余，反映企业在报告期内实现的盈亏总额。来源于会计“利润表”中“利润总额”项目的本年累计数。

平均用工人数 指报告期企业平均实际拥有的、参与本企业生产经营活动的人员数。

Explanatory Notes on Main Statistical Indicators

Industry refers to the material production sector which is engaged in the extraction of natural resources and processing and reprocessing of minerals and agricultural products, including (1) extraction of natural resources, such as mining, salt production (but not including hunting and fishing); (2) processing and reprocessing of farm and sideline produces, such as grain and oil processing, food processing, silk reeling, spinning and weaving and leather making; (3) processing and reprocessing of mineral products, such as steel making, iron smelting, chemicals manufacturing, petroleum processing, machine building, timber processing, and production and supply of electricity, gas and water; (4) repairing and renovating of industrial products such as the machinery.

In industrial surveys, the units of enquiry are industrial corporate units.

Industrial corporate units refer to corporate units engaging in industrial production and operation activities, which meet the following requirements: (1) They are established legally, having their own names, organizations, location, and are able to take civil liability independently; (2) They possess (or are authorized to use) assets independently, assume liabilities and are entitled to sign contracts with other units; (3) They have accounts including the balance sheets or can compile the accounts according to the need.

State-holding Enterprises cover the original state-owned enterprises and state-holding enterprises. They are classified according to the actual investment made by the contributors of state-owned part in the paid-in capital of the enterprises, or the degree of control or dominance of the contributor on the assets of the enterprises. The following cases are regarded as state-holding: (1) Absolute state-holding in which the contributors of state-owned parts possess more than 50% of all the paid-in capital (stocks) of the enterprises; (2) Relative state-holding in which the contributors of state-owned parts possess no more than 50% of the paid-in capital (stocks) of the enterprises, but more than that of any other contributors; or Agreed state-holding in which the contributors of state-owned parts possess no more than other contributors but have actual control over the enterprises according to agreements; (3) In the case both contributors possess 50% and it is not clear which one is in absolute holding position, the enterprise is regarded as state-holding enterprise if one of the contributor has state-owned elements.

For explanation of types of registration covered in this chapter, please refer to General Survey.

Total Assets refer to all resources that are owned or controlled by enterprises through previous trades or transactions with expectation of making economic profits. Classified by the degree of liquidity, total assets include current assets and non-current assets. Current assets can be classified into monetary capital, trading financial assets, notes receivable, accounts receivable, advanced payments, other receivables and inventories. Non-current assets can be divided into long-term equity investment, fixed assets, intangible assets and other non-current assets. Data on this indicator can be obtained from the year-end figures of total assets in the Balance Sheet of accounting records.

Total Current Assets refer to the assets that meet one of the following requirements: (1) expected to be cashed, sold or used in a normal operation cycle, mainly including inventory and accounts receivable; (2) be owned for trading purpose mainly; (3) expected to be cashed in one year (including one year) from the day of the Balance Sheet; (4) unlimited cash or cash equivalents that can be exchanged with other assets or being capable of settling debts during one year since the day of the Balance Sheet. Included are monetary capital, notes receivable, accounts receivable and inventories. Data on this indicator can be obtained from the year-end figures of total current assets in the Balance Sheet of accounting records.

Total Liabilities refer to payable liabilities of enterprises that accumulated from previous trades or transactions with expectation of economic profits leaking out. In terms of payment, it can be divided into liquid liabilities and long-term liabilities. Data on this indicator can be obtained from the year-end figures of total liabilities in the Balance Sheet of accounting records.

Accounts Receivable refers to creditor's rights formed by business activities such as selling goods, providing labor, which include payment for goods that should be charged to the customer, value-added tax and advance freight for the clients. It comes from the ending balance of accounts receivable in balance sheet.

Inventories refers to finished goods or commodities held in preparation for sale in enterprises' daily activities, goods in the production process, material or the physical materials consumed in the production process or in the process of providing labor, usually include raw materials, goods in the production process, semi-finished products, finished products, goods and materials in flow. It comes from the ending balance of inventory in balance sheet.

Finished Goods refers to the products that the enterprises have completed all of the production process and accepted and put in storage, and can be sent to the ordering units in accordance with the contract stipulations, or can be on sale. It come from the debit balance of Finished Products of accounting.

Business Revenue refers to the total revenue recognized by an enterprise in its principal business and other business operations. Business revenue includes " revenue from principal Business" and " revenue from other business". It comes from this year's cumulative report of "business revenue" items from the "income statement".

Business Cost refers to the total cost incurred by an enterprise in its principal business and other business operations. It includes various expenditures incurred by enterprises (units) in their daily activities of selling goods and providing labour services during the reporting period. It includes "Cost of principal business" and "Cost of other business". It comes from this year's cumulative report of "operating cost" items from the "income statement".

Selling Expense refers to the cost during the sale of goods and materials, providing labour services, including insurance, packing, exhibition fees and advertising fees, merchandise maintenance costs, expected product quality guarantee loss, transportation fees, handling fees, and operating expenses for the sales of the company's products such as employee compensation, business expenses, depreciation costs for dedicated sales offices (including sales outlets, after-sales service outlets, etc.).

Administrative Expense refers to the expenses for the organization and management of enterprise operating, including the start-up costs during the construction of enterprises, funds occurred during enterprises operating by board of directors and executive management in the enterprise management, or burden by enterprises. It comes from this year's cumulative current amount of management cost in income statement.

Financial Expenses refers to cost of raising fund for enterprises to raise funds for production and operation, including interest payments (a reduction in interest income), exchange loss (less exchange gains) and related fees during the period of production. It comes from this year's cumulative current amount of financial expenses in income statement.

Total Profits refers to the operation results in a certain accounting period, and it is the balance of various incomes minus various spendings in the course of operation, reflecting the total profits and losses of enterprises in reference period. Data are obtained from the this year's cumulative amount of total profits in the profit statement of the accounting record of enterprise.

Annual Average Employees refers to the number of person engaged in the enterprise production and operation activities in the reporting period, which are actually owned by the enterprise.

14

建筑业

Construction

资料整理人员：吕　涛

14−1 建筑企业概况
General Survey of Construction Enterprises

单位：亿元 (100 million yuan)

年份 Year	建筑业企业单位数（个）Number of Construction Enterprises (unit)	总产值 Gross Output Value of Construction	企业总收入 Total Income of Enterprises	利税总额合计 Total Pre-tax Profits	利润总额合计 Total Profits
1980	3427	7.97			
1981	2771				
1982	2610				
1983	2822				
1984	3677				
1985	4248	16.48			0.95
1986	4013	20.33			0.92
1987	4083	23.23			0.73
1988	4015	29.95			0.86
1989	3887	32.39			0.48
1990	3713	33.47		1.31	0.26
1991	3718	40.55		1.89	0.53
1992	3967	55.04		2.47	0.92
1993	4759	81.77		3.40	1.04
1994	5262	115.35		4.35	0.94
1995	5169	148.80		5.73	1.05
1996	1656	278.38	248.05	11.96	3.54
1997	1748	296.50	261.67	12.23	2.97
1998	1840	327.32	288.72	11.58	1.95
1999	1812	333.90	303.46	12.10	1.72
2000	1812	354.29	316.13	15.29	4.39
2001	1628	489.79	464.73	25.52	8.64
2002	1442	595.77	552.65	31.89	11.10
2003	1593	818.84	769.26	45.25	15.61
2004	1940	1027.89	966.60	60.95	25.47
2005	1842	1219.35	1136.14	73.14	28.75
2006	1861	1462.88	1370.91	91.51	37.66
2007	1893	1828.81	1720.40	122.05	54.56
2008	1992	2115.44	1994.97	202.77	112.11
2009	1948	2507.40	2333.97	180.28	84.59
2010	2005	3161.73	3010.77	228.87	105.02
2011	2021	3915.01	3600.93	267.00	124.67
2012	2021	4407.92	4102.19	307.30	149.59
2013	2094	5283.84	4947.39	392.54	190.34
2014	2108	6020.97	5699.61	429.37	208.31
2015	2083	6630.82	6131.31	454.45	216.19
2016	2124	7304.22	7010.13	433.03	230.57
2017	2339	8423.00	7688.40	547.83	246.62
2018	2652	9581.44	8695.41	707.63	317.59
2019	2986	10800.62	9693.34	719.09	324.84
2020	3338	11863.77	10278.14	711.46	334.67
2021	3744	13280.16	11254.79	754.54	360.66
2022	4071	14481.00	11875.59	721.09	349.82

14-1 续表 1 Continued

单位：万元 (10 000 yuan)

指 标	Item	2010	2020	2021	2022
总产值	**Gross Output Value of Construction**	**31617292**	**118637745**	**132801650**	**144810029**
#国有企业	#State-owned Enterprises	9817093	2111762	2826370	3304160
集体企业	Collective-owned Enterprises	1453121	2461912	2472315	2455727
股份合作企业	Cooperative Enterprises	77535	49861		
联营企业	Joint Ownership Enterprises	49320	80458	124915	107855
有限责任公司	Limited Liability Corporations	12725894	68869449	67376655	74321993
股份有限公司	Share-holding Corporations Ltd.	2356614	5162364	3307652	3565675
私营企业	Private Enterprises	4773327	39541592	56240120	60677088
其他企业	Others Enterprises	272582			
港澳台商投资企业	Funded by Entrepreneurs from Hong kong,Macao and Taiwan	81757	222741	240795	172951
外商投资企业	Enterprises with Foreign Investment	10050	137606	212827	204458
增加值	**Value Added of Construction**				
#本年内提取的固定资产折旧	#Depreciation of Fixed Assets of the Year	278811	511693	475104	513350
应付工资	Wages Payable	2952164	11635554	11966924	12873905
主营业务税金及附加	Taxes and Extra Charges on Main Business	1192347	1372233	1477103	1237935
实收资本	**Capital Stock**	**4315628**	**13674490**	**15168740**	**15661887**
#国有企业	#State-owned Enterprises	928108	447858	496645	550787
集体企业	Collective-owned Enterprises	296638	247463	237601	247096
股份合作企业	Cooperative Enterprises	17205	12759		25
联营企业	Joint Ownership Enterprises	33322		5915	6728
有限责任公司	Limited Liability Corporations	1750828	6692950	7730337	8086639
股份有限公司	Share-holding Corporations Ltd.	374913	254509	260779	288301
私营企业	Private Enterprises	815004	6005862	6416207	6464755
其他企业	Others Enterprises	65129			
港澳台商投资企业	Funded by Entrepreneurs from Hong kong,Macao and Taiwan	20105	7398	12566	11866
外商投资企业	Enterprises with Foreign Investment	14376	5691	8691	5691

注：1995 年至 2001 年，建筑施工企业为资质等级四级及以上的建筑施工企业。从 2002 年起，建筑施工企业的统计范围为具有新资质等级的施工总承包和专业承包企业。下表同。

Construction enterprises refer to the fourth and higher grade construction enterprises between 1995 and 2001. The Statistical Coverage of Construction Enterprises Just Included the New Grade Construction Enterprises of Overall Contract and Special Contract Since 2002. The Same as in the following table.

14-1 续表 2 Continued

单位：万元 (10 000 yuan)

指 标	Item	2010	2020	2021	2022
资产合计	**Total Assets**	**17526351**	**79861193**	**88135218**	**98969901**
# 流动资产	# Circulating Funds	12773189	59633161	66154536	74330375
# 固定资产	# Fixed Assets	3210345	6471444	6399673	6686369
# 国有企业	# State-owned Enterprises	6414214	2730680	2217175	3003793
集体企业	Collective-owned Enterprises	803948	802459	778927	814690
股份合作企业	Cooperative Enterprises	30920	16650		2761
联营企业	Joint Ownership Enterprises	68576		58791	91533
有限责任公司	Limited Liability Corporations	6528396	50406962	55372382	63114922
股份有限公司	Share-holding Corporations Ltd.	1097403	2075167	2275036	1964833
私营企业	Private Enterprises	2284582	23521268	27071597	29518924
其他企业	Others Enterprises	159245			2374
港澳台商投资企业	Funded by Entrepreneurs from HongKong,Macao and Taiwan	76484	85543	54032	113142
外商投资企业	Enterprises with Foreign Investment	62583	222464	307277	342929
负债合计	**Total Liabilities**	**11034064**	**53059436**	**59160015**	**67987500**
# 流动负债	# Liquid Liabilities	10268489	45332469	50452092	58341910
长期负债	Long-term Liabilities	765575			
# 国有企业	# State-owned Enterprises	4981922	1971278	1412808	2042690
集体企业	Collective-owned Enterprises	429443	441532	415304	436266
股份合作企业	Cooperative Enterprises	12290	1585		2737
联营企业	Joint Ownership Enterprises	26822		51036	80861
有限责任公司	Limited Liability Corporations	3918390	36901466	40518799	46882750
股份有限公司	Share-holding Corporations Ltd.	457995	1294970	1610097	1322319
私营企业	Private Enterprises	1068840	12282205	14972180	16974182
其他企业	Others Enterprises	52423			1864
港澳台商投资企业	Funded by Entrepreneurs from HongKong,Macao and Taiwan	43895	66466	34585	96167
外商投资企业	Enterprises with Foreign Investment	42045	99936	145207	147665
所有者权益	**Creditors' Equity**	**6492317**	**26801756**	**28975203**	**30982401**
# 国有企业	# State-owned Enterprises	1432322	759402	804368	961103
集体企业	Collective-owned Enterprises	374505	360927	363623	378425
股份合作企业	Cooperative Enterprises	18630	15066		25
联营企业	Joint Ownership Enterprises	41754		7756	10672
有限责任公司	Limited Liability Corporations	2610007	13505496	14853583	16232172
股份有限公司	Share-holding Corporations Ltd.	639408	780197	664940	642514
私营企业	Private Enterprises	1215742	11239063	12099418	12544742
其他企业	Others Enterprises	106822			510
港澳台商投资企业	Funded by Entrepreneurs from HongKong,Macao and Taiwan	32588	19077	19448	16976
外商投资企业	Enterprises with Foreign Investment	20539	122528	162070	195264
企业总收入	**Total Income of Enterprises**	**30107702**	**102781389**	**112547926**	**118755871**
# 主营业务收入	# Revenue of Main Business	29982962	102086709	109899596	115859061
主营业务成本	Costs of Main Business	26700081	94349666	99800408	105202691

14-1 续表 1 Continued

单位：万元 (10 000 yuan)

指　标	Item	2010	2020	2021	2022
#国有企业	# State-owned Enterprises	9682690	2720060	2081091	2259288
集体企业	Collective-owned Enterprises	1492663	1992482	1996869	1978107
股份合作企业	Cooperative Enterprises	69547	24388		1995
联营企业	Joint Ownership Enterprises	58086		124948	112533
有限责任公司	Limited Liability Corporations	11726069	53058867	58196597	63905969
股份有限公司	Share-holding Corporations Ltd.	2308216	2614673	2754258	2348404
私营企业	Private Enterprises	4430061	42066705	47009131	47807823
其他企业	Others Enterprises	254482			2910
港澳台商投资企业	Funded by Entrepreneurs from Hong Kong, Macao and Taiwan	75587	166608	173202	134652
外商投资企业	Enterprises with Foreign Investment	10302	137606	211830	204191
利税总额合计	**Total Pre-tax Profits**	**2288715**	**7114647**	**7545365**	**7210965**
#利润总额	# Total Profits	1050202	3346685	3606568	3498236
主营业务税金及附加	Taxes and Extra Charges on Main Business	1192347	1372233	1477103	1237935
管理费用中的税金	Taxes in Management Expenses	46166	2395729	2461694	
产值利税率 (%)	Ratio of Pretax Profits to Output Value (%)	7.0	6.0	5.7	5.0
资产利税率 (%)	Ratio of Tax Profits to Assets (%)	13.0	8.9	8.6	7.3
#国有企业	# State-owned Enterprises	557708	215761	197174	184137
集体企业	Collective-owned Enterprises	131249	213737	203789	220265
股份合作企业	Cooperative Enterprises	5077	2645		122
联营企业	Joint Ownership Enterprises	6490		355	4579
有限责任公司	Limited Liability Corporations	916356	3028167	3274490	3225930
股份有限公司	Share-holding Corporations Ltd.	211455	186873	206661	122227
私营企业	Private Enterprises	429633	3422675	3604233	3396923
其他企业	Others Enterprises	21894			30
港澳台商投资企业	Funded by Entrepreneurs from Hong kong, Macao and Taiwan	5696	6539	6156	4102
外商投资企业	Enterprises with Foreign Investment	3157	38249	52508	52652
利润总额合计	**Total Profits**	**1050202**	**3346685**	**3606568**	**3498236**
#国有企业	# State-owned Enterprises	235971	82765	103415	68483
集体企业	Collective-owned Enterprises	50697	75586	71038	97533
股份合作企业	Cooperative Enterprises	1949	1754		-10
联营企业	Joint Ownership Enterprises	3071		-100	981
有限责任公司	Limited Liability Corporations	415403	1532816	1708706	1700708
股份有限公司	Share-holding Corporations Ltd.	108859	120554	108170	57786
私营企业	Private Enterprises	216677	1498437	1570516	1528632
其他企业	Others Enterprises	12311			20
港澳台商投资企业	Funded by Entrepreneurs from Hong kong,Macao and Taiwan	2444	1562	1940	1302
外商投资企业	Enterprises with Foreign Investment	2822	33211	42884	42800

14-2 建筑施工企业个数和平均人数

Number of Construction Enterprises and Its Average Annual Staff and Workers

年份 Year	总计 Total	国有经济 State-owned	集体经济 Collective-owned	其他经济 Others
施工企业个数（个）	Number of Enterprises (unit)			
2000	1812	313	1241	258
2001	1628	305	829	494
2002	1442	262	532	648
2003	1593	257	470	866
2004	1940	274	414	1252
2005	1842	229	364	1249
2006	1861	233	350	1278
2007	1893	239	329	1325
2008	1992	253	272	1467
2009	1948	233	221	1495
2010	2005	254	264	1487
2011	2021	247	248	1526
2012	2021	228	233	1560
2013	2094	322	191	1581
2014	2108	316	184	1608
2015	2083	312	176	1595
2016	2124	294	169	1661
2017	2339	296	158	1885
2018	2652	291	131	2230
2019	2986	283	234	2320
2020	3338	291	215	2832
2021	3744	326	201	3217
2022	3951	349	191	3411
建筑业从业人员（万人）	Staff and Workers (10 000 persons)			
2000	76.30	22.66	41.98	11.66
2001	96.73	25.01	38.86	32.86
2002	92.72	21.56	28.70	42.46
2003	111.95	28.67	27.53	55.75
2004	115.53	25.59	20.90	69.04
2005	118.61	35.15	18.41	65.05
2006	125.97	28.90	17.14	79.93
2007	131.62	29.12	15.90	86.60
2008	137.90	27.85	12.78	97.27
2009	144.97	31.07	9.99	103.91
2010	150.41	32.48	12.41	105.51
2011	155.44	35.53	11.97	107.94
2012	118.82	16.79	10.30	91.73
2013	197.46	65.70	79.55	122.21
2014	211.55	70.26	9.48	131.81
2015	221.27	68.94	9.64	142.69
2016	229.15	71.95	10.55	146.65
2017	267.57	78.16	11.78	177.63
2018	275.22	81.00	8.99	185.23
2019	294.62	86.25	18.93	189.44
2020	303.03	91.25	17.35	194.43
2021	300.81	93.60	16.86	190.35
2022	298.98	90.91	15.29	192.78

14-3 建筑施工企业主要效益指标(2022年)
Major Benefit Indicators of Construction Enterprises (2022)

指 标	Item	总计 Total	国有经济 State-owned	集体经济 Collective-owned	其他经济 Others
年末固定资产原值（亿元）	Original Value Fixed Assets at the Year-end (100 million yuan)	886.67	440.46	48.60	397.45
年末固定资产净值（亿元）	Net Value of Fixed Assets at the Year-end (100 million yuan)	441.69	192.98	28.54	220.10
流动资产年末合计（亿元）	Circulating Funds at the Year-end (100 million yuan)	7433.04	4247.56	216.84	2954.70
利润总额（亿元）	Total Profits (100 million yuan)	349.82	132.57	16.32	196.53
利税总额（亿元）	Total Pre-tax Profits (100 million yuan)	721.10	242.52	38.02	434.88
资金利润率（元／百元）	Ratio of Fund to Profits (yuan/100 yuan)	4.4	3.0	6.7	6.2
产值利润率（%）	Ratio of Profit to Gross Output Value (%)	2.4	2.0	3.1	3.3
产值利税率（%）	Ratio of Pre-tax Profit to Output Value (%)	5.0	3.7	7.3	7.3
按施工产值计算的劳动生产率（元／人）	Overall Labor Productivity in Terms of Total Output Value Productivity (yuan /person)	484339	704068	343225	310851
人均竣工面积（平方米／人）	Floor Space of Buildings Completed per Laborer (sq.m/person)	80.2	88.9	90.9	75.2

注：本表不包括建筑业活动单位。2013年开始，国有经济企业指国有及国有控股企业（后表同）。

This table does not include the construction sector. Beginning in 2013, state-owned economic enterprises refer to state-owned and state holding enterprises (The following table is the same).

14−4 国有建筑企业主要经济指标
Major Economic Indicators on State-owned Construction Enterprises

指 标	Item	2010	2020	2021	2022
国有建筑施工企业	**State-owned**				
施工产值 （亿元）	Output Value of Projects (100 million yuan)	981.71	4776.76	5688.21	6481.64
全员劳动生产率 （元/人）	Overall Labor Productivity (yuan/person)	240748	523465	598827	704068
计算劳动生产率的平均人数 （万人）	Average Number of Staff and Workers by Calculating Labor Productivity (10 000 persons)	40.78	91.25	94.99	92.06
房屋建筑施工面积（万平方米）	Floor Space of Buildings Under Construction (10 000 sq.m)	6158.88	32828.43	41682.95	43205.33
房屋建筑竣工面积（万平方米）	Floor Space of Buildings Completed (10 000 sq.m)	1433.76	5059.20	7854.77	8180.20
#住宅	# Residential Buildings	853.07	3337.83	5226.50	4455.78
地方国有建筑施工企业	**Local State-owned**				
施工产值 （亿元）	Output Value of Projects (100 million yuan)	254.09	1876.88	2250.05	2616.63
全员劳动生产率 （元/人）	Overall Labor Productivity (yuan/person)	164952	440725	492004	587378
计算劳动生产率的平均人数 （万人）	Average Number of Staff and Workers by Calculating Labor Productivity (10 000 persons)	15.40	42.59	45.73	44.55
房屋建筑施工面积（万平方米）	Floor Space of Buildings Under Construction (10 000 sq.m)	2095.68	10240.97	13050.16	14525.19
房屋建筑竣工面积（万平方米）	Floor Space of Buildings Completed (10 000 sq.m)	794.38	1784.08	2636.84	2443.79
#住宅	# Residential Buildings	459.04	1135.09	1424.50	1383.70

注：本表国有建筑企业为国有及国有控股企业。
State owned construction enterprises in this table is the state owned and state holding enterprises.

14-5 房屋建筑面积
Floor Space of Building Construction

单位：万平方米 (10 000 sq.m)

年份 Year	房屋建筑面积 Floor Space of Building Construction		国有经济 State-owned		集体经济 Collective-owned	
	施工面积 Floor Space Under Construction	竣工面积 Floor Space Completed	施工面积 Floor Space Under Construction	竣工面积 Floor Space Completed	施工面积 Floor Space Under Construction	竣工面积 Floor Space Completed
1990	1159.10	558.70	572.40	233.50	586.70	325.20
1991	1282.70	653.20	577.20	269.50	705.50	383.70
1992	1554.00	711.30	699.40	279.80	854.60	431.50
1993	1869.50	802.20	867.90	334.60	1001.60	467.60
1994	2081.50	868.30	1011.10	378.40	1068.40	489.30
1995	4507.41	2313.70	1094.50	361.20	3223.05	1835.33
1996	4662.00	2393.05	1285.16	467.04	3333.59	1898.28
1997	4719.57	2279.89	1236.68	465.95	3444.90	1783.44
1998	5067.56	2382.33	1397.64	530.70	3373.22	1701.44
1999	5180.91	2681.81	1333.55	561.10	3417.60	1900.54
2000	5087.93	2603.08	1287.31	580.12	3017.81	1634.32
2001	6259.27	3204.60	1459.86	575.96	2734.12	1548.82
2002	7167.52	3665.71	1492.90	557.76	2342.29	1375.27
2003	10051.97	4969.67	2403.74	872.54	2667.99	1487.17
2004	12522.96	6250.66	2688.46	1105.49	2283.17	1342.06
2005	13774.87	6846.04	3155.37	1187.33	2310.26	1221.36
2006	15893.25	7451.71	4029.50	1203.42	2184.87	1280.53
2007	18796.15	8202.43	5031.99	1298.72	1885.13	1133.24
2008	21463.02	9077.52	4271.08	1240.98	1883.08	1038.20
2009	22442.34	9809.63	4014.66	1417.89	1617.52	889.23
2010	27680.25	10573.45	6158.88	1433.76	1920.30	1041.96
2011	32795.65	11777.74	10211.94	1870.29	2117.59	1100.78
2012	36412.18	13398.75	4175.97	1199.63	2292.37	1195.18
2013	43528.16	15890.95	15943.34	3831.35	2239.85	1142.34
2014	47433.19	16583.00	18252.67	3567.12	2356.22	1162.44
2015	47504.41	17389.97	18585.29	3873.21	2357.57	1366.82
2016	50329.04	18629.18	20693.91	4247.81	3887.89	2216.64
2017	54593.66	19840.34	23629.92	4756.15	2311.71	1304.30
2018	59253.25	19929.34	26813.25	4754.62	2276.14	1283.16
2019	65247.34	21043.78	29430.18	5199.14	3863.66	1905.06
2020	67978.77	21235.27	32828.43	5059.20	3797.03	1832.11
2021	76367.89	24029.21	41682.95	7854.77	3409.76	1555.73
2022	76159.66	23988.45	43205.33	8180.20	2845.81	1384.93

14–6 国有、集体建筑企业生产指标(2022年)
Production Indicators of State-owned and Collective-owned Construction Enterprises (2022)

指 标	Item	总 计 Total	国有经济 State-owned Economic	中央 Central	地方 Local	集体经济 Collective Owned Economic
企业个数 (个)	**Number of Enterprises (unit)**	**4071**	**355**	**34**	**321**	**190**
建筑业总产值 (亿元)	**Gross Output Value of Construction (100 million yuan)**	**14481.00**	**6481.64**	**3372.31**	**3109.32**	**523.15**
#建筑工程	#Construction Projects	12371.10	5803.60	3131.89	2671.71	413.64
安装工程	Installation Projects	1355.30	466.97	205.59	261.38	87.58
其他	Others	754.60	211.06	34.84	176.23	21.93
竣工产值 (亿元)	**Output Value Completed (100 million yuan)**	**6744.11**	**2747.25**	**1566.56**	**1180.69**	**341.91**
房屋建筑施工面积 (万平方米)	**Floor Space of Buildings Under Construction (10 000 sq.m)**	**76159.66**	**43205.33**	**28023.00**	**15182.33**	**2845.81**
#本年新开工面积	#Floor Space of Buildings Started in Current Year	25356.98	10669.15	6023.11	4646.04	1366.59
房屋建筑竣工面积 (万平方米)	**Floor Space of Buildings Completed (10 000 sq.m)**	**23988.45**	**8180.20**	**5423.29**	**2756.91**	**1384.93**
计算建筑业劳动生产率的平均人数 (万人)	**Average of Staff and Workers by Calculating Construction Labor Productivity (10 000 persons)**	**298.98**	**92.06**	**40.00**	**52.06**	**15.24**
按施工产值计算的劳动生产率 (元/人)	**Overall Labor Productivity in Terms of Total Output Value (yuan /person)**	**484339**	**704068**	**842990**	**597308**	**343225**

14—7 建筑业企业分行业生产指标(2022年)

指 标		Item		房屋建筑业 Building Construction	土木工程建筑业 Construction of Civil Engineering
企业个数	**(个)**	**Number of Enterprises**	**(unit)**	**2410**	**1032**
建筑业总产值	**(亿元)**	**Gross Output Value of Construction**	**(100 million yuan)**	**10273.84**	**3385.07**
#建筑工程		#Construction Projects		9281.43	2727.37
安装工程		Installation Projects		451.00	490.28
其他		Others		541.41	167.42
竣工产值	**(亿元)**	**Output Value Completed**	**(100 million yuan)**	**5004.03**	**1310.15**
房屋建筑施工面积	**(万平方米)**	**Floor Space of Buildings Under Construction**	**(10 000 sq.m)**	**72742**	**2498**
#本年新开工面积		#Floor Space of Buildings Started in Current Year		24375	628
房屋建筑竣工面积	**(万平方米)**	**Floor Space of Buildings Completed**	**(10 000 sq.m)**	**21114**	**1053**

14—7 续表

指 标		Item		建筑安装业 Archi-tectural Installation	电气安装 Electrical Installation
企业个数	**(个)**	**Number of Enterprises**	**(unit)**	**320**	**131**
建筑业总产值	**(亿元)**	**Gross Output Value of Construction**	**(100 million yuan)**	**571.07**	**174.63**
#建筑工程		#Construction Projects		163.29	63.73
安装工程		Installation Projects		384.23	102.15
其他		Others		23.54	8.76
竣工产值	**(亿元)**	**Output Value Completed**	**(100 million yuan)**	**299.68**	**84.65**
房屋建筑施工面积	**(万平方米)**	**Floor Space of Buildings Under Construction**	**(10 000 sq.m)**	**706**	**107**
#本年新开工面积		#Floor Space of Buildings Started in Current Year		249	37
房屋建筑竣工面积	**(万平方米)**	**Floor Space of Buildings Completed**	**(10 000 sq.m)**	**282**	**42**

Production Indicators of Construction Enterprises by Sector (2022)

铁路公路隧道桥梁建筑业 Construction of Railways, Roads, Tunnels and Bridge works	水利和港口建筑业 Construction of Water Conservancy and Harbor Engineering	海洋工程建筑业 Construction of Ocean Engineering	工矿工程建筑业 Construction of Industry and Mining Projects	架线和管道工程建筑业 Construction of Wire Laying and Pipework	其他土木工程建筑业 Construction of Other Civil Engineering
536	**99**		**30**	**165**	**118**
1894.72	**525.03**		**198.47**	**437.93**	**0.99**
1749.71	498.57		100.69	205.27	95.36
60.52	11.15		76.42	213.57	27.97
84.48	15.30		21.36	19.09	14.49
707.73	**147.16**		**69.11**	**274.43**	**57.51**
994	**727**		**346**	**72**	**133**
436	86		34	4	35
557	**178**		**114**	**71**	**62**

Continued

管道和设备安装 Piping and Equipment Installation	其他建筑安装业 Other Architectural Installation	建筑装饰和其他建筑业 Archi-tectural Decoration	建筑装饰业 Architectural Decoration Industry	工程准备 Engineering Preparation	提供施工设备服务 Service of Supplying Construction Equipment	其他未列明的建筑活动 Other Construction Activities N.E.C
57	**132**	**306**	**216**		**10**	**58**
239.81	**156.63**	**251.02**	**192.80**		**9.69**	**34.10**
39.09	60.47	199.01	169.71		0.02	16.84
195.38	86.71	29.79	11.60		5.58	12.59
5.33	9.45	22.23	11.50		4.10	4.67
131.27	**83.76**	**130.25**	**103.28**		**3.44**	**16.63**
438	**162**	**214**	**160**		**3**	**40**
106	106	104	75			23
111	**129**	**149**	**130**			**14**

主要统计指标解释

建筑业统计单位　指从事房屋、构筑物建造和设备安装活动的法人企业。建筑业法人企业应具有建筑业资质并能够独立核算，同时其应具备以下条件：①依法成立，有自己的名称、组织机构和场所，能够承担民事责任；②独立拥有和使用资产，承担负债，有权与其他单位签订合同；③独立核算盈亏，能够编制资产负债表。

建筑业总产值　是以货币形式表现的建筑业企业在一定时期内生产的建筑业产品和提供的服务的总和。建筑业总产值包括：

(1) 建筑工程产值：指列入建筑工程预算内的各种工程价值。

(2) 安装工程产值：指设备安装工程价值，不包括被安装设备本身的价值。

(3) 其他产值：建筑业总产值中除建筑工程、安装工程以外的产值。包括房屋构筑物修理产值、非标准设备制造产值、总包企业向分包企业收取的管理费以及不能明确划分的施工活动所完成的产值。

a. 房屋构筑物修理产值：指房屋和构筑物修理所完成的产值，但不包括被修理房屋、构筑物本身价值和生产设备的修理价值。

b. 非标准设备制造产值：指加工制造没有定型的非标准生产设备的加工费和原材料价值（如化工厂、炼油厂用的各种罐、槽，矿井生产统一使用的各种漏斗、三角槽、阀门等）以及附属加工厂为本企业承建工程制作的非标准设备的价值。

建筑业增加值　指建筑业企业在报告期内以货币形式表现的建筑业生产经营活动的最终成果。

从 2004 年第一次全国经济普查开始，建筑业现价增加值按生产法和分配法（收入法）两种方法计算，以收入法的计算结果为准，即从收入的角度出发，根据生产要素在生产过程中应得的收入份额计算。具体计算方法：经济普查年度建筑业增加值按照《经济普查年度 GDP 核算方案》计算，非经济普查年度建筑业增加值按照《非经济普查年度 GDP 核算方案》计算。

房屋建筑施工面积　指在报告期内施过工的全部房屋建筑面积，包括本期新开工的房屋面积、上期施工跨入本期继续施工的房屋面积、上期停缓建在本期恢复施工的房屋面积、本期竣工的房屋面积及本期施工后又停缓建的房屋面积。

房屋建筑竣工面积　指在报告期内房屋建筑按照设计要求全部完工，达到了使用条件，经验收鉴定合格，正式移交使用单位的房屋建筑面积。

Explanatory Notes on Main Statistical Indicators

Statistical Unit in the Construction Industry refers to a corporate enterprise engaged in the construction of buildings and structures and in the installation of equipment. A corporate construction enterprise should have qualification certificates with independent accounting system, and should meet the following 3 requirements: a) being set up in line with relevant legal basis, having its full name, organization and location, and capable of taking civil liabilities; b) independently possessing and using its assets and assuming its liabilities, and entitled to sign contracts with other institutions; and c) making independent accounts of its profits and losses, and capable of compiling its own balance sheet.

Gross Output Value of Construction refers to total of construction products and services, expressed in money terms, produced or rendered by construction and installation enterprises during a given period of time. It includes:

(1) Output value of construction projects: the value of projects covered by the project budgets;

(2) Output value of installation projects: the value of the installation of equipment, (excluding the value of the equipment to be installed);

(3) Other output values: the output value of construction industry apart from that of construction projects and installation projects. It includes: output value of repair of buildings and structures; output value of non-standard equipment manufacturing; overhead expenses received by contracted enterprises from the sub-contracted enterprises and the completed output value of construction activities for which there is no clear definition.

a. Output value of repair of buildings and structures: the value created through the repairs of buildings or structures. It does not include the value of buildings or structures being repaired and the value of the repair of production equipment;

b. Output value of manufactured non-standard equipment: the value of non-standard production equipment, including raw materials and manufacturing cost, made for the construction project (i.e., chemical plant; kettles or tanks used by refineries; various fillers, triangle tanks, valves used by mines). It also includes the output value of equipment manufactured by subsidiary workshops.

Value-added of Construction refers to the final result of the activities of production and operation of enterprises of the construction industry in monetary terms during the reference period.

Starting from the 2004 economic census, value-added of construction is calculated by both production approach and income approach, with the figures from the income approach as the final figures., Under the income approach,, calculation starts from the perspective of income and is based on the share of income derived from the production process by the relevant factors of production.. Specifically, value-added of construction for the Census years is calculated in accordance with the Programme of Compilation of GDP and National Accounts for the Year of Economic Census, and value-added of construction for other years is calculated in accordance with the Programme of Compilation of GDP and National Accounts for the Non Economic Census Years.

Floor Space of Buildings Under Construction refers to floor space of buildings under construction during the reference period, including the floor space of buildings for which construction has newly started; buildings for which construction has started earlier and is continuing during the reference period; and buildings for which construction has been suspended earlier but has restarted during the reference period; buildings completed during the reference period; and buildings under construction but construction has subsequently been during the reference period.

Floor Space of Buildings Completed refers to the floor space of buildings that are completed in the reference period in accordance with the requirements of the design, up to the standard for being put into use, and having been checked and accepted by departments concerned as qualified ones.

15

交通运输、邮电和其他服务业

Transportation, Postal, Telecommunication and other Services

资料整理人员：孙邦昕　　韩建芳

15-1 运输线路长度和民用汽车拥有量
Length of Transportation Routes and Number of Civil Vehicles Owned

年份 Year	铁路营业里程（公里） Length of Railways in Operation (km)	#复线里程 Double-tracking	#高速铁路 High Speed Railway	公路里程（公里） Length of Highways (km)	#高速公路 Expressway	内河航道（公里） Length of Navigable Inland Waterways (km)	民用汽车拥有量（万辆） Number of Civil Vehicles Owned (10 000 units)	#私人汽车 Private-owned
1949	950			3142		10913		
1950	950			3420		10913	0.11	
1951	950			3631		10913	0.16	
1952	950			3790		10913	0.16	
1953	928			4231		10913	0.17	
1954	933			4352		10913	0.17	
1955	933			4469		10952	0.19	
1956	933			5430		11295	0.22	
1957	919			6437		11299	0.24	
1958	919			11282		14202	0.41	
1959	1007			15326		16607	0.57	
1960	1127			17223		17098	0.64	
1961	1193			17340		17098	0.62	
1962	1193			17340		17098	0.60	
1963	1193			18466		15768	0.66	
1964	1193			19487		16586	0.70	
1965	1416			20979		16586	0.78	
1966	1443			22726		16586	0.84	
1967	1464			23875		16586	0.93	
1968	1464			25148		16586	1.04	
1969	1464			27028		16586	1.16	
1970	1464			29437		16586	1.64	
1971	1538			32066		12099	1.77	
1972	1937			32824		10643	2.10	
1973	2053			35978		10828	2.60	
1974	2065			38331		11179	2.86	
1975	2065			46803		11147	3.34	
1976	2065			49943		11499	3.85	
1977	2065			55420		11558	4.39	
1978	2065			59541		10798	4.89	
1979	1681			54678		10137	5.69	
1980	1653			54897		10137	6.52	
1981	1653			55155		10149	7.09	
1982	2236			55289		10154	7.85	
1983	2236			55483		10164	8.70	
1984	2299			55756		10164	9.24	
1985	2299			56002		9941	10.84	

15-1 续表 Continued

年份 Year	铁路营业里程（公里） Length of Railways in Operation (km)	#复线里程 Double-tracking	#高速铁路 High Speed Railway	公路里程（公里） Length of Highways (km)	#高速公路 Expressway	内河航道（公里） Length of Navigable Inland Waterways (km)	民用汽车拥有量（万辆） Number of Civil Vehicles Owned (10 000 units)	#私人汽车 Private-owned
1986	2299			56636		10005	12.89	
1987	2302			56930		10051	14.88	2.64
1988	2302			57090		10037	16.91	3.35
1989	2302			57209		10092	18.10	3.68
1990	2302			57460		10110	18.75	3.71
1991	2302			57693		10110	20.35	4.20
1992	2302			58110		10010	22.91	5.55
1993	2273			58421		10010	26.55	7.34
1994	2273			58803	44	10010	32.11	10.01
1995	2273			59125	44	10050	35.24	12.66
1996	2273			59554	100	10050	37.49	13.78
1997	2273	642		59761	101	10050	38.12	16.55
1998	2275	642		60077	172	10050	41.58	21.12
1999	2891	1033		60416	280	10065	42.73	22.94
2000	2924	1836		60848	449	10041	46.10	25.98
2001	2894	1282		66593	585	10041	50.43	27.95
2002	2829	1282		84808	1012	10041	57.67	30.72
2003	2771	1273		85233	1218	11968	65.08	36.01
2004	2774	1282		87875	1218	11968	71.78	41.60
2005	2802	1247		88200	1403	11968	82.76	52.13
2006	2806	1246		171848	1403	11968	94.64	61.35
2007	2799	1250		175415	1764	11398	121.72	85.36
2008	2795	1246		184568	2001	11398	142.67	101.89
2009	3693	1852	606	191405	2226	11968	200.07	138.28
2010	3695	1847	606	227998	2386	11968	243.72	179.57
2011	3693	1852	604	232190	2649	11968	290.58	222.93
2012	3825	1987	604	234051	3968	11968	340.18	271.33
2013	4028	2033	786	235396	5084	11968	397.75	327.24
2014	4532	2540	1293	236250	5493	11968	443.42	393.26
2015	4521	2541	1293	236886	5653	11968	516.60	466.14
2016	4716	2982	1374	238273	6080	11968	603.02	551.11
2017	4698	3007	1396	239724	6419	11968	688.89	635.97
2018	5070	3336	1730	240060	6725	11968	786.20	727.45
2019	5579	3682	1986	240566	6802	11968	875.41	812.68
2020	5646	3776	1997	241138	6951	11968	956.60	890.18
2021	5909	4028	2249	241940	7083	11968	1035.01	963.79
2022	6078	4188	2409	242420	7330	11968	1106.38	1030.79

注：2006 年起，公路里程含村道。2019 年铁路管界调整。
From 2006, Length of Highways included Village Roads.Railway boundary adjustment in 2019.

15-2 运输线路、铁路机车基本情况
Basic Statistics on Transportation Routes and Railway Locomotives

单位：公里 (km)

指 标	Item	2010	2020	2021	2022
铁路营业里程	**Length of Railways in Operation**	**3695**	**5646**	**5909**	**6078**
复线里程	Double-track	1847	3776	4028	4188
电气化线路里程	Length of Electrified Railway	2342	4754	5017	5176
高速铁路里程	Length of High Speed Railway	606	1997	2249	2409
公路线路里程	**Length of Highways**	**227998**	**241138**	**241940**	**242420**
有铺装路面（高级）	Paved Highways	131036	223188	226382	227159
未铺装路面（中低无）	Non-paved Highway	89905	16714	14457	14279
等级公路	Expressway and Class Ⅰ to Ⅳ Highway	184045	229192	231019	231495
高速	Expressway	2386	6951	7083	7330
一级	First Class	838	2723	3054	3171
二级	Second Class	8018	15749	16378	16761
等外路	Highway Below Class Ⅳ	43953	11946	10921	10925
内河航道	**Length of Navigable Inland Waterway**	**11968**	**11968**	**11968**	**11968**
中央铁路	**Central Railway**				
内燃机车 （台）	Diesel Locomotives (unit)	283	324	330	335
电力机车 （辆）	Electric Locomotives (unit)	496	682	660	655

注：公路线路里程2006年起包含村道。
The figure on the length of highways includes country road since 2006.

15-3 民用车辆拥有量（2022年）
Number of Civil Motor Vehicles (2022)

单位：辆 (unit)

指 标	Item	总计 Total	营业性 Business	非营业性 Non-business	#个体 Individual	#新注册 New Registration
合计	**Total**	**17147485**	**672420**	**16115680**	**16026751**	**1456226**
民用汽车	Civil Motor Vehicles	11063840	572549	10428625	10307925	847468
载客汽车	Passenger Vehicles	10013412	142074	9808672	9489524	774908
#大型	#Large	58068	48620	5028	338	2642
中型	Medium	34391	12678	6843	2868	648
轿车	Cars	6100198	77117	5982344	5842673	468520
载货汽车	Trucks Vehicles	966116	410403	555713	761017	69491
#重型	#Heavy	210186	202182	8004	124728	7150
中型	Medium	35783	31202	4581	26809	1107
摩托车	Motors	5713313	27244	5686069	5683933	583504
拖拉机	Tractors	194279				14789
挂车	Truck Trailer	73613	72627	986	34893	3836
其他类型车	Other Motors Vehicles	102440				6629

15-4 水路运输工具拥有量（2022年）
Ownership of Water Transport Means (2022)

指 标		Item		总计 Total	#个体 Individual	内河运输 River Shipping	#个体 Individual
机动船	**（艘）**	**Motor Vessels**	**(unit)**	**4065**	**464**	**4045**	**464**
净载重量	（吨位）	Net Haulage Capacity	(ton)	5042373	190279	4659529	190279
载客量	（客位）	Passenger Capacity	(seat)	53841		53841	
功率	（千瓦）	Power	(kw)	1609574	76853	1544933	76853
客船	（艘）	Passenger Ship	(unit)	1466		1466	
载客量	（客位）	Passenger Capacity	(seat)	53841		53841	
功率	（千瓦）	Power	(kw)	97250		97250	
货船	（艘）	Cargoboat	(unit)	2595	463	2575	463
净载重量	（吨位）	Net Haulage Capacity	(ton)	5042373	190279	4659529	190279
功率	（千瓦）	Power	(kw)	1509926	76193	1445285	76193
货船中：油船	（艘）	Oil Tanker	(unit)	19		19	
净载重量	（吨位）	Net Haulage Capacity	(ton)	24802		24802	
功率	（千瓦）	Power	(kw)	8252		8252	
拖船	（艘）	Drawing	(unit)	4	1	4	1
功率	（千瓦）	Power	(kw)	2398	660	2398	660
驳船	**（艘）**	**Barges**	**(unit)**	**33**		**33**	
净载重量	（吨位）	Net Haulage Capacity	(ton)	28154		28154	

15–5 旅客运量和旅客周转量
Passenger Traffic and Turnover Volume of Passenger Traffic

年份 Year	合计 Total	铁路 Railway	公路 Highway	水运 Waterway	民用航空 Civil Aviation
客运量（万人）	**Total Passenger Traffic (10 000 persons)**				
2000	87462	5233	81005	1094	130
2001	92381	5202	85971	1063	145
2002	98244	5173	91653	1249	169
2003	96182	4850	90353	793	186
2004	106333	5326	99975	772	260
2005	116457	5423	109728	702	304
2006	118621	5550	112135	573	363
2007	123626	5891	116780	525	430
2008	131442	6239	124274	509	419
2009	141061	6407	133359	747	548
2010	156871	7111	148235	919	606
2011	171886	7915	161980	1327	664
2012	184872	8429	174386	1349	708
2013	197541	9067	149016	1480	757
2014	162540	9639	150583	1449	870
2015	132104	10368	119266	1534	935
2016	122851	11518	108627	1615	1091
2017	116178	12872	100390	1674	1241
2018	108083	13943	91007	1729	1403
2019	102971	15626	84162	1641	1542
2020	57512	11392	44144	840	1136
2021	51811	12865	37031	764	1151
2022	38915	9779	27641	823	671
周转量（亿人公里）	**Total Passenger-kilometers (100 million passenger-km)**				
2000	724.06	394.00	318.37	3.55	8.14
2001	761.62	410.65	337.90	3.23	9.84
2002	827.55	428.84	384.91	3.20	10.60
2003	831.24	431.00	384.67	2.43	13.14
2004	972.57	500.38	449.73	2.35	25.87
2005	1046.27	531.71	480.57	1.94	32.05
2006	1114.86	562.48	512.24	1.42	38.72
2007	1224.57	626.14	548.12	1.19	49.12
2008	1260.17	645.98	565.64	0.82	47.73
2009	1289.93	625.44	601.11	1.01	62.37
2010	1464.96	707.18	683.58	1.69	72.51
2011	1636.15	775.01	778.04	2.74	80.36
2012	1713.94	769.62	853.96	2.63	87.73
2013	1856.51	830.75	721.93	2.85	97.96
2014	1762.41	873.49	776.48	2.84	109.60
2015	1650.45	879.46	635.64	3.07	132.28
2016	1665.50	920.60	577.03	3.22	164.66
2017	1679.47	970.47	526.60	3.47	178.93
2018	1668.36	979.54	479.93	3.63	205.26
2019	1660.98	1006.05	433.47	3.45	218.02
2020	985.61	607.89	224.84	1.89	151.00
2021	1013.34	660.62	195.38	1.69	155.65
2022	780.97	538.72	146.57	1.82	93.87

注：2013 年开始，公路水路客货运输数据，源自交通运输业经济统计专项调查，统计口径有所调整（下同）。2021 年，水路客运统计方式由行业统计改为企业统计，统计口径有所调整（下同）。

Beginning in 2013,highway and waterway freight volume data,from traffic transportation economic statistics,special investigation,statistical adjustments(the same below). In 2021, the statistical method of waterway passenger transport was changed from industry statistics to enterprise statistics, and the statistical caliber was adjusted (the same below).

15-6 货物运量和货物周转量
Freight Traffic and Turnover Volume of Freight Traffic

年份 Year	合计 Total	铁路 Railway	公路 Highway	水运 Waterway	民用航空 Civil Aviation
货运量（万吨）	**Total Freight Traffic (10 000 tons)**				
2000	51228	4676	42868	3406	2.00
2001	53035	4965	44340	3572	2.00
2002	52156	4942	42982	3760	2.00
2003	59952	5214	51136	3600	2.00
2004	69680	5400	60291	3986	3.00
2005	76876	5218	67040	4615	3.00
2006	84998	5643	72457	6894	3.74
2007	99501	5831	85432	8234	3.77
2008	115810	5552	98759	11495	3.80
2009	128582	5392	111351	11834	4.62
2010	149168	5716	127635	15811	6.09
2011	168152	5951	144241	17954	6.11
2012	190712	5331	166670	18705	5.80
2013	210659	4890	156268	23097	6.07
2014	202800	4495	172613	25687	6.25
2015	199499	4184	172248	23061	6.08
2016	207553	4114	178968	23445	6.41
2017	226522	4185	198806	22560	6.96
2018	231110	4468	204389	21101	8.13
2019	190958	4554	165096	20090	9.14
2020	201977	4592	176442	19844	10.95
2021	225517	4771	198423	21272	11.22
2022	214266	4827	186123	22301	7.96
周转量（亿吨公里）	**Total Freight Ton-kilometers (100 million ton-km)**				
2000	1074.50	632.12	297.79	143.76	0.11
2001	1132.18	674.39	316.03	141.22	0.14
2002	1223.09	730.86	355.96	135.48	0.16
2003	1361.12	782.60	455.45	121.74	0.24
2004	1574.21	896.49	513.45	162.21	0.32
2005	1661.97	930.29	538.57	190.32	0.38
2006	1781.11	951.66	592.37	236.66	0.42
2007	1981.63	1038.39	682.69	260.10	0.45
2008	2340.11	971.47	1085.06	283.10	0.48
2009	2505.27	990.00	1259.65	255.03	0.59
2010	2904.98	1022.71	1539.36	342.14	0.77
2011	3345.76	1046.16	1878.57	420.26	0.77
2012	3953.62	998.13	2392.49	562.26	0.74
2013	4227.44	923.76	2329.54	552.45	0.81
2014	4122.58	832.92	2578.90	709.94	0.82
2015	3884.64	749.95	2553.52	580.30	0.87
2016	4072.70	750.82	2686.57	619.47	0.94
2017	4316.43	813.13	2990.55	497.07	1.05
2018	4404.28	812.75	3114.85	458.96	1.26
2019	2612.24	855.38	1316.65	421.55	1.42
2020	2620.41	856.36	1350.55	395.28	1.63
2021	2915.92	986.92	1461.16	449.62	1.76
2022	2950.47	1015.61	1465.02	450.95	1.22

注：2019年度公路货运数据采用交通运输部专项调查数据。
Road freight data for 2019 uses data from the Department for Transport's specialised survey.

15–7 邮政业务基本情况
Basic Statistics of Postal Business

指 标		Item		2021	2022
邮政局、所	**（处）**	**Number of Post Offices**	**(unit)**	**2810**	**2810**
#设在农村的局、所		#Rural Post Offices		2179	2172
邮政局		Post Bureaus		136	136
邮政支局		Branch of Post Bureaus		1419	1453
自办邮政所		Post Places		465	532
代办邮政所		Agency of Post Places		790	689
邮路总长度	**（公里）**	**Length of Postal Routes**	**(km)**	**132688**	**125006**
农村投递路线总长度	**（公里）**	**Length of Rural Delivery Routes**	**(km)**	**210939**	**205620**
邮政业务总量	**（亿元）**	**Revenue of Postal Business**	**(100 million yuan)**	**295.84**	**328.21**
包裹业务合计	**（万件）**	**Total of Parcels**	**(10 000 pieces)**	**12.43**	**19.51**
报刊业务	**（万份）**	**Business of Newspaper and Magazine**	**(10 000 copies)**		
报纸累计份数		Total of Newspapers		62588	60483
杂志累计份数		Total of Magazines		3635	3612
报纸期发份数		Number of Newspapers in One Period		270	251
杂志期发份数		Number of Magazines in One Period		205	209
邮政其他业务量	**（万元）**	**Revenue of Other Postal Business**	**(10 000 yuan)**	**96923**	**115313**

注：邮政业务总量 2021 年起，由 2010 年不变价调整为 2020 年不变价。
From 2021, the index of Revenue From Postal is adjusted from 2010's constant price to 2020's constant price.

15−8 电信业务基本情况
Basic Statistics of Telecommunication

指 标		Item		2021	2022
销售营业网点数	**（处）**	**Number of Selling Places**	**(unit)**	**36588**	**31432**
自办营业网点数		Main Selling Places		726	812
电信业务代办网点数		Agency of Telecommunication Places		35862	30620
长途电信设备		**Equipment of Long Distance Telecommunication**			
长途光缆线路长度	（公里）	Length of Long Distance Optical Cables	(km)	40977	42171
移动通信主要设备		**Main Equipment of Mobile Communication**			
移动电话基站	（个）	Basic Station of Mobile Telephone	(unit)	388341	430111
互联网宽带接入端口	（万个）	Broad Band Subscribers Port of Internet	(10 000 ports)	3513.04	3727.98
电信业务总量	**（亿元）**	**Revenue of Telecommunication Business**	**(100 million yuan)**	**628.99**	**666.88**
固定电话用户	（万户）	Fixed Telephone User	(10 000 households)	568.34	548.65
移动电话年末用户	（万户）	Mobile Telephone User at the Year-end	(10 000 households)	6942.31	7180.59
3G 移动电话用户		3G Mobile Phone Subscribers		73.94	
4G 移动电话用户		4G Mobile Phone Subscribers		4614.23	4072.78
5G 移动电话用户		5G Mobile Phone Subscribers			2358.64
固定互联网上网用户	（万户）	Internet User	(10 000 households)	2322.99	2475.06
移动互联网上网用户	（万户）	Internet User	(10 000 households)	6026.18	6155.69

注：2021 年起，电信业务总量执行上年不变价。
Starting from 2021, the total amount of telecom business will be unchanged from the previous year.

15−9 邮电通信水平 (2022年)
Development of Postal and Telecommunications Services (2022)

指 标		Item		2022
平均每一邮政业营业网点服务面积	（平方公里）	Average Area Served by Every Postal Service	(sq.km)	13.1
平均每一邮政业营业网点服务人口	（万人）	Average People Served by Every Post Service	(10 000 persons)	0.41
平均每人每年发函件数	（件）	Annual Average Number of Letters and Mails Per Capita	(piece)	0.21
平均每百人每年订购报刊数	（份）	Annual Average Number of Newspaper and Magazine Subscribers Per 100 Persons	(copy)	7.0
设有邮电局、所的乡镇比重	（%）	Percentage of Townships with Post and Telecommunication Officice	(%)	100.0
电话普及率（含移动）	（部/百人）	Popularization Rate of Telephone	(sets/100 persons)	116.7
进入长途电话自动网的县（市）比重	（%）	Percentage of Townships with Connected Auto-exchange Net of Long Distance Call	(%)	100.0
已通电话的乡（镇）比重	（%）	Percentage of Townships with Telephone Communication	(%)	100.0

注：邮政业营业网点含邮政企业和快递企业所属营业网点。
Postal service business outlets include postal enterprises and express enterprises affiliated business outlets.

15-10 规模以上服务业企业分类别经济指标(2022年)
Classification Economic Indicators of Service Enterprises above Designated Size (2022)

单位：亿元 (100 million yuan)

指 标	Item	单位数（个）Number of Enterprises (unit)	年初存货 Inventory Year-early	流动资产合计 Circulating Funds	应收账款 Net Value of Account Received	存 货 Stock
总计	**Total**	**8419**	**5275.18**	**16383.42**	**1328.98**	**5492.34**
按登记注册类型分:	**Grouped by Registration**					
内资企业	Internal-invested Enterprises	8343	5273.92	16022.99	1303.09	5490.36
国有企业	State-owned Enterprises	192	397.98	1337.45	48.31	411.27
集体企业	Collective-owned Enterprises	22	0.05	2.29	0.37	0.05
股份合作企业	Enterprises Cooperated by Joint-stock	7	0.02	0.82	0.48	0.02
有限责任公司	Limited Liability Company	1747	4756.16	12792.13	884.65	4958.99
股份有限公司	Company Limited by Shares	112	10.61	517.76	48.66	15.95
私营企业	Individual-owned Enterprises	5860	105.57	1317.84	308.50	100.13
其他企业	Enterprises of Other Types of Ownership	403	3.52	54.69	12.12	3.95
港、澳、台商投资企业	Enterprises Funded by Entrepreneurs From Hong Kong,Macao and Taiwan	46	0.62	322.30	21.54	0.55
外商投资企业	Enterprises Funded by Foreigners	30	0.64	38.13	4.35	1.44

15-10 续表 1

单位：亿元

指 标	Item	固定资产原 价 Original Price of Fixed Assets	累计折旧 Accumulated Depreciation	本年折旧 Deprecia-tion this Year	资产总计 Total Assets
总计	**Total**	**10227.23**	**1919.00**	**256.16**	**34691.52**
按登记注册类型分：	**Grouped by Registration**				
内资企业	Internal-invested Enterprises	9944.79	1758.29	238.61	33921.02
国有企业	State-owned Enterprises	282.62	114.69	13.69	2358.32
集体企业	Collective-owned Enterprises	2.67	1.35	0.07	4.27
股份合作企业	Enterprises Cooperated by Joint-stock	7.00	2.86	0.55	12.35
有限责任公司	Limited Liability Company	7918.84	925.20	123.63	26783.03
股份有限公司	Company Limited by Shares	877.61	441.77	44.75	1997.28
私营企业	Individual-owned Enterprises	747.10	241.65	49.36	2596.73
其他企业	Enterprises of Other Types of Ownership	108.96	30.76	6.57	169.05
港、澳、台商投资企业	Enterprises Funded by Entrepreneurs From Hong Kong,Macao and Taiwan	211.53	115.79	14.82	554.91
外商投资企业	Enterprises Funded by Foreigners	70.91	44.93	2.73	215.60

15-10 续表 2

单位：亿元

指 标	Item	财务费用 Financial Expense	利息收入 Interest Revenue	利息支出 Interest Expense	投资收益 Income from Investment
总计	**Total**	**267.98**	**22.49**	**251.52**	**116.72**
按登记注册类型分：	**Grouped by Registration**				
内资企业	Internal-invested Enterprises	260.90	22.11	241.23	117.40
国有企业	State-owned Enterprises	6.54	4.50	4.96	2.87
集体企业	Collective-owned Enterprises	0.01	0.01	0.01	
股份合作企业	Enterprises Cooperated by Joint-stock	0.25		0.24	
有限责任公司	Limited Liability Company	206.91	12.41	199.14	32.28
股份有限公司	Company Limited by Shares	12.58	2.73	13.42	38.90
私营企业	Individual-owned Enterprises	32.15	2.37	22.20	43.32
其他企业	Enterprises of Other Types of Ownership	2.47	0.08	1.27	0.03
港、澳、台商投资企业	Enterprises Funded by Entrepreneurs From Hong Kong,Macao and Taiwan	5.55	0.29	8.52	-0.68
外商投资企业	Enterprises Funded by Foreigners	1.53	0.09	1.77	

Continued

(100 million yuan)

负债合计 Total Liability	所有者权益合计 Total Rights of Owners	营业收入 Operating Income	营业成本 Operating Cost	税金及附加 Tax and Extra Charges	销售费用 Operation Expenses	管理费用 Management Expense
21027.22	**13664.30**	**6216.29**	**4871.47**	**64.61**	**275.36**	**459.14**
20661.78	13259.23	6024.79	4734.84	63.78	252.32	446.06
1275.74	1082.58	209.33	190.43	4.00	6.67	31.17
2.63	1.64	4.06	3.17	0.04	0.03	0.81
8.98	3.37	1.94	0.91		0.09	1.18
16715.77	10067.27	2858.51	2259.65	35.25	89.19	158.90
906.61	1090.67	380.24	252.16	2.54	37.22	31.01
1653.46	943.27	2376.84	1876.98	21.29	114.97	206.08
98.61	70.44	193.87	151.54	0.66	4.15	16.91
198.88	356.03	142.74	100.74	0.51	19.50	9.49
166.56	49.04	48.76	35.89	0.32	3.54	3.59

Continued

(100 million yuan)

营业利润 Operating Profit	营业外收入 Non-operating Income	营业外支出 Operating Expense	利润总额 Total Profit	所得税费用 Income Tax and Fee	应付职工薪酬 Total Sum of Wages Payable	平均用工人数（万人） Average Number of Employment of the Current Year (10 000 persons)
369.49	**69.93**	**24.26**	**415.16**	**43.74**	**968.35**	**98.60**
368.83	69.27	22.86	415.25	40.53	930.42	96.13
-17.54	6.55	2.26	-13.25	0.80	64.12	4.13
0.01	0.07	0.02	0.06	0.01	0.98	0.23
-0.47	0.14	0.03	-0.36		0.89	0.12
160.59	45.43	12.18	193.84	25.69	383.78	31.11
85.25	2.39	3.18	84.46	2.38	71.52	3.93
123.62	14.08	4.95	132.75	11.35	377.49	52.20
17.38	0.61	0.24	17.74	0.31	31.65	4.40
-2.25	0.60	1.23	-2.88	2.11	28.95	1.93
2.91	0.06	0.18	2.79	1.10	8.98	0.54

15-11 规模以上服务业企业分行业大类经济指标(2022年)

单位：亿元

指标	Item	单位数（个）Number of Institutions (unit)	年初存货 Inventory Year-early	流动资产合计 Circulating Funds
总计	**Total**	**8419**	**5275.18**	**16383.42**
铁路运输业	Railway Transport	7	0.22	5.36
道路运输业	Road Transport	744	10.31	1462.90
水上运输业	Water Transport	50	0.20	15.34
航空运输业	Air Transport	9	0.32	57.25
管道运输业	Transport Via Pipelines	5	0.09	10.42
多式联运和运输代理业	Multimodal Transport and Other Transport Services	89	0.49	33.56
装卸搬运和仓储业	Handling Industry and Storage	135	60.03	110.12
邮政业	Post	88	1.51	55.66
电信、广播电视和卫星传输服务	Telecommunications, Radio and Television and Satellite Transmission Services	178	4.66	215.28
互联网和相关服务	Internet and Related Services	164	5.25	158.91
软件和信息技术服务业	Software and IT Services	382	30.83	304.60
物业管理	Property Management	435	4.00	137.32
房地产中介服务	Real Estate Intermediary Services	41	0.07	14.19
房地产租赁经营	Real Estate Leasing	63	66.71	285.95
租赁业	Leasing	131	1.77	26.30
商务服务业	Business Services	1569	708.34	2470.19
研究和试验发展	Research and Experimental Development	52	48.56	214.37
专业技术服务业	Professional Technical Services	671	44.18	700.21
科技推广和应用服务业	Services of Science and Technology Promotion and Application	330	7.03	78.73
水利管理业	Management of Water Conservancy	4		0.32
生态保护和环境治理业	Ecological Protection and Environmental Management	102	6.94	74.20
公共设施管理业	Management of Public Facilities	175	203.91	466.91
土地管理业	Land Management	71	3993.95	8400.51
居民服务业	Services to Households	279	7.54	59.16
机动车、电子产品和日用产品修理业	Motor Vehicles, Electronics and Household Goods Repair Industry	199	0.87	5.91
其他服务业	Other Services	105	0.41	8.17
教育	Education	546	1.13	72.33
卫生	Health	415	8.99	266.50
社会工作	Social Work	98	0.08	4.28
新闻和出版业	Journalism and Publishing Activities	37	7.11	101.78
广播、电视、电影和影视录音制作业	Radio, Television,Film and Video Production Industry Recordings	262	19.98	412.09
文化艺术业	Cultural and Art Activities	224	2.80	40.94
体育	Sports Activities	113	0.15	6.10
娱乐业	Entertainment	646	26.73	107.57

Main Economic Indicators of Service Enterprises above Designated Size by Service Sector (2022)

(100 million yuan)

应收账款 Net Value of Account Received	存货 Inventory	固定资产原价 Original Price of Fixed Assets	累计折旧 Accumulated Depreciation	本年折旧 Depreciation this Year	资产总计 Total Assets	负债合计 Total liability	所有者权益合计 Total Rights of Owners	营业收入 Operating Income	营业成本 Operating Cost
1328.98	**5492.34**	**10227.23**	**1919.00**	**256.16**	**34691.52**	**21027.22**	**13664.30**	**6216.29**	**4871.47**
1.57	0.18	423.40	73.91	10.54	467.36	298.01	169.35	28.34	36.63
120.44	15.50	5715.50	253.02	21.55	8422.43	5633.58	2788.85	728.79	547.66
3.29	0.14	20.35	6.81	0.96	49.14	19.29	29.85	27.32	23.57
7.06	0.41	135.02	49.93	4.85	363.42	270.04	93.38	23.67	34.12
0.87	0.38	13.87	3.93	0.50	47.52	42.86	4.66	3.73	2.65
8.34	0.69	27.65	6.60	1.53	77.34	47.07	30.27	110.45	107.11
5.94	52.75	109.14	42.33	5.49	278.27	183.46	94.81	111.37	99.55
22.51	1.61	47.03	25.90	2.89	88.21	61.70	26.51	202.91	174.35
41.54	5.15	1494.69	918.82	112.72	1040.64	382.51	658.12	644.71	418.56
19.17	4.92	20.46	7.04	1.40	256.21	199.43	56.78	204.16	161.70
82.86	32.55	53.07	15.94	3.55	403.17	221.22	181.95	400.27	281.18
27.24	5.62	46.66	13.19	2.03	181.93	136.35	45.58	161.03	131.73
2.99	0.01	0.78	0.32	0.06	17.40	18.43	−1.02	14.72	11.83
9.54	69.71	117.10	19.56	3.80	863.51	466.58	396.93	24.17	12.62
8.05	1.91	25.04	9.53	2.40	62.16	30.72	31.43	33.86	26.80
210.54	767.94	589.43	83.02	14.53	5478.61	3191.24	2287.37	1152.72	1001.98
34.89	59.62	27.80	10.03	1.41	427.35	218.20	209.15	150.30	127.02
158.19	51.32	133.92	44.29	7.83	1005.93	559.29	446.64	661.00	513.66
8.75	9.48	40.21	9.73	2.09	227.27	124.65	102.62	164.13	129.59
0.06		0.61	0.26	0.02	9.96	6.54	3.42	1.08	0.58
15.26	9.68	30.10	11.44	2.23	167.47	103.18	64.29	40.23	29.80
31.63	198.51	105.14	22.20	4.47	927.06	554.54	372.51	69.22	47.99
359.47	4134.44	386.40	80.24	11.34	11467.57	7036.64	4430.93	332.62	276.57
8.95	4.62	23.46	6.41	1.49	104.22	80.56	23.66	76.95	57.32
1.51	1.01	4.72	1.17	0.27	11.49	5.01	6.48	31.83	24.49
2.20	0.23	5.69	2.05	0.44	13.54	5.69	7.85	19.26	15.34
20.71	1.04	177.89	41.40	9.30	258.79	164.60	94.19	140.72	98.34
39.36	10.05	163.31	61.38	10.81	574.69	331.89	242.80	223.76	159.40
1.45	0.15	10.92	1.64	0.52	18.41	10.70	7.71	10.14	8.01
4.58	7.33	22.41	10.28	0.92	199.89	40.47	159.42	50.37	33.54
59.06	18.84	62.15	34.87	4.31	768.81	267.50	501.31	190.76	146.41
2.15	2.90	41.00	12.80	2.52	106.54	74.94	31.60	45.45	34.17
0.64	0.24	16.00	5.11	0.73	27.16	23.80	3.36	15.41	10.36
8.20	23.40	136.33	33.86	6.67	278.05	216.51	61.54	120.84	86.83

15-11 续表

单位：亿元

指标	Item	税金及附加 Tax and Extra Charges	销售费用 Operation Expense	管理费用 Management Expense
总计	**Total**	**64.61**	**275.36**	**459.14**
铁路运输业	Railway Transport	0.01	0.08	0.60
道路运输业	Road Transport	5.83	7.52	43.56
水上运输业	Water Transport	0.14	0.22	1.88
航空运输业	Air Transport	0.58	0.66	3.38
管道运输业	Transport Via Pipelines	0.03	0.08	0.38
多式联运和运输代理业	Multimodal Transport and Other Transport Services	0.63	1.93	3.03
装卸搬运和仓储业	Handling Industry and Storage	0.81	3.11	10.44
邮政业	Post	0.76	1.11	12.40
电信、广播电视和卫星传输服务	Telecommunications, Radio and Television and Satellite Transmission Services	1.73	71.02	33.25
互联网和相关服务	Internet and Related Services	0.92	24.23	17.11
软件和信息技术服务业	Software and IT Services	2.51	20.27	26.51
物业管理	Property Management	1.31	2.37	15.57
房地产中介服务	Real Estate Intermediary Services	0.11	1.21	1.55
房地产租赁经营	Real Estate Leasing	2.34	1.14	4.93
租赁业	Leasing	0.46	1.01	2.93
商务服务业	Business Services	13.00	29.17	68.16
研究和试验发展	Research and Experimental Development	0.65	5.31	8.47
专业技术服务业	Professional Technical Services	4.54	18.16	53.36
科技推广和应用服务业	Services of Science and Technology Promotion and Application	0.91	5.45	9.70
水利管理业	Management of Water Conservancy	0.01	0.04	0.12
生态保护和环境治理业	Ecological Protection and Environmental Management	0.66	1.03	4.03
公共设施管理业	Management of Public Facilities	2.16	2.40	7.69
土地管理业	Land Management	14.45	2.05	12.35
居民服务业	Services to Households	0.72	6.57	8.12
机动车、电子产品和日用产品修理业	Motor Vehicles, Electronics and Household Goods Repair Industry	0.26	1.42	2.39
其他服务业	Other Services	0.12	0.67	1.79
教育	Education	0.93	5.75	21.84
卫生	Health	0.88	16.87	35.37
社会工作	Social Work	0.09	0.29	1.39
新闻和出版业	Journalism and Publishing Activities	0.50	7.51	8.82
广播、电视、电影和影视录音制作业	Radio, Television,Film and Video Production Industry Recordings	3.52	21.49	16.78
文化艺术业	Cultural and Art Activities	0.82	3.34	5.46
体育	Sports Activities	0.29	1.13	2.12
娱乐业	Entertainment	1.94	10.75	13.64

Continued

(100 million yuan)

财务费用 Financial Expense	利息收入 Interest Revenue	利息支出 Interest Expense	投资收益 Income from Investment	营业利润 Operating Profit	营业外收入 Non-operating Income	营业外支出 Non-operating Expense	利润总额 Total Profit	所得税费用 Income Tax and Fee	应付职工薪酬 Total Sum of Wages Payable	应交增值税 Value Added Payable	平均用工人数（万人）Average Number of Employment of the Current Year (10 000 persons)
267.98	**22.49**	**251.52**	**116.72**	**369.49**	**69.93**	**24.26**	**415.16**	**43.74**	**968.35**	**147.26**	**98.60**
11.14	0.04	11.23		−17.10	0.01	0.18	−17.28	0.03	3.15	1.09	0.14
154.25	2.86	154.11	10.41	2.59	10.40	7.38	5.62	4.44	109.62	26.66	12.16
0.15	0.12	0.21	0.07	1.65	0.21	0.02	1.85	0.14	2.96	0.26	0.32
5.24	0.23	3.36	0.03	−11.61	0.97	1.03	−11.67	0.11	13.28	1.25	0.71
0.29	0.01	0.30		0.37	0.56	0.01	0.93	0.26	0.60	0.15	0.05
0.25	0.03	0.29	0.16	2.11	0.46	0.18	2.39	0.38	3.88	1.75	0.41
2.23	0.86	1.74	0.02	1.27	2.29	0.76	2.80	0.69	17.64	1.54	1.63
0.56	0.01	0.27	−0.01	13.95	0.54	0.38	14.11	1.02	49.05	1.40	3.82
2.79	0.17	2.75	2.10	109.54	2.12	3.36	108.30	11.21	79.19	20.32	4.25
2.53	0.19	1.02	1.28	−12.20	2.62	0.87	−10.45	0.59	21.92	5.96	1.52
2.09	0.39	2.38	1.03	38.66	3.81	0.27	42.21	5.20	69.66	14.89	4.25
1.32	0.13	1.10	0.54	9.19	0.55	0.16	9.58	2.02	46.30	4.14	8.42
0.09		0.08		−0.02	0.03	0.05	−0.03	0.34	3.81	0.45	0.32
6.68	0.14	6.30	−1.17	−4.01	3.58	0.62	−1.05	0.31	2.59	1.17	0.19
0.73	0.01	0.49	−0.06	1.81	0.14	0.06	1.89	0.24	2.87	0.68	0.43
23.70	2.30	22.66	43.46	66.36	20.03	2.35	84.04	4.68	154.44	29.88	23.56
0.46	0.56	0.79	5.61	9.73	0.52	0.21	10.03	0.17	12.94	4.81	0.63
−1.45	2.91	2.86	7.93	48.58	1.80	0.97	49.41	4.51	125.07	14.65	7.87
5.40	0.60	3.10	6.79	16.27	0.46	0.06	16.67	0.22	9.35	1.11	1.64
				0.32	0.03		0.35	0.02	0.22	0.01	0.02
1.25	0.28	1.05	0.79	3.96	0.19	0.18	3.96	0.45	4.37	0.78	0.49
3.82	0.38	4.11	0.69	5.12	1.31	0.22	6.21	0.68	11.52	1.28	2.29
31.04	2.06	19.42	5.59	25.77	12.53	1.52	36.77	2.02	7.64	3.81	0.61
0.86	0.26	0.44	0.12	3.29	0.22	0.42	3.10	0.36	26.71	1.47	2.71
0.17	0.02	0.04		3.67	0.02	0.01	3.68	0.16	3.59	0.41	0.59
0.12	0.01	0.06		1.11	0.05	0.04	1.11	0.14	6.19	0.52	1.40
3.88	0.09	2.69	0.06	9.81	1.11	0.55	10.37	0.37	45.57	0.81	5.63
3.16	1.00	3.92	26.72	35.20	0.79	1.09	34.90	1.92	63.36	0.80	6.01
0.10		0.03		0.27	0.21	0.02	0.46	0.01	2.19	0.05	0.44
−1.55	1.64	0.07	1.59	−4.20	0.60	0.11	−3.71	0.02	12.56	0.93	0.60
−3.01	4.70	0.81	2.93	6.43	0.94	0.28	7.09	0.14	31.82	2.06	1.45
1.03	0.03	0.70	0.01	1.20	0.22	0.12	1.30	0.21	6.39	0.50	1.08
0.55		0.23		0.99	0.05	0.03	1.01	0.08	2.35	0.24	0.41
8.11	0.50	2.93	0.04	−0.59	0.57	0.76	−0.77	0.59	15.54	1.42	2.55

主要统计指标解释

铁路营业里程 又称营业长度，指投入客货运输营业或临时营业的线路长度。

电气化里程 指具备了电力机车牵引条件，并已交付运营的线路里程。

公路里程 指报告期末公路的实际长度。统计范围：包括城间、城乡间、乡（村）间能行驶汽车的公共道路，公路通过城镇街道的里程，公路桥梁长度、隧道长度、渡口宽度。不包括城市街道里程，断头路里程，农（林）业生产用道路里程，工（矿）企业等内部道路里程。统计原则：按已竣工验收或交付使用的实际里程计算；两条或多条公路共同经由同一路段的重复里程，只计算一次。

货（客）运量 指在一定时期内，各种运输工具实际运送的货物重量（旅客数量）。货运按吨计算，客运按人计算。货物不论运输距离长短、货物类别，均按实际重量统计。旅客不论行程远近或票价多少，均按一人一次客运量统计；半价票、儿童票也按一人统计。

货物（旅客）周转量 指在一定时期内，由各种运输工具运送的货物（旅客）数量与其相应运输距离的乘积之总和。该指标可以反映运输业生产的总成果，也是编制和检查运输生产计划，计算运输效率、劳动生产率以及核算运输单位成本的主要基础资料。计算货物周转量通常按发出站与到达站之间的最短距离，也就是计费距离计算。计算公式为：

货物（旅客）周转量 = Σ（货物（旅客）运输量 × 运输距离）

港口货物吞吐量 指经由水路进、出港区范围，并经过装卸的货物数量。按货物流向分为进港吞吐量和出港吞吐量，按货物的贸易性质分为内贸和外贸吞吐量。货物类别根据现行的交通行业《运输货物分类和代码》标准分类。

民用运输船舶拥有量 指报告期末在水路运输管理部门注册登记的从事水上客、货运输活动的我国企业或私人拥有的营业性运输船舶（含我国企业或私人拥有的悬挂外国旗的船舶）数量。不包括非运输船舶及农业、渔业生产船舶。

民用汽车拥有量 指报告期末，在公安交通管理部门按照《机动车注册登记工作规范》，已注册登记领有民用车辆牌照的全部汽车数量。汽车拥有量统计的主要分类：根据汽车结构分为载客汽车、载货汽车及其他汽车；根据汽车所有者不同分为个人（私人）汽车、单位汽车；根据汽车的使用性质分为营运汽车、非营运汽车；根据汽车大小规格不同，载客汽车分为大型、中型、小型和微型，载货汽车分为重型、中型、轻型和微型。

邮政、电信业务总量 指以货币形式表示的邮政、电信通信企业为社会提供各类邮政、电信通信服务的总数量。计算方法为各类业务的实物量分别乘以相应的不变单价，求出各类业务的货币量加总求得。没有不变单价的业务按其业务收入直接相加。

移动电话用户 指在电信运营企业营业网点办理开户登记手续，通过移动电话交换机进入移动电话网，占用移动电话号码的各类电话用户。包括各类签约用户、智能网预付费用户、无线上网卡用户。

互联网上网人数 指过去半年内使用过互联网的 6 周岁及以上中国居民人数。

固定电话用户 指在电信企业营业网点办理开户登记手续并已接入固定电话网上的全部电话用户。包括普通电话用户、无线市话用户、公用电话用户、窄带综合业务数字网（N-ISDN）用户、智能网专用接入终端用户等。

3G 移动电话用户 指报告期末在计费系统拥有使用信息，占用 3G 网络资源的在网用户。包括使用了 3G 业务或终端的用户。

4G 移动电话用户 指报告期末在计费系统拥有使用信息，占用 4G 网络资源的在网用户。包括使用了 4G 业务或终端的用户。

长途电话交换机容量 指电信企业用于接入长途电话网的电话交换机的设备额定容量。

移动电话交换机容量 指移动电话交换机根据一定话务模型和交换机处理能力计算出来的最大同时服务用户的数量。按报告期末已接入网正式投入使用的设备实际容量统计。

互联网宽带接入端口 指用于接入互联网用户的各类实际安装运行的接入端口的数量，包括 xDSL 用户接入端口、LAN 接入端口、其他类型接入端口等，不包括窄带拨号接入端口。

规模以上服务业统计对象 指营业收入达到一定规模

标准的执行企业会计制度的服务业法人单位。

统计标准分为三类：一是年营业收入2000万元及以上的服务业法人单位。包括：交通运输、仓储和邮政业，信息传输、软件和信息技术服务，水利、环境和公共设施管理业，卫生等行业。二是年营业收入1000万元及以上的服务业法人单位。包括：租赁和商务服务业，科学研究和技术服务业，教育，物业管理、房地产中介服务、房地产租赁经营和其他房地产业等行业。三是年营业收入500万及元以上的服务业法人单位。包括居民服务、修理和其他服务业，文化、体育和娱乐业，社会工作等行业。

Explanatory Notes on Main Statistical Indicators

Length of Railways in Operation refers to the total length of the trunk line for passenger and freight transportation in full operation or temporary operation.

Length of Electrified Trunk Line refers to the length of the trunk line capable for the running of electrified locomotives and having been put into operation.

Length of Highways refers to the actual length of highways at the end of reference period. It covers public roads running vehicles among cities, city and rural areas, township (villages), highways passing through streets at small cities and towns, length of bridges and tunnels, width of ferry piers. It does not include the length of streets in cities, dead end highways, the length of streets built for agricultural (forest) production and inside factories (mines). It can only be calculated with the actual mileage having been completed, checked and accepted or put into operation. If two or more highways go the same section of the way, the length of the section is only calculated for once.

Freight (Passenger) Traffic refers to the weight of freight (number of passenger) transported with various means within a specific period of time. Freight transport is calculated in tons and passenger traffic is calculated in terms of number of person. Freight transport is calculated in terms of the actual weight of the goods and takes no account of the type of freight and distance of travel. Passenger traffic is calculated by the principle that one person can be counted only once in one trip and takes no account of the travelling distance and ticket price. The passengers who travel with a half price ticket or a child's ticket is also calculated as one person.

Freight Ton-kilometres (Passenger-kilometres) refers to the sum of the product of the volume of transported cargo (passengers) multiplied by the transport distance. It is an important indicator to reflect the achievement of the transportation industry. This is an important indicator to show the total results of the transport industry; to prepare and examine the transport plan; and to serve as the main basic data for calculating the efficiency, labour productivity and unit cost of transport. Normally, the shortest distance between the departure station and the destination station (i.e., the payable distance) is the basis in calculating the freight ton-kilometres. The formula is as follows:

$$\frac{\text{Freight ton - kilometres}}{\text{(passenger - kilometres)}} = \sum \frac{\text{freight}}{\text{(passenger)traffic}} \times \frac{\text{distance of}}{\text{transportation}}$$

Volume of Freight Handled in Coastal Ports refers to the volume of cargo passing in and out of the harbour area of the major coastal ports and having been loaded and unloaded. The volume of freight handled may be classified by direction of cargo flow as in-port freight and out-port freight, or by nature of cargo as freight for domestic trade and freight for foreign trade. It can also be classified by type of freight based on the existing standard classification for transportation industry "Classification and Coding for Freight".

Possession of Civil Transport Vessels refers to the total number at the end of reference period of operating transport vessels owned by Chinese enterprises or privately that are registered in the water transportation management institutions and permitted to perform cargo transport activities (including vessels with foreign flags but owned by Chinese enterprises or citizens). Non-transport vessels and vessels used for agriculture and fishery are not included.

Possession of Civil Motor Vehicles refer to the total numbers of vehicles that are registered and received vehicles license tags according to the Work Standard for Motor Vehicles Registration formulated by the Transport Management Office under the department of public security at the end of the reference period. They are divided into categories. According to the structure of motor vehicles, they are divided into passenger vehicles, trucks and others; according to ownership into private vehicles and vehicles for the unit's use; according to kind of usage into working vehicles and non-working vehicles; and according to size of vehicles into large passenger vehicles, medium-sized passenger vehicles, small passenger vehicles and mini passenger vehicles, heavy trucks, light-heavy trucks, light trucks and mini-trucks.

Business Volume of Post and Telecommunications refers to the total amount of postal and telecommunication services, expressed in value terms, provided by the post and telecommunications departments for society. Business volume of post and telecommunications is the sum of each service in kind multiplying with its correspondent unit price (constant price). Business without constant price add their business revenue directly.

Mobile Telephone Subscribers refer to person who have gone through registration procedures in the operation points of enterprises engaged in telecommunications and are hence connected with the mobile telephone communication network through the mobile telephone switchboards and occupy mobile phone numbers. Included are various types of subscriber, prepaid users for intelligent network and wireless network card users.

Internet Users refer to the number of Chinese citizens

aged 6 and over who use the Internet in the past six months.

Local Telephone Subscribers refer to all subscribers who have gone through registration procedures in the operation points of enterprises engaged in telecommunications and are hence connected to the local telecommunications service provider through fixed line network. Included are general subscribers, wireless local telephone subscribers, public telephones subscribers, N-ISDN subscribers and intelligent network terminal subscribers.

3G Mobile Phone Users refers to the final in the billing system with use of information, take up 3 g network resources in the network users. Including the use of 3G services or terminal users.

4G Mobile Phone Users refers to the final in the billing system with use of information, take up 4 g network resources in the network users. Including the use of 4G services or terminal users.

Capacity of Long Distance Telephone Exchanges refers to the rated capacity of telephone exchanges to connect long distance telephone network by enterprises engaged in telecommunications.

Capacity of Mobile Telephone Exchanges refers to the capacity of the maximum services provided to subscribers at any one time as computed based on a certain model of calls distribution and transacting capacity of the mobile telephone exchanges. It is calculated based on the actual capacity of equipments connected to network through cutover and put into operation officially at the end of the reference period.

Broadband Connection Terminals refer to the connection terminals to internet users actually installed and put into operation, including connection terminals for XDSL, connection terminals for LAN, and other types of connection terminals. N-ISDN connection terminals are not included.

The statistical object of the service industry above designated size refers to the service legal entity that implements the enterprise accounting system and its operating income reaches a certain standard of scale.

The statistical standards are divided into three categories: one is the service legal entity with an annual operating income of more than 20 million yuan and above. These industries include transportation, storage and postal services, information transmission, software and information technology services, water conservancy, environment and public facilities management, and health. The second is the service legal entity with an annual operating income of more than 10 million yuan and above. It includes leasing and business services, scientific research and technology services, education, property management, real estate intermediary services, real estate leasing and other real estate industries. The third is the service legal entity with an annual operating income of more than 5 million yuan and above. These include residential, repair and other services, culture, sports and recreation, and social work.

16

批发和零售业、住宿和餐饮业

Wholesale and Retail Trades, Hotels and Catering Services

资料整理人员：彭　颖　　段嘉欣

16-1 社会消费品零售总额
Retail Sale of Consumer Goods

单位：亿元 (100 million yuan)

年份 Year	社会消费品零售总额 Total Retail Sales of Consumer Goods	商品零售 Commodity Retail	餐饮收入 Food and beverage revenue	城镇 Urban	乡村 Rural
1950	6.58	6.47	0.11	2.68	3.85
1951	8.72	8.53	0.19	3.91	4.72
1952	10.05	9.78	0.27	4.49	5.47
1953	11.61	11.34	0.27	5.04	7.16
1954	12.95	11.31	0.30	5.37	8.24
1955	13.22	12.77	0.45	5.49	8.49
1956	14.79	14.28	0.51	6.21	9.86
1957	15.73	15.15	0.58	6.73	10.22
1958	18.06	17.39	0.67	7.60	13.30
1959	21.29	20.43	0.86	9.03	16.17
1960	22.86	21.87	0.99	9.99	17.71
1961	21.47	19.91	1.56	10.18	13.59
1962	22.43	20.80	1.63	9.95	14.46
1963	22.46	21.11	1.35	8.99	15.61
1964	23.28	22.14	1.14	9.27	16.35
1965	23.10	22.10	1.00	9.43	16.91
1966	25.38	24.38	1.00	11.31	18.37
1967	28.21	27.11	1.10	11.52	20.50
1968	27.11	26.08	1.03	10.80	19.81
1969	30.01	29.10	0.91	12.26	21.86
1970	32.05	31.07	0.98	13.58	24.10
1971	34.42	33.33	1.09	15.18	26.03
1972	37.37	36.17	1.20	16.48	28.46
1973	41.21	39.93	1.28	18.17	31.65
1974	43.25	41.88	1.37	19.07	32.77
1975	47.01	45.53	1.48	19.97	36.83
1976	48.24	46.66	1.58	20.89	37.66
1977	50.98	49.30	1.68	21.93	40.31
1978	54.84	53.05	1.79	24.53	44.31
1979	65.20	63.03	2.17	30.59	51.21
1980	76.77	74.24	2.53	35.47	60.04
1981	87.24	84.45	2.79	37.31	66.87
1982	95.39	92.19	3.20	41.06	71.34
1983	107.36	91.70	3.69	43.30	81.61
1984	124.36	119.90	4.46	49.29	92.79
1985	157.47	151.84	5.63	68.80	108.50
1986	180.61	174.03	6.58	77.24	127.44
1987	213.81	205.55	8.26	91.10	151.78
1988	277.71	267.14	10.57	123.92	192.32

16-1 续表 Continued

单位：亿元 (100 million yuan)

年份 Year	社会消费品零售总额 Total Retail Sales of Consumer Goods	商品零售 Commodity Retail	餐饮收入 Food and beverage revenue	城 镇 Urban	乡 村 Rural
1989	299.74	288.49	11.25	142.13	199.86
1990	300.95	289.59	11.36	197.84	103.11
1991	341.80	327.56	14.24	228.25	113.55
1992	401.17	383.20	17.97	273.73	127.44
1993	495.09	473.70	21.39	345.81	149.28
1994	669.18	630.24	38.94	468.68	200.50
1995	846.96	792.81	54.15	606.28	240.67
1996	955.41	885.10	70.31	666.39	289.01
1997	1047.38	966.39	80.99	738.97	308.41
1998	1128.22	1031.99	96.23	783.82	344.40
1999	1228.68	1113.90	114.79	867.86	360.82
2000	1359.79	1167.15	192.64	985.35	374.44
2001	1500.90	1344.04	156.86	1079.24	421.66
2002	1662.56	1480.48	182.08	1207.40	455.17
2003	1836.70	1585.53	251.17	1362.22	474.48
2004	2083.50	1784.41	299.09	1557.53	525.97
2005	2391.85	2034.94	356.90	1793.87	597.98
2006	2765.87	2376.12	389.76	2068.44	697.43
2007	3286.37	2825.25	461.13	2481.96	804.42
2008	4047.48	3478.10	569.39	3082.96	964.52
2009	4722.80	4148.84	573.96	4255.28	467.52
2010	5664.27	4962.39	701.88	5121.07	543.20
2011	6830.19	6001.36	828.83	6180.85	649.34
2012	7854.47	6908.83	945.64	7123.16	731.31
2013	8948.43	7852.41	1096.03	8096.00	852.43
2014	10053.24	8846.82	1206.42	9100.79	952.45
2015	11241.41	9892.32	1349.09	10175.47	1065.93
2016	12499.97	10968.63	1531.34	11299.95	1200.02
2017	13793.72	12083.66	1710.06	12453.40	1340.32
2018	15134.27	13271.28	1862.99	13124.24	2010.03
2019	16683.94	14603.71	2080.22	14450.22	2233.72
2020	16258.12	14374.65	1883.47	14043.84	2214.28
2021	18596.85	16326.05	2270.80	16082.30	2514.55
2022	19050.66	16758.04	2292.62	16466.38	2584.28

注：1. 1992–2019 社会消费品零售总额统计数据根据第四次全国经济普查数据进行了调整，分组的部分数据不可比。

2. 从 2010 年起，社会消费品零售总额统计采用新的分组，即将经营单位所在地分组由“市”“县”，“县以下”改为“城镇”“乡村”。

3. 2008 年及以前，城镇数据为“市”“县”数据、“乡村”为“县以下”数据。

a. Statistics on total retail sales of consumer goods from 1992 to 2019 were adjusted according to the data of the fourth National Economic Census. The grouped partial data is not comparable.

b. From 2010, new grouping method is adopted for the statistics on the total retail sales of consumer goods: grouping according to operation location changes from city, county and below county level to urban and rural areas.

c. In 2008 and before, the urban data contained city and county data, the country data was below county data.

16-2 国内贸易基本情况
Basic Statistics on Domestic Trade

项 目	Item	2010	2020	2021	2022
社会消费品零售总额	**Total Retail Sales of Consumer Goods**	**5664.27**	**16258.12**	**18596.85**	**19050.66**
（亿元）	**(100 million yuan)**				
按经营地分	**By Location of Outlets**				
城镇	Urban	5121.07	14043.84	16082.30	16466.38
其中：城区	City Proper	3433.58	9824.84	11214.39	11440.63
乡村	Rural	543.20	2214.28	2514.55	2584.28
按消费形态分	**By Consuming Pattern**				
餐饮收入	Food and Beverage Revenue	701.88	1883.47	2270.80	2292.62
商品零售	Commodity Retail	4962.39	14374.65	16326.05	16758.04
亿元以上商品交易市场个数	**Number of Commodity Transaction Markets**	**290**	**285**	**283**	**255**
（个）	**above 100 Million Yuan (unit)**				
亿元以上商品交易市场成交额	**Turnover of Commodity Transaction Markets**	**2074.56**	**4439.94**	**5006.64**	**5874.84**
（亿元）	**above 100 Million Yuan (100 million yuan)**				
法人单位 （个）	**Number of Corporation Unit (unit)**				
批发零售贸易业	Wholesales and Retail Trades	2625	10467	10751	11300
住宿餐饮业	Hotels and Catering Trades	1205	2595	2800	3268
从业人员 （万人）	**Employed Person (10 000 persons)**				
批发零售贸易业	Wholesales and Retail Trades	23.74	42.88	42.63	43.02
住宿餐饮业	Hotels and Catering Trades	14.05	14.19	13.97	14.72
批发零售贸易业 （亿元）	**Wholesales and Retail Trades (100 million yuan)**				
商品购进总额	Total Purchases	3422.49	10980.73	13048.46	14276.60
商品销售总额	Total Sales	3760.89	12359.29	14579.39	15435.17
商品库存总额	Total Inventory	275.77	789.84	761.01	832.25

注：法人单位、从业人员和批发零售贸易业商品购进、销售、库存总额为限额以上法人企业数据。

Figures on number of corporation unit,person employed , and total purchase, total in inventory of wholesale and retail trade refer to units above designated size.

16−3 限额以上批发零售、住宿餐饮业基本情况(2022年)

Basic Conditions on Gross Value of Purchases, Sales and Inventory of Wholesale and Retail Trade above Designated Size (2022)

指 标	Item	法人单位(个) Number of Corporation (unit)	从业人数(人) Person Engaged (person)
总 计	**Total**	**14568**	**577396**
批发业	**Wholesale Trades**	**3884**	**141687**
内资企业	Domestic Funded Enterprises	3859	138809
国有企业	State-owned Enterprises	57	18817
集体企业	Collective-owned Enterprises	3	160
股份合作企业	Cooperative Enterprises	1	12
联营企业	Joint Ownership Enterprises	1	28
有限责任公司	Limited Liability Corporations	492	27737
股份有限公司	Share-holding Corporations Ltd.	35	5861
私营企业	Private Enterprises	3259	85776
其他企业	Other Enterprises	11	418
港澳台商投资企业	Enterprises with Funds From HongKong,Macao and Taiwan	10	2250
外商投资企业	Enterprises with Foreign Investment	15	628
零售业	**Retail Sale Trades**	**7416**	**288472**
内资企业	Domestic Funded Enterprises	7350	257842
国有企业	State-owned Enterprises	39	4418
集体企业	Collective-owned Enterprises	25	1556
股份合作企业	Cooperative Enterprises	3	193
联营企业	Joint Ownership Enterprises		
有限责任公司	Limited Liability Corporations	570	42400
股份有限公司	Share-holding Corporations Ltd.	43	10753
私营企业	Private Enterprises	6669	198397
其他企业	Other Enterprises	1	125
港澳台商投资企业	Enterprises with Funds From HongKong,Macao and Taiwan	30	21873
外商投资企业	Enterprises with Foreign Investment	36	8757
住宿业	**Hotels Trades**	**1286**	**59677**
内资企业	Domestic Funded Enterprises	1276	58047
国有企业	State-owned Enterprises	25	2954
集体企业	Collective-owned Enterprises	3	356
股份合作企业	Cooperative Enterprises	1	154
联营企业	Joint Ownership Enterprises		
有限责任公司	Limited Liability Corporations	144	12450
股份有限公司	Share-holding Corporations Ltd.	5	263
私营企业	Private Enterprises	1098	41870
其他企业	Other Enterprises		
港澳台商投资企业	Enterprises with Funds From HongKong,Macao and Taiwan	8	1509
外商投资企业	Enterprises with Foreign Investment	2	121
餐饮业	**Catering Trades**	**1982**	**87560**
内资企业	Domestic Funded Enterprises	1972	71360
国有企业	State-owned Enterprises	6	538
集体企业	Collective-owned Enterprises		
股份合作企业	Cooperative Enterprises		
联营企业	Joint Ownership Enterprises		
有限责任公司	Limited Liability Corporations	253	11469
股份有限公司	Share-holding Corporations Ltd.	10	387
私营企业	Private Enterprises	1701	58931
其他企业	Other Enterprises	2	35
港澳台商投资企业	Enterprises with Funds From HongKong,Macao and Taiwan	4	4888
外商投资企业	Enterprises with Foreign Investment	6	11312

16-4 亿元以上商品交易市场基本情况（2022年）

项目	Item	市场数（个） Number of Markets (unit)
总计	**Total**	**255**
按市场类别分组	By Market Category	
综合市场	Integrated Markets	110
生产资料综合市场	Production Comprehensive Markets	1
工业消费品综合市场	Industrial Consumable Comprehensive Markets	24
农产品综合市场	Farm Produce Comprehensive Markets	38
其他综合市场	Other Comprehensive Markets	47
专业市场	Special Markets	145
生产资料市场	Production Markets	31
农业生产用具市场	Agricultural Production Appliance Market	1
农用生产资料市场	Agricultural Production Markets	
木材市场	Wood Markets	2
建材市场	Building Material Markets	18
化工材料及制品市场	Chemical Materials and Products Markets	1
金属材料市场	Metal Materials Markets	4
机械设备市场	Mechanical Equipments Markets	4
其他生产资料市场	Others	1
农产品市场	Farm Produce Markets	38
粮油市场	Grain and Oil Markets	2
肉禽蛋市场	Meat, Poultry and Eggs Markets	7
水产品市场	Aquatic Products Markets	2
蔬菜市场	Vegetables Markets	7
干鲜果品市场	Dried and Fresh Melons and Fruits Markets	8
其他农产品市场	Others	12
食品、饮料及烟酒市场	Food, Beverages, Tobacco and Liquor Markets	5
食品饮料市场	Food and Beverages Markets	1
茶叶市场	Tea Market	1
烟酒市场	Tobacco and Liquor Markets	
其他食品饮料及烟酒市场	Others	3

Basic Statistics on Commodity Exchange Markets of Transaction Value over 100 Million Yuan (2022)

摊位总数（个） Number of Stalls (unit)	出租摊位个数（个） Number of Rented Stall (unit)	营业面积（万平方米） Operation Area (10 000 sq.m)	成交额（亿元） Turnover (100 million yuan)
190884	**159226**	**1153.71**	**5874.84**
106328	88945	517.67	2884.30
175	175	0.62	2.12
31834	28493	188.53	951.10
24693	21400	102.56	1570.73
49626	38877	225.95	360.35
84556	70281	636.04	2990.54
20021	17324	156.97	1428.47
417	32	8.80	1.00
460	460	8.36	2.14
10038	9717	99.40	62.34
264	231	1.20	2.95
2976	2739	31.54	1311.23
5198	3497	5.34	47.01
668	648	2.34	1.80
19950	17363	141.19	696.66
415	391	1.54	27.29
2429	1319	5.62	9.68
416	410	5.76	60.81
3075	2942	11.64	42.75
8094	7452	105.62	514.91
5521	4849	11.01	41.23
2412	1397	6.24	36.47
1159	279	1.54	1.51
205	199	1.56	1.25
1048	919	3.14	33.71

16-4 续表

项　目	Item	市场数（个） Number of Markets (unit)
纺织、服装、鞋帽市场	Textiles, Clothing, Shoes and Hats Markets	22
布料及纺织品市场	Cloth and Textiles Markets	
服装市场	Clothing Markets	18
鞋帽市场	Shoes and Hats Markets	1
其他纺织服装鞋帽市场	Others	3
日用品及文化用品市场	Daily Use Articles and Cultural Goods Markets	4
文具市场	Stationary Markets	
图书、报刊杂志市场	Books, Newspapers and Magazines Markets	1
音像制品及电子出版物市场	Video Products and E-journal Markets	1
其他日用品及文化用品市场	Others	2
黄金、珠宝、玉器等首饰市场	Gold, Jewelry, Jade and Other Jewelry Markets	1
电器、通讯器材、电子设备市场	Electrical Appliances, Communication Appliances and Electronical Appliances Markets	13
家电市场	Household Appliances Markets	7
通讯器材市场	Communication Appliances Markets	
照相、摄像器材市场	Photographic and Video Equipment Markets	2
计算机及辅助设备市场	Computer and Auxillary Equipments Markets	4
其他电器、通讯器材、电子设备	Others	
医药、医疗用品及器材市场	Medicine, Medical Materials and Medical Instruments Markets	2
中药材市场	Chinese Medicine Market	2
家具、五金及装饰材料市场	Furniture, Hardware and Decoration Materials Markets	23
家具市场	Furniture Markets	4
装饰材料市场	Decoration Materials Markets	12
五金材料市场	Hardware Materials Markets	5
其他装修市场	Others	2
汽车、摩托车及零配件市场	Cars, Motorcycle and Spare Parts Markets	6
汽车市场	Cars Markets	2
摩托车市场	Motorcycles Markets	1
机动车零配件市场	Vehicle Spare Parts Markets	3
花、鸟、鱼、虫市场	Flower, Bird, Fish and Insects Markets	
旧货市场	Flea Markets	
其他专业市场	Other Professional Markets	
按营业状态分组	By Operating Status	
常年营业	Perennial Operation	252
季节性营业	Seasonal Operation	2
其他	Others	1
按经营方式分组	By Operating Mode	
以批发为主	Whole Sale	134
以零售为主	Retail	121
按经营环境分组	By Operating Circumstance	
露天式	Outdoor	17
封闭式	Indoor	205
其他	Others	33

Continued

摊位总数（个） Number of Stalls (unit)	出租摊位个数（个） Number of Rented Stall (unit)	营业面积（万平方米） Operation Area (10 000 sq.m)	成交额（亿元） Turnover (100 million yuan)
20912	16461	61.98	146.03
14740	11083	47.60	98.96
454	267	2.00	2.78
5718	5111	12.38	44.30
961	702	4.01	54.49
420	402	1.26	16.28
163	106	0.65	4.41
378	194	2.10	33.80
50	23	1.85	11.85
2753	2411	20.08	119.28
1300	1084	10.08	38.82
370	347	2.36	4.91
1083	980	7.64	75.54
1786	1740	47.77	93.17
1786	1740	47.77	93.17
12915	10665	155.19	218.83
842	786	13.34	7.14
8692	6846	78.96	138.29
2850	2502	50.37	69.35
531	531	12.52	4.05
2796	2195	40.77	185.29
922	506	34.48	174.55
125	125	0.28	2.51
1749	1564	6.01	8.23
189414	158148	1150.13	5867.05
396	332	1.68	2.49
1074	746	1.90	5.30
110379	93805	820.98	4902.80
80505	65421	332.73	972.04
12310	9703	57.58	1315.30
159436	135367	1031.10	4312.58
19138	14156	65.03	246.97

16-5 亿元以上商品交易市场摊位分类情况

Classification of Commodity Exchange Markets of Transaction Value over 100 Million Yuan

项　目	Item	出租摊位个数（个） Number of Booths (unit)		成交额（亿元） Turnover (100 million yuan)	
		2021	2022	2021	2022
总计	**Total**	**165566**	**159226**	**5006.64**	**5874.84**
粮油、食品类	Food	53967	51868	2170.87	2469.96
#粮油类	# Grain and Oil	6151	5943	250.73	366.38
#肉禽蛋类	# Meat,Poultry and Eggs	8469	8257	181.58	263.40
饮料类	Beverages	3100	2799	58.06	56.26
烟酒类	Tobacco and Liquor	4743	3887	191.90	187.47
服装、鞋帽、针纺织品类	Garments,Shoes,Hats,Knit and Textile Goods	35965	32458	318.46	295.87
#服装类	# Garments	24859	22189	217.98	202.89
#鞋帽类	# Shoes and Hats	6147	5647	56.89	53.90
#针、纺织品类	# Knit and Textile Goods	4959	4622	43.60	39.08
化妆品类	Cosmetics	1282	1184	17.37	16.77
金银珠宝类	Gold,Silver and Jewelry	271	176	15.91	14.68
日用品类	Articles for Daily Use	6218	6435	137.42	134.10
五金、电料类	Hardware & Electrical Materials	8311	7602	234.59	249.51
体育、娱乐用品类	Sports & Recreational	1085	1080	24.67	17.37
书报杂志类	Newspapers and Magazines	491	469	14.21	12.13
电子出版物及音像制品类	Electronic Publication and Audiovisual Products	828	903	17.07	16.32
家用电器和音像器材类	Household Appliances and Audiovisual Equipment	3085	2963	94.00	80.00
中西药品类	Traditional Chinese and Western Medicine	2280	2246	146.60	177.92
#西药类	# Western Medicine	146	126	27.20	24.21
#中草药及中成药类	# Chinese Herbal Medicine and Other Traditional Chinese Medicine	2024	2016	118.81	153.05
文化办公用品类	Cultural and Official Goods	2648	2586	136.16	142.52
家具类	Furniture	2170	1694	28.41	20.37
通讯器材类	Communication Appliances	747	512	21.92	19.13
煤炭及制品类	Coal and Related Products	75	55	1.52	0.39
木材及制品类	Wood and Wooden Products	1722	1765	12.19	32.59
石油及制品类	Oil and Related Products	314	147	2.83	1.49
化工材料及制品类	Chemical Materials and Related Products	584	834	28.69	32.61
#化肥类	# Fertilizer	58	50	0.72	0.40
金属材料类	Metal Materials	1436	3197	721.68	1316.37
建筑及装潢材料类	Building and Decoration Materials	20169	18070	254.92	237.96
机电产品及设备类	Mechanical & Electrical Products and Appliances	4344	4074	70.22	65.65
#农机类	# Agricultural Machinery	96	51	4.47	1.32
汽车类	Automobile	3796	6511	221.74	205.08
种子饲料类	Seed and Feedstuff	209	194	8.12	8.39
棉麻类	Cotton & Linen	219	70	2.41	0.38
其他类	Others	5507	5447	54.69	63.54

16-6 限额以上批发、零售业商品购进、销售、库存总额(2022年)
Total Value of Purchases Sales and Inventory of above Designated Size in Wholesale and Retail Sales Trade (2022)

单位：亿元 (100 million yuan)

指标	Item	商品购进总额 Total Purchases	商品销售总额 Total Sales	批发 Wholesale Trade	零售 Retail Trade	年末库存总额 Inventory Year-end
总计	**Total**	**14276.60**	**15435.17**	**9772.76**	**5604.71**	**832.25**
批发业	**Wholesale Trade**	**10025.42**	**10038.60**	**9354.20**	**627.23**	**522.64**
按登记注册类型分组	**By Status of Registration**					
内资企业	Domestic Funded Enterprises	9840.38	9807.22	9128.14	621.91	508.28
国有企业	State-owned Enterprises	933.22	1265.60	1239.89	25.58	40.37
集体企业	Collective-owned Enterprises	9.60	10.93	9.40	1.53	0.38
股份合作企业	Cooperative Enterprises	0.21	0.29	0.16	0.13	
联营企业	Joint Ownership Enterprises	0.63	0.62	0.53	0.09	0.07
有限责任公司	Limited Liability Corporations	3639.33	3767.55	3516.99	245.79	225.44
股份有限公司	Share-holding Corporations Ltd.	1111.00	282.35	270.36	11.99	44.03
私营企业	Private Enterprises	4139.22	4471.72	4083.23	336.22	197.87
其他企业	Other Enterprises	7.17	8.16	7.58	0.58	0.14
港澳台商投资企业	Enterprises with Funds From HongKong, Macao and Taiwan	100.76	124.78	120.14	4.65	10.06
外商投资企业	Enterprises with Foreign Investment	84.28	106.59	105.92	0.67	4.29
按国民经济行业分组	**By Sector**					
农、林、牧、渔产品批发	Wholesale of Agricultural, Forestry, Livestock and Fishery Products	411.59	431.05	373.47	56.43	26.70
食品、饮料及烟草制品批发	Wholesale of Foods, Beverages and Tobaccos	1532.07	1953.88	1813.04	124.64	67.97
纺织、服装及家庭用品批发	Wholesale of Textile Clothing and Household Articles	309.00	346.28	294.71	44.63	22.51
文化、体育用品及器材批发	Wholesale of Cultural and Sporting Goods and Equipment	159.32	174.83	162.58	9.76	13.93
医药及医疗器材批发	Wholesale of Medicines and Medical Appliances	1221.90	1317.02	1258.75	53.35	111.79
矿产品、建材及化工产品批发	Wholesale of Mineral Products,Building and Chemical Materials	5361.35	4686.23	4433.38	242.78	177.38
机械设备、五金产品及电子产品批发	Wholesale of Machinery, Hardware and Electronic Products	728.99	803.27	733.38	56.95	92.00
贸易经纪与代理	Wholesale of Trade Brokers and Agents	65.17	66.65	64.88	1.77	1.21
其他批发	Other Wholesale Trade	236.03	259.39	220.01	36.91	9.16

16-6 续表 Continued

单位：亿元 (100 million yuan)

指标	Item	商品购进总额 Total Purchases	商品销售总额 Total Sales	批发 Wholesale Trade	零售 Retail Trade	年末库存总额 Inventory Year-end
零售业	**Retail Trade**	**4251.17**	**5396.58**	**418.56**	**4977.49**	**309.61**
按登记注册类型分组	**By Status of Registration**					
内资企业	Domestic Funded Enterprises	3994.78	4684.26	326.53	4357.20	282.19
国有企业	State-owned Enterprises	33.73	146.46	28.95	117.50	1.82
集体企业	Collective-owned Enterprises	11.39	12.01	0.26	11.75	0.28
股份合作企业	Cooperative Enterprises	1.19	1.25		1.25	0.04
联营企业	Joint Ownership Enterprises					
有限责任公司	Limited Liability Corporations	755.33	805.06	59.21	745.69	74.73
股份有限公司	Share-holding Corporations Ltd.	296.64	530.42	79.03	451.39	8.04
私营企业	Private Enterprises	2896.38	3188.85	159.07	3029.42	197.26
其他企业	Other Enterprises	0.11	0.20		0.20	0.01
港澳台商投资企业	Enterprises with Funds From HongKong, Macao and Taiwan	173.41	212.04	10.28	201.76	19.45
外商投资企业	Enterprises with Foreign Investment	82.98	500.27	81.75	418.52	7.97
按国民经济行业分组	**By Sector**					
综合零售	General Retail	651.82	763.81	19.68	744.01	34.73
百货零售	Retail of Consumer Goods	237.43	287.59	4.51	283.08	14.44
超级市场零售	Retail of Super Markets	366.79	424.00	10.92	412.96	17.65
食品、饮料及烟草制品零售	Foods、Beverages and Tobaccos	223.23	253.86	40.45	213.36	13.20
纺织、服装及日用品零售	Textiles,Garments and Daily Consumer Goods	97.81	114.24	5.95	108.30	9.88
文化、体育用品及器材专业零售	Cultural and Sporting Goods and Equipment	153.84	161.90	2.69	159.21	20.79
医药及医疗器材专门零售	Medicines and Medical Appliances	211.67	268.25	17.43	250.82	23.48
#西药零售	#Retail of Western Medicine	193.98	245.72	15.27	230.45	22.49
汽车、摩托车、零配件和燃料及其他动力销售	Retail of Motor Vehicles, Motorcycles, Parts, and Fuel and Other Powers	2174.10	3002.44	290.61	2711.82	175.56
#汽车新车零售	#Retail of New Motor Vehicles	1525.42	1565.75	34.71	1531.05	154.71
#机动车燃油零售	#Retail of Fuel Oil of Motor Vehicles	591.50	1373.16	254.90	1118.26	17.29
家用电器及电子产品专门零售	Special Retail of Household Electric Appliances and Electronic Products	246.21	260.05	12.82	247.23	15.72
五金、家具及室内装饰材料专门零售	Special Retail of Hardware, Furniture and Interior Decoration Materials	107.37	128.36	11.92	116.09	5.26
货摊、无店铺及其他零售业	Stalls, Non-shop and Other Retails	385.15	443.67	17.02	426.64	10.98

16-7 限额以上批发和零售业企业财务状况（2022年）

Financial Affairs of above Designated Size in Wholesale and Retail Trade Enterprises (2022)

单位：万元 (10 000 yuan)

项目	Item	合计 Total	内资企业 Domestic Funded Enterprises	国有企业 State-owned Enterprises	集体企业 Collective Owned Enterprises	股份合作企业 Cooperative Enterprises	联营企业 Joint Ownership Enterprises
企业数（个）	Number of Enterprises (unit)	11300	11209	96	28	4	1
流动资产合计	Total Circulating Funds	48817423	44819890	2848840	25328	3876	5018
#存货	#Inventories	8839980	8268001	483020	2356	476	656
固定资产原价	Original Value of Fixed Assets	10425779	9360941	1282022	37609	2029	46
累计折旧	Total Depreciation	4019571	3577033	628635	8682	480	16
#本年折旧	#Depreciation this year	547844	490875	50003	1131	149	1
资产总计	Total Assets	71401678	64567617	4549613	59431	6052	5359
负债合计	Total Liabilities	47958348	43398199	1496136	23637	4162	3563
所有者权益合计	Total Creditors Equity	23713456	21423221	3053405	35794	1890	1795
实收资本	Capitals Hold	10068342	9239426	262863	6889	500	2000
个人资本	Individual Capital	1347047	1344358	2949	300		
营业收入	Business Income	140086275	131738961	12894701	214240	12774	5502
主营业务收入	Main Business Income	137869985	129695035	12760545	213108	12774	5502
营业成本	Operating Cost	125352440	118151065	9766239	198093	11213	5185
税金及附加	Taxes and Other charges	1760582	1736583	1213404	1224	208	47
其他业务利润	Other Business Profits	315581	241183	4117	113		
销售费用	Operating Expenses	5577430	4686245	284536	4598	377	142
管理费用	Overhead Expenses	3124635	2903226	591626	4742	245	160
财务费用	Financial Expenses	564172	542115	-35787	326	165	51
利息费用	Expenses for Interest	384667	382197	8729	75	28	50
营业利润	Operating Profits	3744074	3724680	1266499	5015	565	-49
利润总额	Total Profits	3871449	3857141	1259926	5299	590	-49
所得税费用	Income Tax Expense	674739	646764	319247	381	13	
应付职工薪酬	Employee Compensation Payable	3358739	2969706	473912	6257	693	202
应交增值税额	Value-added Tax Payable	1806456	1650906	380676	1055	31	46

16-7 续表 1

单位：万元

项 目	Item	有限公司 Limited Liability Corporation	股份公司 Share-holding Corporation Ltd.	私营企业 Private Enterprises	其他企业 Other Enterprises	港、澳、台商投资企业 Enterprises with Funds From HongKong, Macao and Taiwan	外商投资 Foreign Investment
企业数 （个）	Number of Enterprises (unit)	1062	78	9928	12	40	51
流动资产合计	Total Circulating Funds	19244286	2144841	20541434	6268	2897902	1099631
#存货	# Inventories	3122656	529440	4128386	1011	302070	269910
固定资产原价	Original Value of Fixed Assets	1412985	1671111	4951408	3731	300874	763965
累计折旧	Total Depreciation	491583	790899	1655902	836	106731	335806
#本年折旧	# Depreciation this year	75254	71237	292942	158	18788	38181
资产总计	Total Assets	23942430	6822937	29167082	14713	4366535	2467527
负债合计	Total Liabilities	18589943	3174317	20102424	4017	3095927	1464222
所有者权益合计	Total Creditors Equity	5317942	4098173	8903525	10697	1270608	1019627
实收资本	Capitals Hold	4146361	699938	4116187	4689	269001	559916
个人资本	Individual Capital	112908	75827	1148755	3618	1668	1021
营业收入	Business Income	40840790	7845711	69842882	82363	3117510	5229804
主营业务收入	Main Business Income	40481489	7616405	68522850	82363	3063099	5111851
营业成本	Operating Cost	38134104	7305260	62657306	73665	2457195	4744181
税金及附加	Taxes and Other charges	136190	20910	364426	174	10829	13170
其他业务利润	Other Business Profits	66527	20858	149568		44201	30197
销售费用	Operating Expenses	1203051	302188	2888547	2807	495878	395307
管理费用	Overhead Expenses	525429	164524	1614273	2227	139771	81638
财务费用	Financial Expenses	192099	35184	349940	136	8301	13756
利息费用	Expenses for Interest	190589	50857	131856	14	-2989	5459
营业利润	Operating Profits	701400	116595	1631375	3281	14132	5263
利润总额	Total Profits	725029	117897	1745171	3279	15643	-1334
所得税费用	Income Tax Expense	139778	14331	172980	36	595	27380
应付职工薪酬	Employee Compensation Payable	670362	205754	1609877	2651	267883	121149
应交增值税额	Value-added Tax Payable	456061	61163	751783	92	98939	56612

Continued

(10 000 yuan)

批发业 Wholesale Trade	农林牧渔产品 Agricultural, Forestry, Animal Husbandry and Fishery Products	食品饮料及烟草 Foods, Beverages, and Tobaccos	纺织服装及家庭用品 Textile Clothing and Household Articles	文化体育用品及器材 Cultural and Sporting Goods and Equipment	医药及医疗器材 Medicines and Medical Appliances	矿产品建材及化工产品 Mineral Products, Building and Chemical Materials	机械设备五金产品及电子产品 Machinery, Hardware and Electronic Products	贸易经纪与代理 Trade Brokers and Agents	其他批发 Other Wholesale Trade
3884	177	559	270	167	427	1612	524	17	131
33804134	1593168	4550509	1176400	570422	7318934	13702157	4084254	228093	580197
5150720	434125	663695	203655	132621	1115230	1556872	930044	13615	100864
3383672	318866	1405826	117089	99826	443878	749077	182001	4159	62949
1305403	85113	650035	34283	34941	153747	252516	72272	1100	21399
170982	9424	62306	6113	4729	27583	44388	10823	196	5420
42715184	2423927	6831573	1350447	689057	8266132	17496835	4704278	285227	667709
30269418	1604310	3046623	1012511	408609	6263828	13058297	4185282	227032	462926
12908575	816462	3776080	332192	276286	1992079	4961838	505645	58195	189798
5131265	267106	641715	116974	102218	1029661	2504171	366824	54668	47929
739439	33115	90909	20306	31074	112853	375292	67727	349	7815
90794117	3814245	17792871	3164279	1624972	11988134	42248298	7168741	604709	2387869
89889267	3778589	17578777	3078802	1591362	11862016	42024134	7013090	604393	2358103
82358865	3459306	13881514	2697687	1443058	10698259	40861464	6580483	591648	2145446
1489714	34990	1240838	16994	11137	35728	96156	36182	1148	16542
83694	5270	5776	2757	568	33015	29263	6991	6	48
2677942	49166	829825	247198	61664	552254	525646	287799	5194	119197
1678133	52084	746987	68710	46331	287516	313687	132797	2345	27678
288543	23764	-26856	19026	6203	85280	121838	50831	4518	3940
275786	16824	12906	11102	3443	76172	115831	37783	1258	467
2474356	201504	1321937	122336	52456	305616	338643	70740	232	60891
2561874	213951	1327093	127142	53444	309990	386691	73323	3189	67052
531504	34622	326583	10651	4651	64085	50601	31122	454	8736
1512429	47248	665628	63608	48295	298393	237896	113557	1619	36187
1359857	129810	456539	37686	20088	162799	364649	95359	7313	85614

16-7 续表 2

单位：万元

项　目	Item	零售业 Retail Trade	综合零售 General Retail	百货商店 Department Stores	超级市场 Super Markets
企业数（个）	Number of Enterprises (unit)	7416	849	328	388
流动资产合计	Total Circulating Funds	15013289	2851811	1168195	1539261
#存货	# Inventories	3689260	493562	210504	249768
固定资产原价	Original Value of Fixed Assets	7042107	2471918	1104174	1277951
累计折旧	Total Depreciation	2714167	984375	451592	507300
#本年折旧	# Depreciation this year	376862	109407	45190	60529
资产总计	Total Assets	28686494	8194448	3281530	4509156
负债合计	Total Liabilities	17688931	5408368	1711338	3484910
所有者权益合计	Total Creditors Equity	10804881	2788104	1562973	1035887
实收资本	Capitals Hold	4937078	1040683	530408	343681
个人资本	Individual Capital	607608	58108	24367	29627
营业收入	Business Income	49292157	6562635	2271865	3802191
主营业务收入	Main Business Income	47980718	6297271	2160757	3682470
营业成本	Operating Cost	42993575	5211492	1803520	2998483
税金及附加	Taxes and Other charges	270868	79645	29085	46991
其他业务利润	Other Business Profits	231887	58745	33953	20209
销售费用	Operating Expenses	2899488	660291	200650	423398
管理费用	Overhead Expenses	1446502	304779	160200	121757
财务费用	Financial Expenses	275629	92203	37662	51794
利息费用	Expenses for Interest	108882	46157	38981	6387
营业利润	Operating Profits	1269719	196445	102497	80716
利润总额	Total Profits	1309576	225659	102645	109804
所得税费用	Income Tax Expense	143235	20910	10683	9491
应付职工薪酬	Employee Compensation Payable	1846310	437991	130302	280408
应交增值税额	Value-added Tax Payable	446599	59733	30304	26008

Continued

(10 000 yuan)

食品饮料及烟草 Foods, Beverages, and Tobaccos	纺织服装及日用品 Textiles, Garments, and Daily Consumer Goods	文化体育用品及器材 Cultural and Sporting Goods and Equipment	医药及医疗器材 Medicines and Medical Appliances	汽车摩托车零配件和燃料及其他动力 Motor Vehicles, Motorcycles, Parts, and Fuel and Other Powers	家用电器及电子产品 Household Electric Appliances and Electronic Products	五金家具及室内装饰材料 Hardware, Furniture and Interior Decoration Materials	货摊、无店铺及其他零售 Stalls, Non-shop and Other Retails
673	268	234	329	3155	733	476	699
612700	245038	1044624	2910280	5406262	610567	292480	1039528
144370	97591	201566	255355	2076927	185077	95037	139775
200310	60793	243129	214995	3370989	130211	94453	255309
52067	21739	107875	69748	1328122	43509	25578	81155
11890	4475	13080	12676	192344	10124	6899	15968
1112111	319464	1367270	4500187	10508892	819706	445540	1418877
521588	212003	854050	3008118	6211254	548056	249796	675699
584951	105432	509185	1490910	4146489	264765	191568	723478
226813	40529	242773	271660	2391894	142865	84807	495054
42770	10791	45731	33816	311266	42352	26668	36108
2382505	1064591	1541329	2544242	27591943	2376611	1201568	4026736
2346011	1036543	1508307	2494179	26859871	2326196	1187239	3925102
2039443	808796	1149258	1896828	25364307	2104215	994113	3425125
13261	8753	8602	10606	97658	20664	10789	20891
2956	1549	6031	35526	81331	5673	865	39212
125103	140200	144136	367653	948440	121228	54751	337688
76964	54232	109526	146010	506769	78033	51192	118998
10968	5866	4522	16209	107689	16774	6634	14765
4842	1470	3420	-2898	46775	3637	1496	3983
107841	42607	126965	111241	449396	69685	71199	94339
109589	43358	120086	110864	462328	70100	71173	96418
14448	4282	1789	14358	65470	4135	4896	12948
82837	58017	139429	289828	598054	72405	38822	128927
24067	13193	11559	43968	219739	21741	11832	40768

16-8 限额以上住宿和餐饮企业财务状况(2022年)

单位：万元

项 目	Item	合 计 Total	内资企业 Domestic Funded Enterprises	国有企业 State-owned Enterprises	集体企业 Collective Owned Enterprises
企业数 （个）	Number of Enterprises (unit)	3268	3248	31	3
流动资产合计	Total Circulating Funds	2041050	1987648	64025	13669
#存货	# Inventories	121193	117401	9828	176
固定资产原价	Original Value of Fixed Assets	3521814	3263393	170078	10013
累计折旧	Total Depreciation	1536340	1458259	78343	9210
#本年折旧	# Depreciation this year	170180	157900	5161	369
资产总计	Total Assets	5940894	5556026	511227	16316
负债合计	Total Liabilities	4274489	3926109	140760	4832
所有者权益合计	Total Creditors Equity	1632262	1595868	370064	11485
实收资本	Capitals Hold	1610992	1533808	41549	4381
个人资本	Individual Capital	326052	314379	914	812
营业收入	Business Income	3837653	3500808	73229	7879
主营业务收入	Main Business Income	3755865	3423984	71683	7879
营业成本	Operating Cost	2531568	2356416	49192	4262
税金及附加	Taxes and Other charges	42183	41057	1080	124
其他业务利润	Other Business Profits	6982	6906	347	
销售费用	Operating Expenses	612733	510958	16521	943
管理费用	Overhead Expenses	565775	521926	23236	3442
财务费用	Financial Expenses	82289	72935	1205	18
利息费用	Expenses for Interest	45069	39805	1468	
营业利润	Operating Profits	-4708	-12745	-16783	-908
利润总额	Total Profits	9583	2589	-13984	-562
所得税费用	Income Tax Expense	15834	11568	7	2
应付职工薪酬	Employee Compensation Payable	691017	602418	21274	2253
应交增值税额	Value-added Tax Payable	39380	35848	1227	139

Financial Conditions of Hotels and Catering Services Enterprises above Designated Size (2022)

(10 000 yuan)

股份合作企业 Cooperative Enterprises	联营企业 Joint Ownership Enterprises	有限公司 Limited Liability Corporation	股份公司 Share holding Corporation Ltd.	私营企业 Private Enterprises	其他企业 Other Enterprises	港澳台 Enterprises With Invest-ment from HongKong Macao and Taiwan	外商投资 Foreign Investment
1		397	15	2799	2	12	8
4935		594141	7104	1303388	386	39849	13553
		10959	327	95823	287	1851	1940
179		1054575	16422	2011792	335	189466	68954
179		513565	11854	845078	30	48367	29715
		49650	613	102092	15	9412	2867
4935		1539519	29240	3454038	752	268314	116554
4663		1245502	23993	2506193	167	265026	83354
273		287237	5247	920979	585	3194	33200
		419848	4909	1063101	20	62934	14251
		15085	600	296969		360	11313
7780		562825	18792	2829513	790	102076	234769
7780		552093	18270	2765498	782	100951	230930
6062		331502	12973	1951780	646	38357	136795
395		9842	672	28925	18	633	494
		1744		4815		76	
330		134934	2695	355522	14	50646	51129
192		120034	2163	372831	28	21115	22735
172		15343	863	55324	10	7275	2079
		11650	3	26685		4976	288
1131		-41999	-484	46224	74	-15243	23280
1131		-38561	-408	54899	74	-15018	22012
4		1116	23	10410	6	-306	4572
834		137925	2674	437368	91	37826	50773
32		7991	31	26420	7	3423	110

16−8 续表

单位：万元

项 目	Item	住宿业 Hotels	旅游饭店 Tourist Hotel	一般旅馆 General Hotel	民宿服务 A Home Stay Facility Service
企业数 （个）	Number of Enterprises (unit)	1286	546	609	44
流动资产合计	Total Circulating Funds	1224944	897104	275017	13761
#存货	# Inventories	53155	28608	21522	1266
固定资产原价	Original Value of Fixed Assets	2592823	1992500	501922	16907
累计折旧	Total Depreciation	1162021	938120	188051	5134
#本年折旧	# Depreciation this year	114878	82614	26172	1759
资产总计	Total Assets	3965429	2757554	1046878	35935
负债合计	Total Liabilities	3013441	2298992	601209	22302
所有者权益合计	Total Creditors Equity	934346	452243	441258	13633
实收资本	Capitals Hold	957481	724650	188079	17753
个人资本	Individual Capital	154660	102560	45280	4783
营业收入	Business Income	1432778	855419	469397	21307
主营业务收入	Main Business Income	1398682	839664	453618	21172
营业成本	Operating Cost	920799	541683	299192	16379
税金及附加	Taxes and Other charges	25369	18305	6116	181
其他业务利润	Other Business Profits	5490	4610	674	
销售费用	Operating Expenses	209026	137823	61282	1102
管理费用	Overhead Expenses	332988	223384	93969	2963
财务费用	Financial Expenses	50251	37486	11097	427
利息费用	Expenses for Interest	31278	24213	6152	224
营业利润	Operating Profits	−103976	−98875	−3387	316
利润总额	Total Profits	−95983	−92026	−1802	154
所得税费用	Income Tax Expense	3513	1611	1627	142
应付职工薪酬	Employee Compensation Payable	289515	190316	82896	3265
应交增值税额	Value-added Tax Payable	18760	13028	4408	283

Continued

(10 000 yuan)

		餐饮业					
露营地服务 Campsite Services	其他住宿服务 Other Residential Services	Catering Services	正　餐 Dinner	快　餐 Snack	饮料冷饮 Beverage and Cold Drinks	餐饮配送及外卖送餐服务 Food Delivery and Food Delivery Services	其他餐饮 Others
1	86	1982	1799	30	109	21	23
7908	31154	816105	743640	25699	22538	17769	6460
5	1754	68038	62899	3383	496	387	873
4352	77141	928991	810829	102576	2704	7432	5449
2309	28406	374320	319312	48476	1368	3338	1826
231	4101	55302	48339	5283	321	1038	321
10533	114529	1975465	1710204	192539	35624	25938	11161
4275	86664	1261048	1070280	138285	27036	18360	7088
	27213	697917	624009	54254	8101	7578	3974
	26998	653512	621572	23719	1436	4438	2347
	2038	171392	166103	2399	643	500	1747
1408	85248	2404875	1936480	332585	72106	37626	26078
	84228	2357183	1895448	328720	70504	37326	25185
755	62790	1610769	1332552	187627	40758	30915	18916
3	765	16814	15940	540	86	53	195
	205	1492	1492			1	
80	8740	403706	282945	96020	21498	1969	1274
301	12370	232788	195632	26429	4069	3978	2680
38	1204	32037	27561	3691	466	199	121
30	659	13791	13593	41	5	142	10
107	-2137	99268	69835	20881	5615	-63	3001
112	-2421	105566	78240	18781	5403	79	3063
29	104	12320	7780	4444	-108	35	170
	13037	401503	296160	84009	11895	5931	3507
14	1028	20620	16157	3532	666	72	193

16–9 限额以上住宿和餐饮企业经营情况
Business Statistics of Hotels and Catering Services Enterprises above Designated Size

单位：万元 (10 000 yuan)

指 标	Item	营业额 Total Operating Revenue		商品零售额 Retail Trade	
		2021	2022	2021	2022
总 计	**Total**	**3873161**	**4007979**	**2709743**	**2911679**
住宿业	**Hotels Trade**	**1632468**	**1497940**	**639564**	**567928**
按登记注册类型分组	**By Status of Registration**				
内资企业	Domestic Funded Enterprises	1590857	1463223	623297	554146
国有企业	State–owned Enterprises	74455	58619	36191	28319
集体企业	Collective–owned Enterprises	15905	8344	8982	5415
股份合作企业	Cooperative Enterprises	7735	8841	2471	2805
联营企业	Joint Ownership Enterprises				
有限责任公司	Limited Liability Corporations	286962	274597	119582	114840
股份有限公司	Share–holding Corporations Ltd.	17112	9476	6943	3486
私营企业	Private Enterprises	1188688	1103346	449128	399282
其他企业	Other Enterprises				
港澳台商投资企业	Enterprises with Funds From Hong Kong, Macao and Taiwan	40655	33878	16061	13608
外商投资企业	Enterprises with Foreign Investment	956	840	207	173
按国民经济行业分组	**By Sector**				
旅游饭店	Restaurant for Tourism	1006368	893630	445937	400067
一般宾馆	Ordinary Hotels	516043	490155	153724	133493
民宿服务	A Home Stay Facility Service	19326	23052	7485	9252
露营地服务	Campsite Services	8012	1944	7060	1886
其他住宿服务	Others	82719	89159	25358	23229
餐饮业	**Catering Trade**	**2240693**	**2510039**	**2070178**	**2343752**
按登记注册类型分组	**By Status of Registration**				
内资企业	Domestic Funded Enterprises	1948786	2188673	1784772	2031704
国有企业	State–owned Enterprises	16595	17635	12376	13015
集体企业	Collective–owned Enterprises				
股份合作企业	Cooperative Enterprises				
联营企业	Joint Ownership Enterprises				
有限责任公司	Limited Liability Corporations	304514	321244	280250	300477
股份有限公司	Share–holding Corporations Ltd.	11171	9819	8406	7809
私营企业	Private Enterprises	1615146	1838707	1482381	1709135
其他企业	Other Enterprises	1359	1267	1359	1267
港澳台商投资企业	Enterprises with Funds From Hong Kong,Macao and Taiwan	64856	73140	62521	70477
外商投资企业	Enterprises with Foreign Investment	227051	248226	222885	241570
按国民经济行业分组	**By Sector**				
正餐	Dinner	1787841	2014999	1627851	1861493
快餐	Snack	347268	352808	339796	344474
饮料及冷饮	Beverage and Cold Drinks	59007	76901	58371	74778
餐饮配送及外卖送餐服务	Food Delivery and Food Delivery Services	23772	38437	22897	37656
其他餐饮	Others	22805	26894	21263	25351

16-10 批发和零售业连锁经营情况(2022年)
Wholesale and Retail Chain Operations (2022)

项 目		Item		合计 Total	直营店 Under Direct Management	加盟店 Through License Arrangement
门店总数	(个)	Number of Stores	(unit)	15186	9881	5305
从业人数	(人)	Employed Person	(person)	96118	82045	14073
商品购进总额	(万元)	Total Purchases	(10 000 yuan)	9767980	9370630	397350
#统一配送商品购进额		# by Centralized Purchase and Delivery		8636853	8273938	362915
零售营业面积	(万平方米)	Operational Area of Retail	(10 000 sq.m)	1097.68	1060.28	37.40
商品销售额	(万元)	Sales of Goods	(10 000 yuan)	16791798	16162303	629495

16-11 住宿和餐饮业连锁经营情况(2022年)
Hotel and Catering Chain Operations (2022)

项 目		Item		合计 Total	直营店 Under Direct Management	加盟店 Through License Arrangement
门店总数	(个)	Number of Stores	(unit)	2358	1667	691
从业人数	(人)	Employed Person	(person)	46663	31266	15397
商品购进总额	(万元)	Total Purchases	(10 000 yuan)	272871	258387	14484
#统一配送商品购进额		# by Centralized Purchase and Delivery		245892	240849	5043
餐饮营业面积	(万平方米)	Operational Area of Catering	(10 000 sq.m)	77.49	39.00	38.49
客房数	(间)	Number of Rooms	(unit)	7289	5624	1665
床位数	(张)	The Number of Beds	(unit)	11330	8405	2925
餐位数	(个)	Number of Seats	(unit)	277923	136799	141124
营业额	(万元)	Total Sales	(10 000 yuan)	826209	637366	188843
餐费收入和商品销售额	(万元)	Revenue of Catering and Total Sales	(10 000 yuan)	817708	628865	188843

主要统计指标解释

批发业 指向其他批发或零售单位（含个体经营者）及其他企事业单位、机关团体等批量销售生活用品、生产资料的活动，以及从事进出口贸易和贸易经纪与代理的活动，包括拥有货物所有权，并以本单位（公司）的名义进行交易活动，也包括不拥有货物的所有权，收取佣金的商品代理、商品代售活动；还包括各类商品批发市场中固定摊位的批发活动，以及以销售为目的的收购活动。

零售业 指百货商店、超级市场、专门零售商店、品牌专卖店、售货摊等主要面向最终消费者（如居民等）的销售活动，以互联网、邮政、电话、售货机等方式的销售活动，还包括在同一地点，后面加工生产，前面销售的店铺（如面包房）；谷物、种子、饲料、牲畜、矿产品、生产用原料、化工原料、农用化工产品、机械设备（乘用车、计算机及通信设备除外）等生产资料的销售不作为零售活动；多数零售商对其销售的货物拥有所有权，但有些则是充当委托人的代理人，进行委托销售或以收取佣金的方式进行销售。

社会消费品零售总额 指企业（单位、个体户）通过交易直接售给个人、社会集团非生产、非经营用的实物商品金额，以及提供餐饮服务所取得的收入金额。个人包括城乡居民和入境人员，社会集团包括机关、社会团体、部队、学校、企事业单位、居委会或村委会等。

商品购进额 指从本企业以外的单位和个人购进（包括从国外直接进口）作为转卖或加工后转卖的商品金额（含增值税）。商品购进包括：(1) 从工农业生产者、批发和零售业、住宿和餐饮业、出版社或报社的出版发行部门和其他服务业等企事业单位和个体经营户购进的商品；(2) 从机关、社会团体购进的商品；(3) 从海关、市场管理部门购进的缉私和没收的商品；(4) 从居民收购的废旧商品等。不包括：(1) 企业为本单位自身经营用，不是作为转卖而购进的商品，如材料物资、包装物、低值易耗品、办公用品等；(2) 未通过买卖行为而收入的商品，如接受其他部门移交的商品、借入的商品、收入代其他单位保管的商品、其他单位赠送的样品、加工回收的成品等；(3) 经本单位介绍，由买卖双方直接结算，本单位只收取手续费的业务；(4) 销售退回和买方拒付货款的商品；(5) 商品溢余；(6) 期货交易商品。

商品销售额 指对本单位以外的单位和个人出售的商品金额（包括售给本单位消费用的商品，含增值税）。商品销售包括：(1) 售给个人和社会集团消费用的商品；(2) 售给农业、工业、建筑业、服务业等国民经济各行业用于生产、经营用的商品，包括售予批发和零售业作为转卖或加工后转卖的商品；(3) 对国（境）外直接出口的商品。不包括：(1) 未通过买卖行为付出的商品，如因机构变动移交给其他企业单位的商品、借出的商品、归还受其他单位委托代保管的商品、付出的加工原料和赠送给其他单位的样品等；(2) 促销返券所销售的、不计入营业收入的商品；(3) 经本单位介绍，由买卖双方直接结算，本单位只收取手续费的业务；(4) 未发生所有权转移的商品预付卡销售，如加油卡；(5) 汽车维修、电话卡销售等服务性经济活动；(6) 购货退回的商品；(7) 商品损耗和损失；(8) 出售本单位自用的废旧物资；(9) 期货交易商品；(10) 自来水供应企业、电力企业、天然气供应企业提供的水、电、气。

商品库存额 对于批发和零售业法人单位和个体经营户，是指报告期末取得所有权的全部商品金额（含增值税）；对于批发和零售业产业活动单位，是指报告期末实际在库且归属法人具有所有权的全部商品金额（含增值税）。库存商品包括：(1) 存放在本单位（如门市部、批发站、采购站、经营处）的仓库、货场、货柜和货架中的商品；(2) 挑选、整理、包装中的商品；(3) 已记入购进而尚未运到本单位的商品，即发货单或银行承兑凭证已到而货未到的商品；(4) 寄放他处的商品，如因购货方拒绝付款而暂时存在购货方的商品；(5) 委托其他单位代销（未作销售或调出）尚未售出的商品；(6) 代其他单位购进尚未交付的商品。不包括：(1) 所有权不属于本单位的商品，如商品已作销售但买方尚未取走的商品，代替他人保管、运输、加工的商品，代其他单位销售（未做购进或调入）而未售出的商品；(2) 委托外单位加工的商品（包括本单位所属加工厂和其他生产单位加工生产尚未收回成品的商品）；(3) 外贸企业代理其他单位从国外进口，尚未付给订货单位的商品；(4) 代国家储备部门保管的商品。

住宿业 指为旅行者提供短期留宿场所的活动，有些单位只提供住宿，也有些单位提供住宿、饮食、商务、娱乐一体的服务，不包括主要按月或按年长期出租房屋住所的活动。

餐饮业 指通过即时制作加工、商业销售和服务性劳动等，向消费者提供食品和消费场所及设施的服务。

营业额 指住宿和餐饮业单位在经营活动中，因提供服务或销售商品等取得的全部收入（含增值税），收入主要来源于提供客房、餐费服务、商品销售和其他服务，如商务服务。不包括多产业法人企业附营的其他行业产业活动单位的餐费收入、商品销售收入等各项收入。

客房收入 指住宿和餐饮业单位在经营活动中因提供住宿服务取得的收入（含增值税）。不包括多产业法人企业附营的其他行业产业活动单位的客房收入。

餐费收入 指本单位为顾客提供就餐服务取得的收入（含增值税）。包括：经烹饪、调制加工后出售的各种食品，如主食、炒菜、凉拌菜等的收入。不包括多产业法人企业附营的其他行业产业活动单位的餐费收入。

连锁总店（总部） 负责连锁企业资源（商号、商誉、经营模式、服务标准、管理模式等）的开发、配置、控制或使用等功能的企业核心管理机构。连锁经营是指经营同类商品或服务，使用统一商号的若干店铺，在同一总店（总部）的管理下，采取统一采购或特许经营等方式，实现规模效益的组织形式，包括直营连锁、特许连锁和自愿连锁三种形式。系统内企业，如新华书店、烟草公司、石油公司等，应注意是否具备连锁经营特征，如果不具备连锁经营特征，则不能纳入连锁统计范畴。其中，直营连锁是指连锁店铺由连锁公司全资或控股开设，在总部的直接控制下，开展统一经营的连锁经营形式；特许连锁是指拥有注册商标、企业标志、专利、专有技术等经营资源的企业（特许人），以合同形式将其拥有的经营资源许可其他经营者（被特许人）使用，被特许人按合同约定在统一的经营模式下开展经营，并向特许人支付特许经营费用的连锁经营形式；自愿连锁是指若干个店铺或企业自愿组合起来，在不改变各自资产所有权关系的情况下，以同一个品牌形象面对消费者，以共同进货为纽带开展的连锁经营形式。

亿元以上商品交易市场 指年成交额在亿元及以上的商品交易市场。商品交易市场是指经有关部门和组织批准设立，有固定场所、设施，有经营管理部门和监管人员，若干市场经营者入内，常年或实际开业三个月以上，集中、公开、独立地进行生活消费品、生产资料等现货商品交易以及提供相关服务的交易场所，包括各类消费品市场、生产资料市场等。

亿元以上商品交易市场成交额 指市场内所有摊位、写字间或门面的全年商品交易额之合计。

Explanatory Notes on Main Statistical Indicators

Wholesale Trade refers to the activities of selling wholesale commodities for daily use and capital goods to enterprises of wholesale and retail trades (including self-employed individuals) and other enterprises, institutions and government organs and organizations, and the activities of engaging in import and export and acting as a trade agent. The wholesaler may have the ownership of the commodities for wholesale and trade in the name of its own (a company), and the wholesaler can act as commission agent or commodity broker without the ownership of commodities. Also included are the wholesale activities at the fixed stalls in wholesale market and the acquisition for sales purpose.

Retail Trade refers to the activities of department store, supermarket, franchised store, brand store, retail stall and on-the-spot-making-selling store selling commodities to the final consumers (residents) by any means including internet, post, telephone, sales machine. It also includes shops with sales and production located in the same places (such as bakeries). Retail trade excludes the activities of sales of capital goods such as grain, seed, feed, livestock, mineral products, raw material for production, industrial chemicals, chemical products for agricultural use, machine and equipment (excluding vehicles, computers and communication equipment). Most retailers have the ownership of commodities to sell, but some are acting as agents or brokers to make transactions for a commission.

Total Retail Sales of Consumer Goods refer to the amount obtained by enterprises (units, self-employed individuals) through direct sales of non-production and non-business physical commodity to individuals, social institutions, and revenue from providing catering services. Individuals include rural and urban households, population from abroad, social institutions include government agencies, social organizations, military units, schools, institutions, neighbourhood (village) committees.

Purchases of Commodities The amount of commodities (including VAT) purchased (including direct imports from abroad) from units and individuals other than the enterprise for resale or resale after processing. Commodity purchases include: (1) commodities purchased from industrial and agricultural producers, wholesale and retail trade, accommodation and catering, publishing houses or newspaper publishing and distribution departments and other service industries, and other enterprises and institutions, and self-employed households; (2) commodities purchased from authorities and social organisations; (3) anti-smuggling and confiscated commodities purchased from Customs and market management departments; and (4) used commodities purchased from residents. Excluding: (1) commodities purchased by the enterprise for the unit's own business use, not as resale, such as materials and supplies, packaging, low-value consumables, office supplies, etc.; (2) commodities that have not been revenued through the act of buying and selling, such as accepting commodities transferred from other departments, borrowed commodities, commodities whose revenues are held in custody on behalf of other units, samples gifted by other units, and processed and recycled finished products; (3) commodities that are introduced by the unit and settled directly by the buyer and seller; and (4) commodities acquired from residents as used and scrap. introduced by the unit and settled directly by the buyer and seller, and the unit only receives the handling fee; (4) commodities returned by sales and the buyer's refusal to pay for the goods; (5) commodities overflow; and (6) commodities traded in futures.

Merchandise Sales refers to the amount of merchandise sold to units and individuals other than the unit (including merchandise sold for the unit's consumption, including value-added tax). Commodity sales include: (1) commodities sold to individuals and social groups for consumption; (2) commodities sold to various sectors of the national economy, such as agriculture, industry, construction, services, etc., for production and operation, including commodities sold to the wholesale and retail industry for resale or processed for resale; and (3) commodities directly exported to foreign countries (territories). Excluded are: (1) commodities not paid for through the act of buying and selling, such as commodities transferred to other business units due to changes in organisations, commodities on loan, return of commodities entrusted by other units for safekeeping, payment of raw materials for processing, and samples given to other units; (2) commodities sold by promotional coupons that are not counted as operating income; (3) businesses introduced by the unit and settled directly between buyer and seller, with the unit only receiving a handling fee; (4) sales of prepaid cards for commodities for which no transfer of ownership has occurred, such as gasoline cards; (5) service economic activities such as automobile

repairs and sales of telephone cards; (6) commodities returned from purchases; (7) losses and damages to commodities; (8) sales of used materials for the unit's own use; (9) commodities traded in futures; and (10) water supplied by water supply enterprises, electric power enterprises, natural gas supply enterprises, and water , electricity and gas.

Commodity Inventory For legal entities and individual operators in the wholesale and retail industry, it refers to the amount of all commodities (including value-added tax (VAT)) for which ownership has been acquired at the end of the reporting period; for industrially active units in the wholesale and retail industry, it refers to the amount of all commodities (including VAT) that are actually in stock at the end of the reporting period and that are attributable to the legal entity with ownership. Commodities in stock include: (1) commodities stored in warehouses, yards, containers and shelves of the unit (e.g. stores, wholesale stations, purchasing stations, business offices); (2) commodities in the process of selecting, arranging and packaging; (3) commodities that have been recorded as purchases but have not yet been shipped to the unit, i.e. commodities for which the delivery note or bank acceptance has already arrived but the goods have not yet arrived; (4) commodities consigned elsewhere, e.g. commodities temporarily in the possession of the purchaser because of the purchaser's refusal to make payment; (5) commodities temporarily held by the purchaser, such as commodities temporarily held by the purchaser, and those temporarily held in the possession of the purchaser because the purchaser refuses to make payment; and (6) commodities temporarily held by the purchaser. temporarily in the purchaser's possession; (5) merchandise entrusted to other units for sale (not for sale or transfer) that has not yet been sold; and (6) merchandise purchased on behalf of other units that has not yet been delivered. Excluding: (1) the ownership does not belong to the unit of goods, such as goods have been made for sale but the buyer has not yet taken the goods, instead of other people's custody, transport, processing of goods, sales on behalf of other units (not made for sale or transfer) and not yet sold goods; (2) entrusted to external units of processing of commodities (including the unit belongs to the processing plant and other production units to process and produce the finished product is not yet recovered commodities); (3) Foreign trade enterprises on behalf of other units imported from abroad, has not been paid to the ordering unit of the goods; (4) on behalf of the national reserve department to keep the goods.

Accommodation Refers to activities that provide short-term accommodation for travellers, with some establishments providing only lodging and others providing a combination of lodging, food, business and recreation, excluding activities that rent out housing accommodations on a long-term basis, primarily on a monthly or annual basis.

Catering Refers to services that provide food and places and facilities for consumption to consumers through immediate preparation and processing, commercial sales and service labour.

Turnover Refers to all revenues (including value-added tax) obtained by accommodation and catering industry units from the provision of services or the sale of commodities, etc., in the course of their business activities, with revenues mainly derived from the provision of guest rooms, meal services, the sale of commodities and other services such as business services. It does not include the revenues from meals, sales of goods and other revenues of industrial activity units in other industries attached to multi-industry legal entities.

Room Revenue Refers to the income (including VAT) derived by accommodation and catering industry units from the provision of accommodation services in the course of their business activities. It does not include the room revenue of industrial activity units in other industries attached to multi-industry legal entities.

Revenue from Meals This refers to the income (including VAT) obtained by the organisation from the provision of meal services to customers. Including: income from various foodstuffs, such as staple food, stir-fry and coleslaw, which are sold after cooking, modification and processing. It does not include the income from meals of industrial activity units in other industries attached to multi-industry legal entities.

Chain Shop (headquarters) The core management organisation of the enterprise responsible for the development, configuration, control or use of the resources of the chain enterprise (trade name, goodwill, business model, service standards, management model, etc.). Chain operation refers to the organisational form of achieving economies of scale by operating a number of shops of the same kind of goods or services, using a uniform trade name, under the management of the same head office (headquarters), and adopting such methods as unified purchasing or franchising, including three forms of directly-managed chain, franchised chain and voluntary chain. Enterprises in the system, such as new bookstores, tobacco companies, oil companies, etc., should pay attention to whether they have the characteristics of chain operation, if not, they can not be included in the chain statistics. Among them, the direct chain refers to the chain shops opened by the chain company wholly owned or controlled by the headquarters of the direct control, to carry out a unified form of chain operation; franchise chain refers to the ownership of registered trademarks, corporate logos, patents, proprietary technology and other business resources of the enterprise (the franchisor), in the form of a contract will have the business resources licensed to other operators (franchisee) to use the franchised person according to the contract agreed to carry out business under a unified business model, the franchised person is the only one of the three forms of chain operation, the franchisor will not be included in the statistical category. The franchisee is contractually agreed to operate under a unified business model and pay franchise fees to the franchisor; voluntary chain refers to a number of shops or enterprises voluntarily combined, without changing the ownership of their respective assets, to face consumers with the same brand image, and to carry out the chain business form of common purchasing as a link.

Commodity Exchange Market with Turnover of Over 100 Million Yuan It refers to commodity trading markets with an annual turnover of RMB 100 million and above. Commodity trading market means a trading place approved and established by relevant departments and organisations, with fixed premises and facilities, business management departments and supervisory personnel, in which a number of market operators are admitted, which is open all year round or has actually been in operation for more than three months, and which centrally, openly and independently carries out trading in consumer goods, means of production and other commodities in spot, as well as provides related services, including all kinds of consumer goods markets, means of production markets, and so on.

Turnover of Commodity Trading Market Over 100 Million Yuan Refers to the total annual commodity turnover of all stalls, offices or facades in the market.

17

教育和科技

Education, Science and Technology

资料整理人员：肖首雄　　甘杨辉　　郭开金　　邓鸿鹄

17-1 教育基本情况
Basic Statistics for Education

年份 Year	专任教师数（人） Number of Full-time Teachers (person)				在校学生数（万人） Student Enrollment (10 000 persons)				每万人口在校大学生数（人） University & College Student Enrollment per 10 000 Population (person)
	普通高等学校 Institutions of Higher Education	普通中等学校 Secondary Schools	普通中学 Regular Secondary Schools	小学 Primary Schools	普通本专科 Institutions of Higher Education	普通中等学校 Secondary Schools	普通中学 Regular Secondary Schools	小学 Primary Schools	
1949	500	1700	4400	92900	0.26	3.00	11.43	192.26	1.0
1950	600	600	3300	70300	0.26	0.90	5.00	116.88	1.0
1951	700	900	3500	90700	0.37	2.00	5.07	218.75	1.0
1952	800	1000	4700	96500	0.63	2.30	12.34	274.86	2.0
1953	900	1300	5800	102700	0.65	2.40	13.75	295.92	2.0
1954	1000	1400	6800	99200	0.79	2.20	15.48	276.40	2.0
1955	1200	1300	6900	100600	0.84	1.90	15.58	314.74	2.3
1956	1500	1500	7800	105600	1.18	2.20	20.28	383.65	3.4
1957	1800	1700	9100	110100	1.36	2.60	23.16	385.20	4.0
1958	2100	2900	16200	136700	2.24	7.90	47.22	525.71	6.0
1959	2600	3200	15400	142400	2.76	6.20	41.47	528.84	6.0
1960	4100	6200	20000	154000	3.94	12.70	54.73	573.35	11.0
1961	4600	4200	18800	142000	3.41	4.30	36.04	448.27	9.6
1962	4600	2200	18000	135300	2.91	2.20	30.30	376.09	8.0
1963	4400	2400	17900	135900	2.60	2.00	30.84	385.87	7.0
1964	3900	2600	18800	140400	2.09	1.90	36.83	494.80	5.5
1965	4000	2500	19800	142700	2.18	2.30	40.84	497.74	6.0
1966	3700	2800	22900	159300	1.92	3.10	49.99	550.61	5.0
1967	3700	2800	21500	161900	1.57	2.40	49.45	518.02	4.0
1968	3800	2600	28300	161900	1.10	1.40	54.54	476.93	3.0
1969	3700	1400	41700	176600	0.70	0.20	86.19	480.11	2.0
1970	4000	1200	56800	171100	0.43	0.80	123.58	516.91	1.0
1971	3600	1600	78500	186100	0.32	1.30	149.74	563.25	0.7
1972	4700	2000	81400	213600	1.03	1.60	171.72	650.79	2.0
1973	5200	2100	80100	236300	1.67	2.70	162.45	711.35	4.0
1974	5600	3000	79000	263600	2.18	3.50	165.86	809.73	4.5
1975	6000	3100	103600	274700	2.44	3.70	231.60	837.54	5.0
1976	6800	3400	151800	281600	2.55	3.20	320.47	842.69	5.0
1977	7300	3900	173500	280500	2.81	3.10	368.93	825.73	5.0
1978	8200	4200	166600	284800	3.57	3.50	346.44	829.32	7.0
1979	9200	5000	152800	293200	4.32	5.40	305.23	830.33	8.0
1980	9800	5700	149100	303200	5.45	5.40	281.77	832.24	10.0
1981	8900	6000	139900	311500	5.47	4.50	251.95	830.48	10.0
1982	10000	6500	134600	308500	4.82	4.40	243.59	810.64	8.8
1983	10600	6900	130000	311800	5.15	5.00	233.14	798.48	9.0
1984	11200	6700	129700	311400	5.82	5.70	242.36	791.56	10.0
1985	12700	6700	136400	313400	7.13	6.70	248.15	773.44	13.0

17-1 续表 Continued

年份 Year	专任教师数（人） Number of Full-time Teachers (person)				在校学生数（万人） Student Enrollment (10 000 persons)				每万人口在校大学生数（人） University & College Student Enrollment per 10 000 Population (person)
	普通高等学校 Institutions of Higher Education	普通中等学校 Secondary Schools	普通中学 Regular Secondary Schools	小学 Primary Schools	普通本专科 Institutions of Higher Education	普通中等学校 Secondary Schools	普通中学 Regular Secondary Schools	小学 Primary Schools	
1986	13500	7400	142600	308300	7.82	7.30	262.53	759.23	14.0
1987	14300	8300	150400	306700	8.34	7.70	267.17	738.43	14.0
1988	14500	8700	153600	308600	8.73	9.20	251.88	721.65	14.7
1989	14500	9100	159000	321700	8.90	10.20	249.62	705.82	15.0
1990	14400	9100	158100	306600	8.82	9.90	253.78	693.96	14.0
1991	14200	9100	163100	305700	8.86	9.90	257.03	687.63	14.0
1992	14300	9200	166200	300400	9.54	10.70	252.87	685.04	15.0
1993	14500	9500	168600	300300	11.10	12.90	250.45	697.32	17.7
1994	15000	9700	172000	298800	12.31	15.40	265.35	715.35	19.5
1995	15300	10600	179100	298000	13.04	18.60	285.41	736.65	20.0
1996	15700	11600	187100	298500	13.57	21.30	305.22	765.91	21.2
1997	15900	12300	194800	299500	14.37	23.70	323.24	787.13	22.0
1998	16500	12400	201800	304100	15.67	25.90	336.23	769.35	24.0
1999	17990	11934	212435	307404	19.40	27.30	356.00	721.40	30.0
2000	20317	10775	223693	306387	25.31	25.83	391.73	663.93	38.7
2001	23878	9036	236161	291574	33.13	24.09	425.59	601.26	50.2
2002	30557	8598	248245	276535	41.94	22.37	466.91	529.49	63.3
2003	33229	6377	259281	260704	53.72	22.65	488.78	468.69	80.6
2004	38345	5362	260897	248345	62.60	24.60	471.90	432.60	93.5
2005	45272	25962	261449	246112	74.24	70.56	429.11	419.83	110.3
2006	49470	28099	256047	247567	81.95	75.78	384.62	429.31	121.0
2007	54751	30628	251451	249994	89.05	83.10	354.31	444.84	130.9
2008	57651	30040	246257	250229	94.86	76.35	333.92	458.44	138.6
2009	58846	29514	243831	250365	101.38	80.87	320.78	469.15	146.9
2010	59557	28004	240494	250039	104.43	76.48	316.82	479.16	147.3
2011	61156	27977	268602	222630	106.79	77.88	317.72	490.32	161.9
2012	62541	27293	238277	246859	108.05	73.42	313.77	473.79	162.7
2013	63869	24827	236461	246273	110.08	65.07	318.39	467.81	210.6
2014	64919	25106	238543	248118	113.50	64.48	326.34	473.84	214.5
2015	66615	26047	238254	226087	117.98	64.80	329.85	488.86	221.4
2016	68726	25620	241508	253718	122.47	66.09	335.96	501.81	225.1
2017	70249	27001	247395	265887	127.32	68.65	344.26	511.66	238.8
2018	72689	29029	255386	274527	132.68	65.82	358.01	521.98	258.4
2019	76527	31027	266201	287097	140.71	67.00	370.39	528.77	296.5
2020	79598	32384	278936	300033	151.03	68.30	379.31	534.25	313.4
2021	79247	37461	290633	311039	159.61	74.66	392.81	530.06	348.7
2022	84418	39648	301339	313275	168.51	74.63	405.97	523.10	373.8

注：2005年之后普通中等专业学校数为中等职业教育学校数据。
Prior to 2005 number of secondary vocation in schools as number of regular specialized secondary schools.

17–2 各级学校单位数及教职工数
Number of Schools and School Staff

年份 Year	普通高等学校 Regular Institution of Higher Education	中等职业教育学校 Secondary Vocational Schools	职业中学 Vocational Secondary Schools	技工学校 Technical Schools	普通中学 Regular Secondary Schools	普通小学 Primary Schools	特殊教育学校 Special Education Schools	学前教育 Pre–school Education
单位数（所）	**Number of Schools (unit)**							
1980	46	117	179	115	7411	53400		15295
2000	52	144	539	167	4505	34521	57	5473
2005	93	665	477	147	4560	17108	53	4359
2006	96	677	496	138	4394	15859	52	4528
2007	99	708	534	140	4257	14677	51	4751
2008	100	687	539	144	4129	13929	50	5516
2009	115	682	533	128	4032	13263	51	6453
2010	117	626	486	129	3933	12692	54	7829
2011	120	567		129	3904	10824	58	9488
2012	106	525		129	3885	10165	61	11030
2013	107	496		129	3878	9270	69	12236
2014	109	501		129	3894	8560	76	12935
2015	109	471		129	3906	8412	78	13944
2016	109	460		130	3901	8272	79	14365
2017	109	467		131	3912	7757	79	14670
2018	109	472		133	3957	7335	85	15166
2019	110	487		139	4010	7245	86	15717
2020	114	494		147	4044	7245	95	16285
2021	114	496		146	4098	7132	99	16312
2022	116	495		87	4145	6835	100	15998
教职工数（人）	**Number of Teachers and Staff (person)**							
1980	24462	13262	1242	6391	192400	321900		39900
2000	46642	21078	22375	10050	259989	324199	1203	39790
2005	80766	39753	26081	8955	305413	261560	1213	37864
2006	86031	43243	30020	8890	300958	263305	1245	42932
2007	90417	46733	33309	8669	294108	264623	1314	49181
2008	93303	45475	32686	9217	288168	265680	1338	58230
2009	94428	44459	32023	9394	285576	266878	1397	69731
2010	94871	41822	29926	10074	281722	266854	1531	88538
2011	95652	40070		11097	312162	235773	1656	107361
2012	96322	38410		11552	309794	231358	1673	126187
2013	96915	33342		11820	301044	226699	1733	143739
2014	97652	33272		11229	301432	226307	1826	157461
2015	98746	34134		10946	302504	226087	1936	175737
2016	100543	33290		11056	304863	227973	2016	195150
2017	102318	34447		11128	313347	235374	2258	212635
2018	104086	36678		10573	325006	238800	2479	228288
2019	108434	39075		10803	340714	247537	2711	244405
2020	111678	40486		9942	356161	257148	2911	258805
2021	113308	43575		11343	373112	269133	3328	268230
2022	117276	45729		11153	384361	270671	3491	261226

注：本表高等学校含3所部属院校，不含军事院校、分院校和大专班。2022年技工学校指标统计口径为现确有招生的院校，非历史注册院校。

Regular institutions of higher education includes three institutions managed by the national ministry,excluding military institutions, branches and Specialized Subject class.The 2022 technical school indicator statistics are for institutions that do have current enrolments, not historically registered institutions.

17–3 各级学校招生及毕业生数

New Student Enrollment and Graduates

单位：人 (person)

年份 Year	普通高等学校 Regular Institution of Higher Education	中等职业教育学校 Secondary Vocational Schools	职业中学 Vocational Secondary Schools	技工学校 Technical Schools	普通中学 Regular Secondary Schools	高中 Senior Secondary Schools	初中 Junior Secondary Schools	普通小学 Primary Schools	特殊教育学校 Special Education	学前教育 Pre-school Education
招生数	**New Student Enrollment**									
1980	13004	20515	9267	16071	934300			1657300		
2000	101020	63625	93447	26683	1518734	260515	1258219	717496	2090	583324
2005	246520	317819	192156	60779	1325504	512714	812790	710905	1181	687422
2006	263799	314465	203364	59657	1216865	489621	727244	785684	1347	723322
2007	288712	336757	220657	56460	1171706	438131	733575	862812	2317	749784
2008	307575	280488	200876	61200	1111499	392351	719148	847528	2443	825608
2009	323592	348884	195299	60378	1076485	356521	719964	833027	2246	878680
2010	309776	302889	173050	59516	1104881	370508	734373	863796	2174	1001644
2011	310172	279918		51484	1104813	369889	734924	869704	1117	1035175
2012	324526	253092		46643	1112562	370069	742493	880773	1132	1082809
2013	325880	228682		40878	1140231	373754	766477	847605	2240	974589
2014	344724	227065		37444	1110833	365462	745371	813950	2924	1061997
2015	360030	237759		40291	1118969	380349	738620	886705	4625	989791
2016	376279	251324		47606	1174079	393932	780147	899873	5446	937912
2017	391611	250215		39563	1189640	398100	791540	884161	6295	862373
2018	416228	229118		38271	1249377	406744	842633	930488	4730	785219
2019	456160	253467		45870	1288589	437339	851250	895433	8262	794812
2020	489163	248228		55039	1273195	448890	824305	848870	8040	813618
2021	494085	282461		57701	1377485	480904	896581	840357	8333	724842
2022	552289	260676		58122	1415019	504382	910637	820842	7385	634311
毕业生数	**Graduates**									
1980	1306	21260	2469	6114	522900			1297800		
2000	42428	73076	68800	20479	1000980	145587	855393	1302004	1138	
2005	147642	187911	98870	37958	1591964	340207	1251757	815684	760	
2006	187456	215907	119210	39551	1540757	378477	1162280	716297	937	
2007	207604	256378	152676	42407	1357555	408711	948844	712920	1538	
2008	240027	269438	181021	43441	1204202	429998	774204	702820	1551	
2009	253795	273181	184098	47353	1108959	415666	693293	718528	1606	
2010	275285	282883	172902	44142	1059256	361786	697470	723227	1378	
2011	284178	225490		45149	1018307	325598	692709	730155	613	516842
2012	305674	251480		41949	998786	310055	688731	770212	634	735088
2013	325880	237119		40248	983228	316720	666508	770482	1286	799267
2014	295442	205099		28593	972811	320363	652448	741023	1202	827392
2015	300161	204137		29936	1034745	334954	699791	730191	1768	903774
2016	316123	199567		29207	1081856	341973	739883	769729	3328	923857
2017	332792	194901		28339	1076681	344076	732605	781279	3070	949433
2018	347641	204504		30746	1089422	364539	724883	832334	4730	983284
2019	361908	209896		34656	1149037	379575	769462	839304	5550	997220
2020	376043	207929		34237	1172445	385595	786850	812917	7332	1000295
2021	394182	206223		46685	1234405	394244	840161	886737	6977	937168
2022	449235	226792		46503	1271830	425201	846629	902495	7553	906555

注：2005 年之前中等职业教育学校数据为普通中等专业学校数。

Prior to 2005 number of secondary vocational education in schools as number of regular specialized secondary schools.

17-4 硕士研究生在校学生、招生及毕业生数
Student Enrollment, New Student Enrollment and Graduates of Postgraduates

单位：人　　(person)

年份 Year	招生数 New Student Enrollment	毕业生数 Graduates	在校学生数 Student Enrollment
1980	77		347
1990	705	812	2165
2000	3475	1311	7729
2001	4575	1639	10589
2002	4899	1641	11385
2003	7187	2715	15965
2004	9051	3637	21341
2005	10039	4654	26839
2006	11550	6542	31954
2007	12323	8507	35846
2008	13067	9847	38628
2009	15462	11250	42983
2010	16358	11682	46970
2011	16956	12974	50307
2012	17768	14743	52344
2013	18473	15745	54454
2014	18795	17414	55121
2015	19504	17031	57237
2016	20034	17273	59026
2017	25075	17307	66122
2018	25801	18552	72290
2019	26714	19628	78684
2020	31051	22843	86108
2021	32373	24322	93186
2022	34326	25965	99285

17-5 普通高等学校本科在校学生、招生及毕业生数

Student Enrollment, New Student Enrollment and Graduates of Colleges and Universities

单位：人 (person)

项 目	Item	在校学生数 Student Enrollment		招收学生数 New Student Enrollment		毕业生数 Graduates	
		2021	2022	2021	2022	2021	2022
总 计	**Total**	**818193**	**867601**	**220502**	**248017**	**179771**	**194962**
哲 学	Philosophy	449	564	136	187	67	75
经济学	Economics	39282	40129	10588	11143	9821	9659
法 学	Law	28409	32052	7573	9209	6015	6452
教育学	Education	31883	35345	9231	11255	6824	7751
文 学	Literature	87418	93133	22970	25726	19283	20487
历史学	History	3691	4707	1234	1554	510	596
理 学	Science	61710	67217	16308	18594	12318	13484
工 学	Engineering	273758	294721	76094	87803	58378	64037
农 学	Agriculture	10943	12031	3279	3918	2408	2624
医 学	Medicine	82776	87729	20501	23241	15545	17958
管理学	Management	119416	120245	32422	34354	30970	32375
艺术学	Art	78458	79728	20166	21033	17632	19464

17−6 普通高等学校、中等职业教育学校教职工情况
Staff and Workers in General Institutions of Higher Education and Specialized Secondary Schools

单位：人 (person)

类 别	Item	高等学校 General Institutions of Higher Education		中等职业教育学校 Specialized Secondary Schools	
		2021	2022	2021	2022
教职工	**Staffs and Teachers**	**114460**	**118404**	**43575**	**45729**
# 校部教职工	# Staffs and Workers	112068	116333	43575	45729
# 专任教师	# Full-time Teachers	82332	86921	35218	37918
教辅人员	Auxiliary Teaching Staff	10072	9816	2243	2193
行政人员	Administrative Personnel	14803	14786	3570	3093
工勤人员	Logistics Personnel	4861	4810	2520	2520

17-7 普通高等学校分科专任教师情况(2022年)
Full-time Teachers in General Institutions of Higher Education by Field of Study (2022)

单位：人 (person)

类别	Item	合计 Total	正高级 Professors	副高级 Associate Professors	中级 Lecturers	初级 Assistants	未定职级 No Assessment
总计	**Total**	**50572**	**8003**	**15022**	**19608**	**2837**	**5102**
哲学	Philosophy	1574	246	395	621	96	216
经济学	Economics	2125	371	605	793	86	270
法学	Law	2632	354	682	1112	199	285
教育学	Education	3894	359	1037	1601	365	532
文学	Literature	6245	617	1742	2932	366	588
历史学	History	513	111	158	175	23	46
理学	Science	5723	1230	1834	1982	191	486
工学	Engineering	13688	2699	4582	4924	406	1077
农学	Agriculture	1157	246	313	403	31	164
医学	Medicine	4452	859	1553	1450	305	285
管理学	Management	4499	615	1244	1827	309	504
艺术学	Art	4070	296	877	1788	460	649

17-8 中等职业教育分科专任教师和学生数 (2022年)

Students and Full-time Teachers in General Specialized Secondary Schools (2022)

单位：人 (person)

类 别	Item	招生数 New Student Enrollment	毕业生数 Graduates	在校学生数 Student Enrollment	专任教师 Full-time Teachers
总 计	**Total**	**260676**	**226792**	**746324**	**39648**
农林牧渔大类	Agriculture, Forestry, Animal Husbandry and Fishery	8143	8256	28362	697
资源环境与安全大类	Resource Environment and Security Categories	1168	302	2312	61
能源动力与材料大类	Energy, Power and Materials	225	76	455	163
土木建筑大类	Civil Construction Category	3605	3280	11651	545
水利大类	Water Conservancy Categories	336	180	992	17
装备制造大类	Equipment Manufacturing Category	35797	27750	95806	2737
生物与化工大类	Biology and Chemical Industry	672	339	1014	122
轻工纺织大类	Light Textile Category	4621	4773	14371	439
食品药品与粮食大类	Food, Drugs and Food Categories	394	278	858	67
交通运输大类	Transportation Categories	21016	19791	58710	1514
电子与信息大类	Electronics and Information	71200	60303	204755	6119
医药卫生大类	Medical and Health Care Categories	15995	9313	41912	1448
财经商贸大类	Finance and Commerce Category	32502	28915	91555	2580
旅游大类	Tourism Categories	12525	15902	37966	1495
文化艺术大类	Culture and Art Category	13349	14833	42641	3992
新闻传播大类	Major Categories of News Communication	244	261	905	103
教育与体育大类	Education and Physical Education	31799	26725	93125	5320
公安与司法大类	Public Security and Justice Categories	88		88	58
公共管理与服务大类	Public Administration and Service Category	6997	5515	18846	952

注：专任教师中含文化基础课教师和实习指导课教师。
Full-time teachers included teachers of basic culture and intern guide.

17-9 普通中学、小学按城乡和主办部门分组的情况(2022年)

Basic Statistics on General Secondary Schools, Primary Schools by Urban and Rural Area and by Department (2022)

单位：人 (person)

类别	Item	合计 Total	按城乡分 By Urban and Rural Areas 城市 Urban Areas	县镇 Counties and Towns	农村 Rural Areas	按主办部门分 By Departments 教育部门和集体办 Schools Run by Educational Departments	其他部门和民办 Schools Run by Other Departments
普通中学	**Regular Secondary Schools**						
学校数 （所）	Number of Schools (unit)	4145	853	2089	1203	3640	505
教职工数	Number of Staffs and Teachers	384361	129716	202335	52310	321521	62840
#专任教师数	#Full-time Teachers	301339	102150	162399	36790	263184	38155
招生数	New Student Enrollment	1415019	504727	765841	144451	1211886	203133
毕业生数	Number of Graduates	1271830	425359	700938	145533	1087095	184735
在校学生数	Student Enrollment	4059687	1413761	2223913	422013	3451619	608068
普通中学中：高中	**Senior Secondary Schools**						
学校数 （所）	Number of Schools (unit)	726	309	369	48	486	240
专任教师数	Full-time Teachers	102263	41232	55781	5250	82986	19277
招生数	New Student Enrollment	504382	198666	277245	28471	375381	129001
毕业生数	Number of Graduates	425201	164031	240977	20193	353611	71590
在校学生数	Student Enrollment	1422277	556247	791943	74087	1106837	315440
普通中学中：初中	**Junior Secondary Schools**						
学校数 （所）	Number of Schools (unit)	3419	544	1720	1155	3154	265
专任教师数	Full-time Teachers	199076	60918	106618	31540	180198	18878
招生数	New Student Enrollment	910637	306061	488596	115980	836505	74132
毕业生数	Number of Graduates	846629	261328	459961	125340	733484	113145
在校学生数	Student Enrollment	2637410	857514	1431970	347926	2344782	292628
小 学	**Primary Schools**						
学校数 （所）	Number of Schools (unit)	6835	1281	2493	3061	6697	138
教职工数	Number of Staffs and Teachers	270671	90466	121752	58453	262613	8058
#专任教师数	#Full-time Teachers	313275	102963	143038	67274	297047	16228
招生数	New Student Enrollment	820842	333588	374792	112462	795168	25674
毕业生数	Number of Graduates	902495	285858	452948	163689	831796	70699
在校学生数	Student Enrollment	5230990	1925872	2501127	803991	4959400	271590

注：1. 普通初中学校数包括初级中学、九年一贯制学校和职业初中；普通高中包括完全中学、高级中学和十二年一贯制学校。

2. 所有教职工数据均按学校类型统计，专任教师按教育层次统计。以九年一贯制学校为例，教职工全部统计为普通中学教职工，专任教师则分别统计为小学、初中专任教师。

a. Junior Secondary Schools include regular junior secondary schools、nine-year coherent schools and vocational junior secondary school; Senior secondary schools include regular senior secondary schools、full secondary schools and twelve-year coherent schools.

b. All data of staff statistics are according to the school type,full-time teachers in education level statistics. Take nine-year coherent schools as example, all school staff count as secondary school staff, and full-time teachers are respectively primary and junior secondary teachers.

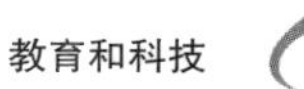

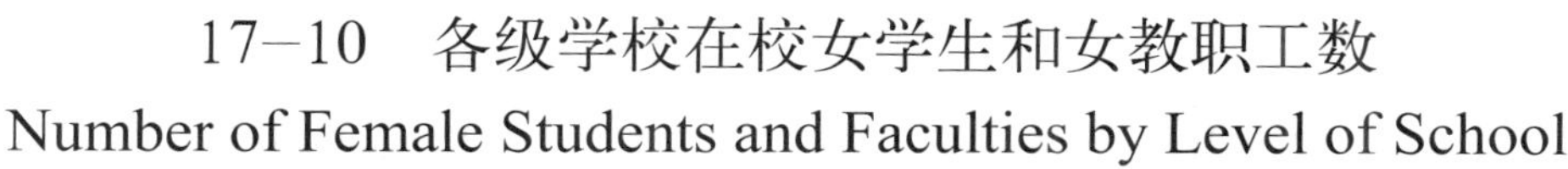

17-10 各级学校在校女学生和女教职工数
Number of Female Students and Faculties by Level of School

类别	Item	2010	2020	2021	2022
女学生 （万人）	**Number of Female Students (10 000 persons)**	**457.35**	**537.80**	**549.07**	**556.71**
普通高等学校	Regular Institutions of Higher Education	53.05	78.85	82.04	85.83
中等职业学校	Secondary Vocational Schools	11.71	31.56	35.00	35.16
普通中学	Regular Secondary Schools	149.80	178.98	185.15	191.36
普通小学	Primary Schools	220.51	248.42	246.88	244.35
女学生占全部学生 （%）	**Percentage of Female Students to Total Students (%)**	**47.4**	**47.5**	**47.5**	**47.5**
普通高等学校	Regular Institutions of Higher Education	50.8	52.2	51.4	50.9
中等职业学校	Secondary Vocational Schools	63.3	46.2	46.9	47.1
普通中学	Regular Secondary Schools	47.3	47.2	47.1	47.1
普通小学	Primary Schools	46.0	46.5	46.6	46.7
女教职工 （万人）	**Number of Female faculties (10 000 persons)**	**30.79**	**46.04**	**49.07**	**51.11**
普通高等学校	Regular Institutions of Higher Education	4.27	5.57	5.74	6.02
中等职业学校	Secondary Vocational Schools	0.23	2.08	2.29	2.48
普通中学	Regular Secondary Schools	11.17	19.97	21.42	22.60
普通小学	Primary Schools	13.85	18.43	19.61	20.02
女教职工占全部教职工（%）	**Percentage of Female Faculties to Total Faculties (%)**	**45.4**	**60.1**	**61.4**	**62.5**
普通高等学校	Regular Institutions of Higher Education	45.0	49.8	50.7	51.3
中等职业学校	Secondary Vocational Schools	43.5	51.4	52.6	54.1
普通中学	Regular Secondary Schools	39.7	56.1	57.4	58.8
普通小学	Primary Schools	51.9	71.7	72.7	74.0

17−11 平均每万人口中在校学生
Student Enrollment per 10 000 Population

项 目	Item	2010	2020	2021	2022
各类普通学校在校学生占全省人口 （%）	**Students as Percentage of Total Population (%)**	**13.8**	**21.0**	**22.0**	**22.2**
平均每万人口中在校学生 （人）	**Student Enrollment Per 10 000 Population (person)**				
普通高等学校	Regular Institutions of Higher Education	152	218	240	255
中等职业教育学校	Secondary Vocational Schools	111	99	112	113
普通小学	Primary Schools	694	772	798	790

注：1. 本表未包括技工学校在校学生。
2. 2006 年起中等学校改为中等职业教育。
a. Secondary schools excludes schools for skilled workers.
b. From 2006,Secondary Schools change Secondary Vocational Schools.

17−12 民办（私立）学校情况
Statistics on Private Schools

单位：人 (person)

项 目	Item	2010	2020	2021	2022
普通中学	**Regular Secondary Schools**				
学校数 （所）	Number of Schools (unit)	252	453	484	494
教职工数	Staffs and Teachers	18959	59918	68434	62056
专任教师数	Full−time Teachers	13629	35039	40214	37520
毕业生数	Graduates	90021	170868	191131	182411
招生数	New Student Enrollment	106538	225341	251631	200818
在校学生数	Student Enrollment	290702	627467	682121	600904
普通小学	**Primary Schools**				
学校数 （所）	Number of Schools (unit)	121	152	148	126
教职工数	Staff and Teachers	9439	7647	8695	7430
专任教师数	Full−time Teachers	6099	18380	19900	15646
毕业生数	Graduates	20039	61376	69345	69250
招生数	New Student Enrollment	25136	43993	43717	23667
在校学生数	Student Enrollment	141929	343557	355345	260281

17-13 特殊教育学校基本情况
Basic Statistics on Schools for Special Education

单位：人 (person)

项　目	Item	2010	2020	2021	2022
各类特殊学校数　（所）	Number of Schools for Special Education (unit)	54	95	99	100
教职工数	Staffs and Teachers	1531	2911	3328	3491
专任教师数	Full-time Teachers	1168	2624	2946	3086
毕业生数	Graduates	1378	7332	6977	7553
招生数	New Student Enrollment	2174	8040	8333	7385
在校学生数	Student Enrollment	13209	54119	53886	53573

17-14 平均每一教职工负担学生
Student-educational Personnel and Full-time Teacher Ratio

单位：人 (person)

项　目	Item	2010	2020	2021	2022
平均每一教职工负担的学生	**Student - educational Personnel Ratio**				
普通高等学校	Regular Institutions of Higher Education	13.49	13.52	14.09	16.80
中等职业学校	Secondary Vocational Schools	18.29	16.87	17.13	16.32
普通中学	Regular Secondary Schools	11.25	10.65	10.53	10.56
普通小学	Primary Schools	17.96	20.78	19.69	19.33
平均每一专任教师负担的学生	**Student-full-time Teacher Ratio**				
普通高等学校	Regular Institutions of Higher Education	17.72	18.73	20.14	23.34
中等职业学校	Secondary Vocational Schools	25.62	21.09	19.93	18.82
普通中学	Regular Secondary Schools	13.17	13.60	13.52	13.47
普通小学	Primary Schools	19.16	17.81	17.04	16.70

17-15 初中和小学毕业生升学率及学龄儿童入学率
Percentage of Graduates of Junior Middle Schools and Primary Schools Entering Higher Level Schools, Percentage of School-age Children Enrolled

单位：万人 (10 000 persons)

项 目	Item	2010	2020	2021	2022
初 中	**Junior Middle Schools**				
毕业生数	Number of Graduates	69.75	78.69	84.02	84.66
高级中等学校招生数	New Student Enrollment of Senior Secondary Schools	68.58	74.18	79.21	80.57
升学率 (%)	Percentage of Graduates (%)	98.32	94.28	94.28	95.17
小 学	**Primary Schools**				
毕业生数	Number of Graduates	72.81	81.29	88.67	90.25
初级中等学校招生数	New Student Enrollment of Junior Secondary Schools	73.44	82.43	89.66	91.06
升学率 (%)	Percentage of Graduates (%)	100.86	101.40	101.11	100.90
学龄儿童	**School-age Children**	**462.07**	**758.94**	**761.19**	**763.52**
已入学学龄儿童	School-age Children Enrolled in Schools	461.69	758.93	761.19	763.52
入学率 (%)	Enrollment Rate (%)	99.92	100.00	100.00	100.00

注：2006年起初中升学率包括：普通高中招生数。职业高中招生数。技工学校招生数。普通中专招收初中应届毕业生数。成人中专招收初中应届毕业生数。

From 2006, the percentage of graduates in junior middle schools includes: the number of new student enrollment in senior schools, vocational high schools, technical training schools, vocational secondary schools and adult vocational schools.

17-16 学前教育基本情况
Basic Statistics on Pre-school Education

项 目	Item	2010	2020	2021	2022
幼儿园个数 (所)	Number of Kindergartens (unit)	7829	16285	16312	15998
班数 (个)	Number of Classes (unit)	45426	84019	83673	79245
在园幼儿数 (万人)	Student Enrollment (10 000 persons)	141.91	231.39	229.39	216.00
教职工数 (万人)	Number of Staffs and Teachers (10 000 persons)	8.85	25.88	26.82	26.12
#专任教师	#Full-time Teachers	4.80	12.21	13.02	12.54

17-17　各类专业技术人员
Various Specialized Technical Personnel

单位：人　　(person)

项　目	Item	2021			2022		
		合计 Total	企业 Enterprise	事业 Institutions	合计 Total	企业 Enterprise	事业 Institutions
总　计	**Total**	**1045028**	**100250**	**944778**	**1110945**	**143523**	**967422**
# 高级职称	# Senior	177598	5819	171779	192122	11695	180427
中级职称	Secondary	435819	27923	407896	459063	40562	418501
# 女性	# Female	565534	35181	530353	612716	53218	559498
# 自然科学	# Natural Sciences	925014	49053	875961	969182	75933	893249
# 社会及人文科学	# Social Sciences and Humanities	120014	51197	68817	141763	67590	74173

注：此表未包括国家机关与人民团体中的专业技术人员。2008 年起，本表数据不含中央在湘单位，国有单位改为公有经济企业，集体单位改为事业单位（下表同）。事业单位自然科学和社会及人文科学只统计正式在册人员。

Technicians from government offices and mass organizations were excluded. Form 2008, Technicians from center units in Hunan province were excluded. State-Owned units changed into State-Owned Enterprises , Collective-Owned units changed into Institutions(The same as the following). Natural Sciences and Social Sciences and Humanities of Institutions only count Officially registered workers.

17-18　自然科学研究获奖成果
Number of Achievements in Natural Scientific Research

单位：项　　(item)

项　目	Item	2010	2020	2021	2022
省自然科学奖	Provincial Natural Sciences Prize	45	83	95	
省技术发明奖	Provincial Invention Prize	11	23	25	
省科技进步奖	Provincial Scientific Technological Progress Prize	170	152	166	
国家科学技术进步奖	National Scientific Technological Progress Prize	19	13		
国家技术发明奖	National Invention Prize	1	1		
国家自然科学奖	National Natural Sciences Prize	1	1		

17-19 科技成果情况(2022年)

Statistics on Achievements of Science and Technology (2022)

单位：项 (item)

项 目	Item	总 计 Total	科研院所 Research Institu-tions	大专院校 Universi-ties and Colleges	工矿企业 Industrial and Mining Enterprises	其 他 Others
项目基本情况	**Basic Statistics on Items**					
登记项目数	Number of Registered Items	1086	35	122	912	17
#基础理论成果	#Results of Foundation Theories	5	1	2	1	1
软科学成果	Results of Soft Science	16	9	1		6
应用技术成果	Results of Applied Technique	1065	25	119	911	10
#鉴定项目数	#Number of Appraised Items	17			17	
奖励项目数	Number of Prized Items					
项目计划管理情况	**Statistics of Items Planned Management**					
国家计划项目	National Plan Items	16	1	6	8	1
省部计划项目	Provincial Plan Items	81	17	6	47	11
计划外项目	Non-plan Items	989	17	110	857	5
应用成果水平	**Level of Achievements**					
国际首创或领先	Originate and Keep Ahead at International	10		3	6	1
国际先进	International Advanced Level	34	2	2	30	
国内首创或领先	Originate and Keep Ahead at National	100	3	4	92	1
国内先进	Domestically Advanced Level	74		39	35	
其他	Others	847	20	71	748	8

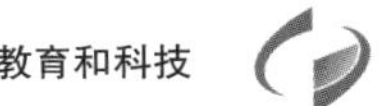

17-20 三种专利批准项数
The Number of Patent Approval in The Three Categories

单位：项 (item)

项 目	Item	批准数 Patent Approval	
		2021	2022
总 计	**Total**	**98936**	**92916**
按种类分	**By Types**		
发明	Creation and Inventions	16564	20423
实用新型	Utility Models	62871	54686
外观设计	Designs	19501	17807
按申请人类别分	**By Proposer**		
个人	Personal	21719	17608
大专院校	Universities and Colleges	14785	12763
科研单位	Research Institutions	746	836
工矿企业	Industrial and Mining Enterprises	60457	60706
机关团体	Agencies and Organizations	1229	1003

17-21 各类技术合同签订及执行情况(2022年)
Statistics on Contracts Signed and Performed (2022)

项 目	Item	合同数（项） Number of Contracts (item)	合同金额（万元） Contracted Value (10 000 yuan)	#技术交易额 Value of Technical Trade
总 计	**Total**	**45780**	**25446431**	**7491529**
技术开发合同	Contracts of Technical Development	4128	1210133	548457
技术转让合同	Contracts of Technical Alienation	1103	312201	226995
技术服务合同	Contracts of Technical Services	37370	23408686	6367578
技术咨询合同	Contracts of Technical Consultative	3093	484422	324984
技术许可合同	Contracts of Technical Licensing	86	30989	23516

17-22 各级科技计划项目进入技术市场情况(2022年)

Statistics on Different Levels of Scientific Plan Items Put into Technical Markets (2022)

项 目	Item	总计 Total	国家计划 Country Level	部门计划 Department Level	省、自治区、直辖市及计划单列市计划 Provinces, Autonomous Regions, Municipality and Cities Listed Separately Level	地市县计划 Cities and Counties Level	计划外 Unplanned Level	师市、院校计划 Division, Cities and Colleges Level
项目个数合计(项)	**Total (item)**	**45780**	**419**	**168**	**2705**	**2560**	**39759**	**169**
#机关法人	#Official Organ as a Legal Person	98			48	20	30	
事业法人	Corporation of Public Utility	9906	401	44	1597	401	7343	120
社团法人	Juridical Association	15			1	7	7	
企业法人	Legal Body of Enterprise	35516	17	124	1047	2125	32154	49
自然人	Natural Personal	136	1		10	2	123	
其他组织	Other Organizations	109			2	5	102	
金额合计 (万元)	**Total (10 000 yuan)**	**25446431**	**49949**	**1057904**	**4286479**	**1673144**	**18359184**	**19772**
#机关法人	#Official Organ as a Legal Person	278985			198334	52607	28044	
事业法人	Corporation of Public Utility	847907	18141	12228	170282	44266	590571	12419
社团法人	Juridical Association	596			20	538	38	
企业法人	Legal Body of Enterprise	23685424	14697	1045676	3872610	1574243	17170845	7353
自然人	Natural Personal	609322	17111		44693	635	546883	
其他组织	Other Organizations	24197			540	855	22802	

17-23　高新技术产业情况（2022年）
Basic Statistics on High-tech Industries (2022)

项　目	Item	企业单位数（个）Number of Enterprises (unit)	高新技术产业总产值（万元）Gross Output Value of High-tech Industries (10 000 yuan)	高新技术产业增加值（万元）Added Value of High-tech Industries (10 000 yuan)
总　计	**Total**	**16486**	**442169358**	**118973440**
按登记注册类型分	**By Registration Status**			
内资企业	Domestic-Funded Enterprises	16140	415590661	111460155
国有	State-owned Enterprises	131	7525240	2365195
集体	Collective-owned Enterprises	25	448558	133796
股份合作	Cooperative Enterprises	3	109654	25952
国有联营	State-owned Cooperative	2	9486	
集体联营	Collective Joint Ownership Enterprises	1	107855	26964
国有与集体联营	State-owned and Collective-associate Enterprises			
其他联营	Other Cooperative			
国有独资公司	State-funded Corporations	193	33986905	8266593
其他有限责任公司	Other Limited Liability Corporations	1849	121420270	31809242
股份有限公司	Share-holding Corporations Ltd.	288	27282805	8794564
私营独资	Private-funded Enterprises	95	1404183	385831
私营合伙	Private Partnership Enterprises	46	522395	151572
私营有限责任公司	Private Limited Liability Corporations	12787	202735317	53964508
私营股份有限公司	Private Share-holding Corporations Ltd.	526	17805809	4952593
其他内资	Other Enterprises	194	2232186	583345
港澳台商投资企业	Enterprises With Investment from H.K,Macao and Taiwan	189	12529665	4461818
外商投资企业	Enterprises With Foreign Investment	157	14049032	3051467
按企业规模分	**By Size**			
大型企业	Large	380	170059923	45447421
中型企业	Medium	1977	107823411	30310323
按高新技术领域分	**By High-tech Field**			
电子信息技术	Electron and Information	2598	47578580	15875981
生物与新医药技术	Biological Medicine and Medical Instrument	2914	67663775	17661300
航空航天技术	Avigation and Spaceflight	224	3783519	1158042
新材料技术	New Materials	3245	94913504	23474200
高技术服务业	High-tech Services	1778	45191520	13810611
新能源与节能技术	New Energy Resources，Energy Saving	737	21096167	5571092
资源与环境技术	Resources and Environmental Technology	1049	23776263	6690349
先进制造与自动化	Advanced Manufacturing and Automation	3239	95375815	22747328
其他领域	Other Fields	702	42790215	11984497

17-23 续表 Continued

项 目	Item	高新技术产业营业收入（万元） Operating Income of High-tech Industries (10 000yuan)	#出口收入 Exports Revenue	高新技术产业利税总额（万元） Profits and Tax of High-tech Industries (10 000yuan)	#利润总额 Total of Profit and Tax
总 计	**Total**	**417507289**	**20156605**	**30958305**	**20599224**
按登记注册类型分：	**By Registration Status**				
内资企业	Domestic-funded Enterprises	392058639	13908788	28518576	18819877
国有	State-owned Enterprises	4926175	291476	146313	-31171
集体	Collective-owned Enterprises	325891		15564	
股份合作	Cooperative Enterprises	110067			
国有联营	State-owned Cooperative	9132			
集体联营	Collective Joint Ownership Enterprises	107855			
国有与集体联营	State-owned and Collective-associate Enterprises				
其他联营	Other Cooperative				
国有独资公司	State-funded Corporations	32541282	865165	1590792	983192
其他有限责任公司	Other Limited Liability Corporations	115415945	2199668	8707118	5767557
股份有限公司	Share-holding Corporations Ltd.	26753331	1348752	3374615	2023344
私营独资	Private-funded Enterprises	1241770	24492	63217	74450
私营合伙	Private Partnership Enterprises	519635		38533	30172
私营有限责任公司	Private Limited Liability Corporations	190857219	6910715	12220387	8243379
私营股份有限公司	Private Share-holding Corporations Ltd.	16978133	2268520	2131671	1548226
其他内资	Other Enterprises	2272207		230366	180728
港澳台商投资企业	Enterprises With Investment from H.K,Macao and Taiwan	12753328	4145728	1292574	947582
外商投资企业	Enterprises With Foreign Investment	12695323	2102090	1147155	831765
按企业规模分：	**By Size:**				
大型企业	Large	160496486	10877615	11498590	7071425
中型企业	Medium	100256812	5149924	8694981	6027769
按高新技术领域分：	**By High-tech Field:**				
电子信息技术	Electron and Information	45815099	6144937	4280327	3169435
生物与新医药技术	Biological Medicine and Medical Instrument	64626369	1796115	5399240	3876115
航空航天技术	Avigation and Spaceflight	3586984	146494	249946	159903
新材料技术	New Materials	91906595	4520161	6738818	4343763
高技术服务业	High-tech Services	37859752	637934	2232834	1215182
新能源与节能技术	New Energy Resources，Energy Saving	19136124	442729	1299347	853058
资源与环境技术	Resources and Environmental Technology	23582410	532727	2195889	1409259
先进制造与自动化	Advanced Manufacturing and Automation	90705579	5380195	6672827	4506168
其他领域	Other Fields	40288388	555315	1889071	1066342

17-24 研究与试验发展（R&D）经费内部支出
Intramural Expenditures on R&D

单位：万元 (10 000 yuan)

年 份 Year	R&D 经费内部支出 Intramural Expenditure on R&D	基础研究 Basic Research	应用研究 Applied Research	试验发展 Experiment Development
2016	4688418	131039	493659	4063720
2017	5685310	162137	587051	4936122
2018	6582729	227831	724941	5629957
2019	7871638	315091	869699	6686848
2020	8987001	344758	1111401	7530842
2021	10289088	516438	1134250	8638400
2022	11752512	772349	1270860	9709303

17-25 R&D 活动基本情况 (2022年)
Basic Information on R&D Activities (2022)

项　目	Item	总计 Total	科研机构 Scientific Research Institution	高等学校 Higher Education	工业企业 Industrial Enterprises	非工业企业 Non Industrial Enterprises	事业单位 Institutions
有 R&D 活动的单位数（个）	**Number of Units Having R&D Activities (unit)**	**11854**	**85**	**219**	**10449**	**946**	**155**
R&D 人员（人）	**R&D Personnel (person)**	371871	8768	65336	245315	46016	6436
#女性	#Female	91271	2500	26151	52081	8412	2127
#全时人员	#Full-time Personnel	247406	7245	25473	178960	31848	3880
R&D 人员全时当量（人年）	**Full-time Equivalent of R&D Personnel (man-year)**	**250171**	**8005**	**30043**	**174121**	**32940**	**5062**
基础研究人员	Basic Research	17360	1468	15037	417	222	215
应用研究人员	Applied Research	28160	2805	13690	8040	2217	1408
试验发展人员	Experimental Development	204654	3732	1315	165665	30500	3441
R&D 经费内部支出（万元）	**Intramural Expenditure on R&D (10 000 yuan)**	**11752512**	**421515**	**1290449**	**8639827**	**1207341**	**193380**
#政府资金	#Government Funds	1549289	368972	767590	272101	16673	123954
按支出用途分	By Use						
日常性支出	Daily Expenses	10851266	382989	938809	8200718	1183355	145395
#人员劳务费	#Service Fees	3178024	123268	432869	1910510	626891	84487
资产性支出	Capital Expenditures	901246	38526	351639	439110	23987	47985
按活动类型分	By Activity						
基础研究支出	Basic Research	772349	54492	593110	66893	17231	40624
应用研究支出	Applied Research	1270860	190236	618986	340612	56746	64281
试验发展支出	Experimental Development	9709303	176787	78353	8232323	1133364	88476
R&D 经费外部支出（万元）	**External Expenditure on R&D (10 000 yuan)**	**870539**	**193921**	**53832**	**579686**	**41320**	**1781**

17-26 R&D 人员情况(2022年)
R&D Personnel (2022)

项 目	Item	有R&D活动的单位数（个） Number of Enterprises Having R&D Activities (unit)	R&D人员（人） R&D Personnel (person)	#女性 Female	全时人员 Full-time Personnel	非全时人员 Part-time Personnel
总 计	**Total**	**11854**	**371871**	**91271**	**247406**	**124465**
按执行部门分组	**By Performer**					
科研机构	Scientific Research Institution	85	8768	2500	7245	1523
高等学校	Higher Education	219	65336	26151	25473	39863
企业	Enterprises	11395	291331	60493	210808	80523
工业企业	Industrial Enterprises	10449	245315	52081	178960	66355
非工业企业	Non Industrial Enterprises	946	46016	8412	31848	14168
事业单位	Institution	155	6436	2127	3880	2556
按国民经济行业分组	**By Sector**					
农、林、牧、渔业	Agriculture, Forestry, Farming of Animals and Fishing	19	119	9	67	52
采矿业	Mining	245	4931	680	3540	1391
制造业	Manufacturing	9965	236111	50624	172814	63297
电力、燃气及水的生产和供应业	Production and Distribution of Electricity, Gas and Water	239	4273	777	2606	1667
建筑业	Construction	180	20793	2311	12851	7942
批发和零售业	Wholesale and Retail Trade	3	29	5	17	12
交通运输、仓储和邮政业	Traffic,Transport,Storage and Post	60	1731	331	1126	605
信息传输、计算机服务和软件业	Information Transfer,Computer Services and Software	184	8459	1868	7015	1444
金融业	Finance	3	244	37	191	53
租赁和商务服务业	Tenancy and Business Services	67	625	205	438	187
科学研究、技术服务和地质勘查业	Scientific Research,Technical Service and Geologic Perambulation	516	25145	6567	19160	5985
水利、环境和公共设施管理业	Management of Water Conservancy,Environment and Public Establishment	43	764	183	519	245
教育	Education	202	59869	23765	21015	38854
卫生、社会保障和社会福利业	Sanitation,Social Security&Social Welfare	83	7849	3625	5258	2591
文化、体育和娱乐业	Culture,Sports and Entertainment	45	929	284	789	140
按地区分组	**By Region**					
长沙市	Changsha	2680	152114	38168	103384	48730
株洲市	Zhuzhou	800	35185	8203	25422	9763
湘潭市	Xiangtan	768	27533	6525	16068	11465
衡阳市	Hengyang	881	24063	5689	15760	8303
邵阳市	Shaoyang	1171	21113	5333	13375	7738
岳阳市	Yueyang	1164	22021	4712	14980	7041
常德市	Changde	1023	20564	5603	12963	7601
张家界市	Zhangjiajie	121	1196	349	754	442
益阳市	Yiyang	613	13072	3917	7980	5092
郴州市	Chenzhou	841	18459	4111	13184	5275
永州市	Yongzhou	692	12193	3076	8170	4023
怀化市	Huaihua	511	9948	2434	6340	3608
娄底市	Loudi	466	11715	2225	7737	3978
湘西州	Xiangxi	123	2695	926	1289	1406

17-27 R&D 人员全时当量情况（2022年）
Full-time Equivalent of R&D Personnel (2022)

单位：人年 (man-year)

项　目	Item	R&D 人员全时当量 Full-time Equivalent of R&D Personnel	基础研究人员 Basic Research Personnel	应用研究人员 Applied Research Personnel	试验发展人员 Experimental Development Personnel
总　计	**Total**	**250171**	**17360**	**28160**	**204654**
按执行部门分组	**By Performer**				
科研机构	Scientific Research Institution	8005	1468	2805	3732
高等学校	Higher Education	30043	15037	13690	1315
企业	Enterprises	207061	639	10257	196165
工业企业	Industrial Enterprises	174121	417	8040	165665
非工业企业	Non Industrial Enterprises	32940	222	2217	30500
事业单位	Institution	5062	215	1408	3441
按国民经济行业分组	**By Sector**				
农、林、牧、渔业	Agriculture, Forestry, Farming of Animals and Fishing	79			79
采矿业	Mining	3349	9	174	3166
制造业	Manufacturing	168017	408	7640	159971
电力、燃气及水的生产和供应业	Production and Distribution of Electricity, Gas and Water	2754	1	225	2528
建筑业	Construction	15433	16	668	14749
批发零售业	Wholesale and Retail Trade	13	3		10
交通运输、仓储和邮政业	Traffic,Transport,Storage and Post	1049		9	1041
信息传输、计算机服务和软件业	Information Transfer,Computer Services and Software	6200	19	58	6123
金融业	Finance	100			100
租赁和商务服务业	Tenancy and Business Services	422	4	13	405
科学研究、技术服务和地质勘查业	Scientific Research,Technical Service and Geologic Perambulation	20006	1809	5209	12987
水利、环境和公共设施管理业	Management of Water Conservancy,Environment and Public Establishment	555	4		552
教育	Education	26256	12973	12318	965
卫生、社会保障和社会福利业	Sanitation,Social Security&Social Welfare	5240	2113	1846	1283
文化、体育和娱乐业	Culture,Sports and Entertainment	698	1		698
按地区分组	**By Region**				
长沙市	Changsha	103044	10578	13380	79086
株洲市	Zhuzhou	25271	657	2899	21715
湘潭市	Xiangtan	17464	2365	2349	12751
衡阳市	Hengyang	15887	1484	1518	12887
邵阳市	Shaoyang	14088	140	633	13315
岳阳市	Yueyang	14112	381	1678	12053
常德市	Changde	13015	502	860	11653
张家界市	Zhangjiajie	813	8	105	700
益阳市	Yiyang	8329	194	720	7414
郴州市	Chenzhou	13666	175	1689	11802
永州市	Yongzhou	7927	167	324	7435
怀化市	Huaihua	7035	297	1356	5382
娄底市	Loudi	8136	145	390	7600
湘西州	Xiangxi	1387	266	260	861

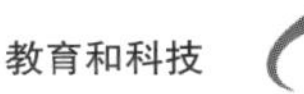

17–28 按经费来源分 R&D 经费内部支出情况(2022年)
Intramural Expenditure on R&D by Sources (2022)

单位：万元　　(10 000 yuan)

项 目	Item	R&D 经费内部支出 Intramural Expenditure on R&D	政府资金 Government Funds	企业资金 Self-raised Funds by Enterprises	境外资金 Foreign Funds	其他 Other Funds
总 计	**Total**	**11752512**	**1549289**	**10021201**	**1030**	**180993**
按执行部门分组	**By Performer**					
科研机构	Scientific Research Institution	421515	368972	12795	57	39691
高等学校	Higher Education	1290449	767590	424773	860	97226
企业	Enterprises	9847169	288774	9557770	92	533
工业企业	Industrial Enterprises	8639827	272101	8367112	92	523
非工业企业	Non Industrial Enterprises	1207341	16673	1190658		10
事业单位	Institution	193380	123954	25864	20	43543
按国民经济行业分组	**By Sector**					
农、林、牧、渔业	Agriculture, Forestry, Farming of Animals and Fishing	1835	298	1527		10
采矿业	Mining	163889	390	163424		75
制造业	Manufacturing	8305385	271383	8033463	92	448
电力、燃气及水的生产和供应业	Production and Distribution of Electricity, Gas and Water	170553	328	170225		
建筑业	Construction	530249	1496	528753		
批发零售业	Wholesale and Retail Trade	963	144	819		
交通运输、仓储和邮政业	Traffic,Transport,Storage and Post	35544	32	35512		
信息传输、计算机服务和软件业	Information Transfer,Computer Services and Software	232552	1669	230883		
金融业	Finance	2506		2506		
租赁和商务服务业	Tenancy and Business Services	14363	15	14348		
科学研究、技术服务和地质勘查业	Scientific Research,Technical Service and Geologic Perambulation	841831	458087	300435	77	83231
水利、环境和公共设施管理业	Management of Water Conservancy,Environment and Public Establishment	24850	550	24300		
教育	Education	1121488	654761	374834	659	91234
卫生、社会保障和社会福利业	Sanitation, Social Security&Social Welfare	258304	159943	92165	202	5994
文化、体育和娱乐业	Culture, Sports and Entertainment	48201	192	48009		
按地区分组	**By Region**					
长沙市	Changsha	4444267	910055	3413973	1010	119230
株洲市	Zhuzhou	1183513	263842	909644		10027
湘潭市	Xiangtan	717596	78319	623442		15834
衡阳市	Hengyang	815894	117281	680075		18538
邵阳市	Shaoyang	550356	9139	541183		35
岳阳市	Yueyang	1057600	24094	1032573		933
常德市	Changde	691139	32945	653273		4921
张家界市	Zhangjiajie	29392	2930	25710		753
益阳市	Yiyang	382211	13825	368198		188
郴州市	Chenzhou	681586	23811	657598		177
永州市	Yongzhou	380504	12955	362941	20	4588
怀化市	Huaihua	346705	39453	303059		4193
娄底市	Loudi	418409	7371	410316		722
湘西州	Xiangxi	53342	13272	39217		854

17-29 按支出用途分 R&D 经费内部支出情况（2022年）
Intramural Expenditure on R&D by Use (2022)

单位：万元 (10 000 yuan)

项 目	Item	R&D 经费内部支出 Intramural Expenditure on R&D	日常性支出 Daily Expenses	#人员劳务费 Service Fees	资产性支出 Capital Expenditures
总 计	**Total**	**11752512**	**10851266**	**3178024**	**901246**
按执行部门分组	**By Performer**				
科研机构	Scientific Research Institution	421515	382989	123268	38526
高等学校	Higher Education	1290449	938809	432869	351639
企业	Enterprises	9847169	9384072	2537401	463097
工业企业	Industrial Enterprises	8639827	8200718	1910510	439110
非工业企业	Non Industrial Enterprises	1207341	1183355	626891	23987
事业单位	Institution	193380	145395	84487	47985
按国民经济行业分组	**By Sector**				
农、林、牧、渔业	Agriculture, Forestry, Farming of Animals and Fishing	1835	1443	343	392
采矿业	Mining	163889	159734	22889	4155
制造业	Manufacturing	8305385	7875077	1854953	430308
电力、燃气及水的生产和供应业	Production and Distribution of Electricity, Gas and Water	170553	165906	32668	4647
建筑业	Construction	530249	527126	263064	3123
批发零售业	Wholesale and Retail Trade	963	963	205	
交通运输、仓储和邮政业	Traffic, Transport, Storage and Post	35544	34914	9825	630
信息传输、计算机服务和软件业	Information Transfer, Computer Services and Software	232552	230340	127009	2212
金融业	Finance	2506	1232	1107	1275
租赁和商务服务业	Tenancy and Business Services	14363	14233	4095	130
科学研究、技术服务和地质勘查业	Scientific Research, Technical Service and Geologic Perambulation	841831	759381	371919	82450
水利、环境和公共设施管理业	Management of Water Conservancy, Environment and Public Establishment	24850	23712	5125	1139
教育	Education	1121488	826665	370628	294823
卫生、社会保障和社会福利业	Sanitation, Social Security&Social Welfare	258304	182462	95678	75842
文化、体育和娱乐业	Culture, Sports and Entertainment	48201	48079	18515	122
按地区分组	**By Region**				
长沙市	Changsha	4444267	3923371	1713208	520896
株洲市	Zhuzhou	1183513	1096406	386389	87107
湘潭市	Xiangtan	717596	673230	178727	44366
衡阳市	Hengyang	815894	749072	175000	66822
邵阳市	Shaoyang	550356	536850	110374	13507
岳阳市	Yueyang	1057600	1000925	136087	56675
常德市	Changde	691139	667501	114235	23638
张家界市	Zhangjiajie	29392	26561	5850	2831
益阳市	Yiyang	382211	367460	63166	14751
郴州市	Chenzhou	681586	663710	94037	17875
永州市	Yongzhou	380504	368415	57719	12089
怀化市	Huaihua	346705	333037	53148	13668
娄底市	Loudi	418409	396650	76369	21759
湘西州	Xiangxi	53342	48078	13718	5264

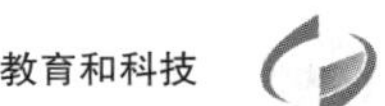

17—30 按活动类型分 R&D 经费内部支出情况（2022年）
Intramural Expenditure on R&D by Activities (2022)

单位：万元 (10 000 yuan)

项　目	Item	R&D 经费内部支出 Intramural Expenditure on R&D	基础研究支出 Basic Research	应用研究支出 Applied Research	试验发展支出 Experimental Development
总　计	**Total**	**11752512**	**772349**	**1270860**	**9709303**
按执行部门分组	**By Performer**				
科研机构	Scientific Research Institution	421515	54492	190236	176787
高等学校	Higher Education	1290449	593110	618986	78353
企业	Enterprises	9847169	84124	397358	9365687
工业企业	Industrial Enterprises	8639827	66893	340612	8232323
非工业企业	Non Industrial Enterprises	1207341	17231	56746	1133364
事业单位	Institution	193380	40624	64281	88476
按国民经济行业分组	**By Sector**				
农、林、牧、渔业	Agriculture, Forestry, Farming of Animals and Fishing	1835			1835
采矿业	Mining	163889	831	9698	153361
制造业	Manufacturing	8305385	65637	308712	7931036
电力、燃气及水的生产和供应业	Production and Distribution of Electricity, Gas and Water	170553	426	22201	147926
建筑业	Construction	530249	547	18097	511605
批发零售业	Wholesale and Retail Trade	963	94		869
交通运输、仓储和邮政业	Traffic,Transport,Storage and Post	35544		676	34868
信息传输、计算机服务和软件业	Information Transfer,Computer Services and Software	232552	3464	3469	225619
金融业	Finance	2506			2506
租赁和商务服务业	Tenancy and Business Services	14363	44	80	14239
科学研究、技术服务和地质勘查业	Scientific Research,Technical Service and Geologic Perambulation	841831	71069	262975	507787
水利、环境和公共设施管理业	Management of Water Conservancy,Environment and Public Establishment	24850	6	28	24816
教育	Education	1121488	490526	566186	64776
卫生、社会保障和社会福利业	Sanitation,Social Security&Social Welfare	258304	139507	78738	40059
文化、体育和娱乐业	Culture,Sports and Entertainment	48201	200		48001
按地区分组	**By Region**				
长沙市	Changsha	4444267	479474	642309	3322483
株洲市	Zhuzhou	1183513	60611	124931	997971
湘潭市	Xiangtan	717596	62730	66887	587979
衡阳市	Hengyang	815894	89714	74067	652114
邵阳市	Shaoyang	550356	3986	16376	529995
岳阳市	Yueyang	1057600	30357	91860	935383
常德市	Changde	691139	14267	37927	638944
张家界市	Zhangjiajie	29392	435	2636	26321
益阳市	Yiyang	382211	6708	31886	343618
郴州市	Chenzhou	681586	4427	85134	592025
永州市	Yongzhou	380504	3716	8411	368377
怀化市	Huaihua	346705	5321	60418	280966
娄底市	Loudi	418409	2592	20640	395177
湘西州	Xiangxi	53342	8012	7378	37952

17-31 R&D经费外部支出情况(2022年)
External Expenditure on R&D (2022)

单位：万元 (10 000 yuan)

项 目	Item	R&D经费外部支出 External Expenditure on R&D	对境内研究机构支出 To Domestic Research Institutions	对境内高等学校支出 To Domestic Higher Education	对境内企业支出 To Domestic Enterprises	对境外机构支出 To Foreign Institutions
总 计	**Total**	**870539**	**139018**	**81091**	**619905**	**28501**
按执行部门分组	**By Performer**					
科研机构	Scientific Research Institution	193921	20231	6291	167125	
高等学校	Higher Education	53832	22807	12404	15124	1922
企业	Enterprises	621006	95828	62189	436409	26580
工业企业	Industrial Enterprises	579686	83539	54649	414918	26579
非工业企业	Non Industrial Enterprises	41320	12289	7540	21491	
事业单位	Institution	1781	153	207	1246	
按国民经济行业分组	**By Sector**					
农、林、牧、渔业	Agriculture, Forestry, Farming of Animals and Fishing	66	41	25		
采矿业	Mining	4799	2090	1066	1643	
制造业	Manufacturing	559549	74064	50944	407961	26579
电力、燃气及水的生产和供应业	Production and Distribution of Electricity, Gas and Water	15337	7384	2639	5314	
建筑业	Construction	4183	186	764	3232	
批发零售业	Wholesale and Retail Trade	70	70			
交通运输、仓储和邮政业	Traffic,Transport,Storage and Post	1307	1153		154	
信息传输、计算机服务和软件业	Information Transfer,Computer Services and Software	8479	1505	848	6126	
金融业	Finance	342	342			
租赁和商务服务业	Tenancy and Business Services	1452	6		1446	
科学研究、技术服务和地质勘查业	Scientific Research,Technical Service and Geologic Perambulation	219991	28948	12275	178320	
水利、环境和公共设施管理业	Management of Water Conservancy,Environment and Public Establishment	600	86	114	401	
教育	Education	49106	22223	9345	14802	1162
卫生、社会保障和社会福利业	Sanitation,Social Security&Social Welfare	5095	903.8	3059	372	760
文化、体育和娱乐业	Culture,Sports and Entertainment	162	15	12	135	
按地区分组	**By Region**					
长沙市	Changsha	561333	66209	31441	445918	15942
株洲市	Zhuzhou	157535	23772	11933	109853	11977
湘潭市	Xiangtan	28694	4676	4426	19136	456
衡阳市	Hengyang	11592	1377	2259	7918	30
邵阳市	Shaoyang	3567	45	142	3195	9
岳阳市	Yueyang	68377	31559	19063	17754	1
常德市	Changde	12859	2610	2538	7639	72
张家界市	Zhangjiajie	1651	438	971	242	
益阳市	Yiyang	8198	738	4504	2956	
郴州市	Chenzhou	4402	1364	1058	1979	1
永州市	Yongzhou	4132	1606	2198	322	7
怀化市	Huaihua	443	144	92	207	
娄底市	Loudi	3695	2882	428	363	7
湘西州	Xiangxi	4060	1598	38	2423	

17-32 规模以上工业企业科技活动情况(2022年)
Basic Statistics on Scientific and Technological Activities in Industrial Enterprises above Designated Size (2022)

指 标		Item		合 计 Total	大型 Large	中型 Medium	小型 Small	微型 Miniature
企业基本情况		**Statistics on Industrial Enterprises**						
工业企业个数	(个)	Number of Industrial Enterprises	(unit)	19897	178	1409	15617	2693
#有 R&D 活动的企业个数		# Number of Units Having R&D Activities		10449	163	1107	8708	471
R&D 人员	(人)	R&D Personnel	(person)	245315	65195	60246	115932	3942
#女性		# Female		52081	14282	12385	24453	961
#全时人员		# Full-time Personnel		178960	49786	43031	83394	2749
R&D 活动情况		**Statistics on R&D Activities**						
R&D 人员全时当量	(人年)	Full-time Equivalent of R&D Personnel	(man-year)	174121	49592	42280	79588	2661
R&D 经费内部支出	(万元)	Intramural Expenditure on R&D	(10 000 yuan)	8588734	2571103	1881891	3978192	157547
按经费来源分		by Sources						
政府资金		Government Funds		272101	208002	23302	40420	377
企业资金		Self-raised Funds by Enterprises		8316018	2363078	1858529	3937251	157159
境外资金		Foreign Funds		92			92	
其他		Other Funds		523	23	60	429	12
按支出用途分		by Use						
日常性支出		Daily Expenses		8152644	2380023	1769043	3852427	151151
#人员劳务费		# Service Fees		1891822	819216	434467	621334	16805
资产性支出		Capital Expenditures		436090	191081	112848	125765	6396
R&D 经费外部支出	(万元)	External Expenditure on R&D	(10 000 yuan)	579686	378253	114106	84971	2355
新产品开发及生产情况		**Statistics on New Products Development and Production**						
新产品开发项目数	(项)	Number of New Products	(item)	46908	4441	8273	32477	1717
新产品开发经费支出	(万元)	Expenditure on New Products Development	(10 000 yuan)	10651767	3197065	2318207	4935983	200512
新产品销售收入	(万元)	Sales Revenue of New Products	(10 000 yuan)	137717233	44517371	33678925	56837247	2683690
#出口		# Exported		7240025	5014004	1283899	934018	8104
专利情况		**Statistics on Patents**						
专利申请数	(件)	Patent Applications	(item)	43973	10749	9035	23277	912
有效发明专利数	(件)	Inventions in Force	(item)	58360	18127	11005	28144	1084
发表科技论文	(篇)	Number of Published Scientific Papers	(piece)	3098	1528	769	767	34
拥有注册商标数	(件)	Number of Registered Trademark	(item)	33378	13051	6768	13218	341

17—33 规模以上工业企业 R&D 人员情况（2022年）
R&D Personnel in Industrial Enterprises above Designated Size (2022)

类 别	Item	有 R&D 活动的单位数（个）Number of Enterprises Having R&D Activities (unit)	R&D 人员（人）R&D Personnel (person)		R&D 人员全时当量（人年）Full-time Equivalent of R&D Personnel (man-year)
				#全时人员 Full-time Personnel	
总计	**Total**	**10449**	**245315**	**178960**	**174121**
按企业规模分组	**By Size**				
大型	Large	163	65195	49786	49592
中型	Medium	1107	60246	43031	42280
小型	Small	8708	115932	83394	79588
微型	Miniature	471	3942	2749	2661
按登记注册类型分组	**By Registration Status**				
内资企业	Domestic-funded Enterprises	10177	223019	161165	157711
国有	State-owned Enterprises	62	4973	3149	3329
集体	Collective-owned Enterprises	15	270	176	193
股份合作	Cooperative Enterprises	4	48	33	39
国有联营	State Joint Ownership Enterprises	2	24	18	19
集体联营	Collective Joint Ownership Enterprises				
国有与集体联营	Joint State-collective Enterprises	2	18	15	11
其他联营	Other Joint Ownership Enterprises				
国有独资公司	State-funded Corporations	89	8935	6348	6836
其他有限责任公司	Other Limited Liability Corporations	1079	40998	29612	29810
股份有限公司	Share-holding Corporations Ltd.	172	18421	14063	13690
私营独资	Private-funded Enterprises	208	2491	1792	1636
私营合伙	Private Partnership Enterprises	114	1099	821	716
私营有限责任公司	Private Limited Liability Corporations	8073	128890	92934	89345
私营股份有限公司	Private Share-holding Corporations Ltd.	356	16729	12204	12040
其他内资	Other Enterprises	1	123		46
港澳台商投资	Enterprises With Investment from Hong Kong, Macao and Taiwan	156	15971	13019	12232
外商投资	Enterprises With Foreign Investment	116	6325	4776	4178

17—33 续表 Continued

类 别	Item	有R&D活动的单位数（个） Number of Enterprises Having R&D Activities (unit)	R&D人员（人） R&D Personnel (person)	#全时人员 Full-time Personnel	R&D人员全时当量（人年） Full-time Equivalent of R&D Personnel (man-year)
按工业行业大类分组	**By Industrial Branch**				
煤炭开采和洗选业	Mining and Washing of Coal	31	1344	883	926
黑色金属矿采选业	Mining and Processing of Ferrous Metal Ores	10	161	123	120
有色金属矿采选业	Mining and Processing of Non-ferrous Metal Ores	64	1581	1176	1090
非金属矿采选业	Mining Processing of Nonmetal Ores	140	1845	1358	1212
其他采矿业	Mining of Other Ores N.E.C				
农副食品加工业	Processing of Food from Agricultural Products	759	9862	6987	6759
食品制造业	Manufacture of Foods	253	6873	4393	4731
酒、饮料和精制茶制造业	Manufacture of Liquor, Beverage and Refined Tea	126	1851	1258	1150
烟草制品业	Manufacture of Tobacco	4	641	223	468
纺织业	Manufacture of Textile	147	3312	2238	2297
纺织服装、服饰业	Manufacture of Textile Wearing and Clothing Apparel	142	2074	1499	1323
皮革、毛皮、羽毛及其制品和制鞋业	Leather, Fur, Feather and Its Products and Footwear	296	5872	4050	4266
木材加工和木、竹、藤、棕、草制品业	Processing of Timbers, Manufacture of Wood, Bamboo, Rattan, Palm and Straw Products	254	3216	2219	2127
家具制造业	Manufacture of Furniture	137	1537	1095	1089
造纸和纸制品业	Manufacture of Paper and Paper Products	141	2279	1627	1616
印刷和记录媒介复制业	Printing, Reproduction of Recording Media	148	2966	1822	2153
文教、工美、体育和娱乐用品制造业	Manufacture of Articles for Culture, Education, Artwork, Sport and Entertainment Activity	210	3675	2578	2566
石油、煤炭及其他燃料加工业	Processing of Petroleum, Coal and Other Fuels	47	1286	768	795
化学原料和化学制品制造业	Manufacture of Chemical Raw Material and Chemical Products	869	14399	10387	9954
医药制造业	Manufacture of Medicines	321	8348	6244	5986
化学纤维制造业	Manufacture of Chemical Fiber	14	420	317	296
橡胶和塑料制品业	Manufacture of Rubber and Plastic Products	330	4410	3073	2811
非金属矿物制品业	Manufacture of Non-metallic Mineral Products	1425	22670	15675	15393
黑色金属冶炼和压延加工业	Manufacture and Processing of Ferrous Metals	75	5317	3570	3818
有色金属冶炼和压延加工业	Manufacture and Processing of Non-ferrous Metals	259	8400	6022	6170
金属制品业	Manufacture of Metal Products	703	11500	7718	8143
通用设备制造业	Manufacture of General Purpose Machinery	695	16105	11799	11130
专用设备制造业	Manufacture of Special Purpose Machinery	618	18022	14310	12658
汽车制造业	Manufacture of Automobile	253	11367	8898	8915
铁路、船舶、航空航天和其他运输设备制造业	Manufacture of Railways, Ships, Aerospace and Other Transport Equipment	135	12010	9317	9676
电气机械和器材制造业	Manufacture of Electrical Machinery and Equipment	629	15189	11429	10199
计算机、通信和其他电子设备制造业	Manufacture of Computer, Communication and Other Electronic Equipment	660	36389	28703	27267
仪器仪表制造业	Manufacture of Measuring Instrument	135	2946	2432	2027
其他制造业	Other Manufacture	68	1596	1146	1123
废弃资源综合利用业	Utilization of Waste Resources	106	1272	813	853
金属制品、机械和设备修理业	Maintenance of Metal Products, Machinery and Equipment	6	307	204	256
电力、热力生产和供应业	Production and Supply of Electric Power and Heat Power	153	2807	1627	1828
燃气生产和供应业	Production and Distribution of Gas	24	552	313	325
水的生产和供应业	Production and Distribution of Water	62	914	666	602

17–34 规模以上工业企业按经费来源分 R&D 经费内部支出情况（2022年）
Intramural R&D Expenditures in Industrial Enterprises above Designated Size by Sources (2022)

单位：万元 (10 000 yuan)

类 别	Item	R&D 经费内部支出 Intramural Expenditure on R&D	政府资金 Government Funds	企业资金 Self-raised Funds by Enterprises	境外资金 Foreign Funds	其 他 Other Funds
总计	**Total**	**8588734**	**272101**	**8316018**	**92**	**523**
按企业规模分组	**By Size**					
大型	Large	2571103	208002	2363078		23
中型	Medium	1881891	23302	1858529		60
小型	Small	3978192	40420	3937251	92	429
微型	Miniature	157547	377	157159		12
按登记注册类型分组	**By Registration Status**					
内资企业	Domestic-funded Enterprises	8002909	267864	7734430	92	523
国有	State-owned Enterprises	217127	16569	200558		
集体	Collective-owned Enterprises	5442		5442		
股份合作	Cooperative Enterprises	2649		2649		
国有联营	State Joint Ownership Enterprises	614		614		
集体联营	Collective Joint Ownership Enterprises					
国有与集体联营	Joint State-collective Enterprises	652		652		
其他联营	Other Joint Ownership Enterprises					
国有独资公司	State-funded Corporations	397458	10631	386827		
其他有限责任公司	Other Limited Liability Corporations	1699052	165507	1533384	92	70
股份有限公司	Share-holding Corporations Ltd.	728475	16703	711772		
私营独资	Private-funded Enterprises	113671	20090	93581		
私营合伙	Private Partnership Enterprises	27519	120	27399		
私营有限责任公司	Private Limited Liability Corporations	4355719	32923	4322342		453
私营股份有限公司	Private Share-holding Corporations Ltd.	452474	5321	447154		
其他内资	Other Enterprises	2055		2055		
港澳台商投资	Enterprises With Investment from Hong Kong, Macao and Taiwan	337848	2894	334954		
外商投资	Enterprises With Foreign Investment	247977	1343	246634		

17-34 续表 Continued

单位：万元 (10 000 yuan)

类 别	Item	R&D 经费内部支出 Intramural Expenditure on R&D	政府资金 Government Funds	企业资金 Self-raised Funds by Enterprises	境外资金 Foreign Funds	其 他 Other Funds
按工业行业大类分组	**By Industrial Branch**					
煤炭开采和洗选业	Mining and Washing of Coal	15760	108	15625		27
黑色金属矿采选业	Mining and Processing of Ferrous Metal Ores	8862		8862		
有色金属矿采选业	Mining and Processing of Non-ferrous Metal Ores	57956	237	57719		
非金属矿采选业	Mining and Processing of Nonmetal Ores	81311	45	81219		48
其他采矿业	Mining of Other Ores N.E.C					
农副食品加工业	Processing of Food from Agricultural Products	425575	3889	421625		60
食品制造业	Manufacture of Foods	145023	346	144481		197
酒、饮料和精制茶制造业	Manufacture of Liquor, Beverage and Refined Tea	46180	400	45780		
烟草制品业	Manufacture of Tobacco	18020		18020		
纺织业	Manufacture of Textile	76944	799	76145		
纺织服装、服饰业	Manufacture of Textile Wearing and Clothing Apparel	66666	44	66622		
皮革、毛皮、羽毛及其制品和制鞋业	Leather, Fur, Feather and Its Products and Footwear	145759	119	145640		
木材加工和木、竹、藤、棕、草制品业	Processing of Timbers, Manufacture of Wood, Bamboo, Rattan, Palm and Straw Products	134006	144	133861		
家具制造业	Manufacture of Furniture	58351	280	58071		
造纸和纸制品业	Manufacture of Paper and Paper Products	73485	136	73349		
印刷和记录媒介复制业	Printing, Reproduction of Recording Media	75316	172	75145		
文教、工美、体育和娱乐用品制造业	Manufacture of Articles for Culture, Education, Artwork, Sport and Entertainment Activity	96875	1327	95548		
石油、煤炭及其他燃料加工业	Processing of Petroleum, Coal and Other Fuels	65326	543	64783		
化学原料和化学制品制造业	Manufacture of Chemical Raw Material and Chemical Products	436144	2483	433622		39
医药制造业	Manufacture of Medicines	278266	3494	274772		
化学纤维制造业	Manufacture of Chemical Fiber	21966		21966		
橡胶和塑料制品业	Manufacture of Rubber and Plastic Products	179196	1280	177916		
非金属矿物制品业	Manufacture of Non-metallic Mineral Products	557372	3573	553744		55
黑色金属冶炼和压延加工业	Manufacture and Processing of Ferrous Metals	306621	3895	302726		
有色金属冶炼和压延加工业	Manufacture and Processing of Non-ferrous Metals	426171	11882	414282		8
金属制品业	Manufacture of Metal Products	457751	3959	453777		15
通用设备制造业	Manufacture of General Purpose Machinery	635757	24130	611535	92	
专用设备制造业	Manufacture of Special Purpose Machinery	759187	6512	752674		
汽车制造业	Manufacture of Automobile	397529	2085	395385		59
铁路、船舶、航空航天和其他运输设备制造业	Manufacture of Railways, Ships, Aerospace and Other Transport Equipment	545498	148831	396663		4
电气机械和器材制造业	Manufacture of Electrical Machinery and Equipment	531488	5998	525491		
计算机、通信和其他电子设备制造业	Manufacture of Computer, Communication and Other Electronic Equipment	1104878	41974	1062892		12
仪器仪表制造业	Manufacture of Measuring Instrument	88726	2343	86383		
其他制造业	Other Manufacture	44294	365	43929		
废弃资源综合利用业	Utilization of Waste Resources	50069	366	49703		
金属制品、机械和设备修理业	Maintenance of Metal Products, Machinery and Equipment	5853	15	5838		
电力、热力生产和供应业	Production and Supply of Electric Power and Heat Power	116970	295	116675		
燃气生产和供应业	Production and Distribution of Gas	21971		21971		
水的生产和供应业	Production and Distribution of Water	31613	33	31580		

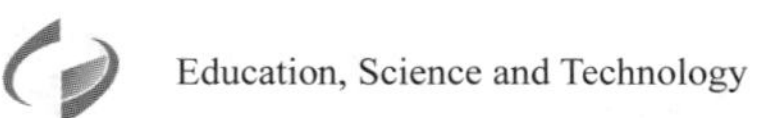

17–35 规模以上工业企业按支出用途分 R&D 经费内部支出情况（2022年）
Intramural R&D Expenditures in Industrial Enterprises above Designated Size by Use (2022)

单位：万元 (10 000 yuan)

类别	Item	R&D 经费内部支出 Intramural Expenditure on R&D	日常性支出 Daily Expenses	#人员劳务费 Service Fees	资产性支出 Capital Expenditures
总计	**Total**	**8588734**	**8152644**	**1891822**	**436090**
按企业规模分组	**By Size**				
大型	Large	2571103	2380023	819216	191081
中型	Medium	1881891	1769043	434467	112848
小型	Small	3978192	3852427	621334	125765
微型	Miniature	157547	151151	16805	6396
按登记注册类型分组	**By Registration Status**				
内资企业	Domestic-funded Enterprises	8002909	7596318	1722424	406591
国有	State-owned Enterprises	217127	199934	68140	17193
集体	Collective-owned Enterprises	5442	4935	1055	507
股份合作	Cooperative Enterprises	2649	2649	400	
国有联营	State Joint Ownership Enterprises	614	590	79	24
集体联营	Collective Joint Ownership Enterprises				
国有与集体联营	Joint State-collective Enterprises	652	617	140	35
其他联营	Other Joint Ownership Enterprises				
国有独资公司	State-funded Corporations	397458	377543	111784	19915
其他有限责任公司	Other Limited Liability Corporations	1699052	1580298	384443	118754
股份有限公司	Share-holding Corporations Ltd.	728475	650265	277627	78210
私营独资	Private-funded Enterprises	113671	104509	16729	9162
私营合伙	Private Partnership Enterprises	27519	26766	5818	754
私营有限责任公司	Private Limited Liability Corporations	4355719	4210786	705627	144933
私营股份有限公司	Private Share-holding Corporations Ltd.	452474	435519	150153	16956
其他内资	Other Enterprises	2055	1906	430	148
港澳台商投资	Enterprises With Investment from Hong Kong, Macao and Taiwan	337848	325879	105710	11969
外商投资	Enterprises With Foreign Investment	247977	230447	63688	17530

17-35 续表 Continued

单位：万元 (10 000 yuan)

类别	Item	R&D经费内部支出 Intramural Expenditure on R&D	日常性支出 Daily Expenses	#人员劳务费 Service Fees	资产性支出 Capital Expenditures
按工业行业大类分组	**By Industrial Branch**				
煤炭开采和洗选业	Mining and Washing of Coal	15760	15256	4526	504
黑色金属矿采选业	Mining and Processing of Ferrous Metal Ores	8862	8225	756	637
有色金属矿采选业	Mining and Processing of Non-ferrous Metal Ores	57956	57070	10213	886
非金属矿采选业	Mining and Processing of Nonmetal Ores	81311	79183	7394	2129
其他采矿业	Mining of Other Ores N.E.C				
农副食品加工业	Processing of Food from Agricultural Products	425575	415743	44889	9832
食品制造业	Manufacture of Foods	145023	140474	28150	4549
酒、饮料和精制茶制造业	Manufacture of Liquor, Beverage and Refined Tea	46180	44497	7886	1683
烟草制品业	Manufacture of Tobacco	18020	18007	14990	13
纺织业	Manufacture of Textile	76944	74653	12143	2291
纺织服装、服饰业	Manufacture of Textile Wearing and Clothing Apparel	66666	65717	9447	949
皮革、毛皮、羽毛及其制品和制鞋业	Leather, Fur, Feather and Its Products and Footwear	145759	143267	21021	2492
木材加工和木、竹、藤、棕、草制品业	Processing of Timbers, Manufacture of Wood, Bamboo, Rattan, Palm and Straw Products	134006	130239	13570	3767
家具制造业	Manufacture of Furniture	58351	56939	7211	1412
造纸和纸制品业	Manufacture of Paper and Paper Products	73485	70625	11912	2859
印刷和记录媒介复制业	Printing, Reproduction of Recording Media	75316	72888	14759	2429
文教、工美、体育和娱乐用品制造业	Manufacture of Articles for Culture, Education, Artwork, Sport and Entertainment Activity	96875	92675	15431	4199
石油、煤炭及其他燃料加工业	Processing of Petroleum, Coal and Other Fuels	65326	56031	11736	9295
化学原料和化学制品制造业	Manufacture of Chemical Raw Material and Chemical Products	436144	402717	88420	33427
医药制造业	Manufacture of Medicines	278266	265640	50234	12626
化学纤维制造业	Manufacture of Chemical Fiber	21966	21656	1813	310
橡胶和塑料制品业	Manufacture of Rubber and Plastic Products	179196	175933	23086	3264
非金属矿物制品业	Manufacture of Non-metallic Mineral Products	557372	522468	114375	34904
黑色金属冶炼和压延加工业	Manufacture and Processing of Ferrous Metals	306621	295014	65556	11608
有色金属冶炼和压延加工业	Manufacture and Processing of Non-ferrous Metals	426171	415484	52056	10687
金属制品业	Manufacture of Metal Products	457751	447931	62522	9820
通用设备制造业	Manufacture of General Purpose Machinery	635757	585456	147412	50302
专用设备制造业	Manufacture of Special Purpose Machinery	759187	694415	229085	64772
汽车制造业	Manufacture of Automobile	397529	383574	109782	13955
铁路、船舶、航空航天和其他运输设备制造业	Manufacture of Railways, Ships, Aerospace and Other Transport Equipment	545498	519950	191300	25548
电气机械和器材制造业	Manufacture of Electrical Machinery and Equipment	531488	504682	95072	26806
计算机、通信和其他电子设备制造业	Manufacture of Computer, Communication and Other Electronic Equipment	1104878	1026395	339168	78482
仪器仪表制造业	Manufacture of Measuring Instrument	88726	85802	37780	2923
其他制造业	Other Manufacture	44294	44279	6037	15
废弃资源综合利用业	Utilization of Waste Resources	50069	49385	7340	684
金属制品、机械和设备修理业	Maintenance of Metal Products, Machinery and Equipment	5853	4469	2082	1384
电力、热力生产和供应业	Production and Supply of Electric Power and Heat Power	116970	114107	22546	2862
燃气生产和供应业	Production and Distribution of Gas	21971	21343	3800	628
水的生产和供应业	Production and Distribution of Water	31613	30456	6322	1157

17–36 规模以上工业企业科技活动产出情况（2022年）

Basic Statistics on Scientific and Technological Outputs in Industrial Enterprises above Designated Size (2022)

类别	Item	新产品销售收入（万元） Sales Revenue of New Products (10 000 yuan)	#出口 Exported	专利申请数（件） Patent Applic-ations (item)	有效发明专利数（件） Inventions In Force (item)
总计	**Total**	**137717233**	**7240025**	**43973**	**58360**
按企业规模分组	**By Size**				
大型	Large	44517371	5014004	10749	18127
中型	Medium	33678925	1283899	9035	11005
小型	Small	56837247	934018	23277	28144
微型	Miniature	2683690	8104	912	1084
按登记注册类型分组	**By Registration Status**				
内资企业	Domestic-funded Enterprises	126594281	4092424	41594	55923
国有	State-owned Enterprises	2571927	24118	1494	3350
集体	Collective-owned Enterprises	61386		21	8
股份合作	Cooperative Enterprises	13382		13	3
国有联营	State Joint Ownership Enterprises	7653		2	7
集体联营	Collective Joint Ownership Enterprises				
国有与集体联营	Joint State-collective Enterprises	1200			
其他联营	Other Joint Ownership Enterprises				
国有独资公司	State-funded Corporations	9384403	526143	1173	2369
其他有限责任公司	Other Limited Liability Corporations	28702860	673898	7111	10655
股份有限公司	Share-holding Corporations Ltd.	9050146	652050	4883	9594
私营独资	Private-funded Enterprises	877724	13488	194	181
私营合伙	Private Partnership Enterprises	321514	9117	53	31
私营有限责任公司	Private Limited Liability Corporations	68646082	1707232	23306	24405
私营股份有限公司	Private Share-holding Corporations Ltd.	6956005	486379	3344	5320
其他内资	Other Enterprises				
港澳台商投资	Enterprises With Investment from Hong Kong, Macao and Taiwan	5741660	2873196	1202	1492
外商投资	Enterprises With Foreign Investment	5381292	274405	1177	945

17-36 续表 Continued

类 别	Item	新产品销售收入（万元）Sales Revenue of New Products (10 000 yuan)	#出口 Exported	专利申请数（件）Patent Applic-ations (item)	有效发明专利数（件）Inventions In Force (item)
按工业行业大类分组	**By Industrial Branch**				
煤炭开采和洗选业	Mining and Washing of Coal	145713		43	15
黑色金属矿采选业	Mining and Processing of Ferrous Metal Ores	93711		10	11
有色金属矿采选业	Mining and Processing of Non-ferrous Metal Ores	549500	5800	168	157
非金属矿采选业	Mining and Processing of Nonmetal Ores	708289	131	148	110
其他采矿业	Mining of Other Ores N.E.C				
农副食品加工业	Processing of Food from Agricultural Products	7698314	7191	1762	1970
食品制造业	Manufacture of Foods	4056194	50341	801	1118
酒、饮料和精制茶制造业	Manufacture of Liquor, Beverage and Refined Tea	1800916	11480	677	684
烟草制品业	Manufacture of Tobacco	621025	541	92	500
纺织业	Manufacture of Textile	1814043	17461	247	278
纺织服装、服饰业	Manufacture of Textile Wearing and Clothing Apparel	897322	31675	245	179
皮革、毛皮、羽毛及其制品和制鞋业	Leather, Fur, Feather and Its Products and Footwear	2392782	197192	383	328
木材加工和木、竹、藤、棕、草制品业	Processing of Timbers, Manufacture of Wood, Bamboo, Rattan, Palm and Straw Products	1468523	8612	293	421
家具制造业	Manufacture of Furniture	677914	13518	226	275
造纸和纸制品业	Manufacture of Paper and Paper Products	1713862	3945	360	432
印刷和记录媒介复制业	Printing, Reproduction of Recording Media	960954	6910	297	573
文教、工美、体育和娱乐用品制造业	Manufacture of Articles for Culture, Education, Artwork, Sport and Entertainment Activity	1821237	379004	508	397
石油、煤炭及其他燃料加工业	Processing of Petroleum, Coal and Other Fuels	1574440	5158	186	469
化学原料和化学制品制造业	Manufacture of Chemical Raw Material and Chemical Products	9085634	323906	2355	3352
医药制造业	Manufacture of Medicines	4570272	79253	1077	2341
化学纤维制造业	Manufacture of Chemical Fiber	216513		10	20
橡胶和塑料制品业	Manufacture of Rubber and Plastic Products	2514692	23673	1017	1215
非金属矿物制品业	Manufacture of Non-metallic Mineral Products	8341948	94460	3085	2931
黑色金属冶炼和压延加工业	Manufacture and Processing of Ferrous Metals	11123628	427769	645	471
有色金属冶炼和压延加工业	Manufacture and Processing of Non-ferrous Metals	11080772	124838	2128	2274
金属制品业	Manufacture of Metal Products	5533966	179135	2100	2470
通用设备制造业	Manufacture of General Purpose Machinery	7777281	592161	4493	6510
专用设备制造业	Manufacture of Special Purpose Machinery	7527356	363392	5794	6836
汽车制造业	Manufacture of Automobile	7107178	124170	1381	2239
铁路、船舶、航空航天和其他运输设备制造业	Manufacture of Railways, Ships, Aerospace and Other Transport Equipment	4618968	237910	2858	5219
电气机械和器材制造业	Manufacture of Electrical Machinery and Equipment	11232699	264608	2939	3580
计算机、通信和其他电子设备制造业	Manufacture of Computer, Communication and Other Electronic Equipment	14273268	3659539	4888	7314
仪器仪表制造业	Manufacture of Measuring Instrument	826379	2176	856	1287
其他制造业	Other Manufacture	697593	2807	174	192
废弃资源综合利用业	Utilization of Waste Resources	1143074		380	377
金属制品、机械和设备修理业	Maintenance of Metal Products, Machinery and Equipment	62834		56	70
电力、热力生产和供应业	Production and Supply of Electric Power and Heat Power	515406	1270	1159	1560
燃气生产和供应业	Production and Distribution of Gas	294923		42	88
水的生产和供应业	Production and Distribution of Water	178113		90	97

17–37 大中型工业企业科技活动情况（2022年）

Basic Statistics on Scientific and Technological Activities in Large and Medium-sized Industrial Enterprises (2022)

指 标		Item		合 计 Total	#大型 Large	#中型 Medium
企业基本情况		**Statistics on Industrial Enterprises**				
大中型工业企业个数	（个）	Number of Large and Medium-Sized Industrial Enterprises	(unit)	1587	178	1409
#有 R&D 活动的企业个数		# Number of Units Having R&D Activities		1270	163	1107
R&D 人员	（人）	R&D Personnel	(person)	125441	65195	60246
#女性		# Female		26667	14282	12385
#全时人员		# Full-time Personnel		92817	49786	43031
R&D 活动情况		**Statistics on R&D Activities**				
R&D 人员全时当量	（人年）	Full-time Equivalent of R&D Personnel	(man-year)	91872	49592	42280
R&D 经费内部支出	（万元）	Intramural Expenditure on R&D	(10 000 yuan)	4452994	2571103	1881891
按经费来源分		by Sources				
政府资金		Government Funds		231304	208002	23302
企业资金		Self-raised Funds by Enterprises		4221607	2363078	1858529
境外资金		Foreign Funds				
其他		Other Funds		83	23	60
按支出用途分		by Use				
日常性支出		Daily Expenses		4149066	2380023	1769043
#人员劳务费		# Service Fees		1253683	819216	434467
资产性支出		Capital Expenditures		303929	191081	112848
R&D 经费外部支出	（万元）	External Expenditure on R&D	(10 000 yuan)	492359	378253	114106
新产品开发及生产情况		**Statistics on New Products Development and Production**				
新产品开发项目数	（项）	Number of New Products	(item)	12714	4441	8273
新产品开发经费支出	（万元）	Expenditure on New Products Development	(10 000 yuan)	5515272	3197065	2318207
新产品销售收入	（万元）	Sales Revenue of New Products	(10 000 yuan)	78196296	44517371	33678925
#出口		# Exported		6297904	5014004	1283899
专利情况		**Statistics on Patents**				
专利申请数	（件）	Patent Applications	(item)	19784	10749	9035
有效发明专利数	（件）	Inventions In Force	(item)	29132	18127	11005
发表科技论文	（篇）	Number of Published Scientific Papers	(piece)	2297	1528	769
拥有注册商标数	（件）	Number of Registered Trademark	(item)	19819	13051	6768

17–38 大中型工业企业 R&D 人员情况（2022年）
R&D Personnel in Large and Medium-sized Industrial Enterprises (2022)

类 别	Item	有 R&D 活动的单位数（个）Number of Enterprises Having R&D Activities (unit)	R&D 人员（人）R&D Personnel (person)	# 全时人员 Full-time Personnel	R&D 人员全时当量（人年）Full-time Equivalent of R&D Personnel (man-year)
总计	**Total**	**1270**	**125441**	**92817**	**91872**
按企业规模分组	**By Size**				
大型企业	Large	163	65195	49786	49592
中型企业	Medium	1107	60246	43031	42280
按登记注册类型分组	**By Registration Status**				
内资企业	Domestic-funded Enterprises	1154	106112	77228	77635
国有	State-owned Enterprises	29	4422	2723	2951
集体	Collective-owned Enterprises	4	175	108	127
股份合作	Cooperative Enterprises	1	17	12	15
国有联营	State Joint Ownership Enterprises				
集体联营	Collective Joint Ownership Enterprises				
国有与集体联营	Joint State-collective Enterprises	1	13	10	8
其他联营	Other Joint Ownership Enterprises				
国有独资公司	State-funded Corporations	43	8225	5857	6361
其他有限责任公司	Other Limited Liability Corporations	215	27179	19421	20268
股份有限公司	Share-holding Corporations Ltd.	75	16575	12631	12461
私营独资	Private-funded Enterprises	16	637	495	372
私营合伙	Private Partnership Enterprises	13	266	208	140
私营有限责任公司	Private Limited Liability Corporations	676	37203	27546	26652
私营股份有限公司	Private Share-holding Corporations Ltd.	80	11277	8217	8234
其他内资	Other Enterprises	1	123		46
港澳台商投资	Enterprises With Investment from Hong Kong, Macao and Taiwan	64	14157	11703	10949
外商投资	Enterprises With Foreign Investment	52	5172	3886	3288

17-38 续表 Continued

类别	Item	有R&D活动的单位数（个）Number of Enterprises Having R&D Activities (unit)	R&D人员（人）R&D Personnel (person)	#全时人员 Full-time Personnel	R&D人员全时当量（人年）Full-time Equivalent of R&D Personnel (man-year)
按工业行业大类分组	**By Industrial Branch**				
煤炭开采和洗选业	Mining and Washing of Coal	23	1272	822	879
黑色金属矿采选业	Mining and Processing of Ferrous Metal Ores	2	77	60	60
有色金属矿采选业	Mining and Processing of Non-ferrous Metal Ores	22	1084	771	717
非金属矿采选业	Mining and Processing of Nonmetal Ores	7	441	357	263
其他采矿业	Mining of Other Ores N.E.C				
农副食品加工业	Processing of Food from Agricultural Products	66	2764	2121	1939
食品制造业	Manufacture of Foods	44	4226	2555	2888
酒、饮料和精制茶制造业	Manufacture of Liquor, Beverage and Refined Tea	19	735	463	456
烟草制品业	Manufacture of Tobacco	3	632	215	460
纺织业	Manufacture of Textile	36	1851	1268	1271
纺织服装、服饰业	Manufacture of Textile Wearing and Clothing Apparel	25	643	548	400
皮革、毛皮、羽毛及其制品和制鞋业	Leather, Fur, Feather and Its Products and Footwear	48	2840	1960	2246
木材加工和木、竹、藤、棕、草制品业	Processing of Timbers, Manufacture of Wood, Bamboo, Rattan, Palm and Straw Products	17	466	318	342
家具制造业	Manufacture of Furniture	9	252	162	194
造纸和纸制品业	Manufacture of Paper and Paper Products	12	792	572	574
印刷和记录媒介复制业	Printing, Reproduction of Recording Media	18	1295	729	1081
文教、工美、体育和娱乐用品制造业	Manufacture of Articles for Culture, Education, Artwork, Sport and Entertainment Activity	26	1281	808	987
石油、煤炭及其他燃料加工业	Processing of Petroleum, Coal and Other Fuels	6	809	399	437
化学原料和化学制品制造业	Manufacture of Chemical Raw Material and Chemical Products	117	5327	3889	3490
医药制造业	Manufacture of Medicines	56	4211	3253	3035
化学纤维制造业	Manufacture of Chemical Fiber	4	296	236	210
橡胶和塑料制品业	Manufacture of Rubber and Plastic Products	17	811	617	444
非金属矿物制品业	Manufacture of Non-metallic Mineral Products	127	7464	4862	4832
黑色金属冶炼和压延加工业	Manufacture and Processing of Ferrous Metals	12	4418	2966	3146
有色金属冶炼和压延加工业	Manufacture and Processing of Non-ferrous Metals	43	4614	3272	3319
金属制品业	Manufacture of Metal Products	58	3510	2392	2618
通用设备制造业	Manufacture of General Purpose Machinery	57	7565	5464	5405
专用设备制造业	Manufacture of Special Purpose Machinery	60	10144	8361	7282
汽车制造业	Manufacture of Automobile	43	8269	6724	6744
铁路、船舶、航空航天和其他运输设备制造业	Manufacture of Railways, Ships, Aerospace and Other Transport Equipment	22	9889	7694	8283
电气机械和器材制造业	Manufacture of Electrical Machinery and Equipment	86	7616	5838	5163
计算机、通信和其他电子设备制造业	Manufacture of Computer, Communication and Other Electronic Equipment	121	25737	20428	19912
仪器仪表制造业	Manufacture of Measuring Instrument	12	1067	921	747
其他制造业	Other Manufacture	9	724	527	565
废弃资源综合利用业	Utilization of Waste Resources	3	125	37	96
金属制品、机械和设备修理业	Maintenance of Metal Products, Machinery and Equipment	2	238	163	198
电力、热力生产和供应业	Production and Supply of Electric Power and Heat Power	20	1386	667	863
燃气生产和供应业	Production and Distribution of Gas	5	227	119	109
水的生产和供应业	Production and Distribution of Water	13	343	259	218

17-39 大中型工业企业按经费来源分 R&D 经费内部支出情况（2022年）
Intramural R&D Expenditures in Large and Medium-sized Industrial Enterprises by Sources (2022)

单位：万元 (10 000 yuan)

类 别	Item	R&D 经费内部支出 Intramural Expenditure on R&D	政府资金 Governm-ent Funds	企业资金 Self-raised Funds by Enterprises	境外资金 Foreign Funds	其 他 Other Funds
总计	**Total**	**4452994**	**231304**	**4221607**		**83**
按企业规模分组	**By Size**					
大型企业	Large	2571103	208002	2363078		23
中型企业	Medium	1881891	23302	1858529		60
按登记注册类型分组	**By Registration Status**					
内资企业	Domestic-funded Enterprises	3958677	227760	3730834		83
国有	State-owned Enterprises	202224	16441	185783		
集体	Collective-owned Enterprises	1644		1644		
股份合作	Cooperative Enterprises	1305		1305		
国有联营	State Joint Ownership Enterprises					
集体联营	Collective Joint Ownership Enterprises					
国有与集体联营	Joint State-collective Enterprises	308		308		
其他联营	Other Joint Ownership Enterprises					
国有独资公司	State-funded Corporations	369819	10348	359471		
其他有限责任公司	Other Limited Liability Corporations	1194766	149628	1045135		4
股份有限公司	Share-holding Corporations Ltd.	676431	15903	660528		
私营独资	Private-funded Enterprises	49726	20000	29726		
私营合伙	Private Partnership Enterprises	5768		5768		
私营有限责任公司	Private Limited Liability Corporations	1183513	12602	1170832		79
私营股份有限公司	Private Share-holding Corporations Ltd.	271118	2838	268280		
其他内资	Other Enterprises	2055		2055		
港澳台商投资	Enterprises With Investment from Hong Kong, Macao and Taiwan	286521	2684	283836		
外商投资	Enterprises With Foreign Investment	207797	860	206937		

17–39 续表 Continued

单位：万元 (10 000 yuan)

类 别	Item	R&D经费内部支出 Intramural Expenditure on R&D	政府资金 Governm-ent Funds	企业资金 Self-raised Funds by Enterprises	境外资金 Foreign Funds	其 他 Other Funds
按工业行业大类分组	**By Industrial Branch**					
煤炭开采和洗选业	Mining and Washing of Coal	13097	85	13012		
黑色金属矿采选业	Mining and Processing of Ferrous Metal Ores	1804		1804		
有色金属矿采选业	Mining and Processing of Non-ferrous Metal Ores	32790	229	32560		
非金属矿采选业	Mining and Processing of Nonmetal Ores	12259		12259		
其他采矿业	Mining of Other Ores N.E.C					
农副食品加工业	Processing of Food from Agricultural Products	117508	417	117030		60
食品制造业	Manufacture of Foods	61900	121	61779		
酒、饮料和精制茶制造业	Manufacture of Liquor, Beverage and Refined Tea	15808	40	15768		
烟草制品业	Manufacture of Tobacco	17457		17457		
纺织业	Manufacture of Textile	33534	528	33006		
纺织服装、服饰业	Manufacture of Textile Wearing and Clothing Apparel	21332	19	21313		
皮革、毛皮、羽毛及其制品和制鞋业	Leather, Fur, Feather and Its Products and Footwear	62180	39	62141		
木材加工和木、竹、藤、棕、草制品业	Processing of Timbers, Manufacture of Wood, Bamboo, Rattan, Palm and Straw Products	23020	17	23003		
家具制造业	Manufacture of Furniture	11509	125	11384		
造纸和纸制品业	Manufacture of Paper and Paper Products	30260		30260		
印刷和记录媒介复制业	Printing, Reproduction of Recording Media	24188	20	24168		
文教、工美、体育和娱乐用品制造业	Manufacture of Articles for Culture, Education, Artwork, Sport and Entertainment Activity	22217	143	22074		
石油、煤炭及其他燃料加工业	Processing of Petroleum, Coal and Other Fuels	48256	543	47713		
化学原料和化学制品制造业	Manufacture of Chemical Raw Material and Chemical Products	148904	712	148192		
医药制造业	Manufacture of Medicines	117184	2384	114801		
化学纤维制造业	Manufacture of Chemical Fiber	11908		11908		
橡胶和塑料制品业	Manufacture of Rubber and Plastic Products	35436	534	34901		
非金属矿物制品业	Manufacture of Non-metallic Mineral Products	152417	1204	151194		19
黑色金属冶炼和压延加工业	Manufacture and Processing of Ferrous Metals	278291	3864	274427		
有色金属冶炼和压延加工业	Manufacture and Processing of Non-ferrous Metals	221292	8760	212532		
金属制品业	Manufacture of Metal Products	170760	2132	168628		
通用设备制造业	Manufacture of General Purpose Machinery	346988	17118	329870		
专用设备制造业	Manufacture of Special Purpose Machinery	493345	3826	489518		
汽车制造业	Manufacture of Automobile	309009	1492	307517		
铁路、船舶、航空航天和其他运输设备制造业	Manufacture of Railways, Ships, Aerospace and Other Transport Equipment	481604	146378	335223		4
电气机械和器材制造业	Manufacture of Electrical Machinery and Equipment	260123	2925	257198		
计算机、通信和其他电子设备制造业	Manufacture of Computer, Communication and Other Electronic Equipment	724293	35591	688701		
仪器仪表制造业	Manufacture of Measuring Instrument	34021	1804	32217		
其他制造业	Other Manufacture	19339		19339		
废弃资源综合利用业	Utilization of Waste Resources	3739		3739		
金属制品、机械和设备修理业	Maintenance of Metal Products, Machinery and Equipment	4462	15	4448		
电力、热力生产和供应业	Production and Supply of Electric Power and Heat Power	75012	229	74784		
燃气生产和供应业	Production and Distribution of Gas	4968		4968		
水的生产和供应业	Production and Distribution of Water	10782	11	10771		

17-40 大中型工业企业按支出用途分 R&D 经费内部支出情况（2022年）
Intramural R&D Expenditures in Large and Medium-sized Industrial Enterprises by Use (2022)

单位：万元 (10 000 yuan)

类 别	Item	R&D 经费内部支出 Intramural Expenditure on R&D	日常性支出 Daily Expenses	#人员劳务费 Service Fees	资产性支出 Capital Expenditures
总计	**Total**	**4452994**	**4149066**	**1253683**	**303929**
按企业规模分组	**By Size**				
大型企业	Large	2571103	2380023	819216	191081
中型企业	Medium	1881891	1769043	434467	112848
按登记注册类型分组	**By Registration Status**				
内资企业	Domestic-funded Enterprises	3958677	3680717	1107530	277960
国有	State-owned Enterprises	202224	185491	63933	16733
集体	Collective-owned Enterprises	1644	1141	709	503
股份合作	Cooperative Enterprises	1305	1305	218	
国有联营	State Joint Ownership Enterprises				
集体联营	Collective Joint Ownership Enterprises				
国有与集体联营	Joint State-collective Enterprises	308	308	126	1
其他联营	Other Joint Ownership Enterprises				
国有独资公司	State-funded Corporations	369819	350417	105298	19402
其他有限责任公司	Other Limited Liability Corporations	1194766	1106844	286182	87922
股份有限公司	Share-holding Corporations Ltd.	676431	599336	265188	77095
私营独资	Private-funded Enterprises	49726	42416	8315	7310
私营合伙	Private Partnership Enterprises	5768	5750	1638	17
私营有限责任公司	Private Limited Liability Corporations	1183513	1127866	262983	55647
私营股份有限公司	Private Share-holding Corporations Ltd.	271118	257936	112511	13182
其他内资	Other Enterprises	2055	1906	430	148
港澳台商投资	Enterprises With Investment from Hong Kong, Macao and Taiwan	286521	276225	91671	10296
外商投资	Enterprises With Foreign Investment	207797	192124	54483	15673

17—40 续表 Continued

单位：万元 (10 000 yuan)

类 别	Item	R&D经费内部支出 Intramural Expenditure on R&D	日常性支出 Daily Expenses	#人员劳务费 Service Fees	资产性支出 Capital Expenditures
按工业行业大类分组	**By Industrial Branch**				
煤炭开采和洗选业	Mining and Washing of Coal	13097	12593	4202	504
黑色金属矿采选业	Mining and Processing of Ferrous Metal Ores	1804	1219	523	586
有色金属矿采选业	Mining and Processing of Non-ferrous Metal Ores	32790	32555	7690	234
非金属矿采选业	Mining and Processing of Nonmetal Ores	12259	12162	1654	97
其他采矿业	Mining of Other Ores N.E.C				
农副食品加工业	Processing of Food from Agricultural Products	117508	115240	16209	2268
食品制造业	Manufacture of Foods	61900	60617	15853	1283
酒、饮料和精制茶制造业	Manufacture of Liquor, Beverage and Refined Tea	15808	15740	3743	68
烟草制品业	Manufacture of Tobacco	17457	17457	14990	
纺织业	Manufacture of Textile	33534	32538	7140	997
纺织服装、服饰业	Manufacture of Textile Wearing and Clothing Apparel	21332	21146	3643	186
皮革、毛皮、羽毛及其制品和制鞋业	Leather, Fur, Feather and Its Products and Footwear	62180	60332	10293	1848
木材加工和木、竹、藤、棕、草制品业	Processing of Timbers, Manufacture of Wood, Bamboo, Rattan, Palm and Straw Products	23020	22664	2015	356
家具制造业	Manufacture of Furniture	11509	11146	981	363
造纸和纸制品业	Manufacture of Paper and Paper Products	30260	28255	5423	2006
印刷和记录媒介复制业	Printing, Reproduction of Recording Media	24188	23300	6661	888
文教、工美、体育和娱乐用品制造业	Manufacture of Articles for Culture, Education, Artwork, Sport and Entertainment Activity	22217	21996	6466	221
石油、煤炭及其他燃料加工业	Processing of Petroleum, Coal and Other Fuels	48256	39542	9926	8714
化学原料和化学制品制造业	Manufacture of Chemical Raw Material and Chemical Products	148904	130412	41020	18493
医药制造业	Manufacture of Medicines	117184	110797	28816	6387
化学纤维制造业	Manufacture of Chemical Fiber	11908	11764	1210	144
橡胶和塑料制品业	Manufacture of Rubber and Plastic Products	35436	34578	7190	858
非金属矿物制品业	Manufacture of Non-metallic Mineral Products	152417	131338	45750	21079
黑色金属冶炼和压延加工业	Manufacture and Processing of Ferrous Metals	278291	268715	61351	9576
有色金属冶炼和压延加工业	Manufacture and Processing of Non-ferrous Metals	221292	215755	34187	5537
金属制品业	Manufacture of Metal Products	170760	166532	26268	4228
通用设备制造业	Manufacture of General Purpose Machinery	346988	305282	95587	41706
专用设备制造业	Manufacture of Special Purpose Machinery	493345	437995	172407	55350
汽车制造业	Manufacture of Automobile	309009	297366	91072	11643
铁路、船舶、航空航天和其他运输设备制造业	Manufacture of Railways, Ships, Aerospace and Other Transport Equipment	481604	462025	176315	19579
电气机械和器材制造业	Manufacture of Electrical Machinery and Equipment	260123	245646	52933	14478
计算机、通信和其他电子设备制造业	Manufacture of Computer, Communication and Other Electronic Equipment	724293	655646	260308	68647
仪器仪表制造业	Manufacture of Measuring Instrument	34021	32710	16985	1311
其他制造业	Other Manufacture	19339	19339	1919	
废弃资源综合利用业	Utilization of Waste Resources	3739	3719	1502	21
金属制品、机械和设备修理业	Maintenance of Metal Products, Machinery and Equipment	4462	3088	1765	1375
电力、热力生产和供应业	Production and Supply of Electric Power and Heat Power	75012	72822	14446	2190
燃气生产和供应业	Production and Distribution of Gas	4968	4598	2130	370
水的生产和供应业	Production and Distribution of Water	10782	10439	3114	343

17-41 大中型工业企业科技活动产出情况(2022年)

Basic Statistics on Scientific and Technological Outputs in Large and Medium-sized Industrial Enterprises (2022)

类 别	Item	新产品销售收入(万元) Sales Revenue of New Products (10 000 yuan)	#出口 Exported	专利申请数(件) Patent Applic-ations (item)	有效发明专利数(件) Inventions In Force (item)
总计	**Total**	**78196296**	**6297904**	**19784**	**29132**
按企业规模分组	**By Size**				
大型企业	Large	44517371	5014004	10749	18127
中型企业	Medium	33678925	1283899	9035	11005
按登记注册类型分组	**By Registration Status**				
内资企业	Domestic-funded Enterprises	68312791	3213013	18013	27319
国有	State-owned Enterprises	2467154	24118	1438	3171
集体	Collective-owned Enterprises	31233		17	4
股份合作	Cooperative Enterprises	5215			
国有联营	State Joint Ownership Enterprises				
集体联营	Collective Joint Ownership Enterprises				
国有与集体联营	Joint State-collective Enterprises	1200			
其他联营	Other Joint Ownership Enterprises				
国有独资公司	State-funded Corporations	9063567	525118	948	1944
其他有限责任公司	Other Limited Liability Corporations	20196458	622006	3731	6233
股份有限公司	Share-holding Corporations Ltd.	7958562	602082	4377	8566
私营独资	Private-funded Enterprises	257893	9072	68	68
私营合伙	Private Partnership Enterprises	100735		14	
私营有限责任公司	Private Limited Liability Corporations	23831502	1006706	5633	4733
私营股份有限公司	Private Share-holding Corporations Ltd.	4399273	423912	1787	2600
其他内资	Other Enterprises				
港澳台商投资	Enterprises With Investment from Hong Kong, Macao and Taiwan	5202382	2834684	836	1147
外商投资	Enterprises With Foreign Investment	4681122	250207	935	666

17-41 续表 Continued

类 别	Item	新产品销售收入（万元）Sales Revenue of New Products (10 000 yuan)	#出口 Exported	专利申请数（件）Patent Applic-ations (item)	有效发明专利数（件）Inventions In Force (item)
按工业行业大类分组	**By Industrial Branch**				
煤炭开采和洗选业	Mining and Washing of Coal	124825		37	12
黑色金属矿采选业	Mining and Processing of Ferrous Metal Ores	17898		5	
有色金属矿采选业	Mining and Processing of Non-ferrous Metal Ores	335268		107	72
非金属矿采选业	Mining and Processing of Nonmetal Ores	154589	131	31	19
其他采矿业	Mining of Other Ores N.E.C				
农副食品加工业	Processing of Food from Agricultural Products	2328680	753	290	329
食品制造业	Manufacture of Foods	2215355	42469	209	225
酒、饮料和精制茶制造业	Manufacture of Liquor, Beverage and Refined Tea	474635		128	104
烟草制品业	Manufacture of Tobacco	614393	541	91	500
纺织业	Manufacture of Textile	1072049	14448	88	107
纺织服装、服饰业	Manufacture of Textile Wearing and Clothing Apparel	327096	14921	80	40
皮革、毛皮、羽毛及其制品和制鞋业	Leather, Fur, Feather and Its Products and Footwear	1141287	129977	143	94
木材加工和木、竹、藤、棕、草制品业	Processing of Timbers, Manufacture of Wood, Bamboo, Rattan, Palm and Straw Products	351370		40	92
家具制造业	Manufacture of Furniture	150882	7296	22	20
造纸和纸制品业	Manufacture of Paper and Paper Products	1032348		95	148
印刷和记录媒介复制业	Printing, Reproduction of Recording Media	352657	827	78	224
文教、工美、体育和娱乐用品制造业	Manufacture of Articles for Culture, Education, Artwork, Sport and Entertainment Activity	612425	273473	128	96
石油、煤炭及其他燃料加工业	Processing of Petroleum, Coal and Other Fuels	1422475		104	395
化学原料和化学制品制造业	Manufacture of Chemical Raw Material and Chemical Products	4024971	168181	596	783
医药制造业	Manufacture of Medicines	2389670	20766	291	1049
化学纤维制造业	Manufacture of Chemical Fiber	71865		2	11
橡胶和塑料制品业	Manufacture of Rubber and Plastic Products	708620	11834	183	370
非金属矿物制品业	Manufacture of Non-metallic Mineral Products	2553566	62430	891	809
黑色金属冶炼和压延加工业	Manufacture and Processing of Ferrous Metals	10660961	395666	547	349
有色金属冶炼和压延加工业	Manufacture and Processing of Non-ferrous Metals	5989669	95716	1461	1281
金属制品业	Manufacture of Metal Products	2091870	123727	534	828
通用设备制造业	Manufacture of General Purpose Machinery	4370890	575758	2255	3494
专用设备制造业	Manufacture of Special Purpose Machinery	4244335	317454	3047	3694
汽车制造业	Manufacture of Automobile	6154984	101241	790	1381
铁路、船舶、航空航天和其他运输设备制造业	Manufacture of Railways, Ships, Aerospace and Other Transport Equipment	3964382	234310	2293	4396
电气机械和器材制造业	Manufacture of Electrical Machinery and Equipment	6913425	204907	1254	1423
计算机、通信和其他电子设备制造业	Manufacture of Computer, Communication and Other Electronic Equipment	10121838	3499526	2528	4825
仪器仪表制造业	Manufacture of Measuring Instrument	393357	1554	274	454
其他制造业	Other Manufacture	351658		24	8
废弃资源综合利用业	Utilization of Waste Resources	100442		88	10
金属制品、机械和设备修理业	Maintenance of Metal Products, Machinery and Equipment	53344		40	7
电力、热力生产和供应业	Production and Supply of Electric Power and Heat Power	216856		959	1401
燃气生产和供应业	Production and Distribution of Gas			15	31
水的生产和供应业	Production and Distribution of Water	91364		36	51

17-42 企业创新基本情况(2022年)
Basic Situation of Enterprise Innovation (2022)

指 标	Item	合 计 Total	#工业 Industry	#建筑业 Construction	#服务业 Services
企业创新基本情况	**The Basic Situation of Enterprise Innovation**				
企业数 （个）	Companies (unit)	37831	19897	1767	16167
开展创新活动企业数 （个）	Carry Out Innovation Activities (unit)	20187	15489	667	4031
实现创新企业	Realize Innovative Enterprises	16267	11715	636	3916
同时实现四种创新企业	Four Innovative Enterprises are Implemented Simultaneously	3200	2704	55	441
开展创新活动企业占比 （%）	The Proportion of Enterprises Engaged in Innovation Activities (%)	53.4	77.8	37.7	24.9
实现创新企业占比	Realize the Proportion of Innovative Enterprises	43.0	58.9	36.0	24.2
同时实现四种创新企业占比	At the Same Time, There are Four Innovative Enterprises	8.5	13.6	3.1	2.7
产品和工艺创新情况	**Product and Process Innovation**				
（一）产品和工艺创新分布情况	**The Distribution of Product and Process Innovation**				
1. 开展产品或工艺创新活动企业数 （个）	Number of Enterprises in Product or Process Innovation Activities (unit)	17665	15070	453	2142
实现产品创新企业	Implement Product Innovation Enterprise	9303	8014	147	1142
实现工艺创新企业	Implement Innovation Enterprise	9961	8082	381	1498
2. 开展产品或工艺创新活动企业占比 （%）	Responsible for Product or Process Innovation Activities (%)	46.7	75.7	25.6	13.2
实现产品创新企业占比	The Proportion of Product Innovation Enterprises is Realized	24.6	40.3	8.3	7.1
实现工艺创新企业占比	Realize the Proportion of Technological Innovation Enterprises	26.3	40.6	21.6	9.3
同时实现产品和工艺创新企业占比	The Proportion of Product and Process Innovation Enterprises are both Realized	17.6	29.0	7.2	4.6
仅实现产品创新企业占比（无工艺创新）	Only Realize the Proportion of Product Innovation Enterprises (No process innovation)	7.0	11.2	1.1	2.4
仅实现工艺创新企业占比（无产品创新）	Only Realize the Proportion of Technological Innovation Enterprises (No product innovation)	8.7	11.6	14.3	4.6
仅有正在进行或中止的创新活动企业占比	There is Only an Ongoing or Discontinued Innovation Enterprise Share	13.4	23.9	3.0	1.5
（二）产品创新开发情况	**Product Innovation and Development**				
在实现产品创新企业中，以下列形式进行开发的企业占比（%）	In the Implementation of Product Innovation Enterprises, the Proportion of Enterprises Developed in the Following Form (%)				
本企业独立开发或与集团内企业合作开发	Independently Developed by the Enterprise or in Cooperation with Enterprises in the Group	86.5	89.5	65.3	68.0
与境内其他企业合作开发	Develop Cooperation with Other Enterprises in China	7.8	6.3	16.3	17.2
本企业与境内研究机构或高等学校合作开发	The Enterprise and Domestic Research Institutions or Institutions of Higher Learning Cooperation Development	7.8	7.6	16.3	8.3
与境外企业或机构合作开发	Working with Overseas Enterprises or Institutions	0.7	0.6	0.7	1.5
在其他单位开发的基础上调整或改进，或委托其他企业或机构开发	Adjust or Improve on the Basis of the Development of Other Units, or Entrust Other Enterprises or Institutions to Develop	5.4	3.4	25.2	16.2
其他	Other	5.8	4.8	10.9	12.2
（三）工艺创新开发情况	**Development of Technological Innovation**				
在实现工艺创新企业中，以下列形式进行开发的企业占比（%）	In the Implementation of Technological Innovation Enterprises, the Proportion Enterprises Developed in the Following Form (%)				
本企业独立开发或与集团内企业合作开发	Independently Developed by the Enterprise or in Cooperation with Enterprises in the Group	79.2	83.4	64.8	59.8

17-42 续表 1 Continued

指 标	Item	合 计 Total	#工业 Industry	#建筑业 Construction	#服务业 Services
本企业与境内其他企业合作开发	The Company is Cooperating with Other Enterprises in China	10.5	9.5	14.4	14.6
本企业与境内研究机构或高等学校合作开发	The Enterprise and Domestic Research Institutions or Institutions of Higher Learning Cooperation Development	8.5	8.7	11.8	6.7
本企业与境外企业或机构合作开发	The Company is Cooperating with Overseas Enterprises or Institutions	0.8	0.7	1.6	1.3
在其他单位开发的基础上调整或改进，或委托其他企业或机构开发	Adjust or Improve on the Basis of the Development of Other Units, or Entrust Other Enterprises or Institutions to Develop	9.7	7.0	21.8	21.1
其他	Other	8.7	6.8	17.1	16.4
产品或工艺创新活动类型及创新费用情况	**Product or Process Innovation Activity Type and Innovation Cost Situation**				
（一）产品或工艺创新活动类型	**Type of Product or Process Innovation**				
在开展产品或工艺创新活动企业中，有下列活动形式的企业占比（%）	Among the Enterprises that Carry Out Product or Process Innovation Activities, the Proportion of Enterprises with The Following Activities (%)				
内部研发	Internal Research and Development	66.1	69.3	58.9	44.9
外部研发	The External Research and Development	7.7	7.1	10.8	10.8
获得机器设备和软件	Get Machine Equipment and Software	75.3	84.3	30.5	21.3
从外部获取相关技术	Get the Technology from The Outside	2.0	0.9	9.7	8.5
相关培训	Related Training	24.5	22.4	43.7	35.4
市场推介	Market Introduction	10.7	9.7	17.9	16.0
相关设计	Related Design	11.2	11.5	4.4	10.6
其他创新活动	Other Innovative Activities	13.9	12.7	28.5	19.2
（二）工业企业创新费用支出情况	**Expenditure on Innovation Expenses of Industrial Enterprises**				
创新费用支出合计（亿元）	Total Expenditure on Innovation Expenses (100 million yuan)	1508.7	1508.7		
1. 内部研发经费支出所占比重（%）	Proportion of Internal r&d Expenditure (%)	64.4	64.4		
2. 外部研发经费支出所占比重（%）	Proportion of External r&d Expenditure (%)	4.1	4.1		
3. 获得机器设备和软件经费支出所占比重（%）	Account for the Proportion of Equipment and Software Expenditure (%)	30.9	30.9		
4. 从外部获取相关技术经费支出所占比重（%）	The Proportion of Relevant Technical Expenses from External Access (%)	0.6	0.6		
产品或工艺创新信息来源情况	**Product or Process Innovation Information Source Situation**				
在开展产品或工艺创新活动企业中，下列信息对创新影响较大的企业占比（%）	Among the Enterprises that Carry Out Product or Process Innovation Activities, the Following Information will Make up the Proportion of Enterprises with Greater Impact on Innovation (%)				
企业内部信息或企业集团内部信息	Enterprise Internal Information or Enterprise Group Internal Information	36.1	35.9	40.3	36.3
高等学校或研究机构的信息	Information about Institutions of Higher Learning or Research Institutes	9.5	9.9	10.9	7.7
政府部门或行业协会的信息	Information From Government Departments or Trade Associations	22.6	19.1	44.7	32.2

注：创新费用支出情况仅包含规模工业企业。
The Cost of Innovation Expense Only Includes Scale Industrial Enterprises.

17-42 续表 2 Continued

指 标	Item	合 计 Total	#工业 Industry	#建筑业 Construction	#服务业 Services
设备、原材料、组件或软件供应商的信息	Information about Suppliers of Equipment, Raw Materials, Components or Software	19.3	20.1	23.8	15.5
客户或消费者的信息	Customer or Consumer Information	35.3	34.1	24.0	42.1
竞争对手、同行业其他企业的信息	Information about Competitors and Other Enterprises in the Same Industry	21.4	19.3	28.6	28.3
咨询顾问、市场分析及中介机构的信息	Information on Consultants, Market Analysis and Intermediaries	7.0	5.5	13.3	11.5
商品交易会、展览会的信息，或来自文献、期刊、出版物的信息或互联网媒体的信息	Information on Trade Fairs, Exhibitions, or Information from Literature, Journals, Publications, or Internet Media	11.9	11.4	9.4	14.3
其他	Other	4.7	3.9	9.6	7.1
产品或工艺创新合作情况	**Product or Process Innovation Cooperation**				
（一）产品或工艺创新合作开展情况	**Product or Process Innovation Cooperation**				
开展创新合作的企业数 （个）	Number of Enterprises Engaged in Innovative Cooperation (unit)	11623	8702	393	2528
创新合作企业占全部企业的比重（%）	Innovative Cooperative Enterprises Account for the Proportion of All Enterprises. (%)	30.7	43.7	22.2	15.6
在创新合作企业中，与下列伙伴开展合作的企业占比 （%）	The Proportion of Enterprises Engaged in Cooperation with the Following Partners in Innovative Cooperative Enterprises (%)				
集团内其他企业	Other Enterprises Within the Group	37.4	37.8	42.2	35.0
高等学校	Institutions of Higher Learning	26.5	28.4	31.0	19.4
研究机构	Research Institution	16.3	17.9	18.8	10.6
政府部门或行业协会	Government Departments or Trade Associations	24.1	20.9	37.2	32.9
供应商	Suppliers	35.5	37.4	40.5	28.3
客户	Clients	41.8	41.0	25.2	46.9
竞争对手或同行业企业	Competitors or Companies in the Same Industry	18.0	16.0	20.4	24.8
咨询顾问、市场分析及中介机构	Consultants, Market Analysts and Intermediaries	12.8	10.6	23.2	18.6
其他合作对象	Other Cooperative Objects	14.5	12.1	23.7	21.1
（二）产品或工艺创新合作伙伴	**Product or Process Innovation Cooperation Partner**				
在创新合作企业中，下列合作伙伴对企业创新有较大价值的企业占比（%）	Among the Innovative Cooperative Enterprises, the Following Partners Make up the Proportion of Enterprises with Greater Value for Enterprise Innovation (%)				
集团内其他企业	Other Enterprises Within the Group	33.7	34.3	35.9	30.9
高等学校	Institutions of Higher Learning	22.6	24.2	25.2	16.6
研究机构	Research Institution	12.9	14.3	13.7	7.7
政府部门或行业协会	Government Departments or Trade Associations	20.8	17.8	34.1	29.1
供应商	Suppliers	29.6	31.3	31.8	23.2
客户或消费者	Customer or Consumer	37.4	36.5	22.4	42.6
竞争对手或同行业企业	Competitors or Companies in the Same Industry	14.7	13.1	14.0	20.1
咨询顾问、市场分析及中介机构	Consultants, Market Analysts and Intermediaries	9.5	7.6	19.1	14.5
其他合作对象	Other Cooperative Objects	10.6	9.0	17.3	15.2
（三）产学研合作形式	**Cooperation in Production and Study**				
开展产学研合作的企业数 （个）	The Number of Enterprises Engaged in the Cooperation of Production and Academic Research (unit)	3744	3016	145	583
产学研合作企业占比 （%）	Proportion of Industry-university-research Partners (%)	32.2	34.7	36.9	23.1

17-42 续表 3 Continued

指 标	Item	合 计 Total	#工业 Industry	#建筑业 Construction	#服务业 Services
在产学研合作企业中，以下列为主要合作形式的企业占比 （%）	**In the Cooperative Enterprise of Production and Research, the Following are Listed as the Proportion of Enterprises in the Form of Major Cooperation (%)**				
共同完成科研项目	To Jointly Complete the Research Project	62.1	63.1	65.5	56.1
合作建立研发机构	Cooperative Establishment of R&D Organizations	18.5	19.1	20.0	14.8
开展联合人才培养	Joint Talent Development	36.7	34.8	46.9	44.1
聘用高校或研究机构人员到企业兼职	Hire University or Research Staff to Work Part-time	24.8	25.0	17.2	25.7
其他形式	Other Forms	13.4	12.5	20.7	16.1
产品或工艺创新阻碍因素情况	**Product or Process Innovation Hinders the Situation**				
在全部企业中，下列各项是创新主要阻碍因素的企业占比 （%）	Among All Enterprises, the Following are the Proportion of Enterprises that are the Main Obstacles to Innovation (%)				
缺乏内部资金	Lack of Internal Funding	14.5	17.1	20.0	10.8
缺乏风险投资	Lack of Venture Capital	9.2	10.7	8.9	7.3
缺乏银行贷款	Lack of Bank Loans	11.0	13.7	10.8	7.7
创新成本过高	The Cost of Innovation is too High	24.1	30.1	27.0	16.4
缺乏人才或人才流失	Lack of Talent or Brain Drain	28.9	36.2	27.6	20.0
缺乏技术信息	Lack of Technical Information	15.9	19.6	21.7	10.7
缺乏市场信息	Lack of Market Information	9.1	9.3	10.2	8.7
难以找到创新合作伙伴	Find an Innovative Partner is Hard	6.3	6.1	8.4	6.4
市场已被占领	The Market has been Occupied	2.8	2.6	2.8	3.0
不能确定市场需求	Cannot Determine Market Demand	11.1	12.1	14.9	9.5
创新成果易被低成本模仿	Innovation is Easily Copied by Low Cost	4.2	5.8	2.9	2.5
没有创新的必要	There is no Need for Innovation	11.4	6.1	20.1	17.0
知识产权及相关情况	**Intellectual Property and Related Conditions**				
采取了知识产权保护或相关措施的企业数 （个）	The Number of Enterprises(s) Taking Intellectual Property Protection or Related Measures (unit)	19360	13140	797	5423
采取了知识产权保护或相关措施的企业占全部企业的比重 （%）	Enterprises Taking Intellectual Property Protection or Related Measures Account for The Proportion of all Enterprises (%)	51.2	66.0	45.1	33.5
在全部企业中，采取下列知识产权保护或相关措施的企业占比 （%）	In all Enterprises, the Proportion of Enterprises Taking the Following Intellectual Property Protection or Related Measures (%)				
申请了发明专利	Applied for the Invention Patent	11.4	19.7	5.8	1.8
申请了注册商标	Apply for a Registered Trademark	9.5	12.5	3.4	6.4
进行了版权登记	Copyright Registration	2.6	3.0	1.8	2.2
形成了国家或行业技术标准	A National or Industry Technical Standard is Formed	4.4	5.7	6.1	2.7
对技术秘密进行内部保护	Internal Protection of Technical Secrets	11.6	17.0	6.6	5.4
应用了难以复制的复杂技术	Applies Complex Technologies that are Difficult to Replicate	3.1	4.6	2.4	1.4
发挥了时间上的先发优势	Play the First Mover Advantage of Time	16.6	15.5	16.9	17.8
组织和营销创新情况	**Organizing and Marketing Innovation**				
实现组织或营销创新企业数 （个）	To Achieve Organizational or Marketing Innovation Enterprises (unit)	11625	7811	457	3357
在全部企业中，实现组织或营销创新企业占比 （%）	In all Enterprises, the Proportion of Organizational or Marketing Innovation Enterprises is Realized. (%)	30.7	39.3	25.9	20.8
实现组织创新企业占比	Realize the Proportion of Innovation Enterprises	24.0	30.2	24.6	16.2
实现营销创新企业占比	Realize the Proportion of Marketing Innovation Enterprises	23.2	31.2	10.0	14.9
同时实现组织和营销创新企业占比	The Company also Realizes the Proportion of Organization and Marketing Innovation Enterprises	16.4	22.1	8.7	10.3

17-43 企业家对创新的认识及相关情况（2022年）
Entrepreneur's Understanding of Innovation and Related Situation (2022)

单位：% (%)

指 标	Item	合 计 Total	#工业 Industry	#建筑业 Construction	#服务业 Services
企业家基本情况	**The Basic Situation of Entrepreneurs**				
（一）企业家教育程度构成	**Entrepreneur Education Degree Composition**				
在企业家中，下列各类人员占比	In the Enterprise Home, the Following Categories of Personnel				
博士	Doctoral	1.3	1.4		1.1
硕士	A Master's Degree	7.5	6.8	5.9	9.5
本科	Undergraduate Course	43.3	40.9	57.0	48.6
大专	College	30.5	31.5	27.4	27.8
其他	Other	15.0	16.5	8.9	11.5
（二）企业家对创新的总体认识	**The Overall Understanding of Innovation by Entrepreneurs**				
在企业家中，认为创新对企业的生存和发展	In the Enterprise Home, Think Innovation to Enterprise's Survival and Development				
起了重要作用的人员占比	The Number of People Who Play an Important Role	41.2	44.9	22.4	33.1
起了一定作用的人员占比	The Proportion of People Who Play a Certain Role	51.6	50.1	60.4	54.8
不起作用的人员占比	Percentage of People Who are not Working	7.2	5.0	17.2	12.1
创新成功影响因素情况	**Innovative Success Factors**				
在开展创新活动企业中，认为下列各项是创新成功最重要因素的企业家占比	Among the Enterprises that Carry out Innovative Activities, the Proportion of Entrepreneurs who Consider the Following are the Most Important Factors of Innovation Success				
有创新精神的企业家	Innovative Entrepreneurs	71.6	75.7	54.9	61.2
充足的经费支持	Adequate Funding Support	64.1	68.2	53.3	52.9
高素质的人才	High Quality Talent	69.7	73.3	59.8	59.6
员工对企业的认同感	Employees' Sense of Identity	71.6	73.3	67.2	66.9
企业内部的激励措施	Internal Incentives	69.0	71.4	59.0	62.7
有效的技术战略或计划	Effective Technical Strategy or Plan	65.4	68.8	55.7	56.1
畅通的信息渠道	Unblocked Information Channels	64.8	67.9	54.1	56.4
可信赖的创新合作伙伴	Trustworthy Innovative Partner	60.2	62.9	50.8	53.1
优惠政策的扶持	Support for Preferential Policies	65.0	68.0	55.7	56.9

17-43 续表 Continued

单位：% (%)

指 标	Item	合 计 Total	#工业 Industry	#建筑业 Construction	#服务业 Services
创新激励措施及效果情况	**Innovative Incentive Measures and Effects**				
在开展创新活动企业中，认为下列措施“有效果”的企业家占比	Among the Innovative Enterprises, the Proportion of Entrepreneurs who Think the Following Measures are "Very Good"				
股权或期权	Stock or Option	18.0	20.3	9.1	11.9
增加工资或奖金	Increase Salary or Bonus	62.9	67.8	41.3	50.4
汽车住房等物质奖励	Car Housing and Other Material Rewards	19.1	21.7	10.7	11.8
岗位调整或升职机会	Post Adjustment or Promotion Opportunities	55.5	59.6	38.8	45.1
培训或深造机会	Training or Further Study	44.3	48.1	31.4	34.3
政策对创新的影响情况	**The Impact of Policy on Innovation**				
在开展创新活动企业中，认为下列政策效果较明显的企业家占比	Among the Enterprises that Carry out Innovation Activities, the Proportion of Entrepreneurs who Think the Following Policy Effect is Obvious				
企业研发费用加计扣除税收优惠政策	The Research and Development Expenses of the Enterprise Shall be Deducted from the Preferential Tax Policy	55.1	64.1	30.8	29.8
高新技术企业所得税减免政策	The Policy of Tax Reduction for High-tech Enterprises	47.2	54.4	29.2	26.4
企业研发活动专用仪器设备加速折旧政策	The Special Instrument Equipment for Enterprise Development Activities Accelerated Depreciation Policy	42.1	50.9	20.0	17.0
技术转让、技术开发收入免征增值税和技术转让减免所得税优惠政策	Technology Transfer and Technology Development Income are Exempted from Value-added Tax and Technology Transfer Tax Breaks	34.0	40.1	15.8	17.0
促进科技转化相关政策	Policies to Promote the Transformation of Science and Technology	41.0	47.8	25.0	21.7
科技创新税收政策（关于推进大众创业万众创新的各项政策）	Tax Policy on Science, Technology and Innovation (policies on promoting mass entrepreneurship and innovation)		44.3	21.7	21.5
鼓励企业吸引和培养人才的相关政策	Encourage Enterprises to Attract and Cultivate Talents Related Policies	40.4	46.7	21.7	23.0
金融支持相关政策	Financial Support Related Policies	43.0	49.6	20.8	25.1
创造和保护知识产权的相关政策	The Creation and Protection of Intellectual Property Rights Policies	43.9	51.3	23.3	23.3
优先发展产业的支持政策	Prioritize Industry Support Policies	43.2	49.9	22.5	24.8

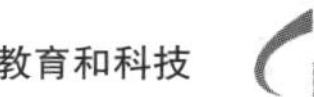

17–44 规模以上工业企业创新活动总体情况（2022年）
The Overall Situation of Large-scale Industrial Enterprises Innovation Activities (2022)

类 别	Item	开展创新活动企业数（个）Carry Out Innovation Activities (Unit)	#实现创新企业 Realize Innovative Enterprises	#同时实现四种创新企业 Four Innovative Enterprises are Implemented Simultaneously	在全部企业中占比（%）In the Total Enterprise Proportion(%) 开展创新活动企业 Carry Out Innovation Activities	实现创新企业 Realize Innovative Enterprises	同时实现四种创新企业 Four Innovative Enterprises are Implemented Simultaneously
总计	**Total**	**15489**	**11715**	**2704**	**77.8**	**58.9**	**13.6**
按企业规模分组	**By Size**						
大型	Large	171	165	65	96.1	92.7	36.5
中型	Medium	1310	1101	300	93.0	78.1	21.3
小型	Small	12901	9761	2235	82.6	62.5	14.3
微型	Miniature	1107	688	104	41.1	25.5	3.9
按登记注册类型分组	**By Registration Status**						
内资企业	Domestic-funded Enterprises	15116	11420	2632	77.9	58.8	13.6
国有	State-owned Enterprises	97	72	12	57.1	42.4	7.1
集体	Collective-owned Enterprises	27	10	3	58.7	21.7	6.5
股份合作	Cooperative Enterprises	4	4	1	66.7	66.7	16.7
国有联营	State Joint Ownership Enterprises	2	1		50.0	25.0	
集体联营	Collective Joint Ownership Enterprises						
国有与集体联营	Joint State-collective Enterprises	2	2	1	100.0	100.0	50.0
其他联营	Other Joint Ownership Enterprises						
国有独资公司	State-funded Corporations	120	103	24	67.0	57.5	13.4
其他有限责任公司	Other Limited Liability Corporations	1496	1207	284	77.9	62.9	14.8
股份有限公司	Share-holding Corporations Ltd.	211	184	52	90.6	79.0	22.3
私营企业	Private Enterprises	13156	9836	2255	78.1	58.4	13.4
其他内资	Other Enterprises	1	1		50.0	50.0	
港澳台商投资	Enterprises With Investment from Hong Kong, Macao and Taiwan	212	162	43	77.9	59.6	15.8
外商投资	Enterprises With Foreign Investment	161	133	29	73.9	61.0	13.3

17-44 续表

指 标	Item	开展创新活动企业数（个）Carry Out Innovation Activities(Unit)
按工业行业大类分组	**By Industrial Branch**	
煤炭开采和洗选业	Mining and Washing of Coal	52
黑色金属矿采选业	Mining of Ferrous Metal Ores	23
有色金属矿采选业	Mining of Non-ferrous Metal Ores	79
非金属矿采选业	Mining and Processing of Nonmetal Ores	212
其他采矿业	Mining of Other Ores N.E.C	
农副食品加工业	Processing of Food from Agricultural Products	1376
食品制造业	Manufacture of Foods	478
酒、饮料和精制茶制造业	Manufacture of Liquor, Beverage and Refined Tea	464
烟草制品业	Manufacture of Tobacco	5
纺织业	Manufacture of Textile	193
纺织服装、服饰业	Manufacture of Textile Wearing and Clothing Apparel	225
皮革、毛皮、羽毛及其制品和制鞋业	Leather, Fur, Feather and Its Products and Footwear	372
木材加工和木、竹、藤、棕、草制品业	Processing of Timbers, Manufacture of Wood, Bamboo, Rattan, Palm and Straw Products	369
家具制造业	Manufacture of Furniture	186
造纸和纸制品业	Manufacture of Paper and Paper Products	212
印刷和记录媒介复制业	Printing,Reproduction of Recording Media	222
文教、工美、体育和娱乐用品制造业	Manufacture of Articles for Culture, Education, Artwork, Sport and Entertainment Activity	293
石油、煤炭及其他燃料加工业	Processing of Petroleum, Coal and Other Fuels	73
化学原料和化学制品制造业	Manufacture of Chemical Raw Material and Chemical Products	1248
医药制造业	Manufacture of Medicines	391
化学纤维制造业	Manufacture of Chemical Fiber	17
橡胶和塑料制品业	Manufacture of Rubber and Plastic Products	465
非金属矿物制品业	Manufacture of Non-metallic Mineral Products	2155
黑色金属冶炼和压延加工业	Manufacture and Processing of Ferrous Metals	105
有色金属冶炼和压延加工业	Manufacture and Processing of Non-ferrous Metals	362
金属制品业	Manufacture of Metal Products	1005
通用设备制造业	Manufacture of General Purpose Machinery	976
专用设备制造业	Manufacture of Special Purpose Machinery	888
汽车制造业	Manufacture of Automobile	350
铁路、船舶、航空航天和其他运输设备制造业	Manufacture of Railways, Ships, Aerospace and Other Transport Equipment	177
电气机械和器材制造业	Manufacture of Electrical Machinery and Equipment	846
计算机、通信和其他电子设备制造业	Manufacture of Computer, Communication and Other Electronic Equipment	862
仪器仪表制造业	Manufacture of Measuring Instrument	179
其他制造业	Other Manufacture	89
废弃资源综合利用业	Utilization of Waste Resources	160
金属制品、机械和设备修理业	Maintenance of Metal Products, Machinery and Equipment	7
电力、热力生产和供应业	Production and Supply of Electric Power and Heat Power	228
燃气生产和供应业	Production and Distribution of Gas	38
水的生产和供应业	Production and Distribution of Water	107

Continued

#实现创新企业 Realize Innovative Enterprises	#同时实现四种创新企业 Four Innovative Enterprises are Implemented Simultaneously	在全部企业中占比（%） In the Total Enterprise Proportion (%) 开展创新活动企业 Carry out Innovative Activities	实现创新企业 Realize Innovative Enterprises	同时实现四种创新企业 Four Innovative Enterprises are Implemented Simultaneously
22	2	46.8	19.8	1.8
7	2	69.7	21.2	6.1
51	7	73.1	47.2	6.5
127	21	62.2	37.2	6.2
1094	266	77.3	61.5	15.0
391	82	79.0	64.6	13.6
349	89	83.3	62.7	16.0
5	1	71.4	71.4	14.3
150	43	71.0	55.1	15.8
167	39	68.6	50.9	11.9
297	95	65.3	52.1	16.7
246	56	77.2	51.5	11.7
131	32	79.5	56.0	13.7
142	36	75.4	50.5	12.8
169	38	76.8	58.5	13.1
219	73	74.7	55.9	18.6
53	11	73.0	53.0	11.0
891	198	85.7	61.2	13.6
346	91	87.1	77.1	20.3
14	6	85.0	70.0	30.0
366	95	77.6	61.1	15.9
1485	254	72.5	49.9	8.5
71	18	73.9	50.0	12.7
292	65	77.7	62.7	13.9
753	130	82.0	61.4	10.6
763	166	83.1	64.9	14.1
727	217	87.5	71.6	21.4
281	57	78.0	62.6	12.7
145	40	85.9	70.4	19.4
673	161	85.9	68.3	16.3
720	212	86.1	71.9	21.2
151	35	91.3	77.0	17.9
67	23	79.5	59.8	20.5
107	16	74.4	49.8	7.4
6	2	53.8	46.2	15.4
139	12	52.4	32.0	2.8
26	6	45.8	31.3	7.2
72	7	55.2	37.1	3.6

主要统计指标解释

普通高等学校 指按国家规定的设置标准和审批程序批准举办的，通过全国普通高等学校统一招生考试，招收高中毕业生为主要培养对象，实施高等学历教育的全日制大学、独立设置的学院和高等专科学校、高等职业学校及其他机构（独立学院和分校、大专班）。

大学、独立设置的学院主要实施本科层次以上教育。高等专科学校、高等职业学校实施专科层次教育。其他机构是承担国家普通招生计划任务不计校数的机构，包括独立学院、普通高等学校分校、大专班和批准筹建的普通高等学校等。独立学院指由普通本科高校按新机制、新模式举办的本科层次的二级学院，一些普通本科高校按公办机制和模式建立的二级学院，“分校”或其他类似的二级办学机构不属此范畴。

小学学龄儿童净入学率 指调查范围内已入小学学习的学龄儿童占校内外学龄儿童总数（包括弱智儿童，不包括盲聋哑儿童）的比重。计算公式为：

$$\text{小学学龄儿童净入学率}=\frac{\text{已入学的小学学龄儿童数}}{\text{校内外小学学龄儿童总数}}\times 100\%$$

科技活动 指在自然科学、农业科学、医药科学、工程与技术科学、人文与社会科学领域（简称科学技术领域）中，与科技知识的产生、发展、传播和应用密切相关的有组织的活动。可分为研究与试验发展(R&D)、研究与试验发展成果应用及相关的科技服务三类活动。该定义是联合国教科文组织考虑成员国特别是发展中国家开展科技统计工作的需要，而对科技活动所作的统计界定。

科技活动经费内部支出 指报告年内用于科技活动的实际支出，包括劳务费、科研业务费、科研管理费，非基建投资购建的固定资产、科研基建支出以及其他用于科技活动的支出。不包括生产性活动支出、归还贷款支出及转拨外单位支出。反映科技投入实际完成情况。

研究与试验发展(R&D) 指在科学技术领域，为增加知识总量，以及运用这些知识去创造新的应用进行的系统的创造性的活动，包括基础研究、应用研究、试验发展三类活动。国际上通常采用R&D活动的规模和强度指标反映一国的科技实力和核心竞争力。

基础研究 指一种不预设任何特定应用或使用目的的实验性或理论性工作，其主要目的是为获得（已发生）现象和可观察事实的基本原理、规律和新知识。其成果通常表现为提出一般原理、理论或规律，并以论文、著作、研究报告等形式为主。

应用研究 指为获取新知识，达到某一特定的实际目的或目标而开展的初始性研究。应用研究是为了确定基础研究成果的可能用途，或确定实现特定和预定目标的新方法。其研究成果以论文、著作、研究报告、原理性模型或发明专利等形式为主。

试验发展 指利用从科学研究、实际经验中获取的知识和研究过程中产生的其他知识，开发新的产品、工艺或改进现有产品、工艺而进行的系统性研究。其研究成果以专利、专有技术，以及具有新颖性的产品原型、原始样机及装置等形式为主。

产品创新 指企业推出了全新的或有重大改进的产品。产品创新的“新”要体现在产品的功能或特性上，包括技术规范、材料、组件、用户友好性等方面的重大改进。不包括产品仅有外观变化或其他微小改变的情况，也不包括直接转销。此处的“新”是指该产品对本企业而言必须是新的，但对于其他企业或整个市场而言不一定是新的。这里的产品既包括货物，也包括服务。货物方面产品创新的例子有新能源汽车、新功能手机等；服务方面产品创新的例子有新的保修服务，如显著延长的新产品保修期限等。

工艺创新 指企业采用了全新的或有重大改进的生产方法、工艺设备或辅助性活动。工艺创新的“新”要体现在技术、设备或流程上；它对本企业而言必须是新的，但对于其他企业或整个市场而言不一定是新的。不包括单纯的组织管理方式的变化。此处的辅助性活动指企业的采购、物流、财务、信息化等活动。

组织（管理）创新 指企业采取了此前从未使用过的全新的组织管理方式，主要涉及企业的经营模式、组织结构或外部关系等方面。不包括单纯的合并或收购。组织（管理）创新应是企业管理层战略决策的结果。此处的“新”是指它对本企业而言必须是新的，但对于其他企业或整个市场而言不一定是新的。

营销创新 指企业采用了此前从未使用过的全新的营销概念或营销策略，主要涉及产品（服务）设计或包装、产品（服务）推广、产品（服务）销售渠道、产品（服务）定价等方面。不包括季节性、周期性变化和其他常规的营销方式变化。此处的“新”是指它对本企业而言必须是新的，

但对于其他企业或整个市场而言不一定是新的。

R&D 人员 指报告期 R&D 活动单位中从事基础研究、应用研究和试验发展活动的人员。包括直接参加上述三类 R&D 活动的人员，以及与上述三类 R&D 活动相关的管理人员和直接服务人员，即直接为 R&D 活动提供资料文献、材料供应、设备维护等服务的人员。不包括为 R&D 活动提供间接服务的人员，如餐饮服务、安保人员等。

R&D 人员全时当量 指报告期 R&D 人员按实际从事 R&D 活动时间计算的工作量，以“人年”为计量单位。为国际上比较科技人力投入而制定的可比指标。

R&D 经费支出 指报告期调查单位内部为实施 R&D 活动而实际发生的全部经费，按支出性质分为日常性支出和资产性支出。不包括调查单位委托其他单位或与其他单位合作开展 R&D 活动而转拨给其他单位的全部经费。

R&D 经费支出中政府资金 指 R&D 经费支出中来自各级政府财政的各类资金，包括财政科学技术支出和财政其他功能支出的资金用于 R&D 活动的实际支出。

R&D 经费支出中企业资金 指 R&D 经费支出中来自于企业的各类资金。对企业而言，企业资金指企业自有资金、接受其他企业委托开展 R&D 活动而获得的资金，以及从金融机构贷款获得的开展 R&D 活动的资金；对科研院所、高校等事业单位而言，企业资金是指因接受从企业委托开展 R&D 活动而获得的各类资金。

R&D 项目（课题）数 R&D 项目（课题）是进行 R&D 活动的基本组织形式，通常由 R&D 活动执行单位依据项目立项书或合同书等形式明确项目任务、目标、人员和经费等。

R&D 项目（课题）人员全时当量 指实际参加研发项目（课题）活动人员折合的全时当量。

R&D 项目（课题）经费支出 指调查单位内部在报告年度进行研发项目（课题）研究和试制等的实际支出。包括劳务费、其他日常支出、固定资产购建费、外协加工费等，不包括委托或与外单位合作进行项目（课题）研究而拨付给对方使用的经费。

新产品销售收入 指报告期企业销售新产品实现的销售收入。新产品是指采用新技术原理、新设计构思研制、生产的全新产品，或在结构、材质、工艺等某一方面比原有产品有明显改进，从而显著提高了产品性能或扩大了使用功能的产品。既包括经政府有关部门认定并在有效期内的新产品，也包括企业自行研制开发，未经政府有关部门认定，从投产之日起一年之内的新产品。

专利 是专利权的简称，是对发明人的发明创造经审查合格后，由专利局依据专利法授予发明人和设计人对该项发明创造享有的专有权。包括发明、实用新型和外观设计。反映拥有自主知识产权的科技和设计成果情况。

发明（专利） 指对产品、方法或者其改进所提出的新的技术方案。是国际通行的反映拥有自主知识产权技术的核心指标。

实用新型（专利） 指对产品的形状、构造或者其结合所提出的适于实用的新的技术方案。反映具有一定技术含量的技术成果情况。

外观设计（专利） 指对产品的形状、图案、色彩或者其结合所作出的富有美感并适于工业上应用的新设计。反映拥有自主知识产权的外观设计成果情况。

Explanatory Notes on Main Statistical Indicators

Regular Institutions of Higher Education refer to educational establishments set up according to the government evaluation and approval procedures, recruiting graduates from senior secondary schools as the main target by National Matriculation TEST. They include full-time universities, colleges, institutions of higher professional education, institutions of higher vocational education, institutions of higher vocational education and others (non-university tertiary, branch schools and undergraduate classes).

Universities and colleges primarily provide undergraduate courses; institutions of higher professional education and institutions of higher vocational education primarily provide professional trainings; and others refer to educational establishments, which are responsible for enrolling higher education students under the State Plan but not enumerated in the total number of schools, including: branch schools of universities and colleges, and universities and colleges that have been approved and under plan for construction. Non-university tertiary refers to the regular undergraduate branch college which is running in new mechanism and mode, excluding the branch schools and other similar branches of educational institutions.

Net Enrolment Ratio of Primary Schools refers to the proportion of school age children enrolled at schools to the total number of school age children both in and outside schools (including retarded children, but excluding blind, deaf and mute children). The formula is:

$$\text{Net Enrolment Ratio of Primary Schools} = \frac{\text{Total Primary School - age Children at Schools}}{\text{Total Primary School - age Children Whether or Not Attending School}} \times 100\%$$

Scientific and Technological Activities (S&T Activities) refer to organized activities which are closely related with the creation, development, dissemination and application of the scientific and technical knowledge in the fields of natural sciences, agricultural science, medical science, engineering and technological science, humanities and social sciences (referred to as scientific and technological fields). S&T activities can be classified in to 3 categories: research and development (R&D) activities, application of R&D results, and related S&T services. This statistical definition is made by UNICHIEF for scientific and technological activities to meet the need of carrying out statistical work in this field for its member countries in particular those developing countries.

Internal Expenditures for Scientific and Technological Activities refers to the actual expenditure for scientific and technological activities during the year of the report, including labor, scientific research, business expenses, the scientific research management fees, the infrastructure investment and construction of fixed assets for science and technology activities, scientific research infrastructure spending and other spending. Excluding productive activity expenditures, repayment of loan expenditures and transfer of out-of-unit expenditures. To reflect the actual completion of technology input.

Research and Development (R&D) refers to systematic and creative activities in the field of science and technology aiming at increasing the knowledge and using the knowledge for new application. R&D includes 3 categories of activities: basic research, applied research and experimentation for development. The scale and intensity of R&D are widely used internationally to reflect the strength of S&T and the core competitiveness of a country in the world.

Basic Research refers to experimental or theoretical work undertaken primarily to acquire new knowledge of the underlying foundations of phenomena and observable facts, without any particular application or use in view. Basic research usually formulates hypotheses, theories or laws , and its results are mainly released or disseminated in the form of scientific papers or monographs or research reports.

Applied Research refers to original investigation undertaken in order to acquire new knowledge. It is directed primarily towards a specific, practical aim or objective. Purpose of the applied research is to identify the possible uses of results from basic research, or to explore new (fundamental) methods or new approaches. Results of applied research are expressed in the form of scientific papers, monographs, fundamental models or invention patents.

Experimental Development refers to systematic work, drawing on knowledge gained from research and practical experience and producing additional knowledge, which is directed to producing new products or processes or to improving existing products or processes. Results of experimental development activities are embodied in patents, exclusive technology, and monotype of new products or equipment.

Product Innovation refers to the introduction of new or significantly improved products by enterprises. The innovation should be reflected by the functions or features of the products, including improvement on technical specifications, materials, parts, user-friendliness etc. Simple appearance change or other subtle changes are not included, neither is direct reselling. The product must be new to the enterprise, but it is not necessarily new to other enterprises or the whole market.

The products here cover both goods and services. Examples of innovation on goods include new energy vehicles and mobile phones with new functions; examples of innovation on services include new warranty service, such as significantly extended new warranty period of products.

Process Innovation refers to the implementation of new or significantly improved production methods, process equipments or supporting activities by enterprises. The innovation should be reflected by technology, equipment or process. It must be new to the enterprise, but it is not necessarily new to other enterprises or the whole market. Simple change of organization and management mode is not included. Supporting activities cover purchase, logistics, account and compute activities.

Organizational (management) Innovation refers to the adoption of a completely new organizational management mode, which has never been used before. It mainly involves the business model, organizational structure or external relations of enterprises. It does not include pure mergers or acquisitions. Organizational (management) innovation should be the result of strategic decision-making of enterprise management. The term "new" here means that it must be new to the enterprise, but not necessarily new to other enterprises or the whole market.

Marketing Innovation refers to the implementation of completely new marketing concepts or marketing strategies that have never been used before. It mainly involves product (service) design or packaging, product (service) promotion, product (service) sales channels, product (service) pricing and so on. It does not include seasonal, cyclical and other conventional marketing changes. The term "new" here means that it must be new to the enterprise, but not necessarily new to other enterprises or the whole market.

R&D Personnel refer to person of R&D activities units engaged in basic research, applied research, and experimental development at the reference period, including person of directly participating in the three activities above, as well as managment and direct service staff related to R&D activities, such as literature provision, material supply,equipment maintenance staff, it excludes person providing indirect support and ancillary services, such as canteen and security staff.

Full-time Equivalent of R&D Personnel refers to the ratio of working hours actually spent on R&D during a specific reference period (usually a calendar year) divided by the total number of hours conventionally worked in the same period by an individual or by a group. The measurement unit of the ratio is “man-years”. This is an internationally comparable indicator of S&T manpower input.

Expenditure on R&D refers to the real expenditure of surveyed units on their own R&D activities in reporting period. It is divided into current expenditures and gross fixed capital expenditures for R&D according to the nature of expenditure. It doesn’t include the fees transferred to cooperated or entrusted agencies on R&D activities.

Expenditure on R&D from Government Funds refers to the expenditure of funds on R&D activities from government agencies at different levels, including appropriate funds on science and technology from financial departments, and the real expenditure of other fiscal functional funds on R&D activities from government agencies.

Expenditure on R&D from Enterprises funds refers to the expenditure of all kinds of funds on R&D activities from enterprises. In terms of enterprises, it refers to the expenditure of self-raised funds of enterprises, funds from other enterprises through entrustment, loans from financial institutions on R&D activities. In terms of public institutions, such as institution of scientific research and universities, it refers to the expenditure of funds from enterprises through entrustment.

Number of R&D Projects (subjects) R&D Projects (subjects) are the basic forms of R&D activities, The project task, target, personnel and expenditure are usually defined by R&D activity execution unit according to project approval specification or contract document.

Full-time Equivalent of Personnel on R&D Projects (subjects) refers to the full-time equivalent of person actually engaged in R&D projects (subjects).

Expenditure on R&D Projects (subjects) refers to the real expenditure of internal funds of the surveyed units on research and test of R&D projects (subjects) at the reference year, including service fee, other daily expenditure, cost for fixed assets, cost of external process, it excludes expenditure of funds transferred to other cooperated or entrusted units of the projects.

Sales Income of New Products refers to the sales income of new products of the enterprises at the reference period. New products refer to products developed and produced with new technologies and designs or improved in structure, material, process or other aspects so that their performance are improved or their functions expanded. New products include those affirmed by government authorities in their validity period and also those developed by enterprises without the affirmation of government authorities within one year after they are put into production.

Patent is an abbreviation for the patent right and refers to the exclusive right of ownership by the inventors or designers for the creation or inventions, given from the patent offices after due process of assessment and approval in accordance with the Patent Law. Patents are granted for inventions, utility models and designs. This indicator reflects the achievements of S&T and design with independent intellectual property.

Patented Inventions refer to new technical proposals to the products or methods or their modifications. This is universal core indicator reflecting the technologies with independent intellectual property.

Patented Utility Models refer to the practical and new technical proposals on the shape and structure of the product or the combination of both. This indicator reflects the condition of technological results with certain technical content.

Designs refer to the aesthetics and industrially applicable new designs for the shape, pattern and colour of the product, or their combinations. This indicator reflects the appearance design achievements with independent intellectual property.

18

文化、体育和卫生

Culture, Sports and Public Health

资料整理人员：肖首雄　　甘杨辉

18-1 文化事业基本情况
Basic Statistics on Culture

年份 Year	艺术表演团体（个）Art Performance Troupes (unit)	公共图书馆（个）Public Libraries (unit)	博物馆（个）Museums (unit)	图书出版总印数（万册）Number of Books Published (10 000 copies)	杂志出版总印数（万册）Number of Magazines Published (10 000 copies)	报纸出版总印数（万份）Number of Newspapers Published (10 000 copies)	广播人口覆盖率（%）Listener Rating (%)	电视人口覆盖率（%）Viewer Rating (%)
1949	53	1						
1950	53	1						
1951	75	1	1	484	43			
1952	90	1	1	1647	245	5785		
1953	108	2	1	1489	40	4719		
1954	113	2	1	1976	6	4503		
1955	111	3	1	2671	52	5402		
1956	114	13	2	3237	116	6851		
1957	116	15	3	3610	169	6530		
1958	118	35	4	9591	371	19317		
1959	137	36	7	8326	678	25253		
1960	134	53	9	6347	402	33318		
1961	135	46	9	4190	165	9024		
1962	136	34	9	3298	150	6983		
1963	144	30	10	3950	172	6771		
1964	143	29	12	5889	228	15911		
1965	134	43	11	7563	211	17000		
1966	131	42	12	12797	271	20571		
1967	137	35	15	12074		12054		
1968	124	35	17	8811		15185		
1969	104	26	18	6551		10694		
1970	106	25	19	15149		10028		
1971	119	28	20	7886	293	10799		
1972	137	42	15	10072	515	20134		
1973	134	40	20	11340	1056	31744		
1974	136	49	18	12170	1226	33662		
1975	137	40	17	15181	1656	33861		
1976	137	72	19	9457	10239	38363		
1977	137	74	20	14588	822	36931		
1978	141	72	19	16479	1296	31921		
1979	137	76	20	16685	1372	33685		
1980	138	77	22	21745	1169	34801		
1981	140	85	19	28012	1437	33070		
1982	139	91	13	30514	1656	36050		
1983	137	98	15	30013	1925	52655		
1984	126	101	19	30240	3019	63653		
1985	115	110	31	35629	5944	67727	50.3	75.1
1986	108	113	31	30202	5437	62209	50.3	78.0
1987	107	113	38	33376	6632	72898	54.0	85.0

18-1 续表 Continued

年份 Year	艺术表演团体 （个） Art Performance Troupes (unit)	公共图书馆 （个） Public Libraries (unit)	博物馆 （个） Museums (unit)	图书出版总印数 （万册） Number of Books Published (10 000 copies)	杂志出版总印数 （万册） Number of Magazines Published (10 000 copies)	报纸出版总印数 （万份） Number of Newspapers Published (10 000 copies)	广播人口覆盖率 （%） Listener Rating (%)	电视人口覆盖率 （%） Viewer Rating (%)
1988	96	114	42	37715	6556	71960	54.8	86.5
1989	91	116	43	35055	5235	47146	54.8	86.5
1990	91	116	42	32134	5226	51749	54.8	86.5
1991	89	116	50	35085	6430	60658	54.8	86.9
1992	90	116	51	36436	7002	67890	54.8	86.9
1993	89	116	54	33503	8022	73754	54.8	86.9
1994	89	116	55	29597	7400	57718	54.8	86.9
1995	89	116	57	33677	7768	62425	54.8	86.9
1996	88	115	60	39393	7844	63585	68.5	88.1
1997	86	115	67	37494	7686	68726	78.6	87.7
1998	88	115	68	36582	8920	75879	79.1	88.2
1999	88	115	68	30765	12437	84995	81.1	90.4
2000	91	115	71	24844	10504	83467	81.5	91.4
2001	87	115	72	23808	10051	92273	81.6	91.7
2002	87	115	74	32600	11207	95198	81.7	91.8
2003	86	115	73	29556	12577	113514	81.8	91.9
2004	91	115	71	30525	19133	104165	82.1	92.1
2005	91	120	73	33238	11708	106428	82.5	92.4
2006	93	120	73	27946	9957	103489	88.4	94.0
2007	96	120	73	31310	8849	110207	89.0	94.7
2008	98	120	74	29103	9063	104235	91.1	95.7
2009	110	120	75	26192	11373	126346	91.7	96.1
2010	201	124	81	31153	12762	129101	92.0	96.4
2011	114	130	85	34528	12584	122640	92.6	96.8
2012	141	136	95	36290	12680	131889	93.0	97.2
2013	227	136	103	35803	12991	134113	93.3	97.4
2014	271	136	109	42194	13442	136738	93.5	97.5
2015	273	137	113	48545	14099	133554	94.1	98.0
2016	439	137	115	51704	13966	98425	94.7	98.3
2017	534	139	120	45901	11684	92912	98.5	99.3
2018	510	140	121	45340	8768	85143	99.0	99.6
2019	575	141	117	48747	9451	79440	99.4	99.7
2020	631	143	122	48269	9549	72306	99.4	99.7
2021	675	144	162	50978	9218	66948	99.4	99.8
2022	655	148	180	60570	8628	52950	99.4	99.8

注：2010年起，艺术表演团体含民间职业剧团，此前为文化部门专业剧团数据。

From 2010, arts performance troupes included folk troupes. And before that, arts performance troupes included professional troupes of cultural department only.

18–2 文化和旅游机构及人员(2022年)
Cultural and Tourism Organizations and Personnel (2022)

类 别	Item	合 计 Total		文化和旅游部门 Ministry of Culture and Tourism		其他部门 Other Department	
		机构（个）Institutions (unit)	人员（人）Personnel (person)	机构（个）Institutions (unit)	人员（人）Personnel (person)	机构（个）Institutions (unit)	人员（人）Personnel (person)
总计	**Total**	**13243**	**135676**	**3312**	**34449**	**9931**	**101227**
艺术表演团体	Art Performance Troupes	655	16215	99	4113	556	12102
艺术表演场馆	Art Performance Places	117	3198	61	1419	56	1779
公共图书馆	Public Libraries	148	2256	148	2256		
文化馆	Cultural Centers	149	2155	149	2155		
文化站	Cultural Stations	2167	8791	2167	8791		
其中：乡镇综合文化站	Cultural Stations in Townships	1810	7364	1810	7364		
艺术展览创作机构	Art Exhibition & Authoring Institutions	45	311	44	256	1	55
文化和旅游部门教育机构	Culture and Tourism Sector Educational Institutions	3	606	3	606		
文化和旅游科研机构	Cultural and Tourism Research Institutes	6	88	6	88		
文化市场经营机构	Cultural Marketing Institutions	7957	54407			7957	54407
文化和旅游行政部门	Culture and Tourism Administration	142	5944	142	5944		
其他文化和旅游机构	Others	195	4306	194	3996	1	310

18–3 艺术业机构和人员
Art Institutions and Personnel

类别	Item	2021		2022	
		机构（个）Institutions (unit)	人员（人）Personnel (person)	机构（个）Institutions (unit)	人员（人）Personnel (person)
艺术表演团体	**Art Performance Troupes**	**675**	**20096**	**655**	**16215**
话剧、儿童剧、滑稽剧类	Drama,Children's Play and Comedy Troupes	10	480	4	235
歌舞团、音乐类	Song and Dance Troupe, Music	164	5328	154	4491
京剧、昆曲类	Beijing Opera,Kunqu Opera	6	463	5	294
地方戏曲类	Local Opera	274	6993	265	5966
曲艺类	Folk Arts	32	774	28	840
杂技、魔术、马戏类	Acrobatics，Magic and Circus	10	350	7	222
综合性艺术表演团体	Comprehensive Performing Arts Groups	179	5708	192	4167
艺术表演场馆	**Art Performance Places(Theaters and Music Halls)**	**122**	**3552**	**117**	**3198**
文化和旅游部门教育机构	**Culture and Tourism Sector Educational Institutions**	**3**	**658**	**3**	**606**
文化和旅游科研机构	**Cultural and Tourism Research Institutes**	**7**	**94**	**6**	**88**

18-4 出版发行、文物、图书馆、群众文化业机构人员(2022年)

Number of Institutions and Personnel in Publishing and Distribution, Cultural Relics, Libraries and Mass Culture (2022)

类别	Item	合计 Total		文化部门 Culture Department		其他部门 Other Department	
		机构(个) Institutions (unit)	人员(人) Personnel (person)	机构(个) Institutions (unit)	人员(人) Personnel (person)	机构(个) Institutions (unit)	人员(人) Personnel (person)
出版发行事业	**Publishing and Distribution**						
图书	Books Published	13	1544				
报纸	Newspaper Published	71	5017				
杂志	Magazines Published	253	1516				
音像出版(不含电子出版权)	Audio-visual Publishing (Excluding Electronic Publishing Rights)	6	111				
音像电子出版(含两个出版权)	Audiovisual Electronic Publishing (Including Two Publishing Rights)	6	61				
复制	Copy	1	40				
出版物印刷	Publication to Print	499	17319				
发行(邮政不计入)	Distribution(Postal Service Excluded)	3739	20068				
印刷物质供销	Print Material Supply and Marketing	1	159				
文物事业	**Cultural Relics**	**347**	**6267**	**299**	**4825**	**48**	**1442**
文物保护管理机构	Protection and Management Agencies	28	569	28	569		
博物馆	Museums	180	4513	132	3071	48	1442
文物科研机构	Relics Scientific Research Institutions	8	280	8	280		
文物行政部门	Cultural Heritage Administration Department	129	895	129	895		
其他文物机构	Others	2	10	2	10		
图书馆事业	**Libraries**	**148**	**2256**	**148**	**2256**		
群众文化服务	**Mass Culture**						
文化馆	Cultural Centers	149	2155	149	2155		
文化站	Cultural Stations	2167	8791	2167	8791		

注：文物保护管理机构的人员包含文物行政主管机关中文物事业编制的人员。
Protection and management agencies include administrative departments and other agencies.

18-5 图书、杂志、报纸出版情况
Statistics on Books, Magazines and Newspapers Published

年份 Year	图书 Books Published			杂志 Magazines Published			报纸 Newspaper Published		
	种数（种）Number of Publica-tions(kind)	总印数（万册）Printed Copies (10 000 copies)	总印张（亿印张）Printed Sheets (100 million sheets)	种数（种）Number of Publica-tions(kind)	总印数（万册）Printed Copies (10 000 copies)	总印张（亿印张）Printed Sheets(100 million sheets)	种数（种）Number of Publica-tions(kind)	总印数（万份）Printed Copies (10 000 copies)	总印张（亿印张）Printed Sheets (100 million sheets)
1995	2357	33677	14.90	208	7768	1.75	63	62425	6.90
2000	3156	24844	12.37	244	10504	2.11	95	83467	12.75
2001	3346	23808	12.70	251	10051	2.27	109	92273	18.65
2002	3504	32600	18.10	263	11207	2.66	109	95198	21.59
2003	3702	29556	16.80	269	12577	3.20	106	113514	31.50
2004	3896	30525	16.11	247	19133	3.96	86	104165	34.60
2005	4068	33238	17.99	233	11708	4.20	88	106428	34.87
2006	4163	27946	15.96	244	9957	3.35	61	103489	38.06
2007	4354	31310	17.39	237	8849	3.72	85	110207	38.77
2008	5095	28094	18.72	235	9063	3.52	84	104235	40.14
2009	5938	26192	17.22	240	11508	5.45	86	126807	45.02
2010	7396	31153	18.71	247	12762	5.82	88	129101	54.52
2011	9949	34528	22.40	248	12584	5.63	87	122640	46.11
2012	10823	36290	24.10	248	12680	5.59	87	131889	52.57
2013	11418	35803	24.67	247	12991	2.66	86	134113	52.70
2014	10931	42194	29.89	247	13442	6.28	48	136738	51.45
2015	11364	48545	37.66	248	14099	6.86	48	133554	47.86
2016	12618	51704	39.32	250	13966	6.41	48	98425	28.30
2017	12219	45901	38.48	253	11684	5.44	48	92913	23.38
2018	9805	45340	39.44	253	8768	4.33	48	84801	20.64
2019	10397	48747	41.38	254	9451	4.70	47	79440	18.98
2020	10167	48269	40.49	254	9549	4.43	44	72306	16.28
2021	11045	50978	43.91	253	9218	4.25	43	66948	15.64
2022	11012	60570	51.09	253	8628	3.97	44	52950	12.01

注：图书种数不包括租型图书。
The total collection books excludes the books for rental.

18-6 广播、电视事业情况
Statistics on Broadcasting and Television Stations

项　目	Item	2010	2020	2021	2022
广播电视从业人员　（万人）	**Number of Employees of Broadcasting and Television (10 000 persons)**	**3.30**	**4.79**	**4.71**	**4.45**
广播电视台　（座）	**Radio and Television Station (set)**		**104**	**104**	**104**
广播	**Broadcasting**				
广播电台节目套数　（套）	Number of Broadcasting Program (set)	97	120	120	125
平均每日公共广播节目播出时间（小时）	Public Service Broadcasting Hours Per Day (hour)	917	1441	1462	1497
中、短波转播发射台数　（座）	Transmission and Relaying Stations of Medium and Short Ware Broad Cast (set)	25	18	18	18
中、短波发射机　（部）	Medium Wave and Short Wave Broadcast Transmitters (set)	46	54	54	54
中、短波发射机功率（千瓦）	Power of Medium and Short Wave Broadcast Transmitters (kw)	591	542	686	740
覆盖率　（%）	Listener-coverage Rate (%)	91.99	99.37	99.42	99.42
电视	**Television**				
电视台数　（座）	Number of Television Stations (set)	15	4	4	4
电视节目套数　（套）	Number of Television Program (set)	139	144	137	137
平均公共电视节目每周播出时间（小时）	Public Service Television Hours Per Week (hour)	13740	15053	15342	15399
调频、电视转播发射台　（座）	FM and TV Transmitting Station (set)	195	134	133	132
电视发射机　（部）	Television Transmitters (set)	403	393	399	404
电视发射机功率　（千瓦）	Power of Television Transmitters (kw)	434.37	368.07	371.57	368.37
覆盖率　（%）	Viewer-coverage Rate (%)	96.43	99.74	99.75	99.76

注：1. 根据国家广电总局修订的《广播电视和网络视听统计调查制度》，2019 年起，广播电台、电视台以呼号编码进行区分。

2. 2020 年报专门对调频、电视转播发射台情况进行了调查，按实际地址进行计算。

a. According to the Radio, Television and Internet Audio-visual Survey System, revised by the State Administration of Press, Publication, Radio, Film and Television (SARFT), starting in 2019.

b. The 2020 annual report specifically investigated the situation of FM and TV transmission stations, and calculated according to the actual address.

18-7 卫生事业基本情况
Basic Statistics on Health Institutions

年份 Year	卫生机构数（个） Number of Health Institutions (unit)	#医院、卫生院 Hospitals	卫生机构床位数（万床） Number of Beds in Health Institution (10 000 beds)	#医院、卫生院 Hospitals	卫生技术人员数（万人） Medical Technical Personnel (10 000 persons)	#医生 Doctors	每千人口拥有 Per 1000 Persons 床位数（张） Number of Beds (bed)	每千人口拥有 Per 1000 Persons 执业（助理）医师数（人） Number of Professional (Assistant) Doctors (person)
1949	239	113	0.39	0.27	1.69	1.48	0.13	0.50
1950	264	123	0.39	0.28	1.67	1.48	0.13	0.48
1951	443	130	0.52	0.39	1.81	1.52	0.16	0.48
1952	2531	149	0.64	0.48	2.39	1.67	0.20	0.51
1953	3209	153	0.64	0.48	2.79	1.82	0.19	0.54
1954	3966	164	0.65	0.48	3.70	2.19	0.19	0.64
1955	4587	176	0.69	0.51	4.37	2.69	0.20	0.78
1956	7741	235	0.87	0.61	5.22	2.73	0.25	0.78
1957	8079	330	1.04	0.67	5.53	2.83	0.29	0.79
1958	12705	5307	5.00	1.75	6.44	3.04	1.36	0.83
1959	22495	5370	4.95	1.66	6.76	3.24	1.34	0.88
1960	21987	4289	5.01	2.35	6.97	3.29	1.40	0.92
1961	18517	3390	4.12	2.44	7.08	3.43	1.17	0.98
1962	12118	416	2.67	2.25	6.29	3.33	0.74	0.93
1963	11613	388	2.63	2.29	6.39	3.34	0.71	0.90
1964	11240	395	2.88	2.28	6.24	3.31	0.76	0.87
1965	11124	484	3.11	2.44	6.28	3.34	0.80	0.86
1966	10424	1014	3.68	2.69	6.29	3.24	0.92	0.81
1967	6285	3983	4.06	2.55	6.11	3.11	0.99	0.75
1968	6161	3945	4.27	2.45	6.25	3.31	1.01	0.78
1969	6144	4026	4.62	2.52	6.29	3.36	1.06	0.77
1970	7056	4447	5.83	3.31	6.54	3.54	1.30	0.79
1971	7042	4280	6.63	3.73	7.10	3.62	1.44	0.79
1972	7372	4264	7.28	4.96	7.95	3.72	1.55	0.79
1973	7898	4309	7.93	3.75	8.53	4.14	1.65	0.86
1974	8239	4340	8.67	4.02	9.26	4.43	1.77	0.90
1975	8707	4365	9.36	4.34	10.04	4.85	1.88	0.97
1976	8987	4383	9.88	4.45	10.73	5.23	1.95	1.03
1977	9259	4397	10.49	5.25	11.20	5.23	2.05	1.02
1978	9477	4374	11.14	5.52	11.54	5.38	2.16	1.04
1979	9753	4387	11.56	5.93	12.54	5.80	2.21	1.11
1980	9871	4402	11.58	6.05	13.16	5.88	2.19	1.11
1981	10222	4375	11.26	6.11	13.96	6.20	2.10	1.16
1982	10262	4334	11.41	6.28	14.29	6.40	2.09	1.17
1983	10324	4335	11.54	6.45	14.84	6.59	2.10	1.20
1984	10507	4357	11.80	6.75	15.26	6.76	2.12	1.22
1985	10552	4226	11.93	6.97	15.54	6.90	2.12	1.23
1986	10352	4112	12.22	7.35	15.81	6.91	2.15	1.21
1987	10392	4132	12.69	7.76	16.28	7.06	2.20	1.22

18–7 续表 Continued

年份 Year	卫生机构数（个）Number of Health Institutions (unit)	#医院、卫生院 Hospitals	卫生机构床位数（万床）Number of Beds in Health Institution (10 000 beds)	#医院、卫生院 Hospitals	卫生技术人员数（万人）Medical Technical Personnel (10 000 persons)	#医生 Doctors	每千人口拥有 Per 1000 Persons 床位数（张）Number of Beds (bed)	每千人口拥有 Per 1000 Persons 执业（助理）医师数（人）Number of Professional (Assistant) Doctors (person)
1988	10376	4114	12.93	8.12	16.89	7.83	2.19	1.32
1989	10492	4197	13.16	8.32	17.27	8.15	2.19	1.36
1990	10552	4191	13.36	8.48	17.63	8.26	2.19	1.35
1991	10557	4219	13.52	8.67	17.81	8.17	2.19	1.33
1992	10579	4229	13.65	8.85	18.29	8.23	2.20	1.43
1993	9604	4187	13.64	9.03	18.38	8.13	2.18	1.30
1994	9931	4314	13.42	8.92	18.98	8.39	2.13	1.33
1995	9137	3879	13.52	9.04	19.25	8.46	2.13	1.33
1996	9031	3423	13.36	9.08	20.22	9.57	2.08	1.41
1997	9177	3349	13.47	9.24	20.56	10.61	2.08	1.64
1998	9711	3318	13.43	9.28	21.25	9.32	2.07	1.43
1999	4259	3359	14.00	13.46	19.50	8.00	2.23	1.29
2000	4286	3339	14.34	13.21	19.88	8.80	2.19	1.35
2001	4205	3335	14.62	13.43	19.89	8.90	2.20	1.35
2002	4272	3332	14.00	13.00	19.00	8.00	2.16	1.19
2003	4016	3348	14.49	13.00	18.95	7.90	2.18	1.20
2004	4039	3340	14.79	13.70	18.89	7.90	2.21	1.19
2005	4097	3324	15.22	14.16	18.94	7.99	2.26	1.19
2006	4082	3242	16.02	14.97	19.00	8.05	2.37	1.19
2007	14521	3165	17.24	16.17	22.06	9.25	2.53	1.35
2008	14455	3111	18.79	17.47	23.21	9.63	2.75	1.41
2009	14374	3103	21.20	19.73	24.81	10.07	3.07	1.46
2010	14175	3066	23.33	21.59	26.26	10.42	3.29	1.47
2011	14266	3096	26.14	24.20	27.55	10.59	3.96	1.61
2012	14225	3092	29.44	26.78	29.71	11.67	4.43	1.76
2013	17364	3226	31.70	29.25	32.34	12.74	4.74	1.91
2014	16872	3318	35.55	33.05	34.14	13.34	5.28	1.98
2015	17824	3470	39.65	36.85	37.08	15.08	5.84	2.22
2016	16717	3534	42.81	39.56	39.27	16.07	6.28	2.36
2017	16500	3542	45.22	41.99	41.56	17.31	6.59	2.52
2018	16262	3764	48.46	45.02	43.76	18.10	7.02	2.62
2019	57232	3789	50.63	47.07	50.24	19.05	7.32	2.75
2020	56042	3796	51.98	48.43	50.00	19.04	7.82	2.87
2021	55677	3815	53.23	49.61	50.61	19.25	8.04	2.91
2022	55338	3824	54.45	50.63	51.92	19.87	8.25	3.01

注：1. 2002 年及以后卫生机构数为登记注册数，医生系执业（助理）医师数。机构数不含村卫生室。

2. 2007 年起卫健委网络直报数据包含了诊所、医务室、卫生所、社区服务站；而 2007 年以前是没有包括的。

3. 2019 年起卫生机构数为登记注册数，机构数包含村卫生室。

a. Number of health institutions since 2002 are the number of registration, doctors refer to the certified (assistant) doctors.

b. From 2007 onwards, the NHSC network direct reporting data of the People's Republic of China includes clinics, dispensaries, health clinics, and community service stations; prior to 2007, they were not included.

c. Since 2019, the number of health institutions has been registered, including village clinics.

18–8　各类卫生机构、床位和人员(2022年)

项　目	Item	机　构 （个） Number of Institutions (unit)	床位数 （张） Number of Reality Beds (bed)
总　计	**Total**	**55338**	**544503**
医院	Hospitals	1739	397502
综合医院	General Hospitals	831	230862
中医医院	Hospitals of Chinese Medicine	216	64148
中西医结合医院	Hospitals of Traditional Chinese and Western Medicine	36	5302
民族医院	National Hospitals	1	40
专科医院	Specialized Hospitals	643	95800
口腔医院	Hospitals for Oral Cavity Diseases	92	1112
眼科医院	Ophthalmology Hospitals	73	3500
耳鼻喉科医院	Otorhinolaryngology Hospitals	11	671
肿瘤医院	Tumor Hospitals	12	6615
心血管病医院	Cardiovascular Hospitals	4	538
妇产（科）医院	Hospitals for Maternity and Child Care	43	3004
儿童医院	Children's Hospitals	4	1802
精神病医院	Mental Hospitals	128	50171
传染病医院	Hospitals for Infectious Diseases	2	823
皮肤病医院	Hospitals for Occupational Diseases	14	438
结核病医院	Tuberculosis Hospitals	1	896
骨科医院	Orthopaedics Hospitals	39	3695
康复医院	Rehabilitation Hospitals	57	10981
整形外科医院	Plastic Hospitals	2	30
美容医院	Cosmetic Hospitals	22	439
其他专科医院	Other Specialized Hospitals	139	11085
社区卫生服务中心（站）	Health Service Center and Station for Community	986	19334
卫生院	Health Centers	2085	108767
村卫生室	The Village Health Room	36129	
门诊部	Clinics	1048	446
诊所、卫生所、医务室	Outpatient Departments, Clinics and Medical Stations	12729	317
急救中心（站）	First-aid Stations	5	
采供血机构	Institutions for Collection and Supply of Blood	19	
妇幼保健院（所、站）	Maternity and Child Care Centers	138	14089
专科疾病防治院（所、站）	Specialized Disease Prevention and Treatment Institute	69	3684
疾病预防控制中心	Disease Prevention & Control Centers	145	
卫生监督所（中心）	Medical Supervision Institutes	137	
医学科学研究机构	Research Institutes of Medical Sciences	1	
医学在职培训机构	Medical In-service Training Institute	1	
健康教育所（站、中心）	Health Education Institute (Station, Centre)	6	
其他卫生机构	Other Health Care Institutions	82	364

Health Care Institutions, Beds and Personnel by Type (2022)

卫生工作人员（人）Health Personnel (person)	#卫生技术人员 Medical Technical Personnel	执业（助理）医师 Professional (Assistant) Doctors	执业医师 Doctors	注册护士 Senior Nurse & Nurse	药师（士） Pharmacist	技师（士） Laboratory Technician	卫生监督员 Health Supervisor	其他 Others
631958	**519153**	**198718**	**157996**	**244215**	**22865**	**30691**	**2424**	**20244**
375916	318125	104195	97196	170500	13897	19706		9827
240533	207504	68414	64623	113017	8019	12434		5620
66917	58249	19625	18445	29147	3655	3735		2087
4680	3865	1288	1057	2017	212	223		125
57	52	20	13	29	1	2		
63175	48188	14782	13007	26142	1995	3284		1985
3979	3012	1309	1086	1511	35	86		71
5791	3723	1029	880	2066	148	211		269
503	403	144	118	187	24	18		30
5905	4878	1478	1448	2603	237	424		136
537	459	161	152	246	26	24		2
4467	3184	1018	925	1675	136	282		73
2148	1906	562	551	1094	84	154		12
16666	12655	3556	3084	7488	522	563		526
558	447	123	112	241	31	43		9
475	392	122	105	198	31	33		8
620	538	194	194	266	21	44		13
3098	2421	726	574	1208	101	182		204
7496	5886	1759	1569	2916	231	708		272
147	134	48	40	76	6	4		
1595	928	338	308	528	33	27		2
9190	7222	2215	1861	3839	329	481		358
27491	23988	9707	7367	10438	1439	1311		1093
90526	79044	33347	18056	29637	4944	4521		6595
44321	17129	15102	3835	1844	183			
11236	9226	4447	3790	4142	196	273		168
32525	30834	17592	14974	11636	849	202		559
121	82	33	32	47	1			1
1830	1385	138	121	908	8	311	2	18
29573	25644	9316	8590	12463	967	2187		711
2980	2217	865	645	943	116	201		92
9945	7318	3575	3059	945	227	1639	10	922
3183	2517						2388	129
11	8	3	2	1	3			1
10	3	2	1		1			
55	11	5	5	3	1	2		
2170	1563	356	300	692	33	336	24	122

18-9 医疗机构运营情况(2022年)
Basic Statistics of Operation on Health Care Institutions (2022)

类别	Item	诊疗人次（人次）Number of Patients Treated (person-time)	#门诊、急诊人次 Out-patients and Emergency Patients	病床周转次数（次）Turn Over of Beds (time)	病床工作日（天）Days Per Bed in Use (day)	病床使用率（%）Utilization Rate of Beds (%)
总计	**Total**	**343855733**	**310818438**	**28.4**	**255.4**	**70.0**
医院	**Hospitals**	**127618181**	**122570361**	**27.3**	**272.9**	**74.8**
综合医院	General Hospitals	91305930	88255411	32.2	270.9	74.2
中医医院	Hospitals of Chinese Medicine	20821387	20087323	29.8	279.0	76.4
中西医结合医院	Hospitals of Traditional Chinese and Western Medicine	1182115	1118750	24.5	257.2	70.5
民族医院	National Hospitals	7105	7105	34.2	221.7	60.7
专科医院	Specialized Hospitals	14248207	13081479	13.1	275.5	75.5
口腔医院	Hospitals for Oral Cavity Diseases	1753204	1687431	7.1	27.5	7.5
眼科医院	Ophthalmology Hospitals	2078328	1979334	30.9	124.7	34.2
耳鼻喉科医院	Otorhinolaryngology Hospitals	68947	57190	18.0	181.6	49.8
肿瘤医院	Tumor Hospitals	1220545	1212984	45.9	362.9	99.4
心血管病医院	Cardiovascular Hospitals	158284	154524	28.8	298.4	81.8
妇产（科）医院	Hospitals for Maternity and Child Care	1268848	1194633	19.0	136.2	37.3
儿童医院	Children's Hospitals	1459358	1459358	37.4	264.7	72.5
精神病医院	Mental Hospitals	1856507	1726862	4.8	319.3	87.5
传染病医院	Hospitals for Infectious Diseases	86301	85721	14.0	168.7	46.2
皮肤病医院	Hospitals for Occupational Diseases	106855	99402	17.9	163.4	44.8
结核病医院	Tuberculosis Hospitals	91874	84626	36.8	432.1	118.4
骨科医院	Orthopaedics Hospitals	566655	537933	21.2	222.8	61.1
康复医院	Rehabilitation Hospitals	977195	729079	11.4	252.2	69.1
整形外科医院	Plastic Hospitals	9493	9493	44.0	202.5	55.5
美容医院	Cosmetic Hospitals	361758	345470	31.8	84.1	23.1
其他专科医院	Other Specialized Hospitals	2184055	1717439	17.2	167.4	45.9
护理院	Nursing Home	53437	20293	6.4	166.2	45.5
疗养院	Sanatorium	27619	27619	20.7	504.0	138.1
社区卫生服务中心（站）	**Health Service Center for Community**	**32449114**	**23650111**	**24.0**	**173.6**	**47.6**
卫生院	**Health Centers**	**60882239**	**55601607**	**32.1**	**209.4**	**57.4**
村卫生室	**The Village Health Room**	**64991434**	**56089809**			
门诊部	**Clinics**	**4862639**	**3442465**			
妇幼保健院（所、站）	**Maternity and Child Care Centers**	**13299419**	**13073927**	**39.4**	**205.7**	**56.4**
专科疾病防治院（所、站）	**Specialized Disease Prevention and Treatment Institute**	**533350**	**479601**	**18.8**	**299.5**	**82.1**

18-10 诊所、卫生所、医务室基本情况(2022年)
Statistics on Clinics, Health Service Stations and Health Center (2022)

项 目		Item		诊 所 Clinics	医务室、卫生所 Health Center and Health-room、Health Service Stations for Community
机构总数	**(个)**	**Number of Institutions**	**(unit)**	**11354**	**1375**
总人员数	**(人)**	**Number of Personnel**	**(person)**	**29027**	**3498**
卫生技术人员		Medical Technical Personnel		27491	3343
执业(助理)医师		Professional (Assistant) Doctors		15679	1913
执业医师		Doctors		13496	1478
注册护士		Registered Nurse		10404	1232
药剂师(士)		Pharmacist		767	82
技师(士)		Skilled Technician		175	27
#检验人员		#Laboratory Technician		86	15
其他		Others		386	38
工勤技能人员		Logistic Personnel		469	21
总收入	**(万元)**	**Annual Income**	**(10 000 yuan)**	**298028.5**	**24039.1**
总支出	**(万元)**	**Annual Expenditure**	**(10 000 yuan)**	**232115.7**	**20342.9**
诊疗人次数	**(万人次)**	**Number of Visits**	**(10 000 person-times)**	**34797532**	**4285332**

18-11 村卫生室基本情况(2022年)
Statistics on Village Health Center (2022)

项 目		Item		合计 Total	按主办单位分 Grouped by Organizers 村办 Village	乡医院设点 Township	联合办 Combine	私人办 Private	其他 Other
机构数	(个)	Number of Institutions	(unit)	36129	24624	1477	709	5977	3342
执业(助理)医师	(人)	Number of Doctors and Assistant Doctors	(person)	15102	11206	693	227	2356	1313
注册护士	(人)	Registered Nurses	(Person)	1844	1095	77	13	587	149
乡村医生和卫生员	(人)	Number of Village Doctors & Assistants	(person)	27192	18409	1529	533	4354	2367
#乡村医生		#Number of Village Doctors		26556	18046	1422	528	4255	2305
卫生员		Health Professional		636	363	107	5	99	62
总收入	(万元)	Annual Income	(10 000 yuan)	236861.4	162982.3	9476.0	4365.7	38591.8	21445.7
总支出	(万元)	Annual Expenditure	(10 000 yuan)	176073.6	121960.7	7016.2	3133.5	29019.9	14943.3
诊疗人次数	(万人次)	Number of Children Vaccinate	(10 000 person-times)	6499.1	4587.7	228.1	110.8	1010.1	562.4

18–12 体育事业情况
Statistics on Sports

项 目	Item	2010	2020	2021	2022
体育系统从业人数 （人）	**Staff and Workers in Sports Commissions (person)**	**5341**	**5559**	**6076**	**6652**
体育场地数 （个）	**Stadiums (unit)**	**24216**	**149461**	**159560**	**173677**
体育馆 （个）	**Gymnasiums (unit)**	**186**	**264**	**262**	**287**
游泳跳水场（馆） （个）	**Swimming and Diving (Pavilion) (unit)**	**180**	**784**	**952**	**1200**
举办县级以上运动会 （次）	**Number of Sports Meets Above County Level (time)**	**436**	**208**	**453**	**597**
等级运动员发展人数 （人）	**Number of Athletes in Grades (person)**	**1152**	**2088**	**2181**	**3282**
#国际级运动健将	#International Master of Sports	2	1	2	
国家级运动健将	National Master of Sports	17	45	48	28
一 级	First Grade Sportsmen	274	445	512	631
二 级	Second Grade Sportsmen	859	1597	1619	2623
等级裁判员发展人数 （人）	**Number of Referees in Grades (person)**	**2901**	**6608**	**4212**	**7305**
#国家级裁判员	#National Referees	33			
打破纪录情况 （人/次/项）	**Basic Situation of Records Chalked Up (person/time/event)**				
#世界纪录	#World Records	2/3/3			
亚洲纪录	Asia Records	2/3/3			1/1/1
全国纪录	National Records	1/1/1	4/2/2	7/10/10	3/3/3
获奖情况 （枚）	**Basic Situation of Medallion Won (piece)**				
参加全国比赛获奖	National Competitions	117	103	133	137
#金 牌	#Gold–plate	44	34	58	50
银 牌	Silver–plate	21	40	40	35
铜 牌	Copper–plate	52	29	35	52
参加国际比赛获奖	International Competitions	40		27	27
#金 牌	#Gold–plate	22		16	14
银 牌	Silver–plate	12		7	6
铜 牌	Copper–plate	6		4	7

注：1. 参加全国比赛指参加全国性的成人竞技比赛。参加国际比赛指参加世界锦标赛、世界杯赛、奥运会、亚洲锦标赛和亚运会。

2. 奖牌数包括我省运动员参加国家队集体项目所得的奖牌。

a. National games refer to nation–wide adult athletics. International games include the world championship, the world cup, the Olympics,the Asia championship and the Asian Games.

b. The number of medals includes that of medals won by athletes of our province in national collective events.

主要统计指标解释

广播/电视节目综合人口覆盖率 指根据国家广播电视总局制定的《广播电视人口覆盖率统计技术标准和方法》进行统计调查的，在对象区内能接收到由中央、省、地市或县通过无线、有线或卫星等各种技术方式转播的各级广播/电视节目的人口数占对象区总人口数的百分比。

艺术表演团体 指由文化部门主办或实行行业管理（经文化行政部门审批并领取营业性演出许可证），专门从事表演艺术等活动的各类专业艺术表演团体，含民间职业剧团。不包括群众业余文艺表演团队。

艺术表演场馆 指由文化部门主办或实行行业管理（向文化行政部门备案或领取合资/合作演出场所许可证），有观众席、舞台、灯光设备，公开售票、专供文艺团体演出的文化活动场所。

文化市场经营机构 指经文化市场行政部门审批或备案并领取相关许可或备案文件的、从事文化经营和文化服务活动的机构。

医疗卫生机构 指从卫生（卫生计生）行政部门取得《医疗机构执业许可证》《中医诊所备案证》《计划生育技术服务许可证》，或从民政、工商行政、机构编制管理部门取得法人单位登记证书，为社会提供医疗服务、公共卫生服务或从事医学科研和医学在职培训等工作的单位。医疗卫生机构包括医院、基层医疗卫生机构、专业公共卫生机构、其他医疗卫生机构。

医院 包括综合医院、中医医院、中西医结合医院、民族医院、各类专科医院和护理院，不包括专科疾病防治院、妇幼保健院和疗养院，包括医学院校附属医院。

基层医疗卫生机构 包括社区卫生服务中心、社区卫生服务站、街道卫生院、乡镇卫生院、村卫生室、门诊部、诊所（医务室）。

专业公共卫生机构 包括疾病预防控制中心、专科疾病防治机构、妇幼保健机构（含妇幼保健计划生育服务中心）、健康教育机构、急救中心（站）、采供血机构、卫生监督机构、取得《医疗机构执业许可证》或《计划生育技术服务许可证》的计划生育技术服务机构。

卫生人员 指在医院、基层医疗卫生机构、专业公共卫生机构及其他医疗卫生机构工作的职工，包括卫生技术人员、乡村医生和卫生员、其他技术人员、管理人员和工勤人员。一律按支付年底工资的在岗职工统计，包括各类聘任人员（含合同工）及返聘本单位半年以上人员，不包括临时工、离退休人员、退职人员、离开本单位仍保留劳动关系人员、本单位返聘和临聘不足半年人员。

卫生技术人员 包括执业医师、执业助理医师、注册护士、药师（士）、检验技师（士）、影像技师、卫生监督员和见习医（药、护、技）师（士）等卫生专业人员。不包括从事管理工作的卫生技术人员（如院长、副院长、党委书记等）。

执业医师 指《医师执业证》“级别”为“执业医师”且实际从事医疗、预防保健工作的人员，不包括实际从事管理工作的执业医师。执业医师类别分为临床、中医、口腔和公共卫生四类。

执业助理医师 指《医师执业证》“级别”为“执业助理医师”且实际从事医疗、预防保健工作的人员，不包括实际从事管理工作的执业助理医师。执业助理医师类别分为临床、中医、口腔和公共卫生四类。

每千人口卫生技术人员 每千人口卫生技术人员＝卫生技术人员数/人口数×1000。人口数系年末常住人口。

每千人口执业（助理）医师 每千人口执业（助理）医师＝（执业医师数＋执业助理医师数）/人口数×1000。人口数系年末常住人口。

床位数 指年底固定实有床位（非编制床位），包括正规床、简易床、监护床、超过半年加床、正在消毒和修理床位、因扩建或大修而停用的床位，不包括产科新生儿床、接产室待产床、库存床、观察床、临时加床和病人家属陪待床。

每千人口医疗卫生机构床位 每千人口医疗卫生机构床位＝医疗卫生机构床位数/人口数×1000。人口数系年末常住人口。

Explanatory Notes on Main Statistical Indicators

Population Coverage Rate of Radio/Television Programs refers to the percentage of population in the target region who can receive radio/television programmes transmitted by national, provincial, municipal or county stations through wireless, cable or satellite techniques, according to Statistical Standard and Method on Television and Radio Coverage of Population established by the State Administration of Radio and Television.

Arts Performance Troupes refer to the various professional performing arts groups, sponsored by the cultural departments or guided by the cultural societies (approved by the cultural administration authority, or permitted with the commercial performance certificate), including non-public troupes. The mass amateur arts performance troupes are not included.

Arts Performance Venues refer to the various venues for cultural activities, which are sponsored by the cultural departments or guided by the cultural societies (registered in the cultural market administration, or permitted with the cooperative performance certificate), with the facility of auditorium, stage and lighting, and selling tickets to the public.

Institutions of Cultural Market Management refer to the institutions engaged in cultural management and cultural services, with registration and permits certificate and documents from cultural market administration.

Health Care Institutions refer to the units which have been qualified with the Certification of Health Care Institution, filing certificate of traditional Chinese medicine clinic, certification of family planning technical service by the administration of health (family planning), or qualified with the Certification of Corporate Unit by the civil affairs, administration for industry and commerce, and engaging in medical care services, public health services, or medicine research and on-job training, etc., including: hospitals, health care institutions at grass-root level, specialized public health institutions, and other health care institutions.

Hospitals include general hospitals, traditional Chinese medicine hospitals, hospitals of integrated traditional Chinese and western medicine, nationalities hospitals, specialized hospitals and nursing hospitals, as well as affiliated hospitals of medical colleges, excluding specialized disease prevention and treatment institutes, maternal and child health centers and convalescent hospitals.

Health Care Institutions at Grass-root Level include community health service centers, community health service stations, sub-district health centers, township health centers, village clinics, outpatient departments and clinics.

Specialized Public Health Institutions include CDC, specialized disease prevention and treatment institutions, maternal and children health centers (including maternal and children health care and family planning service centers), health education institutions, emergency centers (first-aid stations), blood gathering and supplying institutions, health inspection institutions, and family planning technical service institutions that obtained the Certification of Health Care Institution or certification of family planning technical service.

Health Personnel refer to all employees engaged in the health care institutions, such as hospitals, health care institutions at grass-root level, specialized public health institutions, and other health care institutions, including health technical personnel, village doctors and assistants, other technical personnel, administrative staffs and logistics technical workers. Data are based on the year end payroll, including personnel employed (including contract workers) and re-employed after retirement by the institution for more than 6 months, excluding temporary workers, retired personnel, resigned personnel, personnel who have left the institution but kept the contract relation and personnel who are re-employed after retirement or temporarily employed for less than 6 months.

Health Technical Personnel refer to the professional staff engaged in health care, including licensed physicians and physician assistants, registered nurses, pharmacists, laboratory and imaging technicians, health care supervisors and intern doctors, pharmacists, nurses, and technical personnel, excluding health technical personnel engaged in management (e.g. president, vice president and secretary of the party committee etc).

Licensed Physicians refer to the medical workers with licenses of qualified doctors and are employed in medical treatment, disease prevention or healthcare institutions, excluding the licensed doctors engaged in management. The physicians are divided into 4 categories: clinician, Chinese medicine, stomatology and public health.

Licensed Physician Assistants refer to the medical workers with licenses of qualified assistant doctors and are employed in medical treatment, disease prevention or healthcare institutions, excluding the licensed assistant doctors engaged in management. Physician assistants are divided into 4 categories: clinician, Chinese medicine, stomatology and public health.

Number of Health Technical Personnel per 1000 Population The formula is:

Number of health technical personnel per 1000 population = number of health technical personnel / population *1000

The population refer to permanent population at year-end.

Number of Licensed Physicians & Physician Assistants

per 1000 Population The formula is:

Number of licensed physicians & physician assistants per 1000 population = (number of licensed physicians + number of licensed physician assistants) / population *1000

The population refer to permanent resident population at year-end.

Number of Beds refer to the actual fixed beds (not the authorized beds) at year-end, including regular beds, simple beds, monitoring beds, extra bed over 6 months, beds under disinfection or repairing, beds deactivated due to expansion or overhaul, not including neonatal beds, pre-delivery beds, inventory beds, observation beds, temporary beds and family accompany beds.

Number of Beds of Health Care Institutions per 1000 Population the formula is:

Number of beds of health care institutions per 1000 population = number of beds of health care institutions / population *1000

The population refer to permanent resident population at year-end.

19

党群、政法和社会服务

Party and Mass, Politics and Law, Social Service

资料整理人员：肖首雄　　甘杨辉

19-1 历届省人民代表大会的代表人数
Number of Deputies to All the Previous Provincial People' s Congress

单位：人　　(person)

项 目	Item	代表总数 Total Number of All Deputies	#女性代表 Female Deputies	占代表总数（%） As Percentage to Total (%)	#少数民族代表 Deputies From National Minorities	占代表总数（%） As Percentage to Total (%)
第一届（1954）	First Congress (1954)	552	36	6.5	9	1.6
第二届（1958）	Second Congress (1958)	552	36	6.5	9	1.6
第三届（1964）	Third Congress (1964)	662	148	22.4	57	8.6
省革命委员会（1968）	The Provincial Revolutionary Committee (1968)	160				
第五届（1977）	Fifth Congress (1977)	1252	274	21.9	72	5.8
第六届（1983）	Sixth Congress (1983)	988	225	22.8	84	8.5
第七届（1988）	Seventh Congress (1988)	874	210	24.0	78	8.9
第八届（1993）	Eighth Congress (1993)	870	191	22.0	87	10.0
第九届（1997）	Ninth Congress (1997)	763	175	22.9	85	11.1
第十届（2003）	Tenth Congress (2003)	772	149	19.3	82	10.8
第十一届（2007）	Eleventh Congress (2007)	774	149	19.3	82	10.8
第十二届（2012）	Twelfth Congress (2012)	768	130	16.9	83	10.8
第十三届（2018）	Thirteenth Congress (2018)	764	207	27.1	97	12.7

注：1968年省革命委员会召开了全体委员会议，代表人数为委员人数。
The plenary meeting was held by the provincial revolutionary committee in 1968, and the number of delegates was that of committee members.

19-2 历届省政治协商会议的委员人数
Number of Deputies to All the Previous Provincial People' s Political Consultative Conferences

单位：人　　(person)

项 目	Item	委员总数 Total Number of All Deputies	#中国共产党代表 Deputies from the Communist Party of China	占代表总数（%） As Percentage to Total (%)	#少数民族代表 Deputies From National Minorities	占代表总数（%） As Percentage to Total (%)
第一届（1955）	First Congress (1955)	175	39	22.3	6	3.4
第二届（1959）	Second Congress (1959)	396	131	33.1	15	3.8
第三届（1964）	Third Congress (1964)	398	134	33.7	20	5.0
第四届（1977）	Fourth Congress (1977)	500	222	44.4	26	5.2
第五届（1983）	Fifth Congress (1983)	732	270	36.9	38	5.2
第六届（1988）	Sixth Congress (1988)	703	280	39.8	58	8.3
第七届（1993）	Seventh Congress (1993)	724	288	39.8	61	8.4
第八届（1997）	Eighth Congress (1997)	716	280	39.1	70	9.8
第九届（2003）	Ninth Congress (2003)	728	281	38.6	72	10.6
第十届（2007）	Tenth Congress (2007)	750	289	38.5	65	8.7
第十一届（2012）	Eleventh Congress (2012)	749	278	37.1	69	9.2
第十二届（2018）	Twelfth Congress (2018)	751	281	37.4	73	9.7

19—3 工会工作情况
Labor Union Work

项 目	Item	2010	2020	2021	2022
工会基层组织个数 （万个）	Number of Grassroots Unions (10 000 unit)	9.01	14.87	12.51	11.26
工会会员人数 （万人）	Union Membership (10 000 persons)		1168.92	1065.98	1037.18
其中：女性	# Female		421.14	394.99	377.46
已建工会组织的基层单位在岗职工人数 （万人）	Number of Staff and Workers in Grassroots Unions (10 000 persons)	1067.85	1279.00	1125.61	1088.99
工会专职干部数 （万人）	Full-time Cadres (10 000 persons)	4.41	6.34	5.89	5.63
其中：女性	# Female			2.53	2.36
已建立职代会制度的单位个数 （万个）	Number of Units Established With Workers Delegating Congress System (10 000 units)	2.67	13.97	12.13	8.91
本年度提出合理化建议 （万件）	Advanced Rationalization Proposals This Year (10 000 pieces)	17.66	25.57	22.86	18.64
实行厂务公开的企业单位 （万个）	Implementation of Factory Affairs of the Business Units (10 000 units)		13.69	10.23	8.80
签订集体合同的企业单位 （万个）	Sign a Collective Contract of the Business Units (10 000 units)		9.42	9.80	7.80
建立劳动争议调解组织 （万个）	Establish a Labor Dispute Mediation Organizations (10 000 units)		1.71	1.56	1.09
建立工会劳动法律监督组织 （个）	Number of Units Established With Labor Law Supervision Organization (unit)	6746	22301	16808	12200

19—4 其他社会福利事业单位机构和人员
Institution and Personnel in Social Welfare and Special Care

项 目	Item	机构数（个） Number of Institutions (unit)		职工人数（人） Staff and Workers (person)	
		2021	2022	2021	2022
福利企业单位	**Social Welfare Institutions and Enterprises**				
假肢厂	Artificial Limb Factories	1	1	89	81
安置农场	Placement Farm	2	1	37	22
救助类社会服务机构	**Relief Type of Social Service Agencies**				
救助管理站	Salvation Management Station	104	104	957	951
流浪儿童救助保护中心	The Centers of Salvation and Safeguard Children on the Tramp	19	20	168	169
殡仪事业单位	**Funeral and Interment Institutions**	**151**	**153**	**2741**	**2904**

19－5 提供住宿的社会服务机构基本情况（2022年）
Basic Statistics of Social Service Agencies with Accommodate (2022)

项 目	Item	机构（个）Institution (unit)	职 工（人）Staff and Workers (person)	床 位（张）Beds (unit)	年末在院、服务人数（人）Number of people in the hospital and serving at the end of the year (person)
民政服务机构总计	**Total Civil Service Agencies**	**2514**	**28024**	**269784**	**119473**
市场监管部门登记的提供住宿单位	Accommodation Units Registered by the Market Supervision Department	255	4916	46410	14634
编制部门提供住宿单位	Compiling Department Provide Accommodation Units	1883	15937	166809	82376
民政部门登记提供住宿单位	Civil Affairs Department Registration Provide Accommodation Units	342	6389	53175	21018
一个机构多块牌子的提供住宿单位	A Multi-brand Residential Unit of an Organization	33	782	3390	1445
在总计中	**Among Total**				
养老机构	Elderly and Disabled Service Agencies	2337	23892	253500	111815
#社会福利院	#City Pension Service Agencies	89	3554	22253	11662
#特困人员供养机构	#Pension Services in Rural Areas	1640	8060	128266	62571
#养老公寓等各类养老机构	#Psychopathic Welfare Homes	608	12278	102981	37582
精神疾病服务机构	Service Organization on Mental Retardation and Mental Illness	12	2319	6548	4913
儿童福利和救助保护机构	Child Welfare Agencies	46	534	3498	1097
其他提供住宿机构	Other Adoption Agencies	608	12278	102981	37582
退役军人	**Veterans**				
复退军人精神病院	Reinstate a Military Psychiatric Hospital				
荣誉军人康复医院	Honorary Military Rehabilitation Hospital	2	359	665	800
复员军人疗养院	Nursing Home for Ex-servicemen				
光荣院	Glorious Institute	89	474	3302	1013
军休所	Soldier's Rest House	117	3957		5711
退役军人服务中心（站）	Veterans' service Centres (stations)	30482	40802		1557679

注：1. 民政提供住宿机构分为：养老机构，精神疾病服务机构，儿童福利和救助保护机构，其他提供住宿机构这四大类。

2. 我省暂时没有复员军人疗养院，由荣军医院承担复员军人疗养任务，1-4级残疾军人集中供养。

a. The residential institutions provided by the civil administration are divided into four categories: old-age care institutions, mental illness service institutions, child welfare and rescue and protection institutions, and other residential institutions.

b. There is no convalescent homes for demobilized soldiers,and Rongjun Hospital provides convalescence services for demobilized soldiers soldiers and disabled soldiers of level 1-4.

19—6 社会救济和福利主要费用
Value of Major Social Relief and Welfare Funds

单位：万元 (10 000 yuan)

项 目	Item	2021	2022
社会救助	Social Assistance	1097079	1112715
其中：城市居民最低生活保障事业费	Among: Funds for Urban Residents Receiving Minimum Income Relief	218790	197351
农村居民最低生活保障事业费	Funds for Rural Residents Receiving Minimum Income Relief	473576	497987
其他社会救助	Other Social Assistance	11855	497987
社会福利事业费	Social Welfare Funds	441085	469634
民政管理事务事业费	Civil Administration Affairs Funds	198470	209617
行政事业单位离退休人员经费	Administration Institution Retired Persons Funds	4510	8372
其他款项用于民政支出	Other Funds Use in the Civil Administration	52361	92928
抚恤事业费	Commiserate	649526	626961
退役安置事业费	Settle Down	345146	372327
医疗救助	Medical Assistance	219527	227026
自然灾害生活救助资金	Relief Funds for Natural Disasters	20565	61931

19—7 婚姻登记情况
Basic Statistics on Marriage Registration

项 目	Item	2010	2020	2021	2022
准予登记结婚 （万对）	**Registered Marriages (10 000 couples)**	**63.46**	**35.75**	**30.17**	**28.44**
初婚 （万人）	First Marriages (10 000 persons)	113.53	52.99	45.42	46.49
再婚 （万人）	Remarriages (10 000 persons)	13.39	18.51	14.92	10.39
离婚人数 （万对）	**Number of Divorces (10 000 couples)**	**15.37**	**19.8**	**13.68**	**14.02**
离婚率 （‰）	Divorce Rate (‰)	4.39	2.98	2.07	2.12

注：数据不包含涉港澳台和涉外的婚姻登记。
The data do not include marriage registrations involving Hong Kong, Macao, Taiwan and foreign nationals.

19-8 律师、公证、调解工作基本情况
Basic Statistics on Lawyers, Notarization and Mediation

项 目		Item		2010	2020	2021	2022
律师工作		**Lawyers**					
律师事务所	(个)	Number of Law Offices	(unit)	529	942	992	1046
律师	(人)	Number of Lawyers	(person)	7059	18191	20481	23182
担任法律顾问工作	(家)	Number of Units with Permanent Legal Advisors	(unit)	9310	23606	22401	23958
刑事案件代理及辩护	(件)	Agent & Defender of Criminal Cases	(case)	18804	46565	44193	38864
民事案件诉讼代理	(件)	Agent of Civil Cases	(case)	40756	160950	197317	201313
经济案件诉讼代理	(件)	Agent in Litigation of Economic Cases	(case)		79652	98036	95446
非诉讼法律事务	(件)	Agent of Non-litigious Legal Affairs	(case)	26509	53369	52335	49901
行政案件诉讼代理	(件)	Agent of Administrative Action	(case)	2032	8145	8447	7887
公证工作		**Notarization**					
公证处	(个)	Number of Notary Offices	(unit)	121	111	110	110
公证人员	(人)	Notarization Personnel	(person)	620	454	447	483
出证公证文书	(件)	Number of Show Notarized Documents	(case)	126398	288764	295480	257202
国内经济合同公证	(件)	Notarization of Domestic Economic Contracts	(case)		10708	9611	9267
基层司法工作		**Grassroots Judicial Work**					
基层法律服务所	(个)	Primary Legal Service Office	(person)		502	495	487
基层法律工作人员	(人)	Grassroots Legal Staff	(person)		3047	2889	2925
人民调解工作		**Number of People's Mediation**					
专职司法助理员	(人)	Number of Full-time Judicial Assistants	(person)	5210	4609	4663	4323
人民调解委员会	(个)	Number of People's Mediation Committees	(person)	54535	33301	32693	32536
调解人员	(人)	Number of Mediators	(person)	254881	140653	129783	130134
调解民间纠纷	(件)	Number of Civil Disputes Mediated	(case)	374123	313370	247674	280006

主要统计指标解释

律　师　指依法取得律师执业证书，担任法律顾问，民事（刑事、行政）案件代理人、刑事案件辩护人、办理非诉讼业务，解答法律询问，代写法律事务文书等，为社会提供法律服务的人员。

公证人员　指在公证处工作的人员总称，包括公证处主任、副主任、公证员、公证员助理（助理公证员）和其他从事辅助性工作的人员。

公证文书　指公证处根据当事人申请，依照事实和法律，按照法定程序制作的，具有法律效力的司法证明文书。

调解员　指在人民调解委员会担负调解民间纠纷工作的人员，包括调解委员会的委员和调解小组的调解员。该指标主要反映从事人民调解工作的人员数量。

调解民间纠纷　指调解委员会按照法律规定，根据自愿原则，用说服教育的方法调解民间发生的有关民事权利和义务争执的件数，包括调解成功数和调解未成功数。该指标主要反映人民调解委员会的工作量。

Explanatory Notes on Main Statistical Indicators

Lawyers are certified legal workers according to law, and who are employed by legal counseling firms to act as legal advisers, agents in criminal or civil lawsuits, or defenders in criminal lawsuits, or to handle non litigious legal affairs, to advise on matters of law or to write legal papers for others, and provide service to the public.

Notary Personnel refers to people working for notary offices including: directors, deputy directors, notaries, assistant notaries and other people providing assistance.

Notary Documents refer to the judicial notary documents drawn up at the request of the interested party and are in accordance with facts and the law and following certain legal proceedings.

Mediators refers to the personnel who are responsible for the mediation of civil disputes in the people's mediation committee, including members of the mediation committee and mediators of mediation teams. The index mainly reflects the number of people engaged in mediation work of the people.

Mediating Civil Disputes refers to the mediation committee shall, in accordance with the law and on a voluntary basis, use persuade education method on civil rights and obligations dispute mediation folk, the number of successful and unsuccessful mediation including mediation. The index mainly reflects the workload of the people's mediation committee.

20

区域经济

Regional Economy

资料整理人员：	屈雄英	陈晗文	郑一璞	杨　耒
	田杰平	彭　颖	陈　慧	段嘉欣
	廖闻菲	栗子林	张颖洁	罗金城

20-1 "长株潭城市群"主要经济指标情况(2022年)
Main Economic Indicators of "Chang-Zhu-Tan City Clusters" (2022)

指 标	Item	绝对值 Value	比上年增长 Increase over 2021 (%)	全省比重 Percentage (%)
常住人口 (万人)	Resident Population (10 000 persons)	1699.44	1.0	25.7
生产总值 (亿元)	Gross Regional Product (100 million yuan)	20280.46	4.5	41.7
第一产业增加值	Primary Industry	907.71	3.5	19.7
第二产业增加值	Secondary Industry	8688.22	6.0	45.3
第三产业增加值	Tertiary Industry	10684.53	3.4	42.9
人均地区生产总值 (元)	Per Capita Gross Regional Product (yuan)	119912	3.5	
固定资产投资 (亿元)	Fixed Assets Investment (100 million yuan)		1.7	36.9
地方一般公共预算收入 (亿元)	General Public Budget Revenue (100 million yuan)	1520.31	1.7	49.0
一般公共预算支出 (亿元)	General Public Budget Expenditure (100 million yuan)	2376.79	3.2	26.4
全体居民人均可支配收入 (元)	Per Capita Disposable Income of All Residents (yuan)	51802	5.9	
城镇居民人均可支配收入 (元)	Per Capita Disposable Income of Urban Households (yuan)	59752	4.8	
农村居民人均可支配收入 (元)	Per Capita Disposable Income of Rural Households (yuan)	33818	6.6	
农林牧渔业总产值 (亿元)	Gross Output Value of Farming, Forestry, Animal, Husbandry and Fishery (100 million yuan)	1526.92	3.6	18.7
规模以上工业企业单位数 (个)	Number of Industrial Enterprises above Designated Size (unit)	6496	6.4	32.7
规模以上工业企业利润总额 (亿元)	Total Profits of Industrial Enterprises above Designated Size (100 million yuan)	784.00	-19.1	34.3
社会消费品零售总额 (亿元)	Total Retail Sales of Consumer Goods (100 million yuan)	7404.70	2.4	38.9
进出口总额 (万美元)	Total Exports and Imports (USD 10 000)	5851990	14.2	55.5
出口额	Exports	4337446	20.8	56.3
实际使用外资 (万美元)	Actually Used Foreign Capital (USD 10 000)	318173	53.9	90.2
金融机构人民币存款余额 (亿元)	Deposits in Financial Organizations (100 million yuan)	34676.25	11.1	49.7
金融机构人民币贷款余额 (亿元)	Loans in Financial Organizations (100 million yuan)	35902.84	10.3	57.8

注：1. 地区生产总值、农林牧渔总产值占全省比重为占全省市州汇总数据比重。

2. 实际使用外资金额2021年前包括直接投资和间接投资，2021年不包括外商投资企业在湘设立内资企业的投资数据（后表同）。

a. The proportion of regional GDP、Gross Output Value of Farming、Forestry、Animal Husbandry and Fishery in the province is the proportion of the total data of the provinces and cities.

b. The actual amount of foreign capital used before 2021 includes direct investment and indirect investment. The year 2021 does not include the investment data of foreign-invested enterprises setting up domestic enterprises in Hunan (the following table is the same).

20–2 “环长株潭城市群”主要经济指标情况（2022年）

Main Economic Indicators of "The Rim Chang-Zhu-Tan City Clusters" (2022)

指 标		Item		绝对值 Value	比上年增长 Increase over 2021(%)	全省比重 Percentage (%)
常住人口	（万人）	Resident Population	(10 000 persons)	4135.60	0.0	62.6
生产总值	（亿元）	Gross Regional Product	(100 million yuan)	37392.86	4.7	76.8
第一产业增加值		Primary Industry		2928.40	3.5	63.6
第二产业增加值		Secondary Industry		15510.22	6.0	80.9
第三产业增加值		Tertiary Industry		18954.24	3.8	76.2
人均地区生产总值	（元）	Per Capita Gross Regional Product	(yuan)	90415	4.7	
固定资产投资	（亿元）	Fixed Assets Investment	(100 million yuan)		4.7	70.8
地方一般公共预算收入	（亿元）	General Public Budget Revenue	(100 million yuan)	2297.93	2.8	74.1
一般公共预算支出	（亿元）	General Public Budget Expenditure	(100 million yuan)	4961.99	5.7	55.2
全体居民人均可支配收入	（元）	Per Capita Disposable Income of All Residents	(yuan)	39360	6.2	
城镇居民人均可支配收入	（元）	Per Capita Disposable Income of Urban Households	(yuan)	49814	5.3	
农村居民人均可支配收入	（元）	Per Capita Disposable Income of Rural Households	(yuan)	25365	6.9	
农林牧渔业总产值	（亿元）	Gross Output Value of Farming, Forestry, Animal，Husbandry and Fishery	(100 million yuan)	5134.55	3.7	62.9
规模以上工业企业单位数	（个）	Number of Industrial Enterprises above Designated Size	(unit)	13962	4.1	70.2
规模以上工业企业利润总额	（亿元）	Total Profits of Industrial Enterprises above Designated Size	(100 million yuan)	1625.34	-16.3	71.2
社会消费品零售总额	（亿元）	Total Retail Sales of Consumer Goods	(100 million yuan)	14435.87	2.5	75.8
进出口总额	（万美元）	Total Exports and Imports	(USD 10 000)	8651396	15.5	82.1
出口额		Exports		6042392	21.9	78.5
实际使用外资	（万美元）	Actually Used Foreign Capital	(USD 10 000)	333846	49.5	94.6
金融机构人民币存款余额	（亿元）	Deposits in Financial Organizations	(100 million yuan)	53686.29	11.8	76.9
金融机构人民币贷款余额	（亿元）	Loans in Financial Organizations	(100 million yuan)	49434.99	11.2	79.6

20–3 "湘南地区"主要经济指标情况(2022年)
Main Economic Indicators of "Southern Hunan" (2022)

指　标	Item	绝对值 Value	比上年增长 Increase over 2021 (%)	全省比重 Percentage (%)
常住人口（万人）	Resident Population (10 000 persons)	1635.79	–0.7	24.8
生产总值（亿元）	Gross Regional Product (100 million yuan)	9480.46	5.3	19.5
第一产业增加值	Primary Industry	1219.59	3.7	26.5
第二产业增加值	Secondary Industry	3348.64	7.6	17.4
第三产业增加值	Tertiary Industry	4912.23	4.3	19.7
人均地区生产总值（元）	Per Capita Gross Regional Product (yuan)	57759	6.2	
固定资产投资（亿元）	Fixed Assets Investment (100 million yuan)		10.8	22.9
地方一般公共预算收入（亿元）	General Public Budget Revenue (100 million yuan)	527.66	8.0	17.0
一般公共预算支出（亿元）	General Public Budget Expenditure (100 million yuan)	1649.99	7.6	18.4
全体居民人均可支配收入（元）	Per Capita Disposable Income of All Residents (yuan)	31500	6.6	
城镇居民人均可支配收入（元）	Per Capita Disposable Income of Urban Households (yuan)	41629	6.1	
农村居民人均可支配收入（元）	Per Capita Disposable Income of Rural Households (yuan)	21774	7.2	
农林牧渔业总产值（亿元）	Gross Output Value of Farming, Forestry, Animal, Husbandry and Fishery (100 million yuan)	2261.03	3.9	27.7
规模以上工业企业单位数（个）	Number of Industrial Enterprises above Designated Size (unit)	3926	0.5	19.7
规模以上工业企业利润总额（亿元）	Total Profits of Industrial Enterprises above Designated Size (100 million yuan)	394.02	–6.2	17.3
社会消费品零售总额（亿元）	Total Retail Sales of Consumer Goods (100 million yuan)	3868.31	2.7	20.3
进出口总额（万美元）	Total Exports and Imports (USD 10 000)	2099072	22.2	19.9
出口额	Exports	1624897	27.7	21.1
实际使用外资（万美元）	Actually Used Foreign Capital (USD 10 000)	16221	41.1	4.6
金融机构人民币存款余额（亿元）	Deposits in Financial Organizations (100 million yuan)	11648.62	13.0	16.7
金融机构人民币贷款余额（亿元）	Loans in Financial Organizations (100 million yuan)	8039.30	13.1	13.0

20-4 "大湘西地区"主要经济指标情况(2022年)
Main Economic Indicators of "Great Xiangxi Region" (2022)

指 标	Item	绝对值 Value	比上年增长 Increase over 2021 (%)	全省比重 Percentage (%)
常住人口 (万人)	Resident Population (10 000 persons)	1866.36	-0.8	28.3
生产总值 (亿元)	Gross Regional Product (100 million yuan)	7816.24	4.2	16.0
第一产业增加值	Primary Industry	1145.80	3.5	24.9
第二产业增加值	Secondary Industry	2470.46	4.9	12.9
第三产业增加值	Tertiary Industry	4199.98	4.0	16.9
人均地区生产总值 (元)	Per Capita Gross Regional Product (yuan)	41714	5.1	
固定资产投资 (亿元)	Fixed Assets Investment (100 million yuan)		7.8	16.7
地方一般公共预算收入 (亿元)	General Public Budget Revenue (100 million yuan)	449.21	5.1	14.5
一般公共预算支出 (亿元)	General Public Budget Expenditure (100 million yuan)	2071.29	8.8	23.0
全体居民人均可支配收入 (元)	Per Capita Disposable Income of All Residents (yuan)	23611	6.4	
城镇居民人均可支配收入 (元)	Per Capita Disposable Income of Urban Households (yuan)	34298	5.2	
农村居民人均可支配收入 (元)	Per Capita Disposable Income of Rural Households (yuan)	15334	6.9	
农林牧渔业总产值 (亿元)	Gross Output Value of Farming, Forestry, Animal, Husbandry and Fishery (100 million yuan)	1975.62	3.7	24.2
规模以上工业企业单位数 (个)	Number of Industrial Enterprises above Designated Size (unit)	4376	-0.7	22.0
规模以上工业企业利润总额 (亿元)	Total Profits of Industrial Enterprises above Designated Size (100 million yuan)	455.40	-17.7	19.9
社会消费品零售总额 (亿元)	Total Retail Sales of Consumer Goods (100 million yuan)	3405.99	2.0	17.9
进出口总额 (万美元)	Total Exports and Imports (USD 10 000)	813905	11.7	7.7
出口额	Exports	643185	31.1	8.4
实际使用外资 (万美元)	Actually Used Foreign Capital (USD 10 000)	8864	-21.2	2.5
金融机构人民币存款余额 (亿元)	Deposits in Financial Organizations (100 million yuan)	12206.55	13.1	17.5
金融机构人民币贷款余额 (亿元)	Loans in Financial Organizations (100 million yuan)	8832.10	13.0	14.2

20-5 “洞庭湖区”主要经济指标情况(2022年)
Main Economic Indicators of "Dongting Lake" (2022)

指 标	Item	绝对值 Value	比上年增长 Increase over 2021 (%)	全省比重 Percentage (%)
常住人口 （万人）	Resident Population (10 000 persons)	1402.41	-0.6	21.2
生产总值 （亿元）	Gross Regional Product (100 million yuan)	11093.21	4.9	22.8
第一产业增加值	Primary Industry	1329.63	3.5	28.9
第二产业增加值	Secondary Industry	4675.25	5.9	24.4
第三产业增加值	Tertiary Industry	5088.33	4.4	20.5
人均地区生产总值 （元）	Per Capita Gross Regional Product (yuan)	78864	5.4	
固定资产投资 （亿元）	Fixed Assets Investment (100 million yuan)		9.1	21.6
地方一般公共预算收入 （亿元）	General Public Budget Revenue (100 million yuan)	494.81	6.4	16.0
一般公共预算支出 （亿元）	General Public Budget Expenditure (100 million yuan)	1608.79	8.0	17.9
全体居民人均可支配收入 （元）	Per Capita Disposable Income of All Residents (yuan)	31070	6.5	
城镇居民人均可支配收入 （元）	Per Capita Disposable Income of Urban Households (yuan)	40353	5.8	
农村居民人均可支配收入 （元）	Per Capita Disposable Income of Rural Households (yuan)	21635	7.1	
农林牧渔业总产值 （亿元）	Gross Output Value of Farming, Forestry, Animal, Husbandry and Fishery (100 million yuan)	2396.56	3.8	29.4
规模以上工业企业单位数 （个）	Number of Industrial Enterprises above Designated Size (unit)	5102	4.1	25.7
规模以上工业企业利润总额（亿元）	Total Profits of Industrial Enterprises above Designated Size (100 million yuan)	636.98	-5.5	27.9
社会消费品零售总额 （亿元）	Total Retail Sales of Consumer Goods (100 million yuan)	4371.65	2.6	22.9
进出口总额 （万美元）	Total Exports and Imports (USD 10 000)	1778386	17.2	16.9
出口额	Exports	1093701	7.7	14.2
实际使用外资 （万美元）	Actually Used Foreign Capital (USD 10 000)	9503	-21.1	2.7
金融机构人民币存款余额 （亿元）	Deposits in Financial Organizations (100 million yuan)	11018.46	12.5	15.8
金融机构人民币贷款余额 （亿元）	Loans in Financial Organizations (100 million yuan)	8566.85	13.5	13.8

20–6 各市州市辖区人口情况(2022年)
The Population of Municipal Districts of Each City and State (2022)

市 州	Cities and States	年末总户籍户数（万户）The Household Registration Number (10 000 households)	年平均户籍人口（万人）Average Annual Registered Population (10 000 persons)
长沙市	Changsha	140.63	391.18
株洲市	Zhuzhou	45.61	131.35
湘潭市	Xiangtan	30.58	83.88
衡阳市	Hengyang	38.91	101.80
邵阳市	Shaoyang	24.20	68.36
岳阳市	Yueyang	44.69	109.39
常德市	Changde	46.89	138.24
张家界市	Zhangjiajie	22.11	53.94
益阳市	Yiyang	46.21	131.57
郴州市	Chenzhou	31.41	80.45
永州市	Yongzhou	39.68	116.04
怀化市	Huaihua	16.56	41.09
娄底市	Loudi	24.87	60.60
湘西州	Xiangxi	11.43	31.87

20-7　各市州市辖区土地面积情况（2022年）
Land Area of Municipal Districts of Each City and State (2022)

单位：平方公里　　(sq.km)

市　州	Cities and States	建成区面积 Developed Areas	城市现状建设用地面积 City Status Construction Land Area	居住用地面积 Living Space
长沙市	Changsha	577	466	189
株洲市	Zhuzhou	152	152	48
湘潭市	Xiangtan	90	127	48
衡阳市	Hengyang	153	143	55
邵阳市	Shaoyang	78	78	29
岳阳市	Yueyang	125	121	35
常德市	Changde	122	96	36
张家界市	Zhangjiajie	39	38	16
益阳市	Yiyang	95	92	33
郴州市	Chenzhou	80	73	34
永州市	Yongzhou	76	73	17
怀化市	Huaihua	66	55	20
娄底市	Loudi	54	54	17
湘西州	Xiangxi	44	31	20

20-8 各市州市辖区生产总值情况（2022年）
GDP of Municipal Districts of Each City and State (2022)

市 州	Cities and States	地区生产总值（当年价格）（亿元） Gross Domestic Product (100 million yuan)	第一产业增加值 Value added of the First Primary Industry	第二产业增加值 Added value of the Secondary Industry	第三产业增加值 Added value of the Tertiary Industry
长沙市	Changsha	8903.04	81.45	3023.97	5797.62
株洲市	Zhuzhou	1898.99	60.85	937.33	900.81
湘潭市	Xiangtan	1432.23	26.65	722.39	683.19
衡阳市	Hengyang	1483.33	20.65	506.97	955.71
邵阳市	Shaoyang	485.28	17.14	203.56	264.58
岳阳市	Yueyang	2174.12	66.98	975.16	1131.98
常德市	Changde	1886.20	93.70	932.20	860.30
张家界市	Zhangjiajie	285.10	29.44	31.26	224.40
益阳市	Yiyang	901.51	84.50	485.11	331.90
郴州市	Chenzhou	871.30	39.81	328.82	502.67
永州市	Yongzhou	676.54	96.78	225.73	354.03
怀化市	Huaihua	418.07	13.93	91.34	312.80
娄底市	Loudi	697.60	26.46	336.76	334.38
湘西州	Xiangxi	229.11	10.96	85.74	132.41

20-9 各市州市辖区财政收支情况(2022年)
Revenue and Expenditure of Municipal Districts of Each City and State (2022)

单位：万元 (10 000 yuan)

市州	Cities and States	地方一般公共预算收入 General Public Budget Revenue	各项税收 Taxes Revenue	一般公共预算支出 Public Budgetary Expenditure
长沙市	Changsha	8900292	6236100	10661411
株洲市	Zhuzhou	1316335	939922	3328714
湘潭市	Xiangtan	649478	402386	1067985
衡阳市	Hengyang	994195	672046	2185492
邵阳市	Shaoyang	475186	299044	1493498
岳阳市	Yueyang	1006454	675381	2224719
常德市	Changde	431237	296110	1221128
张家界市	Zhangjiajie	104750	79245	623564
益阳市	Yiyang	558420	380737	1542431
郴州市	Chenzhou	709020	486654	1557511
永州市	Yongzhou	266223	169527	920960
怀化市	Huaihua	80960	58063	270486
娄底市	Loudi	511574	353662	1133636
湘西州	Xiangxi	134116	65049	395637

20－10　各市州市辖区规模以上工业情况（2022年）
Above Scale Industry of Municipal Districts of Each City and State (2022)

市　州	Cities and States	规模以上工业企业数（个）Number of Enterprises (unit)	营业收入（万元）Operating Income (10 000 yuan)	营业成本（万元）Operating Cost (10 000 yuan)	利润总额（万元）Total Profits (10 000 yuan)
长沙市	Changsha	1040			
株洲市	Zhuzhou	774	16238999	13786365	923070
湘潭市	Xiangtan	636	17933662	15168705	906370
衡阳市	Hengyang	271	6715157	5360340	395379
邵阳市	Shaoyang	338	5535215	4669280	437872
岳阳市	Yueyang	514	25584869	21865824	684049
常德市	Changde	578	8973318	7367025	1374665
张家界市	Zhangjiajie	94	444476	349338	18412
益阳市	Yiyang	703	16078905	13083414	595733
郴州市	Chenzhou	279	5058339	4389972	191625
永州市	Yongzhou	320	4205371	3348532	179178
怀化市	Huaihua	77	898401	736659	40715
娄底市	Loudi	301	14512566	13206244	533033
湘西州	Xiangxi	108	941700	522678	153217

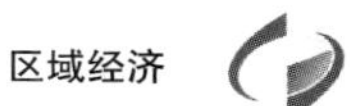

20-11 各市州市辖区贸易主要情况(2022年)
Trade of Municipal Districts of Each City and State (2022)

市 州	Cities and States	社会消费品零售总额（万元） Total Retail Sales of Consumer Goods (10 000 yuan)	限额以上批发零售企业	
			法人数（个） Number of Corporate Enterprises (unit)	商品销售总额（万元） Total Sales of Goods (10 000 yuan)
长沙市	Changsha	36190364	1482	54317739
株洲市	Zhuzhou	6653675	615	7492724
湘潭市	Xiangtan	5774092	354	6312249
衡阳市	Hengyang	9289370	369	5342410
邵阳市	Shaoyang	2799548	186	3393408
岳阳市	Yueyang	9651852	502	12482053
常德市	Changde	6725175	291	4718265
张家界市	Zhangjiajie	1178505	72	836070
益阳市	Yiyang	3785046	222	3079563
郴州市	Chenzhou	4054547	313	1454933
永州市	Yongzhou	3092330	184	2966007
怀化市	Huaihua	2946492	240	2861057
娄底市	Loudi	2392150	117	2448944
湘西州	Xiangxi	1222469	86	2039638

20-12 各市州市辖区教育情况(2022年)
Education of Municipal Districts of Each City and State (2022)

市 州	Cities and States	普通中学专任教师数(人) Regular Secondary Schools Teachers (person)	小学专任教师数(人) Primary Schools Teachers (person)	普通中学在校学生数(万人) Regular Secondary Schools Students (10 000 persons)	小学在校学生数(万人) Primary Schools Students (10 000 persons)
长沙市	Changsha	22396	24310	28.92	50.72
株洲市	Zhuzhou	7762	6384	8.86	13.62
湘潭市	Xiangtan	2838	4018	3.54	6.97
衡阳市	Hengyang	5553	6593	8.35	11.96
邵阳市	Shaoyang	3563	3757	5.46	7.09
岳阳市	Yueyang	6110	4929	7.17	10.62
常德市	Changde	4822	3169	5.12	7.30
张家界市	Zhangjiajie	2562	2092	2.92	4.27
益阳市	Yiyang	5010	4886	6.74	8.99
郴州市	Chenzhou	6233	6191	8.84	10.79
永州市	Yongzhou	7371	5466	9.00	9.94
怀化市	Huaihua	4601	3293	5.55	7.57
娄底市	Loudi	5153	2976	5.97	8.43
湘西州	Xiangxi	2206	2359	2.91	4.12

20−13 各市州市辖区文化、体育、卫生情况(2022年)

Culture, Sports and Health of Municipal Districts of Each City and State (2022)

市 州	Cities and States	公共图书馆图书总藏量（万册）Books of Total Reserves of Public Libraries (10 000 copies)	体育场地数（个）Number of Sports Venues (unit)	卫生机构数（个）Number of Health Institutions (unit)	卫生机构床位数（张）Number of Beds in Health Institutions (bed)	医生数（执业医师+执业助理医师）（人）The Number of Doctors (Doctors and Assistant Doctors) (person)
长沙市	Changsha	1138.83	10234	2608	60371	26594
株洲市	Zhuzhou	430.07	4629	1152	14381	6283
湘潭市	Xiangtan	25.22	3846	746	12306	4533
衡阳市	Hengyang	216.31	4647	893	17773	6230
邵阳市	Shaoyang	115.47	2638	461	11828	3824
岳阳市	Yueyang	87.69	3014	696	13267	4836
常德市	Changde	146.56	3462	1389	12704	6713
张家界市	Zhangjiajie	27.95	1354	377	5088	1961
益阳市	Yiyang	125.12	2208	1033	13477	4582
郴州市	Chenzhou	88.27	2726	810	12368	4863
永州市	Yongzhou	233.38	2289	992	12222	3965
怀化市	Huaihua	82.92	1376	544	11297	3979
娄底市	Loudi	90.74	5976	737	8826	3071
湘西州	Xiangxi	8.10	156	474	6797	2696

20-14 各市州市辖区社会保障情况(2022年)
Social Security of Municipal Districts of Each City and State (2022)

单位：人 (person)

市 州	Cities and States	城镇职工基本养老保险参保人数 Number of People Participating in Basic Endowment Insurance for Urban Employees	城乡居民基本医疗保险参保人数 Number of People Participating in Basic Medical Insurance for Urban and Rural Residents	失业保险参保人数 Person Covered of Unemployment Insurance Contributors	工伤保险参保人数 Work Injury Insurance Contributors	城市居民最低生活保障人数 City Residents Minimum Living Security Number
长沙市	Changsha	3045130	583283	1900457	1510382	17176
株洲市	Zhuzhou	863510	317895	368915	411940	9913
湘潭市	Xiangtan	544800	111300	292000	286500	8426
衡阳市	Hengyang	671766	137496	329800	228795	13541
邵阳市	Shaoyang	396007	165175	117284	176197	13900
岳阳市	Yueyang	651356	239800	278766	466255	16782
常德市	Changde	684220	501614	126637	264480	8802
张家界市	Zhangjiajie	145743	270660	33163	82060	2741
益阳市	Yiyang	206262	603616	51016	116529	11488
郴州市	Chenzhou	383224	258757	169083	171506	3518
永州市	Yongzhou	311374	541992	142250	190428	7036
怀化市	Huaihua	110775	87878	137369	140872	1418
娄底市	Loudi	402902	157668	204780	176639	2540
湘西州	Xiangxi	55894	92548	29500	35003	2555

21

各市、州主要经济和社会统计指标

Main Economic and Social Statistics Indicators of Cities and States

资料整理人员：郑一璞　肖首雄　欧阳普　杨　耒

赵莉淇　甘杨辉　郭开金　邓鸿鹄

吕　涛　田杰平　谢　凡　彭　颖

陈　慧　段嘉欣　周　波　吕　燕

邹　晨　何　达　廖闻菲　彭开吾

王　丹　陈晗文　朱　鹏　易　贝

凌　骞　吴彧宇　粟子林　孙邦昕

韩建芳　邓海波　付硕果　文益龙

李艺斌　张颖洁　罗金城　彭怡丰

21-1 按产业和主要行业分的地区生产总值(2022年)

市 州	Cities and States	地区生产总值（亿元）Gross Regional Product (100 million yuan)	第一产业 Primary Industry	第二产业 Secondary Industry	第三产业 Tertiary Industry	农、林、牧、渔业 Agriculture, Forestry, Animal Husbandry and Fishery	工 业 Industry
长沙市	Changsha	13966.11	451.30	5589.58	7925.24	481.75	4090.78
株洲市	Zhuzhou	3616.81	274.46	1713.22	1629.13	285.04	1356.03
湘潭市	Xiangtan	2697.54	181.95	1385.43	1130.16	193.32	1159.50
衡阳市	Hengyang	4089.69	471.10	1389.35	2229.24	508.04	1009.75
邵阳市	Shaoyang	2599.18	435.21	832.91	1331.06	458.13	630.62
岳阳市	Yueyang	4710.67	485.72	1967.03	2257.91	518.50	1645.52
常德市	Changde	4274.52	495.16	1762.74	2016.62	538.87	1404.39
张家界市	Zhangjiajie	592.39	87.76	75.86	428.77	91.82	46.28
益阳市	Yiyang	2108.02	348.74	945.47	813.80	372.99	796.97
郴州市	Chenzhou	2980.49	316.93	1169.91	1493.65	329.06	1001.56
永州市	Yongzhou	2410.28	431.56	789.38	1189.34	455.00	630.90
怀化市	Huaihua	1877.64	282.30	566.87	1028.48	290.10	456.99
娄底市	Loudi	1929.50	219.97	757.39	952.13	228.22	606.97
湘西州	Xiangxi	817.53	120.56	237.43	459.53	122.51	189.00

Gross Domestic Product by Three Strata of Industry and Main Sectors (2022)

建筑业 Construction	批发和零售业 Wholesale and Retail Trade	交通运输、仓储和邮政业 Traffic, Transport, Storage and Post	住宿和餐饮业 Accommodation and Restaurants	金融业 Finance	房地产业 Real Estate	其他服务业 Other Services	人均地区生产总值（元） Per Capita Gross Regional Product (yuan)
1503.04	1460.14	466.84	346.56	1010.58	687.73	3918.69	135200
357.94	487.46	101.62	59.72	134.48	196.15	638.35	93284
229.17	255.58	57.22	38.65	103.02	194.53	466.57	99702
379.88	433.44	147.11	66.73	143.16	289.13	1112.44	61973
202.53	119.57	80.22	21.93	124.68	191.00	770.50	40341
324.30	411.71	181.72	73.21	131.79	270.61	1153.30	93653
360.06	557.61	176.87	110.06	138.40	206.00	782.26	81798
29.67	52.93	39.52	20.66	47.46	61.55	202.51	39306
149.00	159.85	50.92	24.74	98.59	118.60	336.35	55318
170.30	309.01	99.71	70.34	127.22	145.55	727.74	64132
158.53	191.29	65.28	24.42	117.27	175.76	591.82	46647
110.50	128.11	101.40	35.85	102.46	132.05	520.18	41357
150.60	186.56	99.52	35.24	81.95	99.99	440.44	51065
49.37	33.83	28.95	23.38	60.47	53.33	256.69	33114

21-2 按产业和主要行业分的地区生产总值指数(2022年)

以上年为100

市 州	Cities and States	地区生产总值(%) Gross Regional Product (%)	第一产业 Primary Industry	第二产业 Secondary Industry	第三产业 Tertiary Industry	农、林、牧、渔业 Agriculture, Forestry, Animal Husbandry and Fishery	工 业 Industry
长沙市	Changsha	104.5	103.6	106.2	103.4	103.7	107.1
株洲市	Zhuzhou	104.5	103.3	105.7	103.4	103.4	107.2
湘潭市	Xiangtan	104.6	103.4	105.3	104.0	103.5	106.2
衡阳市	Hengyang	105.2	103.5	107.4	104.2	103.7	107.0
邵阳市	Shaoyang	104.7	103.5	106.4	104.1	103.6	106.1
岳阳市	Yueyang	105.4	103.8	107.2	104.2	103.9	107.1
常德市	Changde	104.5	103.4	104.4	104.8	103.6	104.1
张家界市	Zhangjiajie	102.3	103.1	96.0	103.4	103.2	101.3
益阳市	Yiyang	104.6	103.4	105.9	103.7	103.5	105.9
郴州市	Chenzhou	105.7	103.9	108.0	104.4	104.0	107.6
永州市	Yongzhou	105.1	103.7	107.5	104.1	103.8	107.4
怀化市	Huaihua	103.8	103.6	105.2	103.1	103.6	104.6
娄底市	Loudi	104.8	103.9	105.1	104.8	103.9	105.2
湘西州	Xiangxi	103.8	103.1	101.6	105.2	103.1	100.9

Indices of Gross Domestic Product by Three Strata of Industry and Main Sectors (2022)

(preceding year=100)

建筑业 Construc-tion	批发和零售业 Wholesale and Retail Trade	交通运输、仓储和邮政业 Traffic, Transport, Storage and Post	住宿和餐饮业 Accommod-ation and Restaurants	金融业 Finance	房地产业 Real Estate	其他服务业 Other Services	人均地区生产总值（%） Per Capita Gross Regional Product (%)
104.0	100.1	105.4	101.9	105.4	86.7	107.5	102.6
100.5	103.2	97.1	102.2	106.5	97.2	106.2	104.9
101.4	102.7	98.4	103.8	106.8	103.4	104.7	105.1
108.7	102.5	97.6	102.5	106.2	98.7	107.2	105.7
107.1	101.1	93.4	101.5	105.1	99.4	106.9	105.8
108.5	104.6	105.4	103.0	107.0	98.2	104.9	105.7
105.8	101.9	105.4	102.9	106.1	98.4	108.4	105.1
88.3	100.8	85.3	98.6	104.3	99.6	109.1	102.8
105.8	101.4	96.5	103.0	107.6	98.2	106.6	105.4
110.8	102.7	105.8	103.1	107.6	99.4	105.5	106.2
107.8	102.3	88.0	105.5	107.3	105.2	105.6	106.6
108.0	99.2	91.4	101.1	107.0	92.8	108.8	104.5
104.8	102.2	102.9	100.4	109.2	101.2	106.6	105.7
105.8	100.8	91.8	98.7	105.4	99.5	109.2	104.3

21-3 年末常住人口(2022年)
Population at the Year-end (2022)

市 州	Cities and States	总户数（万户）Households (10 000 households)	年末常住人口（万人）Population at the Year-end (10 000 persons)	按城乡分 By Residence 城镇人口 Urban	乡村人口 Rural	城镇化率(%) Urbanization Rate (%)
全 省	**Total**	**2373.62**	**6604.00**	**3983.00**	**2621.00**	**60.31**
长沙市	Changsha	367.99	1042.06	867.72	174.34	83.27
株洲市	Zhuzhou	133.26	387.11	280.53	106.58	72.47
湘潭市	Xiangtan	99.05	270.27	177.23	93.04	65.58
衡阳市	Hengyang	236.19	657.74	366.91	290.83	55.78
邵阳市	Shaoyang	228.79	641.78	344.29	297.49	53.65
岳阳市	Yueyang	174.38	501.75	311.57	190.18	62.10
常德市	Changde	194.52	521.30	300.82	220.48	57.71
张家界市	Zhangjiajie	54.83	150.38	79.70	70.68	53.00
益阳市	Yiyang	145.38	379.36	196.95	182.41	51.92
郴州市	Chenzhou	168.49	463.68	276.05	187.63	59.53
永州市	Yongzhou	178.58	514.37	249.87	264.50	48.58
怀化市	Huaihua	170.35	452.07	220.48	231.59	48.77
娄底市	Loudi	134.18	376.01	182.37	193.64	48.50
湘西州	Xiangxi	87.63	246.12	128.51	117.61	52.21

21−4 “四上”企业分行业从业人员年末人数(2022年)

The Number of Employees in Each Industry of "Four Scale" Enterprises at the Year-end (2022)

单位：万人 (10 000 persons)

市 州	Cities and States	采掘业 Mining	制造业 Manu-facturing	电力、热力、燃气及水生产和供应业及水的生产和供应 Production and Supply of Electricity, Heat,Gas and Water	建筑业 Construc-tion	批发和零售业 Wholesale and Retail Trade
全 省	**Total**	**8.10**	**257.71**	**14.39**	**150.04**	**43.95**
长沙市	Changsha	0.24	61.35	7.43	33.18	14.61
株洲市	Zhuzhou	0.79	33.00	0.61	15.21	2.78
湘潭市	Xiangtan	0.13	16.17	0.33	12.05	4.88
衡阳市	Hengyang	1.55	16.33	0.66	14.12	2.35
邵阳市	Shaoyang	0.56	19.31	0.72	11.75	3.04
岳阳市	Yueyang	0.46	25.51	0.66	12.31	2.79
常德市	Changde	0.34	19.32	0.55	9.05	3.16
张家界市	Zhangjiajie	0.09	1.25	0.08	1.34	0.58
益阳市	Yiyang	0.18	16.20	0.26	8.50	1.50
郴州市	Chenzhou	2.12	13.75	0.77	6.11	2.56
永州市	Yongzhou	0.20	15.59	0.90	7.52	1.80
怀化市	Huaihua	0.26	7.01	0.66	4.78	1.85
娄底市	Loudi	1.19	10.41	0.37	13.02	1.25
湘西州	Xiangxi	0.01	2.50	0.39	1.10	0.80

注：“四上”企业指规模以上工业、服务业法人单位；有资质的建筑业法人单位；限额以上批发和零售业、住宿和餐饮业法人单位；有开发经营活动的全部房地产开发经营业法人单位（后表同）。

An enterprise of "four scale" refers to a legal entity of industry or service industry above the scale; Qualified legal entity in construction industry; Corporate units of wholesale and retail, accommodation and catering industries above designated size; All legal entities engaged in real estate development and business activities (The following table is the same).

21-4 续表

单位：万人

市 州	Cities and States	交通运输、仓储和邮政业 Transport, Storage and Post	住宿和餐饮业 Acco-mmodation and Restaurants	信息传输、软件和信息技术服务业 Information Transfer, Computer Services and Software	房地产业 Real Estate Trade	租赁和商务服务业 Tenancy and Business Services
全 省	**Total**	**19.37**	**14.67**	**10.00**	**21.59**	**21.93**
长沙市	Changsha	8.00	5.70	5.71	6.97	10.40
株洲市	Zhuzhou	0.79	1.24	0.35	2.16	0.83
湘潭市	Xiangtan	0.68	0.59	0.22	1.06	0.72
衡阳市	Hengyang	1.54	0.96	0.48	1.86	1.31
邵阳市	Shaoyang	0.93	0.91	0.35	1.26	0.90
岳阳市	Yueyang	1.50	0.85	0.57	1.81	1.60
常德市	Changde	1.51	0.96	0.47	1.07	1.92
张家界市	Zhangjiajie	0.19	0.38	0.14	0.18	0.12
益阳市	Yiyang	0.45	0.36	0.24	0.50	0.16
郴州市	Chenzhou	0.84	0.92	0.30	1.48	0.56
永州市	Yongzhou	0.77	0.64	0.31	1.06	0.52
怀化市	Huaihua	0.82	0.44	0.32	1.08	0.53
娄底市	Loudi	0.92	0.40	0.27	0.60	1.92
湘西州	Xiangxi	0.42	0.32	0.27	0.50	0.44

Continued

(10 000 persons)

科学研究和技术服务业 Scientific Research and Technical Services	水利、环境和公共设施管理业 Management of Water Conservancy, Public Facilities	居民服务、修理和其他服务业 Services to Households, Repair and Other Services	教 育 Education	卫 生 和社会工作 Health and Social Service	文化体育和娱乐业 Culture, Sports and Entertainment
10.37	**3.47**	**4.65**	**5.60**	**6.41**	**6.06**
6.25	0.88	1.38	0.70	1.94	2.27
0.53	0.29	0.26	0.29	0.47	0.23
0.26	0.06	0.12	0.10	0.14	0.42
0.31	0.31	0.56	1.11	0.57	0.32
0.18	0.18	0.67	0.94	1.04	0.29
0.96	0.35	0.23	0.36	0.38	0.58
0.96	0.24	0.43	0.60	0.45	0.50
	0.14	0.04	0.02	0.11	0.08
0.13	0.14	0.02	0.03	0.16	0.24
0.44	0.21	0.17	0.64	0.27	0.20
0.07	0.16	0.30	0.38	0.30	0.20
0.10	0.20	0.18	0.09	0.19	0.32
0.12	0.22	0.15	0.14	0.32	0.35
0.08	0.10	0.13	0.20	0.07	0.06

21-5 “四上”企业年末从业人员(2022年)

单位：万人

市 州	Cities and States	从业人员期末人数 Number of Employees at the End of the Term	国有企业 State-owned Enterprises	集体企业 Collective-owned Enterprises	股份合作企业 Enterprises Cooperated by Joint-stock
全 省	**Total**	**598.30**	**22.18**	**7.38**	**0.27**
长沙市	Changsha	167.00	9.29	0.36	0.01
株洲市	Zhuzhou	59.83	1.00	0.34	
湘潭市	Xiangtan	37.91	0.53	0.19	0.02
衡阳市	Hengyang	44.32	1.08	0.82	
邵阳市	Shaoyang	43.05	1.01	1.24	0.04
岳阳市	Yueyang	50.93	2.32	0.51	0.02
常德市	Changde	41.54	0.76	0.02	
张家界市	Zhangjiajie	4.73	0.19	0.21	0.02
益阳市	Yiyang	29.06	1.21	0.14	0.03
郴州市	Chenzhou	31.34	1.31	0.13	0.02
永州市	Yongzhou	30.73	1.11	1.58	0.04
怀化市	Huaihua	18.84	0.94	0.62	0.03
娄底市	Loudi	31.63	0.78	0.87	
湘西州	Xiangxi	7.39	0.65	0.34	0.04

Number of Employed Persons in "Four Scale" Enterprises at the Year-end (2022)

(10 000 persons)

联营企业 Cooperative Enterprises	有限责任公司 Limited Liability Company	股份有限公司 Company Limited by Shares	私营企业 Individual-owned Enterprises	其他企业 Enterprises of Other Types of Ownership	港、澳、台商投资企业 Enterprises Funded by Entrepreneurs From Hong Kong, Macao and Taiwan	外商投资企业 Enterprises Funded by Foreigners
0.19	**136.87**	**20.37**	**371.77**	**4.86**	**23.58**	**10.85**
0.01	51.33	7.33	79.29	0.48	13.22	5.68
	11.87	4.96	40.37	0.20	0.59	0.50
	9.02	0.68	26.05	0.07	0.73	0.64
0.01	9.20	0.59	30.05	0.73	1.07	0.77
	6.52	0.54	31.55	0.72	1.35	0.09
	8.99	1.91	35.49	0.43	0.51	0.73
0.06	10.71	0.73	26.36	1.07	1.38	0.44
	1.12	0.21	2.82		0.11	0.06
	3.99	0.75	22.48	0.03	0.27	0.17
	7.12	0.91	19.18	0.63	1.69	0.34
0.01	5.21	0.40	19.52	0.26	1.61	0.98
0.04	3.84	0.52	12.38	0.05	0.28	0.14
0.05	6.24	0.47	22.15	0.06	0.74	0.27
	1.72	0.36	4.08	0.13	0.04	0.04

21-6 “四上”企业年末在岗职工人数(2022年)
Number of Employees On the Job in "Four Scale" Enterprises at the Year-end (2022)

单位：万人 (10 000 persons)

市 州	Cities and States	在岗职工 Staff and Workers on the Job	国有企业 State-owned Enterprises	集体企业 Collective-owned Enterprises	其他企业 Enterprises of Other Types of Ownership
全 省	**Total**	**564.17**	**20.51**	**6.10**	**537.56**
长沙市	Changsha	159.36	9.22	0.36	149.78
株洲市	Zhuzhou	56.68	0.86	0.29	55.53
湘潭市	Xiangtan	36.05	0.52	0.18	35.34
衡阳市	Hengyang	41.75	0.94	0.70	40.11
邵阳市	Shaoyang	40.64	0.92	0.89	38.83
岳阳市	Yueyang	47.56	1.70	0.40	45.46
常德市	Changde	39.27	0.74	0.02	38.51
张家界市	Zhangjiajie	4.36	0.15	0.10	4.10
益阳市	Yiyang	27.08	1.13	0.11	25.85
郴州市	Chenzhou	29.00	1.29	0.10	27.61
永州市	Yongzhou	29.17	0.91	1.44	26.82
怀化市	Huaihua	17.64	0.85	0.51	16.27
娄底市	Loudi	28.69	0.71	0.71	27.28
湘西州	Xiangxi	6.91	0.56	0.29	6.06

21-7 “四上”企业在岗职工工资总额和年平均工资 (2022年)
Total Wages and Average Annual Wages of Employees On the Job in "Four Scale" Enterprises (2022)

市　州	Cities and States	在岗职工工资总额（亿元） Total Wages of Staff and Workers on the Job (100 million yuan)	#国有企业 State-owned Enterprises	#集体企业 Collective-owned Enterprises	在岗职工年平均工资（元） Average Annual Wages of Staff and Workers on the Job (yuan)	#国有企业 Stateowned Enterprises	#集体企业 Collective Enterprises	#其他 Others	在岗职工年平均工资发展速度（上年=100） The Growth Rate of Average Annual Wages (preceding year=100)
全　省	**Total**	**3944.86**	**242.21**	**29.12**	**70992**	**118353**	**50843**	**69380**	**103.3**
长沙市	Changsha	1487.50	144.46	1.83	93362	156500	51993	89567	108.1
株洲市	Zhuzhou	416.02	9.60	1.75	74499	109985	65233	73978	103.0
湘潭市	Xiangtan	217.63	4.03	1.69	63056	78264	91793	62668	102.3
衡阳市	Hengyang	239.47	8.12	3.05	59040	87865	46913	58559	101.4
邵阳市	Shaoyang	220.78	7.51	4.45	55200	80649	50662	54685	104.5
岳阳市	Yueyang	295.22	15.69	2.28	63312	92848	57328	62245	102.0
常德市	Changde	245.21	9.26	0.12	63514	131075	55379	62259	102.5
张家界市	Zhangjiajie	23.75	1.45	0.59	55851	97327	53375	54367	102.4
益阳市	Yiyang	150.89	7.92	0.51	57187	69958	54342	56623	103.4
郴州市	Chenzhou	173.48	10.94	0.62	60530	83429	60799	59428	105.5
永州市	Yongzhou	154.54	8.35	5.00	54561	91244	41191	53900	100.8
怀化市	Huaihua	97.08	6.04	2.30	55492	71247	48005	54887	99.9
娄底市	Loudi	181.93	4.73	3.88	64446	67811	55609	64589	101.1
湘西州	Xiangxi	41.35	4.11	1.06	60371	75771	37805	60030	100.6

21−8 固定资产投资增速、按行业分固定资产投资占比（2022年）

单位：%

市 州	Cities and States	固定资产投资增速 Fixed Asset Investment Growth	按行业分固定资产投资占比							
			农、林、牧、渔业 Agriculture, Forestry, Farming of Animals and Fishing	采矿业 Mining	制造业 Manufacturing	电力、燃气及水的生产和供应业 Production and Distribution of Electricity, Gas and Water	建筑业 Construction	批发和零售业 Wholesale and Retail Trade	交通运输、仓储和邮政业 Transportation, Storage and Postal Services	住宿和餐饮业 Accommodation and Catering
全 省	**Total**	**6.6**	**3.3**	**0.9**	**35.9**	**4.3**	**0.1**	**1.1**	**8.0**	**0.5**
长沙市	Changsha	5.1	1.0	0.2	28.6	3.0	0.1	0.5	6.7	0.3
株洲市	Zhuzhou	−15.0	3.8	0.9	42.1	6.0	0.1	1.9	7.1	0.7
湘潭市	Xiangtan	7.9	1.6	0.2	44.5	3.2		0.9	2.8	0.8
衡阳市	Hengyang	9.7	3.4	1.3	40.0	3.2		0.7	5.3	0.6
邵阳市	Shaoyang	8.7	5.5	0.4	35.3	5.9		1.8	8.5	0.3
岳阳市	Yueyang	13.2	2.4	0.3	47.3	6.0	0.1	1.5	5.3	0.3
常德市	Changde	2.4	6.9	1.0	40.8	2.3		1.9	6.6	1.0
张家界市	Zhangjiajie	−15.7	2.6	0.3	15.3	8.3		0.4	6.8	2.4
益阳市	Yiyang	12.5	3.8	0.8	44.6	5.1		0.4	4.5	0.4
郴州市	Chenzhou	13.0	3.7	3.5	40.2	3.5		1.1	3.3	0.4
永州市	Yongzhou	9.0	6.5	1.6	30.6	8.0	0.2	1.8	8.1	0.5
怀化市	Huaihua	12.4	4.4	1.1	21.5	5.9		1.6	13.0	0.7
娄底市	Loudi	6.1	4.6	1.4	45.8	4.8	0.2	0.9	3.2	0.2
湘西州	Xiangxi	8.1	3.3	0.5	13.0	5.5		0.5	14.7	0.7

Fixed Asset Investment Growth, The Proportion of Investment in Fixed Assets by Sector (2022)

(%)

The Proportion of Investment in Fixed Assets by Sector										
信息传输、软件和信息技术服务业 Information Transmission, Software and IT Services	金融业 Finance	房地产业 Real Estate Trade	租赁和商务服务业 Tenancy and Business Services	科学研究、技术服务业 Scientific Research, Technical Services	水利、环境和公共设施管理业 Management of Water Conservancy, Environment and Public Establishment	居民服务、修理和其他服务业 Resident Services, Repairs and Other Services	教育 Education	卫生和社会工作业 Health and Social Work Sector	文化、体育和娱乐业 Culture, Sports and Entertainment	公共管理、社会保障和社会组织 Public Administration, Social Security and Social Organizations
1.6		**18.0**	**3.9**	**2.5**	**11.9**	**0.3**	**2.6**	**2.1**	**2.6**	**0.3**
2.7	0.1	34.4	4.7	2.0	8.6	0.1	3.4	1.3	2.0	0.3
0.9		15.0	2.8	0.8	10.4	0.3	3.4	1.5	1.9	0.5
2.1		12.9	7.2	5.3	10.9	0.7	1.7	2.5	2.6	0.1
1.8		14.4	4.2	4.0	10.7	0.6	2.6	2.5	4.8	0.1
0.6		17.9	2.6	1.6	13.1	0.5	1.8	2.8	1.4	0.1
0.7		7.6	3.4	2.9	15.4		1.9	2.2	1.4	1.4
0.9		11.3	2.7	1.6	15.2	0.5	1.8	3.0	1.9	0.4
2.2		29.9	5.2	0.1	18.7	0.7	1.3	1.9	3.3	0.6
0.1		12.8	1.2	1.2	16.1	0.6	2.4	2.0	3.8	0.1
2.6		9.3	4.5	6.9	12.5	0.3	3.2	2.2	2.5	0.2
0.8		12.0	5.2	1.2	13.5	0.7	3.2	2.4	3.4	0.2
0.6	0.3	20.0	4.1	1.2	16.0	0.7	2.4	2.3	4.0	0.2
2.0		12.4	2.0	1.4	12.9	0.1	2.3	2.0	3.6	0.1
1.2		31.4	0.9	0.2	13.3	0.2	4.6	4.3	5.1	0.6

21-9 固定资产投资项目个数、项目投产率(2022年)
Number of Fixed Assets Investment Project, Project Production Rate (2022)

市 州	Cities and States	施工项目（个） Number of Construction Projects (unit)	全部建成投产项目（个） Projects Completed and Put into Use (unit)	项目投产率（%） Project Commissioning Rate (%)
全 省	**Total**	**28668**	**17825**	**62.2**
长沙市	Changsha	4760	3153	66.2
株洲市	Zhuzhou	2078	1224	58.9
湘潭市	Xiangtan	2162	1541	71.3
衡阳市	Hengyang	2427	1415	58.3
邵阳市	Shaoyang	2327	1495	64.2
岳阳市	Yueyang	1779	1087	61.1
常德市	Changde	2831	1680	59.3
张家界市	Zhangjiajie	393	211	53.7
益阳市	Yiyang	1644	1032	62.8
郴州市	Chenzhou	2207	1394	63.2
永州市	Yongzhou	2334	1489	63.8
怀化市	Huaihua	1580	880	55.7
娄底市	Loudi	1469	945	64.3
湘西州	Xiangxi	663	279	42.1

注：施工、全投项目及项目投产率未包括房地产开发统计资料。

The data of projects under construction, projects completed put into use and rate of projects completed put into use excluded information of real estate development.

21-10 房地产开发情况(2022年)

Real Estate Development (2022)

市 州	Cities and States	开发公司个数（个） Number of Develop-ment Enterprises (unit)	国有经济 State-owned Enterprises	集体经济 Collective-owned Enterprises	外商投资经济 Foreign Funded Enterprises	港澳台投资经济 Economy With Funded From H.K,Macao and Taiwan	房地产开发投资（亿元） Investment (100 million yuan)
全 省	**Total**	**4666**	**162**	**7**	**31**	**61**	**4858.26**
长沙市	Changsha	824	49	1	11	25	2281.48
株洲市	Zhuzhou	437	25	2	2	4	254.42
湘潭市	Xiangtan	177	11		1	2	239.48
衡阳市	Hengyang	505	8	1	3	4	286.06
邵阳市	Shaoyang	331	8	1		2	259.81
岳阳市	Yueyang	412	8		8	5	195.61
常德市	Changde	285	12		2	2	252.06
张家界市	Zhangjiajie	92	3		1	3	60.14
益阳市	Yiyang	206	10	1		1	143.62
郴州市	Chenzhou	382	11		1	5	196.87
永州市	Yongzhou	281	6		2	2	199.91
怀化市	Huaihua	319	3	1		4	238.60
娄底市	Loudi	206	2			2	118.42
湘西州	Xiangxi	209	6				131.78

21-10 续表 Continued

市 州	Cities and States	主营业务收入（亿元）Main Business Revenue (100 million yuan)	土地转让收入 Land Transferred	商品房屋销售收入 Commercial Houses Sold	房屋出租收入 Houses Leased	其他收入 Others	营业税金及附加（亿元）Business Taxes and Additional (100 million yuan)	利润总额（亿元）Total Profits (100 million yuan)
全 省	**Total**	**3397.10**	**32.33**	**3284.38**	**22.35**	**48.48**	**147.86**	**101.46**
长沙市	Changsha	1419.30	8.34	1370.78	16.29	19.40	66.00	44.88
株洲市	Zhuzhou	194.85	7.50	180.56	2.44	3.82	8.15	-7.95
湘潭市	Xiangtan	119.86	0.35	118.04	0.18	1.28	3.43	-9.43
衡阳市	Hengyang	227.38	2.05	222.85	0.33	0.49	9.70	9.45
邵阳市	Shaoyang	150.28	0.02	143.50	0.10	6.65	6.46	11.13
岳阳市	Yueyang	214.43	0.13	211.40	0.65	1.56	5.15	4.47
常德市	Changde	221.89	6.43	213.86	0.74	0.85	10.78	1.26
张家界市	Zhangjiajie	47.17	0.01	46.30	0.05	0.78	2.20	0.12
益阳市	Yiyang	118.30	6.56	110.30	0.07	1.25	6.75	-1.82
郴州市	Chenzhou	192.26	0.22	180.73	0.68	9.34	6.68	8.23
永州市	Yongzhou	169.14	0.00	165.75	0.04	2.83	8.70	24.43
怀化市	Huaihua	115.71	0.39	115.06	0.07	0.01	6.02	7.90
娄底市	Loudi	109.59	0.08	108.79	0.60	0.06	3.39	5.13
湘西州	Xiangxi	96.95	0.25	96.46	0.11	0.13	4.45	3.66

21－11 商品房屋销售情况(2022年)
Sales of Commercial House (2022)

市 州	Cities and States	商品房屋销售面积（平方米） Floor Space of Selling Commercial House (sq.m)	#住宅 Residential Buildings	商品房屋销售额（万元） Total Sales of Commercial House (10 000 yuan)	#住宅 Residential Buildings	商品房平均销售价格(元/平方米) Average Selling Price of Selling Commercial House(yuan/sq.m)	#住宅 Residential Buildings
全 省	**Total**	**66525750**	**59795088**	**42386982**	**37482323**	**6371.52**	**6268.46**
长沙市	Changsha	16993613	14729700	17897224	15765160	10531.74	10702.97
株洲市	Zhuzhou	3304845	2725215	1858419	1511172	5623.32	5545.15
湘潭市	Xiangtan	4134906	3805198	2254906	2040999	5453.34	5363.71
衡阳市	Hengyang	5665771	5386791	2772171	2607437	4892.84	4840.43
邵阳市	Shaoyang	4416534	4187336	2000672	1859063	4529.96	4439.73
岳阳市	Yueyang	3966288	3505929	2067329	1811877	5212.25	5168.04
常德市	Changde	4496810	4102526	2277488	1974135	5064.67	4812.00
张家界市	Zhangjiajie	670368	628584	358214	323869	5343.54	5152.36
益阳市	Yiyang	2361025	2035935	1222441	1047315	5177.59	5144.15
郴州市	Chenzhou	6240538	5585063	3027967	2651030	4852.09	4746.64
永州市	Yongzhou	5865086	5255882	2849687	2455169	4858.73	4671.28
怀化市	Huaihua	4377970	4219547	1883606	1789713	4302.46	4241.48
娄底市	Loudi	2566108	2317199	1281958	1112453	4995.73	4800.85
湘西州	Xiangxi	1465888	1310183	634900	532931	4331.16	4067.61

21-12 房地产开发建设房屋建筑面积和价值(2022年)
Floor Space of Building and Value of Real Estate Development (2022)

市 州	Cities and States	施工房屋面积（平方米）Floor Space of Buildings under Construction (sq.m)	竣工房屋面积（平方米）Floor Space of Buildings Completed (sq.m)	房屋建筑面积竣工率（%）Rate of Floor Space of Buildings Completed (%)	竣工房屋价值（万元）Value of Buildings Completed (10 000 yuan)
全 省	**Total**	**383669951**	**34357085**	**9.0**	**12286835**
长沙市	Changsha	117200656	13860040	11.8	6251161
株洲市	Zhuzhou	32450352	1043411	3.2	364679
湘潭市	Xiangtan	19678459	2384220	12.1	1070395
衡阳市	Hengyang	29663270	2398345	8.1	514692
邵阳市	Shaoyang	19228732	1378641	7.2	295645
岳阳市	Yueyang	27323318	2134186	7.8	613727
常德市	Changde	26183361	2466846	9.4	847480
张家界市	Zhangjiajie	6267929	404378	6.5	109366
益阳市	Yiyang	13713448	1007869	7.3	307134
郴州市	Chenzhou	26277678	1589026	6.0	353930
永州市	Yongzhou	15896892	1650310	10.4	417568
怀化市	Huaihua	21971405	1421908	6.5	409615
娄底市	Loudi	13979702	1332640	9.5	441698
湘西州	Xiangxi	13834749	1285265	9.3	289745

21-13 地方财政收入情况(2022年)
Public Budgetary Revenue (2022)

单位：亿元 (100 million yuan)

市 州	Cities and States	地方一般公共预算收入 General Public Budget Revenue	税收收入 Taxes Revenue	增值税 Value Added Tax	企业所得税 Income Tax of Enterprises	个人所得税 Individual Income Tax	非税收入 No-tax Revenue
全 省	**Total**	**3101.76**	**2004.46**	**541.50**	**234.26**	**101.53**	**1097.30**
长沙市	Changsha	1202.00	852.88	309.92	103.24	53.79	349.12
株洲市	Zhuzhou	190.88	136.17	47.35	8.46	4.40	54.71
湘潭市	Xiangtan	127.43	87.00	39.97	5.78	2.58	40.43
衡阳市	Hengyang	191.11	130.61	36.62	8.07	2.71	60.50
邵阳市	Shaoyang	127.97	82.41	23.63	6.35	1.48	45.56
岳阳市	Yueyang	185.04	120.98	42.94	7.47	4.08	64.06
常德市	Changde	209.65	133.62	28.58	8.18	3.37	76.03
张家界市	Zhangjiajie	35.39	23.80	5.93	2.09	2.12	11.60
益阳市	Yiyang	100.12	66.77	22.90	4.79	2.87	33.35
郴州市	Chenzhou	177.97	126.06	44.14	6.13	2.31	51.91
永州市	Yongzhou	158.58	109.38	26.02	4.55	2.77	49.20
怀化市	Huaihua	119.56	83.73	17.53	3.45	2.05	35.82
娄底市	Loudi	91.71	64.19	29.42	5.77	1.46	27.52
湘西州	Xiangxi	74.59	40.32	13.22	3.93	1.21	34.27

21−14 公共财政支出情况(2022年)
Public Budgetary Expenditure (2022)

单位：亿元 (100 million yuan)

市 州	Cities and States	一般公共预算支出 General Public Budget Expenditure	教育 Education	社会保障和就业 Social Security Programs and Employment	卫生健康 Health	农林水利事务 Agriculture, Forest and Irrigation	一般公共服务 General Public Services
全 省	**Total**	**8991.61**	**1500.39**	**1441.66**	**820.61**	**995.44**	**841.91**
长沙市	Changsha	1566.26	292.99	145.58	108.80	103.10	161.24
株洲市	Zhuzhou	540.68	75.23	51.74	41.12	41.52	47.79
湘潭市	Xiangtan	269.85	39.11	36.92	28.12	31.00	28.58
衡阳市	Hengyang	618.29	109.63	90.56	72.80	69.69	60.26
邵阳市	Shaoyang	637.05	115.86	84.08	76.81	84.15	70.50
岳阳市	Yueyang	570.71	84.37	71.64	61.14	72.56	61.57
常德市	Changde	637.15	90.50	95.14	66.44	95.80	58.89
张家界市	Zhangjiajie	213.32	27.69	26.61	21.49	29.02	24.53
益阳市	Yiyang	400.93	65.60	58.76	47.68	60.27	44.58
郴州市	Chenzhou	506.90	91.48	72.02	56.16	61.48	49.93
永州市	Yongzhou	524.79	102.77	81.30	68.63	80.69	44.59
怀化市	Huaihua	508.91	93.28	70.27	56.06	86.25	50.53
娄底市	Loudi	358.12	69.05	54.41	40.28	49.52	43.93
湘西州	Xiangxi	353.88	63.31	47.11	41.15	63.11	37.36

21–15 金融机构人民币存款情况（2022年）
RMB Deposits of Financial Institutions (2022)

单位：亿元 (100 million yuan)

市 州	Cities and States	各项存款 Deposits	住户存款 Personal Deposits	非金融企业存款 Corporate Deposits	机关团体存款 Corporate Deposits	财政性存款 Fiscal Deposits	非银行业金融机构存款 Non-banking Financial Institutions Deposit
全 省	**Total**	**69770.07**	**41203.71**	**13930.91**	**9563.42**	**1445.30**	**3590.36**
长沙市	Changsha	27636.48	9703.39	8834.37	4996.72	764.45	3313.59
株洲市	Zhuzhou	4222.37	2881.92	769.50	477.26	61.47	30.93
湘潭市	Xiangtan	2817.40	2093.08	459.83	231.85	16.21	15.58
衡阳市	Hengyang	5235.44	4054.09	547.64	571.79	51.32	7.91
邵阳市	Shaoyang	4040.70	3217.46	383.57	397.93	33.77	6.80
岳阳市	Yueyang	3726.25	2563.05	560.68	485.53	83.16	32.51
常德市	Changde	4424.06	3259.31	536.76	426.16	165.44	35.37
张家界市	Zhangjiajie	1074.15	742.77	98.12	176.19	19.73	37.04
益阳市	Yiyang	2868.14	2222.84	278.37	295.56	59.65	11.03
郴州市	Chenzhou	3344.26	2514.49	393.95	351.04	54.61	29.22
永州市	Yongzhou	3068.92	2490.10	242.19	269.38	49.66	16.59
怀化市	Huaihua	2804.29	2210.19	200.89	358.59	21.70	12.45
娄底市	Loudi	2756.14	2111.29	319.20	289.23	19.68	16.19
湘西州	Xiangxi	1531.26	1135.54	144.70	185.99	44.47	20.48

21-16 金融机构人民币贷款情况(2022年)
RMB Loans of Financial Institutions (2022)

单位：亿元 (100 million yuan)

市 州	Cities and States	各项贷款 Loans	住户贷款 Households Loans	非金融企业及机关团体贷款 Non-financial Enterprises and Institutions Loans
全 省	**Total**	**62072.08**	**21575.75**	**40323.25**
长沙市	Changsha	29614.76	8404.48	21125.37
株洲市	Zhuzhou	3231.77	1305.81	1923.46
湘潭市	Xiangtan	3056.31	797.16	2252.41
衡阳市	Hengyang	3200.88	1436.18	1732.68
邵阳市	Shaoyang	2531.33	1192.80	1328.83
岳阳市	Yueyang	3213.64	1119.06	2092.34
常德市	Changde	3251.20	1257.57	1959.06
张家界市	Zhangjiajie	1169.11	432.18	736.90
益阳市	Yiyang	2102.01	749.71	1352.18
郴州市	Chenzhou	2534.09	1256.05	1277.98
永州市	Yongzhou	2304.33	1163.40	1140.86
怀化市	Huaihua	1950.39	975.09	975.19
娄底市	Loudi	1764.42	731.71	1032.71
湘西州	Xiangxi	1416.86	648.23	768.62

21-17 农业基本情况（2022年）
Basic Indicators of Agriculture (2022)

市 州	Cities and States	第一产业从业人员（万人）Workers in The Primary Industry (10 000 persons)	造林面积（万公顷）Afforesta-tion Areas (10 000 hectares)
全 省	**Total**	**785.00**	**30.02**
长沙市	Changsha	53.05	0.96
株洲市	Zhuzhou	28.05	2.06
湘潭市	Xiangtan	25.52	0.96
衡阳市	Hengyang	90.33	3.68
邵阳市	Shaoyang	95.53	2.57
岳阳市	Yueyang	56.76	2.77
常德市	Changde	81.30	3.13
张家界市	Zhangjiajie	23.28	0.68
益阳市	Yiyang	57.57	1.87
郴州市	Chenzhou	56.97	3.42
永州市	Yongzhou	75.04	3.04
怀化市	Huaihua	65.74	2.19
娄底市	Loudi	39.72	0.83
湘西州	Xiangxi	36.15	1.86

21−18 农业生产条件(2022年)
Condition of Agricultural Production (2022)

市 州	Cities and States	农业机械总动力（万千瓦）Total Power of Agricultural Machinery (10 000 kw)	有效灌溉面积（千公顷）Effective Irrigated Area (1000 hectares)	化肥施用量（万吨）Consumption of Chemical Fertilizers (10 000 tons)	每公顷面积产量（公斤）Yield Per Hectare (kg)		
					粮食 Grain Crops	棉花 Cotton	油料 Oil-bearing Crops
全 省	**Total**	**6755.95**	**3239.00**	**215.87**	**6333**	**1274**	**1824**
长沙市	Changsha	632.70	235.82	16.52	6750		1835
株洲市	Zhuzhou	430.66	165.16	9.64	6832	1266	1794
湘潭市	Xiangtan	300.67	141.60	9.02	6965	800	1706
衡阳市	Hengyang	611.12	288.61	21.34	6529	1109	1705
邵阳市	Shaoyang	530.09	292.83	20.83	6631	1088	1836
岳阳市	Yueyang	663.18	372.55	19.49	6178	1248	1818
常德市	Changde	685.96	474.89	31.05	6407	1343	2014
张家界市	Zhangjiajie	122.42	54.62	5.52	5022	840	1742
益阳市	Yiyang	581.72	279.32	18.41	6293	1364	1803
郴州市	Chenzhou	461.92	240.06	16.09	5960	827	1830
永州市	Yongzhou	675.46	211.64	21.88	6168	1364	1921
怀化市	Huaihua	482.22	200.70	10.82	6251	570	1636
娄底市	Loudi	380.01	106.94	8.24	6374	1107	1881
湘西州	Xiangxi	197.83	174.26	7.02	5372	701	1644

21－19 主要农业机械年末拥有量（2022年）
Year-end Possession of Major Agriculture Machinery (2022)

市 州	Cities and States	大中型拖拉机 Large and Medium Tractors		小型及手扶拖拉机 Mini and Walking Tractors		排灌机械 Machinery for Agricultural Drainage and Irrigation
		台 (unit)	千瓦 (kw)	台 (unit)	千瓦 (kw)	台 (unit)
全 省	**Total**	**101707**	**4422063**	**187613**	**2362870**	**2484942**
长沙市	Changsha	9493	424013	25414	310529	210446
株洲市	Zhuzhou	5445	251946	23911	278078	56538
湘潭市	Xiangtan	3579	104273	2363	34188	181533
衡阳市	Hengyang	8052	332470	15072	222798	265321
邵阳市	Shaoyang	6006	252312	8034	100794	215785
岳阳市	Yueyang	13228	580143	23447	295115	174718
常德市	Changde	18308	795204	22567	297896	199825
张家界市	Zhangjiajie	1807	84350	2185	33679	47915
益阳市	Yiyang	10888	620148	22908	262450	290946
郴州市	Chenzhou	4333	231656	3588	48513	109188
永州市	Yongzhou	12947	447698	20493	257759	314573
怀化市	Huaihua	3552	148536	5358	67284	160372
娄底市	Loudi	2777	95913	7409	88957	228105
湘西州	Xiangxi	1292	53402	4864	64830	29677

21-20 机耕面积及水库、堤防(2022年)
Tractor-ploughed Area, Reservoirs and Dikes (2022)

市 州	Cities and States	机耕面积（千公顷） Tractor Ploughed Area (1000 hectares)	水 库（座） Number of Reservoirs (set)	堤防长度（公里） Total Length of Dikes (km)
全 省	**Total**	**6474.87**	**13737**	**19734.91**
长沙市	Changsha	495.20	611	1250.91
株洲市	Zhuzhou	262.85	957	957.53
湘潭市	Xiangtan	267.50	375	934.51
衡阳市	Hengyang	672.18	1531	2233.85
邵阳市	Shaoyang	562.90	1291	311.37
岳阳市	Yueyang	723.25	1567	2433.81
常德市	Changde	986.04	1406	3516.04
张家界市	Zhangjiajie	104.89	257	337.65
益阳市	Yiyang	495.64	621	3151.82
郴州市	Chenzhou	506.04	1038	1145.34
永州市	Yongzhou	593.80	1368	1157.29
怀化市	Huaihua	396.84	1288	1029.45
娄底市	Loudi	222.52	742	472.61
湘西州	Xiangxi	185.20	685	802.73

注：机耕面积由农机部门提供，水库、堤防长度数据由水利部门提供。

The Date of Tractor-Ploughed Area are provided by Department of agriculture machinery, The Data of Reservoirs and Dikes are provided by Department of the water conservancy.

21-21 农林牧渔业总产值（2022年）

Gross Output Value of Farming, Forestry, Animal Husbandry and Fishery (2022)

单位：万元 (10 000 yuan)

市 州	Cities and States	农林牧渔业总产值 Gross Output Value of Farming, Forestry, Animal Husbandry and Fishery	指 数（上年=100）Indices (preceding year=100)	农业产值 Output Value of Farming	林业产值 Output Value of Forestry	牧业产值 Output Value of Animal Husbandry	渔业产值 Output Value of Fishery	农林牧渔专业及辅助性活动产值 Output Value of Farming, Forestry, Animal Husbandry, Fishery and Auxiliary Activities
长沙市	Changsha	7760263	103.8	5022470	374829	1586373	297805	478787
株洲市	Zhuzhou	4294253	103.4	2144889	336319	1457580	187708	167758
湘潭市	Xiangtan	3214712	103.6	1401064	160384	1260908	204149	188208
衡阳市	Hengyang	8428676	103.8	3164881	639528	3294091	749652	580524
邵阳市	Shaoyang	7415487	103.7	3917113	240495	2655187	212940	389752
岳阳市	Yueyang	8466661	104.0	3797864	246098	2279040	1647897	495762
常德市	Changde	8965758	103.7	4113745	213039	3098728	894709	645538
张家界市	Zhangjiajie	1459888	103.2	866988	107059	380683	45264	59894
益阳市	Yiyang	6533189	103.6	3348595	192467	1685155	896084	410888
郴州市	Chenzhou	5664363	104.1	2709656	493401	2040105	197301	223900
永州市	Yongzhou	8517268	103.9	3861886	1137819	2559041	518368	440154
怀化市	Huaihua	5077477	103.7	2575279	350205	1872947	162994	116052
娄底市	Loudi	3681970	104.0	1778137	94450	1497526	173451	138407
湘西州	Xiangxi	2121373	103.1	1398091	55797	614835	24294	28356

21-22 经济作物播种面积(2022年)
Sown Area of Cash Crops (2022)

单位：千公顷 (1000 hectares)

市 州	Cities and States	油料面积 Area of Oil	烤烟面积 Area of Flue-cured Tobacco	蔬菜面积 Area of Vegetables
全 省	**Total**	**1518.19**	**96.33**	**1407.27**
长沙市	Changsha	58.17	6.49	166.28
株洲市	Zhuzhou	57.68	1.60	83.96
湘潭市	Xiangtan	35.07		58.29
衡阳市	Hengyang	204.81	5.96	67.73
邵阳市	Shaoyang	127.86	4.33	158.77
岳阳市	Yueyang	130.80	0.01	84.92
常德市	Changde	305.53	4.68	124.17
张家界市	Zhangjiajie	52.45	6.24	39.72
益阳市	Yiyang	140.55	0.08	134.58
郴州市	Chenzhou	79.43	31.03	112.08
永州市	Yongzhou	100.59	21.10	203.28
怀化市	Huaihua	126.04	0.75	73.52
娄底市	Loudi	40.67	0.12	44.10
湘西州	Xiangxi	58.55	13.93	55.88

21-23 主要经济作物及水产品产量(2022年)
Output of Main Cash Crop and Aquatic Product (2022)

单位：吨 (ton)

市 州	Cities and States	油料产量 Oil-Bearing Crops	油菜籽 Rapeseeds	苎 麻 Ramie	烤 烟 Flue-cured Tobacco	蔬 菜 Vegetables
全 省	**Total**	**2769624**	**2438247**	**3359**	**194800**	**43567043**
长沙市	Changsha	106740	93591		12113	5903217
株洲市	Zhuzhou	103454	88941	1086	4043	3417867
湘潭市	Xiangtan	59840	55980	23		1763546
衡阳市	Hengyang	349288	322549	55	12301	2251084
邵阳市	Shaoyang	234698	180916	94	9023	3297688
岳阳市	Yueyang	237831	211871	201	50	2811311
常德市	Changde	615412	596818	1283	9455	3637905
张家界市	Zhangjiajie	91357	80710	25	15030	1072612
益阳市	Yiyang	253472	234656	301	98	4981773
郴州市	Chenzhou	145317	108737		61598	3548822
永州市	Yongzhou	193206	133270	11	45916	6589725
怀化市	Loudi	206245	193183	4	1844	1747236
娄底市	Huaihua	76485	56435	102	197	1711506
湘西州	Xiangxi	96277	80591	176	23132	832753

21－23 续表 Continued

单位：吨 (ton)

市 州	Cities and States	茶叶 Tea	水果产量 Fruit	柑橘 Citrus	水产品产量 Aquatic Products
全 省	**Total**	**265334**	**12081684**	**6393231**	**2725944**
长沙市	Changsha	49663	406306	102582	123673
株洲市	Zhuzhou	2645	442590	83747	104340
湘潭市	Xiangtan	2349	128012	20453	102197
衡阳市	Hengyang	4602	571518	82641	297481
邵阳市	Shaoyang	6950	1204930	665207	99110
岳阳市	Yueyang	16824	554741	102181	546385
常德市	Changde	30184	1448214	1120093	486269
张家界市	Zhangjiajie	5802	323955	254987	8380
益阳市	Yiyang	97935	661881	250003	458804
郴州市	Chenzhou	9717	1044172	477074	114749
永州市	Yongzhou	3247	1788285	751833	195129
怀化市	Loudi	12872	2269741	1745179	80862
娄底市	Huaihua	8628	311111	84666	93253
湘西州	Xiangxi	13918	926227	652585	15312

21-24 主要林产品产量(2022年)
Output of Major Forest Products (2022)

市州	Cities and States	油茶籽（吨） Tea-oil Seeds (ton)	竹笋干（吨） Bamboo Shoots (ton)	木材采伐量（万方） Woods Cuts (10 000 cu.m)	竹材采伐量（万根） Bamboo Cuts (10 000 roots)
全省	**Total**	**964626**	**137050**	**437.90**	**42101.32**
长沙市	Changsha	43669	5445	16.11	638.00
株洲市	Zhuzhou	120930	4200	11.05	7370.00
湘潭市	Xiangtan	6855	1537	23.04	230.00
衡阳市	Hengyang	215108	8707	26.88	6781.78
邵阳市	Shaoyang	91913	8736	48.29	2122.00
岳阳市	Yueyang	37930	4874	64.87	8540.45
常德市	Changde	72212	1954	29.35	660.00
张家界市	Zhangjiajie	5643	100	12.80	
益阳市	Yiyang	10997	34619	39.24	4734.00
郴州市	Chenzhou	79149	19146	44.27	2273.89
永州市	Yongzhou	144723	2772	53.74	1683.05
怀化市	Huaihua	117470	28459	62.83	6286.74
娄底市	Loudi	4170	13096	2.14	764.20
湘西州	Xiangxi	13858	3405	3.30	17.21

注：全省数据含14市州及湖南省林业种苗繁育示范中心数据。
The data of the province includes the data of 14 prefectures and Hunan Provincial Forestry Seed and Seedling Breeding Demonstration Center.

21−25 规模以上工业企业个数(2022年)
The Number of Units of Industrial Enterprises above Designated Size (2022)

单位：个 (unit)

市 州	Cities and States	工业企业单位个数 The Number of Units of Industrial Enterprises	按轻重工业分 According to Light and Heavy Industries		按登记注册类型分 Divided by Type of Registration		
			轻工业 Light Industry	重工业 Heavy Industry	内资企业 Domestic Funded	港澳台商投资企业 Enterprises with Funds from Hongkong, Macao and Taiwan	外商投资企业 Foreign Funded
全 省	**Total**	**19885**	**7473**	**12423**	**19395**	**272**	**218**
长沙市	Changsha	3122	921	2201	2983	64	75
株洲市	Zhuzhou	2004	543	1462	1971	17	16
湘潭市	Xiangtan	1370	404	966	1335	16	19
衡阳市	Hengyang	1392	546	846	1363	19	10
邵阳市	Shaoyang	1966	1101	865	1946	17	3
岳阳市	Yueyang	1949	862	1094	1916	17	16
常德市	Changde	1712	722	990	1671	25	16
张家界市	Zhangjiajie	245	147	98	242	1	2
益阳市	Yiyang	1441	676	765	1421	10	10
郴州市	Chenzhou	1322	333	991	1275	31	16
永州市	Yongzhou	1212	492	720	1160	33	19
怀化市	Huaihua	844	288	557	828	8	8
娄底市	Loudi	972	269	703	954	10	8
湘西州	Xiangxi	349	172	177	346	3	

21-26 规模以上工业企业基本情况(2022年)
Basic Indicators of Industrial Enterprises above Designated Size (2022)

单位：亿元 (100 million yuan)

市 州	Cities and States	工业增加值指数（上年=100）Index of Value Added of Industry (preceding year=100)	营业收入 Revenue of Bussiness	利润总额 Total Profits	资产总计 Total Assets of Industrial Enterprises	负债合计 Total Liabilities of Industrial Enterprises
全 省	**Total**	**107.2**	**39760.49**	**2282.93**	**36684.69**	**19297.82**
长沙市	Changsha	108.3	8688.27	475.01	12233.82	6708.36
株洲市	Zhuzhou	108.3	2820.56	192.63	4414.63	2266.15
湘潭市	Xiangtan	107.3	3161.23	116.36	2433.31	1451.67
衡阳市	Hengyang	107.8	2042.71	104.70	1874.65	1036.71
邵阳市	Shaoyang	107.0	2470.33	273.81	1268.28	604.25
岳阳市	Yueyang	108.3	5886.12	281.98	2803.91	1339.31
常德市	Changde	104.7	3232.64	241.85	2673.55	1265.06
张家界市	Zhangjiajie	100.0	129.54	5.69	160.25	82.90
益阳市	Yiyang	106.8	2748.38	113.15	1577.29	821.93
郴州市	Chenzhou	108.4	2774.31	173.60	2058.75	1040.28
永州市	Yongzhou	108.3	1836.83	115.72	1331.15	626.44
怀化市	Huaihua	104.5	1181.35	58.33	1096.07	476.35
娄底市	Loudi	105.9	2314.30	99.66	1558.01	808.56
湘西州	Xiangxi	100.1	298.18	17.91	435.09	243.85

21—27　主要工业产品产量(2022年)

市　州	Cities and States	纱（万吨）Yarn (10 000 tons)	布（亿米）Cloth (100 million meters)	针棉织品（折用纱线）（万吨）Cotton Knitwear (10 000tons)	机制纸及纸板（万吨）Machine-made Paper and Paperboard (10 000 tons)	卷　烟（万箱）Cigarettes (10 000 cases)
全　省	**Total**	**102.85**	**0.80**	**1.01**	**368.52**	**331.55**
长沙市	Changsha	1.38			61.18	114.66
株洲市	Zhuzhou	5.32			5.97	
湘潭市	Xiangtan	1.76			0.40	
衡阳市	Hengyang	1.23			39.56	
邵阳市	Shaoyang	2.75	0.06		39.63	
岳阳市	Yueyang	51.75			122.58	
常德市	Changde	19.61	0.34		47.27	163.35
张家界市	Zhangjiajie					
益阳市	Yiyang	15.35	0.39	1.01	4.22	
郴州市	Chenzhou	0.62			33.36	30.05
永州市	Yongzhou				2.39	23.50
怀化市	Huaihua	1.49	0.01		11.97	
娄底市	Loudi					
湘西州	Xiangxi	1.60				

21—27　续表

市　州	Cities and States	钢　材（万吨）Steel (10 000 tons)	水　泥（万吨）Cement (10 000 tons)	平板玻璃（万重量箱）Plate Class (10 000 weight cases)	硫　酸（万吨）Sulfuric Acid (10 000 tons)	烧　碱（万吨）Caustic Soda (10 000 tons)
全　省	**Total**	**3038.30**	**9934.51**	**5034.11**	**219.46**	**65.56**
长沙市	Changsha	2.63	587.37		4.39	
株洲市	Zhuzhou		422.23	2381.74		
湘潭市	Xiangtan	1081.63	859.96	618.50		
衡阳市	Hengyang	200.36	741.37	63.78	156.06	45.75
邵阳市	Shaoyang	5.27	1145.08			
岳阳市	Yueyang	37.59	294.06		1.15	9.35
常德市	Changde	1.42	1172.60			
张家界市	Zhangjiajie		127.25			
益阳市	Yiyang	18.74	581.46	2.64		
郴州市	Chenzhou	0.43	910.93	1944.58	30.33	
永州市	Yongzhou	24.22	1161.58			
怀化市	Huaihua	3.44	705.41	22.87	6.20	10.47
娄底市	Loudi	1662.58	1005.78			
湘西州	Xiangxi		219.43		21.32	

Output of Major Industrial Products (2022)

化学药品原药（吨）Original Chemical Drug (ton)	食用植物油（万吨）Edible Vegetable Oil (10 000 tons)	饲料（万吨）Mixed Fodder (10 000 tons)	粗钢（万吨）Crude Steel (10 000 tons)	生铁（万吨）Pig Iron (10 000 tons)	原煤（万吨）Coal (10 000 tons)	发电量（亿千瓦时）Electricity (100 million kw.h)	
							水力发电 Hydro-power
226195.57	**237.05**	**2260.63**	**2612.68**	**2179.62**	**799.56**	**1658.96**	**452.51**
50074.00	24.44	239.20				95.20	25.82
1427.46	2.20	165.87			2.62	93.40	20.91
177.18	0.35	39.89	1100.63	969.73		127.74	1.07
1.92	3.24	96.77	188.63	128.35	213.49	62.75	22.32
34360.55	7.54	55.58			15.12	118.25	52.75
120433.80	126.17	855.53				134.31	0.23
1458.16	32.64	225.88				156.47	26.27
1259.87	0.28	8.60				3.77	1.58
	6.19	287.28				150.91	40.81
	1.61	55.92			207.59	183.72	30.02
73.20	18.84	92.22		4.94		198.30	57.57
16924.47	11.43	112.97				190.56	159.32
4.96	0.60	24.15	1323.42	1076.60	360.74	129.78	2.22
	1.53	0.78				13.80	11.61

Continued

化学农药（原药）（万吨）Chemical Pesticide (10 000 tons)	化学肥料（折纯量）（万吨）Chemical Fertilizers (10 000 tons)			电石（万吨）Calcium Carbide (10 000 tons)	初级形态的塑料（万吨）Primary Plastics (10 000 tons)	矿山专用设备（万吨）Mining Special Equipment (10 000 tons)	金属切削机床（台）Metal-cutting Machine Tools(unit)
		氮肥 Nitrogen Fertilizers	磷肥 Phosphate Fertilizers				
17.79	**76.32**	**59.64**	**16.68**	**16.83**	**59.44**	**60.99**	**5573**
1.01	1.52		1.52		0.56	0.74	1814
1.11					0.85	0.11	15
						19.82	30
				4.18	6.37	2.23	
0.12					1.88	1.15	67
9.90	51.81	51.81			35.25	1.92	84
3.58	7.29	1.70	5.59		2.36	2.63	
					0.17		
1.85					11.36	0.05	1130
	1.01	1.01			0.05	3.21	144
					0.19	0.13	2289
0.21	9.56		9.56	12.66		0.43	
	5.12	5.12			0.39	28.59	

21－28　建筑企业主要经济指标(2022年)

Main Economic Indicators on Construction Enterprises (2022)

单位：亿元　　(100 million yuan)

市　州	Cities and States	企业单位数（个）Number of Enterprises (unit)	从业人员数（万人）Number of Employees (10 000 persons)	建筑业总产值 Gross Output Value of Construction	企业总收入 Total Income of Enterprises	利税总额合计 Total Pre-tax Profits	利润总额合计 Total Profits
全　省	**Total**	**4071**	**298.98**	**14481.00**	**11875.59**	**721.10**	**349.82**
长沙市	Changsha	1033	121.61	7361.47	6247.56	311.84	168.31
株洲市	Zhuzhou	471	26.49	1230.40	954.88	53.85	21.64
湘潭市	Xiangtan	219	21.57	725.91	563.70	30.28	12.49
衡阳市	Hengyang	319	23.47	815.73	691.35	42.63	21.29
邵阳市	Shaoyang	309	15.26	726.03	622.66	48.26	22.42
岳阳市	Yueyang	369	17.67	757.44	565.14	49.39	26.04
常德市	Changde	201	11.84	520.16	442.78	30.87	12.41
张家界市	Zhangjiajie	81	1.51	54.57	51.53	5.34	2.68
益阳市	Yiyang	154	10.88	461.31	355.11	31.81	14.09
郴州市	Chenzhou	239	12.19	568.52	373.39	29.43	15.03
永州市	Yongzhou	197	11.21	375.76	260.46	28.60	12.76
怀化市	Huaihua	201	8.78	285.82	228.98	23.01	9.84
娄底市	Loudi	176	15.11	559.45	484.65	33.77	10.64
湘西州	Xiangxi	102	1.41	38.43	33.40	2.04	0.18

21－29　公路长度（2022年）
Length of Highways (2022)

单位：公里　　(km)

市　州	Cities and States	里程总计 Total Length of Highways	等级公路 Expressway and Class Ⅰ to Ⅳ Highway	高速公路 Express-way	一级公路 First Class	二级公路 Second Class	三级公路 Third Class	四级公路 Fourth Class	等外路 Highway Below Class Ⅳ
全　省	**Total**	**242420**	**231495**	**7330**	**3171**	**16761**	**7223**	**197009**	**10925**
长沙市	Changsha	16359	15204	779	483	1252	843	11847	1154
株洲市	Zhuzhou	13936	13747	490	186	1231	145	11694	189
湘潭市	Xiangtan	7969	5791	284	163	465	203	4676	2178
衡阳市	Hengyang	21204	19386	697	135	1301	295	16958	1819
邵阳市	Shaoyang	22629	21331	584	99	1660	811	18176	1298
岳阳市	Yueyang	20887	20753	658	435	1190	429	18042	134
常德市	Changde	22859	22829	529	492	1331	584	19893	30
张家界市	Zhangjiajie	9264	8127	185	92	490	568	6791	1137
益阳市	Yiyang	16480	16092	473	253	1352	217	13798	388
郴州市	Chenzhou	18101	17368	579	227	1519	568	14474	734
永州市	Yongzhou	23255	22367	492	261	1405	658	19550	889
怀化市	Huaihua	20908	20767	717	127	1610	899	17413	141
娄底市	Loudi	15208	14715	383	186	852	371	12922	493
湘西州	Xiangxi	13360	13018	482	30	1102	630	10774	342

注：资料来源于省交通厅。2006 年起等外路包含村道。

Figures in this table form Transportation Bureau of Hunan Province. Highway below class Ⅳ includes country road since 2006.

21-30 民用车辆拥有量(2022年)
Number of Civil Motor Vehicles (2022)

市 州	Cities and States	合 计（辆） Total (unit)	私人汽车 Private Car	汽 车 Civil Motor Vehicles 载 客 Passenger Vehicles	载 货 Trucks Vehicles	摩托车 Motors	拖拉机 Tractors	其 他 类型车 Other Motor Vehicles	机动车驾驶员（人） Number of Motor Drivers (person)	#汽车驾驶员 Automobile Drivers
全 省	**Total**	**17147485**	**10307925**	**10013412**	**966116**	**5713313**	**194279**	**102440**	**19546658**	**17241066**
长沙市	Changsha	3681080	2899042	3041478	176517	392275	24212	9764	4083866	3935486
株洲市	Zhuzhou	965941	641713	629467	49495	250241	23001	8441	1247175	1138559
湘潭市	Xiangtan	732188	443407	438496	31237	244198	3954	9323	870817	787468
衡阳市	Hengyang	1227095	776465	744945	69702	377502	14933	8194	1588174	1463833
邵阳市	Shaoyang	1276039	759353	694034	92942	465653	7874	4874	1567060	1375239
岳阳市	Yueyang	1324836	789470	751643	70373	447837	25703	16972	1536281	1375110
常德市	Changde	1403439	749229	717105	70583	551261	32912	17407	1461329	1267081
张家界市	Zhangjiajie	498945	205121	193845	24152	274696	3237	269	446732	337415
益阳市	Yiyang	999373	558443	522775	55875	371311	22352	14879	1250380	1056600
郴州市	Chenzhou	1046474	615676	575410	75921	372187	9287	2613	1134103	998472
永州市	Yongzhou	1050068	608810	552048	78719	389530	12291	4691	1266580	1020568
怀化市	Huaihua	1319151	506575	461907	68129	773257	5245	1835	1232869	932137
娄底市	Loudi	1088459	514468	469704	66596	532822	4474	2590	1260511	1085512
湘西州	Xiangxi	534397	240153	220555	35875	270543	4804	588	600781	467586

21－31 邮电业务量(2022年)

Volume of Postal and Telecommunications Services (2022)

市 州	Cities and States	邮政业务总量（亿元） Revenue from Postal (100 million yuan)	电信业务总量（亿元） Revenue from Telecommunication (100 million yuan)	邮政业务收入（亿元） Income from Postal (100 million yuan)	电信业务收入（亿元） Income from Telecommunication (100 million yuan)	函件（万件） Letters (10 000 pieces)	报刊期发数（万份） Parcels (10 000 copies)	固定电话用户（万户） Fixed Telephone Subscribers (10 000 households)	移动电话用户（万户） Mobile Telephone Subscribers (10 000 households)	固定互联网用户数（万户） Number of Local Internet Users (10 000 households)
全 省	**Total**	**328.21**	**666.88**	**293.39**	**551.74**	**1365.42**	**459.95**	**548.65**	**7180.59**	**2475.06**
长沙市	Changsha	147.06	154.26	125.43	145.13	907.66	103.24	138.79	1417.50	530.23
株洲市	Zhuzhou	20.12	40.20	17.73	33.75	24.03	23.61	34.20	449.19	156.44
湘潭市	Xiangtan	8.60	30.17	8.09	23.40	86.27	20.76	21.96	320.76	134.07
衡阳市	Hengyang	26.59	50.45	23.98	41.47	12.92	39.22	69.22	624.19	210.84
邵阳市	Shaoyang	20.38	49.92	18.11	39.24	26.97	37.28	28.93	598.50	185.90
岳阳市	Yueyang	17.85	44.08	15.31	37.96	22.49	29.74	81.12	537.57	179.60
常德市	Changde	16.46	47.82	15.20	39.35	19.41	37.36	31.17	568.35	194.73
张家界市	Zhangjiajie	3.03	18.57	3.35	13.42	166.14	12.38	8.42	174.70	64.95
益阳市	Yiyang	14.07	32.72	12.64	27.66	9.90	24.50	23.87	400.78	134.03
郴州市	Chenzhou	14.09	42.42	14.07	33.75	27.48	29.41	40.70	492.03	159.24
永州市	Yongzhou	11.49	39.66	11.77	31.47	9.95	34.24	20.59	468.63	149.15
怀化市	Huaihua	10.57	43.66	11.60	34.26	22.85	27.03	23.43	476.28	154.07
娄底市	Loudi	13.01	36.01	10.62	28.48	20.86	22.43	18.64	394.93	133.55
湘西州	Xiangxi	4.91	26.01	5.49	20.80	8.49	18.75	7.61	257.17	88.28

21−32 规模以上服务业企业主要经济指标(2022年)

单位：亿元

市 州	Cities and States	单位数(个) Number of Enterprises (unit)	年初存货 Inventory Year-early	流动资产合计 Circulating Funds	应收账款 Net Value of Account Received	存货 Inventory
全 省	**Total**	**8419**	**5275.18**	**16383.42**	**1328.98**	**5492.34**
长沙市	Changsha	1888	2164.14	7505.75	605.23	2252.63
株洲市	Zhuzhou	604	865.72	2067.38	164.95	945.57
湘潭市	Xiangtan	355	8.34	139.76	23.63	6.60
衡阳市	Hengyang	852	554.37	1336.48	198.97	553.00
邵阳市	Shaoyang	675	383.16	957.34	51.14	397.64
岳阳市	Yueyang	1364	117.86	252.22	40.30	74.18
常德市	Changde	839	618.06	2491.63	129.07	646.60
张家界市	Zhangjiajie	86	2.11	77.47	11.30	2.53
益阳市	Yiyang	162	124.45	260.65	14.83	131.19
郴州市	Chenzhou	491	36.69	324.32	27.28	34.65
永州市	Yongzhou	312	41.42	114.17	11.81	42.68
怀化市	Huaihua	269	78.08	176.63	13.19	57.70
娄底市	Loudi	372	278.19	613.83	28.69	345.07
湘西州	Xiangxi	150	2.62	65.80	8.60	2.31

Major Economic Indicators of Service Enterprises above Designated Size (2022)

(100 million yuan)

固定资产原价 Original Price of Fixed Assets	累计折旧 Accumulated Depreciation	本年折旧 Depreciation this Year	资产总计 Total Assets	负债合计 Total Liability
10227.23	**1919.00**	**256.16**	**34691.52**	**21027.22**
7237.20	721.36	85.80	18107.99	10743.63
303.15	126.64	15.80	3413.34	2033.40
193.97	75.56	9.78	389.96	251.56
492.95	185.09	25.12	2385.97	1464.29
223.74	93.13	12.21	1523.67	832.81
242.70	97.16	14.61	955.13	483.94
450.67	159.10	20.68	4077.81	2717.15
115.39	53.15	7.23	223.34	163.36
136.09	63.17	8.48	603.90	411.32
270.56	99.10	12.71	924.19	548.17
155.35	63.21	8.92	436.24	225.30
142.22	67.21	8.84	418.16	286.03
160.92	62.56	18.17	1071.81	767.76
102.35	52.57	7.81	160.01	98.48

21-32 续表 1

单位：亿元

市 州	Cities and States	所有者权益合计 Total Rights of Owners	营业收入 Operating Income	营业成本 Operating Cost	税金及附加 Tax and Extra Charges
全 省	**Total**	**13664.30**	**6216.29**	**4871.47**	**64.61**
长沙市	Changsha	7364.36	2950.08	2290.53	26.19
株洲市	Zhuzhou	1379.95	614.16	527.62	5.89
湘潭市	Xiangtan	138.40	187.62	150.97	1.87
衡阳市	Hengyang	921.67	403.73	310.03	5.62
邵阳市	Shaoyang	690.85	216.06	160.43	1.35
岳阳市	Yueyang	471.20	539.64	402.94	12.01
常德市	Changde	1360.65	489.81	396.76	3.73
张家界市	Zhangjiajie	59.97	35.87	28.29	0.21
益阳市	Yiyang	192.58	89.09	63.84	1.68
郴州市	Chenzhou	376.02	201.92	162.76	1.20
永州市	Yongzhou	210.93	122.21	92.28	0.47
怀化市	Huaihua	132.13	123.17	92.92	1.24
娄底市	Loudi	304.05	179.54	142.78	2.84
湘西州	Xiangxi	61.52	63.40	49.32	0.31

Continued

(100 million yuan)

销售费用 Operation Expense	管理费用 Management Expense	财务费用 Financial Expense	利息收入 Interest Revenue
275.36	**459.14**	**267.98**	**22.49**
145.42	215.68	184.34	16.66
17.14	29.14	13.22	1.75
8.42	15.00	4.00	0.21
16.00	29.85	12.03	0.15
11.32	23.31	3.35	0.87
20.15	35.73	7.54	0.20
16.45	36.00	16.15	0.46
3.28	4.90	2.84	-0.11
4.41	8.69	7.78	0.97
8.32	17.92	3.80	0.26
5.84	10.44	5.45	0.13
7.81	10.82	3.33	0.33
7.23	13.29	2.47	0.41
3.58	8.36	1.66	0.21

21–32 续表 2

单位：亿元

市　州	Cities and States	利息支出 Interest Expense	投资收益 Income from Investment	营业利润 Operating Profit	营业外收入 Non-operating Income	营业外支出 Non-operating Income
全　省	**Total**	**251.52**	**116.72**	**369.49**	**69.93**	**24.26**
长沙市	Changsha	194.43	80.44	137.46	21.11	12.45
株洲市	Zhuzhou	8.02	32.23	54.73	5.54	0.62
湘潭市	Xiangtan	3.62	0.50	6.37	1.41	0.35
衡阳市	Hengyang	9.36	0.05	31.35	5.96	2.15
邵阳市	Shaoyang	3.20	-0.04	15.79	5.44	0.54
岳阳市	Yueyang	2.54	0.81	61.23	4.88	2.50
常德市	Changde	13.30	1.50	27.45	7.64	1.98
张家界市	Zhangjiajie	2.66	0.11	-4.02	1.70	0.32
益阳市	Yiyang	3.88	0.16	5.35	1.18	0.55
郴州市	Chenzhou	2.68	0.43	8.74	8.69	0.79
永州市	Yongzhou	2.02	0.01	7.43	1.39	0.30
怀化市	Huaihua	1.99	0.28	6.42	1.69	0.39
娄底市	Loudi	2.49	0.21	11.45	1.81	0.96
湘西州	Xiangxi	1.33	0.02	-0.26	1.47	0.38

Continued

(100 million yuan)

利润总额 Total Profit	所得税费用 Income Tax and Fee	应付职工薪酬 Total Sum of Wages Payable	应交增值税 Value Added Payable	平均用工人数（万人） Average Number of Employment of the Current Year (10 000 persons)
415.16	**43.74**	**968.35**	**147.26**	**98.60**
146.12	23.20	544.93	78.55	41.35
59.65	3.48	50.60	21.13	5.84
7.43	1.22	25.45	4.58	3.35
35.16	2.43	50.97	5.71	7.10
20.69	1.82	44.26	3.45	6.31
63.60	4.36	51.22	11.21	6.96
33.11	2.60	57.24	6.05	7.63
-2.65	0.36	7.51	0.85	0.83
5.99	0.31	15.46	2.17	1.60
16.65	1.23	30.86	4.45	4.19
8.53	0.71	24.01	1.96	3.90
7.73	0.82	21.49	2.48	3.02
12.31	0.96	29.72	3.30	4.63
0.84	0.23	14.62	1.39	1.89

21－33　国内外贸易、对外经济和旅游（2022年）
Domestic Trade, Foreign Trade, Foreign Economy and Tourism (2022)

市　州	Cities and States	社会消费品零售总额（亿元）Total Retail Sales of Consumer Goods (100 million yuan)	社会消费品零售总额增速（%）Total Retail Sales of Consumer Goods Growth Rate (%)	实际使用外资金额（万美元）Amount of Foreign Capital Actually Used (USD 10 000)	旅游业总收入（亿元）Income of Tourism (100 million yuan)
全　省	**Total**	**19050.66**	**2.4**	**352761**	**6487.96**
长沙市	Changsha	5235.56	2.4	309934	1316.87
株洲市	Zhuzhou	1277.02	2.4	1572	455.53
湘潭市	Xiangtan	892.12	2.5	6667	321.96
衡阳市	Hengyang	1860.82	2.6	1680	440.47
邵阳市	Shaoyang	1408.82	1.9	2641	340.48
岳阳市	Yueyang	1857.41	2.7	5522	455.53
常德市	Changde	1673.37	2.4	3711	380.74
张家界市	Zhangjiajie	209.94	2.5	422	275.19
益阳市	Yiyang	840.87	2.6	270	312.71
郴州市	Chenzhou	1085.37	2.7	10613	572.57
永州市	Yongzhou	922.12	2.5	3928	399.82
怀化市	Huaihua	704.27	1.3	1171	420.13
娄底市	Loudi	798.69	2.6	4490	320.67
湘西州	Xiangxi	284.28	2.1	140	475.29

21-34 限额以上批发零售贸易业商品购销存总额(2022年)
Total Purchases, Sales and Inventory of Enterprise above Designated Size in Wholesale and Retail Trade (2022)

单位：亿元 (100 million yuan)

市 州	Cities and States	购进总额 Total Goods Purchase	销售总额 Total Sales	批发额 Wholesale	零售额 Retail Trade	年末库存总额 Inventory at the Year-end
全 省	**Total**	**14276.60**	**15435.17**	**9772.76**	**5604.71**	**832.25**
长沙市	Changsha	6960.61	6727.53	4895.13	1804.56	443.68
株洲市	Zhuzhou	934.88	1002.68	634.62	362.48	54.06
湘潭市	Xiangtan	639.89	771.81	252.49	517.64	23.86
衡阳市	Hengyang	529.00	713.52	419.34	291.33	23.41
邵阳市	Shaoyang	579.82	739.87	257.25	481.37	23.93
岳阳市	Yueyang	1419.95	1542.10	1064.70	476.28	100.16
常德市	Changde	514.84	663.78	287.27	374.64	26.47
张家界市	Zhangjiajie	63.60	100.60	44.51	55.22	6.88
益阳市	Yiyang	372.34	475.25	229.62	243.94	18.59
郴州市	Chenzhou	986.98	1064.65	824.96	237.15	46.27
永州市	Yongzhou	395.82	470.84	161.94	299.70	17.96
怀化市	Huaihua	269.11	362.88	190.79	171.71	20.44
娄底市	Loudi	458.09	552.52	350.02	201.69	14.71
湘西州	Xiangxi	151.66	247.15	160.12	87.01	11.83

21−35 限额以上批发零售、住宿餐饮业法人企业数（2022年）
Number of Corporation Units above Designated Size in Wholesale and Retail Trade, Hotels and Catering Services (2022)

单位：个 (unit)

市 州	Cities and States	合计 Total	批发业 Wholesale Trade	零售业 Retail Trade	住宿业 Hotels	餐饮业 Catering Services
全 省	**Total**	**14568**	**3884**	**7416**	**1286**	**1982**
长沙市	Changsha	2938	1310	922	201	505
株洲市	Zhuzhou	1594	479	672	148	295
湘潭市	Xiangtan	697	153	408	40	96
衡阳市	Hengyang	1165	266	614	130	155
邵阳市	Shaoyang	1477	176	1003	119	179
岳阳市	Yueyang	1266	407	661	81	117
常德市	Changde	1060	192	623	83	162
张家界市	Zhangjiajie	203	19	119	44	21
益阳市	Yiyang	659	158	390	56	55
郴州市	Chenzhou	1161	316	597	123	125
永州市	Yongzhou	830	77	561	81	111
怀化市	Huaihua	657	140	364	77	76
娄底市	Loudi	589	127	346	54	62
湘西州	Xiangxi	272	64	136	49	23

21–36 限额以上批发零售、住宿餐饮业从业人员(2022年)

Number of Person Employed in Enterprises Units above Designated Size in Wholesale and Retail Trade, Hotels and Catering Services (2022)

单位：人 (person)

市 州	Cities and States	合计 Total	批发业 Wholesale Trade	零售业 Retail Trade	住宿业 Hotels	餐饮业 Catering Services
全 省	**Total**	**577396**	**141687**	**288472**	**59677**	**87560**
长沙市	Changsha	201648	61579	82671	13926	43472
株洲市	Zhuzhou	42065	12155	17212	5411	7287
湘潭市	Xiangtan	47697	5023	37034	2162	3478
衡阳市	Hengyang	32611	6488	16577	5129	4417
邵阳市	Shaoyang	39673	6980	23342	4786	4565
岳阳市	Yueyang	35254	10856	16044	4522	3832
常德市	Changde	38710	6273	23299	2806	6332
张家界市	Zhangjiajie	9699	1142	4773	3124	660
益阳市	Yiyang	19340	5792	9671	2026	1851
郴州市	Chenzhou	34942	11043	14300	5611	3988
永州市	Yongzhou	25520	3905	15271	2720	3624
怀化市	Huaihua	23024	4281	14247	2745	1751
娄底市	Loudi	16067	3249	8941	2029	1848
湘西州	Xiangxi	11146	2921	5090	2680	455

21－37　亿元及以上商品交易市场基本情况(2022年)

Basic Statistics on Commodity Exchange Markets of Turnover above 100 Million Yuan (2022)

市　州	Cities and States	市场数（个） Number of Markets (unit)	摊位总数（个） Number of Stalls (unit)	出租摊位个数（个） Number of Rented Stall (unit)	营业面积（万平方米） Operation Area (10 000 sq.m)	成交额（亿元） Turnover (100 million yuan)
全　省	**Total**	**255**	**190884**	**159226**	**1153.71**	**5874.84**
长沙市	Changsha	41	57612	51001	566.97	4474.93
株洲市	Zhuzhou	40	23226	17205	101.68	250.63
湘潭市	Xiangtan	10	6951	4033	38.44	43.26
衡阳市	Hengyang	29	12560	10464	32.77	171.80
邵阳市	Shaoyang	18	16001	14299	80.49	220.49
岳阳市	Yueyang	21	17241	15667	113.26	89.95
常德市	Changde	24	12092	10933	55.52	169.98
张家界市	Zhangjiajie					
益阳市	Yiyang	10	3931	3184	22.89	64.14
郴州市	Chenzhou	14	7492	6949	29.26	81.10
永州市	Yongzhou	11	7071	6426	16.48	55.43
怀化市	Huaihua	15	10837	4713	52.32	89.68
娄底市	Loudi	11	8042	7892	22.16	115.70
湘西州	Xiangxi	11	7828	6460	21.47	47.75

21–38　进出口商品总值(2022年)
Major Import and Export Commodities in Value (2022)

市　州	Cities and States	进出口总值（万美元）Total Exports and Imports (USD 10 000)	出　口 Exports	进　口 Imports	比上年增减（%）Increase Rate in 2022 Over 2021 (%)
全　省	**Total**	**10543353**	**7699229**	**2844124**	**16.0**
长沙市	Changsha	4978543	3700118	1278425	17.5
株洲市	Zhuzhou	315884	235846	80038	–9.5
湘潭市	Xiangtan	557563	401483	156080	3.6
衡阳市	Hengyang	720721	458154	262568	27.1
邵阳市	Shaoyang	384625	368703	15922	3.5
岳阳市	Yueyang	1090429	477478	612951	14.9
常德市	Changde	377811	327355	50456	30.4
张家界市	Zhangjiajie	27616	27044	571	38.6
益阳市	Yiyang	310147	288868	21278	11.4
郴州市	Chenzhou	759340	558244	201096	7.7
永州市	Yongzhou	619011	608500	10511	38.8
怀化市	Huaihua	68936	62168	6768	124.4
娄底市	Loudi	300299	153091	147208	7.1
湘西州	Xiangxi	32429	32177	252	24.3

21–39 外商投资情况（2022年）
Foreign Investment (2022)

市 州	Cities and States	新设企业数（个）Number of Newly Established Enterprises (unit)	实际使用外资（万美元）Actually Used Foreign Capital (USD 10 000)
全 省	**Total**	**442**	**352761**
长沙市	Changsha	174	309934
株洲市	Zhuzhou	25	1572
湘潭市	Xiangtan	12	6667
衡阳市	Hengyang	19	1680
邵阳市	Shaoyang	12	2641
岳阳市	Yueyang	20	5522
常德市	Changde	43	3711
张家界市	Zhangjiajie	6	422
益阳市	Yiyang	7	270
郴州市	Chenzhou	39	10613
永州市	Yongzhou	30	3928
怀化市	Huaihua	27	1171
娄底市	Loudi	12	4490
湘西州	Xiangxi	16	140

21–40 内联引资情况(2022年)
Inline Capital Investment (2022)

市 州	Cities and States	项目个数（个） Number of Projects (item)	实际到位资金（亿元） Amount of Domestic Capital Actually Used (100 million yuan)
全 省	**Total**	**7628**	**12929.80**
长沙市	Changsha	883	2300.00
株洲市	Zhuzhou	606	1050.80
湘潭市	Xiangtan	526	862.40
衡阳市	Hengyang	833	983.70
邵阳市	Shaoyang	524	861.90
岳阳市	Yueyang	589	1332.60
常德市	Changde	556	1116.90
张家界市	Zhangjiajie	103	134.90
益阳市	Yiyang	472	766.30
郴州市	Chenzhou	888	1332.00
永州市	Yongzhou	634	692.10
怀化市	Huaihua	418	619.90
娄底市	Loudi	365	667.60
湘西州	Xiangxi	231	208.70

注：内联引资是指吸收的省外境内资金。
Domestic Investment is refers to the capital absorbed from other provinces in China.

21-41 对外经济合作情况(2022年)
Foreign Economic Cooperation (2022)

市 州	Cities and States	对外承包工程完成营业额（万美元）The Completed Turnover of Foreign Contracted Projects (USD 10 000)	派出各类劳务人员数（人）The Number of Labor Personnel Dispatched (person)	新增中方合同投资额（万美元）The Amount of New Chinese Contract Investment (USD 10 000)	对外实际投资额（万美元）Actual Foreign Investment (USD 10 000)
全 省	**Total**	**176228**	**5415**	**268207**	**191191**
长沙市	Changsha	27720	317	183108	106124
株洲市	Zhuzhou		188	145	1188
湘潭市	Xiangtan	4500	381	700	1751
衡阳市	Hengyang	397	308	1950	1475
邵阳市	Shaoyang	21	373	3855	3970
岳阳市	Yueyang	57	291	5330	90
常德市	Changde	457	363	1843	166
张家界市	Zhangjiajie		80	71	160
益阳市	Yiyang	181	177	1099	1910
郴州市	Chenzhou		149	63084	12533
永州市	Yongzhou	620	331	2446	911
怀化市	Huaihua	367	269	2355	265
娄底市	Loudi	7908	350	2221	420
湘西州	Xiangxi		102		603

注：1. 对外承包工程完成营业额、新增中方合同投资额、对外实际投资额的全省总计中包括省直企业的数据。

2. 派出各类劳务人员数包含了全国对外劳务合作与对外承包工程企业从湖南外派人员数据，故统计口径与2020年有所差异。

a. The completed turnover of foreign contracted projects, the newly increased contracted investment from the Chinese side and the actual foreign investment of the whole province include the data of the enterprises directly under the province.

b. The number of dispatched labor personnel includes the data of personnel dispatched from Hunan by national foreign labor cooperation and foreign contracted engineering enterprises, so the statistical caliber is different from that in 2020.

21－42 高新技术产业情况（2022年）

Basic Statistics on High-tech Industries (2022)

单位：亿元 （100 million yuan）

市 州	Cities and States	企业单位数（个）Number of Enterprises (unit)	高新技术产业总产值 Gross Output Value of High-tech Industries	高新技术产业增加值 Added Value of High-tech Industries	高新技术产业营业收入 Operating Income of High-tech Industry	#出口收入 Exports Revenue	高新技术产业利税总额 Profits and Tax of High-tech Industries	#利润总额 Total of Profit and Tax
全 省	**Total**	**16486**	**44216.94**	**11897.34**	**41750.73**	**2015.66**	**3095.83**	**2059.92**
长沙市	Changsha	5489	14488.97	4130.30	14056.03	769.77	1117.49	722.08
株洲市	Zhuzhou	1180	3733.11	1043.27	3215.83	133.67	298.93	206.67
湘潭市	Xiangtan	822	4181.64	1090.96	3552.18	246.87	183.16	111.03
衡阳市	Hengyang	1001	2257.88	710.40	2095.46	206.11	161.12	99.21
邵阳市	Shaoyang	1279	2476.80	612.79	2280.96	189.36	184.45	138.34
岳阳市	Yueyang	1200	4766.86	1234.26	4581.00	50.31	338.43	179.38
常德市	Changde	1280	2598.54	552.59	2479.87	65.10	201.93	151.37
张家界市	Zhangjiajie	164	88.24	26.64	84.29	1.72	6.38	4.11
益阳市	Yiyang	859	2425.88	548.88	2354.81	49.13	145.76	106.84
郴州市	Chenzhou	881	2305.68	695.03	2181.63	79.92	156.03	113.16
永州市	Yongzhou	926	1568.27	419.87	1390.24	45.31	88.49	71.22
怀化市	Huaihua	638	1115.33	342.57	1088.49	10.11	72.48	55.30
娄底市	Loudi	506	1989.47	418.27	2183.22	154.51	123.41	91.30
湘西州	Xiangxi	261	220.25	71.52	206.71	13.75	17.78	9.89

21-43 研究与试验发展（R&D）经费内部支出
Intramural Expenditures on R&D

单位：万元 (10 000 yuan)

市 州	Cities and States	2017	2018	2019	2020	2021	2022
全 省	**Total**	**5685310**	**6582729**	**7871638**	**8987001**	**10289088**	**11752512**
长沙市	Changsha	2479808	2658638	3161830	3575208	3670930	4444267
株洲市	Zhuzhou	524085	752326	874440	1015382	1031358	1183513
湘潭市	Xiangtan	381386	407076	508482	591689	746544	717596
衡阳市	Hengyang	301167	379766	461595	634314	739691	815894
邵阳市	Shaoyang	187926	220420	209546	280303	478984	550356
岳阳市	Yueyang	572310	552028	591797	626289	980603	1057600
常德市	Changde	354794	362043	491578	564606	565411	691139
张家界	Zhangjiajie	15938	16647	29253	39399	21554	29392
益阳市	Yiyang	189201	280337	336619	349381	368896	382211
郴州市	Chenzhou	251214	278829	275828	304091	599002	681586
永州市	Yongzhou	131020	254264	314019	342774	423637	380504
怀化市	Huaihua	123174	216771	282273	311237	243713	346705
娄底市	Loudi	159144	182556	290049	301489	350545	418409
湘西州	Xiangxi	14142	21028	44331	50837	68220	53342

21-44 规模以上工业企业 R&D 人员情况 (2022年)
R&D Personnel in Industrial Enterprises above Designated Size (2022)

市 州	Cities and States	有 R&D 活动的单位数（个） Number of Enterprises Having R&D Activities (unit)	R&D 人员（人） R&D Personnel (person)	#全时人员 Fulltime Personnel	R&D 人员全时当量（人年） Fulltime Equivalent of R&D Personnel (man-year)
全 省	**Total**	**10449**	**245315**	**178960**	**174121**
长沙市	Changsha	1954	71604	57124	52504
株洲市	Zhuzhou	746	28547	21902	21037
湘潭市	Xiangtan	675	17256	11339	11807
衡阳市	Hengyang	785	15759	11213	11213
邵阳市	Shaoyang	1146	19191	12511	13059
岳阳市	Yueyang	1078	19796	13681	12696
常德市	Changde	948	16226	11145	11054
张家界市	Zhangjiajie	103	926	630	650
益阳市	Yiyang	586	11089	7341	7602
郴州市	Chenzhou	790	15144	11575	11765
永州市	Yongzhou	629	10039	7169	6751
怀化市	Huaihua	466	7641	5134	5544
娄底市	Loudi	440	10621	7385	7621
湘西州	Xiangxi	103	1476	811	818

21-45 规模以上工业企业按经费来源分 R&D 经费内部支出情况（2022年）
Intramural R&D Expenditures in Industrial Enterprises above Designated Size by Sources (2022)

单位：万元 (10 000 yuan)

市 州	Cities and States	R&D 经费内部支出 Intramural Expenditure on R&D	政府资金 Government Funds	企业资金 Self-raised Funds by Enterprises	境外资金 Foreign Funds	其 他 Other Funds
全 省	**Total**	**8588734**	**272101**	**8316018**	**92**	**523**
长沙市	Changsha	2312639	75595	2236945	92	8
株洲市	Zhuzhou	983177	142165	840950		62
湘潭市	Xiangtan	546315	5455	540844		15
衡阳市	Hengyang	562317	3132	558997		188
邵阳市	Shaoyang	520793	2814	517979		
岳阳市	Yueyang	973547	4019	969517		12
常德市	Changde	616059	4340	611547		172
张家界市	Zhangjiajie	21960	1534	20426		
益阳市	Yiyang	344172	1764	342408		
郴州市	Chenzhou	624972	11304	613641		27
永州市	Yongzhou	351979	352	351627		
怀化市	Huaihua	296974	14269	282706		
娄底市	Loudi	403161	4467	398693		
湘西州	Xiangxi	30668	890	29739		39

21-46 规模以上工业企业按支出用途分 R&D 经费内部支出情况 (2022年)

Intramural R&D Expenditures in Industrial Enterprises above Designated Size by Use (2022)

单位：万元 (10 000 yuan)

市 州	Cities and States	R&D 经费内部支出 Intramural Expenditure on R&D	日常性支出 Daily Expenses	#人员劳务费 Service Fees	资产性支出 Capital Expenditures
全 省	**Total**	**8588734**	**8152644**	**1891822**	**436090**
长沙市	Changsha	2312639	2116610	787113	196030
株洲市	Zhuzhou	983177	903773	338816	79405
湘潭市	Xiangtan	546315	535160	116603	11155
衡阳市	Hengyang	562317	546514	76521	15804
邵阳市	Shaoyang	520793	510111	96691	10681
岳阳市	Yueyang	973547	925910	108070	47638
常德市	Changde	616059	600780	82997	15279
张家界市	Zhangjiajie	21960	20581	4222	1379
益阳市	Yiyang	344172	333577	54926	10595
郴州市	Chenzhou	624972	610219	72093	14753
永州市	Yongzhou	351979	343670	42201	8309
怀化市	Huaihua	296974	294984	35357	1990
娄底市	Loudi	403161	382990	71025	20171
湘西州	Xiangxi	30668	27767	5188	2902

21−47 规模以上工业企业科技活动产出情况（2022年）
Basic Statistics on Scientific and Technological Outputs in Industrial Enterprises above Designated Size (2022)

市 州	Cities and States	新产品销售收入（万元）Sales Revenue of New Products (10 000 yuan)	#出口 Exported	专 利申请数（件）Patent Applications (item)	有效发明专利数（件）Effective Inventions (item)
全 省	**Total**	**137717233**	**7240025**	**43973**	**58360**
长沙市	Changsha	28537518	4117101	17046	22361
株洲市	Zhuzhou	11029597	444073	6097	11993
湘潭市	Xiangtan	13433961	209146	2261	2995
衡阳市	Hengyang	7800613	484999	1834	2289
邵阳市	Shaoyang	9944353	340654	2346	2253
岳阳市	Yueyang	19905516	343546	3710	4103
常德市	Changde	11490118	199411	2743	3527
张家界市	Zhangjiajie	371772	7238	244	363
益阳市	Yiyang	5355490	337087	1862	2484
郴州市	Chenzhou	6889481	203441	1819	2234
永州市	Yongzhou	8155175	280302	993	982
怀化市	Huaihua	2544407	29707	949	1249
娄底市	Loudi	11836621	205358	1713	1126
湘西州	Xiangxi	422613	37963	356	401

21-48 大中型工业企业 R&D 人员情况 (2022年)

R&D Personnel in Large and Medium-sized Industrial Enterprises (2022)

市 州	Cities and States	有 R&D 活动的单位数 (个) Number of Enterprises Having R&D Activities (unit)	R&D 人员 (人) R&D Personnel (person)	#全时人员 Fulltime Personnel	R&D 人员全时当量 (人年) Fulltime Equivalent of R&D Personnel (man-year)
全 省	**Total**	**1270**	**125441**	**92817**	**91872**
长沙市	Changsha	266	46713	37880	35158
株洲市	Zhuzhou	181	20633	15909	15847
湘潭市	Xiangtan	69	9032	6191	6320
衡阳市	Hengyang	96	7238	4612	5095
邵阳市	Shaoyang	87	5946	3865	4282
岳阳市	Yueyang	143	7686	5461	4948
常德市	Changde	121	6655	4490	4841
张家界市	Zhangjiajie	2	52	38	44
益阳市	Yiyang	68	4906	2962	3441
郴州市	Chenzhou	80	6178	4269	4594
永州市	Yongzhou	75	2870	1998	1911
怀化市	Huaihua	24	1963	1271	1323
娄底市	Loudi	48	5029	3617	3854
湘西州	Xiangxi	10	540	254	215

21-49 大中型工业企业按经费来源分 R&D 经费内部支出情况 (2022年)
Intramural R&D Expenditures in Large and Medium-sized Industrial Enterprises by Sources (2022)

单位：万元 (10 000 yuan)

市州	Cities and States	R&D 经费内部支出 Intramural Expenditure on R&D	政府资金 Government Funds	企业资金 Self-raised Funds by Enterprises	境外资金 Foreign Funds	其他 Other Funds
全省	**Total**	**4452994**	**231304**	**4221607**		**83**
长沙市	Changsha	1658633	57218	1601415		
株洲市	Zhuzhou	798970	139393	659574		4
湘潭市	Xiangtan	284501	3967	280534		
衡阳市	Hengyang	250213	1883	248251		79
邵阳市	Shaoyang	156074	757	155317		
岳阳市	Yueyang	343383	1371	342012		
常德市	Changde	200057	1476	198580		
张家界市	Zhangjiajie	385		385		
益阳市	Yiyang	124285	474	123811		
郴州市	Chenzhou	183207	7588	175618		
永州市	Yongzhou	82830	72	82758		
怀化市	Huaihua	77322	13398	63924		
娄底市	Loudi	283681	3531	280150		
湘西州	Xiangxi	9455	176	9279		

21-50 大中型工业企业按支出用途分 R&D 经费内部支出情况（2022年）
Intramural R&D Expenditures in Large and Medium-sized Industrial Enterprises by Use (2022)

单位：万元 (10 000 yuan)

市 州	Cities and States	R&D 经费内部支出 Intramural Expenditure on R&D	日常性支出 Daily Expenditures	#人员劳务费 Service Fees	资产性支出 Capital Expenditures
全 省	**Total**	**4452994**	**4149066**	**1253683**	**303929**
长沙市	Changsha	1658633	1492861	574129	165772
株洲市	Zhuzhou	798970	731601	280575	67369
湘潭市	Xiangtan	284501	276004	79650	8497
衡阳市	Hengyang	250213	244748	40048	5466
邵阳市	Shaoyang	156074	154041	43996	2033
岳阳市	Yueyang	343383	323126	51373	20257
常德市	Changde	200057	195861	43983	4195
张家界市	Zhangjiajie	385	383	62	2
益阳市	Yiyang	124285	117471	28490	6815
郴州市	Chenzhou	183207	179526	33755	3681
永州市	Yongzhou	82830	80804	14222	2025
怀化市	Huaihua	77322	76261	15535	1061
娄底市	Loudi	283681	269233	46063	14448
湘西州	Xiangxi	9455	7147	1803	2309

21−51 大中型工业企业科技活动产出情况(2022年)

Basic Statistics on Scientific and Technological Outputs in Large and Medium-sized Industrial Enterprises (2022)

市 州	Cities and States	新产品销售收入（万元）Sales Revenue of New Products (10 000 yuan)	#出口 Exported	专利申请数（件）Patent Applications (item)	有效发明专利数（件）Effective Inventions (item)
全 省	**Total**	**78196296**	**6297904**	**19784**	**29132**
长沙市	Changsha	21860072	3879166	9449	12463
株洲市	Zhuzhou	8201048	370860	3716	8728
湘潭市	Xiangtan	8689286	188463	1168	1293
衡阳市	Hengyang	5074111	359137	581	726
邵阳市	Shaoyang	3850167	192561	507	630
岳阳市	Yueyang	9183009	269653	1046	1304
常德市	Changde	4819510	162407	1005	1391
张家界市	Zhangjiajie	21467		5	6
益阳市	Yiyang	1968140	313840	661	887
郴州市	Chenzhou	2848838	170993	536	854
永州市	Yongzhou	1680612	179223	206	204
怀化市	Huaihua	589031	28947	243	296
娄底市	Loudi	9193196	179396	613	334
湘西州	Xiangxi	217810	3258	48	16

21-52 幼儿园与小学基本情况(2022年)
Statistics on Kindergartens and Primary Schools (2022)

市 州	Cities and States	幼儿园数（个）Kindergartens (unit)	在园儿童数（人）Student Enrollment (person)	普通小学学校数（个）Primary Schools (person)	普通小学专任教师数（人）Primary Schools Fulltime Teachers (person)	普通小学招生数（人）Primary Schools New Student Enrollment (person)	普通小学在校学生数（人）Primary Schools Student Enrollment (person)	普通小学毕业生数（人）Primary Schools Graduates (person)
全 省	**Total**	**15998**	**2159955**	**6835**	**313275**	**820842**	**5230990**	**902540**
长沙市	Changsha	2461	425311	882	46267	151167	814955	106077
株洲市	Zhuzhou	1119	128809	374	16486	46875	301557	49474
湘潭市	Xiangtan	683	75922	336	10158	27661	170116	27156
衡阳市	Hengyang	1473	199743	916	33494	77182	531155	100711
邵阳市	Shaoyang	1587	179007	902	33014	78897	541746	109035
岳阳市	Yueyang	1246	170744	572	20774	58894	357591	60876
常德市	Changde	958	131649	370	18157	50633	307268	51121
张家界市	Zhangjiajie	356	45260	96	6560	16438	105188	19029
益阳市	Yiyang	873	107814	397	16006	40725	264028	43162
郴州市	Chenzhou	1140	141178	342	26558	60905	424270	81103
永州市	Yongzhou	1600	188618	476	28864	67800	461751	87051
怀化市	Huaihua	925	155193	233	23274	58691	377453	65812
娄底市	Loudi	846	119094	728	19695	51159	349462	61669
湘西州	Xiangxi	731	91613	211	13968	33815	224450	40219

21－53 普通中学基本情况(2022年)
Statistics on Regular Secondary Schools (2022)

市 州	Cities and States	学校数（个） Number of Schools (unit)	专任教师数（人） Number of Fulltime Teachers (person)	招生数（人） New Student Enrollment (person)	在校学生数（人） Student Enrollment (person)	毕业生数（人） Graduates (person)
全 省	**Total**	**4145**	**301339**	**1415019**	**4059687**	**1271830**
长沙市	Changsha	386	39270	179063	502057	146115
株洲市	Zhuzhou	216	16081	75776	219141	67110
湘潭市	Xiangtan	156	9252	42283	117408	39607
衡阳市	Hengyang	474	32911	162461	464179	148395
邵阳市	Shaoyang	473	31989	167611	472089	154796
岳阳市	Yueyang	295	21249	92446	272156	85484
常德市	Changde	278	20045	80281	239367	74783
张家界市	Zhangjiajie	106	6841	29730	88500	27083
益阳市	Yiyang	217	15643	67381	193174	62571
郴州市	Chenzhou	317	26240	128485	378655	117859
永州市	Yongzhou	364	28501	136498	393707	126250
怀化市	Huaihua	378	21062	98250	281311	86653
娄底市	Loudi	302	19690	95290	270472	83717
湘西州	Xiangxi	183	12565	59464	167471	51407

21-54 普通高等学校基本情况(2022年)
Statistics on Regular Institutions of Higher Education (2022)

市 州	Cities and States	学校数（个）Number of Schools (unit)	专任教师数（人）Number of Full-time Teachers (person)	普通本专科招生数（人）General College Enrollment (person)	普通本专科在校学生数（人）Number of Undergraduate and Junior College Students (person)	普通本专科毕业生数（人）Number of College Graduates (person)
全 省	**Total**	**116**	**84418**	**552289**	**1685091**	**449235**
长沙市	Changsha	52	40199	246857	762443	205062
株洲市	Zhuzhou	9	5590	41490	121147	35802
湘潭市	Xiangtan	11	8244	55438	172049	42304
衡阳市	Hengyang	9	6912	48509	155052	39835
邵阳市	Shaoyang	3	2317	13971	44896	12093
岳阳市	Yueyang	4	2754	19474	60019	19064
常德市	Changde	5	3528	25849	75570	19849
张家界市	Zhangjiajie	1	1040	10063	24598	6311
益阳市	Yiyang	5	2893	18415	55018	14642
郴州市	Chenzhou	3	1807	12340	36643	10172
永州市	Yongzhou	4	2412	15611	45105	11569
怀化市	Huaihua	4	2244	14519	47409	10970
娄底市	Loudi	4	2664	16333	46188	12453
湘西州	Xiangxi	2	1814	13420	38954	9109

21－55　各级学校(2022年)
Number of Schools by Level (2022)

单位：个　　(unit)

市　州	Cities and States	普通高等学校 Regular Institutions of Higher Education	中等学校 Secondary Schools	中等职业教育 Vocational Secondary Education	普通中学 Regular Secondary Schools	普通小学 Primary Schools
全　省	**Total**	**116**	**4640**	**495**	**4145**	**6835**
长沙市	Changsha	52	444	58	386	882
株洲市	Zhuzhou	9	239	23	216	374
湘潭市	Xiangtan	11	179	23	156	336
衡阳市	Hengyang	9	531	57	474	916
邵阳市	Shaoyang	3	543	70	473	902
岳阳市	Yueyang	4	327	32	295	572
常德市	Changde	5	321	43	278	370
张家界市	Zhangjiajie	1	116	10	106	96
益阳市	Yiyang	5	239	22	217	397
郴州市	Chenzhou	3	345	28	317	342
永州市	Yongzhou	4	405	41	364	476
怀化市	Huaihua	4	416	38	378	233
娄底市	Loudi	4	324	22	302	728
湘西州	Xiangxi	2	211	28	183	211

21-56 各级学校教职工（2022年）
Number of School Staff and Workers by Level (2022)

单位：人 (person)

市 州	Cities and States	普通高等学校 Regular Institutions of Higher Education	中等学校 Secondary Schools	中等职业教育 Vocational Secondary Education	普通中学 Regular Secondary Schools	普通小学 Primary Schools
全 省	**Total**	**117276**	**430090**	**45729**	**384361**	**270671**
长沙市	Changsha	58540	55869	7095	48774	41846
株洲市	Zhuzhou	7132	22360	2181	20179	14355
湘潭市	Xiangtan	10847	12807	1739	11068	9536
衡阳市	Hengyang	9430	47411	5040	42371	31214
邵阳市	Shaoyang	3033	44669	5006	39663	28993
岳阳市	Yueyang	3780	29868	3237	26631	17893
常德市	Changde	4952	30690	3683	27007	14193
张家界市	Zhangjiajie	1182	9724	804	8920	5320
益阳市	Yiyang	3690	21604	2355	19249	14659
郴州市	Chenzhou	2564	37202	3128	34074	21752
永州市	Yongzhou	3045	39945	4817	35128	26455
怀化市	Huaihua	2944	32440	3041	29399	17530
娄底市	Loudi	3559	27876	2127	25749	15376
湘西州	Xiangxi	2578	17625	1476	16149	11549

21-57 各级学校专任教师(2022年)
Number of Full-time Teachers by Level (2022)

单位：人 (person)

市 州	Cities and States	普通高等学校 Regular Institutions of Higher Education	中等学校 Secondary Schools	中等职业教育 Vocational Secondary Education	普通中学 Regular Secondary Schools	普通小学 Primary Schools
全 省	**Total**	**84418**	**340987**	**39648**	**301339**	**313275**
长沙市	Changsha	40199	45324	6054	39270	46267
株洲市	Zhuzhou	5590	17856	1775	16081	16486
湘潭市	Xiangtan	8244	10626	1374	9252	10158
衡阳市	Hengyang	6912	37007	4096	32911	33494
邵阳市	Shaoyang	2317	36006	4017	31989	33014
岳阳市	Yueyang	2754	24039	2790	21249	20774
常德市	Changde	3528	23223	3178	20045	18157
张家界市	Zhangjiajie	1040	7574	733	6841	6560
益阳市	Yiyang	2893	17815	2172	15643	16006
郴州市	Chenzhou	1807	29209	2969	26240	26558
永州市	Yongzhou	2412	32880	4379	28501	28864
怀化市	Huaihua	2244	23762	2700	21062	23274
娄底市	Loudi	2664	21683	1993	19690	19695
湘西州	Xiangxi	1814	13983	1418	12565	13968

21-58 各级学校在校学生（2022年）
Number of Students Enrollment by Level (2022)

单位：人 (person)

市 州	Cities and States	普通高等学校 Regular Institutions of Higher Education	中等学校 Secondary Schools	中等职业教育 Vocational Secondary Education	普通中学 Regular Secondary Schools	普通小学 Primary Schools
全 省	**Total**	**1685091**	**4806011**	**746324**	**4059687**	**5230990**
长沙市	Changsha	762443	613770	111713	502057	814955
株洲市	Zhuzhou	121147	248220	29079	219141	301557
湘潭市	Xiangtan	172049	138213	20805	117408	170116
衡阳市	Hengyang	155052	534646	70467	464179	531155
邵阳市	Shaoyang	44896	557534	85445	472089	541746
岳阳市	Yueyang	60019	326870	54714	272156	357591
常德市	Changde	75570	289423	50056	239367	307268
张家界市	Zhangjiajie	24598	102765	14265	88500	105188
益阳市	Yiyang	55018	234383	41209	193174	264028
郴州市	Chenzhou	36643	436191	57536	378655	424270
永州市	Yongzhou	45105	477430	83723	393707	461751
怀化市	Huaihua	47409	337172	55861	281311	377453
娄底市	Loudi	46188	316259	45787	270472	349462
湘西州	Xiangxi	38954	193135	25664	167471	224450

注：普通高等学校在校学生为普通本专科在校学生。
The students in ordinary institutions of higher learning are ordinary undergraduates and junior college students.

21-59 公共图书馆、广播和电视综合人口覆盖情况(2022年)

Statistics on Public Libraries、Coverage of Radio and TV Program Broadcasting (2022)

市 州	Cities and States	公共图书馆（个）Public Libraries (unit)	公共图书馆藏书量（万册）The Quantity of Books in Public Libraries (10 000 copies)	艺术馆、文化馆个数（个）Art Galleries, Cultural Centers Number of Projects(Unit)	广播综合人口覆盖率（%）Listener Rating (%)	电视综合人口覆盖率（%）Viewer Rating (%)
全 省	**Total**	**148**	**5471.61**	**149**	**99.42**	**99.76**
长沙市	Changsha	12	1318.44	11	100.00	100.00
株洲市	Zhuzhou	10	667.93	10	100.00	100.00
湘潭市	Xiangtan	7	218.43	8	100.00	100.00
衡阳市	Hengyang	15	356.35	13	99.92	99.91
邵阳市	Shaoyang	14	303.12	13	97.47	99.23
岳阳市	Yueyang	12	567.36	12	99.99	99.99
常德市	Changde	9	245.65	10	100.00	99.97
张家界市	Zhangjiajie	4	51.42	5	94.25	99.40
益阳市	Yiyang	8	222.27	10	99.55	99.92
郴州市	Chenzhou	12	242.03	14	99.93	99.93
永州市	Yongzhou	12	649.72	12	99.02	99.18
怀化市	Huaihua	14	259.17	15	99.55	99.76
娄底市	Loudi	7	192.88	6	99.97	99.97
湘西州	Xiangxi	12	176.84	10	98.70	98.84

注：长沙市公共图书馆个数及藏书量，艺术馆、文化馆个数包含省本级数据。

The number of public libraries and collections, as well as the number of art galleries and cultural centers in Changsha include the provincial-level data.

21-60 卫生机构基本情况(2022年)
Basic Statistics on Health Institutions (2022)

市 州	Cities and States	卫生机构数(个) Number of Health Institutions (unit)	医院、卫生院 Hospitals、Health Centers	卫生机构床位数(张) Number of Reality Beds (unit)	医院卫生院数 Hospitals、Health Centers	卫生机构人员数(人) Number of Employed Person in Health Institutions (person)	卫生技术人员 Medical &Technical Personnel	执业(助理)医师 Certified (Assistant) Doctors	注册护士 Registered Nurses
全 省	**Total**	**55338**	**3824**	**544503**	**506269**	**631958**	**519153**	**198718**	**244215**
长沙市	Changsha	5035	338	88762	79919	119072	98557	36778	48038
株洲市	Zhuzhou	3002	212	29860	27974	37480	31485	11992	14593
湘潭市	Xiangtan	2352	131	22542	21348	27253	23288	8667	11380
衡阳市	Hengyang	4340	362	52690	48822	61157	50075	18072	24845
邵阳市	Shaoyang	5640	336	48507	46285	55225	43656	17139	19969
岳阳市	Yueyang	4101	283	37494	34255	43186	35831	14031	16806
常德市	Changde	5002	289	40903	37442	45534	36923	14853	16757
张家界市	Zhangjiajie	1267	122	11647	10565	13089	10780	4133	4665
益阳市	Yiyang	3652	209	32381	28881	35655	29274	11554	13491
郴州市	Chenzhou	4127	327	37650	35968	42155	34763	13211	16387
永州市	Yongzhou	5296	310	43919	40921	47047	38968	15331	18295
怀化市	Huaihua	4541	436	43115	41668	45676	37611	14044	17782
娄底市	Loudi	4285	203	31052	29068	33075	26576	11297	11288
湘西州	Xiangxi	2698	266	23981	23153	26354	21366	7616	9919

21-61 居民消费价格分类指数(2022年)
Consumer Price Indices by Category (2022)

以上年为 100 (preceding year=100)

市 州	Cities and States	居民消费价格指数 Consumer Price Index	食品烟酒 Food Tobacoo and Liquor	衣着 Clothing	居住 Residence	生活用品及服务 Articles for Daily Use and Services	交通和通信 Transport and Commun-ications	教育文化和娱乐 Education, Culture and Recreation	医疗保健 Health Care	其他用品和服务 Other Articles and Services
全 省	**Total**	**101.8**	**101.4**	**101.3**	**100.7**	**101.2**	**106.3**	**100.9**	**101.0**	**101.6**
长沙市	Changsha	101.7	101.3	101.8	100.9	101.4	106.2	100.1	100.4	101.2
株洲市	Zhuzhou	101.6	101.3	100.5	100.6	101.4	105.0	102.1	100.2	101.4
湘潭市	Xiangtan	102.0	102.2	100.8	100.5	101.5	107.0	101.1	100.3	100.9
衡阳市	Hengyang	101.8	101.0	101.4	101.2	101.3	106.6	101.0	100.5	101.2
邵阳市	Shaoyang	101.8	101.9	101.6	100.5	101.3	105.5	101.1	100.5	102.9
岳阳市	Yueyang	101.3	100.9	100.5	99.3	101.2	106.8	101.4	100.4	101.5
常德市	Changde	101.6	101.7	100.6	100.3	100.9	105.7	101.1	101.4	101.1
张家界市	Zhangjiajie	100.5	101.5	101.5	94.0	101.7	108.8	100.2	100.0	101.6
益阳市	Yiyang	101.7	101.4	100.6	100.0	100.8	107.9	101.0	100.2	102.3
郴州市	Chenzhou	101.8	101.7	102.5	100.0	101.4	106.9	101.1	100.2	102.4
永州市	Yongzhou	101.5	100.7	102.4	100.7	100.7	106.0	100.4	100.6	100.6
怀化市	Huaihua	101.8	101.5	101.6	100.6	100.7	106.0	101.2	101.4	102.8
娄底市	Loudi	101.8	101.6	100.3	101.5	101.2	105.6	100.6	100.9	102.7
吉首市	Jishou	101.5	101.0	100.7	100.6	101.1	105.5	101.7	100.1	102.6

21—62 商品零售价格指数(2022年)
Retail Price Index (2022)

以上年为100　　(preceding year=100)

市　州	Cities and States	商品零售价格指数 Retail Price Index	食品 Food	饮料、烟酒 Beverages, Tobacco and Liquor	服装、鞋帽 Garments, Shoes and Hats	纺织品 Textiles	家用电器及音像器材 Household Appliances Music and Video Equipment	文化办公用品 Cultural and Office Appliances	日用品 Articles for Daily Use	体育娱乐用品 Sports and Recreation Articles
全　省	**Total**	**103.2**	**101.5**	**101.3**	**101.4**	**100.7**	**101.3**	**100.8**	**101.8**	**101.4**
长沙市	Changsha	103.3	101.3	101.4	101.8	100.5	101.3	100.6	102.2	102.4
株洲市	Zhuzhou	103.2	101.5	100.4	100.4	101.3	100.7	101.7	101.1	100.0
湘潭市	Xiangtan	102.9	102.3	101.1	100.9	103.8	101.7	100.9	101.3	100.6
衡阳市	Hengyang	103.1	101.1	100.3	101.4	99.6	102.2	100.1	100.9	100.8
邵阳市	Shaoyang	103.1	102.1	100.7	101.6	100.7	101.6	101.6	102.1	102.0
岳阳市	Yueyang	102.9	100.9	101.2	100.5	101.5	101.8	100.0	101.0	101.7
常德市	Changde	102.8	101.9	100.4	100.6	100.1	101.0	101.7	101.1	101.0
张家界市	Zhangjiajie	103.6	101.7	100.5	101.4	100.4	101.8	102.4	101.8	100.9
益阳市	Yiyang	103.3	101.4	101.8	100.5	99.7	101.4	102.3	102.6	100.3
郴州市	Chenzhou	103.5	101.2	104.8	102.5	100.7	101.6	100.5	103.3	101.2
永州市	Yongzhou	102.6	100.5	102.6	102.2	100.0	101.0	100.2	100.8	100.6
怀化市	Huaihua	103.3	101.6	101.5	101.7	100.4	100.4	100.4	101.5	100.5
娄底市	Loudi	102.8	101.6	101.5	100.3	100.0	101.4	100.9	102.1	100.9
吉首市	Jishou	102.7	101.0	100.4	100.8	99.9	102.2	101.8	101.5	100.8

21-62 续表 Continued

以上年为 100 (preceding year=100)

市 州	Cities and States	交通、通信用品 Transportation and Communication Appliances	家具 Furniture	化妆品 Cosmetics	金银饰品 Gold and Silver Ornaments	中西药品及医疗保健用品 Traditional Chinese and Western Medicines and Health Care Articles	书报杂志及电子出版物 Book, Newspapers, Magazines and Electronic Publication	燃料 Fuels	建筑材料及五金电料 Building Materials and Hardware
全 省	**Total**	**100.9**	**100.8**	**102.1**	**103.1**	**101.7**	**100.2**	**119.1**	**101.4**
长沙市	Changsha	101.7	100.5	101.8	103.1	101.5	99.5	119.0	101.5
株洲市	Zhuzhou	99.5	105.0	101.7	103.2	100.6	101.0	118.5	101.1
湘潭市	Xiangtan	100.6	101.3	101.8	101.0	99.5	99.8	118.5	99.6
衡阳市	Hengyang	100.2	103.4	102.1	101.5	101.5	100.5	119.2	101.5
邵阳市	Shaoyang	99.2	101.2	103.8	104.0	101.8	101.9	119.0	100.3
岳阳市	Yueyang	100.7	100.3	103.1	101.8	101.0	101.0	120.1	99.5
常德市	Changde	99.9	100.8	101.3	103.2	101.1	100.7	118.4	101.3
张家界市	Zhangjiajie	104.4	102.0	102.9	104.2	99.9	100.5	116.9	103.1
益阳市	Yiyang	102.2	99.9	102.0	103.1	101.1	100.0	120.3	99.6
郴州市	Chenzhou	100.5	100.0	102.7	101.0	100.8	100.0	120.5	105.5
永州市	Yongzhou	99.9	100.0	101.9	100.1	102.3	101.0	119.4	100.5
怀化市	Huaihua	98.6	99.6	101.2	107.7	103.3	101.2	118.6	101.4
娄底市	Loudi	99.8	99.1	102.6	100.8	101.0	99.8	119.1	102.0
吉首市	Jishou	100.6	101.5	103.1	104.9	99.6	101.9	117.3	99.7

21-63　住户调查主要指标(2022年)
Major Households Survey Indicators (2022)

市州	Cities and States	全体居民人均可支配收入（元）Per Capita Disposable Income Provincewide (yuan)	城镇居民人均可支配收入 Per Capita Disposable Income of Urban Households		农村居民人均可支配收入 Per Capita Disposable Income of Rural Households	
			绝对值（元）Value (yuan)	增速（%）Growth Rate (%)	绝对值（元）Value (yuan)	增速（%）Growth Rate (%)
全　省	**Total**	**34036**	**47301**	**5.4**	**19546**	**6.8**
长沙市	Changsha	58850	65190	4.9	40678	6.5
株洲市	Zhuzhou	44917	54862	4.7	27273	6.3
湘潭市	Xiangtan	39354	46922	4.8	26839	7.2
衡阳市	Hengyang	34722	43888	6.1	25214	7.3
邵阳市	Shaoyang	24677	35177	5.4	16815	7.1
岳阳市	Yueyang	33285	42068	5.7	21661	7.4
常德市	Changde	30643	40494	5.6	21342	7.2
张家界市	Zhangjiajie	21828	31150	4.6	13429	6.0
益阳市	Yiyang	29598	38075	6.2	22097	6.5
郴州市	Chenzhou	31627	42386	6.3	20751	7.5
永州市	Yongzhou	27301	37201	5.9	19272	6.7
怀化市	Huaihua	23031	34168	4.7	14267	7.1
娄底市	Loudi	25578	36715	5.8	16722	7.0
湘西州	Xiangxi	20791	31412	5.5	13097	6.2

21—64 能源消耗指标（2022年）
Index of Energy Consumption (2022)

市 州	Cities and States	万元地区生产总值能耗上升或下降（±%）Energy Consumption Per 10 000 yuan GDP Increase/Decrease (±%)	能源消费总量增速（%）Total Energy Consumption Growth (%)	万元地区生产总值电耗上升或下降（±%）Electric Power Consumption per 10 000 yuan GDP Increase/Decrease (±%)
全 省	**Total**	**-3.6**	**0.7**	**-0.7**
长沙市	Changsha	-6.0	-1.8	2.0
株洲市	Zhuzhou	-3.2	1.2	0.5
湘潭市	Xiangtan	-3.5	0.9	-0.1
衡阳市	Hengyang	-3.3	1.7	0.5
邵阳市	Shaoyang	-3.7	0.8	1.2
岳阳市	Yueyang	-3.5	1.7	-0.1
常德市	Changde	-1.9	2.5	1.7
张家界市	Zhangjiajie	-3.8	-1.6	4.1
益阳市	Yiyang	-3.2	1.3	-0.1
郴州市	Chenzhou	-3.3	2.2	-6.3
永州市	Yongzhou	-4.0	0.9	-1.7
怀化市	Huaihua	-4.2	-0.6	-8.3
娄底市	Loudi	-4.0	0.6	-3.6
湘西州	Xiangxi	-5.0	-1.4	-7.2

21—65 规模以上工业企业综合能源消费量

Total Energy Consumption of Scale Industry

单位：万吨标准煤 (10 000 tce)

市 州	Cities and States	2018	2019	2020	2021	2022
长沙市	Changsha	416.80	405.19	449.96	461.59	437.47
株洲市	Zhuzhou	406.92	388.22	383.87	386.62	376.01
湘潭市	Xiangtan	695.20	725.57	746.51	798.80	911.58
衡阳市	Hengyang	399.32	428.98	431.25	424.14	416.14
邵阳市	Shaoyang	283.63	283.16	242.61	258.28	223.62
岳阳市	Yueyang	984.85	1014.57	1004.03	1066.42	1022.06
常德市	Changde	467.55	476.52	463.63	514.93	520.31
张家界市	Zhangjiajie	24.39	23.25	21.83	21.08	18.18
益阳市	Yiyang	361.99	341.79	339.21	362.83	342.25
郴州市	Chenzhou	477.57	482.04	462.94	490.29	506.98
永州市	Yongzhou	183.42	180.86	188.23	217.28	316.53
怀化市	Huaihua	166.24	151.94	154.15	155.62	137.68
娄底市	Loudi	1085.38	1089.32	1049.12	1087.33	1018.30
湘西州	Xiangxi	47.38	53.16	54.55	58.16	47.89

注：综合能源消费量按当量值计算。
Comprehensive energy consumption is calculated by the corresponding amount.

21-66 规模以上工业企业主要能源品种工业生产消费量(2022年)

市 州	Cities and States	能源合计（吨标准煤）Total Energy (tce)	原 煤（吨）Raw Coal (ton)	洗精煤（用于炼焦）（吨）(Used in the Coking) (ton)	焦 炭（吨）Coke (ton)	天然气（万立方米）Natural Gas (10 000 cu.m)
全 省	**Total**	**64562414**	**58405071**	**8894652**	**10084470**	**217706**
长沙市	Changsha	4374725	2736296		151	44859
株洲市	Zhuzhou	3760088	3947082		653	51241
湘潭市	Xiangtan	9115772	5563691	3995296	4401898	5693
衡阳市	Hengyang	4161429	3628071		692781	19337
邵阳市	Shaoyang	2236222	2850471		1065	5638
岳阳市	Yueyang	10219762	8842132		439	40400
常德市	Changde	5203124	6562063		5378	11274
张家界市	Zhangjiajie	181784	155396			47
益阳市	Yiyang	3422531	4255873		9169	6511
郴州市	Chenzhou	5069799	6735112	198985	111999	22325
永州市	Yongzhou	3165282	4653618		143370	613
怀化市	Huaihua	1376765	522886		169782	485
娄底市	Loudi	10183029	7681617	4700371	4536813	7103
湘西州	Xiangxi	478899	270765		10973	405

Main Energy Consumption of Industrial Enterprises above Designated Size (2022)

原 油 （吨） Crude Oil (ton)	汽 油 （吨） Gasoline (ton)	煤 油 （吨） Kerosene (ton)	柴 油 （吨） Diesel Oil (ton)	燃料油 （吨） Fuel Oil (ton)	液化石油气 （吨） LPG (ton)	电 力 （万千瓦时） Electric Power (10 000 kwh)
8294776	**122689**	**12305**	**301165**	**132897**	**97436**	**10441110**
	10112	37	33071	5632	234	1422862
	3542	39	21920	23089	61627	573527
	647	28	8236	570		937486
3103	9602		25107	321		893867
106	4133	385	14382	749	13295	422147
8291567	72499	11325	65255	15789	19944	923578
	1605	170	18217	2647	213	698527
	869		5663		8	32725
	15159		50479	182	344	373914
	2939	317	21915	1438	27	744338
	563		5003	11	94	417765
	145	3	5276	74792	1175	450741
	584		18280	475	471	1068043
	290		5905	7201	4	188564

21−67 规模以上工业企业取水总量
Water Intake Amount of Scale Industry

单位：万立方米 (10 000 cu.m)

市 州	Cities and States	2018	2019	2020	2021	2022
全 省	**Total**	**386225.28**	**396468.75**	**420190.27**	**439760.69**	**455944.10**
长沙市	Changsha	101080.88	108045.11	126151.46	138391.56	143421.65
株洲市	Zhuzhou	30792.72	30641.74	30691.65	31950.94	31860.61
湘潭市	Xiangtan	22886.40	21009.45	25337.59	22702.10	25365.70
衡阳市	Hengyang	27742.63	30423.21	29002.79	28145.63	26306.61
邵阳市	Shaoyang	28899.46	26994.75	25468.95	26683.52	26076.28
岳阳市	Yueyang	35028.44	34919.53	36398.52	35735.58	36532.39
常德市	Changde	30087.38	31608.13	30442.79	32124.98	34503.08
张家界市	Zhangjiajie	4676.77	6625.29	7702.07	6268.26	7014.56
益阳市	Yiyang	15390.56	12333.00	13227.00	16197.96	16002.77
郴州市	Chenzhou	21358.55	20909.89	19814.98	21540.98	24071.00
永州市	Yongzhou	21471.63	23562.85	24190.80	26569.32	29016.25
怀化市	Huaihua	18984.21	20870.38	22658.22	22081.77	22312.49
娄底市	Loudi	18974.20	19240.79	20047.19	21118.14	21388.43
湘西州	Xiangxi	7835.77	8363.73	8215.71	9462.63	11274.72

注：根据国家新修订的报表制度，水、火电企业用于冷却机组的河湖海冷却用水（包括循环冷却用水和直抽直排冷却用水）不计入取水量。

According to the new revision of the reporting system,thermal power enterprises for the rivers and lakes water cooling water cooling unit (including circulating cooling water and cooling water straight pulling straight row) are not included in the water.

21-68 分产业法人单位数(2022年)
Corporate Units by Industry (2022)

单位：个 (unit)

市 州	Cities and States	合计 Total	第一产业 Primary Industry	第二产业 Secondary Industry	第三产业 Tertiary Industry
全 省	**Total**	**1250268**	**113262**	**222113**	**914893**
长沙市	Changsha	367074	11914	51517	303643
株洲市	Zhuzhou	60398	4363	14120	41915
湘潭市	Xiangtan	42422	2986	9567	29869
衡阳市	Hengyang	100024	12339	18016	69669
邵阳市	Shaoyang	91559	13372	18839	59348
岳阳市	Yueyang	103921	8788	20102	75031
常德市	Changde	95559	12243	16323	66993
张家界市	Zhangjiajie	25129	2775	4265	18089
益阳市	Yiyang	67151	7764	14817	44570
郴州市	Chenzhou	71131	8264	12482	50385
永州市	Yongzhou	80394	10555	15129	54710
怀化市	Huaihua	51538	7219	8639	35680
娄底市	Loudi	54518	8310	10900	35308
湘西州	Xiangxi	39450	2370	7397	29683

21-69 分机构类型法人单位数(2022年)
Corporate Units by Organization Type (2022)

单位：个 (unit)

市 州	Cities and States	合计 Total	企业 Enterpr-ises	事业单位 Public Institution	机关 Govern-ment Depart-ment	社会团体 Social Organi-zation	民办非企业单位 Private Non-enterprise Units	基金会 Founda-tion	居委会 Neighbor-hood Committee	村委会 Village Commit-tee	农民专业合作社 Farmer Specialized Cooperative	其他组织机构 Other Organi-zation
全 省	**Total**	**1250268**	**1046667**	**36452**	**9168**	**16234**	**20121**	**315**	**5088**	**23089**	**89892**	**3242**
长沙市	Changsha	367074	347066	3620	770	2042	3993	111	702	827	7377	566
株洲市	Zhuzhou	60398	49809	1479	546	900	1318	14	350	1001	4915	66
湘潭市	Xiangtan	42422	34842	964	370	1055	1077	18	188	719	3089	100
衡阳市	Hengyang	100024	81201	3616	821	1138	2062	21	496	2268	7971	430
邵阳市	Shaoyang	91559	70457	4062	821	1322	1304	8	385	2661	10149	390
岳阳市	Yueyang	103921	87053	2820	716	1454	1519	47	432	1365	8217	298
常德市	Changde	95559	79435	3256	799	1467	1412	22	680	1529	6724	235
张家界市	Zhangjiajie	25129	18792	1054	347	725	484	4	157	860	2660	46
益阳市	Yiyang	67151	54223	2006	476	1113	1221	18	271	1148	6488	187
郴州市	Chenzhou	71131	56990	2202	747	1141	1164	12	325	2019	6408	123
永州市	Yongzhou	80394	61657	3579	917	1207	1788	13	327	2924	7872	110
怀化市	Huaihua	51538	36295	3502	872	1232	1072	7	292	2435	5469	362
娄底市	Loudi	54518	42671	1173	415	738	1042	10	268	1788	6239	174
湘西州	Xiangxi	39450	26176	3119	551	700	665	10	215	1545	6314	155

21-70 分行业法人单位数(2022年)
Corporate Units by Sector (2022)

单位：个 (unit)

市 州	Cities and States	合计 Total	农、林、牧、渔业 Agriculture, Forestry, Animal Husbandry and Fishing	采矿业 Mining	制造业 Manufac-turing	电力、燃气及水的生产和供应业 Production and Supply of Electricity, Gas and Water	建筑业 Construc-tion	批发和零售业 Whole-sale and Retail Trade	交通运输、仓储和邮政业 Transport, Storage and Post	住宿和餐饮业 Lodging and Catering Services	信息传输、计算机服务和软件业 Information Transmis-sion, Computer Services and Software
全 省	**Total**	**1250268**	**140315**	**3924**	**101083**	**9307**	**109026**	**311644**	**26378**	**25451**	**59489**
长沙市	Changsha	367074	13791	183	20945	718	30249	93835	7353	8226	32098
株洲市	Zhuzhou	60398	5726	294	8393	537	4979	16662	1376	1465	1891
湘潭市	Xiangtan	42422	3833	89	5242	173	4129	9413	1054	731	1619
衡阳市	Hengyang	100024	16252	398	7335	497	9853	24520	2202	1947	3625
邵阳市	Shaoyang	91559	17296	318	9640	1035	7878	20597	1675	1787	2217
岳阳市	Yueyang	103921	11204	303	9651	730	9529	29151	2780	1986	3634
常德市	Changde	95559	14192	293	7937	614	7574	27550	1989	2260	2809
张家界市	Zhangjiajie	25129	3159	165	1326	226	2554	5488	437	879	748
益阳市	Yiyang	67151	10663	165	8339	470	5899	18195	1551	1166	1718
郴州市	Chenzhou	71131	9763	578	5575	1350	5042	18072	1678	1210	2668
永州市	Yongzhou	80394	14058	322	6240	1413	7174	17656	1447	1291	2483
怀化市	Huaihua	51538	8082	231	3485	661	4280	10438	1069	996	1453
娄底市	Loudi	54518	9192	329	4852	586	5156	13404	1091	913	1542
湘西州	Xiangxi	39450	3104	256	2123	297	4730	6663	676	594	984

21-70 续表 Continued

单位：个 (unit)

市 州	Cities and States	金融业 Banking	房地产业 Real Estate	租赁和商务服务业 Leasing and Business Services	科学研究、技术服务和地质勘查业 Scientific Research, Technical Service and Geologic Perambulation	水利、环境和公共设施管理业 Water Conservancy, Environment and Public Facilities Management	居民服务和其他服务业 Services to Households and Other Services	教育 Education	卫生、社会保障和社会福利业 Sanitation, Social Security and Social Welfare	文化、体育和娱乐业 Culture, Sports and Entertainment	公共管理和社会组织 Public Management and Social Organization	国际组织 International Organization
全 省	**Total**	**2774**	**34898**	**145306**	**85457**	**11606**	**26133**	**36430**	**12970**	**39562**	**68515**	
长沙市	Changsha	1122	10821	65611	40189	3223	8227	6633	2549	15599	5702	
株洲市	Zhuzhou	143	1784	5122	2769	614	1247	2140	586	1406	3264	
湘潭市	Xiangtan	97	1148	4627	2930	365	742	1630	522	1420	2658	
衡阳市	Hengyang	196	3132	9284	4642	727	1930	3488	1239	2461	6296	
邵阳市	Shaoyang	129	2145	7986	2880	738	1670	3430	1015	2411	6712	
岳阳市	Yueyang	191	2768	10106	5857	1288	2416	2892	1055	3232	5148	
常德市	Changde	197	2536	7549	4514	924	2295	2491	1306	2462	6067	
张家界市	Zhangjiajie	51	627	3280	759	259	690	969	344	740	2428	
益阳市	Yiyang	94	1404	5245	2296	558	1242	1939	739	1619	3849	
郴州市	Chenzhou	165	2450	6476	4307	775	1314	2168	746	1905	4889	
永州市	Yongzhou	122	2139	6744	4413	636	1422	3236	824	1956	6818	
怀化市	Huaihua	103	1681	4127	2111	493	1100	2245	933	1545	6505	
娄底市	Loudi	103	1227	4999	2232	440	1024	1662	480	1594	3692	
湘西州	Xiangxi	61	1036	4150	5558	566	814	1507	632	1212	4487	

21－71 “一套表”联网直报调查单位数(2022年)

"A Set of Table" Networking Straight Survey Respondent Numbers (2022)

单位：个 (unit)

市 州	Cities and States	合计 Total	工业 Industry	建筑业 Construction	批发零售业 Wholesale and Retail Trade	住宿餐饮业 Lodging and Catering Services	房地产业 Real Estate	服务业 Service	投资 Investment
全 省	**Total**	**60659**	**19873**	**4071**	**11300**	**3268**	**4678**	**8637**	**8832**
长沙市	Changsha	11125	3113	1030	2229	706	824	1958	1265
株洲市	Zhuzhou	5724	2001	472	1152	443	437	614	605
湘潭市	Xiangtan	3173	1367	219	562	136	177	360	352
衡阳市	Hengyang	4995	1389	318	880	285	505	879	739
邵阳市	Shaoyang	5462	1965	309	1179	298	334	692	685
岳阳市	Yueyang	6141	1953	370	1068	198	412	1388	752
常德市	Changde	5007	1709	201	815	245	291	851	895
张家界市	Zhangjiajie	815	244	81	138	65	92	86	109
益阳市	Yiyang	3096	1439	154	548	111	206	162	476
郴州市	Chenzhou	4692	1322	239	913	248	382	496	1092
永州市	Yongzhou	3575	1209	199	638	192	282	325	730
怀化市	Huaihua	2741	843	201	504	153	319	274	447
娄底市	Loudi	2763	971	176	473	116	208	399	420
湘西州	Xiangxi	1350	348	102	201	72	209	153	265

注：“一套表”联网直报单位是指规模以上工业企业、限额以上批发零售住宿餐饮企业、资质以内的建筑业企业和房地产开发企业、规模以上服务业企业、其他有5000万元以上在建项目的法人单位。

“A set of table” Networking straight survey respondent refers to within the industrial enterprises above Designated Size, enterprises above Designated Size of whole sale and retail trade and hotels and catering services, Other legal entities with projects under construction of more than 50 million yuan。

21－72 新增“一套表”联网直报调查单位数(2022年)

Newly Increased "A Set of Table" Networking Straight Survey Respondent Numbers (2022)

单位：个 (unit)

市 州	Cities and States	合计 Total	工业 Industry	建筑业 Construction	批发零售业 Wholesale and Retail Trade	住宿餐饮业 Lodging and Catering Services	房地产业 Real Estate	服务业 Service	投资 Investment
全 省	**Total**	**9570**	**2011**	**460**	**1770**	**752**	**369**	**1672**	**2536**
长沙市	Changsha	1862	398	78	407	189	66	393	331
株洲市	Zhuzhou	829	146	95	151	136	20	96	185
湘潭市	Xiangtan	458	121	15	97	34	19	67	105
衡阳市	Hengyang	907	119	44	154	63	55	251	221
邵阳市	Shaoyang	684	202	50	102	51	38	85	156
岳阳市	Yueyang	1048	180	32	212	44	20	332	228
常德市	Changde	681	171	29	103	49	12	97	220
张家界市	Zhangjiajie	76	16	2	19	4	3	4	28
益阳市	Yiyang	500	136	13	94	19	21	50	167
郴州市	Chenzhou	838	147	25	120	38	28	107	373
永州市	Yongzhou	653	145	28	93	57	35	56	239
怀化市	Huaihua	449	97	18	95	43	19	55	122
娄底市	Loudi	397	98	20	81	9	17	57	115
湘西州	Xiangxi	188	35	11	42	16	16	22	46

21-73 退出“一套表”联网直报调查单位数(2022年)

Exited "A Set of Table" Networking Straight Survey Respondent Numbers (2022)

单位：个 (unit)

市 州	Cities and States	合计 Total	工业 Industry	建筑业 Construction	批发零售业 Wholesale and Retail Trade	住宿餐饮业 Lodging and Catering Services	房地产业 Real Estate	服务业 Service	投资 Investment
全 省	**Total**	**2812**	**436**	**64**	**653**	**183**	**414**	**565**	**497**
长沙市	Changsha	1029	101	28	253	88	122	222	215
株洲市	Zhuzhou	167	31	3	52	13	4	16	48
湘潭市	Xiangtan	100	27	3	23	5	8	21	13
衡阳市	Hengyang	160	20	1	36	8	28	56	11
邵阳市	Shaoyang	227	81	2	32	10	39	52	11
岳阳市	Yueyang	170	37	13	29	4	22	41	24
常德市	Changde	93	23		13	3	15	11	28
张家界市	Zhangjiajie	82	13	1	11	1		28	28
益阳市	Yiyang	116	23	2	37	5	23	11	15
郴州市	Chenzhou	211	34	3	46	13	38	42	35
永州市	Yongzhou	141	9	1	40	15	48	13	15
怀化市	Huaihua	88	4	3	16	5	24	16	20
娄底市	Loudi	147	11	2	52	11	22	30	19
湘西州	Xiangxi	81	22	2	13	2	21	6	15

22

各县（市、区）主要经济和社会统计指标

Main Economic and Social Statistics Indicators of Counties and Cities (Districts)

资料整理人员：郑一璞　肖首雄　欧阳普　杨　耒
赵莉淇　甘杨辉　田杰平　谢　凡
彭　颖　段嘉欣　廖闻菲　彭开吾
王　丹　陈晗文　朱　鹏　易　贝
文益龙　李艺斌　张颖洁　罗金城
彭怡丰　粟子林

22-1 年末常住人口(2022年)
Population at the Year-end (2022)

市县名称	Cities and Counties	总户数（万户）Households (10 000 households)	年末常住人口（万人）Population at the Year-end (10 000 persons)	按城乡分 By Residence 城镇人口 Urban	乡村人口 Rural	城镇化率(%) Urbanization Rate (%)
芙蓉区	Furong District	24.71	65.11	65.11		100.00
天心区	Tianxin District	31.52	87.17	86.37	0.80	99.08
岳麓区	Yuelu District	60.18	162.80	153.86	8.94	94.51
开福区	Kaifu District	32.73	87.48	84.51	2.97	96.60
雨花区	Yuhua District	46.93	128.10	124.90	3.20	97.50
望城区	Wangcheng District	30.05	96.29	76.71	19.58	79.67
长沙县	Changsha County	48.81	142.75	106.61	36.14	74.68
浏阳市	Liuyang City	43.28	144.59	91.32	53.27	63.16
宁乡市	Ningxiang City	49.78	127.77	78.33	49.44	61.31
荷塘区	Hetang District	12.58	34.39	33.76	0.63	98.16
芦淞区	Lousong District	10.94	30.28	27.99	2.29	92.45
石峰区	Shifeng District	10.52	33.64	32.42	1.22	96.36
天元区	Tianyuan District	17.36	48.20	43.84	4.36	90.96
渌口区	Lukou District	9.82	25.77	14.06	11.71	54.56
攸　县	You County	22.49	62.44	36.29	26.15	58.12
茶陵县	Chaling County	16.65	48.71	25.99	22.72	53.36
炎陵县	Yanling County	5.73	15.86	9.04	6.82	57.03
醴陵市	Liling City	27.17	87.82	57.14	30.68	65.06
雨湖区	Yuhu District	21.32	61.91	51.84	10.07	83.73
岳塘区	Yuetang District	17.95	48.47	46.31	2.16	95.54
湘潭县	Xiangtan County	28.99	77.90	36.13	41.77	46.38
湘乡市	Xiangxiang City	26.96	71.63	36.80	34.83	51.38
韶山市	Shaoshan City	3.83	10.36	6.15	4.21	59.36
珠晖区	Zhuhui District	12.53	33.41	30.71	2.70	91.92
雁峰区	Yanfeng District	9.08	24.73	24.51	0.22	99.11
石鼓区	Shigu District	8.60	22.55	20.57	1.98	91.22
蒸湘区	Zhengxiang District	16.69	47.49	43.14	4.35	90.84
南岳区	Nanyue District	2.16	6.94	5.10	1.84	73.49
衡阳县	Hengyang County	32.74	87.89	39.93	47.96	45.43
衡南县	Hengnan County	28.82	79.30	37.73	41.57	47.58
衡山县	Hengshan County	11.86	33.19	16.11	17.08	48.54
衡东县	Hengdong County	19.85	55.61	21.57	34.04	38.79
祁东县	Qidong County	29.11	76.25	33.10	43.15	43.41
耒阳市	Leiyang City	37.82	112.40	53.93	58.47	47.98
常宁市	Changning City	26.92	77.98	40.51	37.47	51.95
双清区	Shuangqing District	11.54	31.98	28.79	3.19	90.03
大祥区	Daxiang District	14.13	36.30	31.98	4.32	88.10
北塔区	Beita District	4.85	12.34	9.90	2.44	80.23

22-1 续表 1 Continued

市县名称	Cities and Counties	总户数（万户）Households (10 000 households)	年末常住人口（万人）Population at the Year-end (10 000 persons)	按城乡分 By Residence 城镇人口 Urban	乡村人口 Rural	城镇化率（%）Urbanization Rate (%)
新邵县	Xinshao County	20.20	59.34	27.27	32.07	45.96
邵阳县	Shaoyang County	24.26	72.18	33.87	38.31	46.92
隆回县	Longhui County	35.61	99.23	43.83	55.40	44.17
洞口县	Dongkou County	22.84	66.42	32.90	33.52	49.53
绥宁县	Suining County	10.93	28.59	12.02	16.57	42.04
新宁县	Xinning County	16.84	50.24	23.63	26.61	47.03
城步县	Chengbu County	7.75	22.35	9.80	12.55	43.85
武冈市	Wugang City	22.87	62.60	31.85	30.75	50.88
邵东市	Shaodong City	36.97	100.21	58.45	41.76	58.33
岳阳楼区	Yueyanglou District	35.27	98.90	93.62	5.28	94.66
云溪区	Yunxi District	5.04	15.21	9.17	6.04	60.29
君山区	Junshan District	6.87	19.89	11.09	8.80	55.76
岳阳县	Yueyang County	20.72	55.72	30.54	25.18	54.81
华容县	Huarong County	19.25	54.84	29.91	24.93	54.54
湘阴县	Xiangyin County	21.10	57.73	31.35	26.38	54.30
平江县	Pingjiang County	30.51	93.92	50.80	43.12	54.09
汨罗市	Miluo City	20.79	62.56	29.55	33.01	47.23
临湘市	Linxiang City	14.83	42.98	25.54	17.44	59.42
武陵区	Wuling District	26.68	72.05	66.03	6.02	91.64
鼎城区	Dingcheng District	27.40	73.56	45.09	28.47	61.30
安乡县	Anxiang County	15.96	41.98	18.31	23.67	43.62
汉寿县	Hanshou County	24.91	69.65	34.66	34.99	49.76
澧　县	Li County	27.35	71.32	43.61	27.71	61.15
临澧县	Linli County	12.82	36.81	17.02	19.79	46.24
桃源县	Taoyuan County	30.45	79.80	35.34	44.46	44.29
石门县	Shimen County	21.22	55.18	26.91	28.27	48.77
津市市	Jinshi City	7.73	20.95	13.85	7.10	66.11
永定区	Yongding District	17.93	51.08	32.51	18.57	63.65
武陵源区	Wulingyuan District	2.08	6.02	4.22	1.80	70.10
慈利县	Cili County	21.55	55.95	27.15	28.80	48.53
桑植县	Sangzhi County	13.27	37.33	15.82	21.51	42.38
资阳区	Ziyang District	13.42	34.90	19.03	15.87	54.53
赫山区	Heshan District	33.36	88.01	57.81	30.20	65.69
南　县	Nan County	21.07	56.15	27.80	28.35	49.51
大通湖区	Datonghu District	3.23	7.97	4.21	3.76	52.82
桃江县	Taojiang County	26.27	67.52	36.48	31.04	54.03
安化县	Anhua County	28.21	77.01	27.73	49.28	36.01
沅江市	Yuanjiang City	23.05	55.77	28.10	27.67	50.39
北湖区	Beihu District	20.78	57.45	50.51	6.94	87.92
苏仙区	Suxian District	16.27	43.65	32.62	11.03	74.73
桂阳县	Guiyang County	25.49	70.20	38.85	31.35	55.34
宜章县	Yizhang County	19.48	56.29	29.65	26.64	52.67
永兴县	Yongxing County	19.31	53.21	29.58	23.63	55.59

22-1 续表 2 Continued

市县名称	Cities and Counties	总户数（万户）Households (10 000 households)	年末常住人口（万人）Population at the Year-end (10 000 persons)	按城乡分 By Residence 城镇人口 Urban	乡村人口 Rural	城镇化率(%) Urbanization Rate (%)
嘉禾县	Jiahe County	12.23	33.99	17.21	16.78	50.63
临武县	Linwu County	11.32	31.97	16.70	15.27	52.24
汝城县	Rucheng County	12.10	34.15	16.15	18.00	47.29
桂东县	Guidong County	6.25	15.95	6.37	9.58	39.94
安仁县	Anren County	12.48	34.87	16.84	18.03	48.29
资兴市	Zixing City	12.78	31.95	21.57	10.38	67.51
零陵区	Lingling District	20.10	56.29	32.99	23.30	58.61
冷水滩区	Lengshuitan District	22.08	57.58	37.11	20.47	64.45
东安县	Dongan County	17.40	48.49	20.28	28.21	41.82
双牌县	Shuangpai County	5.47	15.36	7.60	7.76	49.48
道　县	Dao County	19.70	58.12	29.50	28.62	50.76
江永县	Jiangyong County	7.33	21.65	7.68	13.97	35.47
宁远县	Ningyuan County	21.24	65.40	32.42	32.98	49.57
蓝山县	Lanshan County	11.16	32.46	17.38	15.08	53.54
新田县	Xintian County	12.15	33.90	17.06	16.84	50.32
江华县	Jianghua County	15.14	44.67	16.76	27.91	37.52
祁阳市	Qiyang City	26.81	80.45	31.09	49.36	38.65
鹤城区	Hecheng District	24.94	71.33	58.74	12.59	82.35
中方县	Zhongfang County	8.97	23.64	10.63	13.01	44.97
沅陵县	Yuanling County	19.45	50.30	21.70	28.60	43.14
辰溪县	Chenxi County	15.55	40.07	17.10	22.97	42.68
溆浦县	Xupu County	27.26	74.60	22.94	51.66	30.75
会同县	Huitong County	11.41	28.71	11.49	17.22	40.02
麻阳县	Mayang County	11.02	28.59	14.07	14.52	49.21
新晃县	Xinhuang County	8.02	21.79	9.65	12.14	44.29
芷江县	Zhijiang County	12.42	30.43	14.52	15.91	47.72
靖州县	Jingzhou County	8.28	23.21	12.12	11.09	52.22
通道县	Tongdao County	6.75	19.89	8.66	11.23	43.54
洪江市	Hongjiang City	13.63	33.81	14.04	19.77	41.53
洪江区	Hongjiang District	2.65	5.70	4.82	0.88	84.56
娄星区	Louxing District	26.94	75.43	56.80	18.63	75.30
双峰县	Shuangfeng County	24.67	67.36	27.87	39.49	41.37
新化县	Xinhua County	38.85	116.17	39.52	76.65	34.02
冷水江市	Lengshuijiang City	11.16	32.71	24.69	8.02	75.48
涟源市	Lianyuan City	32.56	84.34	33.49	50.85	39.71
吉首市	Jishou City	11.43	42.86	32.13	10.73	74.96
泸溪县	Luxi County	9.06	23.38	10.49	12.89	44.87
凤凰县	Fenghuang County	11.54	35.17	15.38	19.79	43.73
花垣县	Huayuan County	7.79	24.11	10.52	13.59	43.64
保靖县	Baojing County	8.80	23.04	10.67	12.37	46.31
古丈县	Guzhang County	4.50	10.67	4.97	5.70	46.57
永顺县	Yongshun County	16.49	40.53	20.43	20.10	50.41
龙山县	Longshan County	18.01	46.36	23.92	22.44	51.60

22-2 “四上”企业从业人员年末人数(2022年)

The Number of Employees of "Four Scale" Enterprises at the Year-end (2022)

单位：万人 (10 000 persons)

市县名称	Cities and Counties	从业人员年末人数 Number of Employees at the Year-end	在岗职工 Staff and Workers on the Job	#国有企业 State-owned Enterprises	#集体企业 Collective-owned Enterprises	#其他企业 Enterprises of Other Types of Ownership	其他从业人员 Other Employed Persons
芙蓉区	Furong District	11.33	10.48	0.28	0.19	10.02	0.84
天心区	Tianxin District	22.67	21.42	6.44		14.98	1.25
岳麓区	Yuelu District	25.47	24.31	0.22		24.08	1.16
开福区	Kaifu District	11.57	11.22	0.52	0.02	10.67	0.35
雨花区	Yuhua District	23.31	22.21	1.40	0.02	20.79	1.09
望城区	Wangcheng District	15.29	14.58	0.15		14.43	0.71
长沙县	Changsha County	23.07	21.99	0.12		21.88	1.08
浏阳市	Liuyang City	22.71	21.83	0.03	0.12	21.68	0.87
宁乡市	Ningxiang City	11.59	11.31	0.05	0.01	11.25	0.28
荷塘区	Hetang District	3.86	3.58	0.26		3.32	0.28
芦淞区	Lusong District	4.21	3.81	0.16		3.65	0.39
石峰区	Shifeng District	6.26	5.94	0.07		5.87	0.32
天元区	Tianyuan District	8.73	8.18	0.18		8.00	0.55
渌口区	Lukou District	4.46	3.40	0.03	0.09	3.27	1.06
攸　县	You County	5.09	4.97	0.06	0.03	4.88	0.12
茶陵县	Chaling County	4.14	3.90	0.03		3.86	0.24
炎陵县	Yanling County	1.46	1.41	0.01	0.01	1.39	0.05
醴陵市	Liling City	21.63	21.49	0.05	0.15	21.29	0.14
雨湖区	Yuhu District	12.42	11.90	0.19	0.03	11.69	0.52
岳塘区	Yuetang District	8.48	7.84	0.18	0.14	7.52	0.63
湘潭县	Xiangtan County	7.93	7.80			7.80	0.13
湘乡市	Xiangxiang City	7.68	7.10	0.01		7.09	0.58
韶山市	Shaoshan City	1.40	1.40	0.14	0.02	1.24	0.01
珠晖区	Zhuhui District	1.47	1.42		0.02	1.40	0.06
雁峰区	Yanfeng District	3.65	3.61	0.12	0.01	3.48	0.04
石鼓区	Shigu District	3.98	3.76	0.02		3.74	0.22
蒸湘区	Zhengxiang District	6.50	6.00	0.33	0.01	5.65	0.50
南岳区	Nanyue District	0.41	0.35	0.01		0.35	0.05
衡阳县	Hengyang County	4.91	4.87	0.03	0.34	4.51	0.03
衡南县	Hengnan County	5.89	5.17	0.07	0.07	5.04	0.72
衡山县	Hengshan County	3.15	3.11	0.01		3.10	0.04
衡东县	Hengdong County	3.67	3.63	0.08	0.05	3.49	0.04
祁东县	Qidong County	3.72	3.18	0.06	0.08	3.03	0.53
耒阳市	Leiyang City	3.91	3.70	0.15	0.08	3.46	0.21
常宁市	Changning City	3.07	2.95	0.06	0.02	2.87	0.12
双清区	Shuangqing District	6.87	6.24	0.23	0.09	5.92	0.64
大祥区	Daxiang District	3.00	2.59	0.16	0.06	2.37	0.41
北塔区	Beita District	1.62	1.58			1.58	0.04

22-2 续表 1 Continued

单位：万人 (10 000 persons)

市县名称	Cities and Counties	从业人员年末人数 Number of Employees at the Year-end	在岗职工 Staff and Workers on the Job	#国有企业 State-owned Enterprises	#集体企业 Collective-owned Enterprises	#其他企业 Enterprises of Other Types of Ownership	其他从业人员 Other Employed Persons
新邵县	Xinshao County	2.79	2.66	0.14		2.52	0.13
邵阳县	Shaoyang County	3.57	3.48	0.11	0.37	3.00	0.10
隆回县	Longhui County	3.80	3.74	0.12		3.62	0.06
洞口县	Dongkou County	3.18	3.07	0.01		3.06	0.11
绥宁县	Suining County	1.89	1.72	0.06		1.65	0.17
新宁县	Xinning County	2.53	2.41	0.03		2.38	0.13
城步县	Chengbu County	0.65	0.58	0.02		0.56	0.07
武冈市	Wugang City	3.07	2.69	0.02	0.38	2.30	0.38
邵东市	Shaodong City	10.07	9.90	0.03		9.86	0.18
岳阳楼区	Yueyanglou District	13.12	11.84	0.30	0.01	11.53	1.28
云溪区	Yunxi District	5.01	4.73	0.68	0.07	3.98	0.28
君山区	Junshan District	2.61	2.48	0.17	0.06	2.24	0.14
岳阳县	Yueyang County	3.84	3.65	0.05	0.05	3.55	0.19
华容县	Huarong County	3.90	3.83	0.04	0.15	3.64	0.08
湘阴县	Xiangyin County	4.98	4.77	0.04		4.73	0.21
平江县	Pingjiang County	6.98	6.26	0.18	0.04	6.05	0.72
汨罗市	Miluo City	6.93	6.71	0.18	0.02	6.50	0.22
临湘市	Linxiang City	3.56	3.30	0.07		3.23	0.26
武陵区	Wuling District	10.48	9.62	0.36		9.26	0.85
鼎城区	Dingchen District	5.97	5.66	0.04		5.62	0.30
安乡县	Anxiang County	3.47	3.39	0.02		3.37	0.08
汉寿县	Hanshou County	4.90	4.76	0.02		4.75	0.13
澧　县	Li County	4.06	3.89	0.08	0.01	3.80	0.17
临澧县	Linli County	2.43	2.32	0.02	0.01	2.29	0.12
桃源县	Taoyuan County	4.37	4.15	0.08		4.07	0.22
石门县	Shimen County	3.28	2.94	0.09		2.85	0.34
津市市	Jinshi City	2.59	2.53	0.03		2.50	0.06
永定区	Yongding District	2.56	2.49	0.10		2.39	0.08
武陵源区	Wulingyuan District	0.34	0.33	0.02		0.31	0.01
慈利县	Cili County	1.24	0.97	0.02	0.10	0.85	0.27
桑植县	Sangzhi County	0.60	0.57	0.02		0.55	0.03
资阳区	Ziyang District	3.71	3.68	0.67		3.00	0.04
赫山区	Heshan District	11.52	10.52	0.25	0.06	10.21	1.00
南　县	Nan County	2.06	2.00	0.03		1.97	0.06
大通湖区	Datonghu District	0.15	0.14	0.01		0.13	0.01
桃江县	Taojiang County	6.10	5.50	0.01		5.49	0.60
安化县	Anhua County	2.17	2.04	0.10	0.05	1.89	0.14
沅江市	Yuanjiang City	3.50	3.35	0.07		3.28	0.15
北湖区	Beihu District	7.70	6.37	1.01	0.02	5.34	1.33
苏仙区	Suxian District	4.55	4.39	0.09		4.30	0.17
桂阳县	Guiyang County	4.27	3.91	0.01	0.02	3.87	0.37
宜章县	Yizhang County	2.69	2.66	0.02		2.64	0.03
永兴县	Yongxing County	2.45	2.43	0.02	0.03	2.38	0.02

22-2 续表 2 Continued

单位：万人 (10 000 persons)

市县名称	Cities and Counties	从业人员年末人数 Number of Employees at the Year-end	在岗职工 Staff and Workers on the Job	#国有企业 State-owned Enterprises	#集体企业 Collective-owned Enterprises	#其他企业 Enterprises of Other Types of Ownership	其他从业人员 Other Employed Persons
嘉禾县	Jiahe County	1.88	1.81	0.02	0.01	1.78	0.07
临武县	Linwu County	1.44	1.43	0.06	0.02	1.35	0.01
汝城县	Rucheng County	0.76	0.70	0.01		0.69	0.06
桂东县	Guidong County	0.71	0.66			0.66	0.05
安仁县	Anren County	1.40	1.20	0.01		1.19	0.20
资兴市	Zixing City	3.48	3.44	0.04		3.40	0.03
零陵区	Lingling District	2.00	1.94	0.05	0.11	1.79	0.06
冷水滩区	Lengshuitan District	5.21	5.03	0.26	0.10	4.67	0.18
东安县	Dongan County	3.78	3.11	0.19		2.91	0.68
双牌县	Shuangpai County	1.37	1.34	0.03	0.07	1.25	0.02
道　县	Dao County	2.75	2.61	0.02	0.44	2.15	0.14
江永县	Jiangyong County	0.85	0.85	0.01	0.02	0.82	
宁远县	Ningyuan County	4.90	4.85	0.20	0.26	4.39	0.05
蓝山县	Lanshan County	2.32	2.22	0.01	0.18	2.04	0.10
新田县	Xintian County	0.92	0.86	0.02		0.84	0.06
江华县	Jianghua County	1.98	1.96	0.02	0.04	1.90	0.02
祁阳市	Qiyang City	4.66	4.40	0.10	0.23	4.07	0.25
鹤城区	Hecheng District	4.39	4.20	0.31	0.02	3.87	0.19
中方县	Zhongfang County	1.98	1.90			1.90	0.08
沅陵县	Yuanling County	2.13	2.11	0.29		1.83	0.02
辰溪县	Chenxi County	1.18	1.01		0.03	0.98	0.17
溆浦县	Xupu County	2.11	1.94	0.04	0.03	1.87	0.17
会同县	Huitong County	0.65	0.54		0.01	0.53	0.10
麻阳县	Mayang County	1.08	1.03	0.09	0.25	0.70	0.04
新晃县	Xinhuang County	1.07	1.04	0.03	0.07	0.95	0.03
芷江县	Zhijiang County	0.66	0.65	0.01		0.65	0.01
靖州县	Jingzhou County	1.01	0.86	0.02	0.04	0.81	0.15
通道县	Tongdao County	0.77	0.74	0.02	0.03	0.69	0.02
洪江市	Hongjiang City	1.21	1.04	0.04	0.05	0.95	0.17
洪江区	Hongjiang District	0.61	0.56	0.01		0.56	0.05
娄星区	Louxing District	13.72	11.90	0.21	0.01	11.68	1.81
双峰县	Shuangfeng County	3.22	3.18		0.10	3.08	0.04
新化县	Xinhua County	6.18	6.00	0.24	0.14	5.62	0.17
冷水江市	Lengshuijiang City	4.32	3.96	0.13	0.36	3.48	0.36
涟源市	Lianyuan City	4.20	3.64	0.12	0.10	3.42	0.56
吉首市	Jishou City	3.60	3.27	0.38	0.06	2.84	0.33
泸溪县	Luxi County	0.65	0.65	0.05	0.02	0.57	
凤凰县	Fenghuang County	0.42	0.42	0.01	0.02	0.40	
花垣县	Huayuan County	0.48	0.47	0.05	0.01	0.41	0.02
保靖县	Baojing County	0.50	0.49	0.05	0.04	0.41	0.01
古丈县	Guzhang County	0.27	0.24			0.24	0.03
永顺县	Yongshun County	0.66	0.65	0.02	0.13	0.50	0.01
龙山县	Longshan County	0.79	0.72	0.01	0.01	0.70	0.07

22-3 “四上”企业在岗职工工资总额和年平均工资(2022年)
Total Wages and Average Annual Wages of Employees On the Job in "Four Scale" Enterprises (2022)

市县名称	Cities and Counties	在岗职工工资总额（万元） Total Wages of Staff and Workers on the Job (10 000 yuan)	#国有企业 State-owned Enterprises	#集体企业 Collective-owned Enterprises	在岗职工年平均工资（元） Average Annual Wages of Staff and Workers on the Job (yuan)	#国有企业 State-owned Enterprises	#集体企业 Collective-owned Enterprises	在岗职工年平均工资发展速度（上年=100） The Growth Rate of Average Annual Wages (preceding year=100)
芙蓉区	Furong District	841356	25286	10137	80304	91056	53577	105.3
天心区	Tianxin District	2163753	832557		100178	128662		126.0
岳麓区	Yuelu District	2773340	29556		112392	145669		104.7
开福区	Kaifu District	1165108	139456	1375	104757	263921	66743	101.7
雨花区	Yuhua District	2350893	361653	1082	108307	257661	75160	111.0
望城区	Wangcheng District	1095234	38174	253	75766	257759	68243	102.9
长沙县	Changsha County	2011651	10024	48	91430	87928	60000	100.9
浏阳市	Liuyang City	1455200	3430	4993	65972	104884	42460	106.3
宁乡市	Ningxiang City	1018419	4425	440	90679	84933	70935	109.6
荷塘区	Hetang District	240654	29264		68045	109235		103.8
芦淞区	Lousong District	302467	25026		77701	161353		104.9
石峰区	Shifeng District	700713	8697		117694	125494		105.1
天元区	Tianyuan District	744021	18783		91272	94718		104.2
渌口区	Lukou District	225564	2189	6561	62511	76286	69941	93.6
攸　县	You County	287834	4167	2507	58706	62846	83276	101.4
茶陵县	Chaling County	190258	2956	127	51395	89567	42300	95.9
炎陵县	Yanling County	76880	335	1191	53168	41838	89571	99.8
醴陵市	Liling City	1391859	4612	7117	67406	99185	55555	102.8
雨湖区	Yuhu District	684014	14530	1090	58761	74473	43266	102.5
岳塘区	Yuetang District	631845	19210	14645	80739	101692	104832	103.8
湘潭县	Xiangtan County	402321	260		57427	70378		105.1
湘乡市	Xiangxiang City	370070	330		55260	47143		98.4
韶山市	Shaoshan City	88003	6008	1136	65479	49774	60122	107.1
珠晖区	Zhuhui District	109579		832	76736		47514	107.3
雁峰区	Yanfeng District	239464	8452	398	66356	67724	33183	101.0
石鼓区	Shigu District	238107	1943		67069	82685		104.4
蒸湘区	Zhengxiang District	412792	42791	471	71282	128386	36192	99.3
南岳区	Nanyue District	16032	241		46176	40217		100.4
衡阳县	Hengyang County	247179	1330	17134	52627	50174	58700	99.7
衡南县	Hengnan County	263514	2642	1819	52216	40518	28156	109.7
衡山县	Hengshan County	135386	742	163	48124	67473	54167	98.9
衡东县	Hengdong County	182945	4399	2418	51482	54372	39000	100.1
祁东县	Qidong County	155491	3420	3079	49960	52941	36830	98.1
耒阳市	Leiyang City	218897	11804	3164	59428	87955	39698	104.8
常宁市	Changning City	175300	3477	984	59850	63681	44714	101.1
双清区	Shuangqing District	488462	33320	4212	74671	142822	49666	107.8
大祥区	Daxiang District	149176	10423	2355	57777	65350	40527	99.9
北塔区	Beita District	83392			54537			101.1

22-3 续表 1 Continued

市县名称	Cities and Counties	在岗职工工资总额（万元） Total Wages of Staff and Workers on the Job (10 000 yuan)	#国有经济 State-owned Units	#城镇集体经济 Urban Collective Owned Units	在岗职工年平均工资（元） Average Annual Wages of Staff and Workers on the Job (yuan)	#国有经济 State-owned Units	#城镇集体经济 Urban Collective Owned Units	在岗职工年平均工资发展速度（上年=100） The Growth Rate of Average Annual Wages (preceding year=100)
新邵县	Xinshao County	154514	12781		60366	90195		103.8
邵阳县	Shaoyang County	185534	4542	21414	54022	42445	58334	102.7
隆回县	Longhui County	217289	4928		60492	37848		111.5
洞口县	Dongkou County	138726	266		46504	53160		105.7
绥宁县	Suining County	73620	2690		44182	42628		103.1
新宁县	Xinning County	109315	1763		45706	67544		105.7
城步县	Chengbu County	24972	505		43137	35528		104.2
武冈市	Wugang City	141495	731	16551	53761	41528	44853	106.6
邵东市	Shaodong City	441303	3105		46426	94362		103.5
岳阳楼区	Yueyanglou District	877133	26522	728	74504	89088	103986	104.1
云溪区	Yunxi District	398970	95679	6073	83145	143727	82741	96.6
君山区	Junshan District	107074	8210	2243	45715	44618	38148	108.2
岳阳县	Yueyang County	201291	3124	3025	56087	66608	60257	105.6
华容县	Huarong County	176683	1729	8164	47594	49530	53676	111.6
湘阴县	Xiangyin County	287358	1953		62011	55158		100.4
平江县	Pingjiang County	326520	8736	1784	53051	48967	47954	97.8
汨罗市	Miluo City	412039	8314	794	63183	45959	41333	102.7
临湘市	Linxiang City	165168	2657		53196	40139		106.0
武陵区	Wuling District	732314	63746		76994	179363		103.3
鼎城区	Dingchen District	369394	2920		66404	74295		101.3
安乡县	Anxiang County	189592	590		56790	35299		107.4
汉寿县	Hanshou County	261858	1835	31	59421	109850	38875	101.6
澧　县	Li County	219756	2357	603	57714	42860	67697	101.4
临澧县	Linli County	131551	2017	402	57741	95160	65836	103.5
桃源县	Taoyuan County	240223	4695	106	57116	60429	27051	99.8
石门县	Shimen County	171092	12488	100	58181	137537	36963	103.7
津市市	Jinshi City	136296	1983		53351	58499		104.0
永定区	Yongding District	147448	11622		61632	119081		106.3
武陵源区	Wulingyuan District	16970	590		50132	39099		94.4
慈利县	Cili County	47296	912	5893	48375	52391	53375	100.8
桑植县	Sangzhi County	25830	1416		47430	73383		95.2
资阳区	Ziyang District	211760	28766		58598	43179		104.5
赫山区	Heshan District	647459	34168	3064	63033	136127	54237	103.6
南　县	Nan County	94858	1619	23	51386	56601	56750	102.4
大通湖区	Datonghu District	6180	432		44398	50824		102.2
桃江县	Taojiang County	272421	1873	167	51676	181825	47714	103.4
安化县	Anhua County	113021	10203	1816	56079	95985	55198	99.9
沅江市	Yuanjiang City	169413	2556		50313	36783		101.9
北湖区	Beihu District	447332	88947	1571	70598	86566	75505	104.5
苏仙区	Suxian District	272531	5447		62946	61754		104.8
桂阳县	Guiyang County	250071	649	1220	65055	57442	60089	100.8
宜章县	Yizhang County	136789	1604		52843	83969		106.2
永兴县	Yongxing County	135797	1020	1810	58292	50500	56563	110.4

22-3 续表 2 Continued

市县名称	Cities and Counties	在岗职工工资总额（万元）Total Wages of Staff and Workers on the Job (10 000 yuan)	#国有经济 State-owned Units	#城镇集体经济 Urban Collective Owned Units	在岗职工年平均工资（元）Average Annual Wages of Staff and Workers on the Job (yuan)	#国有经济 State-owned Units	#城镇集体经济 Urban Collective Owned Units	在岗职工年平均工资发展速度（上年=100）The Growth Rate of Average Annual Wages (preceding year=100)
嘉禾县	Jiahe County	110133	2232	624	61537	100518	82066	102.3
临武县	Linwu County	69577	2948	984	47145	52545	45963	108.3
汝城县	Rucheng County	36899	386		53261	44402		102.8
桂东县	Guidong County	27059			41074			96.1
安仁县	Anren County	59585	1187		48684	79644		105.4
资兴市	Zixing City	189034	4939		55746	115948		111.8
零陵区	Lingling District	105408	4883	3481	54178	98838	30858	99.1
冷水滩区	Lengshuitan District	321618	41120	2747	65773	157730	26848	101.9
东安县	Dongan County	170968	18499		56851	98715		94.4
双牌县	Shuangpai County	73150	3059	2406	55704	110819	39967	101.5
道　县	Dao County	116234	1062	12695	48216	64339	50116	105.0
江永县	Jiangyong County	47990	1008	528	57111	71971	37964	103.3
宁远县	Ningyuan County	227350	7195	7440	48898	34744	28994	103.9
蓝山县	Lanshan County	117726	259	7341	54987	43864	44955	94.7
新田县	Xintian County	35375	1088	173	41119	54693	59655	98.6
江华县	Jianghua County	105262	1024	712	54014	45701	40443	105.7
祁阳市	Qiyang City	224343	4274	12481	51955	41136	54028	101.2
鹤城区	Hecheng District	270632	37496	842	63803	119680	54649	100.2
中方县	Zhongfang County	115748			61343			101.1
沅陵县	Yuanling County	100227	9392		47571	32702		101.7
辰溪县	Chenxi County	55094		4531	53011		55805	91.3
溆浦县	Xupu County	113098	1401	1975	58997	34092	70050	98.7
会同县	Huitong County	26056	52	396	47296	32500	36339	99.7
麻阳县	Mayang County	48061	5671	7671	51623	67346	44781	97.3
新晃县	Xinhuang County	50629	1482	3159	49092	48577	47938	102.5
芷江县	Zhijiang County	37274	282		57504	46967		100.5
靖州县	Jingzhou County	40047	1234	1416	47376	81695	48649	101.6
通道县	Tongdao County	36792	1130	1019	50720	52563	36270	96.1
洪江市	Hongjiang City	48890	1856	1947	47772	48460	40474	104.1
洪江区	Hongjiang District	28263	388		51631	44575		98.5
娄星区	Louxing District	848916	24524	596	72896	116337	64065	104.1
双峰县	Shuangfeng County	169674		5340	54496		54102	97.8
新化县	Xinhua County	332351	7213	7638	57593	30720	55070	95.0
冷水江市	Lengshuijiang City	240361	8749	18191	59300	69268	52227	103.7
涟源市	Lianyuan City	228011	6806	7023	62524	54231	68512	98.9
吉首市	Jishou City	229561	32331	1959	72248	90335	35877	95.2
泸溪县	Luxi County	35089	2627	929	52356	48298	38708	109.6
凤凰县	Fenghuang County	22536	362	1020	50678	52493	49529	110.3
花垣县	Huayuan County	26912	2348	525	56454	51839	51431	102.1
保靖县	Baojing County	20445	2375	730	42664	46124	26248	105.5
古丈县	Guzhang County	11689			49154			101.5
永顺县	Yongshun County	31334	458	5002	48982	31579	38537	106.8
龙山县	Longshan County	35979	596	387	49668	50101	31967	102.4

22-4 地区生产总值(2022年)
Gross Domestic Product (2022)

市县名称	Cities and Counties	地区生产总值（万元）Gross Regional Product (10 000 yuan)	第一产业 Primary Industry	第二产业 Secondary Industry	第三产业 Tertiary Industry	指数（上年=100）Indices (preceding year=100)	人均GDP（元）Per Capita Gross Regional Product (yuan)
芙蓉区	Furong District	13271629	30	1701230	11570369	104.1	204809
天心区	Tianxin District	13021565	13514	4079061	8928990	104.9	150608
岳麓区	Yuelu District	15621201	109105	4521149	10990947	104.7	97395
开福区	Kaifu District	11802312	11340	1593942	10197030	104.1	136854
雨花区	Yuhua District	24782464	59625	13755466	10967373	104.5	194068
望城区	Wangcheng District	10531250	620857	4588900	5321493	104.6	110995
长沙县	Changsha County	21144199	946422	11397676	8800101	104.5	149556
浏阳市	Liuyang City	17224521	1364844	9029563	6830114	105.0	119781
宁乡市	Ningxiang City	12270648	1387380	5237286	5645982	104.7	96354
荷塘区	Hetang District	2847678	51027	1463260	1333391	105.3	82661
芦淞区	Lousong District	4666006	86062	2128800	2451144	100.3	153841
石峰区	Shifeng District	4254848	65682	2579025	1610141	105.9	126257
天元区	Tianyuan District	5451175	137718	2397267	2916190	104.5	112908
渌口区	Lukou District	1770223	268004	804951	697268	106.0	68587
攸　县	You County	4777797	770264	1657123	2350410	104.6	76396
茶陵县	Chaling County	2628266	439535	955883	1232848	105.2	53869
炎陵县	Yanling County	1015274	157008	412964	445302	103.8	63894
醴陵市	Liling City	8756790	769279	4732918	3254593	105.4	99554
雨湖区	Yuhu District	7466633	187412	3472036	3807186	104.8	120624
岳塘区	Yuetang District	6855575	79073	3751823	3024679	104.5	141440
湘潭县	Xiangtan County	5726433	742040	3080952	1903441	104.4	73397
湘乡市	Xiangxiang City	5771161	730335	3017111	2023715	104.7	80345
韶山市	Shaoshan City	1155643	80675	532366	542603	104.7	111549
珠晖区	Zhuhui District	3107175	96066	1176943	1834167	105.3	92669
雁峰区	Yanfeng District	3104022	23439	1764662	1315921	104.2	125567
石鼓区	Shigu District	3064197	27039	694066	2343092	105.1	135404
蒸湘区	Zhengxiang District	4999102	34615	1375178	3589309	105.8	104759
南岳区	Nanyue District	558820	25386	58818	474616	104.4	80175
衡阳县	Hengyang County	4207683	778373	1543485	1885825	105.2	47755
衡南县	Hengnan County	4142738	753566	1471136	1918035	105.4	52071
衡山县	Hengshan County	2004904	409840	795398	799666	105.7	60207
衡东县	Hengdong County	3364988	541030	1193492	1630466	105.5	60294
祁东县	Qidong County	3590719	674206	1123936	1792577	105.0	46925
耒阳市	Leiyang City	4452525	681168	1267330	2504027	105.2	39504
常宁市	Changning City	4300069	666242	1429096	2204731	105.1	54869
双清区	Shuangqing District	2036976	51714	1038307	946956	104.7	63715
大祥区	Daxiang District	2208152	78019	785649	1344483	104.1	60847
北塔区	Beita District	607704	41711	211619	354374	104.6	49247

注：总量指标按当年价格计算，指数按可比价格计算。

Aggregate data are calculated at current prices, while indices are calculated at comparable prices.

22-4 续表 1 Continued

市县名称	Cities and Counties	地区生产总值（万元）Gross Regional Product (10 000 yuan)	第一产业 Primary Industry	第二产业 Secondary Industry	第三产业 Tertiary Industry	指数（上年=100）Indices (preceding year=100)	人均GDP（元）Per Capita Gross Regional Product (yuan)
新邵县	Xinshao County	1863155	394081	562645	906429	104.6	31224
邵阳县	Shaoyang County	2058791	490063	658506	910222	104.6	28338
隆回县	Longhui County	2718468	572181	759904	1386383	105.2	27277
洞口县	Dongkou County	2144536	664230	532407	947898	104.8	32162
绥宁县	Suining County	1150848	272827	315851	562170	105.1	40085
新宁县	Xinning County	1332622	384023	319102	629497	104.5	26420
城步县	Chengbu County	651402	142618	166190	342594	104.9	29029
武冈市	Wugang City	2003830	615885	494226	893720	105.3	31883
邵东市	Shaodong City	7215347	637883	2739041	3838423	105.1	71695
岳阳楼区	Yueyanglou District	16380906	151782	6999048	9230076	106.2	166135
云溪区	Yunxi District	3460168	127633	2149588	1182947	105.7	226155
君山区	Junshan District	1900127	390390	602893	906843	104.9	94959
岳阳县	Yueyang County	4046894	728096	1635094	1683705	105.0	72421
华容县	Huarong County	4174112	982095	1321884	1870132	105.1	75810
湘阴县	Xiangyin County	4014403	760095	1555682	1698626	106.5	69214
平江县	Pingjiang County	3854232	627605	1437225	1789402	106.0	40902
汨罗市	Miluo City	5951749	656377	2633781	2661590	105.8	94743
临湘市	Linxiang City	3324072	433127	1335145	1555800	106.0	77089
武陵区	Wuling District	14068327	119091	7688591	6260645	102.7	194073
鼎城区	Dingchen District	4793720	817830	1633826	2342064	104.0	65336
安乡县	Anxiang County	2542789	493237	707626	1341927	104.5	60399
汉寿县	Hanshou County	3886220	661702	1385716	1838802	106.4	55637
澧　县	Li County	4480777	628030	1468300	2384448	106.2	62686
临澧县	Linli County	2355329	384771	870629	1099929	106.2	63813
桃源县	Taoyuan County	4925531	1027884	1644645	2253001	105.8	61538
石门县	Shimen County	3603186	545292	1311766	1746129	105.8	65110
津市市	Jinshi City	2089290	273767	916315	899208	106.9	99395
永定区	Yongding District	2392696	269130	300513	1823053	100.9	46787
武陵源区	Wulingyuan District	458345	25299	12124	420922	100.9	75760
慈利县	Cili County	1948215	401740	283481	1262994	103.3	34734
桑植县	Sangzhi County	1124625	181403	162458	780764	104.5	30038
资阳区	Ziyang District	2267343	294616	1211863	760864	105.6	64431
赫山区	Heshan District	6747723	550393	3639231	2558100	104.7	76263
南　县	Nan County	3173706	825082	945808	1402817	104.8	56281
大通湖区	Datonghu District	428953	153769	111611	163572	102.3	53352
桃江县	Taojiang County	3179321	506323	1521895	1151103	105.0	46879
安化县	Anhua County	2711575	560613	936534	1214429	104.1	35092
沅江市	Yuanjiang City	3000522	750416	1199419	1050686	102.3	53638
北湖区	Beihu District	4856537	166538	1366840	3323159	106.3	84432
苏仙区	Suxian District	3856503	231596	1921370	1703537	106.1	88371
桂阳县	Guiyang County	4412946	623143	1686937	2102866	105.8	62666
宜章县	Yizhang County	2620931	323570	925376	1371985	105.8	46462
永兴县	Yongxing County	3790106	390398	1405499	1994209	106.0	70949

22–4 续表 2 Continued

市县名称	Cities and Counties	地区生产总值（万元）Gross Regional Product (10 000 yuan)	第一产业 Primary Industry	第二产业 Secondary Industry	第三产业 Tertiary Industry	指数（上年=100）Indices (preceding year=100)	人均GDP（元）Per Capita Gross Regional Product (yuan)
嘉禾县	Jiahe County	1691273	264414	674089	752770	105.8	49627
临武县	Linwu County	1761203	203602	789504	768097	105.2	54935
汝城县	Rucheng County	1081766	196383	298642	586741	105.7	31603
桂东县	Guidong County	522584	75829	134714	312041	105.0	32682
安仁县	Anren County	1343699	292639	412491	638569	105.8	38446
资兴市	Zixing City	3867335	401176	2083647	1382512	106.2	120703
零陵区	Lingling District	2620750	482332	1076671	1061747	105.2	46385
冷水滩区	Lengshuitan District	4144663	485438	1180644	2478581	105.1	71732
东安县	Dongan County	2259773	484432	833469	941872	105.9	46373
双牌县	Shuangpai County	902238	210363	343750	348125	105.3	58360
道　县	Dao County	2584823	503992	740828	1340003	105.1	44299
江永县	Jiangyong County	932614	291542	232932	408140	104.5	42741
宁远县	Ningyuan County	2672288	392278	882690	1397320	104.9	40686
蓝山县	Lanshan County	1472660	219060	657066	596534	105.0	45118
新田县	Xintian County	935028	254965	131057	549006	104.5	27460
江华县	Jianghua County	1563616	341438	546600	675578	105.5	34817
祁阳市	Qiyang City	4014362	649799	1268104	2096459	104.8	49670
鹤城区	Hecheng District	4180686	139303	913427	3127956	101.5	58619
中方县	Zhongfang County	1339725	194376	611222	534127	103.7	56672
沅陵县	Yuanling County	2013682	326549	873052	814081	104.8	39820
辰溪县	Chenxi County	1404817	249124	395269	760424	105.2	34859
溆浦县	Xupu County	2134086	475090	610921	1048075	105.0	28386
会同县	Huitong County	1046347	183981	190988	671379	103.7	36231
麻阳县	Mayang County	1092114	225663	359853	506598	104.8	38039
新晃县	Xinhuang County	907205	129103	279633	498469	103.7	41387
芷江县	Zhijiang County	1204133	259981	316742	627410	104.6	39376
靖州县	Jingzhou County	1003990	192019	262766	549206	104.2	43127
通道县	Tongdao County	634355	98904	187422	348029	103.5	31734
洪江市	Hongjiang City	1364608	314094	452211	598303	104.8	40171
洪江区	Hongjiang District	450634	34764	215168	200701	104.2	79059
娄星区	Louxing District	6975937	264558	3367605	3343774	106.0	92544
双峰县	Shuangfeng City	2916102	603048	897808	1415246	103.5	43048
新化县	Xinhua County	3267572	629373	946932	1691267	104.5	27904
冷水江市	Lengshuijiang City	2647920	130915	1142366	1374639	104.1	80877
涟源市	Lianyuan City	3487455	571845	1219205	1696405	104.5	41077
吉首市	Jishou City	2291119	109561	857378	1324180	104.4	53294
泸溪县	Luxi County	820093	124199	294871	401023	105.1	34987
凤凰县	Fenghuang County	994557	135362	203525	655670	103.2	28198
花垣县	Huayuan County	818542	102945	258918	456679	101.4	33866
保靖县	Baojing County	804917	123848	279362	401707	103.3	34845
古丈县	Guzhang County	350308	86963	80115	183230	103.6	32739
永顺县	Yongshun County	1002003	242520	187803	571680	104.6	24662
龙山县	Longshan County	1093736	280209	212372	601155	104.0	23476

22-5 农林牧渔业总产值(2022年)

Gross Output Value of Farming, Forestry, Animal Husbandry and Fishery (2022)

单位：万元 (10 000 yuan)

市县名称	Cities and Counties	农林牧渔业总产值 Gross Output Value of Farming, Forestry, Animal Husbandry and Fishery	指数(上年=100) Indices (preceding year=100)	农业产值 Output Value of Farming	林业产值 Output Value of Forestry	牧业产值 Output Value of Animal Husbandry	渔业产值 Output Value of Fishery	农林牧渔专业及辅助性活动产值 Output Value of Farming, Forestry, Animal Husbandry, Fishery and Auxiliary Activities
芙蓉区	Furong District	79	56.6	1			49	29
天心区	Tianxin District	22606	90.5	15302		2963	3261	1080
岳麓区	Yuelu District	165094	96.7	129828	3409	12469	12533	6855
开福区	Kaifu District	22346	101.3	14152		4776	2638	780
雨花区	Yuhua District	92851	103.0	83078		2874	3174	3725
望城区	Wangcheng District	1098388	103.8	763207	14887	138279	104433	77582
长沙县	Changsha County	1597466	104.1	1187785	45897	240671	36282	86830
浏阳市	Liuyang City	2376680	104.1	1380314	237437	551491	57497	149940
宁乡市	Ningxiang City	2384753	103.9	1448802	73199	632849	77937	151966
荷塘区	Hetang District	85437	102.2	62493	703	12845	7790	1607
芦淞区	Lousong District	89586	102.6	61779	408	20267	5312	1820
石峰区	Shifeng District	107014	101.8	89217	2599	5893	5967	3337
天元区	Tianyuan District	138052	102.1	91632	10389	24709	9123	2199
渌口区	Lukou District	511015	103.7	263638	36949	167263	22928	20237
攸　县	You County	1266805	103.7	608874	90667	453847	48740	64677
茶陵县	Chaling County	649497	103.0	265494	49135	284933	33803	16133
炎陵县	Yanling County	230591	103.8	121340	51740	41211	2634	13666
醴陵市	Liling City	1216256	103.4	580421	93729	446614	51410	44082
雨湖区	Yuhu District	386870	102.5	182549	10204	151919	17689	24508
岳塘区	Yuetang District	75772	103.7	39416	8810	16562	4932	6052
湘潭县	Xiangtan County	1384456	103.9	590916	52671	571546	92331	76991
湘乡市	Xiangxiang City	1214947	103.9	514520	80749	463355	82972	73351
韶山市	Shaoshan City	152668	101.4	73662	7950	57524	6225	7307
珠晖区	Zhuhui District	159688	102.4	113578	890	24533	9689	10999
雁峰区	Yanfeng District	40008	102.3	22926	1170	6226	6930	2756
石鼓区	Shigu District	44332	102.6	22707	3413	9355	5804	3053
蒸湘区	Zhengxiang District	64472	102.3	32468	1888	14633	11043	4441
南岳区	Nanyue District	43474	102.5	23234	5960	10152	1134	2994
衡阳县	Hengyang County	1416808	104.1	453119	89383	617693	159030	97582
衡南县	Hengnan County	1358512	103.8	465344	95538	587264	116799	93567
衡山县	Hengshan County	711537	103.6	220957	93415	290873	57285	49007
衡东县	Hengdong County	938060	103.5	346751	118284	344757	63660	64609
祁东县	Qidong County	1230551	103.7	566465	36130	426855	116348	84754
耒阳市	Leiyang City	1314289	104.0	481078	66980	563476	112233	90522
常宁市	Changning City	1106945	103.9	416252	126480	398275	89697	76241
双清区	Shuangqing District	126705	103.1	43077	84	34759	2954	45832
大祥区	Daxiang District	172956	103.2	65695	14	38711	4674	63862
北塔区	Beita District	75962	103.0	31008	506	21219	2633	20598

22—5 续表 1 Continued

单位：万元 (10 000 yuan)

市县名称	Cities and Counties	农林牧渔业总产值 Gross Output Value of Farming, Forestry, Animal Husbandry and Fishery	指数（上年=100）Indices (preceding year=100)	农业产值 Output Value of Farming	林业产值 Output Value of Forestry	牧业产值 Output Value of Animal Husbandry	渔业产值 Output Value of Fishery	农林牧渔专业及辅助性活动产值 Output Value of Farming, Forestry, Animal Husbandry, Fishery and Auxiliary Activities
新邵县	Xinshao County	673583	103.6	322403	16151	275367	13507	46156
邵阳县	Shaoyang County	819199	103.5	395030	62139	313416	21387	27229
隆回县	Longhui County	1063090	104.0	635333	28803	341337	32584	25033
洞口县	Dongkou County	1177135	103.8	644957	28509	394299	38441	70930
绥宁县	Suining County	514075	103.3	207401	42556	248668	4323	11126
新宁县	Xinning County	536256	103.7	299258	13798	194035	10973	18193
城步县	Chengbu County	267747	103.4	112922	20314	123461	1718	9331
武冈市	Wugang City	888373	103.8	456306	18172	377556	21974	14365
邵东市	Shaodong City	1100407	103.9	703725	9451	292359	57774	37098
岳阳楼区	Yueyanglou District	239638	103.4	158432	7311	18869	37999	17027
云溪区	Yunxi District	222280	103.2	89165	7054	58416	54436	13209
君山区	Junshan District	701076	103.9	404450	14796	66601	174964	40264
岳阳县	Yueyang County	1292177	103.9	542965	20166	511660	145343	72041
华容县	Huarong County	1809318	104.4	921224	15313	268124	507682	96975
湘阴县	Xiangyin County	1402513	104.0	530685	36496	298880	460254	76198
平江县	Pingjiang County	1030680	104.1	443739	92547	409542	20725	64128
汨罗市	Miluo City	1067811	103.9	417392	21039	433899	122507	72974
临湘市	Linxiang City	701168	103.7	289811	31378	213047	123987	42946
武陵区	Wuling District	239185	103.4	119033	1391	7119	51568	60073
鼎城区	Dingcheng District	1495755	103.8	672508	69452	483204	161196	109396
安乡县	Anxiang County	858158	103.3	387127	4731	218565	194298	53436
汉寿县	Hanshou County	1192300	103.7	576942	22648	335987	170264	86460
澧　县	Li County	1206162	103.9	516031	26035	386752	136068	141276
临澧县	Linli County	716943	103.7	318700	16093	290740	47816	43595
桃源县	Taoyuan County	1792711	103.5	886182	32609	746049	64302	63569
石门县	Shimen County	959149	103.6	494746	5234	394041	21856	43273
津市市	Jinshi City	505396	103.8	142476	34845	236272	47342	44460
永定区	Yongding District	449344	103.0	301428	30645	65947	14202	37122
武陵源区	Wulingyuan District	43288	103.0	22727	4932	12212	735	2682
慈利县	Cili County	672840	103.3	355832	48010	236760	18558	13680
桑植县	Sangzhi County	294416	104.0	187000	23472	65764	11769	6410
资阳区	Ziyang District	542363	103.6	328046	2174	128330	61375	22437
赫山区	Heshan District	1067900	103.7	614269	30135	279065	71817	72614
南　县	Nan County	1544876	104.0	777995	5403	289901	385830	85746
大通湖区	Datonghu District	280565	103.6	174945	1636	26144	63837	14002
桃江县	Taojiang County	993421	103.4	500081	81892	306237	20934	84276
安化县	Anhua County	1039790	103.4	493640	59507	386721	26182	73740
沅江市	Yuanjiang City	1344839	103.4	634563	13356	294900	329945	72074
北湖区	Beihu District	329815	103.8	190987	25803	96664	7505	8856
苏仙区	Suxian District	433230	104.0	177818	22678	196383	20267	16085
桂阳县	Guiyang County	1097088	104.2	536449	93213	378728	27349	61349
宜章县	Yizhang County	538046	104.5	289179	14879	207386	9803	16798
永兴县	Yongxing County	583581	104.0	265382	52252	206003	33536	26408

22-5 续表 2 Continued

单位：万元 (10 000 yuan)

市县名称	Cities and Counties	农林牧渔业总产值 Gross Output Value of Farming, Forestry, Animal Husbandry and Fishery	指数（上年=100） Indices (preceding year=100)	农业产值 Output Value of Farming	林业产值 Output Value of Forestry	牧业产值 Output Value of Animal Husbandry	渔业产值 Output Value of Fishery	农林牧渔专业及辅助性活动产值 Output Value of Farming, Forestry, Animal Husbandry, Fishery and Auxiliary Activities
嘉禾县	Jiahe County	496103	104.4	203991	29357	237980	5225	19550
临武县	Linwu County	355761	104.1	178838	17335	140243	5964	13381
汝城县	Rucheng County	471770	104.0	230740	94305	137255	1900	7569
桂东县	Guidong County	143760	103.9	72299	18197	46351	622	6291
安仁县	Anren County	522847	104.3	284561	51747	143960	16501	26078
资兴市	Zixing City	692363	104.3	279412	73635	249152	68629	21536
零陵区	Lingling District	1026015	104.1	493875	65051	372881	48549	45659
冷水滩区	Lengshuitan District	866870	103.8	414078	50343	297381	60651	44417
东安县	Dongan County	445915	103.7	67166	212396	127588	11467	27298
双牌县	Shuangpai County	1001445	103.7	499058	112795	241619	79150	68823
道　县	Dao County	581314	103.6	286684	53963	198992	12486	29189
江永县	Jiangyong County	817150	104.0	335383	70229	309090	62575	39873
宁远县	Ningyuan County	441995	103.8	193563	96099	114525	4917	32891
蓝山县	Lanshan County	501894	103.9	244358	37643	179571	21274	19048
新田县	Xintian County	687022	103.7	232618	227047	186276	7823	33258
江华县	Jianghua County	1209169	104.0	601816	135661	255958	153130	62604
祁阳市	Qiyang City	938479	104.3	493287	76592	275160	56346	37094
鹤城区	Hecheng District	247035	103.6	165582	11576	51685	8729	9463
中方县	Zhongfang County	336588	103.6	148141	65452	108475	10193	4327
沅陵县	Yuanling County	585872	104.0	314687	50962	168833	42137	9253
辰溪县	Chenxi County	453485	103.9	221480	21616	184715	15690	9984
溆浦县	Xupu County	813346	104.1	410642	43382	318708	20682	19931
会同县	Huitong County	337008	103.8	114306	66645	139897	7743	8418
麻阳县	Mayang County	422454	103.5	258754	4234	139165	10885	9416
新晃县	Xinhuang County	259937	103.7	81230	3771	164858	1432	8646
芷江县	Zhijiang County	471427	103.7	265631	7315	172092	14084	12305
靖州县	Jingzhou County	356936	103.7	145552	14031	180305	10653	6395
通道县	Tongdao County	214779	103.4	91292	32152	84361	5377	1599
洪江市	Hongjiang City	531041	103.6	337632	27207	136478	14403	15320
洪江区	Hongjiang District	47569	103.2	20350	1863	23375	987	994
娄星区	Louxing District	429253	104.0	256589	10595	130032	16535	15502
双峰县	Shuangfeng County	987196	104.2	552487	28894	310773	51652	43391
新化县	Xinhua County	1050868	103.8	499723	23601	433536	57608	36401
冷水江市	Lengshuijiang City	230627	104.3	78918	7768	126970	9151	7820
涟源市	Lianyuan City	984024	103.9	390421	23592	496214	38504	35294
吉首市	Jishou City	189101	103.0	132482	2961	46649	3559	3451
泸溪县	Luxi County	220228	103.1	137534	6474	70429	2812	2980
凤凰县	Fenghuang County	239889	103.1	156694	5673	72212	1741	3570
花垣县	Huayuan County	188466	103.2	99802	5248	77260	3208	2947
保靖县	Baojing County	218069	103.1	142799	3022	66592	2723	2933
古丈县	Guzhang County	152066	102.8	106800	6402	33970	2021	2873
永顺县	Yongshun County	427511	103.2	278587	13781	126308	4212	4623
龙山县	Longshan County	486042	103.1	343393	12236	121415	4019	4979

22-6 灌溉面积及水库、堤防（2022年）
Irrigated Area and Reservoirs, Dikes (2022)

市县名称	Cities and Counties	有效灌溉面积（千公顷）Irrigated Area (1 000 hectares)	水库（座）Number of Reservoirs (set)	堤防长度（公里）Total Length of Dikes (km)
芙蓉区	Furong District	0.01		10.25
天心区	Tianxin District	1.26	3	17.56
岳麓区	Yuelu District	11.52	45	56.77
开福区	Kaifu District	2.04	19	49.93
雨花区	Yuhua District	3.95	13	33.13
望城区	Wangcheng District	28.44	47	126.29
长沙县	Changsha County	53.23	132	62.20
浏阳市	Liuyang City	63.55	190	139.80
宁乡市	Ningxiang City	71.82	162	754.98
荷塘区	Hetang District	2.93	18	17.60
芦淞区	Lousong District	3.80	14	18.17
石峰区	Shifeng District	2.98	13	32.99
天元区	Tianyuan District	6.67	26	34.33
渌口区	Lukou District	19.74	101	94.82
攸　县	You County	41.98	294	79.18
茶陵县	Chaling County	26.15	247	88.53
炎陵县	Yanling County	13.25	39	29.25
醴陵市	Liling City	47.66	205	562.66
雨湖区	Yuhu District	12.93	10	48.59
岳塘区	Yuetang District	2.62	4	26.87
湘潭县	Xiangtan County	67.19	133	130.95
湘乡市	Xiangxiang City	52.77	175	670.99
韶山市	Shaoshan City	6.09	53	57.11
珠晖区	Zhuhui District	3.66	24	42.14
雁峰区	Yanfeng District	0.99	9	40.77
石鼓区	Shigu District	1.48	10	35.67
蒸湘区	Zhengxiang District	1.16	10	51.57
南岳区	Nanyue District	1.14	11	116.91
衡阳县	Hengyang County	52.42	221	392.42
衡南县	Hengnan County	55.94	268	176.68
衡山县	Hengshan County	18.67	86	608.11
衡东县	Hengdong County	32.43	164	113.62
祁东县	Qidong County	53.11	189	466.90
耒阳市	Leiyang City	25.40	271	74.56
常宁市	Changning City	42.21	268	114.50
双清区	Shuangqing District	3.28	14	1.15
大祥区	Daxiang District	5.05	26	
北塔区	Beita District	2.30	13	8.52

22-6 续表 1 Continued

市县名称	Cities and Counties	有效灌溉面积（千公顷）Irrigated Area (1 000 hectares)	水 库（座）Number of Reservoirs (set)	堤防长度（公里）Total Length of Dikes (km)
新邵县	Xinshao County	21.07	94	36.60
邵阳县	Shaoyang County	45.01	242	5.08
隆回县	Longhui County	46.00	266	28.00
洞口县	Dongkou County	43.30	168	12.40
绥宁县	Suining County	18.77	51	92.06
新宁县	Xinning County	28.19	116	13.12
城步县	Chengbu County	12.68	50	25.24
武冈市	Wugang City	35.96	125	23.55
邵东市	Shaodong City	31.22	126	65.65
岳阳楼区	Yueyanglou District	7.47	66	23.96
云溪区	Yunxi District	7.50	26	163.48
君山区	Junshan District	45.77	38	280.81
岳阳县	Yueyang County	73.68	250	152.67
华容县	Huarong County	52.58	74	525.68
湘阴县	Xiangyin County	64.94	140	565.74
平江县	Pingjiang County	39.40	320	145.58
汨罗市	Miluo City	43.52	363	224.47
临湘市	Linxiang City	37.69	290	351.42
武陵区	Wuling District	7.27	12	135.11
鼎城区	Dingcheng District	83.45	172	895.49
安乡县	Anxiang County	50.97	11	494.65
汉寿县	Hanshou County	85.98	342	866.67
澧 县	Li County	72.35	157	402.40
临澧县	Linli County	40.18	168	66.07
桃源县	Taoyuan County	86.32	346	304.48
石门县	Shimen County	36.75	170	245.27
津市市	Jinshi City	11.62	28	105.90
永定区	Yongding District	15.49	90	70.36
武陵源区	Wulingyuan District	1.05	10	46.63
慈利县	Cili County	26.17	108	36.23
桑植县	Sangzhi County	11.91	49	184.43
资阳区	Ziyang District	22.79	36	242.21
赫山区	Heshan District	42.38	172	388.77
南 县	Nan County	86.68	1	706.38
大通湖区	Datonghu District	16.32		189.50
桃江县	Taojiang County	41.09	222	43.53
安化县	Anhua County	27.26	175	942.04
沅江市	Yuanjiang City	59.12	15	828.89
北湖区	Beihu District	9.73	13	96.88
苏仙区	Suxian District	14.19	61	51.76
桂阳县	Guiyang County	33.99	255	116.16
宜章县	Yizhang County	39.39	90	106.57
永兴县	Yongxing County	24.45	145	17.97

22-6　续表 2　Continued

市县名称	Cities and Counties	有效灌溉面积（千公顷） Irrigated Area (1 000 hectares)	水　库（座） Number of Reservoirs (set)	堤防长度（公里） Total Length of Dikes (km)
嘉禾县	Jiahe County	13.69	94	7.27
临武县	Linwu County	40.48	84	87.60
汝城县	Rucheng County	17.91	78	406.89
桂东县	Guidong County	7.72	21	179.00
安仁县	Anren County	21.83	110	63.56
资兴市	Zixing City	16.68	87	11.68
零陵区	Lingling District	21.88	144	88.06
冷水滩区	Lengshuitan District	14.80	137	42.75
东安县	Dongan County	24.87	205	375.20
双牌县	Shuangpai County	5.37	52	262.00
道　县	Dao County	29.04	103	31.12
江永县	Jiangyong County	15.99	82	57.52
宁远县	Ningyuan County	23.64	166	51.76
蓝山县	Lanshan County	10.06	45	115.10
新田县	Xintian County	18.52	69	46.19
江华县	Jianghua County	13.89	114	43.46
祁阳市	Qiyang City	33.58	251	44.13
鹤城区	Hecheng District	7.09	44	28.71
中方县	Zhongfang County	11.46	111	130.11
沅陵县	Yuanling County	20.67	117	83.16
辰溪县	Chenxi County	17.90	145	109.78
溆浦县	Xupu County	32.42	145	195.41
会同县	Huitong County	15.77	105	227.17
麻阳县	Mayang County	13.91	178	25.43
新晃县	Xinhuang County	10.53	52	79.26
芷江县	Zhijiang County	16.52	154	44.39
靖州县	Jingzhou County	19.93	56	30.15
通道县	Tongdao County	14.02	47	31.64
洪江市	Hongjiang City	19.70	127	37.66
洪江区	Hongjiang District	0.78	7	6.58
娄星区	Louxing District	12.30	63	78.98
双峰县	Shuangfeng County	29.09	204	101.92
新化县	Xinhua County	26.95	282	196.09
冷水江市	Lengshuijiang City	5.85	30	38.43
涟源市	Lianyuan City	32.75	163	57.19
吉首市	Jishou City	10.30	45	55.47
泸溪县	Luxi County	20.48	140	23.76
凤凰县	Fenghuang County	29.08	98	352.02
花垣县	Huayuan County	20.04	58	22.25
保靖县	Baojing County	19.79	78	39.08
古丈县	Guzhang County	10.10	46	63.35
永顺县	Yongshun County	33.30	122	194.18
龙山县	Longshan County	31.17	98	52.62

22—7 农作物播种面积(2022年)
Sown Area of Crops (2022)

单位：千公顷 (1 000 hectares)

市县名称	Cities and Counties	农作物播种面积 Total Sown Area	粮食作物 Area of Grain Crops	稻谷面积 Area of Rice	油料面积 Area of Oil	蔬菜面积 Area of Vegetables
芙蓉区	Furong District					
天心区	Tianxin District	1.19	0.13	0.12	0.06	0.93
岳麓区	Yuelu District	13.09	6.00	5.75	1.11	4.96
开福区	Kaifu District	2.14	1.20	1.17	0.02	0.89
雨花区	Yuhua District	0.77	0.20	0.18	0.02	0.55
望城区	Wangcheng District	87.21	41.04	39.46	5.80	35.89
长沙县	Changsha County	124.75	74.02	62.28	9.65	29.65
浏阳市	Liuyang City	173.55	80.70	74.42	33.46	45.37
宁乡市	Ningxiang City	175.12	107.83	101.70	8.05	48.05
荷塘区	Hetang District	7.57	2.53	2.04	0.72	3.42
芦淞区	Lousong District	7.07	3.25	2.94	0.27	3.27
石峰区	Shifeng District	4.75	0.60	0.41	0.14	3.16
天元区	Tianyuan District	10.41	5.01	4.63	0.61	4.61
渌口区	Lukou District	50.95	28.47	26.54	5.84	12.48
攸　县	You County	116.77	61.39	58.84	18.62	24.79
茶陵县	Chaling County	67.70	37.39	36.10	14.90	8.24
炎陵县	Yanling County	21.09	11.86	9.26	2.63	3.36
醴陵市	Liling City	115.08	69.71	65.43	13.94	20.64
雨湖区	Yuhu District	25.35	13.93	12.95	3.01	6.84
岳塘区	Yuetang District	3.41	0.89	0.78	0.19	2.21
湘潭县	Xiangtan County	129.05	83.60	81.83	14.03	21.65
湘乡市	Xiangxiang City	123.22	65.92	64.21	14.96	24.66
韶山市	Shaoshan City	14.19	5.46	5.31	2.89	2.93
珠晖区	Zhuhui District	6.55	2.00	1.75	1.23	2.84
雁峰区	Yanfeng District	1.69	0.60	0.54	0.14	0.79
石鼓区	Shigu District	2.37	1.07	1.01	0.42	0.80
蒸湘区	Zhengxiang District	2.43	1.00	0.93	0.36	0.89
南岳区	Nanyue District	3.06	2.00	1.55	0.09	0.68
衡阳县	Hengyang County	148.27	85.76	78.06	45.56	6.47
衡南县	Hengnan County	149.78	88.75	80.31	38.91	6.85
衡山县	Hengshan County	52.00	32.71	31.03	10.94	5.23
衡东县	Hengdong County	93.63	57.39	52.34	22.49	7.15
祁东县	Qidong County	120.30	69.39	61.90	27.66	14.38
耒阳市	Leiyang City	130.76	74.07	67.88	34.48	12.44
常宁市	Changning City	102.29	57.73	51.32	22.51	9.23
双清区	Shuangqing District	8.21	4.16	2.96	0.71	2.18
大祥区	Daxiang District	18.07	10.45	9.01	2.35	2.83
北塔区	Beita District	5.33	2.87	2.08	0.44	1.63

注：粮食数据由国家统计局湖南调查总队提供。
The grain data are provided by hunan Survey Team of National Bureau of Statistics.

22-7 续表 1 Continued

单位：千公顷 (1 000 hectares)

市县名称	Cities and Counties	农作物播种面积 Total Sown Area	粮食作物 Area of Grain Crops	稻谷面积 Area of Rice	油料面积 Area of Oil	蔬菜面积 Area of Vegetables
新邵县	Xinshao County	80.80	48.99	38.99	9.80	13.06
邵阳县	Shaoyang County	117.04	69.81	56.70	20.85	17.63
隆回县	Longhui County	141.78	72.35	61.11	11.04	39.61
洞口县	Dongkou County	145.40	73.54	63.83	29.83	22.93
绥宁县	Suining County	47.05	21.42	17.60	6.10	11.29
新宁县	Xinning County	71.68	44.06	33.86	6.83	9.22
城步县	Chengbu County	30.65	14.95	10.76	3.14	6.03
武冈市	Wugang City	105.28	67.65	54.44	14.03	13.78
邵东市	Shaodong City	123.68	68.89	55.74	22.73	18.58
岳阳楼区	Yueyanglou District	12.32	5.00	4.26	1.55	4.34
云溪区	Yunxi District	8.68	4.00	2.93	1.55	2.06
君山区	Junshan District	54.68	26.01	18.57	12.62	8.10
岳阳县	Yueyang County	120.36	79.94	72.02	20.29	12.66
华容县	Huarong County	162.46	89.21	82.99	40.48	17.34
湘阴县	Xiangyin County	113.50	77.40	67.99	10.79	11.03
平江县	Pingjiang County	100.96	67.34	59.76	16.90	10.98
汨罗市	Miluo City	106.87	77.74	66.25	11.31	10.11
临湘市	Linxiang City	85.22	56.27	49.73	15.31	8.30
武陵区	Wuling District	19.51	12.38	11.18	2.35	4.08
鼎城区	Dingcheng District	194.84	105.99	101.79	47.39	25.67
安乡县	Anxiang County	121.00	53.55	49.11	42.38	14.80
汉寿县	Hanshou County	168.01	96.42	93.61	39.23	21.22
澧　县	Li County	155.80	77.80	68.01	44.29	16.31
临澧县	Linli County	106.25	53.21	48.90	32.05	9.66
桃源县	Taoyuan County	205.39	118.94	106.15	53.97	17.54
石门县	Shimen County	100.70	48.31	27.54	29.25	11.45
津市市	Jinshi City	43.14	22.61	20.83	14.62	3.43
永定区	Yongding District	58.13	28.47	16.77	11.71	14.01
武陵源区	Wulingyuan District	5.18	2.73	1.00	0.56	1.17
慈利县	Cili County	101.65	58.00	27.92	25.93	11.44
桑植县	Sangzhi County	69.93	38.27	14.41	14.25	13.11
资阳区	Ziyang District	72.97	42.80	40.60	5.97	17.55
赫山区	Heshan District	113.45	73.20	69.43	6.93	20.67
南　县	Nan County	172.01	75.60	67.88	45.41	32.40
大通湖区	Datonghu District	42.03	17.98	17.47	8.77	10.49
桃江县	Taojiang County	112.37	58.93	52.48	21.99	19.86
安化县	Anhua County	102.34	44.73	29.65	27.05	17.75
沅江市	Yuanjiang City	151.18	72.00	68.19	33.19	26.35
北湖区	Beihu District	28.72	9.63	7.93	1.28	12.28
苏仙区	Suxian District	33.46	19.20	15.25	3.36	7.26
桂阳县	Guiyang County	96.90	48.13	33.01	8.51	14.13
宜章县	Yizhang County	77.17	45.67	31.07	7.51	13.27
永兴县	Yongxing County	95.71	45.47	38.11	16.33	16.27

22–7 续表 2 Continued

单位：千公顷 (1 000 hectares)

市县名称	Cities and Counties	农作物播种面积 Total Sown Area	粮食作物 Area of Grain Crops	稻谷面积 Area of Rice	油料面积 Area of Oil	蔬菜面积 Area of Vegetables
嘉禾县	Jiahe County	37.48	20.87	14.84	4.05	6.45
临武县	Linwu County	39.45	20.27	13.46	3.73	8.20
汝城县	Rucheng County	39.91	22.60	15.55	4.43	10.78
桂东县	Guidong County	18.51	11.40	8.48	2.46	2.58
安仁县	Anren County	82.04	45.31	41.13	20.04	8.26
资兴市	Zixing City	52.53	27.00	19.05	7.73	12.61
零陵区	Lingling District	108.20	55.87	50.37	16.45	28.87
冷水滩区	Lengshuitan District	87.47	50.27	43.18	6.94	18.54
东安县	Dongan County	104.10	57.86	48.34	5.28	24.76
双牌县	Shuangpai County	27.29	14.60	10.73	1.47	6.25
道　县	Dao County	112.36	58.01	46.78	10.10	33.37
江永县	Jiangyong County	56.82	25.13	18.73	9.87	18.68
宁远县	Ningyuan County	71.37	48.45	40.60	6.51	9.56
蓝山县	Lanshan County	53.08	23.02	19.24	7.96	10.20
新田县	Xintian County	53.77	30.00	20.52	2.37	13.43
江华县	Jianghua County	66.18	38.83	26.07	7.89	11.22
祁阳市	Qiyang City	158.25	85.14	71.26	25.73	28.40
鹤城区	Hecheng District	18.17	7.35	6.59	1.74	8.31
中方县	Zhongfang County	34.77	19.28	12.67	8.32	3.42
沅陵县	Yuanling County	76.93	44.56	29.51	18.38	12.43
辰溪县	Chenxi County	67.75	32.51	21.72	18.94	7.81
溆浦县	Xupu County	89.43	54.27	32.45	21.46	7.90
会同县	Huitong County	32.07	19.62	15.13	6.91	4.84
麻阳县	Mayang County	32.86	19.75	14.66	7.94	2.50
新晃县	Xinhuang County	24.92	16.16	10.74	4.50	3.08
芷江县	Zhijiang County	60.73	34.79	22.91	12.61	9.46
靖州县	Jingzhou County	35.33	20.73	17.29	7.02	4.76
通道县	Tongdao County	27.92	13.61	11.90	6.60	2.84
洪江市	Hongjiang City	60.45	26.20	18.04	11.25	5.72
洪江区	Hongjiang District	2.18	0.94	0.67	0.37	0.47
娄星区	Louxing District	35.73	20.58	15.43	4.30	7.60
双峰县	Shuangfeng County	112.26	78.24	66.45	13.41	13.18
新化县	Xinhua County	120.78	75.79	56.41	11.41	11.01
冷水江市	Lengshuijiang City	12.40	6.97	4.86	1.45	2.53
涟源市	Lianyuan City	87.68	63.17	44.96	10.10	9.79
吉首市	Jishou City	25.39	9.19	5.93	5.20	5.92
泸溪县	Luxi County	39.36	15.03	11.13	9.43	7.39
凤凰县	Fenghuang County	54.85	27.52	16.22	7.61	9.92
花垣县	Huayuan County	33.37	18.47	11.02	4.55	5.06
保靖县	Baojing County	34.04	17.63	8.48	5.69	5.06
古丈县	Guzhang County	16.71	8.33	4.86	2.88	3.10
永顺县	Yongshun County	68.50	38.69	24.83	12.76	10.25
龙山县	Longshan County	64.83	33.83	17.09	10.43	9.17

22-8 主要农产品产量（2022年）
Output of Major Farm Crops (2022)

单位：吨 (ton)

市县名称	Cities and Counties	粮食合计 Total Grain	稻谷 Rice	小麦 Wheat	玉米 Corn	大豆 Beans	薯类折粮 Tubers
芙蓉区	Furong District						
天心区	Tianxin District	1000	958		7	3	32
岳麓区	Yuelu District	40000	38864		250	83	390
开福区	Kaifu District	8000	7879			16	95
雨花区	Yuhua District	1100	998		5	30	31
望城区	Wangcheng District	275000	267541		945	648	1895
长沙县	Changsha County	490000	430365		25948	5025	15675
浏阳市	Liuyang City	560000	530977		9705	5580	7775
宁乡市	Ningxiang City	725000	691257		21140	3305	2725
荷塘区	Hetang District	16300	13986		806	104	550
芦淞区	Lusong District	21100	19857		505	105	400
石峰区	Shifeng District	3700	2962		90	155	400
天元区	Tianyuan District	33100	31580		312	245	500
渌口区	Lukou District	192300	184747		2127	1250	2500
攸　县	You County	425000	414755		3500	2651	2847
茶陵县	Chaling County	254200	249103		1450	940	700
炎陵县	Yanling County	81700	69514		2435	1900	4750
醴陵市	Liling City	477008	456363		13054	1822	2952
雨湖区	Yuhu District	92500	87873		1950	539	600
岳塘区	Yuetang District	6450	6030		60	67	150
湘潭县	Xiangtan County	583900	575445		3530	626	1784
湘乡市	Xiangxiang City	458709	446415		9535	702	850
韶山市	Shaoshan City	41200	40667		150	76	60
珠晖区	Zhuhui District	11780	10746		45	395	540
雁峰区	Yanfeng District	3520	3211		221	45	
石鼓区	Shigu District	6500	6262		26	35	60
蒸湘区	Zhengxiang District	6250	5975		65	80	10
南岳区	Nanyue District	11250	9112		470	435	890
衡阳县	Hengyang County	592800	553232	93	17772	7255	8005
衡南县	Hengnan County	592169	557589	660	6378	3320	6675
衡山县	Hengshan County	214000	205651		917	500	5075
衡东县	Hengdong County	379200	357048		5354	4850	4740
祁东县	Qidong County	433600	392764	456	23596	4933	9090
耒阳市	Leiyang City	472700	442756	82	7943	3910	10776
常宁市	Changning City	360900	331074	1696	12686	6200	7110
双清区	Shuangqing District	23244	17819	46	2560	700	1497
大祥区	Daxiang District	57900	51193	69	3700	850	1750
北塔区	Beita District	17450	12885	139	2850	400	600

22-8 续表 1 Continued

单位：吨 (ton)

市县名称	Cities and Counties	粮食合计 Total Grain	稻谷 Rice	小麦 Wheat	玉米 Corn	大豆 Beans	薯类折粮 Tubers
新邵县	Xinshao County	310900	256058	4387	35200	9650	2850
邵阳县	Shaoyang County	459200	387363	767	50100	5250	8150
隆回县	Longhui County	520400	455747	881	34800	2850	19350
洞口县	Dongkou County	488900	433347	1614	36750	6450	5100
绥宁县	Suining County	149100	130954		6050	2200	8050
新宁县	Xinning County	295900	231401	203	51700	2450	8750
城步县	Chengbu County	82100	63331	68	12750	850	3900
武冈市	Wugang City	454800	368654	260	67850	4600	11400
邵东市	Shaodong City	449800	376217	2709	38350	13850	10950
岳阳楼区	Yueyanglou District	25896	23102	135	835	53	315
云溪区	Yunxi District	19897	14766		2115	291	1760
君山区	Junshan District	144991	112083	5221	22350	2700	891
岳阳县	Yueyang County	509823	471465	111	24050	1860	6311
华容县	Huarong County	546452	521011	2829	17400	1325	1340
湘阴县	Xiangyin County	487491	443543		30350	3915	2984
平江县	Pingjiang County	419287	382401	1555	27550	1390	2241
汨罗市	Miluo City	480355	428186	101	38650	2755	4221
临湘市	Linxiang City	349377	325500	4141	9350	3670	2647
武陵区	Wuling District	79300	73950		1454	1972	1650
鼎城区	Dingcheng District	685831	662964	4252	12952	1548	1578
安乡县	Anxiang County	350100	328793	7874	8679	2338	1703
汉寿县	Hanshou County	613300	599390		4055	1471	5232
澧　县	Li County	522500	468544	9702	31848	3746	4554
临澧县	Linli County	332600	305741	1571	16878	1674	3708
桃源县	Taoyuan County	757100	689781	627	43871	8469	9204
石门县	Shimen County	298600	188335	3691	79891	5806	7207
津市市	Jinshi City	136000	128643	2025	148	774	2686
永定区	Yongding District	144000	100775		20630	3899	10281
武陵源区	Wulingyuan District	14000	6703		4617	418	988
慈利县	Cili County	330490	189130	280	94862	7463	27698
桑植县	Sangzhi County	151596	82813	182	30775	4793	11680
资阳区	Ziyang District	272200	259447		6014	689	1118
赫山区	Heshan District	489300	468799	998	11350	1019	1809
南　县	Nan County	500100	462500	3582	22618	2089	3646
大通湖区	Datonghu District	118099	112359	860	2827	319	1297
桃江县	Taojiang County	359700	329274	1558	18926	1901	3057
安化县	Anhua County	238100	179648	219	43455	3894	6936
沅江市	Yuanjiang City	451985	432674	1771	12551	1056	1601
北湖区	Beihu District	56600	49012		3219	517	2562
苏仙区	Suxian District	115893	94698		11457	388	6198
桂阳县	Guiyang County	289087	219750		17841	8145	32829
宜章县	Yizhang County	272893	198563		57466	2655	4079
永兴县	Yongxing County	270588	237581		16415	1073	7339

22-8 续表 2 Continued

单位：吨 (ton)

市县名称	Cities and Counties	粮食合计 Total Grain	稻谷 Rice	小麦 Wheat	玉米 Corn	大豆 Beans	薯类折粮 Tubers
嘉禾县	Jiahe County	123800	92770	40	20343	2546	6154
临武县	Linwu County	119199	86743		26511	1799	2554
汝城县	Rucheng County	145103	113220		17277	5785	6623
桂东县	Guidong County	65294	54636		7845	693	1710
安仁县	Anren County	284001	265554		8498	3582	4472
资兴市	Zixing City	138095	109090		18312	1133	6175
零陵区	Lingling District	361800	333151		12436	5916	7505
冷水滩区	Lengshuitan District	317100	279695		22999	8313	1869
东安县	Dongan County	370000	320349		23671	7796	11930
双牌县	Shuangpai County	71000	56829	123	8044	1001	3873
道　县	Dao County	367100	310999		29239	8387	14368
江永县	Jiangyong County	132100	103292		20257	1191	6627
宁远县	Ningyuan County	310300	265063		14358	11300	13512
蓝山县	Lanshan County	135200	118874	198	8892	1558	2933
新田县	Xintian County	155300	124256	94	15818	6648	6122
江华县	Jianghua County	232000	154354		70691	1108	4336
祁阳市	Qiyang City	553200	480402	85	24233	13948	27556
鹤城区	Hecheng District	52200	49197		1658	49	131
中方县	Zhongfang County	110900	88754		14925	824	4582
沅陵县	Yuanling County	251900	197539	54	33938	4301	11601
辰溪县	Chenxi County	206500	160256	65	30740	3003	7275
溆浦县	Xupu County	356029	252767	355	81092	3084	8362
会同县	Huitong County	131200	111378		14608	119	3256
麻阳县	Mayang County	113200	94529	14	11344	62	6094
新晃县	Xinhuang County	81011	59153		15587	578	2874
芷江县	Zhijiang County	232200	177301		42752	1579	5211
靖州县	Jingzhou County	134100	120564		4975	811	6669
通道县	Tongdao County	91100	83718		4047	473	2128
洪江市	Hongjiang City	169100	132884		24919	966	8800
洪江区	Hongjiang District	7000	5640		911	43	406
娄星区	Louxing District	137201	110896	526	15700	4497	3818
双峰县	Shuangfeng County	507533	446820	1018	47995	5214	3932
新化县	Xinhua County	479515	376852	3325	79780	6059	6223
冷水江市	Lengshuijiang City	41915	32455	712	6535	616	673
涟源市	Lianyuan City	393746	306265	1656	65179	6947	5632
吉首市	Jishou City	52500	38068		8392	1211	3616
泸溪县	Luxi County	83100	67634	187	8959	1607	3651
凤凰县	Fenghuang County	131100	92145		23413	4006	10204
花垣县	Huayuan County	94600	65240		18026	3625	7372
保靖县	Baojing County	94200	55245		24284	2781	9632
古丈县	Guzhang County	34600	23692		6387	1126	2914
永顺县	Yongshun County	227484	157778	802	32350	4719	7412
龙山县	Longshan County	188600	114722	91	28675	3511	16871

22-8 续表 3 Continued

单位：吨 (ton)

市县名称	Cities and Counties	棉花 Cotton	油料 Oil-bearing	#油菜籽 Rapeseeds	黄红麻 Jute and Ambary Hemp	苎麻 Ramie	烤烟 Fluecured Tobacco	茶叶 Tea	柑橘 Citrus
芙蓉区	Furong District								
天心区	Tianxin District		89	89					47
岳麓区	Yuelu District		2234	1988				49	3743
开福区	Kaifu District		24	24					
雨花区	Yuhua District		26	26					
望城区	Wangcheng District		12362	9319				872	6786
长沙县	Changsha County		16256	14102				42143	16716
浏阳市	Liuyang City		60788	57874			6983	1801	53392
宁乡市	Ningxiang City		14962	10170			5130	4798	21898
荷塘区	Hetang District		1160	958				52	1565
芦淞区	Lousong District	7	415	384				41	3688
石峰区	Shifeng District		280	190					1126
天元区	Tianyuan District		739	687				149	2917
渌口区	Lukou District	102	11107	9014				728	7539
攸　县	You County		32093	28266		511	250	339	29612
茶陵县	Chaling County	123	30773	25367		575	3793	388	29855
炎陵县	Yanling County		4209	3110				331	2746
醴陵市	Liling City		22679	20964				617	4700
雨湖区	Yuhu District		5354	4650				85	1805
岳塘区	Yuetang District		295	281				22	323
湘潭县	Xiangtan County	50	23829	22104		23		1158	12744
湘乡市	Xiangxiang City	30	25646	24460				958	5108
韶山市	Shaoshan City	3	4716	4485				126	473
珠晖区	Zhuhui District		2035	1573					3516
雁峰区	Yanfeng District		231	192					1543
石鼓区	Shigu District		648	611					1026
蒸湘区	Zhengxiang District		592	501					1504
南岳区	Nanyue District		170	102				202	375
衡阳县	Hengyang County	4436	76501	74697	19	14	1508	26	20858
衡南县	Hengnan County	3696	68573	63150			2850	708	11283
衡山县	Hengshan County	26	19089	18402				464	2790
衡东县	Hengdong County	42	35777	32484		5		410	5405
祁东县	Qidong County	1090	45869	41335			2200	116	9532
耒阳市	Leiyang City	356	61627	56032	41	36	2094	339	13584
常宁市	Changning City	1868	38176	33470			3649	2336	11225
双清区	Shuangqing District		1419	867					2991
大祥区	Daxiang District		4026	2972				16	19652
北塔区	Beita District		739	477				1	2031

22-8 续表 4 Continued

单位：吨 (ton)

市县名称	Cities and Counties	棉花 Cotton	油料 Oil-bearing	#油菜籽 Rapeseeds	黄红麻 Jute and Ambary Hemp	苎麻 Ramie	烤烟 Fluecured Tobacco	茶叶 Tea	柑橘 Citrus
新邵县	Xinshao County	9	17923	13945				77	22023
邵阳县	Shaoyang County		39565	30045		22	2217	43	17092
隆回县	Longhui County		19925	15451			4138	276	24244
洞口县	Dongkou County		50658	45415		56	101	4750	102270
绥宁县	Suining County		7496	7265		9		117	36321
新宁县	Xinning County		12139	8048		7	2545	111	310249
城步县	Chengbu County		4702	3610				212	2711
武冈市	Wugang City	7	25006	19583			22	914	100568
邵东市	Shaodong City		51100	33238	99			433	25055
岳阳楼区	Yueyanglou District	5	2787	2568				266	1303
云溪区	Yunxi District	3	2765	2315				170	2093
君山区	Junshan District	3022	20837	20487		42	9	116	7279
岳阳县	Yueyang County	2152	37279	30250				1404	14036
华容县	Huarong County	10383	74575	74195				855	25752
湘阴县	Xiangyin County	7	18841	15744		159		2603	27493
平江县	Pingjiang County	800	34337	25993			41	3718	13991
汨罗市	Miluo City	221	18873	17073				3036	8057
临湘市	Linxiang City	1549	27537	23246				4656	2178
武陵区	Wuling District	179	4327	3940					25076
鼎城区	Dingcheng District	9819	94680	92198			14	169	49787
安乡县	Anxiang County	8091	84232	83742		300		51	43244
汉寿县	Hanshou County	3432	78286	75411		526		1264	66715
澧　县	Li County	11185	94427	92006				476	197811
临澧县	Linli County	3922	61307	60827			3062	126	83353
桃源县	Taoyuan County	2600	114788	108440		438	2749	10641	196685
石门县	Shimen County	1111	54642	53311		19	3630	17311	433380
津市市	Jinshi City	2163	28723	26943				146	24043
永定区	Yongding District		22953	18582		25	2267	949	50063
武陵源区	Wulingyuan District		1143	813				204	1226
慈利县	Cili County	702	43855	40820			5110	2474	179428
桑植县	Sangzhi County		23406	20495			7653	2175	24270
资阳区	Ziyang District	1062	9963	9834		14		2093	9704
赫山区	Heshan District	15	12171	10151		30		3892	22650
南　县	Nan County	4913	87300	87020		129			66327
大通湖区	Datonghu District	897	15836	15793		31			17904
桃江县	Taojiang County		40497	34247				16188	18207
安化县	Anhua County		44447	34623		12	98	75573	30970
沅江市	Yuanjiang City	2499	59094	58780		116		189	102145
北湖区	Beihu District		2421	1690			1520	145	8015
苏仙区	Suxian District		6702	5378			4169	145	7889
桂阳县	Guiyang County		16130	8104			31710	290	19390
宜章县	Yizhang County		13885	9000			4402	1459	158893
永兴县	Yongxing County		26333	22728			5570	479	115853

22-8 续表 5 Continued

单位：吨 (ton)

市县名称	Cities and Counties	棉花 Cotton	油料 Oil-bearing	#油菜籽 Rapeseeds	黄红麻 Jute and Ambary Hemp	苎麻 Ramie	烤烟 Fluecured Tobacco	茶叶 Tea	柑橘 Citrus
嘉禾县	Jiahe County		10463	4817			5994	57	28916
临武县	Linwu County		7763	4673			2544	70	12155
汝城县	Rucheng County		8410	5988				466	8271
桂东县	Guidong County	6	3964	3860				3579	1052
安仁县	Anren County	3	36279	30767			5623	613	23063
资兴市	Zixing City		12967	11732			66	2414	93578
零陵区	Lingling District	2	27108	22300	26		590	819	82860
冷水滩区	Lengshuitan District	48	13486	8656			545	2	38703
东安县	Dongan County	6	12303	4813			1845	8	37462
双牌县	Shuangpai County		2483	1732				79	7975
道　县	Dao County	64	20013	13479			4261	25	187228
江永县	Jiangyong County	7	17393	13072			3500	114	187310
宁远县	Ningyuan County	9	12770	9245			12594	428	78684
蓝山县	Lanshan County	97	16995	13146			7566	370	23099
新田县	Xintian County		5079	2117		11	6816	182	1280
江华县	Jianghua County		15802	8414			8051	916	15643
祁阳市	Qiyang City	92	49774	36296			148	304	91589
鹤城区	Hecheng District		2576	2380					12387
中方县	Zhongfang County		13095	12355				40	23910
沅陵县	Yuanling County		30168	27566			18	10495	20793
辰溪县	Chenxi County	14	32026	31240				26	170881
溆浦县	Xupu County	123	35750	34060			8	1132	120531
会同县	Huitong County		11229	10982	12	1		753	62452
麻阳县	Mayang County		13001	10748				22	660399
新晃县	Xinhuang County		6130	5788		3	22		5804
芷江县	Zhijiang County		21177	17990			1106	39	213142
靖州县	Jingzhou County		11002	10643			607	52	25903
通道县	Tongdao County	24	11772	11592			5	246	14488
洪江市	Hongjiang City		17699	17222			78	67	411161
洪江区	Hongjiang District		619	619					3329
娄星区	Louxing District		8997	5118			33	635	19836
双峰县	Shuangfeng County	23	24385	21009		22	13	1629	10887
新化县	Xinhua County	19	20365	14073	96	55	100	4567	9101
冷水江市	Lengshuijiang City	9	2289	1986				238	12864
涟源市	Lianyuan City	8	20450	14249		25	51	1559	31978
吉首市	Jishou City		8045	7027		19	357	1680	73520
泸溪县	Luxi County	73	16111	15074		131	1218	13	164158
凤凰县	Fenghuang County		11181	9505		25	2550	170	76689
花垣县	Huayuan County		7970	6210			3490	46	18643
保靖县	Baojing County		9539	7053			1920	1359	142677
古丈县	Guzhang County		5077	4596			694	9827	29256
永顺县	Yongshun County		21410	16900			4700	799	86263
龙山县	Longshan County		16944	14226			8203	26	61379

22−9 主要林产品和水产品产量(2022年)

Output of Major Forest Products and Aquatic Products (2022)

市县名称	Cities and Counties	油茶籽 (吨) Tea-oil Seeds (ton)	竹笋干 (吨) Bamboo Shoots (ton)	木 材 采伐量 (万方) Woods Cuts (10 000 cu.m)	竹 材 采伐量 (万根) Bamboo Cuts (10 000 roots)	水产品 (吨) Bamboo Cuts (ton)	# 鱼 Fish
芙蓉区	Furong District					358	358
天心区	Tianxin District					1562	1562
岳麓区	Yuelu District	118	7	0.96		6298	6145
开福区	Kaifu District			0.30		1940	1730
雨花区	Yuhua District	166	5			2347	2340
望城区	Wangcheng District	238		1.40	20.00	39918	28902
长沙县	Changsha County	2005	3100	0.49		14888	14310
浏阳市	Liuyang City	40131		1.52	618.00	23570	23055
宁乡市	Ningxiang City	1010	2333	11.44		32792	29724
荷塘区	Hetang District	228		0.04		4330	4330
芦淞区	Lousong District	87		0.07		2953	2953
石峰区	Shifeng District	419		0.02		3317	3317
天元区	Tianyuan District	687	1			5071	5044
渌口区	Lukou District	18448		0.26	1560.00	12745	11565
攸　县	You County	25224		2.90	1540.00	27093	26120
茶陵县	Chaling County	29653	3000	7.19	2690.00	18790	18470
炎陵县	Yanling County	4017	1033	0.55	1320.00	1464	1418
醴陵市	Liling City	42168	167	0.03	260.00	28577	27869
雨湖区	Yuhu District	340	2	0.56		8855	8776
岳塘区	Yuetang District	116	267	0.15		2469	2439
湘潭县	Xiangtan County	3694	1	19.43	150.00	46221	41338
湘乡市	Xiangxiang City	2640	1267	2.70	80.00	41536	38092
韶山市	Shaoshan City	65		0.20		3116	2971
珠晖区	Zhuhui District	600	17	0.18		3845	3766
雁峰区	Yanfeng District	1				2750	2750
石鼓区	Shigu District					2303	2294
蒸湘区	Zhengxiang District	240		0.38		4382	4262
南岳区	Nanyue District	50	17			450	425
衡阳县	Hengyang County	42400	7057	0.91	4000.00	63107	58724
衡南县	Hengnan County	20083	500	2.83	557.00	46349	45240
衡山县	Hengshan County	6630		1.60	650.00	22732	22205
衡东县	Hengdong County	42900		15.00	252.00	25262	24309
祁东县	Qidong County	15392		1.14	360.00	46170	45269
耒阳市	Leiyang City	43900	660	1.15	900.00	44537	37957
常宁市	Changning City	42912	457	3.68	62.78	35594	34958
双清区	Shuangqing District	34				1258	1181
大祥区	Daxiang District	2		0.33		2416	2331
北塔区	Beita District	38	2	0.30		1349	1311

22-9 续表 1 Continued

市县名称	Cities and Counties	油茶籽（吨）Tea-oil Seeds (ton)	竹笋干（吨）Bamboo Shoots (ton)	木材采伐量（万方）Woods Cuts (10 000 cu.m)	竹材采伐量（万根）Bamboo Cuts (10 000 roots)	水产品（吨）Bamboo Cuts (ton)	#鱼 Fish
新邵县	Xinshao County	132	174	0.59	500.00	11220	10617
邵阳县	Shaoyang County	37335	333	1.02		12807	12510
隆回县	Longhui County	4612	233	10.00	63.00	11430	10938
洞口县	Dongkou County	3857		11.82	80.00	17531	16243
绥宁县	Suining County	1588	6818	5.96	1100.00	1860	1769
新宁县	Xinning County	57	333	6.90	300.00	6058	5944
城步县	Chengbu County	3000	398	6.94	65.00	920	906
武冈市	Wugang City	1096	445	4.43	14.00	7238	7060
邵东市	Shaodong City	40163				25023	23183
岳阳楼区	Yueyanglou District	1120		3.69	12.00	8511	8511
云溪区	Yunxi District	764		0.80	60.00	13873	11161
君山区	Junshan District			0.06		42474	13888
岳阳县	Yueyang County	2120	1000	3.00	100.00	45630	38397
华容县	Huarong County	30		4.80	18.00	158327	105122
湘阴县	Xiangyin County	1212		3.35	12.00	186263	176678
平江县	Pingjiang County	30018	3000	2.53	201.00	9030	8216
汨罗市	Miluo City	1632	108	46.45	1617.00	38355	25094
临湘市	Linxiang City	1034	767	0.20	6520.45	43922	11172
武陵区	Wuling District	544		1.12		17386	16656
鼎城区	Dingcheng District	23042	217	8.61		64000	49464
安乡县	Anxiang County			5.60	340.00	141000	115684
汉寿县	Hanshou County	6500	170	5.20	100.00	87987	49926
澧　县	Li County	380		0.19		75597	54853
临澧县	Linli County	20916		0.60		24125	21669
桃源县	Taoyuan County	17200	1568	6.77	220.00	33986	30196
石门县	Shimen County	3080		0.55		11700	11370
津市市	Jinshi City	550		0.70		30488	26825
永定区	Yongding District	1350		3.95		1812	1537
武陵源区	Wulingyuan District					29	22
慈利县	Cili County	293	100	7.60		5721	5011
桑植县	Sangzhi County	4000		1.25		818	515
资阳区	Ziyang District	173		0.21		35550	26193
赫山区	Heshan District	916	20	11.02	240.00	31440	21736
南　县	Nan County		233	2.40		196763	54690
大通湖区	Datonghu District			2.40		41500	16760
桃江县	Taojiang County	890	33333	5.10	4000.00	13991	11327
安化县	Anhua County	9008	1033	19.20	494.00	13760	13335
沅江市	Yuanjiang City	10		1.31		167300	116800
北湖区	Beihu District	480	1062	1.78	85.00	3143	2976
苏仙区	Suxian District	2323	3333	2.51	220.00	14485	13985
桂阳县	Guiyang County	6698	88	4.60	600.00	13413	13220
宜章县	Yizhang County	2431	871	2.99	21.40	5872	5632
永兴县	Yongxing County	44030	1552	4.40	40.00	23035	21754

22-9 续表 2 Continued

市县名称	Cities and Counties	油茶籽（吨）Tea-oil Seeds (ton)	竹笋干（吨）Bamboo Shoots (ton)	木材采伐量（万方）Woods Cuts (10 000 cu.m)	竹材采伐量（万根）Bamboo Cuts (10 000 roots)	水产品（吨）Bamboo Cuts (ton)	#鱼 Fish
嘉禾县	Jiahe County	1432	6	1.88	10.20	3301	3166
临武县	Linwu County	5866	800	3.60	8.29	6275	5848
汝城县	Rucheng County	516	623	7.06	500.00	1153	1144
桂东县	Guidong County	2745	100	3.92	460.00	475	447
安仁县	Anren County	10559	43	3.27	9.00	8104	6056
资兴市	Zixing City	2069	10667	8.27	320.00	35493	35264
零陵区	Lingling District	2269	1000	1.53	81.00	16317	14699
冷水滩区	Lengshuitan District	4205		0.19	3.00	13773	13056
东安县	Dongan County	13812	367	4.00	398.45	24594	23918
双牌县	Shuangpai County	538	33	4.80	240.00	8118	8076
道　县	Dao County	16500		0.23	8.70	26058	25785
江永县	Jiangyong County	1565	5	6.85	2.50	16476	13999
宁远县	Ningyuan County	40671		7.69	67.00	25088	21788
蓝山县	Lanshan County	2050	84	7.73	302.40	2606	2483
新田县	Xintian County	1520		2.10	30.00	7442	7268
江华县	Jianghua County	19930	967	17.82	10.00	5118	3674
祁阳市	Qiyang City	41663	317	0.80	540.00	49539	46822
鹤城区	Hecheng District	1078	37	1.59	12.00	4180	4082
中方县	Zhongfang County	24903	33	3.20	14.00	6119	5971
沅陵县	Yuanling County	8952	93	4.50	200.00	16610	13966
辰溪县	Chenxi County	25918	40	4.35	0.49	9080	9075
溆浦县	Xupu County	19089	26	6.28	3500.00	10616	9520
会同县	Huitong County	18926	1333	10.14	1300.00	3761	3723
麻阳县	Mayang County	2757	100	2.08	4.70	3472	3366
新晃县	Xinhuang County	100		2.88		2009	2009
芷江县	Zhijiang County	880	119	4.40	11.55	9315	8711
靖州县	Jingzhou County	1817	12	9.01	280.00	4100	3592
通道县	Tongdao County	6132	24333	7.39	14.00	2715	2537
洪江市	Hongjiang City	6648	2333	6.64	150.00	8500	8218
洪江区	Hongjiang District	269		0.38	800.00	385	335
娄星区	Louxing District	130	14	0.13	8.20	8890	8505
双峰县	Shuangfeng County	662	5000	0.11	90.00	27770	25343
新化县	Xinhua County	1871	8000	1.90	600.00	30972	30366
冷水江市	Lengshuijiang City	270		0.01		4920	4920
涟源市	Lianyuan City	1237	82		66.00	20701	20442
吉首市	Jishou City	29			0.71	1976	1831
泸溪县	Luxi County	608				2005	1465
凤凰县	Fenghuang County	902	3333	1.60	0.30	970	969
花垣县	Huayuan County	447				2130	2075
保靖县	Baojing County	305	3	0.90	16.00	2620	2595
古丈县	Guzhang County	1418	2	0.20	0.20	576	540
永顺县	Yongshun County	7823				2887	2822
龙山县	Longshan County	2325	67	0.60		2148	2074

22-10 规模以上工业营业收入(2022年)

Revenue of Major Business of Industrial Enterprises above Designated Size (2022)

单位：万元 (10 000 yuan)

市县名称	Cities and Counties	营业收入 Revenue of Business	#国有经济 State-owned Economic	#集体经济 Collective Owned Economic
芙蓉区	Furong District	611299	7450	
天心区	Tianxin District	3420110	2939551	
岳麓区	Yuelu District	14558957	97518	
开福区	Kaifu District	1316064		
雨花区	Yuhua District	13186799	3281441	
望城区	Wangcheng District	9548764	21123	1474
长沙县	Changsha County	15589807	215034	
浏阳市	Liuyang City	13271731	14452	14205
宁乡市	Ningxiang City	15379207	34098	6970
荷塘区	Hetang District	2242965	1137434	
芦淞区	Lousong District	2415216	335592	
石峰区	Shifeng District	5495519	53516	
天元区	Tianyuan District	6129329	242736	
渌口区	Lukou District	1211775	3255	
攸　县	You County	2127373	24009	42234
茶陵县	Chaling County	842287	18252	
炎陵县	Yanling County	857074		
醴陵市	Liling City	6884062	59624	40016
雨湖区	Yuhu District	7835367	12097	9797
岳塘区	Yuetang District	11083806	657878	110451
湘潭县	Xiangtan County	4794003	12854	
湘乡市	Xiangxiang City	6430284		
韶山市	Shaoshan City	1468795	32471	
珠晖区	Zhuhui District	601823	45376	
雁峰区	Yanfeng District	3268885		
石鼓区	Shigu District	1690345	32395	
蒸湘区	Zhengxiang District	2845794	1060762	
南岳区	Nanyue District			
衡阳县	Hengyang County	1437386	4544	
衡南县	Hengnan County	1004647		
衡山县	Hengshan County	1492237	1906	4027
衡东县	Hengdong County	1674470	8019	8024
祁东县	Qidong County	819894	12573	
耒阳市	Leiyang City	1918810	34439	
常宁市	Changning City	3672842	7293	
双清区	Shuangqing District	3178764	24706	
大祥区	Daxiang District	1755934	640349	
北塔区	Beita District	600518		

22-10 续表 1 Continued

单位：万元 (10 000 yuan)

市县名称	Cities and Counties	营业收入 Revenue of Business	#国有经济 State-owned Economic	#集体经济 Collective Owned Economic
新邵县	Xinshao County	2253409	69800	
邵阳县	Shaoyang County	1423483	4458	
隆回县	Longhui County	2147587	14321	
洞口县	Dongkou County	1151187		
绥宁县	Suining County	1275323	8330	
新宁县	Xinning County	692872	11941	
城步县	Chengbu County	239097	8979	
武冈市	Wugang City	1108924		
邵东市	Shaodong City	8876194	12044	
岳阳楼区	Yueyanglou District	13757716	931407	
云溪区	Yunxi District	10729689	2050710	66712
君山区	Junshan District	1137553	33936	160940
岳阳县	Yueyang County	5079743	33519	103047
华容县	Huarong County	5414109	74117	
湘阴县	Xiangyin County	3610027	15168	
平江县	Pingjiang City	6954933	445531	48689
汨罗市	Miluo City	8945912		3886
临湘市	Linxiang County	3231470	7456	
武陵区	Wuling District	11842490	6885705	
鼎城区	Dingcheng District	3858532	39492	
安乡县	Anxiang County	1330792		
汉寿县	Hanshou County	3068888	11420	
澧　县	Li County	2617116		
临澧县	Linli County	1497083	8020	
桃源县	Taoyuan County	2262038		8419
石门县	Shimen County	3396829	144337	
津市市	Jinshi City	2452675	3934	
永定区	Yongdi District	615373	183812	
武陵源区	Wulingyuan District	12915		
慈利县	Cili County	396220	3489	
桑植县	Sangzhi County	270920	2880	
资阳区	Ziyang District	3933254		
赫山区	Heshan District	12181679	576727	
南　县	Nan County	1639902	3100	
大通湖区	Datonghu District	252119		
桃江县	Taojiang County	4853618	4714	3391
安化县	Anhua County	1434208	18691	
沅江市	Yuanjiang City	3441178	10243	
北湖区	Beihu District	1809649	86744	
苏仙区	Suxian District	4520537	1285064	
桂阳县	Guiyang County	6217430	1844	9250
宜章县	Yizhang County	1613178		
永兴县	Yongxing County	5077576	256823	

22-10 续表 2 Continued

单位：万元 (10 000 yuan)

市县名称	Cities and Counties	营业收入 Revenue of Business	#国有经济 State-owned Economic	#集体经济 Collective Owned Economic
嘉禾县	Jiahe County	1451465	3655	
临武县	Linwu County	708849	3790	
汝城县	Rucheng County	439645	3362	
桂东县	Guidong County	106878		
安仁县	Anren County	690677	10130	
资兴市	Zixing City	5107262	40714	
零陵区	Lingling District	1792096	538399	
冷水滩区	Lengshuitan District	3098416	598690	
东安县	DonganCounty	1327233	468667	
双牌县	Shuangpai County	815916	27547	
道　县	Dao County	1288036	4219	
江永县	Jiangyong County	560733	8971	
宁远县	Ningyuan County	1700887	9485	
蓝山县	Lanshan County	1744363		
新田县	Xintian County	283816	2127	
江华县	Jianghua County	1751099	7163	
祁阳市	Qiyang City	4005745	26674	
鹤城区	Hecheng District	1522928	629745	
中方县	Zhongfang County	1602513		
沅陵县	Yuanling County	1817679	10766	
辰溪县	Chenxi County	993903	356924	19017
溆浦县	Xupu County	929186	2337	41963
会同县	Huitong County	154294		
麻阳县	Mayang County	719190	4603	
新晃县	Xinhuang County	671364	2587	
芷江县	Zhijiang County	826611		
靖州县	Jingzhou County	644154	8823	
通道县	Tongdao County	393235	4625	
洪江市	Hongjiang City	886976	35815	
洪江区	Hongjiang District	651505	8525	
娄星区	Louxing District	15182231	758185	9127
双峰县	Shuangfeng County	1149650		1262
新化县	Xinhua County	1726223	4314	49055
冷水江市	Lengshuijiang City	2582256	5448	8622
涟源市	Lianyuan County	2502598	6295	
吉首市	Jishou County	1228442	308656	
泸溪县	Luxi County	664621	4759	
凤凰县	Fenghuang County	84740	4007	
花垣县	Huayuan County	281136	4379	
保靖县	Baojing County	298976	5761	
古丈县	Guzhang County	119851		
永顺县	Yongshun County	110358		
龙山县	Longshan County	193708	8321	

22－11　规模以上工业企业基本情况（2022年）

Basic Indicators of Industrial Enterprises above Designated Size (2022)

单位：万元　　(10 000 yuan)

市县名称	Cities and Counties	利润总额 Total Profits	资产总计 Total Assets	负债合计 Total Liabilities	平均用工人数（万人） Annual Average Employees (10 000 persons)
芙蓉区	Furong District	10152	811984	375532	0.48
天心区	Tianxin District	20618	5513722	3676997	1.40
岳麓区	Yuelu District	1090487	36434143	19836151	8.68
开福区	Kaifu District	140436	1981833	1159275	1.00
雨花区	Yuhua District	753754	11580090	7028771	6.06
望城区	Wangcheng District	430856	10862140	6194412	5.57
长沙县	Changsha County	358097	22965234	13480849	12.31
浏阳市	Liuyang City	963346	16392905	6159964	19.80
宁乡市	Ningxiang City	982329	15796115	9171675	8.90
荷塘区	Hetang District	121240	2986619	1674950	1.85
芦淞区	Lousong District	133251	5485864	3127325	2.55
石峰区	Shifeng District	683800	11238697	4663090	3.28
天元区	Tianyuan District	32858	11023665	9027727	3.94
渌口区	Lukou District	20224	1089832	577036	0.67
攸　县	You County	63976	2632560	1388711	2.97
茶陵县	Chaling County	49373	771694	379545	1.85
炎陵县	Yanling County	45329	915325	396357	1.10
醴陵市	Liling City	776276	8002066	1426771	16.02
雨湖区	Yuhu District	377113	9891628	6793356	4.85
岳塘区	Yuetang District	500839	10128060	5421475	3.86
湘潭县	Xiangtan County	147754	2353795	1344875	6.63
湘乡市	Xiangxiang City	100018	1234485	586116	3.09
韶山市	Shaoshan City	37876	725124	370918	0.71
珠晖区	Zhuhui District	39841	666924	345748	0.48
雁峰区	Yanfeng District	130658	3808658	2132781	2.45
石鼓区	Shigu District	177896	1557423	879676	1.38
蒸湘区	Zhengxiang District	84370	3365046	2111609	1.33
南岳区	Nanyue District				
衡阳县	Hengyang County	79288	1298138	558643	2.62
衡南县	Hengnan County	61371	1107640	495508	1.35
衡山县	Hengshan County	103890	681180	299812	2.13
衡东县	Hengdong County	111621	1047160	561458	2.25
祁东县	Qidong County	44493	997053	474697	1.77
耒阳市	Leiyang City	95161	2139751	1151832	2.47
常宁市	Changning City	118419	2077570	1355316	1.77
双清区	Shuangqing District	280957	2841016	1761105	3.09
大祥区	Daxiang District	92926	1626496	1098802	0.59
北塔区	Beita District	63989	455697	269509	0.33

22-11 续表 1 Continued

单位：万元 (10 000 yuan)

市县名称	Cities and Counties	利润总额 Total Profits	资产总计 Total Assets	负债合计 Total Liabilities	平均用工人数（万人） Annual Average Employees (10 000 persons)
新邵县	Xinshao County	261517	1072807	411327	1.50
邵阳县	Shaoyang County	226985	629172	251252	1.42
隆回县	Longhui County	93937	1206915	408436	2.00
洞口县	Dongkou County	59302	642533	240889	1.62
绥宁县	Suining County	158909	663767	293771	1.20
新宁县	Xinning County	34709	340837	150872	0.98
城步县	Chengbu County	37407	425938	300974	0.24
武冈市	Wugang City	88317	902147	418511	1.13
邵东市	Shaodong City	1339170	1875463	437074	6.78
岳阳楼区	Yueyanglou District	342105	8782881	4913997	3.61
云溪区	Yunxi District	302548	7252896	4481037	7.83
君山区	Junshan District	46178	905510	347483	1.57
岳阳县	Yueyang County	336454	1788929	491159	2.33
华容县	Huarong County	156171	1792832	398127	2.82
湘阴县	Xiangyin County	289048	1970642	667954	2.13
平江县	Pingjiang City	201740	1758651	625041	6.58
汨罗市	Miluo City	945674	2705940	1099329	4.42
临湘市	Linxiang County	199927	1080858	368938	1.59
武陵区	Wuling District	1175524	10745858	3574899	4.35
鼎城区	Dingcheng District	195781	4319509	2821603	3.02
安乡县	Anxiang County	37773	654663	354972	1.31
汉寿县	Hanshou County	284082	2276742	1181033	2.61
澧　县	Li County	153053	1580572	820823	3.52
临澧县	Linli County	89548	1203952	651271	1.58
桃源县	Taoyuan County	113750	2112171	1060016	2.67
石门县	Shimen County	223735	2385037	1405438	2.03
津市市	Jinshi City	145271	1456963	780543	2.26
永定区	Yongdi District	17563	920445	511575	0.63
武陵源区	Wulingyuan District	956	14966	7144	0.04
慈利县	Cili County	14169	415166	233010	0.48
桑植县	Sangzhi County	24218	251961	77313	0.32
资阳区	Ziyang District	153758	2112555	1140943	2.49
赫山区	Heshan District	441665	6405472	3439655	5.80
南　县	Nan County	77651	1331515	756950	1.60
大通湖区	Datonghu District	12703	308400	159551	0.17
桃江县	Taojiang County	191575	2092469	1024729	5.10
安化县	Anhua County	60440	1634974	932151	1.39
沅江市	Yuanjiang City	206379	2195867	924860	2.80
北湖区	Beihu District	89598	3810944	2522553	1.58
苏仙区	Suxian District	175106	4497020	2305657	2.75
桂阳县	Guiyang County	328834	2565553	778242	2.70
宜章县	Yizhang County	112338	1339401	719425	1.76
永兴县	Yongxing County	381066	2325196	1178841	3.89

22-11 续表 2 Continued

单位：万元 (10 000 yuan)

市县名称	Cities and Counties	利润总额 Total Profits	资产总计 Total Assets	负债合计 Total Liabilities	平均用工人数（万人） Annual Average Employees (10 000 persons)
嘉禾县	Jiahe County	117941	945864	395045	1.25
临武县	Linwu County	53324	763556	298830	0.86
汝城县	Rucheng County	33742	579491	317149	0.41
桂东县	Guidong County	16311	170423	93121	0.22
安仁县	Anren County	17646	473111	302165	1.36
资兴市	Zixing City	410087	3116901	1491797	2.91
零陵区	Lingling District	125744	1240887	434084	1.50
冷水滩区	Lengshuitan District	71143	2021532	1130268	3.20
东安县	DonganCounty	64489	1182680	585495	1.41
双牌县	Shuangpai County	136487	524354	182301	0.88
道　县	Dao County	55877	1023417	435810	1.65
江永县	Jiangyong County	79922	693558	378102	0.50
宁远县	Ningyuan County	103398	1062896	543125	2.41
蓝山县	Lanshan County	43083	442801	178149	1.63
新田县	Xintian County	7329	200916	90076	0.40
江华县	Jianghua County	200975	3021575	1500879	1.51
祁阳市	Qiyang City	268743	1896868	806107	4.15
鹤城区	Hecheng District	41078	1423779	912754	0.71
中方县	Zhongfang County	139035	1917151	1015089	1.44
沅陵县	Yuanling County	11676	1487334	15488	0.71
辰溪县	Chenxi County	72410	1256487	934229	0.59
溆浦县	Xupu County	29416	733223	377769	1.09
会同县	Huitong County	7058	206955	136682	0.26
麻阳县	Mayang County	32789	278671	129804	0.33
新晃县	Xinhuang County	24597	249005	114758	0.60
芷江县	Zhijiang County	45136	311592	113998	0.44
靖州县	Jingzhou County	11366	253614	106565	0.58
通道县	Tongdao County	70746	690996	385595	0.44
洪江市	Hongjiang City	30222	1413726	242003	0.61
洪江区	Hongjiang District	67782	738185	278735	0.40
娄星区	Louxing District	533422	9001179	5255865	3.55
双峰县	Shuangfeng County	85761	983658	270740	1.98
新化县	Xinhua County	179095	1164599	517917	2.39
冷水江市	Lengshuijiang City	7244	2171211	1411422	1.83
涟源市	Lianyuan County	191058	2259418	629619	1.90
吉首市	Jishou County	153384	1937807	906261	1.09
泸溪县	Luxi County	17829	378294	221556	0.49
凤凰县	Fenghuang County	3415	257957	169361	0.13
花垣县	Huayuan County	-19067	667348	531724	0.34
保靖县	Baojing County	6775	283260	147816	0.33
古丈县	Guzhang County	3166	158076	94679	0.13
永顺县	Yongshun County	6657	234332	113432	0.16
龙山县	Longshan County	6959	433863	253711	0.40

22–12 固定资产投资比上年增长情况(2022年)
Investment in Fixed Assets Increased over the Previous Year (2022)

单位：% (%)

市县名称	Cities and Counties	比上年增长 Growth Rate over Preceding Year	市县名称	Cities and Counties	比上年增长 Growth Rate over Preceding Year	市县名称	Cities and Counties	比上年增长 Growth Rate over Preceding Year
芙蓉区	Furong District	9.3	洞口县	Dongkou County	13.2	临武县	Linwu County	13.5
天心区	Tianxin District	9.1	绥宁县	Suining County	9.7	汝城县	Rucheng County	13.3
岳麓区	Yuelu District	9.5	新宁县	Xinning County	8.3	桂东县	Guidong County	12.7
开福区	Kaifu District	-14.9	城步县	Chengbu County	16.9	安仁县	Anren County	13.3
雨花区	Yuhua District	9.0	武冈市	Wugang City	6.0	资兴市	Zixing City	13.7
望城区	Wangcheng District	8.5	邵东市	Shaodong City	13.3	零陵区	Lingling District	7.7
长沙县	Changsha County	9.1	岳阳楼区	Yueyanglou District	19.3	冷水滩区	Lengshuitan District	7.5
浏阳市	Liuyang City	9.0	云溪区	Yunxi District	49.6	东安县	Dongan County	14.2
宁乡市	Ningxiang City	1.0	君山区	Junshan District	3.2	双牌县	Shuangpai County	11.7
荷塘区	Hetang District	-13.0	岳阳县	Yueyang County	8.1	道　县	Dao County	11.2
芦淞区	Lusong District	-43.4	华容县	Huarong County	12.4	江永县	Jiangyong County	7.7
石峰区	Shifeng District	-33.0	湘阴县	Xiangyin County	14.6	宁远县	Ningyuan County	13.9
天元区	Tianyuan District	-28.2	平江县	Pingjiang County	12.4	蓝山县	Lanshan County	8.0
渌口区	Lukou District	11.7	汨罗市	Miluo City	14.6	新田县	Xintian County	13.8
攸　县	You County	7.8	临湘市	Linxiang City	12.4	江华县	Jianghua County	12.9
茶陵县	Chaling County	8.1	武陵区	Wuling District	-13.0	祁阳市	Qiyang City	3.9
炎陵县	Yanling County	0.8	鼎城区	Dingcheng District	-8.0	鹤城区	Hecheng District	8.2
醴陵市	Liling County	5.5	安乡县	Anxiang County	16.6	中方县	Zhongfang County	13.3
雨湖区	Yuhu District	8.8	汉寿县	Hanshou County	10.9	沅陵县	Yuanling County	13.9
岳塘区	Yuetang District	8.3	澧　县	Li County	9.0	辰溪县	Chenxi County	13.5
湘潭县	Xiangtan County	6.8	临澧县	Linli County	19.1	溆浦县	Xupu County	13.5
湘乡市	Xiangxiang City	6.8	桃源县	Taoyuan County	4.3	会同县	Huitong County	13.8
韶山市	Shaoshan City	9.2	石门县	Shimen County	14.0	麻阳县	Mayang County	13.7
珠晖区	Zhuhui District	7.2	津市市	Jinshi City	14.0	新晃县	Xinhuang County	13.0
雁峰区	Yanfeng District	-13.4	永定区	Yongding District	-27.7	芷江县	Zhijiang County	13.8
石鼓区	Shigu District	3.5	武陵源区	Wulingyuan District	10.1	靖州县	Jingzhou County	14.0
蒸湘区	Zhengxiang District	15.2	慈利县	Cili County	-19.2	通道县	Tongdao County	13.5
南岳区	Nanyue District	13.6	桑植县	Sangzhi County	10.2	洪江市	Hongjiang City	13.3
衡阳县	Hengyang County	15.9	资阳区	Ziyang District	15.4	洪江区	Hongjiang District	13.5
衡南县	Hengnan County	15.6	赫山区	Heshan District	10.2	娄星区	Louxing District	9.1
衡山县	Hengshan County	15.6	南　县	Nan County	13.5	双峰县	Shuangfeng County	-2.8
衡东县	Hengdong County	14.6	大通湖区	Datonghu District	-31.4	新化县	Xinhua County	10.9
祁东县	Qidong County	17.0	桃江县	Taojiang County	10.5	冷水江市	Lengshuijian City	-5.6
耒阳市	Leiyang City	13.6	安化县	Anhua County	5.1	涟源市	Lianyuan City	12.0
常宁市	Changning City	-4.9	沅江市	Yuanjiang City	27.5	吉首市	Jishou City	10.4
双清区	Shuangqing District	12.5	北湖区	Beihu District	13.9	泸溪县	Luxi County	22.7
大祥区	Daxiang District	-12.9	苏仙区	Suxian District	12.7	凤凰县	Fenghuang County	-14.9
北塔区	Beita District	10.3	桂阳县	Guiyang County	12.7	花垣县	Huayuan County	19.7
新邵县	Xinshao County	9.5	宜章县	Yizhang County	12.7	保靖县	Baojing County	21.0
邵阳县	Shaoyang County	5.8	永兴县	Yongxing County	12.5	古丈县	Guzhang County	15.8
隆回县	Longhui County	12.5	嘉禾县	Jiahe County	13.0	永顺县	Yongshun County	19.3
						龙山县	Longshan County	9.4

22−13　房地产开发投资情况(2022年)
Real Estate Development Investment (2022)

单位：万元　　(10 000yuan)

市县名称	Cities and Counties	房地产开发投资 Real Estate Development Investment
芙蓉区	Furong District	1067392
天心区	Tianxin District	1758063
岳麓区	Yuelu District	5802334
开福区	Kaifu District	3074347
雨花区	Yuhua District	3572724
望城区	Wangcheng District	2567135
长沙县	Changsha County	3026793
浏阳市	Liuyang City	798117
宁乡市	Ningxiang City	1147941
荷塘区	Hetang District	153736
芦淞区	Lusong District	272693
石峰区	Shifeng District	307531
天元区	Tianyuan District	1025138
渌口区	Lukou District	197076
攸　县	You County	79168
茶陵县	Chaling County	142425
炎陵县	Yanling County	33770
醴陵市	Liling County	273752
雨湖区	Yuhu District	1365309
岳塘区	Yuetang District	512010
湘潭县	Xiangtan County	212880
湘乡市	Xiangxiang City	174638
韶山市	Shaoshan City	77373
珠晖区	Zhuhui District	265639
雁峰区	Yanfeng District	256554
石鼓区	Shigu District	208277
蒸湘区	Zhengxiang District	690237
南岳区	Nanyue District	24348
衡阳县	Hengyang County	235981
衡南县	Hengnan County	76547
衡山县	Hengshan County	78533
衡东县	Hengdong County	103887
祁东县	Qidong County	124218
耒阳市	Leiyang City	270995
常宁市	Changning City	168383
双清区	Shuangqing District	228844
大祥区	Daxiang District	412092
北塔区	Beita District	194594
新邵县	Xinshao County	485231
邵阳县	Shaoyang County	218465
隆回县	Longhui County	188170
洞口县	Dongkou County	255478
绥宁县	Suining County	41960
新宁县	Xinning County	122959
城步县	Chengbu County	60487
武冈市	Wugang City	213163
邵东市	Shaodong City	485231
岳阳楼区	Yueyanglou District	907137
云溪区	Yunxi District	53087
君山区	Junshan District	36885
岳阳县	Yueyang County	73271
华容县	Huarong County	142367
湘阴县	Xiangyin County	204875
平江县	Pingjiang County	141375
汨罗市	Miluo City	187442
临湘市	Linxiang City	192016
武陵区	Wuling District	987253
鼎城区	Dingcheng District	365929
安乡县	Anxiang County	76050
汉寿县	Hanshou County	177937
澧　县	Li County	291390
临澧县	Linli County	209749
桃源县	Taoyuan County	165509
石门县	Shimen County	220530
津市市	Jinshi City	17493
永定区	Yongding District	359710
武陵源区	Wulingyuan District	26223
慈利县	Cili County	145832
桑植县	Sangzhi County	69624
资阳区	Ziyang District	117108
赫山区	Heshan District	652368
南　县	Nan County	145847
大通湖区	Datonghu District	425
桃江县	Taojiang County	156036
安化县	Anhua County	170569
沅江市	Yuanjiang City	160099
北湖区	Beihu District	632698
苏仙区	Suxian District	323388
桂阳县	Guiyang County	238121
宜章县	Yizhang County	218223
永兴县	Yongxing County	97189
嘉禾县	Jiahe County	49124
临武县	Linwu County	108514
汝城县	Rucheng County	70898
桂东县	Guidong County	36240
安仁县	Anren County	104013
资兴市	Zixing City	90297
零陵区	Lingling District	226430
冷水滩区	Lengshuitan District	598963
东安县	Dongan County	118178
双牌县	Shuangpai County	22853
道　县	Dao County	204651
江永县	Jiangyong County	84873
宁远县	Ningyuan County	102160
蓝山县	Lanshan County	156286
新田县	Xintian County	68711
江华县	Jianghua County	181082
祁阳市	Qiyang City	155139
鹤城区	Hecheng District	890382
中方县	Zhongfang County	141986
沅陵县	Yuanling County	124055
辰溪县	Chenxi County	256903
溆浦县	Xupu County	293734
会同县	Huitong County	70344
麻阳县	Mayang County	167111
新晃县	Xinhuang County	139528
芷江县	Zhijiang County	92154
靖州县	Jingzhou County	56468
通道县	Tongdao County	33251
洪江市	Hongjiang City	43596
洪江区	Hongjiang District	76454
娄星区	Louxing District	500001
双峰县	Shuangfeng County	122528
新化县	Xinhua County	329857
冷水江市	Lengshuijian City	169691
涟源市	Lianyuan City	62147
吉首市	Jishou City	558497
泸溪县	Luxi County	11320
凤凰县	Fenghuang County	239953
花垣县	Huayuan County	74612
保靖县	Baojing County	35002
古丈县	Guzhang County	26748
永顺县	Yongshun County	122812
龙山县	Longshan County	248896

22-14 社会消费品零售总额(2022年)

Total Value of Retail Sales of Consumer Goods (2022)

市县名称	Cities and Counties	消费品零售总额(亿元) Total Retail Sales of Consumer Goods (100 million yuan)	增速(%) Growth Rate (%)	市县名称	Cities and Counties	消费品零售总额(亿元) Total Retail Sales of Consumer Goods (100 million yuan)	增速(%) Growth Rate (%)
芙蓉区	Furong District	669.87	1.7	衡山县	Hengshan County	50.29	2.5
天心区	Tianxin District	465.96	0.6	衡东县	Hengdong County	129.50	2.7
岳麓区	Yuelu District	625.05	1.6	祁东县	Qidong County	155.44	2.4
开福区	Kaifu District	605.86	3.7	耒阳市	Leiyang City	192.49	2.8
雨花区	Yuhua District	768.16	1.7	常宁市	Changning City	137.53	2.8
望城区	Wangcheng District	484.13	5.0	双清区	Shuangqing District	146.73	0.1
长沙县	Changsha County	663.59	3.1	大祥区	Daxiang District	107.30	1.9
浏阳市	Liuyang City	455.75	3.1	北塔区	Beita District	25.92	2.4
宁乡市	Ningxiang City	497.19	1.6	新邵县	Xinshao County	107.00	2.0
荷塘区	Hetang Distract	93.41	2.3	邵阳县	Shaoyang County	133.24	1.1
芦淞区	Lusong Distract	237.72	2.0	隆回县	Longhui County	171.00	2.5
石峰区	Shifeng Distract	84.36	2.3	洞口县	Dongkou County	120.95	2.7
天元区	Tianyuan Distract	188.80	2.5	绥宁县	Suining County	55.79	2.2
渌口区	Lukou Distract	61.08	2.9	新宁县	Xinning County	77.44	1.6
攸　县	You County	175.80	2.7	城步县	Chengbu County	40.64	2.0
茶陵县	Chaling County	103.86	2.4	武冈市	Wugang City	107.73	2.6
炎陵县	Yanling County	38.78	2.6	邵东市	Shaodong City	315.08	2.3
醴陵市	Liling City	293.22	2.6	岳阳楼区	Yueyanglou District	854.63	2.9
雨湖区	Yuhu District	429.01	2.4	云溪区	Yunxi District	45.29	2.2
岳塘区	Yuetang District	148.40	2.6	君山区	Junshan District	65.26	2.9
湘潭县	Xiangtan County	129.53	2.7	岳阳县	Yueyang County	156.85	2.6
湘乡市	Xiangxiang City	155.99	2.8	华容县	Huarong County	149.53	2.5
韶山市	Shaoshan City	29.19	2.5	湘阴县	Xiangyin County	147.23	2.8
珠晖区	Zhuhui District	141.71	2.6	平江县	Pingjiang County	166.95	2.6
雁峰区	Yanfeng District	134.00	2.3	汨罗市	Miluo City	162.69	2.5
石鼓区	Shigu District	261.78	2.4	临湘市	Linxiang City	108.96	2.6
蒸湘区	Zhengxiang District	347.30	2.8	武陵区	Wuling District	439.04	2.4
南岳区	Nanyue District	44.15	2.7	鼎城区	Dingcheng District	233.47	2.5
衡阳县	Hengyang County	133.33	2.7	安乡县	Anxiang County	115.14	2.2
衡南县	Hengnan County	133.31	2.7	汉寿县	Hanshou County	148.83	2.8

22—14 续表 1 Continued

市县名称	Cities and Counties	消费品零售总额（亿元）Total Retail Sales of Consumer Goods (100 million yuan)	增速（%）Growth Rate (%)	市县名称	Cities and Counties	消费品零售总额（亿元）Total Retail Sales of Consumer Goods (100 million yuan)	增速（%）Growth Rate (%)
澧　县	Li County	208.90	2.4	江永县	Jiangyong County	30.03	2.0
临澧县	Linli County	96.30	2.7	宁远县	Ningyuan County	94.01	2.1
桃源县	Taoyuan County	207.56	2.4	蓝山县	Lanshan County	53.33	2.6
石门县	Shimen County	144.09	2.3	新田县	Xintian County	39.30	2.8
津市市	Jinshi City	80.04	2.2	江华县	Jianghua County	70.97	2.2
永定区	Yongding District	99.30	2.6	祁阳市	Qiyang City	132.66	2.9
武陵源区	Wulingyuan District	18.55	2.5	鹤城区	Hecheng District	294.65	0.0
慈利县	Cili County	58.29	2.4	中方县	Zhongfang County	17.76	0.7
桑植县	Sangzhi County	33.80	2.4	沅陵县	Yuanling County	52.08	2.3
资阳区	Ziyang District	80.30	2.8	辰溪县	Chenxi County	39.65	2.5
赫山区	Heshan District	298.20	2.6	溆浦县	Xupu County	77.42	2.4
南　县	Nan County	123.41	2.3	会同县	Huitong County	23.66	1.8
大通湖区	Datonghu District	23.10	2.2	麻阳县	Mayang County	31.40	2.7
桃江县	Taojiang County	126.49	2.6	新晃县	Xinhuang County	29.38	2.3
安化县	Anhua County	101.98	2.9	芷江县	Zhijiang County	35.26	2.3
沅江市	Yuanjiang City	110.49	2.6	靖州县	Jingzhou County	34.14	2.4
北湖区	Beihu District	268.14	2.8	通道县	Tongdao County	19.14	0.8
苏仙区	Suxian District	137.32	2.8	洪江市	Hongjiang City	34.61	2.4
桂阳县	Guiyang County	155.97	3.1	洪江区	Hongjiang District	15.12	2.3
宜章县	Yizhang County	94.40	2.8	娄星区	Louxing District	239.22	2.7
永兴县	Yongxing County	126.81	3.0	双峰县	Shuangfeng County	122.88	2.2
嘉禾县	Jiahe County	49.52	2.3	新化县	Xinhua County	184.71	2.7
临武县	Linwu County	50.37	2.1	冷水江市	Lengshuijiang City	85.24	2.7
汝城县	Rucheng County	42.65	2.5	涟源市	Lianyuan City	166.65	2.7
桂东县	Guidong County	29.11	2.7	吉首市	Jishou City	122.25	2.6
安仁县	Anren County	64.64	2.0	泸溪县	Luxi County	19.90	1.5
资兴市	Zixing City	66.44	2.8	凤凰县	Fenghuang County	46.71	1.3
零陵区	Lingling District	115.51	3.0	花垣县	Huayuan County	14.85	2.1
冷水滩区	Lengshuitan District	193.73	2.5	保靖县	Baojing County	11.15	2.2
东安县	Dongan County	70.49	2.7	古丈县	Guzhang County	7.38	2.5
双牌县	Shuangpai County	31.24	2.2	永顺县	Yongshun County	27.42	2.1
道　县	Dao County	90.86	2.5	龙山县	Longshan County	34.62	1.9

22-15　地方财政收入与支出(2022年)
Public Budgetary Revenue and Expenditure (2022)

单位：万元　　(10 000 yuan)

市县名称	Cities and Counties	地方一般公共预算收入 General Public Budget Revenue	一般公共预算支出 General Public Budget Expenditure	市县名称	Cities and Counties	地方一般公共预算收入 General Public Budget Revenue	一般公共预算支出 General Public Budget Expenditure
芙蓉区	Furong District	383287	555753	衡山县	Hengshan County	109367	320690
天心区	Tianxin District	704804	778985	衡东县	Hengdong County	105315	463975
岳麓区	Yuelu District	749696	909936	祁东县	Qidong County	115282	588124
开福区	Kaifu District	640906	823333	耒阳市	Leiyang City	172791	672909
雨花区	Yuhua District	791610	980262	常宁市	Changning City	146777	606024
望城区	Wangcheng District	900861	1260769	双清区	Shuangqing District	30538	135148
长沙县	Changsha County	1317602	1955654	大祥区	Daxiang District	28956	149092
浏阳市	Liuyang City	1011444	1740502	北塔区	Beita District	14833	87341
宁乡市	Ningxiang City	790666	1305019	新邵县	Xinshao County	88147	510304
荷塘区	Hetang District	39734	228583	邵阳县	Shaoyang County	68363	635016
芦淞区	Lusong District	44862	158469	隆回县	Longhui County	115117	692043
石峰区	Shifeng District	57209	218230	洞口县	Dongkou County	83694	598852
天元区	Tianyuan District	425397	519873	绥宁县	Suining County	24941	360619
渌口区	Lukou District	109921	308395	新宁县	Xinning County	63207	427847
攸　县	You County	135815	528238	城步县	Chengbu County	30661	286279
茶陵县	Chaling County	100896	497651	武冈市	Wugang City	96717	575020
炎陵县	Yanling County	46876	203845	邵东市	Shaodong City	233689	793569
醴陵市	Liling City	308873	848381	岳阳楼区	Yueyanglou District	113554	388246
雨湖区	Yuhu District	121549	230228	云溪区	Yunxi District	48117	167545
岳塘区	Yuetang District	107993	158527	君山区	Junshan District	41643	207707
湘潭县	Xiangtan County	161072	533993	岳阳县	Yueyang County	94451	510001
湘乡市	Xiangxiang City	163377	541944	华容县	Huarong County	75352	498056
韶山市	Shaoshan City	70829	165846	湘阴县	Xiangyin County	258288	482208
珠晖区	Zhuhui District	36847	142708	平江县	Pingjiang County	152598	945313
雁峰区	Yanfeng District	40464	102362	汨罗市	Miluo City	150575	506100
石鼓区	Shigu District	43633	141810	临湘市	Linxiang City	95742	441613
蒸湘区	Zhengxiang District	57129	125488	武陵区	Wuling District	134560	335327
南岳区	Nanyue District	48397	109558	鼎城区	Dingcheng District	201068	602224
衡阳县	Hengyang County	121557	688082	安乡县	Anxiang County	42831	397856
衡南县	Hengnan County	145775	657633	汉寿县	Hanshou County	180221	652970

22-15 续表 Continued

单位：万元 (10 000 yuan)

市县名称	Cities and Counties	地方一般公共预算收入 General Public Budget Revenue	一般公共预算支出 General Public Budget Expenditure	市县名称	Cities and Counties	地方一般公共预算收入 General Public Budget Revenue	一般公共预算支出 General Public Budget Expenditure
澧　县	Li County	158573	687755	江永县	Jiangyong County	57017	245098
临澧县	Linli County	73550	380824	宁远县	Ningyuan County	171430	610203
桃源县	Taoyuan County	174354	842032	蓝山县	Lanshan County	106334	354236
石门县	Shimen County	140347	600493	新田县	Xintian County	65914	331840
津市市	Jinshi City	61481	265631	江华县	Jianghua County	115468	424158
永定区	Yongding District	63670	481369	祁阳市	Qiyang County	198184	612602
武陵源区	Wulingyuan District	41080	142195	鹤城区	Hecheng District	80959	270486
慈利县	Cili County	84157	542563	中方县	Zhongfang County	54239	252017
桑植县	Sangzhi County	40339	462569	沅陵县	Yuanling County	127998	508672
资阳区	Ziyang District	45619	291492	辰溪县	Chenxi County	84073	447506
赫山区	Heshan District	90650	520966	溆浦县	Xupu County	97708	640290
南　县	Nan County	76266	505721	会同县	Huitong County	58710	299111
大通湖区	Datonghu District	23560	111028	麻阳县	Mayang County	60128	337444
桃江县	Taojiang County	100061	586443	新晃县	Xinhuang County	58931	268360
安化县	Anhua County	105792	713141	芷江县	Zhijiang County	50078	321692
沅江市	Yuanjiang City	137099	550515	靖州县	Jingzhou County	53573	289885
北湖区	Beihu District	83078	369488	通道县	Tongdao County	36113	253060
苏仙区	Suxian District	76244	376333	洪江市	Hongjiang City	76733	337474
桂阳县	Guiyang County	217478	645961	洪江区	Hongjiang District	30953	111518
宜章县	Yizhang County	110731	463852	娄星区	Louxing District	95630	360939
永兴县	Yongxing County	188582	473165	双峰县	Shuangfeng County	77965	576292
嘉禾县	Jiahe County	98576	305479	新化县	Xinhua County	139984	881528
临武县	Linwu County	89311	285002	冷水江市	Lengshuijiang City	92029	319456
汝城县	Rucheng County	56380	360948	涟源市	Lianyuan City	95505	670294
桂东县	Guidong County	32087	195500	吉首市	Jishou City	134117	395637
安仁县	Anren County	57412	352039	泸溪县	Luxi County	45619	319220
资兴市	Zixing City	220151	429592	凤凰县	Fenghuang County	86539	407461
零陵区	Lingling District	132730	453477	花垣县	Huayuan County	62057	331184
冷水滩区	Lengshuitan District	78887	415344	保靖县	Baojing County	35818	327011
东安县	Dongan County	119826	418727	古丈县	Guzhang County	28882	210439
双牌县	Shuangpai County	62784	203689	永顺县	Yongshun County	56663	503714
道　县	Dao County	147390	516016	龙山县	Longshan County	83976	556826

22—16 各级学校(2022年)
Number of Schools by Level (2022)

单位：所 (unit)

市县名称	Cities and Counties	中等学校 Secondary Schools	中等职业教育 Vocational Secondary Education	普通中学 Regular Secondary Schools	普通小学 Primary Schools
芙蓉区	Furong District	15	5	10	38
天心区	Tianxin District	27	7	20	53
岳麓区	Yuelu District	55	9	46	89
开福区	Kaifu District	24	2	22	55
雨花区	Yuhua District	37	8	29	82
望城区	Wangcheng District	51	3	48	88
长沙县	Changsha County	67	9	58	133
浏阳市	Liuyang City	81	7	74	206
宁乡市	Ningxiang City	87	8	79	138
荷塘区	Hetang District	26	11	15	20
芦淞区	Lusong District	15		15	21
石峰区	Shifeng District	13	1	12	16
天元区	Tianyuan District	15	1	14	34
渌口区	Lukou District	26	1	25	25
攸　县	You County	37	2	35	61
茶陵县	Chaling County	32	2	30	35
炎陵县	Yanling County	20	1	19	11
醴陵市	Liling City	55	4	51	151
雨湖区	Yuhu District	30	9	21	51
岳塘区	Yuetang District	17	5	12	28
湘潭县	Xiangtan County	75	5	70	128
湘乡市	Xiangxiang City	54	3	51	115
韶山市	Shaoshan City	3	1	2	14
珠晖区	Zhuhui District	18	7	11	39
雁峰区	Yanfeng District	24	10	14	25
石鼓区	Shigu District	14	3	11	26
蒸湘区	Zhengxiang District	22	5	17	36
南岳区	Nanyue District	4	1	3	10
衡阳县	Hengyang County	87	6	81	250
衡南县	Hengnan County	65	8	57	121
衡山县	Hengshan County	37	4	33	39
衡东县	Hengdong County	47	1	46	75
祁东县	Qidong County	66	3	63	78
耒阳市	Leiyang City	83	4	79	134
常宁市	Changning City	64	5	59	83
双清区	Shuangqing District	33	12	21	33
大祥区	Daxiang District	35	17	18	35
北塔区	Beita District	12	5	7	14

22-16 续表 1 Continued

单位：所 (unit)

市县名称	Cities and Counties	中等学校 Secondary Schools	中等职业教育 Vocational Secondary Education	普通中学 Regular Secondary Schools	普通小学 Primary Schools
新邵县	Xinshao County	52	3	49	162
邵阳县	Shaoyang County	57	3	54	113
隆回县	Longhui County	79	4	75	116
洞口县	Dongkou County	63	6	57	104
绥宁县	Suining County	23	2	21	27
新宁县	Xinning County	38	4	34	49
城步县	Chengbu County	25	2	23	20
武冈市	Wugang City	54	8	46	66
邵东市	Shaodong City	72	4	68	163
岳阳楼区	Yueyanglou District	57	13	44	77
云溪区	Yunxi District	11	1	10	21
君山区	Junshan District	10	2	8	25
岳阳县	Yueyang County	35	2	33	63
华容县	Huarong County	34	1	33	54
湘阴县	Xiangyin County	41	3	38	60
平江县	Pingjiang City	62	3	59	165
汨罗市	Miluo City	47	5	42	71
临湘市	Linxiang County	30	2	28	36
武陵区	Wuling District	45	15	30	42
鼎城区	Dingcheng District	44	4	40	36
安乡县	Anxiang County	29	3	26	10
汉寿县	Hanshou County	37	4	33	36
澧　县	Li County	35	4	31	60
临澧县	Linli County	25	2	23	44
桃源县	Taoyuan County	53	5	48	64
石门县	Shimen County	39	3	36	62
津市市	Jinshi City	14	3	11	16
永定区	Yongdi District	32	3	29	39
武陵源区	Wulingyuan District	4	1	3	5
慈利县	Cili County	42	3	39	31
桑植县	Sangzhi County	38	3	35	21
资阳区	Ziyang District	19	3	16	43
赫山区	Heshan District	54	11	43	77
南　县	Nan County	37	2	35	72
桃江县	Taojiang County	53	2	51	80
安化县	Anhua County	49	1	48	72
沅江市	Yuanjiang City	27	3	24	53
北湖区	Beihu District	39	5	34	36
苏仙区	Suxian District	32	6	26	22
桂阳县	Guiyang County	48	2	46	48
宜章县	Yizhang County	45	3	42	52
永兴县	Yongxing County	34	2	32	48

22-16 续表 2 Continued

单位：所 (unit)

市县名称	Cities and Counties	中等学校 Secondary Schools	中等职业教育 Vocational Secondary Education	普通中学 Regular Secondary Schools	普通小学 Primary Schools
嘉禾县	Jiahe County	32	2	30	22
临武县	Linwu County	22	1	21	40
汝城县	Rucheng County	28	2	26	13
桂东县	Guidong County	13	1	12	15
安仁县	Anren County	29	2	27	24
资兴市	Zixing City	23	2	21	22
零陵区	Lingling District	37	5	32	59
冷水滩区	Lengshuitan District	58	10	48	37
东安县	Dongan County	40	5	35	34
双牌县	Shuangpai County	16	1	15	14
道　县	Dao County	42	2	40	45
江永县	Jiangyong County	21	2	19	20
宁远县	Ningyuan County	49	6	43	62
蓝山县	Lanshan County	31	2	29	16
新田县	Xintian County	30	2	28	21
江华县	Jianghua County	30	3	27	49
祁阳市	Qiyang City	51	3	48	119
鹤城区	Hecheng District	60	14	46	33
中方县	Zhongfang County	25	1	24	9
沅陵县	Yuanling County	52	4	48	15
辰溪县	Chenxi County	37	2	35	14
溆浦县	Xupu County	62	1	61	29
会同县	Huitong County	29	2	27	16
麻阳县	Mayang County	28	2	26	20
新晃县	Xinhuang County	22	1	21	19
芷江县	Zhijiang County	30	3	27	24
靖州县	Jingzhou County	18	1	17	15
通道县	Tongdao County	13	1	12	24
洪江市	Hongjiang City	40	6	34	15
娄星区	Louxing District	43	6	37	77
双峰县	Shuangfeng County	64	1	63	164
新化县	Xinhua County	121	7	114	239
冷水江市	Lengshuijiang City	33	5	28	48
涟源市	Lianyuan County	63	3	60	200
吉首市	Jishou County	35	10	25	28
泸溪县	Luxi County	20	2	18	16
凤凰县	Fenghuang County	26	3	23	31
花垣县	Huayuan County	25	2	23	23
保靖县	Baojing County	17	2	15	29
古丈县	Guzhang County	13	2	11	9
永顺县	Yongshun County	42	3	39	29
龙山县	Longshan County	33	4	29	46

22–17 各级学校教职工（2022年）
Number of School Staff and Workers by Level (2022)

单位：人 (person)

市县名称	Cities and Counties	中等学校 Secondary Schools	中等职业教育 Vocational Secondary Education	普通中学 Regular Secondary Schools	普通小学 Primary Schools
芙蓉区	Furong District	1964	180	1784	2534
天心区	Tianxin District	4313	840	3473	3070
岳麓区	Yuelu District	8817	771	8046	6786
开福区	Kaifu District	4035	56	3979	3213
雨花区	Yuhua District	7678	1548	6130	5715
望城区	Wangcheng District	5894	421	5473	3209
长沙县	Changsha County	7497	1350	6147	6362
浏阳市	Liuyang City	8263	812	7451	6147
宁乡市	Ningxiang City	7408	1117	6291	4810
荷塘区	Hetang District	3008	945	2063	1605
芦淞区	Lusong District	1622	18	1604	1054
石峰区	Shifeng District	1455	193	1262	797
天元区	Tianyuan District	2102	60	2042	2374
渌口区	Lukou District	1619	158	1461	713
攸　县	You County	4057	252	3805	1896
茶陵县	Chaling County	3114	132	2982	1781
炎陵县	Yanling County	1009	50	959	463
醴陵市	Liling City	4374	373	4001	3672
雨湖区	Yuhu District	2593	664	1929	2294
岳塘区	Yuetang District	1843	343	1500	1586
湘潭县	Xiangtan County	4610	439	4171	2483
湘乡市	Xiangxiang City	3500	250	3250	2721
韶山市	Shaoshan City	261	43	218	452
珠晖区	Zhuhui District	1772	706	1066	1404
雁峰区	Yanfeng District	2942	794	2148	1100
石鼓区	Shigu District	1464	180	1284	1064
蒸湘区	Zhengxiang District	3260	647	2613	2388
南岳区	Nanyue District	398	24	374	460
衡阳县	Hengyang County	5293	424	4869	3671
衡南县	Hengnan County	5739	493	5246	3785
衡山县	Hengshan County	2550	313	2237	1478
衡东县	Hengdong County	4193	168	4025	2563
祁东县	Qidong County	5471	424	5047	3928
耒阳市	Leiyang City	9326	405	8921	5798
常宁市	Changning City	5003	462	4541	3575
双清区	Shuangqing District	2436	462	1974	1294
大祥区	Daxiang District	2822	1052	1770	1896
北塔区	Beita District	988	209	779	397

22-17 续表 1 Continued

单位：人 (person)

市县名称	Cities and Counties	中等学校 Secondary Schools	中等职业教育 Vocational Secondary Education	普通中学 Regular Secondary Schools	普通小学 Primary Schools
新邵县	Xinshao County	3883	227	3656	2826
邵阳县	Shaoyang County	4004	242	3762	3347
隆回县	Longhui County	6889	550	6339	3950
洞口县	Dongkou County	4956	586	4370	3317
绥宁县	Suining County	1994	109	1885	1192
新宁县	Xinning County	3156	301	2855	2382
城步县	Chengbu County	1677	84	1593	1056
武冈市	Wugang City	5262	638	4624	2816
邵东市	Shaodong City	6602	546	6056	4520
岳阳楼区	Yueyanglou District	6467	1177	5290	3958
云溪区	Yunxi District	933	15	918	480
君山区	Junshan District	805	123	682	612
岳阳县	Yueyang County	3050	282	2768	2022
华容县	Huarong County	2789	198	2591	1591
湘阴县	Xiangyin County	3675	330	3345	1491
平江县	Pingjiang City	5527	377	5150	3812
汨罗市	Miluo City	4132	485	3647	1975
临湘市	Linxiang County	2490	250	2240	1952
武陵区	Wuling District	5603	1397	4206	2303
鼎城区	Dingcheng District	3086	45	3041	1777
安乡县	Anxiang County	2753	282	2471	552
汉寿县	Hanshou County	4015	252	3763	1609
澧　县	Li County	4179	431	3748	2355
临澧县	Linli County	2157	156	2001	1131
桃源县	Taoyuan County	4839	630	4209	2064
石门县	Shimen County	3115	364	2751	1888
津市市	Jinshi City	943	126	817	514
永定区	Yongdi District	3094	198	2896	2005
武陵源区	Wulingyuan District	384	60	324	220
慈利县	Cili County	3299	365	2934	1975
桑植县	Sangzhi County	2947	181	2766	1120
资阳区	Ziyang District	1559	127	1432	1343
赫山区	Heshan District	6045	870	5175	2744
南　县	Nan County	3127	292	2835	2484
桃江县	Taojiang County	3746	343	3403	2160
安化县	Anhua County	4226	398	3828	3620
沅江市	Yuanjiang City	2901	325	2576	2308
北湖区	Beihu District	6024	667	5357	2976
苏仙区	Suxian District	3641	476	3165	1662
桂阳县	Guiyang County	4841	325	4516	3678
宜章县	Yizhang County	4158	351	3807	2668
永兴县	Yongxing County	4173	197	3976	2009

22-17 续表 2 Continued

单位：人 (person)

市县名称	Cities and Counties	中等学校 Secondary Schools	中等职业教育 Vocational Secondary Education	普通中学 Regular Secondary Schools	普通小学 Primary Schools
嘉禾县	Jiahe County	2563	189	2374	1378
临武县	Linwu County	2630	164	2466	2014
汝城县	Rucheng County	3388	242	3146	1635
桂东县	Guidong County	1084	89	995	654
安仁县	Anren County	2828	249	2579	1713
资兴市	Zixing City	1872	179	1693	1365
零陵区	Lingling District	4098	707	3391	2579
冷水滩区	Lengshuitan District	5691	799	4892	3013
东安县	DonganCounty	2960	335	2625	2276
双牌县	Shuangpai County	981	108	873	710
道　县	Dao County	4539	503	4036	3587
江永县	Jiangyong County	1884	186	1698	1126
宁远县	Ningyuan County	5074	558	4516	3683
蓝山县	Lanshan County	3101	308	2793	1119
新田县	Xintian County	2958	279	2679	1611
江华县	Jianghua County	2739	339	2400	2596
祁阳市	Qiyang City	5920	695	5225	4155
鹤城区	Hecheng District	6282	861	5421	3343
中方县	Zhongfang County	1772	121	1651	621
沅陵县	Yuanling County	4104	215	3889	1421
辰溪县	Chenxi County	2884	210	2674	1310
溆浦县	Xupu County	4937	262	4675	2983
会同县	Huitong County	1733	159	1574	1149
麻阳县	Mayang County	1853	122	1731	1371
新晃县	Xinhuang County	1606	120	1486	753
芷江县	Zhijiang County	1934	407	1527	1283
靖州县	Jingzhou County	1302	155	1147	1044
通道县	Tongdao County	1251	133	1118	1126
洪江市	Hongjiang City	2782	276	2506	1126
娄星区	Louxing District	6218	602	5616	3020
双峰县	Shuangfeng County	5097	228	4869	2897
新化县	Xinhua County	8959	542	8417	4791
冷水江市	Lengshuijiang City	3199	465	2734	1376
涟源市	Lianyuan County	4403	290	4113	3292
吉首市	Jishou County	3284	476	2808	2106
泸溪县	Luxi County	1839	198	1641	1147
凤凰县	Fenghuang County	2284	181	2103	1608
花垣县	Huayuan County	1895	120	1775	1188
保靖县	Baojing County	1396	125	1271	1088
古丈县	Guzhang County	765	55	710	457
永顺县	Yongshun County	3108	146	2962	1663
龙山县	Longshan County	3054	175	2879	2292

22-18 各级学校专任教师(2022年)
Number of Full-time Teachers by Level (2022)

单位：人 (person)

市县名称	Cities and Counties	中等学校 Secondary Schools	中等职业教育 Vocational Secondary Education	普通中学 Regular Secondary Schools	普通小学 Primary Schools
芙蓉区	Furong District	1801	134	1667	2532
天心区	Tianxin District	3347	593	2754	3499
岳麓区	Yuelu District	7112	736	6376	7730
开福区	Kaifu District	3051	21	3030	3676
雨花区	Yuhua District	6428	1382	5046	6028
望城区	Wangcheng District	3912	389	3523	4717
长沙县	Changsha County	6038	1289	4749	6573
浏阳市	Liuyang City	7184	637	6547	6558
宁乡市	Ningxiang City	6451	873	5578	4954
荷塘区	Hetang District	2608	785	1823	1621
芦淞区	Lusong District	1248	17	1231	1267
石峰区	Shifeng District	1042	165	877	1110
天元区	Tianyuan District	1699	36	1663	2578
渌口区	Lukou District	1174	79	1095	865
攸　县	You County	3139	208	2931	2202
茶陵县	Chaling County	2308	117	2191	2276
炎陵县	Yanling County	711	43	668	652
醴陵市	Liling City	3927	325	3602	3915
雨湖区	Yuhu District	2138	540	1598	2341
岳塘区	Yuetang District	1488	248	1240	1677
湘潭县	Xiangtan County	3901	348	3553	2611
湘乡市	Xiangxiang City	2852	196	2656	3082
韶山市	Shaoshan City	247	42	205	447
珠晖区	Zhuhui District	1457	548	909	1345
雁峰区	Yanfeng District	2161	681	1480	1213
石鼓区	Shigu District	1074	187	887	1165
蒸湘区	Zhengxiang District	2361	417	1944	2442
南岳区	Nanyue District	357	24	333	428
衡阳县	Hengyang County	4188	334	3854	3856
衡南县	Hengnan County	4600	380	4220	3864
衡山县	Hengshan County	1952	243	1709	1730
衡东县	Hengdong County	3018	161	2857	2950
祁东县	Qidong County	4384	396	3988	3970
耒阳市	Leiyang City	7193	334	6859	6663
常宁市	Changning City	4262	391	3871	3868
双清区	Shuangqing District	1842	262	1580	1328
大祥区	Daxiang District	2275	784	1491	1852
北塔区	Beita District	620	128	492	577

22-18 续表 1 Continued

单位：人 (person)

市县名称	Cities and Counties	中等学校 Secondary Schools	中等职业教育 Vocational Secondary Education	普通中学 Regular Secondary Schools	普通小学 Primary Schools
新邵县	Xinshao County	3253	207	3046	3140
邵阳县	Shaoyang County	3528	211	3317	3623
隆回县	Longhui County	5433	448	4985	4911
洞口县	Dongkou County	4238	527	3711	3525
绥宁县	Suining County	1409	94	1315	1598
新宁县	Xinning County	2604	249	2355	2608
城步县	Chengbu County	1241	81	1160	1425
武冈市	Wugang City	4017	574	3443	3540
邵东市	Shaodong City	5546	452	5094	4887
岳阳楼区	Yueyanglou District	5178	1038	4140	4317
云溪区	Yunxi District	761	14	747	596
君山区	Junshan District	711	74	637	595
岳阳县	Yueyang County	2567	234	2333	2201
华容县	Huarong County	2233	191	2042	1851
湘阴县	Xiangyin County	2704	255	2449	2198
平江县	Pingjiang City	4583	364	4219	4408
汨罗市	Miluo City	3059	409	2650	2578
临湘市	Linxiang County	2243	211	2032	2030
武陵区	Wuling District	3708	1023	2685	2988
鼎城区	Dingcheng District	2421	38	2383	2234
安乡县	Anxiang County	1612	229	1383	993
汉寿县	Hanshou County	3011	356	2655	2355
澧　县	Li County	3569	403	3166	2766
临澧县	Linli County	1849	144	1705	1212
桃源县	Taoyuan County	3672	529	3143	2873
石门县	Shimen County	2565	338	2227	2133
津市市	Jinshi City	816	118	698	603
永定区	Yongdi District	2444	176	2268	2248
武陵源区	Wulingyuan District	303	57	246	250
慈利县	Cili County	2707	336	2371	2223
桑植县	Sangzhi County	2120	164	1956	1839
资阳区	Ziyang District	1439	146	1293	1333
赫山区	Heshan District	4498	781	3717	3553
南　县	Nan County	2742	268	2474	2598
桃江县	Taojiang County	3050	299	2751	2447
安化县	Anhua County	3608	357	3251	3666
沅江市	Yuanjiang City	2478	321	2157	2409
北湖区	Beihu District	4702	666	4036	3806
苏仙区	Suxian District	2671	474	2197	2385
桂阳县	Guiyang County	4215	303	3912	3897
宜章县	Yizhang County	3293	326	2967	3139
永兴县	Yongxing County	3055	180	2875	2842

22−18 续表 2 Continued

单位：人 (person)

市县名称	Cities and Counties	中等学校 Secondary Schools	中等职业教育 Vocational Secondary Education	普通中学 Regular Secondary Schools	普通小学 Primary Schools
嘉禾县	Jiahe County	2042	181	1861	1687
临武县	Linwu County	2194	153	2041	2216
汝城县	Rucheng County	2475	213	2262	2199
桂东县	Guidong County	827	84	743	833
安仁县	Anren County	2203	223	1980	1964
资兴市	Zixing City	1532	166	1366	1590
零陵区	Lingling District	3454	679	2775	2775
冷水滩区	Lengshuitan District	4299	663	3636	3546
东安县	DonganCounty	2673	303	2370	2430
双牌县	Shuangpai County	756	104	652	776
道　县	Dao County	4047	469	3578	3768
江永县	Jiangyong County	1452	175	1277	1352
宁远县	Ningyuan County	4566	533	4033	3463
蓝山县	Lanshan County	2060	295	1765	1924
新田县	Xintian County	2486	276	2210	2001
江华县	Jianghua County	2467	315	2152	2735
祁阳市	Qiyang City	4620	567	4053	4094
鹤城区	Hecheng District	4690	689	4001	3900
中方县	Zhongfang County	1159	155	1004	1186
沅陵县	Yuanling County	2672	183	2489	2517
辰溪县	Chenxi County	1859	209	1650	2082
溆浦县	Xupu County	3529	217	3312	4059
会同县	Huitong County	1415	158	1257	1421
麻阳县	Mayang County	1630	122	1508	1544
新晃县	Xinhuang County	1143	112	1031	1036
芷江县	Zhijiang County	1608	354	1254	1454
靖州县	Jingzhou County	1118	144	974	1162
通道县	Tongdao County	1053	124	929	1116
洪江市	Hongjiang City	1886	233	1653	1797
娄星区	Louxing District	4711	529	4182	3945
双峰县	Shuangfeng County	4148	220	3928	3562
新化县	Xinhua County	6660	492	6168	6401
冷水江市	Lengshuijiang City	2411	498	1913	2068
涟源市	Lianyuan County	3753	254	3499	3719
吉首市	Jishou County	2711	505	2206	2359
泸溪县	Luxi County	1498	187	1311	1421
凤凰县	Fenghuang County	1737	162	1575	2005
花垣县	Huayuan County	1443	108	1335	1440
保靖县	Baojing County	1208	120	1088	1223
古丈县	Guzhang County	560	44	516	623
永顺县	Yongshun County	2312	127	2185	2178
龙山县	Longshan County	2514	165	2349	2719

22-19　各级学校在校学生(2022年)

Number of Students Enrollment by Level (2022)

单位：人　　(person)

市县名称	Cities and Counties	中等学校 Secondary Schools	中等职业教育 Vocational Secondary Education	普通中学 Regular Secondary Schools	普通小学 Primary Schools
芙蓉区	Furong District	23255	1154	22101	47104
天心区	Tianxin District	45626	8603	37023	62914
岳麓区	Yuelu District	97225	14574	82651	141593
开福区	Kaifu District	38256	477	37779	63046
雨花区	Yuhua District	91586	26328	65258	111850
望城区	Wangcheng District	51460	7085	44375	80734
长沙县	Changsha County	86370	25207	61163	111744
浏阳市	Liuyang City	97975	12822	85153	113464
宁乡市	Ningxiang City	82017	15463	66554	82506
荷塘区	Hetang District	36190	11498	24692	30667
芦淞区	Lusong District	16449	83	16366	24995
石峰区	Shifeng District	14234	3046	11188	21433
天元区	Tianyuan District	23786	551	23235	46097
渌口区	Lukou District	14043	959	13084	12960
攸　县	You County	43674	3759	39915	46555
茶陵县	Chaling County	37320	2514	34806	40945
炎陵县	Yanling County	8983	421	8562	11597
醴陵市	Liling City	53541	6248	47293	66308
雨湖区	Yuhu District	30518	11134	19384	40139
岳塘区	Yuetang District	16717	690	16027	29523
湘潭县	Xiangtan County	48890	5050	43840	48175
湘乡市	Xiangxiang City	38332	3186	35146	45942
韶山市	Shaoshan City	3756	745	3011	6337
珠晖区	Zhuhui District	22540	8875	13665	21648
雁峰区	Yanfeng District	38175	14612	23563	23737
石鼓区	Shigu District	14130	2355	11775	20993
蒸湘区	Zhengxiang District	37449	7746	29703	45373
南岳区	Nanyue District	5198	437	4761	7815
衡阳县	Hengyang County	55151	5792	49359	55337
衡南县	Hengnan County	67653	6672	60981	57704
衡山县	Hengshan County	25537	3780	21757	25087
衡东县	Hengdong County	42952	3076	39876	45915
祁东县	Qidong County	59892	4920	54972	62206
耒阳市	Leiyang City	102076	4630	97446	103524
常宁市	Changning City	63893	7572	56321	61816
双清区	Shuangqing District	28903	5121	23782	25084
大祥区	Daxiang District	43203	20227	22976	35398
北塔区	Beita District	12381	4586	7795	10388

22-19 续表 1 Continued

单位：人 (person)

市县名称	Cities and Counties	中等学校 Secondary Schools	中等职业教育 Vocational Secondary Education	普通中学 Regular Secondary Schools	普通小学 Primary Schools
新邵县	Xinshao County	45988	4104	41884	46611
邵阳县	Shaoyang County	47605	4458	43147	48397
隆回县	Longhui County	95774	9927	85847	93448
洞口县	Dongkou County	62223	10323	51900	63283
绥宁县	Suining County	19044	1538	17506	22272
新宁县	Xinning County	43450	4764	38686	44100
城步县	Chengbu County	15389	796	14593	19298
武冈市	Wugang City	61553	11367	50186	54442
邵东市	Shaodong City	82021	8234	73787	79025
岳阳楼区	Yueyanglou District	69239	14923	54316	85206
云溪区	Yunxi District	9327	353	8974	9635
君山区	Junshan District	9986	1551	8435	11338
岳阳县	Yueyang County	37060	5651	31409	39463
华容县	Huarong County	28176	5624	22552	30999
湘阴县	Xiangyin County	33265	4669	28596	35466
平江县	Pingjiang City	66603	8290	58313	70995
汨罗市	Miluo City	42038	8535	33503	42359
临湘市	Linxiang County	31176	5118	26058	32130
武陵区	Wuling District	53535	17720	35815	55294
鼎城区	Dingcheng District	25434		25434	34904
安乡县	Anxiang County	18276	3207	15069	16707
汉寿县	Hanshou County	41890	6948	34942	43297
澧　县	Li County	42128	6029	36099	44342
临澧县	Linli County	20560	2578	17982	21243
桃源县	Taoyuan County	47288	6898	40390	49367
石门县	Shimen County	33234	5624	27610	33925
津市市	Jinshi City	7078	1052	6026	8189
永定区	Yongdi District	35097	5357	29740	38763
武陵源区	Wulingyuan District	4145	854	3291	3932
慈利县	Cili County	33468	4718	28750	34611
桑植县	Sangzhi County	30055	3336	26719	27882
资阳区	Ziyang District	19701	2270	17431	21023
赫山区	Heshan District	64309	14347	49962	68917
南　县	Nan County	28872	6061	22811	32271
桃江县	Taojiang County	42433	5565	36868	46860
安化县	Anhua County	50304	7879	42425	59740
沅江市	Yuanjiang City	28764	5087	23677	35217
北湖区	Beihu District	69249	11432	57817	67909
苏仙区	Suxian District	40624	10020	30604	39984
桂阳县	Guiyang County	63971	6231	57740	58662
宜章县	Yizhang County	52837	6953	45884	53733
永兴县	Yongxing County	45153	3780	41373	43500

22-19 续表 2 Continued

单位：人 (person)

市县名称	Cities and Counties	中等学校 Secondary Schools	中等职业教育 Vocational Secondary Education	普通中学 Regular Secondary Schools	普通小学 Primary Schools
嘉禾县	Jiahe County	32556	4499	28057	28765
临武县	Linwu County	35373	3895	31478	31399
汝城县	Rucheng County	34030	3446	30584	34138
桂东县	Guidong County	12000	1712	10288	12382
安仁县	Anren County	30149	3026	27123	30812
资兴市	Zixing City	20249	2542	17707	22986
零陵区	Lingling District	52006	12463	39543	39845
冷水滩区	Lengshuitan District	62802	12309	50493	59591
东安县	DonganCounty	37408	5462	31946	39133
双牌县	Shuangpai County	10052	1755	8297	9719
道　县	Dao County	60324	8937	51387	56580
江永县	Jiangyong County	19945	3227	16718	22445
宁远县	Ningyuan County	63201	8084	55117	61924
蓝山县	Lanshan County	30233	6035	24198	30110
新田县	Xintian County	33966	6032	27934	33226
江华县	Jianghua County	40417	6250	34167	46712
祁阳市	Qiyang City	67076	13169	53907	62466
鹤城区	Hecheng District	70366	14908	55458	75686
中方县	Zhongfang County	14625	3234	11391	16157
沅陵县	Yuanling County	32298	3917	28381	35342
辰溪县	Chenxi County	25847	3081	22766	31328
溆浦县	Xupu County	55526	6940	48586	67368
会同县	Huitong County	21335	3280	18055	24063
麻阳县	Mayang County	22775	2500	20275	27236
新晃县	Xinhuang County	16682	1902	14780	17374
芷江县	Zhijiang County	23601	6947	16654	21258
靖州县	Jingzhou County	17061	3624	13437	19891
通道县	Tongdao County	14881	1899	12982	16744
洪江市	Hongjiang City	22175	3629	18546	25006
娄星区	Louxing District	73931	14265	59666	84331
双峰县	Shuangfeng County	56152	6863	49289	51707
新化县	Xinhua County	100131	9511	90620	124284
冷水江市	Lengshuijiang City	32459	7168	25291	33814
涟源市	Lianyuan County	53586	7980	45606	55326
吉首市	Jishou County	37919	8792	29127	41179
泸溪县	Luxi County	18225	2497	15728	20971
凤凰县	Fenghuang County	24989	2475	22514	31654
花垣县	Huayuan County	21609	2280	19329	24272
保靖县	Baojing County	15440	1958	13482	16309
古丈县	Guzhang County	6264	418	5846	7268
永顺县	Yongshun County	31911	3215	28696	37524
龙山县	Longshan County	36778	4029	32749	45273

22-20　卫生机构、人员与床位(2022年)
Health Care Institutions, Personnel and Beds (2022)

市县名称	Cities and Counties	机构（个）Number of Instituti-ons (unit)	床位（张）Number of Beds (unit)	卫生技术人员（人）Medical Technical Personnel (person)	执业（助理）医师 Assistant Doctors	注册护士 Registered Nurse	药师（士）Pharmacist	技师（士）Laboratory Technician	卫生监督员 Health Supervisor	其他 Others
芙蓉区	Furong District	345	10112	13820	4763	7461	414	886		296
天心区	Tianxin District	262	4507	5811	2213	2756	235	341	10	256
岳麓区	Yuelu District	492	14705	15662	5572	7577	730	1188	15	580
开福区	Kaifu District	363	10040	14983	5290	7363	539	975	131	685
雨花区	Yuhua District	540	16950	17981	6596	9055	812	1128	22	368
望城区	Wangcheng District	605	4056	5044	2156	2232	233	258	19	146
长沙县	Changsha County	580	7408	8765	3415	4124	358	684	8	176
浏阳市	Liuyang City	1136	11437	10110	4174	4628	488	553	25	242
宁乡市	Ningxiang City	712	9547	6381	2599	2839	387	335	20	201
荷塘区	Hetang District	253	3182	2909	1131	1389	148	168	6	67
芦淞区	Lusong District	231	3577	4803	1707	2352	203	317		224
石峰区	Shifeng District	145	1930	2006	732	942	89	159	9	75
天元区	Tianyuan District	318	4090	6011	2153	2985	215	421	49	188
渌口区	Lukou District	205	1602	1307	560	539	55	64	5	84
攸　县	You County	494	4734	3844	1629	1684	173	225		133
茶陵县	Chaling County	494	3162	2639	1068	1052	142	184	3	190
炎陵县	Yanling County	196	1210	1119	476	435	68	69	9	62
醴陵市	Liling City	666	6373	6848	2536	3215	473	390	18	216
雨湖区	Yuhu District	416	8103	8066	2742	4204	411	486	7	216
岳塘区	Yuetang District	330	4203	5010	1791	2546	235	294	49	95
湘潭县	Xiangtan County	777	4553	4459	1857	1954	277	237	22	112
湘乡市	Xiangxiang City	754	5117	5118	2021	2401	241	269	17	169
韶山市	Shaoshan City	75	566	635	256	275	55	38	6	5
珠晖区	Zhuhui District	168	4524	3901	1282	2120	196	199	9	95
雁峰区	Yanfeng District	178	2440	3442	1255	1781	141	201	4	60
石鼓区	Shigu District	176	4715	4901	1653	2690	185	229	22	122
蒸湘区	Zhengxiang District	314	5429	5017	1780	2630	242	252	7	106
南岳区	Nanyue District	57	665	734	260	359	58	46	5	6
衡阳县	Hengyang County	781	5888	6148	2254	3294	217	192	40	151
衡南县	Hengnan County	516	4908	3887	1637	1660	193	212	31	154
衡山县	Hengshan County	257	2237	2349	888	1042	188	109	18	104
衡东县	Hengdong County	348	4237	3330	1221	1495	275	193	21	125
祁东县	Qidong County	464	4512	4801	1726	2180	256	312	40	287
耒阳市	Leiyang City	533	7556	6108	2290	2931	306	310		271
常宁市	Changning City	548	5579	5457	1826	2663	330	266	38	334
双清区	Shuangqing District	180	4569	4579	1487	2369	204	295		224
大祥区	Daxiang District	188	6949	6013	2124	3087	216	390	31	165
北塔区	Beita District	93	310	519	213	235	12	48	3	8

注：本表资料包含医务室、卫生保健所、诊所和村卫生室。
The Infirmary, health care, Clinic and Village health were included.

22-20 续表 1 Continued

市县名称	Cities and Counties	机构（个）Number of Instituti-ons (unit)	床位（张）Number of Beds (unit)	卫生技术人员（人）Medical Technical Personnel (person)	执业（助理）医师 Assistant Doctors	注册护士 Registered Nurse	药师（士）Pharmacist	技师（士）Laboratory Technician	卫生监督员 Health Supervisor	其他 Others
新邵县	Xinshao County	595	3980	3547	1317	1666	154	254	23	133
邵阳县	Shaoyang County	932	4354	3246	1290	1392	164	227	23	150
隆回县	Longhui County	812	6662	5909	2213	2900	244	354	40	158
洞口县	Dongkou County	463	3928	3553	1618	1372	147	245	5	166
绥宁县	Suining County	257	1842	2440	1234	822	78	113	23	170
新宁县	Xinning County	686	3432	3063	1204	1329	114	181	1	234
城步县	Chengbu County	211	1358	1414	516	618	66	84	9	121
武冈市	Wugang City	422	4867	4278	1708	1995	145	215	30	185
邵东市	Shaodong City	801	6256	5096	2215	2184	229	288	28	152
岳阳楼区	Yueyanglou District	421	10703	11544	4001	5911	447	737	83	365
云溪区	Yunxi District	124	1244	1183	447	553	52	65	6	60
君山区	Junshan District	151	1320	914	388	316	51	77	12	70
岳阳县	Yueyang County	266	3498	3367	1430	1423	118	180	20	196
华容县	Huarong County	510	4346	3912	1635	1912	91	153	32	89
湘阴县	Xiangyin County	586	4114	3930	1595	1905	150	159	24	97
平江县	Pingjiang City	984	5079	4579	1779	2023	263	269	7	238
汨罗市	Miluo City	627	4201	3698	1678	1608	185	130	16	81
临湘市	Linxiang County	432	2989	2704	1078	1155	122	165	19	165
武陵区	Wuling District	646	8545	11019	4005	5714	340	641	48	271
鼎城区	Dingcheng District	755	4159	3092	1458	1200	138	154	12	130
安乡县	Anxiang County	373	3483	2236	820	1000	121	138	8	149
汉寿县	Hanshou County	698	5209	4106	1690	1858	172	223	14	149
澧　县	Li County	607	4936	4474	2040	1831	182	219	13	189
临澧县	Linli County	379	2374	2386	934	1011	137	138	14	152
桃源县	Taoyuan County	820	5716	4140	1773	1693	203	232	17	222
石门县	Shimen County	536	4758	3979	1544	1794	228	218		195
津市市	Jinshi City	188	1723	1491	589	656	87	81	5	73
永定区	Yongdi District	333	4816	4909	1834	2227	256	391	34	167
武陵源区	Wulingyuan District	44	272	324	127	126	22	24	9	16
慈利县	Cili County	576	4212	3292	1314	1393	200	181	5	199
桑植县	Sangzhi County	314	2347	2255	858	919	114	162	17	185
资阳区	Ziyang District	334	2989	3125	1216	1496	118	168	16	111
赫山区	Heshan District	699	10490	8865	3366	4324	353	583	32	207
南　县	Nan County	617	4220	3492	1260	1569	159	202	33	269
桃江县	Taojiang County	526	4833	4436	1841	1999	191	265	24	116
安化县	Anhua County	884	6296	5875	2481	2582	310	273	2	227
沅江市	Yuanjiang City	592	3553	3481	1390	1521	164	212	27	167
北湖区	Beihu District	426	8178	9020	3195	4529	296	637	54	309
苏仙区	Suxian District	384	4190	4219	1668	1967	177	283	7	117
桂阳县	Guiyang County	591	4377	3906	1530	1806	155	202	30	183
宜章县	Yizhang County	536	4214	3345	1241	1550	143	174	20	217
永兴县	Yongxing County	466	3840	3229	1252	1650	88	127	10	102

22-20 续表 2 Continued

市县名称	Cities and Counties	机构（个）Number of Instituti-ons (unit)	床位（张）Number of Beds (unit)	卫生技术人员（人）Medical Technical Personnel (person)	执业（助理）医师 Assistant Doctors	注册护士 Registered Nurse	药师（士）Pharmacist	技师（士）Laboratory Technician	卫生监督员 Health Supervisor	其他 Others
嘉禾县	Jiahe County	265	2490	1911	682	865	123	107	8	126
临武县	Linwu County	369	2078	1655	617	771	76	111	10	70
汝城县	Rucheng County	327	2572	2087	781	932	94	128	10	142
桂东县	Guidong County	175	1188	1102	480	397	40	62	7	116
安仁县	Anren County	319	2333	1991	721	924	108	126	10	102
资兴市	Zixing City	269	2190	2298	1044	996	90	123	12	33
零陵区	Lingling District	521	4761	3685	1437	1718	143	257	44	86
冷水滩区	Lengshuitan District	471	7461	6922	2528	3546	252	404	65	127
东安县	DonganCounty	617	3918	2888	1259	1214	115	149	21	130
双牌县	Shuangpai County	223	1328	1200	470	522	60	86	9	53
道　县	Dao County	542	4036	3827	1601	1740	127	194	18	147
江永县	Jiangyong County	216	1803	1842	832	791	71	98	5	45
宁远县	Ningyuan County	649	4824	4309	1673	1994	166	301	15	160
蓝山县	Lanshan County	389	2397	2116	708	1072	88	137	21	90
新田县	Xintian County	439	2765	2203	879	976	97	146	12	93
江华县	Jianghua County	429	3425	4062	1385	2051	155	214	12	245
祁阳市	Qiyang City	800	7201	5914	2559	2671	207	261	12	204
鹤城区	Hecheng District	546	11297	11225	3979	5833	417	737	57	202
中方县	Zhongfang County	196	1213	960	407	340	50	77	11	75
沅陵县	Yuanling County	525	4299	3283	1159	1498	166	191	14	255
辰溪县	Chenxi County	427	3373	2597	918	1206	130	197	11	135
溆浦县	Xupu County	809	6940	5458	2096	2719	202	261	10	170
会同县	Huitong County	388	2453	2364	940	1109	120	108	4	83
麻阳县	Mayang County	290	2891	2340	859	1092	128	143	25	93
新晃县	Xinhuang County	196	2345	1717	638	745	69	119	10	136
芷江县	Zhijiang County	334	2316	2014	856	856	74	108	9	111
靖州县	Jingzhou County	229	1273	1536	599	657	70	95	2	113
通道县	Tongdao County	199	1630	1479	511	638	97	109	8	116
洪江市	Hongjiang City	402	3085	2638	1082	1089	149	149	19	150
娄星区	Louxing District	737	8826	8048	3071	3924	294	449	44	266
双峰县	Shuangfeng County	846	4909	4206	1989	1609	142	215	33	218
新化县	Xinhua County	1396	8097	6981	3175	2696	294	401	65	350
冷水江市	Lengshuijiang City	311	3002	2789	1236	1195	166	140	1	51
涟源市	Lianyuan County	995	6218	4552	1826	1864	223	275	67	297
吉首市	Jishou County	367	7092	6753	2357	3391	250	430	43	282
泸溪县	Luxi County	220	1643	1690	646	790	67	74	16	97
凤凰县	Fenghuang County	410	2096	2205	768	1009	93	155	14	166
花垣县	Huayuan County	282	2044	2003	691	850	108	119	22	213
保靖县	Baojing County	251	1952	1851	618	752	92	112	33	244
古丈县	Guzhang County	164	741	841	318	327	45	57	6	88
永顺县	Yongshun County	481	3696	2790	1036	1288	113	134	25	194
龙山县	Longshan County	523	4717	3231	1182	1511	120	185	13	220

22-21 住户调查主要指标(2022年)
Major Households Survey Indicators (2022)

单位：元 (yuan)

市县名称	Cities and Counties	全体居民人均可支配收入 Per Capita Disposable Income of All Residents	城镇居民人均可支配收入 Per Capita Disposable Income of Urban Households		农村居民人均可支配收入 Per Capita Disposable Income of Rural Households	
			绝对值 Value	增速（%） Growth Rate (%)	绝对值 Value	增速（%） Growth Rate (%)
芙蓉区	Furong District	69574.2	69574.2	4.9		
天心区	Tianxin District	69985.1	69985.1	4.9		
岳麓区	Yuelu District	69532.3	69532.3	4.7		
开福区	Kaifu District	68748.4	68748.4	5.1		
雨花区	Yuhua District	70239.2	70239.2	4.9		
望城区	Wangcheng District	53554.5	60812.2	5.0	44127.3	6.3
长沙县	Changsha County	53232.0	60047.0	5.1	43431.9	6.5
浏阳市	Liuyang City	52400.8	59275.4	4.9	43407.4	6.5
宁乡市	Ningxiang City	46650.3	55272.0	4.9	37153.9	6.8
荷塘区	Hetang District	57955.0	57955.0	4.8		
芦淞区	Lusong District	60989.0	60989.0	4.6		
石峰区	Shifeng District	58496.0	58496.0	4.7		
天元区	Tianyuan District	66651.0	66651.0	4.5		
渌口区	Lukou District	31250.0	43933.0	5.0	25862.0	6.3
攸　县	You County	42868.1	49352.0	5.1	35434.0	6.2
茶陵县	Chaling County	28442.0	42784.1	5.2	13759.0	7.1
炎陵县	Yanling County	23500.9	36662.0	5.3	12740.0	7.0
醴陵市	Liling City	44586.4	51061.2	5.4	36089.0	6.5
雨湖区	Yuhu District	47804.4	48126.4	4.9	41943.0	6.9
岳塘区	Yuetang District	47157.4	47240.4	5.0	42150.2	7.1
湘潭县	Xiangtan County	32658.2	44220.4	4.6	25587.1	7.3
湘乡市	Xiangxiang City	32840.0	44822.0	4.7	25076.3	7.4
韶山市	Shaoshan City	46144.1	51548.1	4.9	35874.1	7.3
珠晖区	Zhuhui District	46464.7	47071.0	6.0		
雁峰区	Yanfeng District	45889.9	45893.4	5.8		
石鼓区	Shigu District	48616.2	48617.3	5.9		
蒸湘区	Zhengxiang District	46974.2	47063.2	5.7		
南岳区	Nanyue District	51567.4	52026.0	5.8		
衡阳县	Hengyang County	31619.6	42774.4	6.2	24882.2	7.6
衡南县	Hengnan County	33814.0	42437.0	6.5	28413.0	7.3
衡山县	Hengshan County	33730.0	42657.1	6.2	28285.1	7.4
衡东县	Hengdong County	32542.0	42423.8	6.3	26978.8	7.2
祁东县	Qidong County	25711.0	34591.2	6.6	19932.7	7.3
耒阳市	Leiyang City	36192.9	44379.2	6.1	28113.1	7.5
常宁市	Changning City	32511.0	42028.4	6.4	23738.9	7.1
双清区	Shuangqing District	36958.9	39002.0	5.0	27374.0	6.8
大祥区	Daxiang District	35512.4	38178.8	5.2	26955.6	6.8
北塔区	Beita District	31900.6	34925.8	5.1	24562.9	6.9

22-21 续表 1 Continued

单位：元 (yuan)

市县名称	Cities and Counties	全体居民人均可支配收入 Per Capita Disposable Income of All Residents	城镇居民人均可支配收入 Per Capita Disposable Income of Urban Households		农村居民人均可支配收入 Per Capita Disposable Income of Rural Households	
			绝对值 Value	增速（%） Growth Rate (%)	绝对值 Value	增速（%） Growth Rate (%)
新邵县	Xinshao County	36520.7	43568.0	6.2	30132.0	7.3
邵阳县	Shaoyang County	22340.0	34847.0	5.8	15874.9	7.0
隆回县	Longhui County	22273.1	34053.3	4.5	15701.4	6.9
洞口县	Dongkou County	20585.0	32322.0	5.4	15196.8	7.8
绥宁县	Suining County	23514.3	34947.8	5.6	15603.4	7.0
新宁县	Xinning County	19394.3	31898.7	6.0	14425.8	7.8
城步县	Chengbu County	21174.8	33534.1	5.9	14193.0	7.2
武冈市	Wugang City	17858.1	30263.9	4.8	12331.1	7.9
邵东市	Shaodong City	24692.6	34501.7	6.3	17556.2	7.3
岳阳楼区	Yueyanglou District	46468.1	46468.1	5.6		
云溪区	Yunxi District	48627.1	48627.1	5.6		
君山区	Junshan District	34296.9	41411.9	6.0	25326.0	7.5
岳阳县	Yueyang County	29534.1	37175.7	5.7	23042.2	7.6
华容县	Huarong County	32276.0	38450.0	5.8	27104.0	7.0
湘阴县	Xiangyin County	32158.9	39907.6	5.8	25387.1	7.4
平江县	Pingjiang City	20507.0	30365.0	5.4	13597.0	7.9
汨罗市	Miluo City	33785.1	41386.0	5.5	24736.0	6.9
临湘市	Linxiang County	29682.0	37462.0	6.1	22230.0	7.4
武陵区	Wuling District	48671.1	49623.1	5.5	36999.0	7.1
鼎城区	Dingcheng District	32436.3	43617.1	5.1	22200.4	6.9
安乡县	Anxiang County	26407.1	34396.2	5.3	21445.1	7.1
汉寿县	Hanshou County	29475.0	40028.0	6.0	23028.0	7.4
澧　县	Li County	28099.4	37835.9	5.2	23097.0	7.0
临澧县	Linli County	31369.2	41233.5	5.4	23498.0	7.2
桃源县	Taoyuan County	27619.1	38812.0	5.7	21143.2	7.5
石门县	Shimen County	23240.2	32515.2	5.9	16927.2	7.3
津市市	Jinshi City	35670.0	43281.1	6.7	22015.9	7.9
永定区	Yongdi District	25590.3	35632.4	5.4	14208.2	5.5
武陵源区	Wulingyuan District	30056.2	36800.1	4.1	18114.3	5.8
慈利县	Cili County	21428.1	30584.2	5.1	15193.1	6.9
桑植县	Sangzhi County	15580.0	21585.0	4.3	12050.0	7.2
资阳区	Ziyang District	33416.2	39694.6	6.4	26176.8	6.8
赫山区	Heshan District	39774.1	47957.2	6.7	26682.0	7.0
南　县	Nan County	29222.3	37172.9	6.6	22958.8	6.7
桃江县	Taojiang County	28524.0	38367.6	6.0	21459.5	6.1
安化县	Anhua County	16534.0	24073.0	5.7	13045.0	7.7
沅江市	Yuanjiang City	34230.0	43694.0	5.8	25474.0	6.4
北湖区	Beihu District	44420.2	47817.2	6.2	30282.2	7.2
苏仙区	Suxian District	39566.3	45774.4	6.2	27776.1	7.5
桂阳县	Guiyang County	35066.1	44903.0	6.6	26697.3	7.2
宜章县	Yizhang County	24459.7	38867.8	6.0	13604.7	7.7
永兴县	Yongxing County	32826.1	42251.2	6.7	24604.0	8.0

22-21 续表 2 Continued

单位：元 (yuan)

市县名称	Cities and Counties	全体居民人均可支配收入 Per Capita Disposable Income of All Residents	城镇居民人均可支配收入 Per Capita Disposable Income of Urban Households		农村居民人均可支配收入 Per Capita Disposable Income of Rural Households	
			绝对值 Value	增速（%）Growth Rate (%)	绝对值 Value	增速（%）Growth Rate (%)
嘉禾县	Jiahe County	28694.4	36743.4	6.6	22166.4	7.8
临武县	Linwu County	25393.1	35931.0	5.9	18151.1	7.3
汝城县	Rucheng County	18996.2	28008.3	5.7	14073.1	7.6
桂东县	Guidong County	18411.5	26477.5	5.8	13525.5	7.6
安仁县	Anren County	22360.0	32207.0	6.3	15470.0	7.7
资兴市	Zixing City	38500.2	44975.2	6.6	27340.1	7.3
零陵区	Lingling District	33203.2	38971.2	5.8	26247.4	6.1
冷水滩区	Lengshuitan District	37746.0	42645.0	5.7	28095.9	6.1
东安县	DonganCounty	28353.5	40663.9	5.9	19135.7	6.0
双牌县	Shuangpai County	27461.1	39171.3	6.6	20567.0	7.7
道　县	Dao County	20767.4	33087.0	5.8	12603.6	7.4
江永县	Jiangyong County	27592.9	35855.9	5.8	21844.9	7.6
宁远县	Ningyuan County	19886.7	31280.9	5.6	14181.9	6.1
蓝山县	Lanshan County	25932.9	34891.9	5.7	20261.6	6.5
新田县	Xintian County	27710.2	37461.0	6.1	20240.0	7.2
江华县	Jianghua County	20067.1	31964.0	6.3	13052.0	6.8
祁阳市	Qiyang City	21364.8	32317.9	5.9	14841.8	7.2
鹤城区	Hecheng District	39732.5	41386.7	3.7	21015.0	6.2
中方县	Zhongfang County	22439.9	35456.0	5.4	16366.4	7.5
沅陵县	Yuanling County	19665.6	29668.2	5.6	14108.4	8.0
辰溪县	Chenxi County	20054.3	30380.3	5.7	14698.8	7.9
溆浦县	Xupu County	21325.3	30226.0	5.2	16411.0	7.7
会同县	Huitong County	19340.8	28649.9	4.6	14721.2	6.9
麻阳县	Mayang County	18438.1	29903.2	5.5	12733.3	8.1
新晃县	Xinhuang County	17562.2	26852.3	4.1	12867.4	7.5
芷江县	Zhijiang County	18980.7	30919.6	4.9	13127.8	7.1
靖州县	Jingzhou County	20652.4	28343.8	4.3	14151.0	6.6
通道县	Tongdao County	16947.1	27300.4	4.3	12238.9	7.1
洪江市	Hongjiang City	21652.3	30626.4	4.9	15937.2	6.9
娄星区	Louxing District	41186.3	43142.3	6.1	26800.4	7.0
双峰县	Shuangfeng County	20707.0	27915.1	5.7	17382.1	6.8
新化县	Xinhua County	17485.0	27728.1	6.2	12761.0	7.5
冷水江市	Lengshuijiang City	40925.0	44910.1	5.8	27477.1	7.0
涟源市	Lianyuan County	20003.0	29569.4	5.7	14790.0	7.4
吉首市	Jishou County	32621.0	38610.0	6.1	15223.1	6.2
泸溪县	Luxi County	19789.6	30421.1	6.3	12372.1	7.0
凤凰县	Fenghuang County	20075.9	31403.5	5.1	14486.1	5.9
花垣县	Huayuan County	20017.5	31307.5	5.6	12830.5	6.9
保靖县	Baojing County	19679.8	28660.0	6.0	13999.0	6.8
古丈县	Guzhang County	17217.9	26845.4	5.0	11608.1	5.7
永顺县	Yongshun County	17634.2	27330.0	5.3	11976.0	6.9
龙山县	Longshan County	18687.0	28107.3	6.0	13524.1	6.9